侯长林 ◎ 主编

梵净国学研究

袁行霈题

第二辑

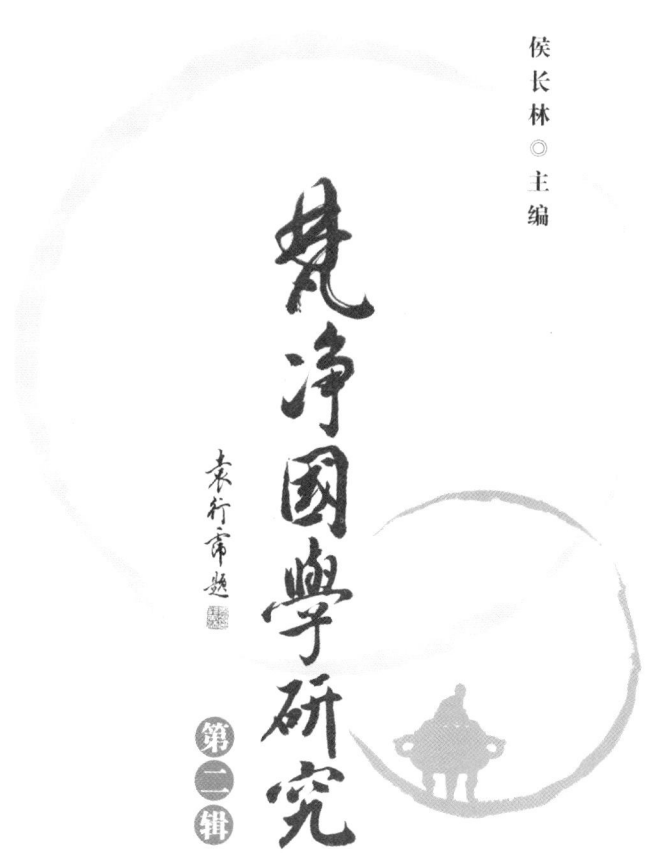

中国社会科学出版社

图书在版编目（CIP）数据

梵净国学研究．第2辑/侯长林主编．—北京：中国社会科学出版社，2019.4
ISBN 978-7-5203-4243-8

Ⅰ.①梵… Ⅱ.①侯… Ⅲ.①国学—研究 Ⅳ.①Z126

中国版本图书馆CIP数据核字（2019）第062931号

出 版 人	赵剑英
责任编辑	郭晓鸿
特约编辑	张金涛
责任校对	李　莉
责任印制	戴　宽

出　　版	中国社会科学出版社
社　　址	北京鼓楼西大街甲158号
邮　　编	100720
网　　址	http://www.csspw.cn
发 行 部	010-84083685
门 市 部	010-84029450
经　　销	新华书店及其他书店

印　　刷	北京明恒达印务有限公司
装　　订	廊坊市广阳区广增装订厂
版　　次	2019年4月第1版
印　　次	2019年4月第1次印刷

开　　本	710×1000 1/16
印　　张	43.75
插　　页	2
字　　数	624千字
定　　价	168.00元

凡购买中国社会科学出版社图书，如有质量问题请与本社营销中心联系调换
电话：010-84083683
版权所有　侵权必究

《梵净国学研究》编辑委员会

主　　编：侯长林

执行主编：张会幈

特约执行主编：范子烨（中国社会科学院）

学术顾问：（按姓氏笔画为序）范　曾　袁行霈

学术委员会：（按姓氏笔画为序）

　　　　　　傅刚（北京大学）

　　　　　　普惠（四川大学）

　　　　　　蒋寅（华南师范大学）

　　　　　　吴承学（中山大学）

　　　　　　杜晓勤（北京大学）

　　　　　　张新科（陕西师范大学）

　　　　　　尚永亮（武汉大学）

　　　　　　过常宝（北京师范大学）

　　　　　　潘殊闲（西华大学）

　　　　　　吴相洲（广州大学）

　　　　　　李红岩（中国社会科学院）

　　　　　　周裕锴（四川大学）

　　　　　　郭英德（北京师范大学）

　　　　　　李琳（中国社会科学院）

　　　　　　姚申（上海师范大学）

　　　　　　朱万曙（中国人民大学）

　　　　　　徐正英（中国人民大学）

　　　　　　陈尚君（复旦大学）

目　录

梵净专稿

中国语言文字之美 …………………………………… 范　曾（3）
诗的王国 ……………………………………………… 范　曾（8）
中国古典哲学的圆融无漏之境 ……………………… 范　曾（19）

陶学新境

古代绘画中的陶渊明 ………………………………… 袁行霈（27）
陶渊明年谱考辨 ……………………………………… 龚　斌（36）
桃花源的长官 ………［美］宇文所安（撰）　叶杨曦　卞东波（译）（247）
论陶集中的自文现象 ………………………………… 白彬彬（262）
略论《归去来兮辞并序》之"自免去职"与"宵逝" ……… 吴国富（273）
"刑天舞干戚，猛志固常在"
　　——陶渊明功名情结再探讨 ………………………… 于东新（286）

古典新证

刘骏事迹诗文系年 …………………………………… 胡耀震（305）
论传奇小说对晚唐诗序的影响 ………………………… 吴振华（323）
朱熹《楚辞集注》的训诂特色 ………………………… 李永明（334）

思想发微

太和"浮华"案再探讨 ………………………………… 王　勇（357）
中国人思维的独特性与《昭明文选》的贵族性 ……… 陈延嘉（370）
齐白石的"冷逸"情结与"简少"思想 ………………… 安祥祥（380）
楼宇烈《〈王弼《老子道德经注》〉校释》校补 ……… 杨鉴生（390）

历史钩沉

魏晋以来的"禅让革命"及其思想背景 ………………… 楼　劲（401）
暨艳案发覆 ……………………………………………… 张德恒（431）
钩沉索隐　推陈出新
　　——田余庆先生《拓跋史探》的学术方法与启示 ……… 周忠强（455）

文化探秘

中华史前文明的太阳崇拜 ……………………………… 周华斌（465）
《世说新语》成书考 …………………………………… 范子烨（489）
桃源故事的另类叙述
　　——以《述异记》"梦口穴"条为例看桃源故事的
　　　"寓意"与"纪实" …………………………… 尹　策（544）

地域观照

天府文化的源流、特质及其相关概念探析 …………………… 潘殊闲（561）
果然太白又封侯，君乃诗家太守
　　——滕伟明诗词心解 ……………………………………… 王国巍（576）

旧文新刊

古直自传 ………………………… 古直（遗作）　古成业（整理）（623）
汉诗研究 ………………… 古直（遗作）　赵敏俐　雷雨晴（校理）（641）

梵净专稿

中国语言文字之美

范 曾[*]

各国先民，皆先有语言而后有文字。先民始用刻画，以助记忆，范围只限于原始之氏族甚或个人，初无创立文字之大愿。由氏族而部落，所记忆之事日以扩大，而所涉人群益广，遂有共同记忆之符号或刻画，此犹不足以称文字。由部落而部落联盟，乃有专司记载集体记忆之智者出，传说中之轩辕命仓颉造字，或此其时也。其所刻画日增，而集体之认可度益高，约定俗成之符号，逐渐走上文字之肇始。仓颉者，非定有其人，可称一集体记忆之代号。兹后殷墟甲骨文出，足显文字之自觉创造已臻成熟。则中国文字的历史，自肇始而自觉至少有五千年的历史。

中国之文字，与宇宙本体同在，是至妙极精的创制

中国人于舌头之运转，似不若世界其他族群，声音之回环圆转不能如鸣禽之流畅，遂一字一音吐出，其不宜拼音或有生理之原因，此种局限反成为中国文字之初祖重表意而弃绝表音的重要缘由。

表意性的文字，不以音节之繁缛胜，而以内涵之丰赡胜。"一字一天地"，极言其容纳不局限于"一字一确指"也。即以"天"字言，绝非英文之

---

[*] 作者单位：北京大学中国画法研究院。

"sky",指抬头以望,目之所极之天空也。在中国,"天"指时空也、本体也、自在之伟力也,天所依循者"道","道"所依循者"自然"。包含至大,不可计量。《说文解字》云:"天,颠也。至高无上,从一大。"或者,那是指无所不包的精神和物质的存在。精神和物质的合而为一,乃是中国古哲的无上睿智。清代文论家刘熙载于《艺概》中特重"混茫"之境(即混沌),其有云:"杜陵云'篇终接混茫'。夫篇终而接混茫,则全诗亦可知矣。且有混茫之人而后有混茫之诗,故庄子云'古之人在混茫之中。'"所谓"混茫之人",即能与天地精神相往还之人,这在中国是与古代人重"天人合一"的哲学不可分割的。

质而言之,中国之文字,与宇宙本体同在,是至妙极精的创制。"混沌"是宇宙存在的根本状态,庄子云:"七窍开而混沌死",正说明中国文字一旦离开了"混沌"的状态,它的生命亦以终结。而混沌中放出光明,这光明便是心智的胜果。它不是"非此即彼"的存在,而是"彼亦一是非,此亦一是非"的宇宙存在状态,它与中国哲思的本体论——"未然性"同在,而这恰恰是西方所遗忘的天地精神势态。

血统的纯粹性是中国文字永葆青春的缘由

文字作为所有中国文化之载体,创造了人类任何族群无可望其项背的经典。世界上找不到任何语言有中国文字的含金量,如此丰富、赤纯,其数量超过了所有其他文字所保留的总和。

《康熙字典》有四万八千零三十五字,可谓皇皇大观。一百年前有陆尔奎者,溯其源流,编《辞海》一书,含九万二千六百四十六个词条,内容涵盖自太初以来,道在其中、理在其中、文献所用在其中、百科名物在其中、五千年文化基因在其中、外来文化消融于其中的汉语字词。中国文字的基因,一直未曾中断,这在世界古国如埃及、希腊、巴比伦、印度是不可思议的事。血统的纯粹性是中国文字永葆青春的缘由。台湾著名学者秦孝仪先生曾笃笃其辞云："……至于世界其他文化，虽曾辉煌数世，或停滞不前，或迍邅之间，颇已异其系统。"又云中国之典藏"源出众流，多元丛集"，而又归为"华夏一元文化，历代精华，无不赅备者，则实世鲜其匹"（《华夏文化与世界文化关系图录》序）。先生灼灼之见，表现了他深刻的学术判断和热烈的爱国之情。

以埃及语观之，虽云有六千年历史，亦初有文字，而今安在哉？三千年前（年代久远，说法不一），雅利安人入侵印度，其远古达罗毗荼人所创制之梵文与巴利文，遂遭厄运。当今知梵文者日少，中国唯季羡林先生及其高弟子数人而已。每读季公所译之《沙恭达罗》及《罗摩衍那》，不胜后继无人之叹。而巴利文至今唯在缅、泰佛寺高僧和佛教学校有研习者，以背诵巴利文佛经，而于日常生活中几成绝学矣。六千余年前，两河流域美索不达米亚平原所居住的苏美尔人所创之楔形文字，大多成为哑谜，同样今无所用。亚述人和波斯人亦曾使用楔形文字，匆匆若过眼烟云。四千年前（相当于中国夏代），腓尼基人造出二十二个字母以为拼音之用，希腊文、拉丁文以至西班牙文、法文皆以为宗，唯转用增补而已，虽各臻其美，然以论血缘，岂可与华夏之纯粹性相比拟。正如秦孝仪先生所云："迍邅之间，颇已异其系统。"

中国文字具有联绵之美、骈俪之美、四声之美和六义之美

中国文字纯粹与丰赡自不待言，而其美质还在它的联绵之美、骈俪之美、四声之美和六义之美。近世有大学人符定一者，独守寂境数十年编《联绵辞典》，收录联绵词一万六千余个。一时学界轰动，章太炎、黄侃、王树枏、高野侯诸贤士群相推重，以为其体制宏大、取材精审，古今一人而已。

联绵词者，两字连续，以彰同一意义，可大分为四：其一，同声母者，如闺阁、鳏寡、洪荒，以上称"双声"；其二，同韵母者，如砥砺、隔阂、灿烂，以上称叠韵；其三，声、韵母皆异者，如贩卖、豪俊、豪侠；其四，同字相叠者，如迟迟、赫赫、济济。中国单字以上述四种方法联绵竟达所有单

字的三分之一（单字四万八千、联绵词一万六千），这在世界语言史上不啻是奇迹。联绵之词起着加重语气、深化语义、注入节奏、扩大境域等诗性的作用，讲中国语言文字是诗性的，此一端也。如李清照词"寻寻觅觅，冷冷清清，凄凄惨惨戚戚"等是，同字相叠，境界顿出。鲍照文《芜城赋》"泝迤平原，南驰苍梧涨海，北走紫塞雁门"，联绵、骈俪兼用，博大恢宏。此类例证，不胜枚举。

骈俪之美则是中国语言具有诗性的另一重要特征。早在夏代，中国远古先民相传已有《易经》之远祖——《连山》，对宇宙万有已有阴阳二分之感悟。而中国语言文字之骈俪之美，与宇宙本体的谙合，则是五千年文化积层性发展之结果。骈俪性语言文字则与中文之一字一音（一音包括多种念法，如行 háng、行 xíng）有直接关系，如一字多音节，则无法形成骈俪文。古有骈赋、文赋之分，骈赋严格按四、六字两句对仗，如《滕王阁序》："腾蛟起凤，孟学士之词宗；紫电青霜，王将军之武库。"这四、六字，来源于《诗经》和《楚辞》，《诗经》多四字，如"蒹葭苍苍，白露为霜"；《楚辞》多六字，如"扈江离与辟芷兮，纫秋兰以为佩"。至唐代之律诗，则多用五字与七字，如李白"吴宫花草埋幽径，晋代衣冠成古丘"。文赋则有骈俪之意味，不一定于字数上苛求，对仗亦不必如律诗之严格。如贾谊《过秦论》、司马迁《报任安书》等，皆古代之散文，称其为文赋亦可。

中国文字又兼四声：平声（包括阴平、阳平）、上声、去声、入声。如阴平翻 fān、阳平繁 fán、上声反 fǎn、去声犯 fàn，入声罚（入声字无拼音以示，因今之普通话，即今北京话中无入声。南、北方之欲学诗者，以家乡话出之，入声必合当今习用之平水韵，因平水话乃山西省之土话也），四声之运用，于诗歌之抑扬顿挫，更增音调之美。且诗人选韵，往往考虑诗境或悠扬、或迫促、或舒缓、或激扬，用韵时有所选择，如入声音多宜于激昂慷慨、顿挫急迫之诗词，如岳飞之《满江红》。

中国文字的"六义"之美，则是文字作为考据训诂学之对象时，所发现的世界任何文字所不具备的美质。"六义"一词最早见于《晋书·卫恒传》：

"因而遂滋，则谓之字。有六义焉，一曰指事，上下是也；二曰象形，日月是也；三曰形声，江河是也；四曰会意，武信是也；五曰转注，老考是也；六曰假借，令长是也。"有了这些特性，汉字成为一门与音、形、义不可割舍的学问，这学问在西汉至莽新（公元1世纪）始称"小学"。研究中国文字之学，最初从小篆入手，汉代有犍为文学、毛亨、终军善其事。兹后，东汉经学家许慎作《说文解字》，可谓彼时集大成者。自汉郑玄、唐陆德明、宋郑樵皆称大家，至清戴震出，于音韵、训诂、名物、方言，无所不精，允称一代宗师。稍后之段玉裁、王念孙亦皆有建树。甲骨文之发现，则为中国文字考据训诂之学开一崭新局面，这是清代乾、嘉学者所未之见者。一时俊彦并起，有王懿荣、孙诒让、刘鹗、罗振玉、王国维、董作宾、郭沫若、容庚、于省吾、唐兰、商承祚、胡厚宣、李学勤、裘锡圭诸大师，相望于学林。后起学者则有王宇信、朱凤瀚、黄德宽、朱彦民等人，毕力从事，厥有所成。

中国文字是一片深邃、美妙、神奇的天地，它蕴含着人类最高尚的追求和理想。正如习近平总书记所号召的"让书写在古籍里的文字活起来"，我们在东方这一片文字葱茏葳蕤的土地上勤恳耕耘，将会在人类文化史上留下不朽的胜果。

诗的王国

范　曾[*]

温柔敦厚是中国诗学的追逐

《尚书·尧典》中记载的"诗言志",是中国古人对"诗"的三字箴言。"志"所包含者,应是儒家"志道""据德""依仁""游艺"的人生大德行。而格物、致知、诚意、正心、修身、齐家、治国、平天下之宏愿必在其中。"诗",既是语言的艺术,必有诗人之情感在焉,这情感既是诗人心灵情态的自由,而又必然不会逸脱儒家的根本持守。子夏《诗序》所谓"发乎情,止乎礼义",正是儒家为"诗"所设之大限。

孔子云:"小子何莫学夫《诗》?《诗》,可以兴,可以观,可以群,可以怨。迩之事父,远之事君,多识于鸟兽草木之名。"这是儒家论"诗"之为用。"兴",感发也;"观",鉴赏也;"群",唱和也;唯一"怨"字,应有说也。"怨"非止怨怼、愤懑、哀叹,"怨"有难忘之忧思、悲怀之流露、悱恻之同情、往迹之喟叹。不得通其道,则怨悱以生。故较"兴""观""群"三字蕴意既广且深,不可一言以概之也。"迩之事父",孝也。或于朗月清风、

---

[*] 作者单位:北京大学中国画法研究院。

朝霞暮雾、春江花朝之时日，与乃尊偶尔相对闲沽酒，酒意微醺，或为联语，或作诗钟，或限韵为诗，推敲琢磨，情不自胜。此家庭之乐中最上乘者，亦孝父悌兄之无上法门。"远之事君"，忠也，"君"非仅君王也。宗庙社稷、疆土山川、民情风俗，凡"君"所管辖、代表者，囊括四海八荒，亦皆诗人所澄观遐思、吟咏嗟叹之材料。则所事者可谓"致广大而尽精微"者矣。"多识于鸟兽草木之名"，则《诗经》《楚辞》中俯拾即是也。草木若《诗经》中蒹葭、葛覃、卷耳、黍离等，《楚辞》中江离、辟芷、秋兰、宿莽、申椒皆是也。鸟兽若《诗经》中关雎、鹿、雉等，《楚辞》中骐骥、封狐、玉虬皆是也。余著《〈尔雅〉说略》中所举草、木、虫、鱼、鸟、兽，亦多有论列，固不止于《诗经》与《楚辞》。若《尚书》《山海经》《穆天子传》《白虎通义》《方言》诸著，皆有涉及。而选《诗经》中最多，缘先民与大自然和睦相处，与鸟兽草木感情自不同于后之来者。中国诗人在源头即重视大自然万类之状貌、性情，往往因以"比""兴"，孔子亦以为多识之庶可扩大视野、丰富情感。这虽是诗家余事，然大诗人往往只眼独具，"细雨鱼儿出，微风燕子斜"（杜甫）何等境界清且俊！"池塘生春草，园柳变鸣禽"（谢灵运）真个奇绝非人造。

孔子又云："《诗》三百，一言以蔽之，曰'思无邪'。""思无邪"，则不虑而知的良知在，不受尘嚣污染的本心在，天所赋予的"根本善"在，则诗人之所为作，自可"疏瀹五脏，澡雪精神"。司马迁赞屈原所谓"其志洁，故其称物芳"，岂无由乎？"思无邪"的终极境界是什么？杜甫，诗圣也，大儒也，然在他"艰难苦恨繁霜鬓"之后，在他"潦倒新停浊酒杯"之际，他忽由儒而庄，突发千古之奇句"篇终接混茫"，这五字有分教：他"致君尧舜上，再使风俗淳"的抱负，已在时代混浊波涛中击碎，在他"白头吟望苦低垂"的《秋兴八首》吟毕之后，杜公忽在庄子的"古之人，在混茫之中"找到了知己，得到精神上的最大解脱。

诗的大用无非"美""刺"两端。"美"者，歌之、颂之、趋之、赴之，激励当代，勖勉后人。"美"而不谀谄，如《诗经·大雅·文王之什》，至

"周虽旧邦,其命维新""亹亹文王,令闻不已",备极景仰,使人走向崇高,用词不奢,而意味隽永。"刺"者,警之、醒之、避之、戒之,鞭笞穷奇,讽谕低俗。"刺"而不詈,谑而不虐,如《诗经·卫风·氓》,虽叙述了一段不幸福的婚姻,然不做泼妇骂街状,读之令人顿生凄恻同情之心,古往今来闺怨之诗,此其上品。

诗非口号,亦非命令,温婉中有哀愁,最是使人心旌摇动。《出其东门》中的"匪我思存""匪我思且",描写了爱情专一的男子不为"有女如云"所动,言简而淡,意深而赅,方称高手。温柔敦厚是中国诗学的追逐,其中的道理深宜思之。

庄子是毋庸置疑的东方诗神,刘勰《文心雕龙》是典型的庄子美学之演绎者

刘勰谈"风骨",将诗"六义"中的"风"解释得最为透彻。他说,"诗总六义,风冠其首,斯乃化感之本源,志气之符契也,是以怊怅述情,必始乎风,沉吟铺辞,莫先于骨,故辞之代骨,如体之树骸;情之含风,犹形之包气","故练于骨者,析辞必精,深乎风者,述情必显"。此境界,苏东坡有之矣。近世刘熙载《艺概·诗概》中云:"诗以出于骚者为正,以出于庄者为变。少陵纯乎骚,太白在庄、骚间,东坡则出于庄者十之八九。"苏东坡在《前赤壁赋》中有云:"客亦知夫水与月乎?逝者如斯,而未尝往也,盈虚者如彼,而卒莫消长也。盖将自其变者而观之,则天地曾不能以一瞬,自其不变者而观之,则物与我皆无尽也。"这段话固来自庄子"齐物论",庄子宇宙本体论的核心就是"齐物论",在苏东坡看来,"变"与"不变"是齐一的;"消"与"长"是齐一的;"物"与"我"是齐一的。苏东坡之学非止于"儒""道",亦深谙乎"佛",写大悲哀往往以大解脱为其终点,正如我所总结佛学之六字箴言:看破、放下、自在。辛稼轩之豪,犹执于象者;而苏东坡之旷,则观于象外,得之环中者矣。古今诗人中,与庄子心灵最是相通者,

苏东坡堪称首选。他可以坐忘，可以撄宁，可以从人类的倒悬之苦中自我解脱。他在历尽谪宦、放逐的一切人生苦难之后，一定想起庄子的"齐物论"，生死何足论，他的归去，岂是从琼岛回到金陵？他回归到无极之门、回归到无何有之乡，他的心灵正是庄子所说的"天门"，"回首向来萧瑟处，归去，也无风雨也无晴"。

刘勰《文心雕龙》云，"思理为妙，神与物游"，言与天地精神相往还也，这是庄子环中说的典型文论，又云"物色之动，心亦摇焉"，言与大化同脉搏也；"目既往还，心亦吐纳"言心灵与自然同体也。

其实谈老庄、谈佛与谈儒亦无绝对之界限。孔子之孙孔伋（子思）首创"天人合一"之说，至一千九百年后王阳明的"心外无天"，这期间中国之士人，弃绝实证和天人二分，走向感悟"天人一体"的伟大思维之途。这是一座不仅为过去亦且为未来，人类所必须越过的思想桥梁。

刘勰于《文心雕龙·神思第二十六》中称："古人云，形在江海之上，心存魏阙之下，神思之谓也。文之思也，其神远矣，故寂然凝虑，思接千载；悄焉动容，视通万里。"刘勰所希望于诗人的是"登山则情满于山，观海则意溢于海，我才之多少，将与风云并驱矣"。诗人之禀才各异，若扬雄辍翰梦惊，祢衡当食草奏，相如含笔腐毫，贾岛"两句三年得"，虽迟速异分，而其与天同契则一也，难易虽殊，并资博练。刘勰担心的是学浅而空迟，才疏而徒速，这和作画为同一道理。"精"源于对主、客体至深至切的认识；"变"源于对事物的化育生发，曾不能以一瞬的根本把握，"至精而后阐其妙，至变而后通其数"，这"妙"，是自然恰到好处的存在状态，这"数"是自然掷向人间的一颗色子，爱因斯坦讲，"上帝不随便掷色子"，人类的本分是逐步地接近这"妙"和"数"。诗人苟能略通此理，事过半矣。

理解庄子如刘勰之深入，古今一人而已。虽然，刘勰毕竟亦是深受儒家浸染之人，他不忘"文章述志为本"，不忘"心定而后结音，理正而后摛藻"。这又给一些"美学家"一个很好的教训，在中国的学问中，"儒""佛""道"是可以时时打通关节的，正不可执一以求，死于章句。

乐府与诗韵之从来

先民于劳动、婚娶、宴饮之时，每以口号相愉乐。或二字、三字、四字，或押韵或妄知所为用，亦不欲留传千古，其中或有佳者，逐渐远播，传至今日，实千之一、万之一耳。初无规式，是先民无约束之酿制，流传最早的一首两言诗，引出一段古代孝子的故事，越王勾践，欲谋伐吴，范蠡进善射者陈因，因忧父母为兽所食，乃作弹以护之，百兽震恐而逃，父母得享永年。且作歌以述志，二言诗也："断竹，续竹，飞土，逐宍（肉）。"意思是："让我断取修竹，让我削刻为弓弩箭矢。嗖的一声，将利箭射出，百发百中，驱走了虎豹熊罴。"这首诗出自勇士之口，略无修饰，天真淳朴，至"飞土"二字出，则神矢发矣，至"逐宍"二字出，则弩发兽倒，这是中国流传至今最早的一首二言诗，距今二千五百年矣，《文心雕龙》谓为二言之始。兹后三言以出，谓"苍耀稷，生感迹"。四言者《诗经·大雅》有："人亦有言，惟忧用老。"又《牧誓》引"古人有言，牝鸡无晨"。以上两则见于《诗经》和《书经》，可见民间谣谚已入古代之典籍，此为四言之始。《春秋元命苞》则载殷末谣谚："代殷者姬昌。"此可为五言之始。王士祯《古诗选》谓《击壤歌》为七言之始："帝力于我何有哉？"意为：帝王所施之政，给了我什么？细审《诗经》，四、六、八、九言皆有，然先人初不以此为诗之固定体式，兹后因语言中主、谓、宾、形、副之性质渐渐完备，则所最宜者为五、七言，因之古体诗（如古诗十九首）和近体诗（主要指唐后之五、七言绝、律）皆多用五、七言，而乐府诗则较随意，不为近体规律所束缚，如李白《梦游天姥吟留别》《将进酒》，固为乐府无疑，其中三言、四言、五言、六言、八言、九言参差用之，可谓竭尽诗人用字之变化矣。

先民既有诗之流布矣，则歌以咏之，凡可被于乐者，皆为统治者所注意，因彼时宫中之宴饮、歌舞、出行，往往择而用之，乃设"乐府令"以关注之，此秦至西汉惠帝时均已有矣。至汉武帝，"乐府"乃成专门之机构，以采集民间诗歌和乐曲。兹后，人们渐以"乐府"称作诗体之一种，扩而大之，凡魏、晋以降至唐代可入乐的诗歌和后代仿效乐府古诗之作品，统称为"乐府"，再扩而大之，宋、元之后的词，散曲和戏剧词曲，也称"乐府"。

后人以前人所作"乐府"为题者甚多，试举一例：崔豹《古今注》述"公无渡河"故事，谓："箜篌引者，朝鲜津卒霍里子高妻丽玉所作也。子高晨起刺船，有一白首狂夫，被发提壶，乱流而渡。其妻随而止之，不及，遂堕河而死。于是援箜篌而歌曰：'公无渡河，公竟渡河。堕河而死，当奈公何？'声甚凄怆。曲终，亦投河而死。子高还，以语丽玉，丽玉伤之，乃引箜篌而写其声，闻者莫不泪堕饮泣。丽玉以其曲传邻女丽容，名曰箜篌引。"这不过是一个疯子投河而其妻从而溺亡的故事，然而"公无渡河，公竟渡河，堕河而死，当奈公何？"十六字，质白之中有平民的深情，普天下最感人的乃是一"真"字，"箜篌引"有之矣。复披之以乐，遂使后之诗人一一援引，曹植曾和之，然与《箜篌引》原来故事，杳不相关。又如《子夜四时歌》，晋曲也。晋有女子名子夜，造此声，声过哀苦，后人遂更为四时行乐之词，谓之《子夜四时歌》，这是另一种反其原意而用之的方法。其他如以原乐府中一句为题，或用题意而改题名，不一而足，兹不赘。

诗人为诗，往往有怀古之情性、趣味在，实非必须如此，或以为此是诗中之一格，则不免迂阔甚矣。唐代有"新乐府"者，如杜甫《悲陈陶》《哀江头》《兵车行》《丽人行》等，不复依傍古人之题、意、句。"新"仅在此，并非于诗格、诗体有何创新耳。

至于诗韵，先是南朝沈约有平、上、去、入四声之说，然后依四声而循韵母分类，汇为韵书，供科举考试之用。金代始用平水韵（平水，实山西临汾别名），宋刘渊所编总一百零七韵，而金王文郁《平水新刊礼部韵略》总一百零六韵，少一韵之原因是将上声"迥""拯"二韵及去声"径""证"二韵合并为一部。王文郁本阴平、阳平各十五韵，上声廿九、去声三十，入声十七，为元、明、清以来押韵之依据，沿用至今。刘渊《壬子新刊礼部韵略》上声之"迥""拯"二字不并，然此书不传。韵书之音读，今人操普通话者往往对入声字深感头疼，缘普通话中无入声。苟有一字焉，本为入声，而在普通话中为上声或去声，则于作诗无碍，而倘为入声，在普通话中偏偏入了阴平和阳平，人们就会于平仄上犯错误。如"白"，入声字，而普通话为阳平；"笃"，入声字，而同入普通话之阳平，所以北京人运用四声，困难在此。而山西人最得益于平水韵，于用入声时，绝对无误，山东、江淮、湖广之人亦可用家乡话以辨入声。

　　诗韵之重要与诗从乐府走向近体有关，尤其至唐代，五绝、七绝、五律、七律、排律以兴，法度森然，文化之发展往往如此，艺术至极境，乃是在苛酷的艺术规律中得到的自由，如杜工部之《秋兴八首》，音韵之合辙几乎可为不朽之典范，而诗味之深秀更为千古之杰构。对于初涉诗道、以为束缚者，而斫轮老手则以为自在之境。诗之格律非徒为设障也，乃有音节回环之美、声韵呼应之美在焉。

近体诗格律简析

　　近体诗之格律，一般指唐后之五、七绝、律、排律于音、韵上的法则。从初唐诗人运用之熟练，知六朝、隋代已具雏形，今试举两例：

　　骆宾王《在狱咏蝉》："西陆蝉声唱，南冠客思深。不堪玄鬓影，来对白头吟。露重飞难进，风多响易沉。无人信高洁，谁为表予心。"

　　王勃《杜少府之任蜀州》："城阙辅三秦，风烟望五津。与君离别意，同是宦游人。海内存知己，天涯若比邻。无为在歧路，儿女共沾巾。"

　　此两例乃五律之典型，两位作者均列"初唐四杰"。骆宾王起句平仄为"平仄平平仄"，末字不押韵；王勃起句为"平仄仄平平"，末字押韵，故可知无论五律或七律之首句，末字可押可不押。五绝如王维《竹里馆》："独坐幽篁里，弹琴复长啸，深林人不知，明月来相照。"押仄声韵，首句不入韵。骆宾王之五律中"无人信高洁"，第四字本应为仄声，误为平声；而王维此五绝中"弹琴复长啸"，第四字本应为仄声，误为平声。高手作诗，往往破除戒律，正如罗曼·罗兰《约翰·克里斯朵夫》中的祖父约翰·米希尔对少年克里斯朵夫讲，"对于大师是百无禁忌的"，因为克里斯朵夫发现了古典大师乐曲中于对位、和声之小儿科错误。北宋苏东坡写格律诗和词更是漠视平仄规律，致遭南宋李清照之讽刺。余曾祖父范伯子，自称"苏家（指四川眉山苏东坡）发源吾家收"，于平仄声亦视之甚淡。不过既言至此，必须提醒欲为诗者，不当以平仄之错讹而掩其诗学之陋，初学为格律诗，竟冒充大师、天才。当然，读者之所以见谅大师者，非无由也，如杜甫之《秋兴八首》中："蓬莱宫阙对南山，承露金茎霄汉间。西望瑶池降王母，东来紫气满函关。云移雉尾开宫扇，日绕龙鳞识圣颜。一卧沧江惊岁晚，几回青琐点朝班。"其中"西望瑶池降王母"，第六字本应为"仄"声，而杜公用阳平"王"字，晚清钱谦益谅之，因此处必用"王母"二字也，以杜甫之精审，绝不会于此犯错误，"王母"二字和"瑶池"的联系是不可改的。由此，我们可得出如下结论，平仄宜按格律，然平仄亦可破格律，但须具备两个条件：其一，不得不耳；其二，的确是大师手笔，不原谅也得原谅。幸初学者先老老实实地按格律办事，及至声名显赫之时，再作出人意外之句不迟。

中国诗歌语言来自天地大美，来源于宇宙本体之根本规律

著名物理学家杨振宁先生说："对称支配自然。"无际无涯的空间和无始无终的时间所构成的宇宙对称律，可能是百亿年来自然形成的最宏阔伟大的现象，在这现象背后是不可言说的、人类无法解释的"合目的性"。"合目的性"不是上帝，而是18世纪末德国大哲康德所提出的。"合目的性"使对称成为万物存在的方式，受其绝对支配。失去对称便失去平衡，物无以立、人无以生、天地无以存，"宇宙凭着六声部音乐"（开普勒语）运转，宇宙的和声和对位，是大音希声的音乐之构成要素；而大象无形则是宇宙大不可方的状貌。

从动物单音节的呼喊啼叫，到人类语言的巧密精微，各族群声调趣舍异

途。至今人类有六千种语言,最小的族群人数仅千人之谱,而最大的族群当然是中华民族。有趣的是其他族群的语言多是表音字语言,唯独中国人操着表意字语言,既有意矣,则不自觉地使其意走向宇宙的"合目的性"。中国人最早在世界上提出宇宙万有的阴阳二元说,二元不仅对称,而且你中有我,我中有你。杨振宁先生重视"对称中有不对称,不对称中有对称"的中国古典前哲学(前哲学指《老子》之前的《周易》),这种不对称性(或对称破缺)的思想传统使西方的大科学家大为惊讶,1977年获诺贝尔化学奖的普利高津说:"中国文化是欧洲科学灵感的源泉。"

以上所述正是为了说明中国诗歌语言之所从来,它来自天地之大美,来源于宇宙本体之根本规律。不完全对称,是太极图最奇妙的思维胜果。人类发明过无数的图像,以状万类之存在,然而恐怕没有可见太极图之项背者。最妙不可言的是,中国人凭借智慧,使语言在这图像的笼罩下走上一条卓绝的美妙境域。其对称之基础有四点:一是一字、一音、多音、四声构成骈俪的可能性;二是单字的词性因所处语境之不同,可以转换,以使对称的规律和不完全对称灵活运用;三是由于对称性的选择,使汉语的排列组合具有了使用者的个性;四是由于上述三点,使中国语言文字成为了诗性的语言文字,似乎中国必然成为一个诗的国度,"诗"成为中国国学的重要组成部分。

杨振宁先生曾用苏东坡的回文诗来说明中国对称和对称破缺的哲学,今天我近取诸身,用我父亲——精于诗道而又恪守谦虚的范子愚先生的四首悼念我慈爱的母亲的回文诗,来说明我上述的论点。我的母亲缪镜心是厦门大学著名哲学家缪篆(子才)先生的女儿,一生辛劳,但她精神上最大的安慰是我父亲对她的挚爱。母亲死后,父亲刻"独鹤"一印钤于诗稿,除去怀念母亲,不复有其他的诗作,诗心已死,独于母亲,能唤起父亲的诗情:

读东坡回文《菩萨蛮词》殊觉妙义,爱作效颦之举,题为悼亡:"镜同心照孤魂净,净魂孤照心同镜。天外世谁怜,怜谁世外天。我闻如是可,可是如闻我。悲我益卿思,思卿益我悲。水流东去人何似,似何人去东流水。挥泪望云归,归云望泪挥。仰空悲月朗,朗月悲空仰。卿有镜为心，心为镜有卿。晚窗新月窥人倦，倦人窥月新窗晚。云黑乱斜曛，曛斜乱黑云。问天穷更闷，闷更穷天问。卿诚我心诚，诚心我诚卿。枕衾凉意秋来恁，恁来秋意凉衾枕。人世几回亲，亲回几世人。读书翻止哭，哭止翻书读。明镜照伶仃，仃伶照镜明。"

这远离了文字的游戏，而是感情深挚、动人心弦的诗句，每读父亲诗集至此，我都会潸然泪下。每两句是前句中有后句，后句中有前句，对称而又有对称破缺，父亲的这四首诗达到前人所未见之深度哀伤。而中国语言文字的骈俪之美，可谓达到极致。这其中词性的转换，历历在目，"读书翻止哭"，翻，副词；而"哭止翻书读"，翻，动词，上句讲读书反能止哭，下句讲哭之既止，翻书自慰。意蕴对称中又有所不同，没有任何国家的文字可以做到这一点。

学习骈俪的方便法门，是以联语或诗钟起步，凡精于近体诗者，无不以此为看家本领。古代诗人相聚，往往以作联语、诗钟、嵌字联为乐，今略举数例：诗钟练人，最是艰难而有趣，以两件全然不同之事物为对，是炼字炼句的最佳法门。以下为诗钟两则：

（一）湘夫人竹

愁予北渚，植彼南山。（范曾）

（二）楚辞王维

吟于江汉，集在辋川。（范曾）

嵌字联两则：

（一）青女素娥俱耐冷，名花倾国两相欢。（古人）

（二）商女不知亡国恨，落花犹似坠楼人。（古人）

以唐人诗句集联，且上联第二字为"女"，下联第二字为"花"。第一副对属甚工，有骈文面貌、诗词韵味矣，而独缺散文风骨；第二副对属亦甚工，而骈文面貌、诗词韵味、散文风骨兼之矣，此乃上乘之作。

骈俪几乎成为中国文字语言优秀的遗传基因，它是哲学的——阴阳二元；它是本然自在的——对称与对称破缺；它是诗意的——可兴、可观、可群、可怨；它渗透在我们民族的灵魂之中，成为全世界任何民族不可阶升而上的语言巅峰，我为海峡两岸全中国人而自豪，因为我们祖祖辈辈以此种语言为凝聚力，这是人类文化史上无可替代的瑰宝。

中国古典哲学的圆融无漏之境

范 曾[*]

正确的理论可以引导正确的实践，从而由理想化为现实。这大体上是不错的。换言之，正确的理论可以引导历史的前进。然而，我们很快会提出一个问题，理论的正确性，不是"自为"之物，因之，检验真理的唯一标准是"实践"。"实践"是一个永恒变动着的（所谓"易"）概念，于是理论的正确性也是一个运动着的过程。正确的理论不是置之四海而皆准、行之百世而不殆的圣典，而是要因时间、条件、地点的改变而修正或完善。否则，我们会陷入神学的樊篱之中。基于这样的分析，我们体会到东方哲学的早熟和圆融无漏。

恒变不居，是东方哲人信守的哲学最高境

东方哲学中的"自然"，大体类似西方哲学中常用的"自为"一词。东方人深知自然的大不可方和小不可测，即《庄子·天下》篇中惠施所谓的"至大无外，谓之大一；至小无内，谓之小一"。先外祖父缪篆先生，固近代中国之大哲，他讲"一"指"天"，这"一"字与负阴抱阳的"人"结合，便为"大"。《老子》中开宗明义地讲："大"原来是"道"之"名"，"道"

---

[*] 作者单位：北京大学中国画法研究院。

只是"字","字"以彰"名"。至于"大",老子称"强名之曰大",即勉强称之为"大"。因为老子有另一命题,"道可道,非常道;名可名,非常名",宇宙之大,从没有一物是长驻不变的。因之"未然性"乃成为中国哲学的灵魂,一切都是过程,一切都是瞬息。

恒变不居,是东方哲人信守的哲学最高境。东方无神,从经典著述中,我们可深深体会到这一点。老子哲学中的"自然",乃是本体论和方法论合而为一的最佳名词。本体是自在而已然的,方法也是自在而已然的。这里的"已然"和"未然"又构成了一组同一性(齐一)的哲学命题,即"已然"和"未然"的合二为一叫"自然"。与老庄哲学异曲同工的佛教哲学,视宇宙万物和精神也是"如梦幻泡影、如露亦如电"。

存在?当我们看到时,已成往迹。宛如我们观测夜空的星辰,那灿然而在的距我们几百亿光年之遥的明星,早已是往迹。佛家讲,"一念之中有九十九刹那",任何时空中的存在都是虚妄,当你见到时,它已过去,不会有稍纵的停留。黑格尔之所以对东方哲学有误解,最直接的原因是他不了解中国语言,他说:"因为中国的语言是那样的不确定,没有连接词、没有格位的变化,只是一个一个的字并列着,所以中文里的规定(或概念)停留在无规定(或无确定性)之中。"① 黑格尔不得不承认"定在"是有限地扬弃了理想的环节,而"自为"存在只是理想性。然而黑格尔本质上对东方尤其是对老子的"无为"心怀厌弃,他说:"凡是厌烦有限的人,决不能达到现实,而只是沉溺于抽象之中,消沉暗淡,以终其身。"② 黑格尔永远不会理解老子的"无为而无不为",也不会理解佛家心中所追逐的是"无量光",是生命的"得大自在",他们都不曾"消沉暗淡"。

"故物,或损之而益,或益之而损"(《道德经·四十二章》),"为学日益,为道日损,损之又损,以至于无为"(《道德经·四十八章》)。这是老子哲学的警句,意思是"无为"之境乃"道"之境,它不需反复增添,而需不

---

① [德]黑格尔:《哲学史讲演录》,贺麟等译,商务印书馆2011年版,第140页。
② [德]黑格尔:《小逻辑》,贺麟译,商务印书馆1980年版,第205页。

断减略，以到达无为之境，这样就真正接近了"道"，就可以与天地精神相往还。宇宙之太初，本是极单纯、极宁静、极均衡的，那是"无为"的"无何有之乡"。如果按黑格尔的方法去解释："它们增长由于减少，反之它们减少由于增加——这也是说得很笨拙的。"[1] 我想笨拙的可能正是黑格尔自己。

我想就下列三点指出黑格尔对中国语言的隔膜而产生的荒诞结论：其一，"中国的语言是那样的不确定"，是这样吗？中国人的智慧在于使用者的判断，当其对象"不确定"时，中国人会用"或""虽然""然则"等相对不确定的词表述之，而当其对象"确定"时，则用"固""唯""当然"等确定之词表述之，用词游刃有余。然而宇宙万物瞬息万变，中国人对凿凿之言往往放出一条可变的生路，不以"格位"作不可移易的限定。

其二，"没有连接词"。中国会意性的语言特色使中国的哲学语言带有了浓郁的诗性，正是如此，中国人打通了诗意判断与哲理判断之通道，其所摒弃的正是黑格尔所追逐的"规定"或"确定"。黑格尔之意，希求将中国纵横恣肆的哲学，纳入西方有严格限制的"规定"或"确定"之中，这无异于削足适履，驱楚辕而入赵辙。更厉害的是，中国哲学把"混沌"视为中央之国的帝王，七窍开而混沌死，事实上对无始无终、无际无涯的时空，黑格尔所能做到的也仅仅是管窥而蠡测，永远无法达到宇宙的极限。

其三，中国语言之妙在隐含着的连接词，会使境界豁然大开，"未然性"是中国哲学打开众妙之门的口令。庄子云，"彼亦一是非，此亦一是非"，正说明了"彼"与"此"的相互依存和转化，这里不需要连接词。"无，名天地之始；有，名万物之母。"（《道德经·第一章》）谙熟中文的人十分清楚，这两句话也不需连接词，而不像黑格尔一把钥匙只对着一个锁孔——彼即彼，此即此，或非彼即此。

---

[1] ［德］黑格尔：《哲学史讲演录》，贺麟等译，商务印书馆2011年版，第140页。

中国哲学在至高之境，往往将方法论与本体论合而为一

中国哲学在至高之境，往往将方法论与本体论合而为一，所谓"尊德行而道问学，致广大而尽精微，极高明而道中庸"，凭着中国先哲的感悟与归纳，"高明"和"中庸"是同出而异名的宇宙本体论和方法论，"混沌"则极言宇宙的深不可测，那是"纷总总其离合兮，斑陆离其上下"的大规则。它无处不合理，无处不恰到好处。若想一一弄清，那将是"以有涯随无涯，殆矣"！从为人的心气而言，中国古哲对宇宙服气，而西方哲人不服气，必探求其"确然性"而后止。中国古哲则知道一切都处于"未然性"，"自然"是他们最神圣的信仰。而西方从柏拉图的"永恒理念"到笛卡尔的"纯粹信念"，再到黑格尔的"绝对理念"，永恒地在追逐黑格尔所谓的"逻辑的次序"，坚持着"坚硬的理智"——"特殊事物能植下根基，能固定下来"[①]，而中国哲人对"固定下来"，则永持怀疑的态度。

黑格尔在19世纪当然是哲学界的魁星，我所陈明的是他对古希腊哲学传统之外的哲学所抱的偏见和误解。黑格尔本人已经从神学的困境走向了辩证法，列宁在读完黑格尔的《小逻辑》之后，不胜感慨地讲："值得注意地，关于'绝对理念'的整个一章，几乎没有一处讲到神。"列宁大概有点失望。其实从17世纪开始，笛卡尔和斯宾诺莎以及18世纪的卢梭和康德对上帝早已经历了科学和哲学的质疑和改造，只是他们尚对宗教裁判心存恐惧。只有到了19世纪末，大哲尼采无所顾忌地宣称"上帝已死"，这在西方哲学史上无疑一声巨雷。尼采对"确然性"提出质疑，以为应当超越"非此即彼"而探求"亦此亦彼"。以尼采的天赋，他是不会抄袭庄子学说的，只是他比庄子晚了二千二百年。20世纪伟大的德国哲学家胡塞尔提出"本质属性（'是什么'的确然性）向现象（纷陈的混沌，'亦此亦彼'）的还原"。受胡塞尔影响甚深的海德格尔更提出"纯粹的存在（指东方所称之'道'或'自然'）是超越

---

① ［德］黑格尔：《哲学史讲演录》，贺麟等译，商务印书馆2011年版，第168页。

任何确定之属性的",这是对西方往昔只重"确然性"的当头棒喝。

18世纪末,作为理性主义集大成者的康德,已天才地以为自在之物不可知(即无"确然性")。那么,我们所需要的是检验往昔一切认知本身的"确然性",于是他有三本批判书问世:《纯粹理性批判》《实践理性批判》《判断力批判》,至19世纪末,尼采有《查拉图斯特拉如是说》诞生。

以上我们大体上有了中国的哲学自信。中国最晚在二千三百年前庄子的《齐物论》《知北游》《让王》《列御寇》四篇文章中提到了"宇"和"宙",庄子教导人们不要迷惑于"宇宙",而要立于宇宙之中枢。在无边无际的空间——"宇",和无起无止的时间——"宙"之前,庄子是何等潇洒。康德在二千一百年后认识到这种无限性,他在《纯粹理性批判》中说道:"如果人们要假定无论是空间上还是时间上的世界边界,他就绝对必须假定世界之外的空的空间和世界之前的空的时间这样两个怪物。"二千五百年前,释迦牟尼用一个"空"字来陈明时与空,那是"不生不灭、不垢不净、不增不减"的对"空"的天才描述。佛教自东汉来到中国,它的中国化成为中国文化不可分割的一部分。

在哲学的根本问题上,中国人特重精神的作用

古典西方哲人的致命弱点,是他们不知道或者不重视物质和精神的转换,不知道以"未然性"(非确然性)为本的中国本体论所要把握的,恰恰是西方所遗忘的精神势态,这种精神势态正是物质和精神转换的胜果。在这时我们才知道,对于宇宙而言,"本体论"和"方法论"合而为一,几乎是无所不在的存在状态。法国哲学家裴程先生有云:"以把握道之未然性为目的之中国本体论就是方法论。恰如范曾先生所说:'阴阳二元论是中国古典哲学之杰出方法论和本体论。'在这里本体论和方法论是合而为一的。"(裴程:《言不言之美》)

在哲学的根本问题上,中国人特重精神的作用,从东周老、庄,到南宋

朱熹、陆九渊，到明代王阳明，都是"天人合一"的持论者，在这里，"人"指人的精神。北宋"二程"（程颐、程颢兄弟）则更提出"天人本无二，何必言合"，这是至今为止，有关宇宙和人之关系最为透彻的哲学命题。

　　有、无同出而异名，天人合一，未然性，道法自然，本体论和方法论的齐一，彼亦一是非、此亦一是非，时、空的无始无涯，至大无外、至小无内，为道日损，无为而无不为，这些都是中国古典哲学的峻论伟说，是人类哲学思维的巅峰。当量子力学时代来到人间之时，我们益感中国古哲思维的前瞻性和魅力，它不是有漏根因，而是无漏之境。

陶学新境

古代绘画中的陶渊明

袁行霈[*]

陶渊明是古代绘画中常见的题材，考察这些以陶渊明为题材的绘画，我们可以看到陶渊明在画家心目中的影像，进而探讨陶渊明作为中国文化的一个符号所体现的人生追求和美学理想，及其所产生的广泛影响。从美术史的角度，则可以看出同一个陶渊明，在不同朝代、不同画家的笔下表现的手法有何变化，进而可以探寻绘画之继承与创新的一些线索。

陶渊明代表着清高、气节、真淳，也代表着回归自然的人生追求，以及对自然美的追求。陶渊明不为五斗米折腰，归隐田园，高蹈远举，寄情琴酒，以及被人片面强调的忠于晋室，耻事二姓，便很自然地成为他们的精神寄托。宋元时期，绘画中陶渊明形象的增多，以及这些绘画所表现出来的人生理想和美学趣味，显然跟这种风气有关。现存关于陶渊明的绘画可以分为三大类：第一类取材于他的作品，如《归去来兮辞》《桃花源记》《归园田居》等，其中有些是组画，用一系列图画表现一个连续的故事情节；第二类取材于他的某个逸闻逸事，如采菊、漉酒、虎溪三笑等；第三类是陶渊明的肖像画，有的有背景，有的没有背景。

《归去来兮辞》和《桃花源记》是画家最常采用的题材。画家们对这类题材的钟爱，以及用连环画的形式表现一篇文学名著，显然是受了顾恺之

---

[*] 作者单位：北京大学中文系。

《洛神赋图卷》的启发和影响。但画家们在作画时往往并不严格考证当时的服装、屋舍以及各种生活细节，甚至对作品的理解与原作也有一定的距离。而且很容易将自己时代的生活状况当成陶渊明当时的状况，因此细部的描绘多有失真之处，但在把握陶渊明的精神世界方面大体是准确的。《归去来兮辞》常常以连环画的形式，展现一个前后连续的过程，陶渊明是绘画的中心。《桃花源记》最能展现想象中的山水之美，成为山水画家喜爱的题材。菊花、松树和酒是陶渊明的标志，也成为绘画中代表陶渊明的元素。除了松、菊和酒以外，绘画中代表陶渊明的元素还有五柳、葛巾、藜杖，以及跟《归去来兮辞》有关的舟、车，跟《桃花源记》有关的桃花、渔人、山洞等。这些元素可以帮助画家将陶渊明与其他历史人物区别开来，也可以帮助我们识别一幅绘画是否与陶渊明有关。

今知比较早而且比较著名的陶渊明画像，当推唐代郑虔所绘《陶潜像》。现在可考的北宋曾经画陶渊明像的有李公麟（1049—1106），公麟，字伯时，号龙眠居士，"仕宦居京师十年，不游权贵门。……当时富贵人欲得其笔迹者，往往执礼愿交，而公麟靳固不答。至名人胜士，则虽昧平生，相与追逐不厌，乘兴落笔，了无难色"。可见李公麟堪称陶渊明的同调，他为陶渊明画像显然寄托了自己的志趣。关于他所绘《归去来兮图》，《宣和画谱》卷七载："公麟画陶潜《归去来兮图》，不在于田园松菊，乃在于临清流处。"陶渊明《归去来兮辞》有句曰"临清流而赋诗"，这幅画就是以此为背景的。李公麟所绘陶渊明像在明初尚存。今笔者所见李公麟《归去来兮图》摹本有三种：美国华盛顿弗利尔美术馆（Freer Gallery of Art）所藏题为宋李龙眠的《渊明归隐图》、美国波士顿艺术博物馆所藏南宋无名氏《陶渊明归去来兮图》（卷首"陶渊明行走像"见图1），以及台北"故宫"博物院所藏题为宋李公麟的《归去来辞图》。

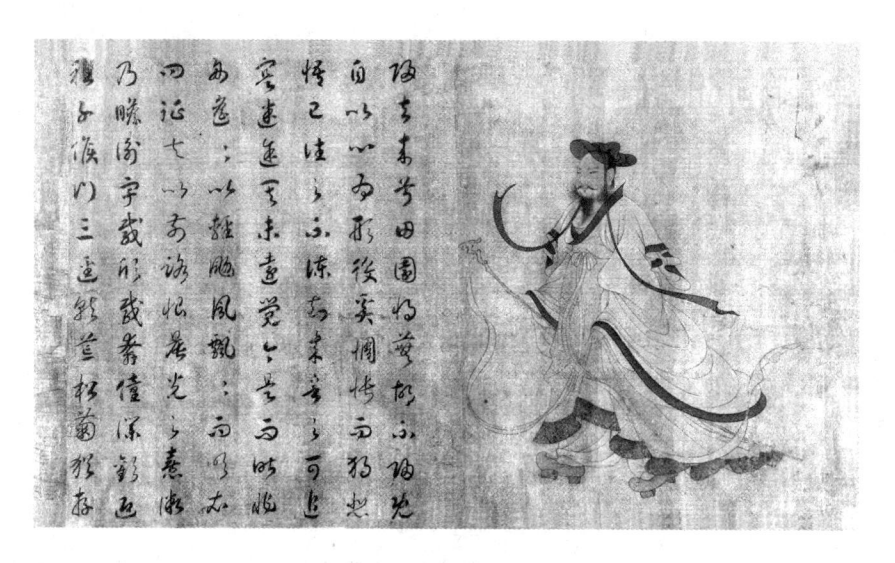

图 1　陶渊明行走像

元代以后各家陶渊明画像有一种趋同的现象，陶渊明的形象定型化，大体上是头戴葛巾，身着宽袍，衣带飘然，微胖，细目，长髯，持杖，而且大多是面左。这种定型化的陶渊明形象，与后代画家师法李公麟不无关系。元代张渥（字叔厚）时用李龙眠法作白描，绘有《陶渊明小像》，大痴道人题跋曰："千古渊明避俗翁，后人貌得将无同。杖藜醉态浑如此，困来那得北窗风。"这首诗中"后人貌得将无同"一句，便指出了这种情况。钱选（1239—1301）所绘设色《归去来图》（局部见图 2）是必须重点介绍的，此图今藏美国纽约大都会艺术博物馆（The Metropolitan Museum of Art）。图取陶渊明《归去来兮辞》文意，绘他乘船归来之情景。左侧上方一带青山，下方一船荡于水上，陶渊明站立船头，面向左，着葛巾，葛巾与衣带均不夸张。右手扬起，似乎是正在招呼家人，欣喜之情宛然可见。船上只有一个船夫在船尾摇橹。左侧岸上五柳树错落有致，柳枝掩映下，土墙柴门，一女子候于门下，二童仆候于门外。整幅画的构图左密右疏，但因为是以陶渊明及其所乘之船为中心，所以并无失重之感。整幅画气韵妍雅，无一点市井趣味。值得注意的是置于船篷下的书不是陶渊明当时的卷轴装，而是线装，这反映了钱选当时的书籍装帧状况。从此图所绘陶渊明乘船归来的情景看来，的确有传为李公麟的《归去来图》之笔意，只是画面更为洗练，笔法更为简约，人物的描绘更集中在陶渊明本人。因为是纸本，所以色彩显得更为鲜艳。

图 2　归去来图（局部）

明代关于陶渊明的绘画发生了显著的变化，简要地说就是更明显地带上画家个人的色彩，往往以画家当时的生活状况作为陶渊明的生活背景，艺术表现更趋于细腻而且更多样化。明代宫廷绘画往往取材于前代的明君贤臣或高士，陶渊明也成为画家注意的题材。如王仲玉《陶渊明像》轴，今藏故宫博物院；周位的《渊明逸致图》，今藏"台北"故宫博物院；李在与马轼、夏芷合作的《归去来兮辞图》卷，今藏辽宁省博物馆。

仇英（约1498—约1552），字实父，号十洲，江苏太仓人，寓居苏州，主要活动于嘉靖年间。他的《桃源仙境图》轴（局部见图3），绢本设色，今藏天津市艺术博物馆。此图布局分三部分，上部云山缭绕，右下点缀以楼台；中部承上，楼台居于更加突出的位置，一片苍松上与楼齐；下部三位高士临清溪而坐，右侧的一位正在弹琴，中间的一位凝眸聆听，左侧的一位两手举

图 3　桃源仙境图（局部）

起，似乎在作评论。他们的对面一玄衣童子提篮侍立，右下有一童子手捧书卷正走在桥上。桥后的山坡上三三两两盛开着粉色的桃花，十分艳丽。整幅画以石青为主，石绿辅之，浓丽典雅。人物虽然并未占据主要位置，在高山的衬托下也显得比较小，但他们衣服的白色十分显眼。这幅绘画笔触细腻，风格秀丽，明显带有赵伯驹的作风，在关于桃花源的作品中堪称佳作。

清代绘画中关于陶渊明题材的作品依然很多，其中最值得注意的是明末清初遗民画家的作品。张风《渊明嗅菊图》是一幅陶渊明的肖像画，纸本墨笔，今藏北京故宫博物院（见图4）。渊明弯腰侧身，捧菊花一朵做嗅闻状，表情专注，几近陶醉。头戴风帽，帽半透明。宽袍大袖，袍长及地。人物无背景，亦不傅彩，纯用白描手法。整幅画的线条包括衣褶都极其简练，与传为梁楷减笔画法的《李白行吟图》有异曲同工之妙。左上方题诗："采得黄花嗅，唯闻晚节香。须令千载后，想慕有陶张。"署"上元老人写渊明小炤（同照）庚子"。上元老人即张风，庚子当清顺治十七年（1660）。诗的末句"陶

图4 渊明嗅菊图

张"二字，陶当然是指陶渊明，"张"盖指张景阳，即西晋诗人张协。张协《杂诗》第三首有句曰："寒花发黄采，秋草含绿滋。""寒花"即菊花。陶张并称，渊源有自也。

明末清初大画家陈洪绶（1598—1652）不止一次画陶渊明像，以寄托自己的向往之情。陈洪绶所绘陶渊明的画像，《博古叶子》中的"空汤瓶"（见图5）是很有独创性的一幅。画中的陶渊明斜倚在一片石边，箕踞而坐，他的藜杖放在左前方的地上，这与我们常见的杖藜而行的陶渊明不同。陶渊明面目清秀，首略颔，目微闭，身子有一点前倾，整个画面透露着一种闲适、从容的气氛。台北"故宫"博物院还藏有陈洪绶的《玩菊图》（局部见图6），图中一人持杖，坐于木瘤凳上，面对菊花一瓶，花瓶置于石上。人物造型高古，大耳，高鼻，表情与神态均显出拔俗之气。陶渊明特别受到遗民画家的青睐，这与历来对陶渊明耻事二姓的推崇显然有关。自宋代以来的遗民画家，都对新朝采取不合作的态度，陶渊明当然就成为他们十分喜爱的题材了。这些遗民画家对陶渊明的描画，既表达了对陶渊明的向往之情，也寄托了自己的情怀，画中的陶渊明既是对陶渊明的写照，在一定程度上也可以视为他们本人的自画像。另外，清王翚有《桃花渔艇图》（见图7），藏于台北"故宫"博物院，见《清恽寿平王翚花卉山水合册》第七幅。王翚（1632—1717），字石谷，号耕

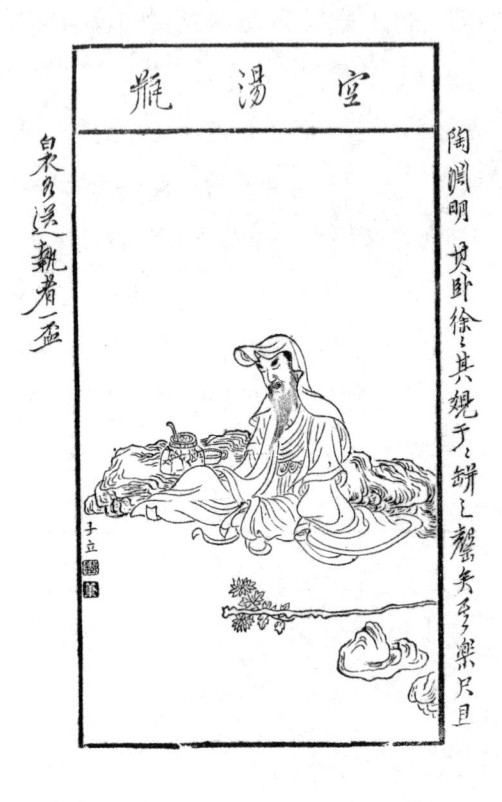

图5 空汤瓶

烟散人、乌目山中人,清初四王之一。此图重心偏在左侧,一条山溪自左上方斜流而下,愈下愈宽。溪中波纹极富动态,与天空之浮云相呼应,笔法也相同。设色以青绿为主,溪岸点缀以桃花、松树、芳草。一渔艇自上顺流而下,艇上坐一渔人。右侧上方云烟浩渺,仅施以淡彩,几近空白,给人留下许多想象的空间。这种大胆的构图与其《春山飞瀑图》(上海博物馆藏)有类似之处。而在色块的运用方面又与其《仿古山水图·仿张僧繇》(无锡市文物商店藏)有类似之处。王翚此图堪称历代桃花源图中的上上之作。

图6 玩菊图(局部)

从美术史的角度看来，陶渊明之所以成为画家喜爱的题材，与宋代以来山水画的盛行有关。陶渊明笔下的山水田园，以及他所描绘的桃花源景色，都很适合山水画家用以作画，他们所惯用的布局、设色、皴法，都可以方便地用来表现有关陶渊明的内容，所以《归去来兮辞》和《桃花源记》就成为最常见的绘画题材。陶渊明这个人物的形象特征很明显，只要画上代表陶渊明的元素，表现出那种清高的神态、潇洒的举动，也就大致不差了。《归去来兮辞》和《桃花源记》都有简单的情节，便于采用连环画的形式加以表现，传统的卷轴形式提供了很大的方便。至于其时空的设计，画家可以发挥自己的想象，既可以将不同时空的情节置于同一幅画中，让人物反复出现，也可以选取一个固定的时间与地点，着重表现某一特定时刻的情景，画家自由发挥的余地很大。

图 7　桃花渔艇图

菊花、松树和酒是陶渊明的标志，也成为绘画中代表陶渊明的元素。陶渊明的作品中多次咏菊、咏松，特别是"采菊东篱下，悠然见南山"（《饮酒》其五）。"芳菊开林耀，青松冠岩列。"（《和郭主簿》其二）"三径就荒，松菊犹存。""景翳翳以将入，抚孤松而盘桓。"（《归去来兮辞》）这些句子都已深入人心，以至于一提起陶渊明便想到菊和松，一提起菊和松便想起陶渊明，菊花和松树已经成为陶渊明人格的象征，所以画家便常常将菊和松作为陶渊明的背景，安排在绘画的显著位置上。酒是陶渊明借来驱遣其苦闷的，陶渊明有《饮酒》二十首、《止酒》等诗，其他虽不以酒命名而写到饮酒的句子就更多了，以至有陶渊明诗"篇篇有酒"的说法，还有关于陶渊明饮酒的一些故事，所以画家在为陶渊明画像时，便很自然地会将酒作为他的另一种象征性的点缀，画他饮酒、以酒相随或醉酒。

以陶渊明为题材的绘画，也有出自朝鲜画家之手的。李朝的安坚（1419—1494）就画过一幅《梦游桃源图》，今藏日本天理图书馆。日本画家也喜欢以陶渊明为题材进行创作，例如藏于京都大德寺聚光院的桃山时代长谷川等伯所绘《四爱图衡立》，藏于京都东福寺的桃山时代传云谷等颜所绘《归去来图襖》；藏于宫城县东北历史博物馆的江户时代东东洋所绘《归去来图屏风》等。

陶渊明以及他的诗文、事迹代表着清高、自然、萧散、隐逸、脱俗，最符合士大夫的生活习气。古代绘画中的陶渊明，主要是属于士大夫的，是他们的精神家园，是他们借以表示其理想人格的一种符号。陶渊明流传下来的作品不多，但他已经成为一个永远不会令人厌倦的话题，文学家不断地谈论他、吟咏他、使用他的典故，画家们则不断地描画他，诗人和画家又不断在关于他的图画上题咏他。研究陶渊明的接受史，绘画中的陶渊明是一个不可忽视的方面。

陶渊明年谱考辨**

龚 斌*

陶渊明之有年谱，始于宋代。现知宋人所撰的渊明年谱有多种：王质《栗里谱》、吴人杰《陶靖节先生年谱》、张縯《吴谱辩证》、李涛（巽岩）《靖节新传》、杨恪《陶渊明年谱》、黄公绍《陶渊明年谱》。王质、吴仁杰的两种年谱完整，张縯《吴谱辩证》保存在李公焕《笺注陶渊明集》中，似非全帙，仅考辨渊明生卒年、名字、《赠长沙公》诗等几项；又有《杂记》一卷，抄录晋贤有关陶渊明的评论。李、杨、黄三人的年谱在中土久已散佚，近年有学人在韩国发现高丽大学所藏南宋蔡正孙所撰《精刊补注东坡和陶诗话》，里面保存了以上三人年谱的佚文及注。[①]

有宋至清，有顾易《柳村谱陶》、丁晏《晋陶靖节年谱》、陶澍《靖节先生年谱考异》、杨希闵《晋陶征士年谱》等。其中，陶澍《年谱考异》仿效张縯《吴谱辩证》，先列王质《栗里谱》、吴仁杰《陶靖节先生年谱》于前，后参考宋元以来诸家所说，辩证陶氏世系、渊明生卒年、故里、仕宦行踪、交游、诗文系年，并涉及渊明的人格、政治态度、思想渊源等重大问题。考

** 项目基金：本文系国家社科基金重大项目"陶渊明文献集成与研究"阶段性成果，项目批准号：17ZDA252。

* 作者单位：华东师范大学中文系。

[①] 详见金程宇《高丽大学所藏〈精刊补注东坡和陶诗话〉及其价值》，《文学遗产》2008年第5期。以下《考辨》所引省称杨恪《年谱》、黄公绍《年谱》，皆转引自金程宇此文。

证精密，发明甚多，是近代之前陶渊明年谱的集大成之作，在陶渊明研究史上具有重要地位，影响至今。

近现代陶渊明年谱亦复不少。具有创见者有：梁启超《陶渊明年谱》，一反渊明享年六十三的旧说，倡五十六岁说。继之古直《陶靖节年谱》，倡五十二岁说。圣旦《陶渊明考》及邓安生《重订陶渊明年谱》，①倡五十九岁说。袁行霈《陶渊明年谱汇考》，力主张縯七十六岁说。此外，尚有傅东华《陶渊明年谱》、逯钦立《陶渊明事迹诗文系年》，亦各有可取处。大陆之外，有杨勇《陶渊明年谱汇订》、方祖燊《陶潜年谱》、钱玉峰《陶诗系年》、刘本栋《陶靖节事迹及其作品编年》等。自宋迄今，陶渊明年谱蔚为大观，无虑二三十种。年谱之外，还有考订渊明生平事迹和诗文系年的论文，不胜枚举。在中国历史文化名人的年谱编撰历史上，历代学者持续不断地编撰陶渊明年谱，成为非常突出的现象，说明陶渊明的接受范围越来越大，伟大的诗人魅力永恒。

知人论世，是了解和正确评论作家作品的唯一途径。陶渊明年谱，是陶渊明研究的基础。然而由于年代久远，文献资料匮乏，且多有异说，这就决定了编撰陶渊明年谱之不易。现存的有关陶渊明的历史文献资料人皆有之，无人私藏秘籍奇货。但凭借相同的文献，可以得出不同甚至截然相反的结论。譬如有人称渊明得年五十二，有人则说七十六。各种渊明年谱差异之大，异说之多，为其他的年谱所未见。盖年谱不同，解释渊明生平及诗文必然大异。同一首作品，或以为早年作，或以为晚年作，见仁见智，大相径庭之程度，让人瞠目结舌。年谱作者犹盲人摸象，读者亦如入迷魂阵，不辨东南西北。历史的真相应该是唯一的，然真相究竟何在？人人皆谓已探骊得珠，实际上人人都无法得到真相。

既然难得真相，再编撰渊明年谱有意义吗？有的。尽管犹若瞎子摸象，仅得一端，但经过甄别，所有有意义的一端可以拼出接近真相的全部。笔者所以再撰《陶渊明年谱考辨》，就是以为全部少不了许多的一端。再者，自陶

---

① 圣旦：《陶渊明考》，《文艺月刊》1934 年第 6 卷第 4 期。

澍以来出现的许多年谱，以及大量相关的论文，也应该进行梳理甄别。故笔者不揣浅陋，仿效陶澍之例，再探渊明真相。

编撰渊明年谱，说到底是一件自圆其说的精细工作。据人人皆见的陶集、史传、前人相关的评论，思索事情的缘起因果；同时，熟悉渊明所处的文化背景，正确解读渊明的诗文。这都是必须具备的条件。唯有探幽索隐的功夫，细微的辨析，缜密的思考，才有可能避免漏洞，圆融通达，打捞出点点滴滴的历史真相。然达到这样的境界，何其难哉！

以下交代笔者引用的主要文献资料：颜延之《陶征士诔》省作颜《诔》，沈约《宋书·隐逸传》省作《宋传》，萧统《陶渊明传》省作萧《传》，李延寿《南史·隐逸传》省作《南传》，房玄龄等《晋书·隐逸传》省作《晋传》，佚名《莲社高贤传》省作《莲传》，汤汉注《陶渊明先生诗》省作汤注，李公焕《笺注陶渊明集》省作李注，陶澍注《靖节先生集》省作陶注，王瑶编注《陶渊明集》省作王瑶注，逯钦立校注《陶渊明集》省作逯注，杨勇《陶渊明集校笺》省作杨注，王叔岷《陶渊明诗笺证稿》省作王《证稿》，方祖燊《陶潜诗笺注校证论评》省作方《论评》。①

王质《栗里谱》省作王《谱》，吴仁杰《陶靖节先生年谱》省作吴《谱》，丁晏《晋陶靖节年谱》省作丁《谱》，顾易《柳村陶谱》省作顾《谱》，陶澍《陶靖节年谱考异》省作陶《考》，梁启超《陶渊明年谱》省作梁《谱》，古直《陶靖节年谱》省作古《谱》，傅东华《陶渊明年谱》省作傅《谱》，朱自清《陶渊明年谱中之问题》省作朱《问题》，逯钦立《陶渊明事迹诗文系年》省作逯《系年》。杨勇《陶渊明年谱汇订》省作杨《汇订》，②方祖燊《陶潜年谱》省作方《谱》，③钱玉峰《陶诗系年》省作钱《系年》，④邓安生《重订陶渊明年谱》省作邓《谱》⑤，刘本栋《陶靖节事迹及其作品编

---

① 方祖燊：《陶潜诗笺注校证论评》，兰台书局有限公司（台北）1977年版。
② 杨勇：《陶渊明集校笺》，正文书局有限公司（台北）1999年版，第400—467页。
③ 方祖燊：《陶潜诗笺注校证论评》，兰台书局有限公司（台北）1977年版，第224—258页。
④ 钱玉峰：《陶诗系年》，台湾中华书局1992年版，第9页。
⑤ 邓安生：《陶渊明新探》，文津出版社（台北）1995年版，第183—240页。

年》省作刘《编年》,① 袁行霈《陶渊明年谱汇考》省作袁《汇考》。②

本《考辨》引用的渊明诗文,采用陶澍集注《靖节先生集》,同时据其他陶集版本择善而从。引用他人专门著作和有关论文,或直接,或以脚注注明来源。陶渊明字元亮,入宋后更名潜,字渊明。

陶渊明之名字,各史传记载有异,自刘宋以来就已淆乱,古今异说有十余种:

1. 《宋传》:"陶潜字渊明。或云,渊明字元亮。"
2. 萧《传》:"陶渊明字元亮。或云,潜字渊明。"
3. 《南传》:"陶潜字渊明,或云字深明,名元亮。"
4. 《晋传》:"陶潜字元亮。"
5. 《莲传》:"陶潜字渊明。"
6. 吴《谱》:"叶左丞云:'陶渊明《晋书》《南史》皆有传,梁萧统亦有传。尝以统《传》及颜延之所作诔,参之二史,大抵《南史》全取统《传》,而更其名字。统《传》云:'渊明字元亮,或云潜字渊明。'《南史》云:'潜字渊明,或云字渊明,名元亮。'至《晋书》,直言潜字元亮。统去渊明最近,宜得其实。既两见,则渊明盖尝自更其名字,所谓'或云潜字渊明'者,其前所行也;'渊明字元亮'者,后所更也。统承其后,故书渊明为正,而谓潜为或说,意渊明自别于晋宋之间而微见其意欤?颜延之作诔,以'寻阳陶渊明'称之,此欲以其名见也。延之与渊明同时,且相善,不应有误。可以知其为后名,与统合。不然,或谨其名,自当称元亮,何以追言其旧字乎?仁杰按:石林谓先生更名,自别于晋宋之间,得其微意矣。至谓潜与渊明为前所行,渊明与元亮为后所更,以集与本传考之,则有可疑。按先生之名渊明,见于集中者有三,见于本传者一。集载《孟府君传》及《祭程氏妹文》,皆自名渊明。又按萧统所作传及《晋宋》《南史》载先生对道济之

---

① 刘本栋:《陶靖节事迹及其作品系年》,文史哲出版社(台北)1995年版。
② 袁行霈:《陶渊明研究》,北京大学出版社1997年版,第243—380页。

言，则自称曰潜。《孟传》不著岁月，《祭文》晋义熙三年所作，据此即先生在晋名渊明可见也。此年对道济，实宋元嘉，则先生至是盖更名潜矣。山谷《怀陶令》诗云：'潜鱼愿深渺，渊明无由逃。'盖言'渊明'不如'潜'之为晦，此尤深得先生更名之意。至云'岁晚以字行，更始号元亮'，此则承《南史》之误耳。延之作先生诔云'有晋征士陶渊明'，既以先生为晋臣，则用其旧名宜矣。延之与先生厚善，著其为晋聘士，又书其在晋之名，岂亦因是欲见先生之意耶？萧统不悟其旨，乃以渊明为本名，而以潜为或说，传中载对道济之语，则又云潜，自相抵牾。其实先生在晋名渊明字元亮，在宋则更名潜，而仍其旧字。谓其以名为字者，初无明据，殆非也。本当曰'陶渊明字元亮，入宋更名潜'。如此得其实。其曰'深明'、'泉明'者，唐人避高祖讳，故云。"①

7. 张縯《吴谱辩证》："梁昭明太子《传》称'陶渊明字元亮，或云潜字渊明'。颜延之《诔》亦云'有晋征士寻阳陶渊明'。以统及延之所书，则渊明固先生之名，非字也。先生作《孟嘉传》，称'渊明先亲，君之第四女'，嘉于先生为外大父，先生又及其先亲，义必以名自见，岂得自称字哉？统与延之所书，可信不疑。晋史谓潜字元亮，《南史》谓潜字渊明，皆非也。先生于义熙中祭程氏妹，亦称渊明，至元嘉中对檀道济之言，则云'潜也何敢望贤'。《年谱》云在晋名渊明，在宋名潜，元亮之字则未尝易。此言得之矣。"②

8. 熊人霖《陶渊明集序》："陶公在义熙中名渊明，字元亮；元嘉中则改名潜，而以渊明为字。"③

9. 梁《谱》："吾侪向来识想所习，皆以渊明为先生字。惟据集中《祭程氏妹文》云：'渊明以少牢之奠，俛而酹之。'祭文不应自称字也。又《孟府君传》云：'渊明从父太常夔。'又云：'渊明先亲，君之第四女也。'孟府君

---

① 许逸民校辑：《陶渊明年谱》，中华书局1986年版，第24—25页。
② 同上书，第27页。
③ 朱自清：《陶渊明年谱中之问题》，许逸民校辑《陶渊明年谱》，中华书局1986年版，第269页。

即孟嘉，实先生之外王父。先生此文，诵述其从父及其母，张《辨》谓'义必以名自见，岂得称字'，谅矣。由此言之，渊明必先生之名无疑。故颜《诔》直书为'有晋征士寻阳陶渊明'也。然则潜之名从何来？李《笺》引《年谱》云：'在晋名渊明，在宋名潜；元亮之字则未尝易。'（此非吴、王两谱文）然古者'君子已孤不更名'，谓先生晚年改名，殆不近理。考先生五子俨、俟、份、佚、佟，而《责子》诗举其小名曰舒、宣、雍、端、通。是先生诸子，皆有两名也。先生盖亦尔尔，渊明其名，而潜其小名欤？"

10. 罗翙云："梁《谱》不主先生晚年更名之说，极是。第以渊明为名，而潜其小名，余尚不谓然。窃疑潜乃其名，而渊明其小名也。何言之？孟嘉者，先生之外祖父。程氏妹者，先生之胞妹也。外孙对外祖称小名，胞兄对胞妹称小名，亲亲之谊有然。对道济则所谓官场应酬者也，安得不称官名。颜《诔》亦称渊明者，延之与先生厚善，所谓引而亲之也。明乎此，则不疑于名字之纷纭矣。"[1]

11. 古《谱》："《易·乾·初九》：'潜龙，勿用。'《九四》：'或跃在渊。'四为初之应，四之渊即初所潜处。故小名渊而大名潜。《广雅》'潜'训'隐'，《说文解字》'隐'训'蔽'，隐、蔽皆有暗义。暗者，明之对也。亮，《说文解字》作'倞'，云：'明也。'是亮与潜为对文，亮与明为同训。王引之曰：'古人名字有五体：一曰同训，二曰对文。寻对文之例，如哆字子敛，没字子明。后世韩愈字退之，朱熹字元晦，皆是也。潜字元亮，例盖同此。罗先生之说，于是为不可易也。'"

12. 朱自清《陶渊明年谱中之问题》："按颜《诔》称'有晋征士陶渊明'，据义熙末征著作佐郎，故书晋，书故名。义熙末去永初仅二三年，时犹用渊明，则入宋更名，当可信也。"

13. 邓《谱》："……考唐释元康《肇论疏》，刘程之以晋元兴中解柴桑令，隐居庐山，即更名曰遗民。萧《传》谓陶渊明与刘遗民、周续之并不应征命，号'寻阳三隐'。渊明以'道不偶物'，于义熙元年自解彭泽令，则其

---

[1] 古《谱》引，许逸民校辑《陶渊明年谱》，中华书局1986年版，第176页。

更名，宜当与刘遗民更名同意，其更名曰'潜'，正见逃禄归耕、隐居避世之志。然则渊明更名曰'潜'，或当在义熙归田之后。必谓入宋更名，则其据未坚，且有'耻事二姓'之嫌。"

14. 袁《汇考》："……此三处'渊明'皆自称其名无疑。字元亮，见沈约《陶潜传》、萧统《陶渊明传》，向无异说。唯'潜'者聚讼纷纭。'潜字渊明'，始见于沈《传》'陶潜字渊明，或云渊明字元亮'，未知何据。但验之上引三处渊明自称其名之资料，字渊明之说实不可信。……然则'潜'者或自称字也。但晋宋间双名而单字、一名而两字，不合习惯，未敢遽曰名'渊明'字'潜'。惟梁《谱》曰'小名潜'，实不足信，渊明断无对檀道济自称小名之理。""入宋更名之大前提为渊明忠于晋室，此大前提原未必成立。即使忠于晋室，不熟书宋年号以示不承认宋朝犹可说也，更'渊明'为'潜'，有何说耶？若说潜而不仕，则早在晋朝已退隐不仕，入宋后未见其更逃入深山不知所终，则何必更名'潜'？更名曰'潜'，未能表示其忠于晋室如不书宋年号者，更名并无意义。且'渊明'二字中之'渊'字本与'潜'意相关，舍'渊明'而取'潜'，亦属多事。梁《谱》引《礼记》'君子已孤不更名'（《曲礼下》），以为晚年更名，殆不合理。梁说有力，渊明固不必据守古礼，然亦不必不守古礼而轻易更名也。"①

【考辨】

先生之名"渊明"，见于《孟府君传》《祭程氏妹文》。此二文皆作于晋时，既自称"渊明"，颜《诔》称"有晋征士陶渊明"，则先生在晋名"渊明"当不容怀疑。沈约撰《宋书》，距渊明之卒仅六十年，萧统作《陶渊明传》晚于沈约，但距渊明之卒亦不过百年左右。②《宋传》、萧《传》的记载，较后世之异说更可信。《宋传》曰："陶潜字渊明。"当指先生入晋后更名潜，字渊明。"或云：渊明字元亮。"乃指先生在晋名渊明，字元亮。萧《传》

---

① 袁行霈：《陶渊明研究》，北京大学出版社1997年版，第248、249页。
② 《宋书》卷一○○《自序》："五年春，又被敕撰《宋书》。六年二月毕功。"第2466页。按，沈约于齐永明五年（487）奉命撰《宋书》，逾年而成。萧统卒于梁武帝中大通三年（529），其编辑《陶渊明集》并作《陶渊明传》时，距陶渊明之卒百年左右。

曰："陶渊明字元亮。"指先生在晋名渊明，字元亮。"或云：潜字渊明。"指先生入晋更名潜，字渊明。萧《传》是颠倒《宋传》的叙述次序，即沈约先叙先生入宋后名字，萧统先叙先生在晋时名字，二者皆得事实之真。当然，萧统按年代先后之次序叙述，比沈约更合理。

沈约是当时著名学者，于谱学深有研究，而陶氏为浔阳大族，肯定熟悉陶氏谱系。当然，渊明在世时官职不高，又早隐退，名声不大，但绝不是无名之辈，沈约不至于连他的名字也搞错。"或曰"云云，正反映渊明在晋与入宋两个时期名字不同的情况。

《宋传》、萧《传》所记渊明之名既两见（即"或曰"），则先生必定曾经更名。更名之说，最初见于黄庭坚《宿旧彭泽怀陶令》诗："潜鱼愿深渺，渊明无由逃。……岁晚以字行，更始号元亮。"以为先生晚年更名，字渊明，号元亮。吴《谱》评山谷之说云："盖言'渊明'不如'潜'之为晦，此尤深得先生更名之意。至云'岁晚以字行，更始号元亮'，此则《南史》之误。"

梁《谱》据《礼记·曲礼下》"君子已孤不更名"之义，以为渊明晚年更名不近理。袁《汇考》赞同梁《谱》，称"梁说有力"，并以渊明未必忠于晋室为由，否定渊明晚年更名说。[①]"君子已孤不更名"者，是说君子之名由乃父所命，父死，孝子不忍更名也。但这一古义早有人违背。例如司马相如其亲名之曰"犬子"，后读书慕蔺相如为人，更名"相如"。[②] 刘向本名更生，后更名"向"。[③] 江充本名齐，因遭祸父兄死，遂亡西入关，更名"充"。[④] 可见在世事变易或个人遭遇重大变故时，即使"君子已孤"，也并不是不可更名。朱自清《陶渊明年谱中之问题》云："惟'君子已孤不更名'系儒家所古闻礼，古礼至魏晋已不遵行，阮籍所云'礼岂为我辈设'正是一证。渊明

[①] 袁《汇考》说："入宋更名之大前提为渊明忠于晋室，此大前提未必成立。即使忠于晋室，不书宋年号以示不承认宋朝犹可说也，更'渊明'为'潜'，有何说耶？若说潜而不仕，则早在晋朝已退隐不仕，入宋后未见其更逃入深山不知所终，则何必更名曰'潜'？更名曰'潜'，未能表示其忠于晋室如不书宋年号者，更名并无意义。"见《陶渊明研究》，第249页。
[②] （汉）司马迁：《史记》卷一一七《司马相如列传》，中华书局1975年版，第2999页。
[③] （汉）班固：《汉书》卷三六《刘向传》，中华书局1962年版，第1949页。
[④] （汉）班固：《汉书》卷四五《江充传》，中华书局1962年版，第2175页。

虽不作达，然其泽于道家者深，泽于儒家者浅，且去古益远，而谓其必守古礼，理不然也。"① 朱说符合事实。试读《宋传》记渊明喜酒及待客之状：颜延之为始安郡，经过浔阳，"日日造潜，每往必酣饮致醉，临去，留二万钱与潜；潜悉送酒家，稍就取酒。……贵贱造之者，有酒辄设。潜若先醉，便语客：'我醉欲眠，卿可去。'其真率如此"。② 渊明之行为，与《礼记》规定之古礼，相去甚远。晋宋易代，对于渊明来说当然是重大事件，故所作诗文书甲子，不书刘宋年号，以此隐含自己的政治态度。渊明更名"潜"，微妙地表达不事新朝的政治倾向，这也不难理解。梁启超不信渊明"耻事二姓"说，袁《汇考》追随梁氏，故称渊明忠于晋室的大前提未必成立，"舍'渊明'而取'潜'，亦属多事"，云云。其说显然未理解古《谱》关于"渊明""潜""元亮"等字的训诂。"渊"字固有"潜"义，然"渊明"并不与"潜"字同训。舍"渊明"而取"潜"，盖在"渊明无由逃"；而更名"潜"，则"潜鱼愿深渺"。可见，更名固有深意在，岂是"亦属多事"？

　　考"陶潜"之名，出于萧《传》记渊明对檀道济所言："潜也何敢望贤。"《宋传》云："陶潜字渊明。"萧《传》云："或云：潜字渊明。"凡此可证，渊明本人还是史传，"潜"皆是先生本名，非是字。但袁《汇考》既怀疑《宋传》、萧《传》，也怀疑渊明对檀道济之言，"未必是自称其名"，并举《世说新语·雅量》褚裒自称"褚季野"及《晋书·隐逸·戴逵传》戴自称"戴安道"之例，称"'潜'者或自称字也"。③ 意谓渊明自称"潜"，非自称其名，而是自称其字。此说亦离奇。一是《宋传》、萧《传》《南传》《晋传》《莲传》皆谓"潜"为名，从无称"潜"为字者。二是自称字固有简傲意味，但渊明所对檀道济为江州刺史，理应自称其名。三是江淹作《杂体诗》三十首，其中之一是《陶征君潜田园》。据这组诗之体例，皆称前代诗人之名，如"魏文帝曹丕""嵇中散康""许征君询""谢临川灵运"等，无有

---

① 许逸民校辑：《陶渊明年谱》，中华书局1986年版，第269页。
② 《宋书》卷九三《陶潜传》，中华书局1974年版，第2288页。
③ 袁行霈：《陶渊明研究》，北京大学出版社1997年版，第249页。

称字或小名者。故"潜"必是其名，而非字。据江淹卒于梁天监四年（505）判断，《杂体诗》三十首可能作于齐代。若此判断不错，则知齐代称先生晚年之名。四是《梁书》卷二二《安成康王秀传》记天监六年（507）萧秀为江州刺史，"及至州，闻前刺史取征士陶潜曾孙为里司，秀叹曰：'陶潜之德，岂可不及后世？'即日辟为西曹"（《南史》卷五二同）。据此亦可证，"潜"乃先生之名，非为字。萧统则称"陶渊明"。"潜"与"渊明"两称，皆先生之名，并行梁世。此即《宋传》、萧《传》所称"或云"。五是《旧唐书》卷四七《经籍志》著录《陶渊明集》五卷，《隋书》卷三五《经籍志》著录《宋征士陶潜集》九卷（注：梁五卷，录一卷）。依两书《经籍志》体例，别集名皆以作家正名命名之，未见以字为文集名者。以上五证可知，"陶渊明""陶潜"皆是先生之名，"潜"非先生之字明矣。梁《谱》"小名"之说，实不足信。

罗翙云极为赞同梁《谱》之晚年无更名说，然不同意梁《谱》"潜"乃小名，却又疑"渊明"乃小名，称《陶集》中"渊明"之三见，且颜《诔》称"渊明"，前者为"亲亲之谊"，后者是"引而亲之"。罗氏之说，同样离奇不足信。《孟府君传》《祭程氏妹文》、颜《诔》皆是严肃的文章，或叙述人物生平行事，或表彰人物德行，行文典雅，风格谨严，非为平日亲友间之言谈，渊明岂可自称小名？试看东晋人之小名，多粗俗不雅驯：如殷顗小名"阿巢"（见《世说新语·轻诋》二七），王恬小名"阿螭""螭虎"（见《世说新语·简傲》一二），王荟小名"小奴"（见《世说新语·雅量》）三八），王脩小字"苟子"（见《世说新语·文学》三八）之类。"渊明"之名显然不类东晋人小名。罗氏所谓"渊明"乃小名之说，臆说而已。古《谱》无端誉曰："罗先生之说，于是为不可易也。"真是匪夷所思。

邓《谱》承认渊明更名，但以为更名非入宋后，而在义熙元年（405）："于义熙元年自解彭泽令，则其更名，宜当与刘遗民更名同意，更名曰'潜'，正见逃禄归耕，隐居避世之志。"但假若义熙元年归田之初更名，则作于义熙三年（407）的《祭程氏妹文》何以仍自称"渊明"，而不自名"潜"？据此可证归田之初仍名"渊明",义熙元年更名之说难以成立。渊明入宋后更名"潜",正寄寓"耻事二姓"之深意。

综观古今探索陶渊明名字之诸多异说,以吴《谱》最为可取,然亦有不确之处。总括以上所考,结论如下。

一、先生在晋名渊明,字元亮。入宋更名潜,字渊明。先生更名之意,以叶梦得"以渊明自别于晋宋之间而微见其意"之猜测得其真。

二、《宋传》、萧《传》所记先生名字,实不矛盾。《宋传》先叙先生宋时名字,后叙先生晋时名字。萧《传》则先叙宋时,后叙晋时。

三、"潜"乃先生入宋后之名,非先生之字。"潜"亦非先生小名。

四、"渊明"为先生在晋时之名。入宋更名"潜",字"渊明","渊明"非先生小名。

五、"深明""泉明"者,唐人避高祖讳,故云,不足多辨。

江州浔阳郡柴桑人(在今江西九江市西南)。

关于陶渊明里居,唐之前无有疑问,皆称浔阳柴桑。自宋之后,歧说渐多,地理志中异说尤多。今先择其代表性之资料,列在下面。

1. 颜《诔》:"有晋征士浔阳陶渊明,南岳之幽居者也。""元嘉四年月日,卒于浔阳县之某里。"(《文选》卷五八)

2.《宋传》:"浔阳柴桑人也。"萧《传》《南传》同。

3. 白居易《访陶公旧宅》诗序:"今游庐山,经柴桑,过栗里,思其人,访其宅。"

4. 乐史《太平寰宇记》卷一○六:"渊明故里。《图经》云:'渊明始家宜丰,后徙浔阳。'宜丰,今新昌也。"同书卷一一一:"陶潜,柴桑人。""栗里源在山南,当涧有陶公醉石。""柴桑山,近栗里原,陶潜此中人。""陶公旧宅,在州西南五十里柴桑山。《晋史》:'陶潜家于柴桑。'唐白居易有《访陶公旧宅》诗。"

5. 朱熹《语录》:"庐山有渊明古迹处,曰上京,《陶渊明集》作'京',

今土人作'荆'。江中有一磐石，石上有痕，云渊明醉卧其上，号渊明醉石。"① 又朱熹《跋颜鲁公栗里诗》说："栗里在今南康军治西北五十里，谷中有巨石，相传是陶公醉眠处。予尝往游而悲之，为作归去来馆于其侧，岁时劝相间一至焉。"②

6. 王象之《舆地纪胜》卷二七"陶渊明读书堂"条："按古《图经》载：渊明家宜丰县东二十里，后起为州祭酒，徙家柴桑，暮年复归故里，因以名乡也。"③

7. 李注《戊申岁六月中遇火》诗云："靖节旧宅居于柴桑县之柴桑里。"又李注《还旧居》诗云："《南康志》：近城五里，亦有渊明故居。"

8. 《江西通志》卷四二"古迹"："陶公旧宅。《名胜志》：在府西南九十里柴桑山。《晋史》：'陶潜家于柴桑。'即今楚城乡也。"

9. 王祎《自建昌州还经行庐山下记》："……又数里过醉石观，陶靖节故居。其地栗里也，地属星子县。而星子在晋为彭泽县。观已废，惟有大石亘涧中，石上隐然有人卧形，相传靖节醉，即卧此石上也。"

10. 李梦阳《空洞集》卷四七《游庐山记》："自康王坡又西北行，则古柴桑地，曰鹿子坂、面阳山者，陶公宅与墓处也。"

11. 《大明一统志》卷五二"南康府星子县"条："玉京山，在府西七里，晋陶潜诗'畴昔家上京'，即此。"

12. 陶《考》"晋哀帝兴宁三年乙丑"条："……又《江州志》云：'先生始居上京山，星子西七里。戊午（当作"戊申"）六月火，迁柴桑山，九江西南九十里。古栗里，今之楚城乡也，旧碑题晋陶靖节先生故里。'澍考集中有《移居》诗及《还旧居》诗，其首句曰：'畴昔家上京。'则《江州志》所说为信，当是始居上京，因火而徙柴桑之南村，后又还旧居上京也。"

13. 胡思敬《盐乘》卷一四《陶潜列传》："渊明始家宜丰，筑室南山延

---

① 陶考引。许逸民校辑《陶渊明年谱》，中华书局 1986 年版，第 86 页。
② 《晦庵集》卷八一，文渊阁《四库全书》本，商务印书馆 2005 年版。
③ 王象之：《舆地纪胜》，中华书局 1992 年版，第 1221 页。

禧观侧。"又云:"沈约《宋书》称渊明为浔阳柴桑人,系据其没葬之地而言。"①

【考辨】

宋明之后,关于渊明故里,地志中始有与史传不同的记载。大致有三种说法。一曰柴桑。二曰庐山南麓,即今星子。三曰宜丰,称渊明"始家宜丰"。今以《陶集》为内证,并结合史传及地理志,考辨渊明故里所在。

一、柴桑说。此说最早,《宋传》萧《传》《南传》皆同。按,欲确定渊明故里所在,须先考辨柴桑城之方位。《晋书》卷一五《地理志下》载:"永兴元年,分庐江之浔阳,武昌之柴桑之二县置浔阳郡,属江州。"②"安帝义熙八年,省浔阳县入柴桑县,柴桑仍为郡。"又唐李吉甫《元和郡县志》:"柴桑故城西南二十里。"宋陈舜俞《庐山记》:"江州在山北二十里,本在大江之北,浔水之阳,因名浔阳。今蕲州之兰城即其故址。咸和九年,刺史温峤始自江北移于溢城之南。"综上可知,柴桑县在晋时属江州浔阳郡,柴桑古城在唐时江州州治西南二十里。然仍须解释之。《晋书·地理志》所谓"安帝义熙八年,省浔阳县入柴桑县,柴桑仍为郡",意思说,义熙八年（412）之前或之后,柴桑城始终是浔阳郡治。"仍为郡"之"郡",指郡治。据逯钦立《陶潜里居史料评述》一文考证,柴桑临江,迫近溢口。③逯氏之说证据确凿,可信从也。例如举《晋书》卷七六《温峤传》:"浔阳滨江,都督应镇其地。"又举《南齐书》卷一四《州郡志》:庾亮"临终表江州宜治浔阳,以州督豫州新蔡、西阳二郡,治溢城,接近东江,诸郡往来便易"。今再举二证:一是《晋书》卷五八《周访传》记周访讨华轶,轶所统武昌太守冯逸来攻周访,访击破之。"逸遁保柴桑,访乘胜进讨。轶遣其党王约、傅札等万余人助逸,大战于溢口。""时溢口骚动,访步上柴桑,偷渡,与贼战,斩首数百。"以上所引文字中的"柴桑",显然指柴桑城,不是泛指柴桑地区。可知柴桑城

---

① 胡思敬:《退庐全集》,沈云龙主编:《中国近代史料丛刊》正编第45辑,文海出版社印行（台北）1966年版,第448册,第3640、3650页。
② 《晋书》,中华书局1974年版,第463、464页。
③ 逯钦立遗著,吴云整理:《汉魏六朝文学论集》,陕西人民出版社1984年版,第164—173页。

即在溢口附近，临江。《晋书》卷一五《地理志》：柴桑属武昌郡，柴桑下注："有溢口关。"可知溢口是柴桑最重要之地。《南齐书》记庾亮临终上表江州宜治浔阳，治溢城。说明江州治浔阳，浔阳治溢口，溢口关又是柴桑的重要关隘。二是《文选》卷一一郭璞《江赋》："鼓洪涛于赤岸，沦余波乎柴桑。"说明柴桑城临江，或有河湾或湖泊通长江，余波沦于城下。《读史方舆纪要》卷八五"柴桑城"说："晋永兴初，为浔阳郡治。元兴二年，桓玄篡位，迁帝于浔阳，即柴桑也。"以为安帝时的浔阳郡治就是柴桑城，是正确的。然《资治通鉴》卷六五胡三省注说："柴桑县属豫章郡，晋置浔阳郡于江南，即此柴桑县地也。今江州德化县西南九十里，有柴桑山。"同书卷一四四胡三省又注："柴桑汉县属豫章郡，晋属武昌郡，晋惠帝立浔阳郡，治柴桑。《五代志》曰：'江州溢城县，旧曰柴桑。'杜佑曰：'今浔阳县南楚城驿，旧柴桑县也。'"胡三省这两处注比较含混且不统一。尤其是前者，既说浔阳郡在江南，即柴桑县地，又说德化县西南九十里有柴桑山，似乎柴桑城就在柴桑山。后者尚称一致，所谓"晋惠帝立浔阳郡，治柴桑"，是指浔阳郡治在柴桑，此柴桑非泛指柴桑县辖地，而是指柴桑城。则浔阳郡治所在，必不在西南九十里之柴桑山。胡氏所引《五代志》"江州溢城县，旧曰柴桑"，说明柴桑古城，就是五代时的江州溢城县。溢城临江，则柴桑故城必不在西南九十里。合此二处来看，胡三省注释柴桑方位，虽然前后不太一致，但大体倾向在临江的溢口附近。后来嘉靖《江西通志》卷一四说"柴桑城在府治南九十里，汉置柴桑县，属豫章郡。隋改曰溢城"。① 既然称柴桑城在府治南九十里，又说此柴桑城就是隋改名的溢城，显然十分矛盾。既然溢城临江，岂与相距九十里的所谓柴桑城为同一地？再说柴桑城若在西南九十里，岂有郭璞《江赋》"沦余波于柴桑"的景象？又万历《江西省大志》说："柴桑城在县南九十里，汉置柴桑县，属豫章郡。隋改曰溢城，唐武德五年置楚城县，今为楚城乡。"② 此皆是未曾细读胡三省《资治通鉴》注而发生的误解。

---

① （明）林庭㭿：《嘉靖江西通志》卷一四，明嘉靖刻本。
② （明）王宗沐：《万历江西省大志》卷六，明万历二十五年刻本。

江州位于长江中游，东晋立浔阳郡，柴桑为浔阳郡治，盖柴桑临江，形势险要，又有湓口关，可以扼守上下水道。在古今交通史及军事史上，交通发达或形势险要之地，往往是权力中心或是军事要塞。若柴桑城位于江州府治西南九十里的山沟中，远离长江水道，交通不便，也无军事上的攻守价值，不可能立为浔阳郡治。此常识所能理解者也。

又白居易《访陶公旧宅诗》序说："今游庐山，经柴桑，过栗里，思其人，访其宅。"白居易此行目的是游庐山，顺便访陶公旧宅，所走路线与渊明当年游庐山的路线非常吻合。"经柴桑"之柴桑，也不是指柴桑的辖地范围，而是指柴桑城。唐代江州州府在浔阳郡治，而郡治紧靠湓城。《新唐书》卷四一《地理志》说："浔阳，近湓城，武德四年更名。又别析置湓城县。五年，析湓城置楚城县。八年，省湓城。贞观八年省楚城，南有甘棠湖。"可知浔阳郡治南有甘棠湖，离湓城很近，而湓城临江，具体位置就在现在的九江市区，甘棠湖今日犹存。白居易此次游庐山，从浔阳郡治出发，先经柴桑古城，再往南是栗里，故云"经柴桑，过栗里"。栗里有渊明子孙，故曰"思其人，访其宅"。由白居易《访陶公旧宅诗》序可推知，渊明故里在浔郡治之南或西南。《访陶公旧宅诗》说："子孙虽无闻，族氏犹未迁。"说明唐时柴桑城至栗里一带是陶氏的聚居地。白居易的诗及序，是考见渊明故里方位的极有价值的文献资料。

邓安生《陶渊明里居辩证》考辨"楚城""栗里""南康""始家宜丰"诸说之伪，以为渊明故居在九江柴桑，① 考证翔实，亦足资参考。笔者昔年校笺《陶渊明集》，作《陶氏宗谱中之问题》一文，② 推测渊明故里在柴桑古城西南二十里，相当于今九江市西南赛湖、八里湖一带。

从渊明交游的情况看，也能证明渊明故居在浔阳城附近。《宋传》说："先是颜延之为刘柳后军功曹，在浔阳与潜情款，后为始安郡，经过，日日造潜。"《南传》同。据此不难推知渊明故里必在浔阳郡治附近，故颜延之得以

---

① 邓安生：《陶渊明新探》，文津出版（台北）1995年版，第1—20页。
② 龚斌：《陶渊明集校笺》（修订本），上海古籍出版社2011年版，第508—527页。

"日日造潜"。若渊明故里在宜丰，或在庐山南麓，或在居州府西南九十里，则颜延之绝无可能"日日造潜"。《宋传》又说："江州刺史王弘欲识之，不能致也。潜尝往庐山，弘令潜故人庞通之赍酒具，于半道栗里要之……俄顷弘至，亦无忤也。"《南史》同。据此可确定渊明故里的大致方位：州府在庐山之北，渊明故里在州府之南，经栗里，至庐山。当时，栗里必距江州郡治柴桑城不远，如此王弘令庞通之于栗里要之，而弘本人能俄顷即至。

"栗里"位置在庐山北麓，至南宋陆游，犹以为栗里离长江南岸不远。他在《入蜀记》卷二中说："晚抵江州，州治德化县，即唐之浔阳县，柴桑、栗里，皆其地也。南唐为奉化军节度，今为定江军。岸土赤而壁立，东坡先生所谓舟人指点，岸如赪者也。泊湓浦，水亦甚清。"由此可知，南宋的江州州治德化县，即唐之浔阳郡治，靠近湓浦，江水近在咫尺。栗里也离德化县治不远。陆游又说："今江州治所，在晋特柴桑县之湓口关耳。"以为东晋江州郡治，是柴桑县湓口。陆游的描述，符合史实，与白居易诗一致。

二、庐山南麓说。此说依据主要有三：一谓"上京"，二谓"栗里"，三谓"醉石"；并说"上京""栗里"及"醉石"，皆在庐山之南，由此证明渊明故里在彼。以下依次考辨"上京""栗里""醉石"。

"上京"一词在陶集中出现二次：《还旧居》诗："畴昔家上京，六载去还归。"《答庞参军》诗："大藩有命，作使上京。"后者指京都无疑。前者有两种解读：一说上京也指京都，渊明曾居住京都；一说是地名，渊明有故居在上京。关于《还旧居》诗及渊明是否在京都建康居住问题，详后文考辨。此处先述作为具体地名"上京"的由来。从现有资料看，"上京"之地名，大概始于宋代。朱熹说"在上京坡遇雨"，则上京或是山名。是否朱熹之前庐山南麓就有"上京"之地名，尚无确切的证据。其后，李公焕注"上京"说："《南康志》：近城五里地名上京，亦有渊明故居。"

今星子陶渊明研究者刘希波、袁晓宏作《星子访陶：从唐代到朱熹》一文，举出朱熹之前名人吟咏庐山南麓风物的诗篇，以此作为渊明故居在庐山南麓的证据。比如唐代崔沔至庐山之南撰《落星赋》说："彼在天也何遣，奄沦落于边城？其在地也何幸，复推迁于上京。"刘、袁之文据此推论说，落星墩在星子上京山麓的鄱阳湖中，"此赋证明唐时称这里为上京，与渊明'畴昔家上京'所称谓一致"。按，《落星赋》的证据比较有力，证明唐时这里确有上京之地名。《星子访陶》一文又据綦母潜《太平观》诗："夕到玉京寝，育冥云汉低。……明当访真隐，挥手入无倪。"以为诗中的"玉京"，是指玉京山。又举李白《庐山谣》"手把芙蓉朝玉京"句，称李白读书于五老峰之下，朝南面对玉京山。① 其实，綦母潜、李白诗中的"玉京"，是道家所称的天帝所居处，泛指仙都。太平观为道观，诗云"夕到玉京寝"，也许綦母潜夜宿道观。至于李白诗云"手把芙蓉朝玉京"，那是表示他对神仙的向往。以上二诗中的"玉京"，不可误认是地名或山名。然玉京山之名，数见于《星子县志》："玉京山在县西七里，根连庐山（山疏），山当大湖滨，一峰苍秀，彭蠡东西数百里，云山烟水浩萦，皆列几席前，奇绝不可名状。晋陶潜家于其下，诗云'畴昔家上京'。李白诗云'手把芙蓉朝玉京'，皆指此。"② 原《星子县志》所载之玉京山，不知其最初出处。而《江西通志》卷一一七记玉京山，亦名上京，注明出于《名胜志》。但我们不知《名胜志》的年代。如上所说，綦母潜、李白诗中的玉京是泛指神仙居所，其实不能用来作唐代就有玉京之地的依据。唐崔沔《落星赋》有地名"上京"，因无法举证否定它，故宁信其有。但后来称玉京为山名，即上京，其地有渊明故居，这就难于使人信服了。至于曹龙树《题陶潜先生上京栗里故居辨》，自述其访玉京山麓，土人指山窝一蔡姓村云，此传为陶公旧宅。③ 恐怕更不可信。曹龙树去渊明一千多年，当地村人竟然还能指认陶公旧宅，这如何可能？

　　庐山南麓有栗里、醉石之说，大概也起于宋代。北宋乐史《太平寰宇记》卷一一一说："栗里原在山南，当涧有陶公醉石。"称栗里在庐山南麓，乐史是始作俑者。继之者朱熹，多次说到栗里在庐山之南。如《答吕伯恭》说：

---

① 李宁宁、吴国富主编：《浔阳论陶——2014年陶渊明与生态文明国际学术研讨会论文集》，江西人民出版社2015年版，第224页。
② 《星子县志》卷二，同治十年刻本。
③ 《星子县志》卷一四，同治十年刻本。

"陶公栗里，只在归宗之西三四里。"《答李滨老》说："陶公有醉石在郡西北数十里，所谓栗里者也。"《跋颜鲁公栗里诗》说："栗里在今南康军治西北五十里谷中，有巨石，相传是陶公醉眠处。予尝往游而悲之，为作归去来馆于其侧。"《奉安五贤祠文》说："既又咨访，得陶公栗里故居于郡境。"① 朱熹说栗里、醉石之庐山之南，或得之于"咨访"，或得之于"相传"。与朱熹不同的是周必大《庐山后录》记他游庐山南麓，"……行官道约三里，入小路，访栗里、求醉石，土人直云：此去有陶公，无栗里也"。② 周必大与朱熹同时，也游庐山南麓，访栗里，土人却说"无栗里"。而朱熹说栗里是由"咨访"而得，由此可知，南宋时庐山南麓不存在栗里的地名，当地人也多不知，栗里已经是年代久远的一个古地名。朱熹说栗里在郡西北五十里的山谷中，不过得知于当地人不可靠的传闻。朱熹去沈约已有六百年，沈约《宋书》中关于栗里的记载，自然比朱熹得之于传闻的信息要可靠得多。

醉石的方位有不同说法。朱熹说在南康军治西北五十里山谷中，又说在江中："江中有一磐石，石上有痕，云渊明醉卧于其石上，名渊明醉石。"③《江西通志》卷一二说在府城西南二十里的行龟峰，上有渊明醉石。又说"栗里源在府城西三十五里，醉石侧有渊明五柳馆"。④ 考渊明醉石的传说，最迟不晚于唐。晚唐王贞白、陈光，都有咏渊明醉石诗。王贞白《书陶潜醉石》诗写醉石"积迭莓苔色，交加薜荔根"，⑤ 陈光《陶渊明醉石》诗说："片石露寒色，先生遗素风。醉眠芳草合，吟起白云空。"⑥ 读这二首诗，无从判断醉石在何处。至宋代，题咏渊明醉石的诗渐多，有的明确定位醉石在庐山南麓。例如孔仲武《咏山南二贤》诗："羲之之墨池，渊明之醉石。"⑦ 然而，同是宋人的曾达臣《独醒杂志》，以为陶公醉石在庐山西南：江州德化县楚城

---

① 朱熹：《晦庵集》卷三四、四六、八一、八六。
② 《说郛》卷六四，文渊阁《四库全书》本。
③ 《朱子语类》卷一三八，文渊阁《四库全书》本。
④ 《江西通志》，明嘉靖刻本。
⑤ 《全唐诗》卷八八五。
⑥ 《全唐诗》卷八八六。
⑦ 《清江三孔集》卷四，文渊阁《四库全书》本。

乡陶靖节祠前横小溪，"溪中盘屹一石，人谓之渊明醉石"。①据《独醒杂志》描述的地理位置，渊明醉石在今德安县境内，庐山西南，离九江市区很远。王象之《舆地纪胜》卷三〇"江州"条说："栗里原，旧隐基址犹存，有陶公醉石。然山南亦有之，二事重出，故两存之。"由上述可知，宋时有两处陶公醉石，一在南康府西山涧中，一在九江西南九十里的德化县楚城乡。要确定何处是真的渊明醉石，也是难事一桩。因为醉石实质不过是附丽渊明生活情趣的佳话，它可以在栗里，也可以在故居的附近，甚至后世仰慕陶公者也可制造一个。譬如《句容县志》（弘治刻本）卷四说："陶公醉石在中茅峰顶。"庐山脚下的陶公，居然跑到了茅山峰顶。因此，不能依据醉石所在确定渊明故居的位置。

渊明故里历来有柴桑说、庐山南麓说、宜丰说之外，前几年又出现江西德安县的灵龟石说。这种说法的起源是2004年8月，九江市德安县吴山乡蔡河村灵龟石的村民在白鹤山放牛时，发现一块墓碑，上刻"故公陶潜公之墓"数字，字迹严重漫漶，几不可识。所谓"灵龟石"是卧在小溪边的一块大石头，黑色。卧石地属德安县，位于庐山西南，距九江市区将近百里。"灵龟石"所在地的南北山垅中，全是陶氏后裔，附近山坡上有大量明清陶氏墓葬，层层叠叠，不计其数。九江学院的吴国富、王贤森两君多次实地考察，考证"牛眠地"与陶侃的关系，得出结论说："如果牛眠地就是陶侃在柴桑的祖居地，那么它成为陶渊明柴桑故里的可能性是很大的。"②

笔者于2009年至"灵龟石"、牛眠地考察，以为那块"故公陶潜公之墓"的墓碑，因字迹漫漶太甚，且未作年代的科学探测，尚不能作为陶公墓就在此地的证据。大量的明清墓葬，有力地证明此地是陶氏后裔的最主要聚居地。至于灵龟石附近的牛眠地，是否就是《晋书·周光传》中的牛眠地，仍须辨析。

陶侃葬父于牛眠地一事见于《晋书》卷五八《周访传》附周光："初，

---

① 吴骞：《拜经楼诗话》卷二。
② 吴国富：《陶渊明浔阳觅踪》，江西人民出版社2007年版，第53—81页。

陶侃微时，丁艰，将葬，家中忽失牛而不知所在。遇一老父谓曰：'前岗见一牛眠出污中，其地若葬，位极人臣矣。'又指一山云：'此亦其次，当世出二千石。'言讫不见。侃寻牛得之，因葬其处，以所指别山与访，访父死，葬焉。果为刺史，著称宁益。自访以下三世为益州四十一年，如其所言云。"①邓名世《古今姓氏书辩证》卷一一说：陶氏"后世望出丹阳，晋太尉侃之祖父同始居焉，同生丹，吴扬武将军、柴桑侯，遂居其地，生侃"。陶侃父陶丹既然为柴桑侯，则最有可能居于柴桑城，或城附近。陶侃放牛，当不会离柴桑城太远。以此推测，牛眠地也应该在柴桑城附近。上文考辨柴桑城临江，则所谓牛眠地不会在远离柴桑城西南九十里的楚城乡，或灵龟石。《晋书》卷六六《陶侃传》载：陶侃"以母忧去职，尝有二客来吊，不哭而退，化为双鹤，冲天而去，时人异之"。二客吊陶侃母，化为双鹤的传说，在后来的地理著作中多有记载，如《太平寰宇记》卷一一一说："鹤门洞在县西四十二里，今按瑞昌界。按《郡国志》云：'陶侃微时丧母，忽有二客来吊，化为双白鹤飞去，后因以名焉。'"王谟《江西考古录》卷四"鹤问湖"条，考证鹤问湖的来历及六朝文学中的存在："《通志》：九江府城西十五里有鹤问湖，世传陶侃择地葬母至此，遇异人云：'前有牛眠处可葬。'已而化鹤飞去。按《晋书》牛眠、化鹤自是二事，《通志》附合为一，非也。鹤问当作鹤门，刘义庆《幽明录》曰：'陶公于浔阳西南一塞取鱼，自谓其池曰鹤门。'是亦陶侃故事，后人因以名湖矣。亦作鹤塞。梁元帝《输还江州节表》曰：'拥麾鹤塞，执兹龙节。'简文帝《元览赋》曰：'泝蛟川于蠡泽，沿鹤塞于浔阳。'诸本有作鹄塞者，非。"②同书卷六"陶侃母"条考辨陶侃母墓葬所在，以为《江西通志》载侃母墓共五处，当以九江德化县白鹤乡鹤问湖为真。王谟说："今详《晋书·陶侃本传》：疾笃上表云：'臣父母旧葬今在浔阳，缘处存亡，无心分违。已敕国臣修迁之事，刻以来秋奉迎奄岁，葬事讫，乃告老下蕃……'盖陶公本欲迁葬长沙，以疾笃不果。则陶母墓终在浔阳，当以九江德化为真，

---

① 《晋书》卷五八，第1586页。
② 王谟：《江西考古录》，清乾隆间松园刻本。

都昌古彭泽地亦属浔阳，犹为近似。《晋书》虽言陶公始家鄱阳，母湛氏新淦人，不必有墓也。至葬临川，尤为无因。"王谟以陶侃上表所云"臣父母旧葬在浔阳"，以及欲迁葬而不果为证，以为侃父母皆葬在浔阳，父葬牛眠地，母葬鹤问湖，其结论颇能服人。渊明曾祖陶侃居住之处，是渊明故里在柴桑的有力旁证。

又郑素卿《西林寺水阁院律大德齐朗和尚碑》并序说："大师号齐朗，生报身于浔阳陶氏，承大司马侃之后。侃舍宅作西林寺，其孙累有人继前志。"[1]陶侃舍作西林寺之故宅，应该是他发迹之后的豪宅，非早年穷困时的故居；但即使如此，估计故居也许不会离西林寺太远，不可能远至浔阳城西南九十里。据上所考，陶侃故居当在浔阳城西南鹤问湖附近。至渊明一代的陶侃子孙，当然不可能四世同堂。陶侃子孙一部分迁徙长沙，一部分留在浔阳。留故地者至渊明一代，支派初分，恐怕也不会散居得太远。德安县蔡河村灵龟石，可能是渊明后裔的聚居地，其初始年代不可考。但不会晚于宋代，因宋人曾达臣《独醒杂志》记德化县楚城乡靖节祠前小溪中有渊明醉石，其地理位置正相当于今天的灵龟石。笔者很怀疑灵龟石大概就是《独醒杂志》所记的渊明醉石。至于彼处所谓的牛眠地及"上京殿"，一不见于史传，二不见于地理志，大概是陶氏后裔的世代传说，远不及《晋书·陶侃传》及王谟《江西考古录》有价值。

以下以渊明诗文为主，以史传为辅，对渊明故里的三种说法再作考辨。

1. 陶集是考证渊明故里最有价值的证据。《赠长沙公》诗序："长沙公于余为族祖，同出大司马，昭穆既远，已为路人，经过浔阳，临别赠此。"《答庞参军》诗序："庞为卫军参军，从江陵使上都，过浔阳见赠。"《与殷晋安别》诗序："殷先作晋安南府长史掾，因居浔阳，后作太尉参军，移家东下，作此以赠。"诗云："去岁家南里，薄作少时邻。负杖肆游从，淹留忘宵晨。"以上三诗皆可证明，渊明故里近浔阳郡治柴桑城，所以方能与长沙公等赠别。若居距浔阳千里之外之宜丰，岂能以诗相赠长沙公、庞参军？当然亦不能与

---

[1] 吴国富：《陶渊明浔阳觅踪》，江西人民出版社2007年版，第56页。

殷晋安肆意游从。殷晋安居在浔阳，渊明居于浔阳郡治之南，两人相去不远，方能经常游从淹留。若渊明故里在浔阳郡治西南九十里楚城乡，岂能做"少时邻"？由此诗可证，所谓柴桑城在州府西南九十里，渊明故里在彼处的说法，难于信从。

2.《归去来兮辞》序说："彭泽去家百里。"从溢口西南二十里左右的柴桑城，经长江水路至古彭泽县治（今湖口县小凤山），正是百里左右。假若柴桑城在郡治西南九十里山谷中，至彭泽就有二百里。又《辛丑岁七月赴假还江陵夜行涂口》诗说："临流别友生。"叙写渊明乘舟往荆州，在江边与兄弟告别。这也证明渊明居所离长江不会太远。

3.《酬丁柴桑》诗说："匪惟谐也，屡有良游。载言载眺，以写我忧。放欢一遇，既醉还休。实欣心期，方从我游。"《示周续之祖企谢景夷三郎》诗说："马队非讲肆，校书亦已勤。老夫有所爱，思与尔为邻。"再有《怨诗楚调示庞主簿邓治中》诗、《和刘柴桑》诗、《酬刘柴桑》诗、《五月旦作和戴主簿》诗、《和郭主簿》诗、《于王抚军座送客》诗、《赠羊长史》诗、《岁暮和张常侍》诗、《和胡西曹示顾贼曹》诗，皆可证渊明居于浔阳郡治附近，常与州府、郡县官员交往唱和。若居于庐山南麓，去州府数十里，翻山越岭，来去不便，恐无缘与殷晋安"薄作少时邻"，与丁柴桑"屡有良游"，也不会有"思与尔为邻"——与周续之为邻的念头。若居于宜丰，更不可能与州郡官员经常来往唱和。

4.《移居》诗一："昔欲居南村，非为卜其宅。闻多素心人，乐与数晨夕。怀此颇有年，今日从兹役。"此处之"南村"，即《与殷晋安别》诗"去岁家南里"之"南里"。古谱详考陶集及诔传，举凡十证，谓"南村在浔阳负郭"。其说可信。

5.《丙辰岁八月中下潠田舍获》诗："贫居依稼穑，戮力东林隈。……扬楫越平湖，汎随清壑回。郁郁荒山里，猿声闲且哀。"东林，疑为庐山北麓东林寺之东林。上文引郑素卿《西林寺水阁院律大德齐朗和尚碑》并序，说陶侃舍宅作西林寺；《都昌西源陶氏宗谱》《浔阳陶氏宗谱》皆称渊明祖父陶茂

"居江州浔阳东林"。据此，陶侃及子孙在东林、西林有房产及田产。证以陶诗，其说或可信。如是，东林可能是一地名，非作"东边的山林"解。渊明有田产在东林附近的山中，须越平湖，汛清溪。"平湖"，非星子东面之鄱阳湖。鄱阳湖烟波浩渺，非轻易可"越"。据此诗，渊明里居在庐山北麓。

6.《止酒》诗："居止次城邑，逍遥自闲止。"居止：居所，住所。《后汉书·西羌传·湟中月氏胡》："其羸弱者南入山阻，依诸羌居止，遂与共婚姻。"向秀《思旧赋》序："余与嵇康、吕安，居止接近。"谢灵运《山居赋》："若乃南北两居。"自注："两居谓南北两处，各有居止。"次：接近，近旁也。城邑，当指浔阳郡城，亦即柴桑城。这是渊明故里在浔阳城附近的绝好证据。昔年九江徐声扬著文考证渊明旧居的地理位置，以为不在浔阳城附近，解释"居止次城邑"一句，说"居止"不是一个词，"是一名一动的两个词。止：不喜欢。'居止次城邑'，即居住的地方不喜欢城邑"。① 这是有意曲解了。居止之止，义即居。《诗·商颂·玄鸟》："邦畿千里，维民所止。"郑玄注："止，犹居也。"《江西通志》卷三"南康府"："晋属浔阳郡……杨吴立星子镇，属德化。南康军本江州星子镇，太平兴国三年（978）以地当要津，改镇为星子县。"据此，宋代之后的南康府在晋时属浔阳郡，至五代杨吴时才立星子镇，故东晋时无星子之地名，更不会有城邑。

7.《还旧居》诗说"畴昔家上京"，是渊明故居在庐山南麓一说的基石。如果肯定"上京"是具体地名，而唐人《落星赋》中有地名"上京"，则不能否定渊明旧居在上京。若是，渊明早年有可能居住在庐山南麓，后来迁居至州府浔阳城南。然渊明诗文中可以作为考证故居的内容，几乎都与庐山南麓抵牾。比如渊明果确实住在山南的栗里，则由山北之郡治转至山南，路程将至百里，王弘岂能俄顷即至？又《止酒》诗"居止次城邑"之"城邑"谓何？亦无法解释。又若栗里在山南，则当年陆游《入蜀记》何必写岸土形状及联想到东坡的文章？"畴昔家上京"与渊明诗文之间存在的许多矛盾，或许

---

① 徐声扬：《浔阳、柴桑、旧居和南村的地理位置考》，《九江师专学报》1999年第4期，第19页。

可以从他早年曾居山南,后来迁徙到山北的变故得到解释。

8. 渊明"始家宜丰"说始于北宋乐史《太平寰宇记》所引《图经》,后来不断踵事增华,至民国初胡思敬《盐乘》集其大成,称"渊明始家宜丰,后徙柴桑,晚年复归浔阳"。其说于史传、陶诗,皆扞格难通。关于这些问题,留待后面再作考辨。①

渊明故里的探讨,是一桩非常困难的复原历史真实的工作。颜《诔》《宋传》和萧《传》是最早的历史记录,应该最接近历史真实。晚出的《地理志》一类文献,可信度就相对差一些。历史地名如上京、栗里、南村,早已被历史尘埃淹没,确指具体方位几乎是不可能的事。面对文献资料的匮乏以及并不可靠,我们应该从陶集中发现蛛丝马迹,作综合的、理性的思考和推断。因为陶集是最真实的证据,一般而言,内证比那些晚出的文献资料更可靠。

曾祖陶侃,晋大司马,封长沙郡公,卒谥桓。

《宋传》云:"曾祖侃,晋大司马。"萧《传》《晋传》《南传》同。自沈约以来,皆以为渊明曾祖陶侃,从无异说。至清代阎咏、全祖望、方东树、洪亮吉、孙志祖诸人始有新说,或否定陶侃非渊明之祖,或称渊明乃陶侃七世孙,或称六世孙,或称五世孙。唯钱大昕《跋陶渊明诗集》一一批驳阎咏之说。兹先列清人异说于下。

1. 阎咏《左汾近稿》:"《赠长沙公》诗序云:'长沙公于予为族'是一句,'祖同出大司马','昭穆既远,已为路人,经过浔阳,临别赠此'。大司马当作右司马,即汉高时功臣舍,丞相青之父。惟误称大司马,侃赠大司马者也。昭明遂认作侃为渊明曾祖。果真出于侃,此袭公爵者方为吾从祖昆弟之子,岂得曰'昭穆既远,已为路人'哉?诗云'同源分流,人易世疏,慨然寤叹,念兹厥初'。初,正指在汉初而言。且侃庐江县浔阳人,渊明浔阳郡

---

① 关于渊明"始家宜丰"问题,本书不作详细考辨,可参看龚斌《陶渊明"始家宜丰"说献疑》,载上海古籍出版社《中华文史论丛》2013年第1期,第303—328页。

柴桑人，其址贯亦不同。"又说："渊明《孟府君传》'君讳嘉，娶大司马长沙桓公陶侃第十女'。此岂称其曾祖之词耶？"

2. 全祖望《鲒埼亭集外编》卷四〇《陶渊明世系考》："《陶渊明集》有《赠长沙公族祖》诗云：'长沙公于余为族祖，同出大司马，昭穆既远，已为路人。'考《晋书》，桓公薨，以第三子瞻之子宏嗣；宏卒，子绰之嗣；绰之卒，子延寿嗣。宋受禅，降封吴昌侯。《礼》云：五世亲尽，则为途人。渊明为桓公曾孙，则于绰之为再从兄弟，于延寿为族叔，固不当有族祖之称，亦不当云昭穆既尽，为路人也。然则据诸家，谓是诗为延寿作。则渊明当为桓公七世孙。""吴斗南作陶诗年谱，欲求合于诸史，谓别本作'余于长沙公为族祖'。果尔，则渊明所赠当属延寿之子，其时长沙之爵已降，似不当复称长沙，而诗题'族祖'二字将又何以言之？蜀人张縯作陶诗辩证，又谓诗序当以'长沙公于余为族'断句，而以'祖'字连下读之。则不特不能成语，而亦忘诗题有族祖之称，尤为鲁莽之甚者。世多疑桓公孙陶淡清风高洁，绝世离群，渊明乃其亲属，何以《命子》诗中不一及之？不知渊明述祖祇叙一本之亲，故诗中但叙桓公，而死事如瞻，立功如舆，概不旁及，乃立言之例也。或曰：孟嘉之妻为桓公女，其女则渊明母，以亲表辈行言之，渊明似当为桓公曾孙。予曰：属尽则同姓亦疏，于亲表乎何有？"

3. 姚莹《与方植之论陶渊明为桓公后说》："……今渊明以长沙公为族祖，其同高祖实无疑义。且云，'同出大司马'。此云'同出'，似非即高祖，当自高祖而上。然岂得舍桓公外别求其人乎？"（以下考汉晋以来为大司马者）"然则序云'昭穆既远，已为路人'何也？曰：此渊明有感之言也。……此序作于何时不可知，大约非先生少壮之作。上下六七十年，乱离虽多，故彼此不通问者，情事之常，岂非已同路人乎？同之云者，正为其不当同，故慨乎言之也。至于昭穆之次，则此所谓赠长沙公为先生族祖，等身而上，是为三代，上溯高祖，则五代矣。谓之既远，不亦可乎？然则此长沙公何人耶？曰：是不可定也。然按《桓公传》，庾亮以瞻息宏袭爵，当在咸康元年。后亮督荆、江七州时，事距桓公卒才数年。宏仕至光禄勋卒，计时多不过三十余年，渊明甫生耳。宏卒，子绰之嗣；绰之卒，子延寿嗣。渊明所赠之人以为宏耶，则年不相接。若是延寿为渊明族祖，则袭爵之宏则为高祖，其支派当在长沙，无缘还居浔阳。然则谓绰之者近是也。以绰之为族祖，则高祖乃瞻也。瞻子未必止宏一人。袭爵之宏必居其长，昆弟不得立者未必偕往长沙，或居浔阳，盖故里也。数传至渊明，上及桓公已及六世。以此推之，不惟于'昭穆既远'之言合，且于'同出大司马'之言亦合矣。晋宋二书以侃为渊明曾祖，则当直断其误，无事附和之可也。至渊明《命子》诗溯自陶唐受姓，次及愍侯舍，次丞相青，更次长沙侃，终及武昌守茂。至于其考世系，分明如此，皆本支也。故首章云'悠悠我祖'，中如愍侯、丞相、长沙以次及之，何必人人系以祖称耶。末云肃矣我祖，则此乃祖与父之祖非远祖矣。若长沙非其本支，而别有陶姓大司马其人者，是其所出，渊明何得舍之而别取他人之祖以紊其宗乎？且必有祖字而后信为本支，则愍侯、丞相无祖称，又作何解？冒荣他族，此后世狄武襄所不为，而谓渊明为之乎？诗题《命子》历序其先，欲使绳其祖武云尔，岂有以他人之祖与己列祖杂陈之，以命其子者哉！渊明《命子》及《赠长沙公》序义本分明，乃以《本传》'曾祖'二字之误，至使渊明不得为桓公后，毋乃过欤？"[1]

4. 洪亮吉《后萧陶氏重修族谱序》："渊明集有《赠长沙公》诗，其序云：'长沙公于余为族祖。'则渊明与长沙桓公房非近支矣。渊明又尝为《外祖父孟府君传》，言嘉娶大司马桓公陶侃第十女，亦非所以称曾祖之辞。国初太原阎咏曾著论辩之，余又得显证二云：其一则称长沙公为族祖。若渊明果系侃曾孙，则袭长沙公者于渊明为曾祖之子，当称从祖，于五服之次为小功五月，不得降称族祖明矣。又《晋书·陶潜传》'祖茂，武昌太守'。今考《侃传》子十七人，惟洪、瞻、夏、琦、旗、斌、称、范、岱九人见于旧史。若茂亦系侃子，则既见于前传，又尝官武昌太守，不可谓不显，及不见旧史矣。或又以《命子》一篇详述长沙勋德，遂以为渊明祖侃显证，不知古人重官阀，凡同族有位望高勋业重者，虽非本支，悉得备述。如《史记》司马迁

---

[1] 姚莹：《中复堂全集·东溟文后集》卷一，《近代史料丛刊续编》第六辑，文海出版社（台北）。

自序，载八殷王司马卬，班固《汉书》自序详及侍中班伯事迹，皆非本支，无碍称述。盖汉晋以来文士皆然，非独渊明也。颜延之与靖节同时，所为《陶征士诔》亦不言系出于侃，此明征矣。总之，误始于沈约《宋书·陶潜传》，而梁昭明《陶靖节传》以及《南史》《晋书》本传遂并承其误也。夫使渊明果为侃后，则此袭长沙公者与渊明服属甚近，何得云'昭穆既远，已为路人'哉，此又不待辩而知者矣。九江陶氏旧谱明知其误，又强移侃十七子中岱为渊明祖，是又与本传'祖茂，武昌太守'之文抵牾，益不足辩。夫渊明为晋世贤者，其人与诗皆足千古，又岂借长沙之勋业始传者哉。是欲表章渊明，而必非渊明之心也。今《后萧陶氏世谱》云出自晋康乐伯回，则与长沙、彭泽二支皆系远派。考康乐以后，自梁及宋代有达人，固无借远引二支以为门望。且茂为侃子不见于《陶侃传》中。夫家之有谱，所以信今而传后也。今既无传信之书，义当在阙疑之例，是又亮吉之欲与名宗贤士大夫共商之者矣。又况今日之家谱，即他时国史之所凭，一失其实，则后人何述焉。今之序陶氏族谱，非仅为凡为族谱者举例，兼欲告后之作史者，慎无信单词，而失其实也。"[①]

5. 孙志祖《陶渊明世系》："陶渊明为大司马侃之曾孙，见于《晋书》《宋书》《南史》及昭明太子所作传，并载其祖茂，武昌太守。此无可疑者，乃阎百诗之子咏著辨一篇，误读陶集中《赠长沙公族祖》诗，叙长沙公于余为族祖，以族字绝句，又以'同出大司马'改大为右，谓是汉之陶舍，而非陶侃。夫'长沙公于予为族'，既不成句，且与题所云'族祖'相戾矣。愚谓长沙公不著名字，必非士行之子为渊明大父行者，其改大司马为右司马良是。盖以同出陶舍之后，故云'昭穆既远'，尔观《命子》诗叙长沙桓公之勋业，而继之以'肃矣我祖，于穆仁考'，紧相承接。渊明高士，必非妄攀勋贵，以他人之祖为祖者。明白如此，而可以臆说，翻成案乎？至渊明《孟府君传》云：'君讳嘉，娶大司马长沙桓公陶侃第十女。'或陶侃二字为孟氏后

---

① （清）洪亮吉：《更生斋集》文甲集卷三，清光绪三年洪氏授经堂增修本。

人所增，未可知也（全谢山疑渊明为侃七世孙亦非）。"①

6. 方东树《陶诗附考》："……近山阳阎氏咏始据《赠长沙公》诗序，辨其世次非出于侃，而何屺瞻、全绍衣、钱晓征诸家犹必曲为傅会之。今反复研考，就渊明诗文集情事本末，逐条辨之于左，而断以渊明决非出于桓公侃，而晋、宋二书及昭明、《南史》等误，皆有不得曲为救解者也。"②

7. 汪师韩《文选理学权舆》卷六："王氏应麟曰：'无忝乃祖，一陶渊明而已。'若璩按：'儿子咏有辩一篇曰：自昭明太子误读陶《命子》诗其五章云：'桓桓长沙，伊勋伊德。'其六章云：'肃矣我祖，惠和千里。于皇仁考，淡焉虚止。'以祖与考系于陶侃之下，遂作《陶渊明传》曰：'曾祖侃，晋大司马。'又曰：'自以曾祖晋世宰辅，耻复屈身后代。'若以渊明高隐不出，为承其先志也者。不知其实不尔。此诗第一章原陶姓出自唐，昌于周。二章隐于战国，显于汉初功臣陶舍。三章舍之子青为孝景丞相。四章则言枝分派别，直至晋有长沙公出。五章实言长沙勋德。六章方挽到自己祖考。细玩自明，更参以《赠长沙公》诗序云：'长沙公于余为族。'族是一句，'祖同出大司马，昭穆既远，已为路人，经过浔阳，临别赠此。'大司马当作右司马，即汉高时功臣舍，丞相青之父。惟误称大司马。侃赠大司马者也，昭明认作侃，以此为渊明曾祖。果真出于侃，此袭公爵者，方为吾从祖。昆弟之子，岂得曰'昭穆既远，已为路人'哉？诗云：'同源分流，人易世疏，慨然寤叹，念兹厥初。'初，正指在汉初而言。且侃庐江郡浔阳人，渊明浔阳郡柴桑人，其址贯亦不同。或曰《陶氏家谱》以岱为渊明祖。按《晋书·陶潜列传》'祖茂，武昌太守'。此与'惠和千里'之语合。岱则侃十七子中之一子，官散骑侍郎，非太守也。家谱多不足信。余因援正史及所自著诗正之如此。或曰朱子亦称渊明无忝乃祖，贤于王谢后人，子必苦辩之，与近日傅占衡《永初甲子辩》谓陶十题甲子，皆是晋年，不著晋号。沈约、李延寿说并非。此古今传陶二段佳话，一切将抹杀乎？余曰：占衡有言，史文本集，岁月炳然，前

---

① （清）孙志祖：《读书脞录》卷六，清嘉庆刻本。
② 方东树：《昭昧詹言》卷一三，人民出版社1961年版。

后可考，胸次磊落，随意书年，陶何必借此为佳话乎？余亦谓渊明自有祖，何必借侃而后重也哉。咏又曰：按渊明《孟府君传》'君讳嘉，娶大司马长沙桓公陶侃第十女'，此岂称其曾祖之辞哉。"①

8. 钱大昕《跋陶渊明诗集》："靖节为陶桓公曾孙，载于晋宋二书及《南史》，千有余年，从无异议。近世山阳阎咏乃据《赠长沙公》诗序'昭穆既远，已为路人'二语，辨其非侃后，且谓渊明自有祖，何必借侃而重。咏既名父之子，说又新奇可喜，恐后来通人惑于其说，故不可不辩。靖节自述世系，莫备于《命子》诗。首溯得姓之始，次述远祖愍侯舍、丞相青，然后颂扬长沙勋德，即以己之祖考承之。此士行为渊明曾大父之实证也。六朝最重门第，百家之谱皆上于吏部。沈休文撰《宋史》在齐武帝之世，亲见谱牒，故于本传书之。梁昭明太子作《靖节传》，不过承《宋书》旧文。而阎乃云始于昭明误读《命子》诗。则是《宋书》亦未寓目，其谬一也。昭明《传》云：'自以曾祖晋世宰辅，耻复屈身后代。'此亦出《宋书》之文，而阎又以訾昭明，曾不知休文卒时，昭明才十有三岁，即使传有舛误，亦当先訾休文，况《传》本不误乎。其谬二也。且使士行与渊明果属疏远如路人也者，则《命子》篇中何用述其勋德，攀缘贵族？乡党自好者不为，靖节千秋高士，岂宜有此。其谬三也。阎所据者惟有《赠长沙公》诗序，而序固言同出大司马矣。大司马之称非侃而谁？虽阎亦知其不可通也，词遁而穷，而检《史》《汉》表陶舍尝以右司马从汉王，遂谓序中'大司马'当作'右司马'，谓舍非谓侃也。不知汉初军营有左右司马，品秩最卑，不过中涓舍人之比。舍既位为列侯，不称侯而称右司马，在稍通官制者，且知其不可，岂可以诬靖节乎！夫擅改古书以成曲说，最为后儒之陋，况此大司马又万无可改之理。其谬四也。惟是长沙公与靖节属小功之亲，而云'昭穆既远，已为路人'，似有罅隙可指。今以《晋书》考之，士行虽以功名终，而诸子不协，自相鱼肉，再传之后，视如路人，固其宜矣。'昭穆'犹言两世，两世未远而情谊已疏，故诗有'慨然寤叹，念兹厥初'之句。其云'昭穆既远'者，隐痛家难而不

---

① （清）汪师韩：《文选理学权舆》卷六，清读画斋丛书本。

忍斥言之耳。若以为同出于舍，则自汉初分支已阅六百余年，人易世疏，又何足怪。其谬五也。阎又云侃庐江郡浔阳人，渊明浔阳郡柴桑人，其址贯不同。考浔阳郡即庐江所分，南渡后移于江南，士行生于郡未分之前，渊明生于侨立郡之后，史各据实书之，似异而仍同也。颜延之作《靖节诔》，虽不叙先世，而其辞云'韬此洪族，蔑彼名级'，借非宰辅之胄，焉得洪族之称。此亦一证。戊申八月，读《靖节集》竟，因书于后。"①

9. 章炳麟手批《陶渊明集》谓渊明是陶侃五世孙。章氏同意钱大昕关于渊明出于大司马陶侃之说，但以为渊明是侃五世孙，非曾孙。他说："余按晓征之说辩矣。然以长沙公为族祖，即指绰之，渊明当已为士行来孙，恐旧传谓侃为曾祖有微误耳。寻士行卒于咸和九年，年七十六，则生时在吴孙登之末。吴亡，士行已二十余岁矣。渊明当晋亡时年几六十，其生去士行之卒几三十年。考其行辈，与谢灵运相次而略长。灵运为车骑之孙，于太傅为曾孙行也。太傅视桓宣武又为后进，宣武之父桓彝死苏峻难，与士行同时，而齿历为少。以是推校渊明，上去士行可得五世，其与绰之已在祖面，故诗言'礼服遂悠'，序言'昭穆既远'也。"②

【考辨】

关于陶侃是否渊明曾祖之考辨，涉及下面两个问题。

一、渊明是否陶侃之后。阎咏谓渊明非陶侃之后，《赠长沙公》诗序中的"大司马"是"右司马"之误，指汉高祖之功臣陶舍。阎咏此说可能受李公焕注《赠长沙公》诗序的启发。诗序云："祖同出大司马。"李注："谓汉高帝时陶舍。"然李注并不否认渊明为陶侃曾孙，此由其注《命子》诗可知。因阎咏说甚新奇，故颇有附和者。参校各种陶集版本，"大司马"从无异文。钱大昕《跋陶渊明诗集》以汉时军中"左右司马"品秩最卑，陶舍位为列侯，不称"大司马"而称"右司马"，绝无此理，阎咏乃"擅改古书以成曲说"。

---

① （清）钱大昕：《潜研堂集》文集卷三一，清嘉庆十一年刻本。
② 兰若洪：《章炳麟手批〈陶渊明集〉研究》，《浙江学刊》2014年第1期。以下引用章炳麟的批语，皆转录自此文。又据本文作者说，章炳麟手批《陶渊明集》，现存南京图书馆。

钱氏之驳，很有逻辑力量。姚莹详考终晋之世为大司马者共十一人，陶姓唯陶侃为大司马，阎咏遂改大司马为右司马，"其言谬矣"，以为渊明确为桓公之后，然非侃曾孙，而是六世孙（此问题稍后详论）。

附和阎咏"渊明非陶侃之后"者，以洪亮吉《后萧陶氏重修族谱序》一文考证最有代表性。概括此文所举证据大致有四，以下逐一考辨之。

其一谓"若渊明果系侃曾孙，则袭长沙公者于渊明为曾祖之子，当称从祖，于五服之次为小功五月，不得降称族祖明矣"。按，《赠长沙公》诗题"公"字下各本有"族祖"二字，而诗序"长沙公于余为族祖"，一作"余于长沙公为族祖"。《四库全书》吴瞻泰《陶诗汇注》提要说："又赠长沙公族祖一首，吴仁杰、张縯往复考证，终为世系不合。惟杨时伟所订陶集，谓序首'长沙公于余为族'当读一句，'祖同出大司马'当读一句，其题中'族祖'二字乃后人误读序文'祖'字为句，因而妄增诗题，其说颇确。"陶澍本校："各本皆作'赠长沙公族祖'。杨时伟曰：'序"长沙公于余为族"一句，"祖同出大司马"一句。题中"族祖"二字，乃后人误读序文"祖"字为句，因而妄增诗题也。'何孟春、何焯亦皆以'族祖'二字为衍，今删之。"杨时伟之说是否可信？须先厘正此诗的版本。清人或不信渊明为陶侃曾孙，或称渊明乃陶侃六世孙、七世孙，与此诗序文出现的异文及断句有直接关系。若诗序以"长沙公于余为族祖，同出大司马"为是，则渊明所见之长沙公为曾祖陶侃之子，渊明祖父昆弟辈，高渊明二辈。若诗序以"余于长沙公为族祖，同出大司马"为是，则渊明为族祖，长沙公为族孙，小渊明二辈。若渊明为陶侃曾孙，与绰之同辈，则"族孙"乃绰之之孙，延寿之子。如此，族祖族孙之辨落入两难境地。若谓渊明所见长沙公为族祖，则族祖夏早在渊明出生之前已亡。后袭爵长沙公者瞻子弘，为渊明诸父辈，弘子绰之为昆弟辈，皆非渊明族祖。若谓渊明所见长沙公为延寿，则延寿为渊明族子，非族孙。若谓长沙公是延寿之子，然其人史所不载，何况延寿入宋已降为吴昌侯，延寿之子又岂能再称长沙公？由于长沙公究竟是谁难以确定，与此关联的陶侃是否渊明曾祖的异说也难解。故朱自清《陶渊明年谱中之问题》一文无奈地说："大抵此事只可存疑矣。"

然据《晋书·陶侃传》，长沙公爵位的终结者是陶延寿，宋受禅，即降为吴昌侯，至于延寿之子史不载。即或有其人，亦只能称吴昌侯。由上述推论可知，渊明所见长沙公必是延寿，而延寿乃渊明族子，非"族孙"也。由此进而得出结论有二：一是诗题作"族祖"或改作"族孙"皆不可从。① 二是诗序当作"长沙公于余为族，祖同出大司马"，于"族"字下断句。所谓"长沙公于余为族"，是说长沙公延寿与余同族（关于《赠长沙公》诗异文、断句及子虚乌有之"族祖""族孙"之考辨，参见"晋安帝义熙六年庚戌"条）。

其二谓《晋书·陶潜传》："祖茂，武昌太守。"不可谓不显，却不见旧史。关于陶茂不见《晋书·陶侃传》之疑问，朱自清《陶渊明年谱中之问题》解释道："疑作《陶侃传》者与作《陶渊明传》者所据不同，遂致抵牾，《晋书》成于众人之手，小小疏漏，自难免也。"袁《汇考》则说："《陶侃传》所举九子，或称侯，或称伯，或为将军，或为尚书，陶茂仅为太守，与此九人相比，曰不显可也。"② 此说有一定道理。晋宋太守一职官秩确实不高，《宋书》卷四〇《百官志》下："郡国太守内史相，亭侯，右第五品。"《宋书》所列官秩共九品，太守为第五品。相比侃子见于旧史之九人，瞻迁广陵相、都亭侯，追赠大鸿胪，旗为散骑侍郎，称为监江夏、随、义阳三郡军事、南中郎将、江夏相，范为光禄勋，岱散骑侍郎，官品都比陶茂高。然不可因陶茂官秩不高，不见于旧史，就否认他是陶侃之子。

其三谓《命子》诗详述陶侃功德，便以为渊明祖侃显证，"不知古人重官阀，凡同族有位望高勋业重者，虽非本支，悉得备述"。按，洪氏此说亦似是而非。《命子》诗共十章，一章至六章叙述陶氏得姓之由及祖先的光荣。其中四章之末言及长沙公陶侃，五章专言陶侃功勋，六章赞及祖考。若陶侃非渊明本支祖先，则正如钱大昕所言："何用述其勋德，攀缘贵族？乡党自好者不

---

① 袁行霈《陶渊明年谱汇考》说："诗题'族祖'当依诗意改为'族孙'。"袁行霈：《陶渊明研究》，北京大学出版社1997年版，第258页。
② 袁行霈：《陶渊明研究》，北京大学出版社1997年版，第258页。

为，靖节千秋高士，岂宜有此？"此说诚是。若渊明自有其曾祖，却一字不述，陶侃非己曾祖而备述之，这是不可思议的。此诗五章赞述陶侃之后，接以祖考，世次历历分明。《赠长沙公》诗序固言"祖同出大司马"，与《命子》诗完全相符。然洪氏视而不见两诗之间的密切关系，却以"古人重官阀"的观念，暗示渊明也是"重官阀"，把不是本支的陶侃拉来作自己的祖宗。这是完全无视《命子》诗的事实。

其四谓颜延之作《陶征士诔》，亦不言渊明出于侃。按，颜延之是渊明好友，曾有二次较长时间的交往。先是颜为刘柳后军功曹，在浔阳与渊明情款。后为始安郡，经过浔阳，日日造渊明。两人交往之深，《陶征士诔》叙之详矣。诔文言及渊明身世："韬此洪族，蔑彼名级。"固然未明白说渊明出于陶侃，但"洪族"所指，必定是陶侃一支陶姓。别支陶姓，不能当"洪族"之称。颜延之既然与渊明无话不谈，则必定知道对方出于大司马陶侃的身世。《陶征士诔》不言渊明出于侃，便谓陶侃非渊明曾祖，实难取信。

二、再辨渊明为陶侃曾孙。因误读、误解《赠长沙公》诗的异文，遂有"族祖""族孙"之说。"族祖"问题不得其解，遂否认陶侃是渊明曾孙的史传记载，或称渊明是陶侃五世孙，或说六世孙，或说七世孙。吴国富君数年前撰《陶渊明浔阳觅踪》一书，以为陶侃可能是渊明高祖，渊明为侃五世孙，① 与章炳麟所说同。至于"族祖"是谁，多方探究，简直把陶侃以下的子孙翻了个遍，但始终紊乱，难理头绪。

陶侃为渊明曾祖，始见于沈约《宋书》。沈约生于宋文帝元嘉十八年（441），距渊明卒年元嘉四年（427）仅十四年。他在青年时代听闻陶侃及渊明的旧事是可能的。沈约于齐永明年间奉命撰《宋书》，距渊明之卒仅六十年，他记渊明"曾祖侃，晋大司马"，依据必是当时所见晋代的谱牒。按氏族之书，由来远矣。两晋之世，谱牒兴盛，成为专门之学。"挚虞作《族姓昭穆

---

① 吴国富：《陶渊明浔阳觅踪》第二章《浔阳与陶渊明的家世》，江西人民出版社2007年版，第43—53页。

记》十卷，齐梁之间，其书转广。"① 齐王俭撰《百家集谱》十卷，梁王逡之撰《续俭百家谱》四卷、《南族谱》二卷、《百家谱拾遗》一卷，王僧孺撰《百家谱》三十卷、《百家谱集抄》十五卷，贾执撰《百家谱》二十卷，傅昭撰《百家谱》十五卷。尚有佚名《百家谱世统》十卷，《百家谱抄》五卷，《江州诸姓谱》十一卷等。陶氏是江州望族，王俭、贾执、王僧孺诸人为著名学者和谱学专家，不可能不谙陶氏族谱。可以肯定，齐梁之世所见的各种旧谱，以及王俭等谱牒专家所撰的百家谱，必定有陶氏的族谱。既名《江州诸姓谱》，若无陶氏族谱，那是不可思议的。沈约是当时著名学者，非常重视谱牒，曾上奏梁武帝，以为东晋谱籍"既并精详，实可宝惜，位宦高卑，皆可依案"。武帝因之留意谱籍。② 沈约此奏，说明他不仅见过，且研究过晋代的谱牒，故能得出晋籍"精详"的看法。很难想象，"精详"的晋牒，会不记陶侃及其子孙的世系。作为极重视谱牒的大学者沈约，非常清楚刘宋以来的谱牒混乱所造成的不良后果，利用谱牒时必持审慎的态度。故《宋书》记陶潜浔阳柴桑人，曾祖陶侃，必有所据，怀疑大可不必。萧统《陶渊明传》称其"曾祖侃，晋大司马"，也应该是据所看到的晋牒，并非一定照抄《宋书》。萧统编《陶渊明传》之前，已有两本陶集行于世。③《赠长沙公》诗序"祖同出大司马"一句向来无异文，说明萧统当年所见即如此，是渊明原文，非是萧统所改。

沈约《宋书》、萧统《陶渊明传》记渊明"曾祖侃"，《南史》《晋书》则作渊明"大司马侃曾孙也"，两者是否有矛盾？曾孙的概念是不是与曾祖对应？是否所指意义模糊？笔者以为史传或记曾祖，或记曾孙，两者是一致的，并不矛盾。曾祖、曾孙属于古代九族的概念。《书·尧典》："克明俊德，以亲九族。"孔传："以睦高祖、玄孙之亲。"高祖至玄孙为九世，据马融、郑玄的

---

① 《隋书》卷三三《经籍志》二。
② 《南史》卷五八《王僧孺传》。
③ 阳休之：《陶集序录》，（清）陶澍集注《靖节先生集》卷首《诸本序录》，转引自《陶渊明资料汇编》上册，第10页。

解释，高祖一、曾祖二、祖三、父四、己五、子六、孙七、曾孙八、玄孙九。①王夫之《诗经稗疏》卷二："曾孙者对曾祖而言也。大夫三庙：一始祖，二祖，三祢。不祀曾祖，不得称曾孙。"②可见，曾祖曾孙是自古有之的一组相对应的称呼，不应该引起误解。

当然，曾孙除与曾祖相对应的意义外，还有另一项意义，即对曾孙以下后裔的统称。《诗·周颂·维天之命》："骏惠我文王，曾孙笃之。"郑玄注："犹重也。自孙之子而下，事先祖皆称曾孙。"据此，这种曾孙的意义仅用于特定的场合，即自孙之子（曾孙）而下的后裔，对曾祖以上祖宗的自称。国富君举钟雅《奏改太庙祝文》："陛下继承世数，于京兆府君为玄孙，而今祝文称曾孙，恐此因循之失，宜见改正。"晋元帝《报钟雅昭》答曰："礼：事宗庙自曾孙已下，皆称曾孙。此非因循之失也，义取于重孙，可历世共其名，无所改也。"③元帝解释对高祖自称曾孙，是"义取于重孙"，用的正是郑玄义。但正如前文所说，自曾孙而下的子孙对自曾祖以上的祖宗自称曾孙，多在特定的场合，如晋元帝的《太庙祝文》，或在赞颂祖德时。至于史籍或族谱记载某个家族或人物的世次时，曾孙就有确切不可改易的意义，而不能用统称意义。例如《魏志·王粲传》："曾祖父龚、祖父畅，皆为汉三公。父谦为大将军何进长史。"《蜀志·张翼传》："张翼字伯恭犍为武阳人也，高祖父司空浩，曾祖父广陵太守纲，皆有名迹。"《晋书》卷三九《荀勖传》："荀勖字公曾，颍川颍阴人，汉司空爽曾孙也。祖棐，射声校尉。父旸，早亡。"《晋书》卷六八《贺循传》："族高祖纯，博学有重名，汉安帝时为侍中，避安帝父讳，改为贺氏。曾祖齐，仕吴为名将。祖景，灭贼校尉。父邵，中书令，为孙皓所杀。"《宋书》卷五三《张茂度传》："高祖嘉。曾祖澄，晋光禄大夫。祖彭祖，广州刺史。父敞，侍中、尚书吴国内史。"……高祖是高祖，曾祖是曾祖，意义十分明确。因此，《宋书》记渊明曾祖侃，即渊明乃侃之曾

---

① 陈师凯：《书蔡氏传旁通》卷一，《四库全书》本。
② 王夫之：《诗经稗疏》，《四库全书》本。
③ 《晋书》卷七〇《钟雅传》。

孙。《晋书》《南史》记渊明乃侃之曾孙，即侃乃渊明曾祖。曾祖、曾孙意义明确，前者指陶侃为渊明祖之父，后者指渊明乃陶侃孙之子。不因为曾孙还有统称的意义，就怀疑《晋书》《南史》"大司马侃之曾孙"一句中的曾孙用的或许也是统称意义，进而怀疑陶侃不是渊明曾祖，而是高祖或是高祖以上的祖先。

至于六世孙、七世孙之说，方东树以为不可信，谓"侃卒于成帝咸和九年（西334），下逮哀帝兴宁三年（西365）而渊明生，相距三十一年而得七世，何得如是之遽！"①方东树的质疑是有道理的。这里不妨以长沙公的世次、侃子旗的世次、渊明与其曾孙各自的生年为参照，证明五世孙、六世孙、七世孙诸说不可信。

《晋书·陶侃传》载：世子夏卒，诏复以瞻子弘袭爵。弘卒，子绰之嗣。绰之卒，子延寿嗣。宋受禅，降为吴昌侯，表示如下：侃—夏—弘—绰之—延寿。延寿为侃五世孙，生存于晋宋之交。

章炳麟称绰之为渊明族祖，乃据《赠长沙公》诗序"长沙公于余为族祖"断句。然据《晋书·陶侃传》，绰之乃弘之子，为陶侃曾孙，若绰之是渊明族祖，则渊明为侃七世孙。不知章氏何由推校得出渊明为侃五世孙的结论？至于章氏据谢灵运为谢安曾孙，而谢安是桓温后进，以此作为渊明是陶侃五世孙的旁证，根本不具有说服力。谢灵运生于太元十年（385），曾祖谢安正卒于是年。灵运祖父谢玄年四十六卒，父谢瑍早卒。父祖寿促，世次间隔便短。故不能因渊明与灵运年辈相若，以谢氏之世次推断陶氏之世次。

再看侃子旗的世次。亦见《晋书·陶侃传》：旗卒，子定嗣。定卒，子袭之嗣。袭之卒，子谦之嗣。宋受禅，国除。由侃至谦之也为五世，表示如下：侃—旗—定—袭之—谦之。由此可见，侃传至第五世延寿、谦之一辈，时在晋宋之交了。史载陶侃富贵之后"媵妾数十"，侃有十七子便是妻妾成群的结果。可以肯定，侃十七子非一母所生，而侃又长寿（年七十六卒），十七子年长及年幼者，岁数必相距甚远。渊明之祖为小宗，在十七子中排行、年龄虽

---

① 朱自清：《陶渊明年谱中之问题》，《陶渊明年谱》，第297页。

皆不可知，但按其常理推测，不会排在前面。渊明生活在晋末，年龄可能与延寿、谦之等相去不远。而他为侃曾孙，延寿、谦之为玄孙，原因正是其祖在侃诸子中年龄较小故也。若渊明为侃六世孙、七世孙，则生存年代还在延寿、谦之之后，当已入宋。由长沙公及陶旗世次推测，可作为《宋书》称渊明曾祖陶侃之旁证，证明《宋书》的真实性不容怀疑。

渊明一支的世系史所缺载。《梁书》卷二二《安成康王萧秀传》记秀于天监六年（507）出为江州刺史，及至州，闻前刺史取征士陶潜曾孙为里司，秀叹曰："陶潜之德，岂可不及后世。"即日辟为西曹。据旧谱，渊明生于晋哀帝兴宁三年（365），距天监六年为八十年。假定渊明曾孙作里司多年，此时年三十，则其生年为宋元徽五年（477），曾祖、曾孙两人的生年相距一百一十二年。再据陶侃以咸和九年（334），卒，时年七十六计，推其生年是魏甘露四年（259），距渊明生年一百零六年。两者年数大体相近。

陶侃为渊明曾祖，这在渊明诗文中有数处内证，《赠长沙公》诗之外，如《命子》诗、《晋故征西大将军长史孟府君传》（简称《孟府君传》）。尤其是后者，可称确证。此文先叙孟嘉早年的经历及仕宦："娶大司马长沙桓公陶侃第十女……弱冠俦类咸敬之。"又叙庾亮镇武昌，并领江州，辟孟嘉部庐陵从事。考《晋书》卷七三《庾亮传》：陶侃卒，庾亮乃镇武昌，时在咸和九年（334）。此时孟嘉已过弱冠之年。假定孟嘉为庾亮僚属年二十五左右，则其生年约在永嘉四年（310）。文云孟嘉年五十一卒，据上可以大致推断出孟嘉卒年约在晋穆帝升平四年（360）。《孟府君传》又云："渊明先亲，君之第四女也。"据此文，得出几点重要信息：孟嘉乃陶侃婿，为渊明外祖父，外祖母乃陶侃第十女，即渊明祖姑。渊明父母中表为婚。

试据以上信息及推断为基础，再作推断：陶侃嫁第十女较晚，或在成帝咸和中（330年前后）。侃多妻妾，第十女或生于陶侃五十岁之后，这并非不合情理。假定陶侃第十女年龄与孟嘉仿佛，而生三子（女）后再生渊明母，则渊明母生年约在咸康年间（335—342）较为合理。据旧说，渊明生于晋哀帝兴宁三年（365），时孟夫人二十余岁。以上虽据孟嘉行事推断所得，但与事实不会相去太远。

古人撰人物传都很重视史料的真实，何况为外祖父作传。作者说："谨按采行事，撰为此传，惧或乖谬，有亏于大雅君子之德，所以战战兢兢，若履深薄云尔。"可见渊明撰此传多么谨慎认真。因此，《孟府君传》的真实性完全可以信从。笔者之所以作上述推断，旨在再证陶侃为渊明曾祖，渊明为陶侃曾孙，并破所谓五世孙、六世孙、七世孙之类新奇易惑之说也。

祖陶茂，武昌太守。

【考辨】

渊明祖仅见于《晋传》："祖茂，武昌太守。"《宋传》《南传》、萧《传》皆阙如。自宋之后始有异说，南宋邓名世《古今姓氏书辩证》卷一一云："后世（陶氏）望出丹阳，晋太尉侃之祖父同，始居焉。同生丹，吴扬武将军，柴桑侯，遂居其地。生侃，字士衡，娶十五妻，生二十三子，二子少亡，二十一子官至太守。侃生员外散骑岱，岱生晋安城太守逸，逸生彭泽令、赠光禄大夫潜，潜生族人熙之，宋度支尚书……"又李注《命子》诗云："陶茂麟谱以岱为祖。按此诗云'惠和千里'，当从《晋史》以茂为祖。陶茂为武昌太守。"[①] 所谓"陶茂麟谱"见陶澍《陶靖节年谱考异》。邓名世《古今姓氏书辩证》谓"侃生员外散骑岱"，可能承藉陶茂麟谱。然全祖望《鲒埼亭集外编》卷四〇《陶渊明世系考》不信岱为渊明之祖，说："……且桓公十七子，九人皆见旧史，得列附传，而谓其余不显。渊明之祖则武昌太守茂也，渊明之诗称之曰'直方二台，惠和千里'。使茂亦在十七人之内，则不得曰九人而外不显也。陶氏家谱亦自知其不合，遂改以岱为祖，求当合于曾孙之数，则岱官至散骑侍郎，又与渊明诗戾。"以为渊明《命子》诗曰"直方二台，惠和千里"，是武昌太守，而岱官至散骑侍郎，与渊明诗不合。改岱为祖，是陶氏家谱所为。丁谱亦谓渊明祖茂见于正史，陶茂麟《家谱》以岱为祖，非也。

---

① 李公焕：《笺注陶渊明集》卷一，文渊阁《四库全书》本，第1063册，第478页上。

全祖望谓《晋书·陶侃传》中不见有茂名，如茂为武昌太守，不得曰不显，因疑陶茂非侃子。按《命子》诗说："肃矣我祖，慎终如始，直方二台，惠和千里。"则可肯定渊明祖任过太守。各地民间所藏的陶氏宗谱多数皆载陶茂为侃子，可能抄自《晋传》，也有可能沿自旧谱，真实性较高。陶茂麟谱仅见于《宋史·艺文志》，其书早佚。邓名世《古今姓氏书辩证》亦不可信（见陶《考》）。且《晋书·陶侃传》载岱为散骑侍郎，未言做过太守。故仍从《晋传》。

父某，曾出仕，不详何官。

王《谱》："父轶名，《命子》诗云：'于皇仁考，淡焉虚至。寄迹风云，冥兹愠喜。'陶氏自以侃以武功擅世，后裔稍袭故风，多流乱歧。盖折翼之祥，发之旁派，传淡，传君父子，皆以隐德著称。"①

李注《命子》诗引赵泉山云："靖节之父，史逸其名，惟载于陶茂麟家谱，而其行事亦无从考见。"

邓名世《古今姓氏书辩证》："侃生员外散骑岱，岱生晋安成太守逸，逸生彭泽令、赠光禄大夫潜。"

宜丰《秀溪陶氏族谱》（简称《秀溪谱》）"宗支之源"："伺子丹，仕吴，拜扬武将军，封柴桑侯。子二：长子偾，② 生子臻、舆；次曰侃。""（陶）回，名麟，字若愚，茂长子，母朱氏。姿城太守，孟嘉以二女妻之。生子三：长曰注，次曰渊明，三曰敬远，承继胞弟延为后。""渊明，回次子。"③

宜丰《秀溪陶氏族谱》四修本"陶氏宗图："十三世丹；十四世丹子璜、

---

① 许逸民校辑：《陶渊明年谱》，中华书局1986年版，第1页。
② 当从《晋书》卷五七《陶璜传》作"璜"。
③ 张人鑫：《"陶渊明始家宜丰"甄辨》，《陶渊明研究》（内部刊物），九江陶渊明学术讨论会筹备组编，1985年，第138页。

侃；十五世璜子臻、舆，侃子瞻、夏、琦、旗……"①

胡思敬《盐乘》卷一四《陶潜列传》引《秀溪陶氏家谱》云："侃第三子茂为武昌太守，茂生逸为安城太守，孟嘉以女妻之。晋显宗朝苏峻叛，随祖征讨，追其党苏逸至豫章，又破韩晃有功，封康乐伯，食采宜丰，计一千五百户。"②

【考辨】

王《谱》谓渊明父"轶名"，赵泉山谓"史轶其名"，说明渊明父名史所遗佚。然赵泉山又云渊明父"惟见于茂麟《家谱》。"茂麟《家谱》早佚，无从得见。邓名世《古今姓氏书辩证》谓渊明"父名逸"。一谓"史轶其名"，一谓"父名逸"。可见至迟在宋代就不能确知渊明父名。渊明父官职，也有异说。邓名世谓"安城太守"，李注谓"姿城太守"③。故"陶逸"之名，终究是疑问。各地民间的陶氏宗谱，多载渊明之父陶敏。唯宜丰《秀溪谱》称渊明父为陶回，渊明乃回次子。胡思敬《盐乘》引《秀溪谱》，谓渊明父追讨苏峻，以功封康乐伯。其说尤乖谬不可信。

兹先考索陶璜、陶侃、陶回年代及关系。《晋书》卷五七《陶璜传》："陶璜字世英，丹阳秣陵人也。父基，吴交州刺史。璜仕吴历显位。""璜弟濬，吴镇南大将军、荆州牧。濬弟抗，太子中庶子。"陶璜子威，亦见于《晋书·陶璜传》："硕乃迎璜子苍梧太守威领刺史。"④可知璜子非陶回。《晋书》卷七八《陶回传》："陶回，丹杨人，祖基，吴交州刺史。父抗，太子中庶子。"⑤《明一统志》卷一五"人物"："汉陶谦，丹阳人。晋陶基，谦从子，初仕吴为交州刺史。子璜，亦刺交州，吴平，封其本职，封毘陵侯。陶回，祖基，父抗，皆仕吴。"据此，陶璜是陶基之子，陶回是陶基之孙。回父抗，

---

① 宜丰《秀溪陶氏族谱》始修于宋咸淳乙丑（1265），为宜丰陶氏后裔合修之谱，历代重修，七修于宣统三年（1911）。见吴卫华、凌沛诚主编《陶渊明始家宜丰资料集》，中国社会出版社2004年版，第60页。
② 胡思敬：《退庐全集·盐乘》卷一四《陶潜列传》，《中国近代史料丛刊》，第448册，第3645页。
③ 《晋书》无"姿城"，当作"安成"。见《晋书·地理志下》《宋书·州郡志二》。
④ 《晋书》，第1558、1561页。
⑤ 《晋书》，第2065页。

非璜。璜乃回之从父辈。《明一统志》是也。又考《晋书》卷六六《陶侃传》："侃本鄱阳人，吴平，徙家庐江之浔阳。父丹，吴扬武将军。"据《晋书》，陶璜父基，陶侃父丹，璜、侃非兄弟。《秀溪谱》谓陶基生长子璜、次子侃，陶侃、陶璜为兄弟，谬矣。①邓名世《古今姓氏书辩证》云："后世陶氏望出丹阳，晋太尉侃之祖父同，始居焉。"若邓氏之说可信，则陶侃、陶璜之先世，皆居于浔阳。《后汉书》卷七三《陶谦传》谓谦为丹阳人，李贤注引《吴书》曰："陶谦父故余姚长。"据此推断，陶氏至迟于陶谦父一辈就已南迁江南，居于丹阳郡。则陶侃、陶回有可能是同族。丹阳陶氏后分出浔阳陶诗一族。陶氏后裔陶维墀编著《陶氏史记》说："司空敦之孙同，由牙门将为扬武将军，在吴孙亮时因职守而徙鄱阳，子丹以功封柴桑侯就封浔阳。吴平失侯，丹亦卒，其子定居于浔阳。"②此说虽依据不明，但有可信成分。

　　《秀溪谱》谓渊明父是陶回，然考之陶回与渊明之年岁，乃绝不可能。《晋书》卷七八《陶回传》谓回于晋成帝咸和二年（327）卒，年五十一。而据旧说，渊明生于东晋哀帝兴宁三年（365），而此时距陶回之死已三十余年。仅此一端，亦可证陶回绝非渊明父。《秀溪谱》谓孟嘉以二女妻陶回，生子三：长曰汪，次曰渊明，三曰敬远，承继胞弟延为后。然《晋书·陶回传》谓回生子四：汪、陋、隐、无忌。既无渊明，亦无敬远。再者称孟嘉以二女妻陶回亦是问题。渊明《孟府君传》云："渊明先亲，君之第四女也。"何来渊明父娶孟嘉二女？陶《考》云："先生生母夫人孟氏，从弟敬远母亦孟氏，皆孟嘉女。"③意谓孟嘉以一女妻渊明父，一女妻敬远父，非指孟嘉以二女妻渊明父一人。故《秀溪谱》所言孟嘉以二女皆妻陶回一人，乃绝无可能之事。《秀溪谱》以为陶回乃陶侃之孙。按，回卒时年五十一，由咸和二年（327）推算，回生于晋武帝咸宁三年（277）。《晋书·陶侃传》谓侃卒于晋成帝咸

---

① 《晋书》，第1768页。
② 陶维墀编著：《陶氏史记》第10页。此书为陶氏后裔出资编写，于1996年印刷，非正式出版物。
③ 许逸民校辑：《陶渊明年谱》，中华书局1986年版，第64页。

和九年（334），①年七十六。由此推算，陶侃生于魏高贵乡公甘露四年（259）。陶侃长于陶回十八岁。称侃乃回之祖，祖孙仅差十八岁，亦不合情理。

胡思敬《盐乘》卷一四取材于《秀溪谱》，又或增或改。所引《秀溪谱》"晋显宗时"以下文字为《秀溪谱》所无。宜丰人士一面赞扬胡思敬《陶潜列传》"取其精华，弃其讹误，总揆集成，十分翔实"，一面却不满胡氏"用'陶逸'的虚名与《晋书》中陶回的真事结合起来，以此作为陶渊明何以会始家宜丰的证据。不想弄巧成拙，反而成一大败笔"。②其实，也不必责备胡氏弄巧成拙，究其根源，还是在于《秀溪谱》记载陶回是渊明之父，故胡氏以《晋书·陶回传》证实之。

据渊明《命子》诗"于皇仁考，淡焉虚至。寄迹风云，冥兹愠喜"，渊明父亦曾出仕，但不详何官。李注引陶茂麟《家谱》及《秀溪谱》皆谓渊明父为"姿城太守"。陶《考》据《晋书·地理志》《宋书·州郡志》，谓无姿城，"当以安城为是"。③王瑶解释"寄迹风云"二句说："这里'寄迹风云'的意思是指身涉仕途。《论语·公冶长》篇说'令尹子文，三仕为令尹，无喜色。三已之，无愠色'。这里'冥兹愠喜'是说无喜愠之色，因知渊明的父亲当也做过太守一类的官职；但或仕或已，不以为意。"④王瑶的解释是正确的。

陈怡良据《命子》诗及其余诗文中自述家境的穷困，而渊明于其父亲，语焉不详，推测"其不得不隐讳之苦衷"，"可能系得官又失官，抑或失职"。⑤

近读吴国富君《陶渊明浔阳觅踪》，认为渊明之父是一个"追慕老庄的隐士"，否认做过官。其说虽新，尚须推敲。究其歧说之起，主要在"寄迹风云"一句的理解。《命子》诗"寄迹风云"之"风云"为常见的比喻，借龙

---

① 咸和七年，《晋书》卷七《成帝纪》《资治通鉴》卷九五《晋纪》一七作"咸和九年"。
② 吴卫华、凌沛诚主编：《陶渊明始家宜丰资料集》，中国社会出版社2004年版，第21页。
③ 安城，《晋书》卷一五《地理志下》《宋书》卷三六《州郡志二》作"安成"。
④ 王瑶编注：《陶渊明集》，人民出版社1956年版，第5、6页。
⑤ 陈怡良：《陶渊明人品与诗品》，文津出版社1982年版，第104、105页。

乘风云而上天，喻凭借权势或时机有所作为。《汉书》卷一〇〇上《叙传》："卒不能摅首尾，奋翼鳞，振拔洿涂，跨腾风云。"①《后汉书》卷一一《刘盆子传》："赞曰：圣公靡闻，假我风云。"李贤注："《周易》曰：'云从龙，风从虎，圣人作而万物睹。'假，借也，言圣公初起无所闻知，借我中兴风云之便。"②《晋书》卷八七《凉武昭王李玄盛传》："玄盛曰：'吾少无风云之志，因官至此，不图此郡士人，忽尔见推。'"《命子》诗之"寄迹风云"，意同《汉书·叙传》"跨腾风云"，都指托身仕途。

如果说，"风云"确实还有实指自然界风云之义，那么，从《命子》诗的立意以及诗之结构，也能确定"寄迹风云"是托身仕途之意，渊明之父曾做官当无疑问。此诗共十章，前六章历叙先祖风云际会的光荣历史。第五章写曾祖陶侃，第六章写祖、父。第七章反观自身，感叹"嗟余寡陋，瞻望弗及"，意味自己气局狭小，远不逮祖先之辉煌。若渊明父果为隐士，何必自叹"瞻望弗及"？也何必期待长子俨"实欲其可"？通解全诗，"寄迹风云"当作托身仕途解。至于渊明父性格恬淡，或仕或隐皆无喜愠，则属另一问题，不必因生性冲虚恬淡而否定其曾亦为官也。

母孟氏，孟嘉第四女。

《秀溪陶氏家乘总要》："……茂公自台臣，出为武昌太守，有惠政，仍家浔阳之柴桑里，生子回与延，回公为姿城太守，娶江夏鄂人征西大将军孟嘉之二女，一生注与渊明，一生敬远。"③

陶《考》："先生生母夫人孟氏，从弟敬远母亦孟氏，皆孟嘉女。"

【考辨】

渊明《晋故征西大将军长史孟府君传》云："渊明先亲，君之第四女也。"《秀溪谱》谓渊明父陶回娶江夏鄂人征西大将军孟嘉之二女云云，无不

---

① （汉）班固：《汉书》，中华书局1962年版，第4226页。
② （宋）范晔：《后汉书》，中华书局1962年版，第487页。
③ 吴卫华、凌沛诚主编：《陶渊明始家宜丰资料集》，中国社会出版社2004年版，第52页。

谬误。陶回非渊明父，一误也；江夏无鄂，鄂乃鄳之误，晋时江夏郡有鄳县，见《晋书》卷一五《地理志》上。二误也。征西大将军乃桓温，孟嘉乃大将军之参军。三误也。渊明自称其母孟氏乃孟嘉第四女，非指孟嘉二女。此四误也。渊明《祭从弟敬远文》云："父则同生，母则从母。"敬远乃渊明从弟，非同母昆弟，此五误也。渊明母与敬远母乃同母姊妹，渊明父娶孟嘉第四女，敬远父娶孟嘉另一女，此即陶澍注引《豫章书》云："孟嘉以二女妻陶侃子茂之二子，一生渊明，一生敬远。"非《秀溪谱》谓渊明父一人娶孟嘉二女也。此六误也。《秀溪谱》不足凭信乃尔。

前妻不详姓氏，早亡。继室翟氏。

萧《传》："其妻翟氏亦能安勤苦，以其同志。"

《南传》："其妻翟氏，志趣亦同，能安苦节，夫耕于于前，妻锄于后。"

王《谱》："妻翟氏偕老，所谓'夫耕于于前，妻锄于后'，当是翟汤家。汤、庄、矫、法赐四世，以隐行知名，亦柴桑人。"

汤注："其年二十丧偶。继娶翟氏。"

《秀溪陶氏家乘总要》："渊明始娶王氏，生子俨。继娶翟氏，能甘勤苦，与公同志。"①

江西奉新县《新吴陶氏重修族谱》清嘉庆乙丑（1805）《新吴陶氏源流序》："……渊明子五，原配彭氏，生俨，继娶翟氏，生俟、份、佚、佟。"②

清道光五年乙酉（1825）江西都昌县《西源陶氏宗谱》："娶陈氏、翟氏。"③

江西德化县《套口陶氏宗谱》："娶程氏、翟氏。"④

【考辨】

萧《传》《南传》皆谓渊明妻翟氏。据《怨诗楚调示庞主簿邓治中》诗

---

① 吴卫华、凌沛诚主编：《陶渊明始家宜丰资料集》，中国社会出版社2004年版，第52页。
② 同上书，第62页。
③ 同上书，第65页。
④ 同上书，第65页。

云"始室丧其偏",则渊明三十岁,即"始室"时丧妻。翟氏为续娶。王《谱》谓翟氏出于浔阳数世为隐士的翟汤家。其说可信。翟氏与渊明志趣亦同,能安苦节,亦有隐德也。渊明续娶翟氏当在前妻之丧一年之后。梁《谱》推断说:"先生续娶年岁无考,然长子俨比次子俟仅蚤生两岁,则续娶或即在丧偶之年。"① 各地陶氏宗谱或谓渊明前妻王氏、或谓陈氏、或谓程氏,无由辨其是非。

生子五,名俨、俟、份、佚、佟。五子不同母。

【考辨】

渊明《与子俨等疏》:"告俨、俟、份、佚、佟:……然汝等虽不同生,当思四海皆兄弟之义。"五子年岁差次,见《责子》诗:俨长俟二岁,俟长份、佚一岁,份、佚长佟近五岁。渊明五子年岁及不同母,既见于渊明诗文,当无可怀疑。而邓名世《古今姓氏书辩证》载:"潜生族人熙之,宋度支尚书。"此乃全不可信从者也。至于五子出于前妻还是后妻,说则有异。详见"晋孝武帝太元十九年甲午(394)"条。

晋废帝太和四年己巳(369)　　一岁

夏四月,大司马桓温帅众伐燕。九月,败于枋头。十一月,桓温自山阳及会稽王昱会于涂中,将谋后事。(《晋书》卷八《废帝海西公纪》)

桓玄生。

《资治通鉴》卷一〇三:晋孝武帝宁康元年癸酉(373)桓温卒,以少子玄为嗣,时方五岁。则上推当生于本年。

渊明生

【考辨】

渊明生年史传不载,以致异说纷纭,迄今难有共识。《宋传》:"潜元嘉四

---

① 许逸民校辑:《陶渊明年谱》,中华书局1986年版,第146页。

年卒，时年六十三。"萧《传》同。《晋传》："以宋元嘉中卒，时年六十三。"不书确切卒年。《南传》《莲传》只书卒年，不记年岁。颜《诔》："春秋若干，元嘉四年月日，卒于浔阳县之某里。"亦不记年岁。渊明《自祭文》："岁惟丁卯，律中无射。……陶子将辞逆旅之馆，永归于本宅。"丁卯为宋元嘉四年（427）。据此当可确定，渊明卒于元嘉四年。依《宋传》"时年六十三"之说，当生于晋哀帝兴宁三年乙丑（365）。此说信者最多。然自宋以来，六十三岁说引起学人怀疑。宋人张縯《吴谱辩证》云：先生《辛丑游斜川》诗言"开岁倏五十"，若以诗为正，则先生生于壬子岁。自壬子至丁卯，为年五十，迄丁卯终，是得年七十六。至近代，不断有学者提出新说。

　　清人吴汝纶《古诗钞》有五十一岁说，其注渊明《饮酒》之十九说："'归田里'在义熙元年，'向立年'是三十左右也，'复一纪'则四十矣，故前章云'行行向不惑'也。年谱以归为四十一者，因颜《诔》'春秋六十三，元嘉四年卒'，逆推至义熙元年为四十一耳。其实，六十三乃传写之误。《诔》明云'年在中身'，明五十，非六十，东坡以《告子俨等疏》为临终之作，疏云'吾年过五十'，尤为确证，知元嘉四年年过五十，则寿当止五十一。义熙元年二十九，故云'向立'。若已三十一，不得云'向'矣。故知颜《诔》'六十三'三字亦误，当作'五十一'乃合。"

　　章炳麟则创渊明享年五十六岁说。其结论由考证颜延之《陶征士诔》《与子俨等疏》《祭从弟敬远文》得出："颜特进《陶征士诔》云：'年在中身，疢维痁疾，视死如归，临凶若吉。药剂弗尝，祷祀非恤，傃幽告终，怀和长毕。'则靖节卒时不过五十余耳。旧传云六十三，恐误。再案：靖节《祭从弟敬远文》云：'相及龆齿，并罹偏咎。'又云：'年畴昔日，同居之欢。'则靖节与敬远年齿相逮，少同嬉戏也。《祭从弟敬远文》在辛亥，《自祭文》在丁卯，首尾十有七年，而《祭从弟敬远文》云：'年甫过立，奄与世辞。'自此下去十七年，则靖节卒时不过五十余也。若六十三岁而殁，则祭敬远时已四十七，敬远年甫逾立而靖节已四十七，相较十有余岁，不得云'相及龆齿'矣。"（卷一《赠长沙公族祖》四首眉批）又说："'年过五十'记当时之年也;'少而穷苦,追述往时也。以此见靖节殁时不过五十有奇耳。"章氏又说:"或以'年过五十'以下属读,改五为三,此乃纰缪。年过五十,不为少矣,复云'少而穷苦'邪?若以'年过三十'为少,'少'字又复沓也。"(卷八《与子俨等疏》眉批)章氏以为渊明殁时五十有奇,尚有其他根据。他说:"此言'闲居三十载'值辛丑岁,则《游斜川》诗所谓'开岁倏五十',当题辛酉,误作辛丑也。"(卷三《辛丑岁七月赴假还江陵夜行涂口》眉批)又说:"辛丑三十,丁卯则五十六也。"(卷八《自祭文》眉批)又说:"此言'吾生行归休',则作五十者是也,所题辛丑当是字误,应作辛酉乃合。"(卷二《游斜川》眉批)综观章炳麟五十六说,主要证据有三:一是据颜《诔》,以为渊明享年五十有奇,旧谱六十三岁说有误。二是《辛丑岁七月赴假还江陵夜行涂口》诗"闲居三十载",辛丑年为三十岁。至丁卯终,为五十六岁。三是《游斜川》诗"开岁倏五十",此年渊明五十岁,诗序"辛丑正月五日"之辛丑,应作辛酉。另有旁证《祭从弟敬远文》,敬远三十而殁,时在辛亥,渊明年龄与敬远相近,至辛亥下去至丁卯十七年,则渊明卒时不过五十余,不可能有六十三。章炳麟《手批陶渊明集》藏于图书馆高阁,不见流传,故其首创渊明享年五十六岁之说也鲜有人知。

而梁启超作《陶渊明年谱》,举凡八证,主渊明享年五十六岁说,与章炳麟偶合,是传统六十三岁说之外影响最大的一种渊明年谱。虽有游国恩《陶潜年纪辨疑》逐一驳之,但因梁《谱》多有论证,问世至今,信奉者不少。例如陆侃如《陶公生年考——跋古层冰陶靖节年谱》,①谓《辛丑岁七月赴假还江陵夜行涂口》诗"闲居三十载,遂与尘事冥"二句是"铁证",辛丑年是三十岁,推算渊明卒年丁卯(427),生年东晋简文帝咸安二年壬申(372),享年五十六。台湾学者李辰冬《陶渊明评论》,亦据《游斜川》诗序"辛酉"及诗"开岁倏五十",谓渊明辛酉年五十岁,享年五十六。②台湾学者方祖燊以为梁《谱》创见独多,故据之定渊明享年五十六岁。李文初亦赞

---

① 许逸民校辑:《陶渊明年谱》,中华书局1986年版,第236—242页。
② 李辰冬:《陶渊明评论》,东大图书有限公司(台北)1975年版,第214—216页。

同梁启超五十六岁说,以为梁《谱》八证中之第二证、第四证、第八证是"难以推倒的"。①

古《谱》举凡三证,谓渊明得年五十二。主五十六岁的陆侃如在《陶公生年考——跋古层冰陶靖节年谱》一文中逐项驳之。凡此,不烦具列。又赖义辉《陶渊明生平事迹及其岁数新考》亦谓渊明享年五十二,依据是"渊明于弱冠入仕,复益以十载断续之仕途生活,则其辞彭泽令时亦即其最后辞官之年岁,是即为三十岁","渊明乙巳(405)辞官,时年三十,自乙巳上溯,则其生年应在太元元年(376),下推卒年元嘉四年丁卯(427)合得五十二岁,与古《谱》偶合"。② 近有袁《汇考》及《陶渊明享年考辨》(见《陶渊明研究》),重倡张缵七十六岁说。邓《谱》受逯《系年》启发,谓《游斜川》诗序"辛丑正月五日之'辛丑'乃干支纪日,东晋义熙十四年戊午(418)正月五日正为辛丑,本年五十岁,下推至元嘉四年丁卯,得终年五十九岁"。统观古今陶渊明年岁诸说,以为邓《谱》五十九岁说与渊明诗文大体无矛盾,故从之。因《宋传》六十三岁说信奉者较多,故特列项辨疑如下。

一、渊明享年六十三岁说仅见《宋传》、萧《传》。《晋传》虽记年岁,却不记具体年份,说是"宋元嘉中卒"。《南传》只记元嘉四年卒,却不记年岁。这说明沈约之后为渊明作传者,对六十三岁说持谨慎态度。推测其中缘由,或许是渊明年岁不能确知,或许感到六十三岁说与渊明诗文发生矛盾,故付之阙如。《宋书》成书于齐永明六年(488),距渊明去世已六十一年,未必确知渊明年纪。渊明曾祖陶侃为江左名人,晋代谱籍必定有陶氏世系的记载。至于渊明年岁,因为他本人在死后名声不大,估计有关他的资料不会很多。人物年岁时间一长,记载差错的发生实乃平常之事。时间既已长达六十多年,资料又不多,故沈约六十三岁说,不是不可怀疑。

再有不同版本的颜《诔》,记载渊明卒年也不同。《四部丛刊》影印宋刊

---

① 李文初:《再谈陶渊明的享年问题——梁启超五十六岁说续论》,载李文初《汉魏六朝文学研究》,广东人民出版社2000年版。
② 许逸民校辑:《陶渊明年谱》,中华书局1986年版,第369页。

本《文选》，颜《诔》记渊明之卒云："春秋若干，元嘉四年月日。"然汲古阁藏《陶渊明集》十卷本以及其他宋版陶集所附颜《诔》记渊明卒年说："春秋六十有三。"两种颜《诔》版本，何者为是？梁《谱》以为今本陶集中所附颜《诔》"春秋六十有三"之语，"殆后人据《宋传》改增耳"。宋云彬也说："总之，渊明得年六十三之说，仅见于沈约《宋书》，盖无明据。颜延之《陶征士诔》祇云'春秋若干'，萧统收入《文选》。作'春秋六十三'者，乃后人据《宋书》改之。"①但也有人不同意梁《谱》看法，以为《文选》收录的颜《诔》本作"春秋六十有三"。譬如台湾学者潘重轨说："殊不知《文选》所载各文以保存文学价值为目的，'六十有三'是一个烦琐的数目字，就被简化为'若干'，正如一些奏疏中的'诚恐诚惶，死罪死罪，顿首顿首'，被简化成'中谢'一样。宋版的'春秋六十有三'应该是没有问题的。"②潘氏的"简化"之说，其实不成立。袁行霈《陶渊明享年考辨》曾举《文选》所录诔文有明言享年者如潘安仁《杨仲武诔》"春秋二十九，元康九年夏五月己亥卒"，以及《夏侯常侍诔》"春秋四十有九，元康元年夏五月壬辰寝疾卒"等例子，以为"颜《诔》没有说明渊明年岁，并不是简化，而是不能确知"③。袁氏举例确切，很有说服力。颜《诔》由萧统选入《文选》，别的诔文所记具体卒年不"简化"，何必独独"简化"渊明的年岁？颜《诔》的《文选》版本的可信度，毫无疑问要高于陶集所附录的颜《诔》版本。我们当然相信《文选》的版本。

至于颜延之作为渊明的好友，写诔文时又"询诸友好"，却竟然不知渊明年岁，这是不合情理的。鄙意认为颜延之必知悉渊明年岁，所以写"春秋若干"，其一是因为众人皆知渊明年岁，觉得不必书；其二是以为渊明乃一隐士，本来就不看重生死，"黔娄既没，展禽亦逝。其在先生，同尘往世"，死即烟消云散，何必规规矩矩写明年岁呢？

---

① 宋云彬：《陶渊明年谱中的几个问题》，许逸民校辑《陶渊明年谱》，中华书局1986年版，第311页。
② 潘重轨：《陶渊明年岁析疑》，香港《新亚生活》第五卷第十期，"民国51年"11月9日。
③ 袁行霈：《陶渊明研究》，北京大学出版社1997年版，第216、217页。

二、颜《诔》具有重要价值，其可靠程度和真实性不容怀疑。颜《诔》云："年在中身，疢维痁疾，视死如归，临凶若吉。药剂弗尝，祷祀非恤，傃幽告终，怀和长毕。"细细体味，这八句语意一贯，都是叙述渊明的病笃及临终前的平静。"药剂弗尝""怀和长毕"，即上文"视死如归，临凶若吉"的具体描写。当然，从得病至辞世，一般会迁延一段时间，很少一天二天就暴死，但这八句终究说的是同一件事。而不是说渊明中年得病，然而旷日持久的迁延，许多年后才"怀和长毕"。"年在中身"一句，对考证渊明年寿至关重要。李善注："《尚书》曰：'文王受命惟中身。'"按，"中身"一词出于《书·无逸》："文王受命惟中身，厥享国五十年。"孔氏传："文王九十七而终，中身即位时年四十七，言中身举全数。"孔颖达疏："文王年九十七而终，《礼记·文王世子》文也，于九十七内减享国五十年，是未立之前有四十七。在礼：诸侯逾年即位。此据代父之年，故为即位时年四十七也。计九十七年半折以为中身，则四十七时于身非中。言中身者，举全数而称之也。"又《诗·文王》郑玄注："中身谓中年。"以孔氏传及孔疏的解释，中身指中年，五十岁左右。东晋孔坦卒时五十一岁，临终与庾亮书说："今中道而毙，岂不惜哉！"中道，意为中年。庾亮报书说："足下方在中年，素少疾患，虽天命有在，亦祸出不图。"① 孔坦五十一岁卒，是中年而毙的确切例证。章炳麟据颜《诔》，以为靖节卒时不过五十余，疑旧谱为误，这是对"中身"一词正确理解而得出的结论。梁《谱》解释《尚书·无逸》"文王受命惟中身"一句，也称中身指五十岁，若六十以外，不得言中身。朱《问题》说："此证甚坚。"逯钦立《陶渊明集跋》引《晋书·陆玩传》"臣年中寿，终命归全，将复何恨。薨年六十四"为证，以为中身指中寿，即六十以上。然中寿与中身含义不同。中身指中年，中寿指年寿。

三、《挽歌诗》为渊明临终前绝笔，诗云："早终非命促。"梁《谱》以为若寿六十三，不得言早终。孟嘉卒年五十一，《孟府君传》赞云："道悠运促，不终远业。惜哉！仁者必寿，岂斯言之谬乎？"可见，五十一岁为不寿。

----

① 《晋书》七八《孔坦传》。

《晋书》卷五八《周访传》："初,访少时遇善相者庐江陈训,谓访与陶侃曰：'二君皆位至方岳,功名略同,但陶得上寿,周当下寿,优劣更由年耳。'访小侃一岁,大兴三年卒,时年六十一。"[①] 据此,晋人以年六十为下寿。早终更在下寿之下,即不及六十。邓安生《陶渊明寿无六十三岁辩证》（见《陶渊明新探》）举《隶释·夏承碑》,载夏承年五十六,碑文云："中遭冤夭,不终其纪,夙世祚,早丧懿宝。"以为"夙世""早丧",正是"早终"的同义词。又举《中常侍樊安碑》,载樊安年五十六,汉帝诏曰："婴被疾病,不幸早终。"以此证明渊明寿不及六十。邓举证确切。

四、依渊明享年六十三岁说,义熙元年乙巳（405）弃官归田时,年四十一。然以陶诗相证,多窒碍不通。《饮酒》其十六云："行行向不惑,淹留遂无成。竟抱固穷节,饥寒饱所更。""不惑"为四十岁,"向不惑"即不及四十,"无成"指学仕无成。前二句言近四十岁时仍淹留仕途,一事无成；后二句指归隐长抱固穷之节。《饮酒》其十九云："是时向立年,志意多所耻。"言不到三十岁出仕,深以为耻。《杂诗》其十云："荏苒经十载,暂为人所羁。"意谓在官十年,不得自由。合三诗而观之,可证渊明将近三十岁出仕,不到四十岁弃官归隐,在仕途十年。渊明卒年是元嘉四年丁卯（427）,据此推算,六十三岁难于成立。

五、《与子俨等疏》云"吾年过五十",后又称济北氾稚春为"晋时操行人"。据此可确定此文作于渊明五十岁后,且其时晋已亡。刘裕篡晋称宋在永初元年庚申（420）六月。既称晋时,则必作于永初元年或更后。依旧谱,其时渊明至少已五十六岁,也有可能将近六十岁。然疏文谓"年过五十",则必定不会离五十太远。由此可以推测,渊明年寿必不及六十。

以上五点,可以证明《宋传》六十三岁说难于成立。

近有袁行霈先生重倡张縯七十六岁说,作《陶渊明享年考辨》（以下省称

[①] 《晋书》,第1582页。

《考辨》）[1]，广搜材料加以论证。然其说实不能成立，李文初、邓安生等已撰文驳之。[2] 兹对袁《汇考》和《考辨》中明显不能成立之论据论证，略作辨析。

一、袁《考辨》主渊明享年七十六岁说，证据之一是《自祭文》和《示周续之祖企谢景夷三郎》诗。《自祭文》云："从老得终，奚所复恋。"袁引《礼记·曲礼上》："大夫七十而致事，……自称曰老夫。"并引《说文解字》（简称《说文》）老部："老，考也。七十曰老。"以此确定此文作年不会在六十六岁以下。又谓《示周续之祖企谢景夷三郎》诗渊明既自称"老夫"，说明其时年龄与七十岁"不能相差过大"，对周续之等人自称"老夫"，"要比他年长一辈至少二十岁才合适"。

按袁氏之考证其实不能成立。《自祭文》"从老得终"之"老"，乃指人生由幼至壮，由壮至老的生命阶段。《论语·季氏》："及其老也，血气既衰。"皇侃《义疏》："老谓年五十以上也。"《自祭文》所说的"老"，也是泛指血气衰损的生命阶段，不可拘泥于《说文解字》"七十曰老"，以释此句。尤其是文学作品中的"老"，既可指生理的衰老，也可称精神的衰老，不能作为判断确切年龄的依据。例如《古诗为焦仲卿妻作》："今若遣此妇，终老不复取。"曹植《杂诗》其二："沈忧令人老。"嵇康《养生论》："积损成衰，从衰得白，从白得老，从老得终。"《自祭文》"从老得终"的意义，同古诗、曹植、嵇康，皆泛指人生的衰老阶段。因此，"老"不能确指七十岁。渊明《荣木》诗序说："荣木，念将老也。"一般都以为此诗作于渊明四十岁时。所谓"将老"，指壮年已过，往老年迈进。老，非指七十岁。将老，亦非谓向七十岁迈进。又《丙辰岁八月中下潠田舍获》诗说"姿年逝已老"，也是"自壮而得老"的意思。即使依七十六岁说，渊明此年六十五岁，亦不合"七十曰老"。再辨析"老夫"。《礼记·曲礼上》虽有大夫七十"自称老夫"之说，但不可拘泥。《文选》卷四一陈琳《为曹洪与魏太子书》云："故自竭老

---

[1] 袁行霈：《陶渊明研究》，北京大学出版社1997年版，第211—242页。
[2] 李文初、邓安生：《陶渊明享年无七十六岁辨——与袁行霈先生商榷》，《文学遗产》1998年第2期。

夫之思。"此书作于建安二十年曹操平定汉中张鲁后。曹洪为曹操从弟,《魏志》不载其年岁。据建安二十年曹操六十一岁推测,曹洪此年很可能不到六十岁。又《文选》卷四二阮瑀《为曹公作书与孙权》云:"常恐海内多以相责,以为老夫包藏祸心。"据陆侃如《中古文学系年》,此书作于建安十五年,时曹操五十六岁。可见,魏晋时不必非至七十岁方可自称"老夫",故"老夫"不能作为考定渊明年寿的依据。

二、袁《考辨》举《怨诗楚调示庞主簿邓治中》及《戊申岁六月中遇火》诗为证,谓前诗"结发念善事,僶俛六九年"二句中的"结发"指十五岁以上,"六九年"为五十四年。十五岁加上五十四年,则此诗应作于六十九岁。又谓后诗"总发抱孤念,奄出四十年"二句中的"总发",犹"束发",十五岁以上,如果"总发"按十六岁算,十六岁加上四十一年("奄出四十年"),则此诗写于五十七岁,此年为戊申。由此下推元嘉四年,渊明享年正好七十六岁。袁《汇考》以为总角、结发、总发义同,皆指未成年时。这样解释未必严谨,而解读诗的方法也不妥当。"结发"义同"束发",谓成童,在十五岁以上。《史记·李将军列传》:"且臣结发而与匈奴战。"因已成童,故能作战。但这也不过是表示大概年龄,泛指少年,不能断定"束发"就是十五六岁。难道十七岁就一定不可称"束发"?"总角"指儿童,在十五岁以下,也表示大概年龄。潘岳《怀旧赋》序:"余年十二获见父友戴侯杨君。"赋云:"余总角而获见,承戴侯之杨君。"这里的"总角"指十二岁。"总发"与"总角"义同,也指童年。《文选》潘岳《藉田赋》:"被褐振裾,垂髫总发。""总发"年龄比"束发"要小,不到十五岁。总之,陶诗中的"结发""总发",泛指少年或童年。袁氏谓二者义同已是不确,一律将其算作十五六岁则更无根据。袁氏论证七十六岁的重要方法之一,是将陶诗中涉及年纪的句子,理解为"上句所说的年龄算起,再加上下句的年数"。这种做法似乎很精确,其实违反了诗的形象思维的特质,将艺术与精确的数学等同。以此来确定渊明的年寿,必然会遇到无法解决的矛盾。兹举二例。《连雨独饮》诗:"自我抱兹独,僶俛四十年。"袁《汇考》参考《戊申岁六月中遇火》诗"总发抱孤念"之"抱孤念",谓"抱兹独"的年龄是在"总发"之年,即十五岁,再加上四十年,从而得出此诗作于五十五岁或五十六岁的结论。其实,"自我抱兹独"和"总发抱孤念",与《归园田居》"少无适俗韵"同一意思,都是说自己自小就有不合世俗的性情。"总发"即"少",不能确指为十五六岁。又《杂诗》其六:"昔闻长老言,掩耳每不喜。奈何五十年,忽已亲此事。"袁《汇考》以为"五十年不应从出生时算起,而应从听到长老的话掩耳不喜算起"。于是定"昔闻"之"昔"为四五岁,称此诗作于渊明五十四岁时。其实,"昔"是泛指年轻时候,决不可定为四五岁。况且四五岁的小儿懵懂未开,听到长老人生易逝之言即产生"不喜"心理,岂非天才乎?就算渊明"早熟",四五岁时已不喜长老之言,但五十多岁时如何还记得儿时的掩耳不喜?可见,袁氏的计算方法行不通,七十六说终难成立。

三、袁《考辨》谓颜《诔》"年在中身,疚维痁疾,视死如归,临凶若吉"四句不是叙一时之事,前二句乃指渊明中年染疾之事,后二句才是临死时的情形,因此不能据"年在中身"便断定渊明死于中年。这样解读颜《诔》"年在中身"等句,显然是沿袭游国恩《陶潜年纪辨疑》驳古《谱》的说法。然朱自清当年对游氏的说法不以为然,谓"《诔》中四语衔接,亦可谓叙一时事,游君说固不必确凿无疑;惟用典原有泛指切指之殊,中身即中年,颜或泛用中身,指五六十,亦未可知也"。细审文意,颜《诔》"年在中身"以下四句,叙述渊明得病逝世,确如朱自清所说"为一时事"。袁《汇考》又谓《与子俨等疏》"疾患以来,渐就衰损"等语,正是颜《诔》所说"年在中身,疚维痁疾"之事,而非临死前的情形,以此证明颜《诔》所叙非同时之事。按,《与子俨等疏》"疾患以来"等句,确实可理解为"年在中身,疚维痁疾",渊明中年得痁疾,亲旧以药石见遗,如此有年,疾患加重,自知不起,于是"药剂弗尝,祷祀非恤,傃素告终,怀和长毕"。"疚维痁疾"和"视死如归"可能间隔一段时间,但都在"中身",不太可能会旷日持久,故颜《诔》作为一件事来叙述。又颜《诔》一再感叹:"纠缠斡流,冥漠报施。孰云与仁,实疑明智。谓天盖高,胡愆斯义。履信曷凭,思顺何寘……仁焉而终，智焉而毙。"强烈质疑天不佑仁人与智者，履信思顺之人不得长寿，年仅中身。这与渊明《晋故征西大将军长史孟府君传》文末质疑"仁者必寿，岂斯言之谬乎"意思完全相同。假若渊明享七十六岁的高寿，颜《诔》便不会再三质疑天道。据此推测，渊明年寿必不至七十六。

四、袁《汇考》因主七十六岁说，故于渊明行事窒碍处甚多。譬如说渊明三十五岁始生长子俨，三十七岁生次子俟，三十八岁生三子份、四子佚，四十三岁生幼子佟。五十四岁时任彭泽令。①然《归去来兮辞》说"幼稚盈室"，可见此时渊明五子年纪尚幼。若依袁《汇考》，渊明作彭泽令时长子俨已二十岁，幼子佟也已十二岁，岂可称"幼稚盈室"？颜《诔》叙渊明出仕原因之一是"母老子幼，就养勤匮"，其时儿子尚幼。袁《汇考》谓渊明二十岁开始游宦，②而生长子俨已三十五岁。这与颜《诔》所言不合。更费解的是，渊明三十五岁至四十六岁，整整十二年一直赋闲在家，不出仕以救"母老子幼"的穷困。袁《汇考》平白增添渊明十余年寿，在编排生平行事和作品时，势必捉襟见肘，无法弥缝。

五、袁《汇考》谓渊明二十五岁离开"园田居"，移居所谓"市廛"，至五十五岁"归园田居"，历时三十年，故曰"误落尘网中，一去三十年"。"尘网"与"丘山"相对而言，指市廛也。③但何谓"市廛"？"市廛"在何处？距"园田居"多远？渊明在"园田居"甚好，为何移居"市廛"？居然"市廛"指"尘网"，为何不离开，以致"一去三十年"？而渊明自二十五岁至五十五岁所谓移居"市廛"三十年中，据袁《汇考》，渊明有时"在家闲居"，有时"居市廛"，难道闲居也是"误落尘网"？凡此，皆由七十六岁说造成的纰漏，无法自圆其说。

以上数条，皆可证七十六岁说难于成立。至于袁《汇考》其他矛盾之处，详后考辨。

---

① 袁行霈：《陶渊明研究》，北京大学出版社1997年版，第297、298、301、320页。
② 同上书，第287页。
③ 同上书，第291页。

晋废帝太和五年庚午（370）　　二岁

八月，大司马桓温击袁瑾于寿阳，败之。（《晋书》卷八《海西公纪》）

晋简文帝咸安元年辛未（371）　　三岁

十一月，桓温废司马奕为东海王，立司马昱为帝，是为简文帝。温并废太宰武陵王晞及子综，改元咸安。（《晋书》卷九《简文帝纪》）

晋简文帝咸安二年壬申（372）　　四岁

正月，降封东海王司马奕为海西县公。六月，前护军将军庾希举兵反，自海陵入京口。七月，桓温遣东海内史周少孙讨希，擒之，斩于建康。立会稽王昌明为皇太子，皇子道子为琅邪王，领会稽内史。司马昱卒。司马曜即位，是为孝武帝。遗诏以桓温辅政。（《晋书》卷八《海西公纪》《晋书》卷九《简文帝纪》）

程氏妹生。

《祭程氏妹文》："慈妣早世，时尚乳婴，我年二六，尔才九龄。"程氏妹小渊明四岁，当生于本年。

晋孝武帝宁康元年癸酉（373）　　五岁

七月，桓温卒。少子玄为嗣，时方五岁，袭封南郡公。进右将军桓豁为征西将军，都督扬、豫、江三州诸军事、扬州刺史。竟陵太守桓石秀为宁远将军、江州刺史，镇浔阳。（《晋书》卷九《孝武帝纪》）

晋孝武帝宁康二年甲戌（374）　　六岁

晋孝武帝宁康三年乙亥（375）　　七岁

五月，北中郎将王坦之卒。以中军将军、扬州刺史桓冲为镇北将军、徐州刺史，镇丹徒，尚书仆射谢安领扬州刺史。（《晋书》卷九《孝武帝纪》）

晋孝武帝太元元年丙子（376）　　　　八岁

正月，以征西将军桓豁为征西大将军，领军将军郗为镇军大将军，中军将军桓冲为车骑将军，加尚书仆射谢安中书监、录尚书事。（《晋书》卷九《孝武帝纪》）

晋孝武帝太元二年丁丑（377）　　　　九岁

八月，尚书仆射谢安为司徒。征西大将军桓豁卒。十月，以车骑将军桓冲为荆州刺史，尚书王蕴为徐州刺史，征西司马谢玄为兖州刺史、广陵相，监江北诸军，招募骁勇之士，以刘牢之为参军，战无不捷，时号"北府兵"。（《晋书》卷九《孝武帝纪》《资治通鉴》卷一〇四）

周续之生。

《宋书》卷九三《周续之传》："景平元年卒，时年四十七。"则当生于本年。

晋孝武帝太元三年戊寅（378）　　　　十岁

前秦苻坚遣其子丕帅步骑七万攻襄阳。三月，雷雨，暴风。六月，大水。（《晋书》卷九《孝武帝纪》《资治通鉴》卷一〇四）

晋孝武帝太元四年己卯（379）　　　　十一岁

二月，苻坚遣其子丕攻陷襄阳，执南中郎将朱序。六月，征虏将军谢玄大破苻坚军。（《晋书》卷九《孝武帝纪》）

晋孝武帝太元五年庚辰（380）　　　　十二岁

四月，大旱。五月，大水。以司徒谢安为卫将军、仪同三司。六月，以骠骑将军、琅邪王道子为司徒。（《晋书》卷九《孝武帝纪》）

渊明丧父。

【考辨】

渊明丧父之年有八岁、十二岁两说，而以前说居多。其依据一是《祭程氏妹文》："慈妣早世，时尚乳婴，我年二六，尔才九龄。"二是《祭从弟敬远文》："相及龆龀，并罹偏咎。"汤注："'龆'与'龀'义同，毁齿也。《家语》曰：'男子八岁而龀。'靖节年三十七，母孟氏卒。是偏咎为失怙也。"李注同。陶《考》、逯《系年》、邓《谱》、袁《汇考》皆从之。汤注释"偏咎"为"失怙"，良是。《文选》又《昭明文选》潘岳《寡妇赋》："少伶俜而偏孤兮。"李善注："偏孤，谓丧父也。""偏咎"者，偏丧者有咎也。然"龆龀"泛指幼年，不一定指八岁。陶《考》肯定偏咎为失怙后说："惟'龆'乃'髫'之俗字，《玉篇》：'髫，小儿发。'《广韵》：'髫，小儿发，俗作龆。'不与龀通。则先生失怙，不定在八岁时。"以为"龆龀"不一定指八岁。曹植《灵芝篇》："龆龀无夭齿，黄发尽其年。"《晋书·王廙传》："爰自龆龀，至于弱冠。"《文选》张协《七命》："玄龆巷歌。"李善注："龆，发也。髫与龆古字通也。"又释道安《增一阿含经序》："龆龀出家。"考释慧皎《高僧传》卷五《道安传》：道安"至年十二出家"。由此可证十二岁亦可称龆龀。梁《谱》谓渊明十二岁丧父，所据者乃《祭程氏妹文》"慈妣早世"四句，然"《命子》诗称其父曰'仁考'，是长子俨生时，先生父已没。又《庚子岁从都还》篇云：'归子念前途，凯风负我心。'是先生二十九岁时其母犹存。然则《祭程氏妹文》'妣'字必误也。殆原当作'慈考'俗子传抄，以慈当属妣，故妄改耶"？古《谱》赞同梁说。但此说因无版本学上的根据，不赞同者多，而从汤注、陶《考》，都说"慈妣"乃程氏妹生母，渊明庶母，于是定渊明八岁丧父，十二岁丧庶母。然其中有一无法解释之疑问，即《祭程氏妹文》云："谁无兄弟，人亦同生，嗟我与尔，特百常情。""同生"，唯一的解释是同母所生。假若渊明与程氏妹非出一母，不可称同生。因此，生母、庶母之说并无根据。渊明母孟夫人既卒于隆安五年（401）冬，《祭程氏妹文》中"慈妣"又决非孟氏，渊明与程氏妹又是同母所生，则梁《谱》疑其当作"慈考"在理。以"慈"称父，古时习见。如《庄子·天地》:"孝子操药,以修慈父。"《史记》卷一二七《日者列传》:"孝子以养其亲,慈父以畜其子,此有德者也。"称"慈考"者见《隶释》卷九:"忠早丧慈考,母服未除。"《书叙指南》卷二十。"亡父曰慈考(书集朱娥),又曰严考(孙绰表)"证以《祭从弟敬远文》"相及龆龀,并罹偏咎"二语,兹从梁《谱》,定渊明丧父在十二岁。

以上考辨"相及龆龀,并罹偏咎"二语之"偏咎"指髫年丧父。台湾学者齐益寿则对"偏咎"作另外的解释,谓李公焕注偏咎为失怙者非。齐氏说:"'偏咎'二字如果解释为偏丧,则偏丧只是丧夫或丧妻,而非丧父或丧母。"又以《诗·小雅·鸿雁》"哀此鳏寡"毛传"无妻曰鳏,偏丧曰寡"的解释,否定前人偏咎解为失怙,称偏咎同丧父或丧母无关。又指出"偏咎"一词源于《汉书·五行志》引《国语·周语》:"夫目以处谊,足以践德,口以庇信,耳以听名者也,故不可不慎也。偏丧有咎,既丧则国从之。"颜师古注:"苟丧其一则有咎。"认为偏咎是说目、足、口、耳四者之中丧失任何一种都会引起灾咎,渊明用的正是这个典故,进而据《宋书》本传渊明有"脚疾"的记载,以为"偏咎"是指渊明、敬远两人幼年就都得过脚病。① 按:《小雅·鸿雁》毛传、《汉书》颜师古注"偏丧",确实无丧父或丧母之义。《祭从弟敬远文》说"并罹偏咎",偏咎成了"偏丧有咎"的缩文,其实是包含了偏丧之义的。但这偏丧,在魏晋时可能扩大了它丧夫、丧妻的原义,涵盖了丧父或丧母,义同偏孤。而凡丧其一者皆可用偏咎。丧目丧足固然可称偏咎,但若说渊明、敬远都得了脚病,实在是太巧,难以置信。故这里仍从李公焕注。

晋孝武帝太元六年辛巳(381)　　十三岁

孝武帝初奉佛法,立精舍于殿内,引诸沙门居之。六月,扬、荆、江三州大水。十一月,以镇军大将军郗愔为司空。会稽人檀元之反,自号安东将军,镇军参军谢蔼之讨平之。(《晋书》卷九《孝武帝纪》)

---

① 齐益寿:《论古直陶渊明享年五十二岁说》,《幼狮月刊》民国60年8月。

慧远约于本年至庐山。（陈舜俞《庐山记》引《十八高贤传》）

从弟敬远约生于本年。

【考辨】

《祭从弟敬远文》："岁在辛亥，月维仲秋，旬有九日，从弟敬远，卜辰云窆，永宁后土。""年甫过立，奄与世辞。"假定辛亥年（411）敬远三十一岁，则上推当生于本年。

晋孝武帝太元七年壬午（382）　　十四岁

晋孝武帝太元八年癸未（383）　　十五岁

三月，始兴、南康、庐陵大水，平地五丈。八月，苻坚率众渡淮。九月，诏司徒、琅邪王道子录尚书六条事。十月，谢石、谢玄诸军与苻坚战于肥水，大破之。（《晋书》卷九《孝武帝纪》）

晋孝武帝太元九年甲申（384）　　十六岁

正月，龙骧将军刘牢之克谯城。二月，荆州刺史桓冲卒。三月，以卫将军谢安为太保。四月，苻坚将姚苌背坚，自立为王，国号秦。九月，加太保谢安大都督扬、江、荆等十五州诸军事。（《晋书》卷九《孝武帝纪》）

颜延之生。

【考辨】

《南史·颜延之传》：延之卒于宋孝武帝孝建三年（456），年七十三。则上推当生于本年。

晋孝武帝太元十年乙酉（385）　　十七岁

八月，谢安卒。以琅邪王道子为都督中外诸军事。姚苌杀苻坚而僭即皇

帝位。十月，追封谢安庐陵郡公，封谢石南康公，谢玄康乐公，谢琰望蔡公，桓伊永修公。(《晋书》卷九《孝武帝纪》)

道安卒。

【考辨】

释慧皎《高僧传》卷五《道安传》："至其年（秦建元二十一年）二月八日，忽告众曰：'吾当去疾。'是日斋毕，无疾而卒，葬城内五级寺中。是岁晋太元十年也，年七十二。"

谢灵运生。

【考辨】

《宋书》卷六七《谢灵运传》：谢灵运卒于宋元嘉十年（433），年四十九。则上推当生于本年。

晋孝武帝太元十一年丙戌（386）　　十八岁

江州刺史桓伊为慧远立东林寺。

【考辨】

释慧皎《高僧传》卷六《慧远传》："时有沙门慧永，居在西林，与远同门旧好，遂要远同止。永谓刺史桓伊曰：'远公方当弘道，今属徒已广，而来者方众。贫道所栖褊狭，不足相处，如何？'桓乃为远复于山东更立房殿，即东林是也。"陈舜俞《庐山记》引《十八贤传·慧远传》："桓乃即其地更立房殿，名其殿曰神远，以在永所居之东，故号东林。即太元十一年岁次丙戌，寺成。"

晋孝武帝太元十二年丁亥（387）　　十九岁

正月，以谢玄为会稽内史。六月，诏征会稽处士戴逵，逵累辞不就，逃

匿于吴。(《资治通鉴》卷一〇七)

晋孝武帝太元十三年戊子（388）　　二十岁

正月，谢玄卒。豫章太守范宁于郡立学。周续之年十二，诣宁受业。(《资治通鉴》卷一〇七、《宋书》卷九三《周续之传》)

渊明始仕。

【考辨】

渊明始仕之年，主要有两说。一说二十岁，一说二十九岁。《宋传》叙渊明仕宦经历云："亲老家贫，起为州祭酒，不堪吏职，少日自解归。"或以为"起为州祭酒"是指初起做州祭酒。其实"起"与"起为""起家"有别。《晋书》卷三三《何曾传》附《何遵传》说："太康初，起为魏郡太守。""起为"非指始为。在太康之前，何遵已历任散骑黄门郎、侍中等官。《何遵传》说："起家散骑黄门郎。"起家，才是义同初仕。又《晋书》卷三九《王沉传》："后起为治书侍御史。""后起为"是说后来任职。《晋书》卷四二《王济传》："年二十，起家拜中书郎，以母忧去官。起为骁骑将军。"是说王济始为中书郎，母丧期满后做骁骑将军。故不能以渊明"起为州祭酒"，就说渊明始仕就做州祭酒。据此，不能排除做州祭酒之前还做过其他的官。《宋传》在后面说："潜弱年薄宦不洁去就之迹。"弱年是何时？薄宦为何官？皆不得而知。

先释"弱年"。《礼·曲礼》："二十曰弱。"弱年，指二十岁左右。"弱年薄宦"，是说渊明二十岁左右做过官，做何官不知。古《谱》以为《宋传》"亲老家贫，起为州祭酒，不堪吏职，少日自解归"，所记即"潜弱年薄宦"，始仕为州祭酒，在弱冠时也。又说《与子俨等疏》"少而贫苦，每以家弊，东西游走"，亦与"弱年薄宦"相应。古《谱》解释"弱年薄宦"有可取之处，但说"弱年薄宦"是做州祭酒，恐未必也。赖义辉说："陶公入仕，在弱冠之时。据其诗文所载，始为镇军参军。"① 之所以说始仕为镇军参军，盖以《始作镇军参军经曲阿作》诗题之"始作"意即始仕。关于"始作"是否就是"始仕"，具见后面考辨。袁《汇考》也说渊明二十岁出仕，在任州祭酒之前尝为生活所迫出仕低级官吏。② 比较以上三说，袁说较可取。虽然，渊明自称"少无适俗韵，性本爱丘山"（《归园田居》其一），又称"闲居三十载，遂与尘事冥。诗书敦宿好，林园无世情"（《辛丑岁七月赴假还江陵夜行涂口》），"弱龄寄事外，委怀在琴书"（《始作镇军参军经曲阿作》），似乎渊明少时未尝出仕。但"少而贫苦，每以家弊，东西游走"等语，明明是说年轻时因家贫而出仕，且从"每以家弊"之"每"字来看，可能出仕不止一次，不过时间不会长。《宋传》说"潜弱年薄宦"，非是无根之言。渊明自称"少无适俗韵，性本爱丘山""闲居三十载，遂与尘事冥"，无非强调自己的素志，不可据此就怀疑《宋传》"潜弱年薄宦"之记载。

顾农探索渊明"弱年薄宦"的具体情况，据《宋传》渊明享年六十三岁说，又根据当时的政治、军事形势，以为渊明二十岁出仕是做江州刺史桓伊的官，跟在后面"跑来跑去，颇历艰辛，所以《怨诗楚调示庞主簿邓治中》诗说："弱冠逢世阻。"意谓"弱冠逢世阻"是感慨出仕的艰辛。③ 其说似欠说服力。吴《谱》"太元十年乙酉（385）"条解释《怨诗楚调示庞主簿邓治中》诗"弱冠逢世阻"句说："按《晋纪》及《五行志》，太元八年春三月，始兴、南康、庐陵大水，南康平地五尺。十年夏五月，大水。秋七月，旱饥。先生时年方冠，连年旱潦饥馑，故云。"以为"世阻"乃指天灾。鄙意以为这种解释比较妥当。世阻，指世事的艰难。阻，难也。《诗·邶风·谷风》："既阻我德，贾用不售。"毛传："阻，难。"《易·系辞下》："夫坤，天下之至顺也，德行恒简以知阻。"孔颖达疏："若不简，则为阻难。""弱冠逢世阻"，是说弱冠之年遭逢天灾，生活艰难，非指出仕艰难也。

---

① 赖义辉：《陶渊明生平事迹及其岁数新考》，许逸民校辑《陶渊明年谱》，中华书局1986年版，第335页。
② 袁行霈：《陶渊明研究》，北京大学出版社1997年版，第287、288页。
③ 顾农：《从两首诗看陶渊明的生年》，《宁夏师范学院学报》第28卷第1期，2007年1月。

晋孝武帝太元十四年己丑（389）　　二十一岁

孝武帝溺于酒色，委事于司马道子。道子日夕与帝酣饮为事，又崇尚浮屠，穷奢极费，所亲者皆姆僧尼，左右群小，争弄权柄，政局腐败至极。（《资治通鉴》卷一〇七）

晋孝武帝太元十五年庚寅（390）　　二十二岁

司马道子恃宠骄恣，帝不能平，以中书令王恭为都督青、兖、幽、并、冀五州诸军事，镇京口，潜制道子。九月，以侍中王国宝为中书令，俄兼中领军。（《资治通鉴》卷一〇七）

晋孝武帝太元十六年辛卯（391）　　二十三岁

九月，以尚书右仆射王为左仆射，以太子詹事谢琰为尚书右仆射。（《晋书》卷九《孝武帝纪》）

江州刺史王凝之集中外僧徒八十余人，于浔阳南山精舍翻译佛经。

【考辨】

《出三藏记集·阿毗昙心经序》："泰元十六年，岁在单阏，贞于重光。其年冬，于浔阳南山精舍，提婆自执胡经，先译本文，然后乃译为晋语，比丘道慈笔受。至来年秋，复重与婆提校正，以为定本。时众僧上座竺法根、支僧纯等八十余人。地主江州刺史王凝之、优婆塞西阳太守任固之为檀约，并共劝佐而兴立焉。"

桓玄始拜太子洗马（《资治通鉴》卷一〇八）

晋孝武帝太元十七年壬辰（392）　　二十四岁

十月，荆州刺史王忱卒。十一月，以黄门郎殷仲堪为都督荆、益、宁三州诸军事、荆州刺史，镇江陵。桓玄在江陵，殷众堪甚敬惮之。立皇子德文

为琅邪王，徙琅邪王道子为会稽王。(《资治通鉴》卷一〇八)

晋孝武帝太元十八年癸巳（393）　　二十五岁

六月，始兴、南康、庐陵的大水。十月，后秦姚苌死，其子姚兴继位。(《晋书》卷九《孝武帝纪》)

晋孝武帝太元十九年甲午（394）　　二十六岁

七月，荆、徐二州大水，伤秋稼。(《晋书》卷九《孝武帝纪》)

长子俨生。

顾《谱》"太元十九年甲午"（394）条："公五子：俨、俟、份、佚、佟，乳名舒、宣、雍、端、通。《命子》诗云：'顾惭华鬓，负影只立。'知生俨已晚，而《年谱》因《与子俨等疏》'汝等虽不同生'句，[1]谓'前夫人有所出'，则生俨在丧偶前不远。而按《责子》诗，生俨之后连举子，则再娶亦在丧偶后不远矣。"[2]

梁《谱》"太元十五年庚寅"（390）条："先生十九岁，长子俨生。……然先生有妻无妾，颜《诔》中'居无仆妾'一语可证。先生早年丧偶有继室，然则至少亦应有一子为原配夫人出者，今假定本年为长子俨生年。"[3] 方《谱》从之。

傅《谱》"太元十五年庚寅"（390）条："先生二十六岁，子俨生。先生五子，其年岁差次，可于《责子》诗中见之；其诸子之不同母，可以《与子俨等疏》证之。《归去来兮辞》序有'幼稚盈室'语，则先生二十九岁初仕时已不止一子，故长子俨至迟当生于是年；但又似不能再早，盖《责子》篇之作，俨方十六，而先生已'白发被两鬓，肌肤不复实'，则至少已四十以上矣。若据梁《谱》，则作《责子》篇时，先生方三十四五，即使先生少即白

---

[1] 顾易《柳村陶谱》此云《年谱》，指吴仁杰《陶渊明年谱》。
[2] 许逸民校辑：《陶渊明年谱》，中华书局1986年版，第35页。
[3] 同上书，第146页。

发之说为确,又将何以解'肌肤不复实'一句耶?梁《谱》又假定俨为原配所出,余子均继娶所出,亦非,《命子》篇所谓'渐免于孩'时,先生当未丧偶,若次子为继妻所出,则万无祇与俨相差两岁之理。今假定俨、俟、份、佚俱孟夫人所出,翟氏仅生一佟,其间相隔四年,似较近理,而与吴《谱》三十丧偶之说亦较合矣。"

逯《系年》"义熙十一年乙卯"(415)条谓陶生长子俨时三十五岁。然逯谓太元十九年甲午(394)渊明三十岁时丧妻,则前妻不及生育而亡,五个儿子皆继室所生,这结论显与《与子俨等疏》"汝等虽不同生"之语不合。

【考辨】

颜《诔》说:"母老子幼,就养勤匮,远惟田生致亲之议,近悟毛子捧檄之怀。"据此知渊明未仕前至少有一子。《归去来兮辞》说:"幼稚盈室。"则义熙元年(405)为彭泽令时已有多子,且年幼。渊明有五子,不同母,见《与子俨等疏》。五子年岁差次,见《责子》诗:俨长俟一岁,俟长份、佚二岁,俟、佚长佟近五岁。前后凡八年生五子。梁《谱》说:"然先生又有妻无妾,颜《诔》中'居无仆妾'一语可证。先生早年丧偶有继室(详次条),然则至少亦应有一子为原配夫人出者,今假定本年为长子俨生年。"梁《谱》谓渊明十九岁生长子俨,乃据《怨诗楚调示庞主簿邓治中》诗"弱冠逢世阻,始室丧其偏"二句汤汉注:"其年二十丧偶,继娶翟氏。"既以为渊明二十丧偶,而五子中至少有一人为原配夫人所生,故假定长子俨乃渊明十九岁所生。然"弱冠"固可理解为二十岁,"始室"则非等于"弱冠"之时,换言之,"弱冠"一句与"始室"一句乃对举,叙发生于不同时期之事,非谓"弱冠"时"始室","始室"即丧偶。吴《谱》谓渊明三十岁"有悼亡之戚",并释"始室丧其偏"一句云:"《礼》:'三十曰壮,有室。'《左传》:'齐崔杼生成及疆而寡,娶东郭氏。'杜注:'偏丧曰寡。'"室,义为家室。"始室",始婚也。故吴《谱》谓渊明三十岁丧妻。其说可从。

傅《谱》假定俨、俟、份、佚皆前妻所生,续妻翟氏只生幼子佟,而渊明三十岁丧妻,则长子俨生于二十六岁时。杨《汇订》引颜《诔》"母老子幼"等语，谓渊明二十九岁出仕以前有子不止二人。又引萧《传》："执事者闻之，以为彭泽令。不以家累自随，送一力给其子，书曰：'汝旦夕之费，自给为难，今遣此力，助汝薪水之劳。此亦人子也，可善遇之。'"以为"俨此时最少亦当十四五岁，如此年龄，方知'善遇人子'，与粗理'薪水之劳'，而《曲礼》有童子十五负薪之义，与此亦合。"其说与傅《谱》相近。

逯《系年》"义熙十一年乙卯"（415）条说，渊明生长子俨时三十五岁。然逯又说太元十九年甲午（394）渊明三十岁时丧妻，则前妻不及生育而亡，五个儿子皆继室所生。但《与子俨等疏》有"汝等虽不同生"之语，说明渊明五子不同母，逯《系年》谓渊明三十五岁生长子俨不成立。

袁《汇考》主渊明享年七十六岁说，定太元六年（381）渊明三十岁丧妻，前妻未有子；太元九年（384）三十三岁娶继室；太元十一年（386）三十五岁生长子俨；太元十三年（388）三十七岁生次子俟；太元十七年（392）四十一岁前后或又丧妻，再娶；太元十九年（394）四十三岁生幼子佟。按，袁《汇考》对渊明娶妻和生子的系年，颇有难通之处。首先，《怨诗楚调示庞主簿邓治中》诗说："弱冠逢世阻，始室丧其偏。"始室，谓三十岁。可知渊明三十岁丧妻。《南传》："其妻翟氏，志趣亦同，能安苦节，夫耕于前，妻锄于后云。"翟氏乃后妻。古今学人皆以为渊明两娶。袁则以为或三娶。这种假定，既无史传依据，在渊明诗文中亦无反映。其次，颜《诔》"母老子幼"数句，叙渊明出仕的缘由。袁《汇考》谓咸安元年（371）渊明二十岁开始游宦，宁康元年（373）结束"薄宦"归家。此时渊明尚未娶妻，与颜《诔》"母老子幼"不合。而渊明三十岁丧妻至四十六岁十六年间，历经丧妻、娶妻，再丧妻、再娶妻，连生五子，正值"母老子幼"的穷窘之际，可他却长期悠然闲居。证以史传和颜《诔》，袁《汇考》关于渊明娶妻和生子的说法恐难于取信。再次，《归去来兮辞》云："幼稚盈室。"《与子俨等疏》："黾勉辞世，使汝等幼而饥寒。"这说明渊明辞归彭泽时，儿子尚年幼。依袁说，渊明五十四岁作《归去来兮辞》，则此年长子俨已近二十岁，幼子佟也已十二三岁，岂可称"幼稚盈室"？此外，袁将《酬刘柴桑》诗系于义熙二年（406），此年渊明五十五岁。诗云："命室携童弱，良日登远游。"据袁《汇考》推算，此时除幼子佟外，皆非"童弱"之年，何须妻子来"携"？以上数点，又可证七十六岁说难于自圆。

颜《诔》叙渊明出仕原因乃"母老子幼"，而《饮酒》其十九说："畴昔苦长饥，投耒去学仕。将养不得节，冻馁固缠己。是时向立年，志意多所耻。"此数句叙昔年为贫而仕的无奈心情。然渊明入仕之后，仍不能免除贫困，且精神上多感耻辱。此时是"向立年"——将近三十岁。上文考辨渊明"弱年薄宦"，大约二十岁已出仕，可能时间很短。《饮酒》其十九所述，当指将近三十岁之前做州祭酒的出仕经历。其时渊明至少已经有一子了。傅《谱》谓渊明二十六岁生长子俨，其说可从。

晋孝武帝太元二十年（395）　　二十七岁

六月，荆、徐二州大水。会稽王道子专权奢纵，帝益恶之，乃擢王恭、郗恢、殷仲堪、王珣等使居内外要任，以防道子。道子亦引王国宝等以为心腹。王室内部矛盾加剧。（《资治通鉴》卷一○八）

《命子》诗约作于本年。

【考辨】

《命子》诗："日居月诸，渐免于孩。"孩，孩提也。《孟子·尽心上》："孩提之童。"赵岐注："孩提，谓二三岁之间，在襁褓知孩笑，可提抱者也。"《命子》诗又云："三千之罪，无后为急。"则此诗之作当在次子俟未生之前。俨与俟相差将近二岁，俨去年生，今年为二岁，正是二三岁之间的孩提之年，故定《命子》诗为本年作。

逯《系年》"义熙十一年乙卯"（415）条说，"俨七岁时，陶作《命子》诗，为四十二岁"。前已证逯《系年》谓渊明三十五岁生长子俨非是，且长子俨七岁方始命名，亦不近情理。

袁《汇考》说，渊明三十五岁生长子俨，三十七岁生次子俟，三十八岁生三子份、四子佚，《命子》诗或作于渊明三十八岁时。然诗云"三千之罪，无后为急"，显然作《命子》诗时仅有长子。若四子皆已出生，何以犹称"无后为急"耶？袁《汇考》又说"此诗乃长子三四岁为其命名时所作也"。生子三四岁方始命名，恐亦太晚矣。又义熙元年（405）渊明辞官彭泽，作《归去来兮辞》，序云"幼稚盈室，瓶无储粟"，据此可知，此时渊明五子尚幼小。然袁《汇考》说义熙元年渊明已五十四岁，依《汇考》渊明三十五岁生长子俨推算，此时俨已二十岁，二子俟十八岁，三子份、四子佚十七岁，幼子佟亦已十三岁，多已年近弱冠，岂可称"幼稚盈室"乎？此为袁《汇考》窒碍难通之又一例也。

《五柳先生传》约作于本年。

【考辨】

《宋传》称潜少有高趣，尝著《五柳先生传》以自况，时人谓之实录。萧《传》《南传》《莲传》《晋传》皆同。王瑶注谓作于晋太元十七年（392），渊明二十八岁。齐益寿《陶渊明的政治立场与政治思想》说："《宋书·陶潜传》以《五柳先生传》印证渊明'少有高趣'，而其叙述又在'起为州祭酒'前，足见《宋书》以此传为渊明少作。据《始作镇军参军经曲阿作》：'弱龄寄事外，委怀着琴书，被褐欣自得，屡空常晏如。'《辛丑岁七月赴假还江陵夜行涂口》：'闲居三十载，遂与尘事冥，诗书敦宿好，林园无世情。'《饮酒》：'少年罕人事，游好在六经。'《与子俨等疏》：'少学琴书，偶爱闲静。开卷有得，便欣然忘食。见树木交荫，时鸟变声，亦复欣然有喜。常言五六月中，北窗下卧，遇凉风暂至，自谓羲皇上人。'等诗文，正与《五柳先生传》若合符节，故知此传乃渊明少作。"[1] 杨《汇订》"太元十七年壬辰"条，引萧《传》"渊明少有高趣"一段后说："是知《五柳先生传》作于始仕之前。"[2] 与作于早年说相反，还有作于晚年说。逯《系年》系此文于宋永初元年（420），并赞同林云铭评注《古文析义》所谓"暗寓不仕宋意"，

---

[1] 方介：《陶渊明〈五柳先生传〉疏证》，《汉学研究》（台北）第5卷第2期，1987年12月。
[2] 杨勇：《陶渊明集校笺》，上海古籍出版社2002年版，第414、415页。

以及吴楚材《古文观止》所谓"此传乃自述其生平",以为"陶之无酒可饮,乃五十一至五十七岁时事"。邓《谱》说作于义熙十二年(416)以后,文中自云亲旧置酒招饮等语,与《晋书》所言张野等人邀渊明饮酒之情事相合。袁《汇考》说"应是老年时期之作",系于义熙十一年(415)。按,以上诸家之说,以齐益寿所论充分且有说服力。渊明诗文中自述其早年的生活情趣,确实可与《五柳先生传》两相印证。逯《系年》说渊明无酒可饮乃是晚年之事,此说与事实不符。渊明穷困无酒可饮,并非全在晚年。《饮酒》诗其十九云:"畴昔苦长饥,投耒去学仕。"《始作镇军参军经曲阿作》诗云:"被褐欣自得,屡空常晏如。"颜《诔》云:"少而贫苦,居无仆妾,井臼弗任,藜菽不给。"凡此皆可证渊明出仕前家境贫困,"被褐""屡空",自然是无酒可饮了。史传称渊明少有高趣,尝著《五柳先生传》自况,当属可信。近来,友人范子烨君撰文,以为《五柳先生传》之五柳先生乃汉代扬雄。其说发前人之未发,特为新奇。然按之《汉书·扬雄传》,除《扬雄传》前面"雄少而好学"及后文"家贫耆酒"等句与五柳先生相类外,雄一生主要事迹如作《甘泉赋》《河东赋》《校猎赋》《长杨赋》上孝成帝,或讽或颂,晚年作《法言》《太玄》,王莽时投阁几死等,在《五柳先生传》中毫不见踪影。历来真实的人物传记,无有寥寥数十言仅记人物性格,却不述人物生平经历者。试看渊明《晋故征西大将军长史孟府君传》为外祖父孟嘉作传,写人物生平行事和性格,何等真实详细。诚然,渊明熟悉扬雄,《五柳先生传》行文也确实有《汉书·扬雄传》的影子,但据此称"五柳先生"即扬雄,扬雄即"不慕荣利"的"无怀氏之民","葛天氏之名",恐怕难以信从,值得商榷。王莽篡汉,号曰"新",扬雄作《剧秦美新》,论秦之剧,称新之美,赞美王莽"配五帝,冠三王,开辟以来未之有也"(见《文选》卷四八《剧秦美新》)。李善注曰:"王莽潜移龟鼎,子云进不能辟戟丹墀,亢辞鲠议;退不能草玄虚室,颐性全真。而反露才以耽宠,诡情以怀禄。素餐之所刺何以加焉。"读《剧秦美新》,《汉书·扬雄传》谓雄"恬于势利",岂非虚饰之语乎?扬雄岂可比匹"不汲汲于富贵,不戚戚于贫贱"的五柳先生的高格?杨雄作《解嘲》，虽说"默然独守吾太玄"。其实，他一生待诏金马门，怀禄不情。很难想象不为五斗米折腰的陶渊明，会如此敬重扬雄，竟然许之为"五柳先生"，赞美无以复加。鄙意以为子烨君"五柳先生为扬雄"之说，仍须深长思之。作虚构人物传记以自况，在渊明之前已有，鲁迅名之为"设幻为文"。他说："幻设为文，晋世固已盛，如阮籍之《大人先生传》、刘伶之《酒德颂》、陶潜之《桃花源记》《五柳先生传》皆是矣，然咸以寓言为本，文词为末……"①如鲁迅所说，《五柳先生传》幻出（虚构）不存在的"五柳先生"，以寓言为本，寄托自己的理想人格。不论是渊明之前的阮籍《大人先生传》，还是渊明之后的刘宋时袁粲的《妙德先生传》，② 其实都是虚构理想人物，比况自己，虽可列入人物传记，但不是以纪实为目的的真实人物之传记，乃是寓言也。

晋孝武帝太元二十一年丙申（396）　　二十八岁

九月，张贵人弑帝。晋安帝即位，大赦。以司徒、会稽王道子为太傅，摄政，宠信王国宝。（《晋书》卷一〇《安帝纪》《资治通鉴》卷一〇八）

次子俟生。

【考辨】

据《责子》诗，俟少长子俨二岁，当生于本年。

做江州祭酒，不久即解归。

【考辨】

《宋传》："亲老家贫，起为州祭酒，少日自解归。""起为州祭酒"之"起"，并非特指初仕。《饮酒》其十九说："畴昔苦长饥，投耒去学仕。是时向立年，志意多所耻。"汤注、吴《谱》、陶《考》、逯《系年》依六十三岁

---

① 鲁迅：《中国小说史略》，江苏文艺出版社2007年版，第54页。
② 《宋书》卷八九《袁粲传》谓袁粲作《妙德先生传》，"以续嵇康《高士传》以自况"。第2230、2231页。

说，皆定"向立年"为二十九岁。古《谱》则据《宋传》"潜弱年薄宦，不洁去就之洁"二语，谓"先生起为州祭酒，在弱冠之时也"。赖义辉《陶渊明生平事迹及其岁数新考》考渊明初入仕之年说："《始作镇军参军经曲阿作》诗有句云'弱龄寄事外，委怀在琴书'，则陶公二十岁时尚未见辟。唯自二十以后，家境日落，遂不得不入仕。《有会而作》诗云'弱年逢家乏'，《怨诗楚调示庞主簿邓治中》诗云'弱冠逢世阻'，《与子俨等疏》云'少而贫苦，每以家弊东西游走'，《宋书》亦云'潜弱年薄宦，不洁去就之际'，皆足证陶公入仕为二十左右。"① 袁《汇考》则称渊明二十岁"出任低级官吏"，时在任州祭酒之前，为时大约二年。

按，上文据《与子俨等疏》"弱年薄宦，不洁去就之迹"，以为渊明初仕在二十岁左右。《宋传》所谓"起为州祭酒"，当是"薄宦"之后再仕州祭酒。"薄宦"大概是小吏，不值得书，故《宋书》不书。州祭酒是比较重要的州官。《宋书》卷四○《百官志》下："晋成帝咸康中，江州又有别驾、祭酒，居僚职之上……祭酒分掌诸曹兵、贼、仓、户、水、铠之属。"故《宋书》特地书之。

晋安帝隆安元年丁酉（397）　　二十九岁

正月，会稽王道子稽首归政。以尚书左仆射王珣为尚书令，领军将军王国宝为尚书左仆射。四月，兖州刺史王恭、豫州刺史庾楷举兵，讨王国宝、王绪。道子杀国宝及绪以悦王恭，恭乃罢兵，还镇京口。殷仲堪闻国宝死，亦抗表举兵，道子以书止之。道子子元显拜征虏将军。（《晋书》卷一○《安帝纪》《资治通鉴》卷一○九）

三子份、四子佚生。

【考辨】

据《责子》诗，份、佚少长子俨三岁，当生于本年。

---

① 许逸民校辑：《陶渊明年谱》，中华书局1986年版，第368页。

《联句》诗约作于本年。

【考辨】

陶集卷四之末有《联句》诗一首。陶注引何孟春注："愔之、循之，集内不再见，莫知其姓。考晋、宋书及《南史》亦无此人。意必《晋书》潜本传所谓其乡亲张野及周旋人羊松龄、庞遵等辈中人也。"邓安生《陶渊明新探》始有发明，说："我今查得《世说新语》卷上《言语》'谢景重'一条中，刘孝标注引《谢女谱》有'重女月镜适王恭子愔之'一句。二人名字悉同，我疑为一人。"邓先生又探索渊明与愔之交游之原因，以为自解归江州祭酒之后，至隆安二年（398）复出，仕于桓玄，中间数年行踪不明，《还旧居》诗说"畴昔家上京，六载去还归"，据这些情况推测，渊明依叔父陶夔寓居京师或京口，同王恭之子也有机会交往，愔之很可能是王恭子王愔之。

钟书林《陶渊明交游考》一文，[①]则由《宋书》《晋书》所叙渊明与乡亲及周旋人的交游，考证《联诗》中的愔之、循之，以为愔之为羊愔之即羊松龄；循之为庞循之即庞遵。《晋书》本传说："周旋人庞遵、羊松龄等，或有酒要之。""遵"有"循"义，则庞遵即"庞循""庞循之"，而"庞循"是"庞循之"的省称。至于愔之为什么是羊愔之、即羊松龄，钟君未有论证，仅仅是《晋书》有"周旋人羊松龄、庞遵等"，而渊明既然与庞遵交游，则羊松龄也就是交游人。又据《联句》诗流露的思想倾向，以为作于渊明第三次入仕前，与《时运》《停云》《荣木》诗作于同时，渊明四十岁按，考定《联句》诗中的愔之、循之，是非常困难的。钟君据字义，谓庞遵即庞循，是庞循之的省称。此说人所未道，但终究牵强。因为既然"庞循之"省称"庞循"，同理，庞遵即庞遵之，《联句》诗中的循之应该是遵之，何须曲称"循之"？至于称愔之为羊愔之即羊松龄，理由更无说服力。庞遵、羊松龄同是周旋人，庞遵联句，不一定羊松龄也去联句。钟君解释联句诗意，以为咏雁实为咏志，是与朋友"讨论仕隐的自白书"。这一看法很中肯。但说此诗作于元兴三年，与《停云》等诗同时，理由难令人信服。盖元兴三年五月刘裕进据

[①] 钟书林：《陶渊明交游考》，硕士学位论文，陕西师范大学，2004 年。

浔阳不久，渊明即入其幕府。此其一。在此之前，渊明已为桓玄僚佐。此其二。元兴三年，渊明因母丧居家。照规矩，守丧期满还可出仕，自称"穷居士"似乎不合适。此其三。

比较起来，邓先生的考证虽不能作为定论，但相对可靠。他从《世说新语》刘孝标注引《谢氏谱》考出憕之是王恭子，就是很难得的创获。他又考索王恭与渊明叔父陶夔的关系，王恭与桓玄、刘牢之、刘敬宣等人的关系，以此解释渊明后来做了桓玄、刘裕、刘敬宣的僚佐，都是很有创见的看法。今据邓先生的考证，系《联句》诗于本年。去年渊明辞去江州祭酒，暂居京师，想凭借叔父陶夔之力，谋个一官半职。期间，与憕之交往，讨论仕隐问题。此时，渊明已生有四子，母老子幼，生活窘迫，迫切希望出仕以救贫，改变"穷居士"的处境。

晋安帝隆安二年戊戌（398）　　　三十岁

会稽王道子忌王恭、殷仲堪之逼，引谯王尚之及弟休之为心腹。道子采纳尚之之计，以王愉为江州刺史。于是，兖州刺史王恭、豫州刺史庾楷、荆州刺史殷仲堪、广州刺史桓玄、南蛮校尉杨佺期等举兵反，恭为盟主。八月，江州刺史王愉奔于临川。九月，加太傅会稽王道子黄钺。遣征虏将军司马元显、前将军王、右将军谢琰讨桓玄等。谯王司马尚之大破庾楷于牛渚。桓玄大破王师于白石。元显使人说王恭司马刘牢之，牢之叛王恭，恭兵败被杀。诏以刘牢之代恭职。十月，殷仲堪等盟于浔阳，推桓玄为盟主。(《晋书》卷一〇《安帝纪》《资治通鉴》卷一一〇)

渊明丧妻。

王《谱》"太元九年甲申"（384）条："君年二十，失妻。《怨诗楚调示庞主簿邓治中》诗云：'弱冠逢世阻，始室丧其偏。'"

吴《谱》"太元十九年甲午"（394）条："是年先生三十矣，有悼亡之戚，故《怨诗楚调庞主簿邓治中》云：'始室丧其偏。'《礼》：'三十曰壮，有室。'《左传》：'齐崔杼生成及彊而寡，娶东郭氏。'杜注：'偏丧曰寡。'"

陶《考》"太元九年甲申"（384）条："澍按：此谓失妾，非也。汤东磵《怨诗楚调示庞主簿邓治中》注云：'其年二十，丧偶，继娶翟氏。'据颜《诔》'居无仆妾'，则汤说近是。古人不当有未妻先妾之事，况年仅弱冠耶？吴斗南亦以此为悼亡，而引杜元凯《春秋传注》'偏丧曰寡'，以释'偏'义。其实本诗明言始室，古者男有室，指妻言。若继配，则曰继室，妾则曰侧室。此云始室，非原配而何？"

梁《谱》"太元十六年辛卯"（391）条："先生甫结婚即丧偶，当是事实。其年当在二十左右也。"（王《谱》解"丧偏"为失妾，非也。颜《诔》明云"居无仆妾"。吴《谱》谓三十丧偶，亦杜撰。

【考辨】

《怨诗楚调示庞主簿邓治中》诗："弱冠逢世阻，始室丧其偏。"此二句为对文，叙"弱冠""始室"不同时期遭遇之两事。汤汉注："其年二十，丧偶。"误以"弱冠""始室""丧偶"为同时之事。即弱冠之年"始室"，"始室"不久即丧偶。梁《谱》从王《谱》，说"先生甫结婚即丧偶"，其年当在二十左右。陶《考》及李公焕注亦袭汤汉说。吴《谱》说渊明三十岁"有悼亡之戚"，并引《礼》及《左传》杜预注解释"偏丧"义，良是。

晋安帝隆安三年己亥（399）　　三十一岁

四月，加尚书令王珣卫将军，以司马元显为扬州刺史。六月，以琅邪王德文为司徒。十一月，孙恩陷会稽，杀内史王凝之。卫将军谢琰、辅国将军刘牢之发兵击之。牢之引刘裕参军事。十二月，桓玄袭杀荆州刺史殷仲堪、南蛮校尉杨佺期，自领荆、江二州刺史。（《晋书》卷一〇《安帝纪》《资治通鉴》卷一一一）

渊明约于本年岁末入桓玄幕。

【考辨】

渊明是否仕桓玄，前人有异说。叶梦得疑渊明曾仕桓玄。吴《谱》"晋安帝隆安五年辛丑"（401）条下引叶梦得说："渊明隆安庚子从都还，明年赴假还江陵，荆州刺史自隆安三年桓玄袭杀殷仲堪，即代其任，至于篡未别授人。渊明之行在五年，岂尝仕于玄耶？"吴《谱》驳叶梦得之说，说："先生以庚子岁作镇军参军，乙巳岁去彭泽，不复仕，故《还旧居》诗云：'畴昔家上京，六载去还归。'自庚子至乙巳，凡六年，既云'家上京'，又有《庚子岁五月中从都还阻风于规林》诗，则是未尝居江陵。使先生果仕于玄，不应居京师。陶《考》说，渊明于隆安三年己亥（399）为刘牢之镇军参军，明年隆安四年庚子（400）五月，由京口请假回里，路经建康，故有《庚子岁五月中从都还阻风于规林》诗，故渊明未尝仕桓玄。朱《问题》以为"渊明固尝仕玄，盖无庸讳，惟所仕何官则不可知矣"。杨《谱》："《资治通鉴》记桓玄本年十一月与殷仲堪盟于浔阳，渊明之仕玄，殆在其时。"又徐声扬《关于陶渊明从庚子到乙巳年间的行踪考》说：陶渊明在州召主簿不就之后，便贸然离开江州，到荆州一带工作。当时桓玄虽袭爵南郡公，但未担任重要的实际工作，渊明很可能在桓玄之兄桓伟手下工作，后来又转到荆州刺史殷仲堪下面工作。桓伟死，渊明的才华必为桓玄所闻。隆安三年，桓玄袭杀殷仲堪，渊明成为桓玄部下。①

按，据《辛丑岁七月赴假还江陵夜行涂口》诗，知隆安五年辛丑（401）渊明已在荆州幕府任职。自隆安三年己亥（399）十二月桓玄袭杀荆州刺史殷仲堪至元兴三年（404）桓玄败亡，荆州刺史一直是桓玄，未别授他人。隆安五年渊明赴假还江陵，其时必仕桓玄无疑。又据《庚子岁五月中从都还阻风于规林》诗，知渊明于隆安四年庚子岁（400）已奔走仕途。诗云："久游恋所生。"既称"久游"，则出仕必在本年之前。隆安二年（398）正值丧妻，不大可能出仕。隆安三年桓玄袭杀殷仲堪，荆、江二州落入桓玄之手。渊明外祖父孟嘉生前曾受桓玄父桓温赏识，做过温之参军和长史，故极有可能于隆安三年岁末仕桓玄。又《辛丑岁七月赴假还江陵夜行涂口》诗说："闲居三十载，遂与尘事冥。"隆安三年之前，渊明除任江州祭酒少日即归之外，一直闲居在家。本年渊明三十一岁，正合"闲居三十载"之数。

---

① 徐声扬：《关于陶渊明从庚子到乙巳年间的行踪考》，《九江师专学报》2001年第1期。

徐声扬考渊明庚子到乙巳之间的行踪，称渊明在不就州召主簿后，贸然离开江州至荆州，先后做桓伟、殷仲堪的僚属。这些结论并无事实依据。桓玄袭父桓温爵，声誉远超其兄桓伟之上。隆安二年（398）十月，殷仲堪等盟于浔阳，推桓玄为盟主。即此就可知桓玄在桓氏家族中的地位，以及他在荆州的势力。渊明不做桓玄僚属，而去做桓伟的官，这是不可能的事。再者，渊明做桓玄僚属，并非在桓伟既死之后。《资治通鉴》卷一一一载："桓玄既克荆雍，表求领荆江二州，诏以玄为都督荆、司、雍、秦、梁、益、宁七州诸军事、荆州刺史。……玄辄以其兄桓伟为冠军将军、雍州刺史。"可证徐氏所谓渊明于桓伟死后转为殷仲堪、桓玄的僚属，实未曾深考也。

晋安帝隆安四年庚子（400）　　　三十二岁

四月，桓玄表求领荆、江二州，诏以玄都督八州诸军事，兼荆州、江州刺史。孙恩攻浃口。五月，孙恩陷会稽，谢琰战死。恩转攻临海。六月，辅国司马刘裕破恩于南山。恩将卢循陷广陵。十一月，镇北将军刘牢之都督会稽五郡，帅众击恩。（《晋书》卷一〇《安帝纪》《资治通鉴》卷一一一）

渊明为桓玄僚佐，因事使都，作《庚子岁五月中从都还阻风于规林》诗二首。

【考辨】

渊明作《庚子岁五月中从都还阻风于规林》诗之背景，前人多所探索，说亦纷纭。

王《谱》"隆安四年庚子"条说："君年三十六。五月，有《庚子岁五月中从都还阻风于规林》诗，当是参镇军，衔命自京都上江陵，故在《始作镇军参军经曲阿作》诗后。父在柴桑，故云'一欣侍温颜'，又云'久游恋所生'。父为人度不肯适都，当是己舍单行。"

吴《谱》"隆安四年庚子"条说："此年五月，又有《从都还阻风于规林》诗云'一欣侍温颜'，则先生就辟，至是乃挈家居京师，故《还旧居》诗有'畴昔家上京'之句。"

陶《考》通考渊明出处前后，以为"始参镇军，就辟京口，故有《始作镇军参军经曲阿作》诗，镇军在京口，故经曲阿。庚子五月，请假回里，途必由建康，故有《庚子岁五月中从都还阻风于规林》诗，怀所生而念友于，遂留浔阳逾年，故明年辛丑正月有《游斜川》诗"，并说渊明于庚子前一年已做镇军刘牢之参军。

王瑶注："这次由都还里，当也是因了桓玄的公事。《晋书·桓玄传》记'玄自领荆、江二州刺史后，屡上表求讨孙恩，诏辄不许。恩逼京师，复上疏请讨之，会恩已走'等情，孙恩逼近京师之辛丑春，则桓玄屡次上表，必在庚子。渊明当于庚子春奉桓玄命使都，五月中乃从都还。诗的内容大致是叹行役、倦宦情的意思，又说'计日望旧居'，则渊明乃因假先还家，并未先到江陵。"①

按，渊明作《庚子岁五月中从都还阻风于规林》诗的背景，吴《谱》、陶《考》都说此时渊明做镇军参军，由京都回浔阳。所不同者，吴《谱》以为渊明衔命自京都上江陵，陶《考》谓渊明请假回里，后遂留浔阳逾年。至于所谓渊明先做镇军参军的结论，其依据为陶集卷三《始作镇军参军经曲阿作》诗在《于阻风作规林》诗之前，遂以为前诗作年早于后诗。陶《考》又说镇军乃刘牢之（此事详见"元兴三年甲辰"条）。其实，陶集中诗文多数无作年，编排次序并不是一定按作品年代前后，故不可因《始作镇军参军经曲阿作》诗在《于阻风规林》之前，便称前诗作年一定早于后诗。

王《谱》说渊明此时父在柴桑，故云"一欣侍温颜"。按，渊明《祭从弟敬远文》说："相及龆龀，并罹偏咎。"又《命子》诗称其父为"仁考"，可知渊明父早卒，诗云"温颜"者，乃渊明母孟夫人无疑。诗云"自古叹行役，我今始知之"，知渊明此次从都还，正如王瑶所说，是因为桓玄的公事，非专为"请假回里"。陶《考》说渊明做刘牢之参军，"请假回里"，与诗意并不合。渊明于庚子岁五月从都还江陵，欲停留浔阳以省亲也。是否一定为桓玄上疏，其事难知。

---

① 王瑶编注：《陶渊明集》，人民文学出版社1983年版，第7—8页。

本年或去年续娶翟氏。

【考辨】

吴《谱》："先生盖两娶。本传：'其妻翟氏，志趣亦同，能安苦节，夫耕于前，妻锄于后。'则继室实翟氏。"汤注："其年二十丧偶，继娶翟氏。"梁《谱》从汤注，说："先生续娶年岁无考，然长子俨比次子俟仅早生两岁，则续娶或即在丧偶之年。"意谓渊明二十丧妻，"甫结婚即丧偶"，丧偶旋即续娶；但又说十九岁生长子俨。立说混乱，不足信。傅《谱》说："先生丧偶既在三十，五子佟又只小四子四岁，则继娶之年，必在此一二年内。"按，丧偶即续妻不合礼制，傅《谱》较梁《谱》可信。今将续娶之年暂系于此。

晋安帝隆安五年辛丑（401）　　　三十三岁

二月，孙恩复攻浃口。五月，恩攻沪渎，吴国内史袁山松战死。六月，孙恩至丹徒，威逼京师。桓玄上疏请讨孙恩，司马元显以诏书止之。八月，诏以刘裕为下邳太守，讨孙恩于郁州，大破之。十一月，刘裕追孙恩于沪渎、海盐，恩远窜入海。桓玄自谓有晋国三分之二，数使人上己符瑞。元显大治水军，以谋讨玄。(《晋书》卷一〇《安帝纪》《资治通鉴》卷一一二)

七月，渊明由江陵往浔阳休假，假满还江陵，作《辛丑岁七月赴假还江陵夜行涂口》诗。

【考辨】

关于渊明仕宦经历的探索，有一种意见以为渊明未尝仕桓玄，因之曲解此诗者颇多。如吴《谱》以为渊明"未尝居江陵"，而渊明"女弟居江陵"。曲解之由来与诗题"赴假"一词的解释关系极大。渊明为何往江陵？"赴假"作何解？王《谱》"隆安五年"条说："留浔阳逾年，当是予告在乡，至是往赴。"意思是说渊明在此之前留在浔阳一年多，现在赴江陵。不解释"赴假"，含糊其词称"往赴"。"往赴"何事？亦不解释。故朱《问题》批评王《谱》"语极含混，臆测而已"。吴《谱》不同意渊明仕桓玄，也未尝居江陵。至于渊明为何有江陵之行，则避而不谈。陶《考》亦以为渊明未尝仕桓玄，解释诗题"赴假还江陵"，说是"意必以事使江陵，路出浔阳，事毕，便道请假归视，其辞简，犹曰'赴假还自江陵'"。解释"赴假"为"请假"，"还江陵"为"还自江陵"。李辰冬《陶渊明评论》解释诗题"赴假还江陵"是"还江陵休息"。又因李氏相信陶《考》渊明做刘牢之镇军参军之说，以为渊明江陵之行是刘牢之"派他去与桓玄交通"，有重要任务在身，不得不去。① 既称渊明还江陵休息，为何又称渊明"情有不愿，又不得不去"？再说，江陵又不是渊明故里，为何休息要往江陵？此皆难以解说者也。按，赴假，谓销假赴职。还，指假还。"赴假还江陵"，指假期满后往江陵赴职。诗云"如何舍此去，遥遥至南荆"，"临流别友生"，明是由浔阳乘船往江陵。陶《考》谓自江陵还浔阳省视，李辰冬谓还江陵休息，皆属误解。

陶《考》又据《晋书》所载是年六月孙恩入寇，桓玄上疏请讨之事，猜测是年七月的渊明江陵之行，"或即奉诏止玄之役耶"？方祖燊《陶潜诗笺注校证论评》从陶《考》之说，并进一步补充道："燊按，从前陶潜的外公孟嘉曾为桓玄的父亲温的长史。潜时为刘牢之参军；刘牢之晋室所倚以抗拒桓玄，潜可能因此关系，奉命往止玄东下。"② 按，即使如方氏所说，渊明此时做刘牢之参军。然朝廷猜忌桓玄东下，何以要派牢之的参军渊明往荆州阻止？此点，钱玉峰《陶诗系年》表示怀疑，称这种说法不足采信。③ 这是有道理的。总之，说渊明辛丑岁做刘牢之参军，赴假还江陵是奉诏制止桓玄云云，乃完全不能解释此诗。

又，袁《汇考》主渊明享年七十六岁说，系此诗于五十岁下，并从古《谱》说，谓诗中"闲居三十载"之"三十"乃"二十"之讹，渊明自"向立年"起为江州祭酒，少日自解归，四十七岁复至西荆入桓玄幕，自二十九岁至四十七岁，闲居十九年，举其成数为二十。然依袁《汇考》，渊明二十岁

---

① 李辰冬：《陶渊明评论》，自印本，1991年，第218、219页。
② 方祖燊：《陶潜诗笺注校证论评》，兰台书局1977年版，第30页。
③ 钱玉峰：《陶诗系年》，台北中华书局1992年版，第49页。

至二十二岁,已曾"薄宦",二十三岁至二十九岁起为州祭酒之前的六年,在家闲居。为何这段闲居时间略去不计,独独从"向立年"算起?这又可证明,"三十"决非"二十"之讹,而七十六岁说窒碍难通也。其实,"闲居三十载"只能是指二十八岁为州祭酒前的田园生活。"三十"为约数,非确指。

冬,母孟夫人卒,渊明归浔阳居忧。

【考辨】

《祭程氏妹文》:"昔在江陵,重罹天罚。""天罚"者,父母之丧也。然究竟是父丧,抑或母丧?丧于浔阳,还是江陵?皆有异说。

汤汉注"昔在江陵,重罹天罚"二句说:"晋安帝隆安五年秋七月,赴江陵假还,是冬,母夫人孟氏卒。"以为"天罚"指母孟夫人卒。王《谱》则说"重罹天罚"是"失父","当是妹自武昌报江陵,时父在柴桑"。以为渊明父丧柴桑,程氏妹自武昌至江陵报丧。其说当依据此文"慈妣早世,我年二六",以为渊明十二岁既已丧母,则"重罹天罚"乃"失父"。杨《谱》及李辰冬《陶渊明评论》,皆从王《谱》。

吴《谱》以为渊明母丧,并考索当时情事,据《庚子岁月五月中从都还阻风于规林》诗,说渊明"未尝居江陵",是他兄弟至江陵;但又说"先生兄弟在京师,而女弟居江陵";并猜测"先生亲闻因过其女,以疾留江陵,遂不起耶"?以为渊明不在江陵,而母丧于江陵。多为臆说,逻辑亦混乱。考《庚子岁五月中从都还阻风于规林》诗说:"一欣仕温颜,再喜见友于。"明是母亲及兄弟在浔阳,何来"兄弟至江陵"?至于说女弟居江陵,渊明母过其女,因疾留江陵云云,更是无根之说。渊明于七月赴假还江陵,为仕桓玄的确证,已见上文所考。既仕桓玄,必居江陵。但母及兄弟居故里,程氏妹则在武昌(见《归去来兮辞》序)。

顾《谱》说"天罚"指"后母卒",此岁渊明赴江陵,"想镇军移镇江陵也",意思是说渊明在京口做镇军参军,猜想镇军移镇江陵,故渊明亦随镇军至彼。顾《谱》又说渊明"固奉母到江陵,卒于幕府,妹居武昌,过公所而同居丧也"。意思是说渊明随"镇军移镇江陵"时，奉母同至，故母丧于彼。所谓镇军移镇江陵及奉母同至彼之说，全无依据。与吴《谱》、顾《谱》的猜测相同，古《谱》说："惟先生去年省母尚在旧居，今岁何以忽在江陵？吴《谱》谓因过女，愚谓或是归宁。"

梁《谱》说："……所谓'重罹天罚'者，对上文'慈妣早世'言，若妣为考之讹，则此文所述为丧母也。江陵，其地也；冬月，其时也。盖七月赴假还江陵，不数月遂遭大故也。"梁《谱》所说是。上文"慈妣"，或以为乃程氏妹生母，渊明庶母，此为顾《谱》"后母卒"之说由来也。陶《考》据颜《诔》"母老子幼"等句，谓渊明为州祭酒以后，母夫人尚在；《庚子岁五月中从都还阻风于规林》诗"久游恋所生"，盖谓母孟夫人，故有"凯风负我心"之句。又谓吴、王二谱，并以江陵之丧为丁太公忧，岂知凯风念母，则是父先母亡，故《命子》诗"于皇仁考"，即云"嗟予寡陋，瞻望弗及"，若隆安五年太公还在，胡得云"弗及"乎？按，陶《考》由颜《诔》及陶诗内证，以为隆安五年渊明丧母，言而有据。当年具体情事无可考，大致是隆安五年七月，渊明赴假还江陵，至冬月，母孟夫人卒于浔阳故里。与兄弟相隔，故曰"乖隔楚越"。不久，渊明回浔阳居丧。所谓孟夫人或程氏妹，或是归宁在江陵，皆是无根之臆说耳。

刘遗民为柴桑令。

【考辨】

释元康《肇论疏》："庐山远法师作《刘公传》云：禄浔阳柴桑，以为入山之资。未旋几时，桓玄东下，格称永始，逆谋始，刘便命弩，考室林薮。……有说云，入山以后，自谓是国家遗民，故改名遗民也。"陈舜俞《庐山记》："程之既慕远公名德，欲白首同社，乃禄浔阳柴桑，以为入山之资。岁满弃去，结庐西林，蔽以榛莽。"按，桓玄东下在元兴元年壬寅（402），刘遗民禄柴桑在此之前不久；又据"岁满弃去"一语，可知刘为柴桑令在隆安五年。

晋安帝元兴元年壬寅（402）　　三十四岁

正月，骠骑大将军司马元显率镇北将军刘牢之、谯王尚之讨桓玄。二月，桓玄东下，破王师于姑孰。三月，刘牢之降于桓玄。杀司马元显，玄自为侍中、丞相、录尚书事；俄又自称太尉、扬州牧，总揽朝政，改元大亨。十二月，杀司马道子。（《晋书》卷一〇《安帝纪》《资治通鉴》卷一一二、《晋书》卷九九《桓玄传》）

桓玄下令"沙汰"僧尼，与八座书论沙门不致敬王者之妄。慧远作《与桓太尉论料简沙门书》《答桓太尉书》。（见《弘明集》卷一二）

幼子佟生。

【考辨】

《责子》诗："阿舒已二八，通子垂九龄。"佟与俨相差八岁，俨生时渊明二十六岁，故佟生于本年。

七月，慧远、刘遗民等于庐山阿弥陀像前建斋立誓，共期往生极乐世界。刘遗民作《誓愿文》。

【考辨】

刘遗民《誓愿文》："维岁在摄提格，七月戊辰朔，二十八日乙未，法师释慧远贞感幽奥，宿怀特发，乃延命同志，息心贞信之士百有二十三人，集于庐山之阴般若台精舍阿弥陀像前，率以香华敬荐而誓焉。"查陈垣《二十史朔闰表》，元兴元年壬寅七月朔正是戊辰，二十八日为乙未。按，慧远集缁素于庐山阿弥陀像前立誓，共期西方，即佛徒所称结白莲社，后世多信之。然据汤用彤考证，白莲社之事不可信，其主要根据是始载白莲社事之《十八高贤传》（见陈舜俞《庐山记》），乃杂取旧史、采撷无稽传说而成，中唐以后，乃间见莲社之名；而十八贤中释慧持于隆安三年（399）辞远入蜀不返，佛陀跋多罗于义熙六七年方始至庐山，皆不可能于元兴元年（402）共立莲社之理（详见《汉魏两晋南北朝佛教史》第十一章）。又李注《杂诗》第六首，定此诗为渊明五十岁作,并谓慧远结白莲社在此之前,及义熙十年甲寅,命刘遗民作《同誓文》。陶《考》、梁《谱》、王瑶注皆从之。非是。

《晋故征西大将军长史孟府君传》约作于本年。

【考辨】

王瑶注:"文中说:'渊明先亲,君之第四女也。《凯风》寒泉之思,实钟其心。'则本文当作于渊明母孟氏逝世之后。据《祭程氏妹文》中'昔在江陵,重罹天罚'下李公焕注,及诗文中所记行踪考之,渊明母卒于晋隆安五年辛丑,本文大概作于渊明居忧的时候。今暂系于晋安帝元兴元年壬寅(402)。"今从之。

晋安帝元兴二年癸卯(403)　　三十五岁

二月,建威将军刘裕破徐道覆于东阳。桓玄自称大将军。八月,玄又自号相国、楚王。九月,南阳太守庾仄起义兵,为玄所败。冬十一月,玄迁安帝于永安宫。十二月,玄篡位,以帝为平固王,迁于浔阳。(《晋书》卷一〇《安帝纪》)

渊明仍因母丧居忧。作《癸卯岁始春怀古田舍》诗二首、《癸卯岁十二月中作与从弟敬远》诗。

【考辨】

此二诗作年及作于何处,皆有异说。吴《谱》"太元十六年辛卯"条说"有《癸卯始春怀古田舍》诗二首。集本作'癸卯',字误也,"以为当作"辛卯",依据是此诗首联"在昔闻南亩,当年竟未践"则是此年方有事于田畴,故明年有"投耒学仕"之语。顾《谱》从吴《谱》,以为渊明癸巳(指太元十八年,393)为州祭酒之前,已经"投耒去学仕",故作辛卯为得。傅《谱》亦持相同看法,说:"细玩二诗,明是先生因亲尝田畴之乐趣而怀想及古之耕者,故题云《癸卯岁始春怀古田舍》……是年十二月,又有《癸卯岁十二月中作与从弟敬远》诗，集中亦误题癸卯。按诗云：'寝迹衡门下，邈与世相绝。顾盼莫谁知，荆扉昼常闭。'此正是《归去来兮辞》所谓'脱然有怀，求之靡途'之意，盖彼时先生亦未尝无出仕之意，而'顾盼莫谁知'，故'求之靡途'，乃亦不免感慨耳。若此诗为癸卯岁作，则不应作此等语，且'平津苟不由，栖迟讵为拙'两句亦难解矣。"

按，吴《谱》、顾《谱》、傅《谱》都说此二诗作于太元十六年辛卯，癸卯乃"误题"，其依据主要是《癸卯岁始春怀古田舍》诗首二句"在昔闻南亩，当年竟未践"，以为渊明"此年方有事于田畴"，而《饮酒》诗其十九有"畴昔苦长饥，投耒去学仕"之语，遂以为此诗之作年当早于作州祭酒之太元十八年癸巳（393）。太元十六年为辛卯，便谓癸卯乃辛卯之误。其实，这是误解"在昔闻南亩，当年竟未践"二句。"南亩"是确指渊明有一土地，非如《诗·豳风·七月》"馌彼南亩"之"南亩"乃泛指农田。"当年竟未践"者，是说当年竟未至而耕也。吴《谱》等误解此二句，以为渊明于此年始有田畴之事。傅《谱》因误解《癸卯岁始春怀古田舍》其一，以致曲解《癸卯岁十二月中作与从弟敬远》诗，称"寝迹衡门下……"四句有求仕之意。明是向往隐居，何来"脱然有怀，求之靡途"之意？且"平津苟不由，栖迟讵为拙"，乃自信隐居非为拙，与求仕之意适成相反，宜乎傅《谱》感叹此二句亦难解矣。

证明吴《谱》等所谓癸卯误为辛卯之说不可从，《祭从弟敬远文》可作依据。此文说："岁在辛亥，月惟仲秋，从弟敬远，卜辰云窆，永宁后土。"又说："年甫过立，奄与世辞。"假定义熙七年辛亥（411）敬远卒时年三十一岁（年甫过立），则太元十六年辛卯（391）敬远仅为十一岁。吴《谱》说"癸卯"乃"辛卯"之误，这岂不变成作诗于十一岁儿童，且将其视为相契之知己？是有其理耶？况取校各本，皆作"癸卯"，并无异文。

二诗有作于京都、江陵、浔阳三说。

王《谱》"元兴二年癸卯"条说《癸卯岁始春怀古田舍》二首作于京都："当是自江陵归柴桑，复适京都，宅忧居家，思溢城，故有《癸卯岁始春怀古田舍》。"又说"《癸卯岁十二月中作与从弟敬远》诗云:'寝迹衡门下。'在都亦当是处野。"按,王《谱》说去年渊明在江陵,父在柴桑,冬月失父。今年正月自江陵归柴桑。渊明父既丧柴桑,本人又从江陵归柴桑,按理应居丧柴桑,何以"复适京都"?岂有离开父丧之故里,而远至京都守丧之理乎?此皆不可解者也。

梁《谱》说《癸卯岁始春怀古田舍》诗作于江陵,《癸卯岁十二月中作与从弟敬远》诗作于柴桑。梁《谱》既以为去年冬渊明丧母,自江陵还柴桑居丧,却又说《癸卯岁始春怀古田舍》诗"在江陵怀柴桑之作,故云'耕种有时息,行者无问津'"。显然矛盾。梁《谱》致误之由,乃误解诗题"怀古田舍",以为是怀柴桑之故居。殊不知"怀古田舍"意为于田舍中怀古也。"耕种有时息,行者无问津"典出《论语·微子》,以古代隐士长沮、桀溺自况,慨叹无人问道。而梁《谱》由此两句,竟得出"在江陵怀柴桑之作"之结论,颇令人费解。

陶《考》以为渊明"未尝有挈眷居京师事",旧居在浔阳,驳王《谱》说:"夫在官则迟回于故里,居忧反留恋于京师,揆之人情,殊为不近。况平畴良苗,即事多欣,乃田家实景,即寝迹衡门,邈与世绝,亦岂在京师语邪?于是求其说而不得,则谓'在都亦当是处野'。总缘误以《还旧居》诗之'畴昔家上京,六载去还归','上京'为上都,谓先生六载居京师,不知上京非上都也。"陶《考》以为《癸卯岁始春怀古田舍》二首所写乃"田家实景",非在京师语,其说良是。

要之,《癸卯岁始春怀古田舍》二首及《癸卯岁十二月中作与从弟敬远》诗作于癸卯岁渊明居丧柴桑时。渊明去年冬月丧母,按古代礼制,必辞去江陵官职,归柴桑居丧,决无适京都或留在江陵居丧之理。

作《和郭主簿》诗二首。

【考辨】

《和郭主簿》诗云:"弱子戏我侧,学语未成音。""弱子"指幼子佟,

"未成音"指牙牙学语，乃二三岁光景。佟生于去年，本年正为牙牙学语时。

《劝农》诗约作于本年。

【考辨】

《癸卯岁始春怀古田舍》诗说："秉耒欢时务，解颜劝农人。"本诗题曰"劝农"，当最有可能作于癸卯岁。袁《汇考》说《劝农》诗作于渊明二十九岁为州祭酒时："渊明义熙元年曾为彭泽令，时当仲秋至冬。《劝农》所写为春景，显然不是任彭泽令时所作，只能是此年为州祭酒时所作。"又说："虽然癸卯岁有劝农人之事，未必《劝农》诗亦作于同时也。而且'解颜劝农人'，未必是劝农民勤于耕作，或系劝解农人之纠纷亦未尝不可。"① 按，"劝农"一词有确切意义，历来指劝农功、勤耕种。劝，勤勉；努力。《管子·轻重乙》："若是则田野大辟，而农夫劝其事矣。"与所谓劝解农民之纠纷了无关系。考察渊明《劝农》诗，皆与农事有关，并无劝和之意。

刘遗民弃官隐于庐山。（见"晋安帝隆安五年"条引释元康《肇论疏》引慧远《刘公传》）

晋安帝元兴三年甲辰（404）　　三十六岁

二月，建武将军刘裕帅刘毅、何无忌等举兵讨伐桓玄。三月，刘裕为镇军将军、徐州刺史，都督八州诸军事。王谧领扬州刺史、录尚书事。四月，大将军、武陵王遵称制，总万机。桓玄挟安帝至江陵。辅国将军何无忌、振武将军刘道规与桓玄将庾稚、何澹之战于湓口桑落洲，大破之，进据浔阳。加刘裕都督江州诸军事，刘敬宣迁建威将军、江州刺史。桓玄复帅诸军挟帝从荆州东下。五月，冠军将军刘毅与桓玄战于峥嵘洲，又破之。玄故将刘统、冯稚等袭破浔阳，建威将军刘怀肃讨平之。桓玄兵败被杀。闰五月，桓玄故将桓振陷江陵，刘毅、何无忌退守浔阳。冬十月，卢循寇广州。（《晋书》卷一〇《安帝纪》《资治通鉴》卷一一三）

---

① 袁行霈：《陶渊明研究》，北京大学出版社1997年版，第294、295页。

渊明服丧而毕，做刘裕镇军参军，东下赴京口。作《始作镇军参军经曲阿作》诗。

【考辨】

关于渊明何年做镇军参军，镇军参军为何人，古今学者歧见纷纭，迄今未有共识。

《文选》卷二六陶渊明《始作镇军参军经曲阿作》诗李善注："臧荣绪《晋书》曰：'宋武帝行镇军将军。'"以为渊明做镇军将军刘裕参军。继之马端临《文献通考》说："裕起兵讨桓玄，诛之，为镇军将军，渊明参其军事。"王《谱》说《始作镇军将军经曲阿作》诗作于晋安帝隆安四年庚子（400），然不言镇军为何人。吴《谱》亦以为庚子岁渊明做镇军参军，但谓李善注非是，"裕元兴元年（402）为建威将军，三年行镇军将军，此先后岁月不合，先生亦岂从裕辟者"？杨恪《年谱》说："晋安帝隆安四年，公自题庚子，年三十六。有《始作镇军将军》诗，在《庚子从都还》《辛丑赴假还江陵》二诗之间，岂在此二年间欤？《文选》注：臧荣绪《晋书》云此时刘裕行镇军将军。考之《资治通鉴》，刘裕名始见于隆安三年，且为刘牢之参军，从击孙恩。至元兴元年，牢之降桓玄，裕始去牢之还京口，未知行镇军在何时。"[①] 杨恪据《始做镇军将军》诗的编次位置，以为此诗大概作于庚子（400）、辛丑（401）此二年间。

顾《谱》取赵泉山说，说渊明作镇军参军始于太元二十年乙未（395），年三十一岁，"恰是以前三十载闲居也"。梁《谱》"晋安帝隆安二年丁酉"条说，是年渊明二十六岁，作《始作镇军参军经曲阿诗》，"本诗言'始作'，正谓始仕宦耳"。李辰冬《陶渊明评论》从梁《谱》"始作"为"初仕"说，并据《始作镇军参军经曲阿作》《庚子岁五月中从都还阻风于规林》《还旧居》《辛丑岁七月赴假还江陵夜行涂口》四诗，以为"他作镇军参军既在

[①] 绩溪杨恪《年谱》是国内早佚的宋人所撰的陶渊明年谱之一种。近年有学人发现韩国高丽大学所藏宋蔡正孙所撰《精刊补注东坡和陶诗话》，此书保存了李涛《陶潜新传》、眉山绩溪杨恪《年谱》、在轩黄公绍《年谱》三种的佚文。见金程宇《高丽大学所藏〈精刊补注东坡和陶诗话〉及其价值》一文，《文学遗产》2008年第5期。

'上京',那么,《还旧居》说:'畴昔家上京,六载去还归。'足证他已作了六年镇军参军,故称'久游'。他是庚子岁还旧居,从庚子上推六年,即晋孝武帝太元二十年乙未(395),那时陶渊明二十四岁,故《始作镇军参军经曲阿作》当作于此年"①。

陶《考》"隆安五年辛丑"(401)条详考渊明仕宦行踪,说:"先生历任之迹,初为州祭酒,自解归,继召主簿不就,既乃为镇军参军,又为建威参军,终于彭泽令,赋归去来,未尝更为别官。其《始作镇军参军》诗编于庚子之前,庚子有《庚子岁五月中从都还阻风于规林》诗,则作参军在庚子前可知。"又考《晋书》《宋书》《晋孝武帝》《安帝》《宋孝武本纪》、王恭、刘牢之、桓玄等传,以为此诗中之镇军乃刘牢之,李善注、《文献通考》称镇军乃刘裕非是。又陶《考》解释镇军之名说:"考《晋书·百官志》,② 有左右前后军将军,左右前后四军为镇卫军。王恭、刘牢之皆为前将军正镇卫军,即省文曰'镇军'。亦奚不可……今为反复推寻,先生始作参军实在己亥,镇军实为刘牢之。"

梁《谱》"隆安二年戊戌"(398)条据陶集卷三《始作镇军参军经曲阿作》诗在《庚子岁五月中从都还阻风于规林》二首之前,遂谓渊明做镇军参军在庚子前,也以为镇军是刘牢之:"考其时镇京口者,自太元十五年庚寅至隆安二年戊戌九月为王恭,自戊戌九月至元兴元年壬寅三月为刘牢之,先生庚子、辛丑两年皆在镇军幕,则主将必牢之无疑……然则何以解镇军之名?考是时牢之军号,为镇北将军,'镇军'或镇北之讹耳。"古《谱》同陶《考》、梁《谱》。

陶《考》颇宏博雄辩,然朱《问题》辨析渊明做镇军参军一事,尤力驳陶《考》之误。朱氏据东晋为镇军将军诸人年代之先后,谓渊明之仕刘裕,信而有征。针对陶《考》所谓"左右前后四军为镇卫军,牢之为前将军,正镇卫军,即省文曰'镇军'"之说,朱《问题》先据丁国钧《晋书校文》,说

---

① 李辰冬:《陶渊明评论》,自印本,1991 年,第 3、4 页。
② 当是《晋书》卷二四《职官志》。

"己亥（399）牢之不为前将军，且'左右前后四军为镇卫军'一语亦误"。再查《晋书·职官志》"五校"条下有云"后省左军右军前军后军为镇卫军"。以为此句"意即省并为一军"，"陶《考》引此，截去'后省'，义便大异"。朱《问题》抉发刘牢之当时军号，以及《晋书·职官志》"后省左军右军前军后军为镇卫军"的真实意义，驳陶《考》之误读误解，很有说服力。

以下勾稽有关史料及渊明作品，考辨渊明始作镇军参军之时间及镇军究为何人。

一、传世陶集卷三皆列《始作镇军参军经曲阿作》诗于《庚子岁五月从都还阻风于规林》二首之前，后人往往据此判断渊明始作镇军参军时在隆安四年庚子之前。其实，陶集诗文编排次第本不足据，《始作镇军参军经曲阿作》诗宋曾集刻本编于《阻风规林》诗后，杨恪所见陶集编于《庚子岁五月从都还》与《辛丑岁赴假还江陵》两诗之间，故不能依据此诗编次之位置考订它的作年。

顾《谱》取赵泉山说，称渊明三十一岁做镇军参军始于太元二十年乙未（395），依据是《辛丑岁七月赴假还江陵》诗"闲居三十载，遂与世事冥"二句，称"作参军实乙未，恰是三十载闲居也"。既断定此诗作于庚子岁之前，又有"闲居三十载"为据，遂得出太元二十年乙未做镇军参军之结论。然如陶《考》所说："惟东晋为镇军将军者，郗愔以后，至（刘）裕始复见此号。"① 太元二十年时，是否有镇军将军其人亦不知，渊明作何人镇军参军耶？

李辰冬《陶渊明评论》也说太元二十年乙未渊明始仕镇军参军，并据《还旧居》诗"畴昔家上京，六载去还归"二句，而《还旧居》诗作于隆安四年庚子（400），由此上推六年，即太元二十年乙未，渊明时年二十四。然"始作"义与"始仕"有别，王瑶解释为"初就军职"。这是正确的。兹以他例证之：《世说新语·政事》二二云："殷浩始作扬州。"据《晋书·穆帝纪》，永和二年（346）三月，以殷浩为扬州刺史。而据《晋书·殷浩传》，

---

① 太元九年（384）之前，王蕴亦做过镇军参军。见《晋书》卷九三《王蕴传》。

浩做扬州刺史之前，曾为庾亮记室参军等职，作扬州不是初仕。"始作扬州"，意思是做扬州刺史之初。故初作镇军参军，非谓始仕做镇军参军。史传中的"起家"才是"始仕"。例如《晋书》卷三四《杜预传》："文帝嗣立，预尚帝妹高陆公主，起家拜尚书郎。""起家"是指由家中征召。又《世说新语·言语》四二注引《挚氏世本》："（挚）瞻少善属文，起家著作郎。""起家著作郎"，谓由家中征召做著作郎。《宋传》叙渊明仕宦经历说："亲老家贫，起为州祭酒；不堪吏职，少日自解归……复为镇军、建威参军。""起为州祭酒"，即起家为州祭酒。据此能确知，渊明始仕为州祭酒，做镇军参军在做州祭酒之后，并不是"始仕"。

二、《晋书》卷一〇《安帝纪》载：隆安三年（399）十一月，孙恩陷会稽，"遣卫将军谢琰、辅国将军刘牢之逆击，走之"。许嵩《建康实录》卷一〇亦载，隆安三年十一月刘牢之为辅国将军。《宋书》卷一《武帝纪》则称其时刘牢之为前将军。考《晋书》卷八四《刘牢之传》，牢之与谢琰击贼屡胜，"进拜前将军，都督吴郡诸军事"。牢之还镇京口，孙恩复入会稽，"牢之进号镇北将军"。《安帝纪》载，隆安四年十一月，"前将军刘牢之为镇北将军"。综上可知，隆安三年十一月，刘牢之实为辅国将军，破孙恩后才进号前将军，其时必在隆安四年（400）。陶《考》沿《宋书》卷一《武帝纪》致误。即如陶《考》与古《谱》，亦无镇卫军省称"镇军"之理。盖镇军将军既省称"镇军"，岂又有镇北将军或镇卫军省称"镇军"？犹有辨析者乃"镇卫军"。《晋书》卷二四《职官志》所谓"后省左右前后四军为镇卫军"，"镇卫军"殆指镇卫之军，非指"镇卫军"之军号。查《晋书》《宋书》，无"镇卫将军"之官职。此官职至梁代始见，与镇军将军不相混，[①] 证明"镇卫将军"不可省称"镇军"。故陶《考》所谓"镇卫军"即省文"镇军"，梁《谱》以为陶《考》此说"可备一说"，皆属臆说。

三、陶《考》之刘牢之为镇军将军的结论，看似坚确，其实不堪辩驳。陶《考》称刘牢之"不称镇北而称镇军，盖时忌也"，并举《晋书》卷八四

---

① 《梁书》卷五《文帝纪》："江州刺史王僧辩为司徒、镇卫将军。"

《王恭传》证实所谓"时忌"说:"初,都督以'北'为号者,累有不祥,故桓冲、王坦之、刁彝之徒,不受镇北之号。恭表让军号,以超受为辞,而实恶其名,于是改号前将军。"考《晋书》卷一〇《安帝纪》,隆安四年(400)冬十一月,前将军刘牢之为镇北将军。元兴元年(402)正月,镇北将军刘牢之为元显前锋。三月,牢之降于桓玄。据上可知,刘牢之为镇北将军一年有余,未见其恶镇北其名为不祥也。至于梁《谱》既考定当时刘牢之军号为镇北将军,却又说"镇军或镇北之讹也",连自己亦存疑问,却强解镇军之名,其误与陶《考》略同。

四、《晋书》卷一〇《安帝纪》:元兴三年(404)三月,"壬戌,桓玄司徒王谧推刘裕行镇军将军,徐州刺史,都督扬、徐、兖、豫、青、冀、幽、并八州诸军事假节"。晋安帝反正后,殷仲文抗表自解,称"镇军臣裕,匡复社稷"(见《文选》殷仲文《解尚书表》)。可知刘裕于元兴三年三月任镇军将军确凿无疑。

五、《宋书》卷一《武帝纪》:元兴三年四月,桓玄西逃,刘裕众军进据浔阳,都督江州诸军事。《安帝纪》载:元兴三年五月,都督冯迁斩桓玄于貊盘洲。渊明入镇军将军刘裕幕府,最有可能在元兴三年四五月间。渊明做镇军将军刘裕的参军,与其政治态度不无关系。《宋书》卷六四《何承天传》说:"义旗初,长沙公陶延寿以为其辅国将军,遣通敬于高祖。"① 桓玄颠覆晋朝之际,作为长沙郡公陶侃后裔之陶延寿,遣何承天通敬于刘裕,显然是忠晋行为。渊明亦为陶侃裔孙,想必不会不知陶延寿通敬刘裕,做其辅国将军之事。渊明做刘裕参军,亦是政治倾向之表现。从隆安五年(401)冬丧母,居忧在家约二年半,至此"时来冥会",复出为镇军参军。

六、镇军将军除刘裕、刘牢之两说外,犹有清人周济武陵王遵、今人段熙仲王蕴之说。前者《晋略·汇传》七《隐逸》说渊明"隆安四年为武陵王遵镇军参军,移家东下,父丧去位"。考《晋书》卷六四《司马遵传》,元兴三年二月刘裕等举义旗后,遵总摄万机,加侍中、大将军,移入东宫。义熙

---

① 《宋书》,第1702页。

元年（405）安帝反正，更拜太保。许嵩《建康实录》卷一一亦载：元兴三年"夏四月戊子，帝推晋武陵王遵为大将军，承制，居东宫"。可证武陵王遵从未任过镇军将军之职，宜乎包世臣《艺舟双楫》卷一《书韩文公下篇》讥周济"说尤凿空"。周济谓渊明隆安四年"移家东下"，乃沿吴《谱》"挈家居京师"之说，至于"父丧去位"云云，更不足辨。后者《陶渊明事迹新探》说："镇军将军非刘裕，亦非刘牢之，而有可能是王蕴。地点在会稽，年代是晋孝武帝太元九年（384），其年陶渊明二十岁。"并举三证成其说，其中证二是《宋书》本传"潜弱年薄宦，不洁去就之迹"，证三是"始作"，"始字是初仕之义"。① 按，考《晋书》卷九三《王蕴传》，蕴苦求外出，复以都督浙江东五郡、镇军将军、会稽内史，常侍如故，太元九年（384）卒。王蕴做镇军将军、会稽内史始于何时？史缺载。《世说新语·识鉴》二六："王恭随父在会稽。"程炎震说："王蕴为会稽内史，当在太元四年（379）以后，九年以前。"据《王蕴传》"蕴以姻戚，不欲在内"云云，知王蕴做会稽内史时，其女孝武定王皇后尚在。定皇后崩于太元五年（380），② 则王蕴求外出，必在太元五年之前。定皇后崩，王蕴求外出的念头当更强烈。程炎震说王蕴做会稽内史当在太元五年以后、九年之前，其说与事实相去不远。依《宋传》，太元九年渊明始满二十岁；若太元四年，则仅十五岁。浔阳与会稽相距遥远，年未满二十岁之渊明，何以奔赴会稽做王蕴镇军参军？《始作镇军参军经曲阿作》诗云"时来苟冥会"，说明渊明做镇军参军乃是不期而遇之"时来"，姑且迎合之。若太元四年至九年，何有"时来"？若无"时来"，未及弱冠、喜悦琴书的渊明，何苦远至会稽？何况王蕴性情淡然，末年嗜酒尤甚，如此一个不思进取的镇军，何须远方名不见经传的后生小子做其参军？只有桓玄篡晋、刘裕举义旗这等历史巨变，方可称"时来"，并吸引渊明暂疏田园，冥会时局。再者，诗明言"弱龄寄事外，委怀在琴书"，所谓渊明二十岁做镇军之说，岂不与诗意抵牾？凡此，皆可证段熙仲镇军为王蕴之说大谬不然。

---

① 段熙仲：《陶渊明事迹新探》，《文学研究》1957年第3期。
② 《晋书》卷三二《孝武定王皇后传》。

七、近吴国富君又有新说，谓渊明于淝水之战后做朱序的镇军参军。① 国富君之所以有此新说，主要依据是渊明《饮酒》诗其十云："在昔曾远游，直至东海隅。道路迥且长，风波阻中途。"《拟古》诗其八云："少时壮且厉，抚剑独行游。谁言行游近，张掖至幽州。"以为渊明早年曾至张掖、幽州一带。而朱序曾先后经略东海之滨与西北边地，"陶渊明可能就由此作为东晋使者被朱序派到了张掖一带"。至于渊明是否早年行游至张掖、幽州，此问题另当别论。兹先考辨朱序是否做过镇军将军。国富君说："陶渊明所说的'镇军参军'，可以指'镇军将军的参军'，也可以指'镇军府的参军'，后者就是指'都督某州军事的镇军府'。"按，镇军参军乃是镇军将军参军的省称，确实指镇军将军的参军；称"镇军府的参军"，亦大体不错，但史籍中一般称某某镇军府参军。问题出在后面一句："后者就是指'都督某州军事的镇军府'。"后者谓何？照行文的意思，后者指"镇军府的参军"。但"镇军府的参军"就是指"都督某州军事的镇军府"，这一判断是不合逻辑的。从国富君后文引《晋书·朱序传》，他的意思是朱序的军府就是镇军府。盖致误根源在此也。镇军府，唯一的解释是镇军将军的军府。若非镇军将军之开府，不得称镇军府。亦非泛指都督某州军事的某将军的军府，就能称镇军府。检《晋书》卷八一《朱序传》载：朱序历鹰扬将军、南中郎将、龙骧将军，卒，赠左将军。从未做过镇军将军。朱序监兖、青二州诸军事、二州刺史，将军如故。"将军如故"，指仍为龙骧将军。朱序"进镇彭城"，谓朱序进军镇守彭城，不能解释为"开镇军府于彭城"。朱序求镇淮阴，谓朱序请求镇守淮阴，不能解释为开镇军府于淮阴。此二"镇"字与镇军了不相涉。当然，朱序亦可能开军府，但绝不能称开"镇军府"。我们用史籍中的例子说明。《宋书》卷一《武帝纪》上记义熙二年三月，刘裕消灭桓玄之后，朝廷封赏义军，"镇军府佐吏，降故太傅谢安府一等"。镇军府指镇军将军军府。《晋书》卷八一《桓伊传》记伊征拜护军将军，"以右军府十八人自随，随配护军府"。此证右军将军军府称"右军府"，护军将军军府称"护军府"。《宋书》卷五二

---

① 吴国富：《陶渊明的映像》，江西人民出版社2016年版，第236—241页。

《王诞传》："隆安四年，会稽王世子元显开后军府。""后军府"即后军将军军府。《宋书》卷七四《沈攸之传》："南中郎府板长史兼行参军。""南中郎府"即南中郎将军府。《宋书》卷四二《刘穆之传》："前军府文武二万人，以三千配羡之建威府，余悉配世子中军府。""前军府"指前军将军军府，"建威府"指建威将军军府，"中军府"指中军将军军府。余不具述。要之，朱序非镇军将军，其军府不能称镇军府。即此一端，就可完全排除所谓渊明做朱序镇军参军之可能。

八、渊明做刘裕镇军参军，当由浔阳乘舟东下至建康，经曲阿再至京口。曲阿，两晋属毗邻郡，距京口数十里。《始作镇军参军经曲阿作》诗云"我行岂不遥，登降千里余"，计浔阳至建康、曲阿，约有千里。考察渊明行踪最远处，当是京口。然陶《考》既谓镇军乃刘牢之，又说《饮酒》其十"在昔曾远游，直至东海隅。此行谁使然，似为饥所驱"四句，是渊明追赋其尝从刘牢之讨孙恩，"驰驱海隅事也"，以为渊明曾至会稽一带。其实，"直至东海隅"指至京口参刘裕军事。刘履《选诗补注》解释"在昔曾远游"数句，以为即追述当年为镇军将军刘裕参军，经曲阿赴京口，京口濒临东海，所谓"东海隅"也。刘说是。晋时京口位于长江口，与东海相接。《晋书》卷二七《五行志》上：太元十七年六月，涛水入石头，京口西浦亦涛入杀人。涛者，海涛也。《晋书》卷七三《庾希传》：希聚众于海滨，略渔人船，夜入京口城。《晋书》卷八四《刘牢之传》：孙恩"浮海，奄至京口"。皆证京口濒海。又京口于长江南，广陵于长江北，皆濒海。枚乘《七发》写吴客观涛于广陵之曲江，"江水逆流，海水上潮"。《文选》郭璞《江赋》："表神委于江都，混流宗而东会。"李善注引《汉书》曰："广陵国江都县，东会于海。"唐以后沙涨，长江入海口东移，后人或不明沧海桑田之变，遂误以陶诗"东海隅"指今浙东沿海地区。

晋安帝义熙元年乙巳（405）　　三十七岁

三月，桓振复袭江陵，荆州刺史司马休之本于襄阳。建威将军刘怀肃讨振，斩之。晋安帝自江陵反正，以琅邪王德文为司马，武陵王遵为太保，加镇军将军刘裕为侍中、车骑将军，都督中外诸军事。四月，刘裕镇京口。（《晋书》卷一〇《安帝纪》）

渊明为刘敬宣建威参军，三月，奉敬宣之命使都。作《乙巳岁三月为建威参军使都经钱溪》诗。

【考辨】

渊明做建威参军之事历来多聚讼于建威将军为何人。或曰刘怀肃，或曰刘敬宣，或曰刘裕。

王《谱》："（义熙）三月，有《乙巳岁三月为建威参军使都经钱溪》诗，当是故岁自都还里即吉。庚子始事镇军，继事建威，中经罹忧，至是得六年。复衔命使都，其家尚未归柴桑。"意谓渊明自庚子（指隆安四年，400）至今已有六年，而渊明居在京都。然未言建威将军是谁。

吴《谱》："三月，建威将军刘怀肃讨（桓）振，斩之，天子乃还京师。是年怀肃以建威将军为江州刺史，先生实参建威军事。从讨逆党于江陵。有《乙巳岁三月为建威参军使都经钱溪》诗，盖自江陵以使事如建业。"意谓渊明做刘怀肃建威参军，自江陵使都京师。周济《晋略·汇传》七《隐逸》同吴《谱》。

吴瞻泰《陶诗汇注》："考《宋书·刘怀肃传》，其年为辅国将军，无建威之说。惟《晋书·刘牢之传》云：'刘敬宣与诸葛长民破桓歆于芍陂，迁建威将军、江州刺史，镇浔阳。'《宋书·刘敬宣传》所载亦同。实安帝元兴三年甲辰，则公为敬宣建威参军，未可知也。《年谱》失考。"吴瞻泰考辨建威将军是刘敬宣，以为吴《谱》失考。

陶《考》："今按斗南谓是年刘怀肃以建威将军为江州刺史，先生实参刘怀肃军事，从讨逆党于江陵，盖据《晋书》义熙元年乙巳三月，桓振袭江陵，荆州刺史司马休之奔于襄阳，建威将军刘怀肃讨振，斩之，而先生诗题云'乙巳岁三月为建威参军使都'，故遂以此事当之。东岩谓怀肃为辅国将军，无建威之说，误也。惟怀肃虽亦号建威将军，而时为淮南、历阳二郡太守，非江州刺史。江州刺史则敬宣以建威将军为之，镇浔阳，已先在甲辰三月。先生为江州柴桑人，得佐本州戎幕，且素参牢之军事，敬宣为牢之子，与先生世好，其特辟先生，有由也。斗南谓先生从讨江陵，亦与题云'使都'相戾，使都何能从讨乎？东岩又以乙巳年事系于甲辰，亦误。"至于渊明为建威参军使都何事，陶澍《靖节先生为镇军、建威参军辨》谓当是奉贺安帝复位，或并为刘敬宣表求解职。

胡思敬《盐乘》卷一四《陶潜列传》："牢之既败，元兴三年，子敬宣来镇浔阳，以先世旧交，复入参其军事。"①

钱《系年》以为渊明做刘怀肃参军，理由一是《归去来兮辞》序说"诸侯以惠爱为德"，"诸侯"当指刘怀肃。序说自表解职在义熙元年十一月，则渊明赴任彭泽当在九月，刘敬宣早已离开了，即使对渊明有"惠爱"，也没权利派他去为属官。理由二是据地理志，刘怀肃的镇所可能在柴桑，去渊明故居不远。渊明奉命使都，可能由此出发。②

邓《谱》考索渊明为刘敬宣建威参军始末，以为元兴三年初，刘牢之子刘敬宣自洛阳还建康，拜辅国将军、晋陵太守。此年四至五月间，敬宣迁建威将军、江州刺史。渊明在京口即与敬宣有过从，值其迁江州刺史，渊明当自镇军军府徙建威军府。

按，刘怀肃任建威将军，见于《晋书》卷一〇《安帝纪》：义熙元年（405），"三月，桓振复袭江陵，荆州刺史司马休之奔于襄阳，建威将军刘怀肃讨振，斩之"。《资治通鉴》卷一一四《晋纪》三六略同。知刘怀肃此时在荆州与桓玄余党作战。然查《宋书》卷四七《刘怀肃传》，并无怀肃为建威将军之记载。渊明自去年始做刘裕镇军参军，远在京口，何以至荆州做怀肃建威参军？钱《系年》推测刘怀肃之镇所在浔阳近郊，去渊明故居不远，其说不能成立。吴《谱》谓刘怀肃为江州刺史，渊明实参其军事。然考怀肃军

---

① 胡思敬：《退庐全集·盐乘》卷一四《陶潜列传》，《中国近代史料丛刊》，第448册，第3640页。

② 钱玉峰：《陶诗系年》，台湾中华书局1992年版，第103页。

职，建威将军见于《晋书》，不见《宋书》。至于怀肃为江州刺史，晋、宋二史皆未见记载。而刘敬宣为建威将军、江州刺史，见于晋、宋二史之《刘敬宣传》，时间据《资治通鉴》卷一一三《晋纪》三五载：元兴三年四月，刘裕"以刘敬宣为江州刺史"。

渊明做刘敬宣建威参军之由，陶《考》以为"先生为江州柴桑人，得佐本州戎幕，且素参牢之军事，敬宣为牢之子，与先生世好，其特辟先生，有由也"。按，渊明参牢之军事实为臆说，然称先生为柴桑人，得佐本州戎幕，确是理由。渊明与敬宣有旧，亦有可能。况渊明虽为贫而奔走仕途，但常"心惮远役"，如今敬宣做江州刺史，参其军事，既可代耕以救穷，又去家不远，可免思念田园之苦，故入建威军府。

渊明为建威将军刘敬宣使都，陶澍谓为敬宣奉表求解职。朱自清称"其说殊嫌过巧"。然陶澍之说实依据《资治通鉴》卷一一四《晋纪》三六载："初刘毅尝为刘敬宣宁朔参军，时人或以雄杰许之。敬宣曰：'夫非常之才，自有调度，岂得便谓此君为人豪邪？此君之性，外宽而内忌，自伐而尚人，一旦遭遇，亦当以陵上取祸耳。'毅闻而恨之。及敬宣为江州，辞以无功，不宜授任，先于毅等。裕不许。毅使人言于裕曰：'刘敬宣不豫建义，猛将劳臣，方须叙报。如敬宣之比，宜令在后，若使君不忘平生，止可为员外常侍耳。闻已授郡，实为过优。寻复为江州，尤用骇惋。'敬宣愈不自安，自表解职，乃召还为宣城内史。"按，敬宣自表解职时在义熙三月。由此看来，渊明使都为敬宣奉表解职亦有可能。

建威将军其人，刘怀肃、刘敬宣之外，尚有刘裕一说。宋人牟巘《陵阳集》卷一《九日》诗序说："陶公再为建威参军，刘裕幕府也。"按，刘裕为建威将军时在元兴二年癸卯（403）。元兴三年（404）二月，刘裕始举兵讨桓玄，时为建武将军。事详《晋书》卷一〇《安帝纪》。元兴二年，渊明正母丧居忧在家，有《癸卯岁始春怀古田舍》诗及《癸卯岁十二月中作与从弟敬远》诗为证。牟巘之说误。

关于渊明入建威幕府时间，亦有必要探索。陶《考》谓在甲辰（元兴三年)。梁《谱》、古《谱》、王瑶注、邓《谱》皆同，逯《系年》谓在义熙元年（405），朱《问题》则说"入建威幕府之时不可知"。考元兴三年三月，刘裕为镇军将军，渊明很有可能于此年四五月间入镇军幕府。而刘敬宣于四月为建威将军、江州刺史。渊明既已入镇军幕府不久，不可能又入建威幕府。邓《谱》谓刘敬宣迁江州刺史，渊明当自镇军军府徙建威军府，此事有可能。或许渊明做镇军参军不久，又辞归故里，再入建威幕府，亦有可能。渊明做建威参军之始末及确切时间皆不可知。所可知者，做镇军参军与建威参军，均为时极短也。

《杂诗》第九、十、十一首约作于本年春天。

【考辨】

王《谱》"义熙十年甲寅"（414）条："君年五十。有《杂诗》云：'奈何五十年。'弃官来归，至是得十年，故云'荏苒经十载，暂为人所羁'。"李公焕注、丁《谱》、傅《谱》同。

吴《谱》"义熙八年壬子"（412）条："有《杂诗》十一首。有句云：'奈何五十年，忽已亲此事。'"按，吴《谱》亦从《宋传》渊明享寿六十三岁说，然引《杂诗》"奈何五十年"，意谓作此诗时渊明五十岁。但义熙八年壬子，渊明四十八岁，吴《谱》推算致误。

王瑶注："按十二首中前八首词意一贯，内容多叹息家贫年衰，及力图自勉之意，当为晚年所作。第六首中说：'昔闻长老言，掩耳每不喜。奈何五十年，忽已亲此事！'渊明五十岁时当晋安帝义熙十年甲寅（414），前八首当为这一年所作。其余四首多咏叹旅途行役之苦，另系于晋安帝隆安五年辛丑（401）。"

杨《汇订》"义熙元年乙巳"（405）条也说《杂诗》前八首词与九、十、十一首作于不同时期。"第十首曰'荏苒经十载，暂为人所羁'，十载，统词，渊明二十九岁出仕，其间或仕或息，前后不过此数，知作诗时间当在今年。第九首曰：'遥遥从羁役，一心处两端。掩泪泛东逝，顺流追时迁。慷慨思南归，路遐无由缘。'第十首又曰：'驱役无停息，轩裳逝东崖。'知作诗地点实在东都。第十一首曰：'春燕应节起，高飞拂尘梁。''愁人难为辞，遥遥春夜长。'知作诗时间为春末。以此言之，渊明为建威参军使都，《杂诗》九、十、十一三首乃在京师有感而发也。"

钱《系年》："杨勇的《陶谱汇订》把这三首诗都系于义熙元年，不过，九、十两首似乎是这年秋冬写的，而第十一首写作时间已是春天了，显然又不是同一年的作品。如果这三首杂诗都是镇军参军之后至归隐之前作的，那么前二首应是元兴三年，后面的一首才是义熙元年。"[1]

邓安生《陶渊明初仕年岁考辨》依据《杂诗》第九、十、十一首之思想情感内容及渊明的平生经历，以为此三首诗"是义熙元年乙巳三月奉建威将军之命使都途中所作"，与杨《汇订》结论同。

袁《汇考》谓《杂诗》十二首不必分为两组，皆作于义熙元年（405）渊明五十四岁时。

按，王瑶、杨勇、邓安生诸人都认为《杂诗》十二首中前八首与后四首非作于一时，此结论合乎《杂诗》十二首的实际。杨、邓又由分析《杂诗》后四首的思想情感内容，得出第九、十、十一三首作于义熙元年三月，与《乙巳岁三月为建威参军使都经钱溪》诗作于同时的结论，大体可信。当然，《杂诗》第九首也有可能作于隆安四年庚子（400），此年五月，渊明为桓玄僚佐，因事使都，有《庚子岁五月中从都还阻风于规林》二首，则在此之前，渊明必由江陵东下至都，风波千里，舟经浔阳，而难见亲人，岂非"遥遥从羁役，一心处两端。掩泪泛东逝，顺流追时迁，慷慨思南归，路遐无由缘"乎？

袁《汇考》说《杂诗》十二首不必分为两组，皆作于义熙元年（405）。此说实难信从。《杂诗》前八首多叹老嗟贫，如第四首："丈夫志四海，我愿不知老。亲戚共一处，子孙还相保。觞弦肆朝日，樽中酒不燥。缓带尽欢娱，起晚眠常早。"第五首："忆我少壮时，无乐自欣豫，猛志逸四海，骞翮思远

---

[1] 钱玉峰：《陶诗系年》，台北中华书局1992年版，第98页。

鬻。荏苒岁月颓，此心稍已去……""代耕本非望，所业在田桑。"显然都是晚年贫老孤苦时的心境。而庚子至乙巳六年中，渊明不断奔走仕途，虽思归田园，但尚无叹老嗟贫的感慨。很难设想，渊明一边吟唱"丈夫志四海，我愿不知老"，彻底断绝"代耕"之望，一边却别离妻儿亲戚，掩泪风波，行役不息。试将《杂诗》前八首与《经曲阿作》诗和《经钱溪》诗对照，两者迥然有异。而第九、十、十一三首则与《阻风于规林》诗、《经钱溪》诗同一情绪，谁能信《杂诗》两部分作于一时？袁《汇考》说渊明"五十余岁正是行役最苦之时"，《杂诗》或当作于五十四岁之义熙元年。然渊明《与子俨等疏》自述在昔出仕经历："吾年过五十，少而穷苦，每以家弊，东西游走。"说明渊明这篇疏文作于五十之后，而出仕以救贫，"东西游走"是早年时事。《杂诗》第九、十、十一三首写行役之苦，正是昔年"东西游走"之状，绝非五十四岁"行役最苦"。照例此事应该不难辨析，但由于袁《汇考》主七十六岁说，欲弥缝矛盾，不得不把不同思想情绪的作品编为同时，以致混乱无法解释。

八月，为彭泽令。十一月，程氏妹丧于武昌，作《归去来兮辞》，弃官归田。

【考辨】

《归去来兮辞》一文有两个问题有异说：一是此文作年，一是渊明辞官原因。以下依次考论之。

序云："乙巳岁十一月也。"则此文作于安帝义熙元年乙巳（405）辞官彭泽之初。然《晋传》记为"义熙二年，解印去县，乃赋归去来"，不知何据。顾《谱》袭《晋传》，谓"公归实在来年丙午。何以言之？序云'犹望一稔，当敛裳宵逝。寻程氏妹丧于武昌'。而祭妹乃在后年丁未，故知此辞乃是一时因事顺心之作，非即解绶去职时作也。误在本传载此辞于'解绶去职'句下，而辞序有'在官八十余日，命篇'句，世不细考，遂相传为八十余日即解官归。《年谱》（指吴《谱》）亦谓按自序去县以乙巳，皆错解也。考监本《晋书》曰：'义熙二年，解印去县。'为得其实"。又胡思敬《盐乘》卷一四《陶潜列传》，也说解绶归去，时在义熙二年。逯钦立校注《陶渊明集》以为陶渊明归隐在义熙元年，"然辞涉春耕，全文写成在次年"。即《归去来兮辞》作于义熙二年。

以为此文作于义熙三年者乃许嵩《建康实录》卷一〇：义熙三年"九月，彭泽令陶潜去职而归，作《归去来兮辞》一章以叙其志"①。余如郑樵《通志》卷一七七、魏了翁《鹤山先生大全文集》卷六二、王祎《自建昌州还行经行庐山下记》，②皆谓作于义熙三年（407）。

按，《归去来兮辞》序末明言乙巳岁十一月也，此乃无上权威之资料，本无可置疑，《晋传》却记为义熙二年，难道唐史臣未读《归去来兮辞》欤？顾《谱》说渊明辞归彭泽实在来年丙午，依据序文"犹望一稔，当敛裳宵遁"，以及不久程氏妹丧于武昌事。但"犹望一稔"是指渊明打算秋收之后辞归，并非真想等到收获一稔之后解绶去县。程氏妹丧于武昌，乃义熙十一月之事。考《祭程氏妹文》说："维晋义熙三年五月甲辰，程氏妹服制再周。"再周，指十八个月。据《礼》丧服制，已嫁姊妹，应服大功服，为期九月。再周，十八个月。由义熙三年五月上推十八个月，恰为义熙元年十一月，此乃程氏妹丧期。渊明"情在骏奔，自免去职"。由此可证，义熙二年、三年之说皆误。

关于渊明辞归原因，此文序交代很明确。一是"质性自然，非矫厉所得。饥冻虽切，违已交病。尝从人事，皆口腹自役"。追求自由的个性，不屈服于世俗对自我的矫厉，决意回归田园。二是"寻程氏妹丧于武昌，情在骏奔"。渊明自述之外，又有《宋传》所谓"不能为五斗米，折腰向乡里小人"之传说（萧《传》《莲传》《晋传》《南传》皆同）。韩子苍据《归去来兮辞》否定史传所载，以为渊明去官系程氏妹丧及"识时达命"，非因督邮事。③洪迈

---

① 许嵩：《建康实录》，张忱石点校，中华书局 1986 年版，第 328 页。
② 《王忠文公集》卷六。文渊阁《四库全书》本。
③ 胡仔编撰：《苕溪渔隐丛话》，前集卷三引。

《容斋随笔》五笔说："观其语意，乃以妹丧而去，不缘督邮。所谓矫厉违己之说，疑必有所属，不欲尽言之耳。"洪迈称"不缘督邮"，说近韩子苍。然又疑矫厉违己之说，必有所指，不过是不愿详说罢了。此言可取。或许矫厉违己之说，正缘督邮之事而不欲尽言也。

渊明解绶之因，尚有"忠晋"一说。上文言魏了翁、王祎，皆以为义熙三年刘裕杀殷仲文，将移晋祚，陶氏世为晋臣，义不事二姓，故托词而去。陶注同魏、王之说，称渊明归隐，"初假督邮为名，至属文，又迁其说于妹丧自晦耳。其实闵晋祚之将终，深知时不可为，思以岩栖谷隐，置身理乱之外，庶得全其后之节也"。按，以上诸人之说，或臆说，或猜测，恐非事实。渊明作此文时，桓玄之乱平定不久，刘裕为侍中、车骑将军、都督中外诸军事，旋镇京口。虽军权在握，但"将移晋祚"的迹象尚不明显。至于义熙三年殷仲文被诛，直接原因是何无忌中伤，主要原因乃仲文曾是桓玄宠信，非是仲文为晋朝忠臣之故。最终刘裕杀仲文以"谋反"罪，当属"欲加之罪"耳。渊明何以见殷仲文被杀，而生"耻复屈身异代"之心耶？考渊明《感士不遇赋》说："卒蒙耻以受谤。"《宋传》说："潜弱年薄宦，不洁去就之迹。"盖渊明曾仕桓玄，玄篡晋失败被杀，余党多受株连。疑心渊明很可能因之蒙耻受谤。又《宋传》"不洁去就之迹"，其实也是暗指渊明早年仕桓玄的并不光彩的经历。但渊明辞官的根本原因终究是"质性自然""违己交病"的性格所致。适值妹丧，故托词远遁。史传缘督邮而去，或属事实。"不为五斗米折腰"，主要应是"质性自然"之表现。至于"义不事二姓"云云，义熙元年时刘裕觊觎之心既未萌，则渊明何来"忠晋"情绪？此说不可信也。

晋安帝义熙二年丙午（406）　　三十八岁

十月，论匡复之功，封车骑将军刘裕为豫章郡公，抚军将军刘毅为南平郡公，右将军何无忌为安成郡公。十二月，以何无忌为都督荆、江、豫三州军事，江州刺史。（《资治通鉴》卷一一四）

作《归园田居》五首及《归鸟》诗。

《归园田居》之作年有异说，异说之起与"一去三十年"句有莫大关系。

1. 王《谱》据诗中"一去三十年"句，说此诗作于太元十九年甲午（394），渊明三十岁，初为州祭酒，不堪乃解归，故曰"久在樊笼里，复得返自然"。张玉谷《古诗赏析》亦谓作于州祭酒解归时。

2. 吴《谱》说《归园田居》五首"盖自彭泽归明年作"，"按太元癸卯，先生初仕为州祭酒，至乙巳去彭泽而归，才甲子一周，不应云三十年，当作'一去十三年'"。

3. 刘履《选诗补注》卷五："三，当作逾，或在十字下。按靖节年谱，太元十八年起为州祭酒，时年二十九，正合《饮酒》诗'投耒去学仕，是时向立年'之句。以此推之，至彭泽退归，才十三年，此云三十年，误矣。"①

4. 顾《谱》说《归园田居》五首作于义熙三年（407），"按彭泽之归，实丙午，若连癸巳，则十四年矣。公癸巳少日解归，何尝落网中。唯自乙未至丙午，心为形役，则十二年也，何云十三？又按壬寅、癸卯丁忧居家，不可云亦落尘网，直止十年耳。昔史己亥讹为三豕，或此'三'字乃已然已字之讹，未可知也"。

5. 章炳麟手批《陶渊明集》以为《归园田居》诗作于渊明三十岁："按靖节出仕未有三十年之久，此云'一去三十年'者，谓年已三十，方有回车之志耳，则辞官不过三十也。乙巳去职，以辛丑（401）三十计之，此时年三十四，《饮酒》诗第十九首云：'是时向立年，志意多所耻。遂尽介然分，终死归田里。'亦可参考。"（卷二《归园田居》眉批）

6. 梁《谱》疑此诗作于元兴二年癸卯（403），诗云"误落尘网中，一去三十年"，时渊明正三十二岁也。

7. 逯注："三十年，乃十年之夸词。十而称三，古有其例。如《史记·匈奴传》：'秦灭六国，而始皇使蒙恬将十万之众，北击胡。'《蒙恬传》则称：'乃使蒙恬将三十万众，北伐戎狄。'可以做证。出仕十余年，而夸言三十，极言其久。"邓《谱》从逯注，并举史籍及古诗中"三十"之例，证明

---

① 北京大学中文系文学史教研室编：《陶渊明资料汇编》下册，中华书局1992年版，第50页。

三十载、三十年均夸言岁月之久。

8. 韩国车柱环《陶潜诗读记》以为《归园田居》五首，非陶公三十一岁时所作，"三十"二字亦不当改为"十三"，疑《归园田居》五首，非彭泽弃官以后所作，详考《癸卯岁始春怀古田舍》二首，为渊明初归田舍躬耕之作，所述情景，如其一"地为罕人远"，其二"秉耒欢时务，解颜劝农人"，"虽未量岁功，即事多所欣"，"日入相与归，壶浆劳近邻"，"长吟掩柴门，聊为陇亩民"，皆与《归园田居》五首吻合，故疑此五首，亦系癸卯岁夏间所作也。车柱环又以为《归园田居》诗所谓园田居，乃渊明之田舍，盖其儿时所居，稍长出居闾里，杂处人群，遂未尝躬耕，故谓其来居田舍为归，故"误落尘网中"，盖指其出居闾里，杂处人群而言，"一去三十年"，谓出居闾里有三十余年之久，故陶公之作《归园田居》诗，盖在其三十六七岁以后所作也。①

9. 袁《汇考》说此诗作于义熙二年（406），并称渊明二十五岁左右离开少时所居"园田居"，移居市廛，自此即落尘网，其后再未返回，至五十五岁方重归"园田居"，此正所谓"一去三十年"。

10. 江西宜丰人士因持"陶渊明始家宜丰"说，据诗中"一去三十年"句，以为《归园田居》作于宜丰，渊明自二十九岁离家出仕，至五十三岁回归宜丰旧居，前后二十四年，举其整数，故曰"三十年"。又说"一去三十年"的另一重要依据，是《归园田居》其四"一世异朝市"。一世为三十年，以此证明渊明离开宜丰，暮年还宜丰已三十年矣。②

【考辨】

史传载渊明为州祭酒，少日即解归，而诗言"久在樊笼里"，又言"久去山泽游"，可见作此诗前渊明在仕途已有时日，离家已久。诗云"误落尘网中，一去三十年"，王《谱》据"三十年"，便说诗作于渊明三十岁时。然陶

---

① 陈怡良：《陶渊明人品与诗品》，台湾文津出版社1982年版，第95页。
② 宜丰县陶渊明研究会编：《陶渊明始家宜丰研究最终成果简介》，《陶渊明研究》2005年第1期，第8页。

《考》驳之说："景文之意，以堕地为尘网，故系此诗于年三十，说近释氏。先生胸中无此尘网，当以仕途言之。"陶《考》以为"尘网"当指仕途，其言甚是。章炳麟称此诗作于渊明三十岁，而辞官不过三十也。然又说乙巳去职三十四岁。显然，章氏之说有矛盾。《归园田居》其一说："久在樊笼里，复得返自然。"则此诗当作于渊明辞官归田之初，年三十。然章氏又说乙巳辞职彭泽令年三十四。究竟三十岁辞官，还是三十四去职耶？难道渊明作《归园田居》诗之后，又出仕四年方决意回归家园？若如章氏说，辛丑年渊明三十岁有"回车之志"，咏唱脱离牢笼，回归自然的快乐，则为何辛丑岁七月又要赴假还江陵呢？

梁《谱》据"一去三十年"，遂定渊明作此诗时正三十一二岁，亦同王《谱》，"以堕地为尘网"。梁《谱》疑此诗作于元兴二年癸卯（403），又说此年春天渊明在江陵、柴桑，作《癸卯岁始春怀古田舍》诗二首。但《归园田居》第一首描写的物景当在夏春之交。渊明为何始春在江陵，春末又在柴桑？此点恐梁《谱》难于解释。古《谱》说《归园田居》诗作于归田之明年，渊明年三十一，"误落尘网"，犹云误生尘世耳，① 说与梁《谱》相近。但渊明又有《辛丑岁七月赴假还江陵夜行涂口》诗说："闲居三十载，遂与尘事冥。"若"一去三十年"指渊明三十岁，则"闲居三十载"亦应解释为不仕而家居三十年，但实际上渊明此时正在为公事奔波。再者，依古《谱》，辛丑岁渊明二十六岁，非三十岁，这个大纰漏直接摧毁了他的渊明享年五十二岁说。于是，古《谱》弥缝说："'三'当为'二'之讹。"

韩国车柱环或许从梁《谱》，也说这组诗作于癸卯岁，同《癸卯岁始春怀古田舍》二首同年作。但又说渊明所说的园田居，是其儿时所居，稍长后出居闾里，过了三十余年才回园田居，故说"误落尘网中，一去三十年"。此说陈怡良教授赞许为"见解独到，所释入情入理"。其实问题很多，难于成立。若《归园田居》果作于癸卯岁，而在此之前渊明所谓"出居闾里"，从未回到园田居，则何以解释《庚子岁五月从都还阻风于规林》诗其一中"行行循

---

① 许逸民校辑：《陶渊明年谱》，中华书局1986年版，第197页。

归路，计日望旧居"之"旧居"？此"旧居"难道是渊明出居的"闾里"？母亲和兄弟都在那儿？此诗其二说："静念园林好，人间良可辞。"既然称"园林"，而且可以终生闲居其中，则不难断定，这就是《归园田居》中的"草屋八九间，方宅十余亩"，而绝不是杂处人间的子虚乌有的"闾里"。又《辛丑岁七月赴假还江陵夜行涂口》诗说："闲居三十载，遂与尘事冥。诗书敦宿好，林园无世情……投冠旋旧墟，不为好爵萦。养真衡茅下，庶以善自名。"闲居三十载的无世情的林园，也就是《归园田居》中的园田居，如果是出居的闾里，渊明不会如此眷恋与赞美。所以，所谓出居闾里，三十余年后才回儿时的园田居，"误落尘网中"是闲居在闾里云云，皆无事实依据。

"尘网""樊笼"既作"仕宦"解，而渊明自州祭酒至彭泽令解归，前后仅十年左右，非有三十年之久。查宋代陶集版本，皆作"三十年"，而"三十年"与渊明仕宦经历及生平迁徙皆不合，异说遂由"三十年"而起。学者分成两派：一派以为"三十年"不误，并多方索解。一派以为"三十年"有误，"三"乃"十"或"己"之误。前者如王《证稿》卷二说："陶澍谓'三'当作'己'，举《吕氏春秋·察传篇》'三豕渡河'为证。然'三豕'乃'己亥'之误，非三误为己也。窃以为作'三十年'不误。程传引《与子俨等疏》'少而穷苦，东西游走'计之，是也。必执著陶公初为州祭酒时计之，遂异说纷纭矣。且'一去三十年'与第四首'一世异朝市'句正相应。三十年为一世，则此'三十年'无误。即就音节言，亦以作'三十年'为佳。"①王氏以为"三十年"不误，指渊明早年穷苦，东西游走的生活。然"东西游走"，实也指奔走仕途，大概为时十年。

袁《汇考》释诗中"一去三十年"句，谓渊明二十五岁左右离开"园田居"，移居市廛，自此即落尘网，其后再未返回，至五十四岁辞彭泽令始归"园田居"，此正所谓"一去三十年"。②以前读袁《汇考》，始终不明白他的

---

① 王叔岷：《陶渊明诗笺证稿》，艺文印书馆（台北）1988年版，第102页。
② 袁行霈：《陶渊明研究》，北京大学出版社1997年版，第327、328页。该书第291页说：渊明自二十五岁"移居市廛"，至五十五岁"归园田居"。两处说同一事，相差一年。

"移居市廛"说。何谓"市廛"？为何移居？"市廛"在何处？又为何移居"市廛"居然三十年不回？近从陈怡良著作中读到车柱环之说，疑问始解，原来袁《汇考》移居"市廛"说来自车氏"闾里"说，只是把"闾里"改成"市廛"。车氏主渊明享年六十三岁说，称渊明儿时离开园田居，出居"闾里"，三十六七岁才回；袁《汇考》主渊明七十六岁说，改为渊明约二十五岁离开园田居，闲居"市廛"，至五十五岁始归。仅仅如此而已。袁《汇考》解释《归园田居》诗，纰漏基本与车柱环相同。一是"园田居"究竟在何处？为何渊明"一去三十年"再未返回？市廛又在何处？考渊明虽数次迁徙，但都离浔阳城不远，不可能三十年离开故地后再未返回。从陶诗判断，"园田居"实为柴桑旧宅，近在柴桑城近郊。即便如袁《汇考》所说，渊明果真"移居市廛"，离《归园田居》亦不会太远，决无三十年不返之理。二是"误落尘网中"之"尘网"，与田园丘山相对而言，明指仕途。岂有以"市廛"为"尘网"之理？渊明既以"尘网"为拘束身心之所，何以三十年闲居在"市廛"，不断娶妻生子？可见"移居市廛"三十年为子虚乌有之事。三是据袁《汇考》，渊明二十五岁至四十五岁所谓闲居"市廛"期间，二十年之中，正值创作精力最旺盛时期，却只作《劝农》《命子》《和郭主簿》诗数首。四是"移居市廛"说，无法解释《庚子岁五月从都还阻风于规林》诗、《辛丑岁七月赴假还江陵夜行涂口》诗及《癸卯岁始春怀古田舍》诗。譬如袁《汇考》说渊明在晋安帝隆安四年庚子（400）作《庚子岁五月中从都还阻风于规林》诗，诗说："行行循归路，计日望旧居。一欣侍温言，再喜见友于。"袁先生说渊明此年四十九岁，还在"移居市廛"的年份，那么，"旧居"难道就是"市廛"吗？渊明自己移居"市廛"，为什么友于兄弟也在"市廛"呢？

以上数点，又可证明袁《汇考》七十六岁说难于成立。

至于宜丰人士谓"三十年"是指渊明寓居浔阳三十年，《归园田居》作于诗人暮年，园田居在宜丰，云云，问题更多。一是渊明初仕江州祭酒，若果由宜丰赴浔阳，一别三十年后还居宜丰旧居，恐怕不复有"方宅十余亩，

· 143 ·

草屋八九间,榆柳荫后檐,桃李罗堂前"的舒适宜人景象。二是"一世异朝市"为古语,渊明郊游见荒凉景象,感叹古语不虚,未可当作所谓离开宜丰三十年的证据。三是《归园田居》其四写作者与子侄辈作山泽之游,由此而生人世变幻、终归空无之的感慨。然宜丰人士以为此诗是写渊明在宜丰"上坟祭拜父母",父母之坟墓即"昔人居"。如此任意臆说,使人骇然。

  细考陶集及渊明生平经历,难觅"误落尘网中,一去三十年"之踪迹,故虽宋以来陶集版本皆作"三十年",其真实性仍值得怀疑。吴《谱》、何孟春、傅《谱》都说渊明自太元十八年癸巳起为州祭酒,时年二十九,至义熙元年乙巳归田,首尾十三年,此云三十年,误矣。陶澍说"三"当作"己",举《吕氏春秋·察传篇》"三豕渡河"为证。"己亥"误为"三豕",己、已又极易致误,则已误为三并非无可能。《杂诗》云:"荏苒经十载,暂为人所羁。"可证渊明入仕十年左右,与其"向立年"学仕至彭泽辞归,其间忽隐忽仕的经历吻合。逯注说"出仕十余年,而夸言三十,极言其久"。邓《谱》受其启发,说"史籍中数词本多虚指,'三十'言其多",并举鲍照《代结客少年场行》:"去乡三十载,复得还旧丘。"江淹《杂诗·王侍中粲怀德》:"去乡三十载,幸遇天下平。"及唐诗中"三十载""三十年"之例,以为"三十年均夸言岁月之久,渊明此诗'一去三十年'用法正同,不必坐实为出仕时间"。邓《谱》之解甚有新意,可备一说。

  《归鸟》诗约作于本年。

【考辨】

  《归鸟》诗说:"岂思天路,欣及旧栖。""矰缴奚施,已卷安劳。"味其意与《归园田居》诗"久在樊笼里,复得返自然"之意相近,当作于归田之初。马璞《陶诗本义》卷一说:"《归鸟》诗四首殆与《归去来兮辞》一时之作,以比为赋作也。"其说可从。

  《止酒》诗作约作于本年。

【考辨】

王瑶注此诗说:"《形影神》诗《神释》一首说:'日醉或能忘,将非促龄具。'《止酒》诗即就其意加以畅述。当是与《形影神》诗同时而作。今依之暂系于晋安帝义熙九年癸丑(413),本年渊明四十九岁。"杨《汇订》从王瑶注。又据"居止次城邑"句,以为"所居南村为柴桑(浔阳)负郭无疑"。钱《系年》亦从王瑶注,将《止酒》诗系于《形影神》三首之后。按,王、杨、钱三人皆以为《止酒》诗与《神释》诗"日醉或能忘,将非促龄具"二句有关,其说少说服力。《神释》诗大旨是委运任化,并不在"日醉"二句,况且所谓"止酒",乃有解嘲意味,盖无酒而不得不止。诗说:"平生不止酒,止酒情无喜。"渊明岂真想止酒?何况,王瑶、杨《汇订》、钱《系年》皆从《宋传》六十三岁说,义熙九年渊明已四十九岁,"大欢止稚子"之"稚子"佟,此时已有十五岁(杨氏说佟生于隆安三年),称稚子也不妥。

又台湾黄仲伦《陶渊明作品研究》说:"渊明先生平生最喜者惟酒,今题云'止酒',诗又说'始知止为善,今朝真止矣。从此一止去,将至扶桑涘'。而'今朝真止矣',当是临终之作。人都要死了,酒当然只好止了。"以为此诗是渊明临终之作。按,将渊明无酒可饮无奈止酒,理解为人死只得止酒,黄说未当。《止酒》诗说:"逍遥自闲止。"知渊明已归隐,又说:"大欢止稚子。"稚子当指幼子佟,其年五岁。参以《归去来兮辞》:"稚子候门。"则《止酒》诗作年与《归去来兮辞》必相去不远。今系于义熙二年(406)

《闲情赋》约作于本年。

【考辨】

《闲情赋》作年很难确定。或说作于早年,或说中年,或说晚年,不一而足。古直《陶靖节诗笺余录》据《五柳先生传》"尝著文章自娱,颇示己志"二语,以为此赋乃"少年示志之作"。王瑶注说:"《闲情赋》序说:'检逸辞而宗淡泊,始则荡以思虑,而终归闲正。'《闲情赋》大概就是少年时的示志之作。渊明于太元十九年甲午（394）丧偶，见《怨诗楚调示庞主簿邓治中》诗注。《闲情赋》是抒情文字，或即这年所作。时渊明三十岁。"刘《编年》从王瑶注，说："盖靖节今年丧妻，虽旋续娶，而心不能无感，乃借此赋以抒其升华之情。"然刘氏所谓"不能无感"之"感"，究竟感前妻还是后妻，"升华之情"又作何解？皆令人费解。逯注："赋作于彭泽致仕之后，以追求爱情的失败表达政治理想的幻灭。"杨《汇订》："观序之结句，与《感士不遇赋》同，或亦同时作。"系于永初三年（422）渊明五十八岁时。袁《汇考》以为作于晋海西公太和五年，渊明十九岁时："《闲情赋》当系少壮闲居时所作，故其序曰'余园间多暇'，姑系于此年下。"又因《闲情赋》描写爱情尽态极妍，故有人以为此赋是渊明追求前妻所作，有人以为是追求后妻所作。

按，《闲情赋》序说："余园间多暇，复染翰为之。"赋说："悼当年之晚暮，恨兹岁之欲殚。"据知可大致判断此赋作于渊明归田之后，而"当年"者，谓壮年也。故作于少年或作于晚年之说，恐与作者所说不合。袁《汇考》以为此赋作于渊明十九岁时。查袁《汇考》，《闲情赋》是渊明的第一篇作品。一般来说，处女作艺术上多幼稚。《闲情赋》艺术性极高，汉魏以来的情赋一类作品无出其右，很难想象会出于不满二十岁的作者之手。考订此赋的作年，审读《闲情赋》序非常关键。序说："初，张衡作《定情赋》，蔡邕作《静情赋》，检逸辞而宗淡泊，始则荡以思虑，而终归闲正。将以抑流宕之邪心，谅有助于讽谏。缀文之士，奕代继作，并因触类，广其辞义。余园间多暇，复染翰为之。虽文妙不足，庶不谬作者之意乎？"序之要点有三：一是张衡、蔡邕之赋的写作特点与讽谏旨意。二是《闲情赋》与前人作品的传承关系。三是作《闲情赋》的本意，希望后人"庶不谬作者之意"。作者之意即"有助于讽谏"。由上述三点可知此赋是讽谏，旨意是"闲情"——以礼防闲情欲的肆意流宕。当然，《闲情赋》描写爱情部分太过精彩，"曲终奏雅"之旨意几乎淹没，但"发乎情，止乎礼义"的命意毕竟是明确的。以为此赋是追求前妻、追求后妻之作，并据此考订此赋的作年，皆不合作者命意。《闲情赋》激情洋溢，对于爱情的体验细腻深刻。这符合青壮年的生理和心理的一般规律。若是年将六十的老人，性爱的旺盛期早成明日黄花，很少会再写爱情的经历与心理震荡。故作于五十八岁之说我所不取。《归园田居》其一说："虚室有余闲。"与此赋序"余园间多暇"正可互参。渊明归田之初，物质尚未匮乏，复得自然，享受闲暇。又是正当壮年，性爱的激情犹存，读前人之作而仿效之，欲踪乎其迹，超乎其上。故暂系此赋于本年作。

晋安帝义熙三年丁未（407）　　三十九岁

二月，车骑将军刘裕来朝。诛东阳太守殷仲文、南蛮校尉殷叔文、晋陵太守殷道叔、永嘉太守骆球。（《晋书》卷一〇《安帝纪》）

五月，程氏妹服制再周，作《祭程氏妹文》。

《祭程氏妹文》："义熙三年，五月甲辰，程氏妹服制再周，渊明以少牢之奠，俯而酹之。"

《读山海经》十三首约作于本年。

【考辨】

《读山海经》十三首之作年有二说：一说作于晋宋易代之后，一说作于渊明归田之初。

持前说者如黄文焕《陶诗析义》卷四说"怆然于易代之后"；吴崧《论陶》说"皆寓篡弑之事"。陶注卷四说："晋自王敦、桓温，以至刘裕、共、鲧相寻，不闻黜退，魁柄既失，篡弑遂成。此先生所为托言荒渺，姑寄物外之心，而终推祸原，以致其隐痛也。"邱嘉穗《东山草堂陶诗笺》卷四评《山海经》其九说："此言夸父穷力追日，与下'精卫填海'，'刑天猛志'，皆陶公借以自况，欲诛讨刘裕，恢复晋室，而不可得也。"古谱"恭帝元熙元年己未"条下说："《读山海经》第十一首'巨猾肆威暴'云云，陶澍谓为宋武弑逆而作。"王瑶注："《读山海经》十三首中，发端一首写隐居读书的乐趣，以下即分咏二书中所谓的奇异事物，最后一首则以论史为结，说明'帝者慎用才'的意思，盖慨叹于晋室的灭亡；因知十三首是一时所作。其中第十一《巨猾肆威暴》一首，显然是为刘裕弑逆而作。按宋武即位后，即废晋废帝为零陵王；永初二年九月，以毒酒谋鸩零陵王，王不肯饮，遂掩杀之。诗中开首就说'孟夏草木长'，则本诗当为零陵王被害的次年，宋武帝永初三年壬戌（422）所作。"杨《汇订》、钱《系年》、刘《编年》也说作于易代之后。

持后说者如逯《系年》，以为《读山海经》是遇火前的作品，即作于义熙四年戊申（408）之前，当与《归园田居》接近。邓《谱》"义熙二年丙午（406）"条下说："按《读山海经》第一首描写住宅环境云：'孟夏草木长，绕屋树扶疏。众鸟欣有托，吾亦爱吾庐。'与《归园田居》'方宅十余亩，草屋八九间，榆柳荫后檐，桃李罗堂前'相似。……据此，《读山海经》之写作时间当与《归园田居》接近。考元兴以来，桓玄攻陷京师，相继诛杀晋室大臣司马道子父子，代晋自立，废安帝为平固王，迁于浔阳。于是刘裕举兵讨玄，传檄京师，罪状桓玄，中有'狡焉肆虐'，'肆暴京邑'云云；及玄党讨平，刘裕屡请归藩，上表言及桓玄之乱，犹有'天祸皇室，巨狡纵篡'等语。《读山海经》诗中'巨猾肆威暴'，当暗指桓玄之篡逆。第十三首'岩岩显朝士，帝者慎用才……临没告饥渴，当复何及哉！'以齐桓饥渴而死喻安帝被废与播迁，以'帝者慎用才'总结历史教训，惩前毖后之意显而易见。叹晋室之凋零，伤安帝之被废，虑覆辙之重蹈，此殆《读山海经》之微旨欤？"

按，《读山海经》十三首作年既难确定，命意亦不显，此异说之所由来也。第一首叙写幽居、躬耕、读书之乐，住宅环境及愉悦心情显然，与《归园田居》《和郭主簿》相似。渊明晚年饱受饥寒之苦，无酒可饮之日多，已不复有此诗中"欢然酌春酒，摘我园中蔬"的欣豫情绪。故定此诗作于归田之初较为妥当。《读山海经》第一首发端，第二至第十二首分咏书中所记异物，实为读书心得，聊咏之耳。自然其中有对历史的评价与感悟，但并非一定是暗喻当世之事。故"慨叹晋室灭亡"之说固属臆说，称伤感桓玄之篡晋恐亦牵强。古《谱》、邓《谱》以当世之事解之，一曰为刘裕，一曰为桓玄，似皆穿凿，未必是作者当年之旨意。元刘履《选诗补注》卷五说："此诗凡十三首，皆记二书所载事物之异，而此发端一篇，特以写幽居自得之趣耳。"张自烈辑《笺注陶渊明集》卷四说，《读山海经》诗"词虽幽异离奇，似无深旨耳"；又说："愚意渊明偶读《山海经》，意以古今志林多载异说，往往不衷于道，聊为咏之，以明存而不论之意，如求其解，则凿矣。"刘氏、张氏之解，通达可取也。

《酬刘柴桑》诗约作于本年。

【考辨】

《酬刘柴桑》诗系年也难确定，有义熙五年、七年、八年、十年、永初元年多种说法。

王《谱》"永初元年庚申（420）"条说："有《和刘柴桑》诗云：'挈杖还西庐。'又云：'春醪解饥劬。'其还以春。有《酬刘柴桑》诗云：'嘉穟养南畴。'又云：'慨然已知秋。'其还至是及秋。"意思是说《和刘柴桑》诗作于春天，《酬刘柴桑》诗作于秋天，二诗同作于永初元年庚申（420）。

陶《考》同王《谱》，然以为有两刘遗民。一是《莲传》中的刘程之，字仲思，彭城人，后入庐山从释慧远，作《誓文》，义熙六年卒，年五十九。一是《世说新语·任诞篇》刘孝标注引何法盛《晋中兴书》所记："刘驎之，一字遗民。"即《桃花源记》中南阳刘子骥，《晋书》有传。陶《考》说："二刘孰为柴桑令，无考，未审先生所酬，是程之抑子骥也。"关于刘遗民究竟是刘程之，还是刘驎之，这是首先要弄清的事。考《隋书》卷三四《经籍志》三："《老子玄谱》一卷，晋柴桑令刘遗民撰，亡。"同上卷三五《经籍志》四："柴桑令《刘遗民集》一卷，录一卷，亡。"《经典释文》卷一："刘遗民《玄谱》一卷。注：'字遗民，彭城人，东晋柴桑令。'"《建康实录》卷一四："周续之、刘遗民遁庐山，陶渊明亦居彭泽山，时谓之浔阳三隐。"《广弘明集》卷二七晋庐山释慧远《与隐士刘遗民书》说："彭城刘遗民，以晋太元中除宜昌、柴桑二县令，值庐山灵邃，足以往而不反。遇沙门释慧远，可以服膺。丁母忧去职入山，遂有终焉之志。于西林涧北别立禅坊，养志闲处，安贫不营货利。是时闲退之士，轻举而集者，若宗炳、张野、周续之、雷次宗之徒，咸在会焉。遗民与群贤游处，研精玄理，以此永日。……在山一十五年，自知亡日，与众别已，都无疾苦。至期西面端坐，敛手气绝，年五十有七。"释元康《肇论疏》卷中："庐山远法师作《刘公传》云：刘程之，字仲思，彭城人，汉楚元王裔也。承积庆之重粹，体方外之虚心，百家渊谈，靡不游目。精研佛理，以期尽妙。陈郡殷仲文、谯郡桓玄，诸有心之士，莫不崇拭。禄浔阳柴桑，以为入山之资。未旋几时，桓玄东下，格称永始。逆谋始，刘便命孥，考室林薮。义熙公候咸辟命，皆逊辞以免。九年，大尉刘公知其野志冲邈，乃以高尚人望相礼，遂其初心。居山十有二年卒。"①刘程之是慧远的忠实信徒，后者所写的《刘公传》，应该比较可信。从桓玄于元兴二年（403）十二月篡晋称楚，改元永始，刘程之弃官柴桑令，隐居庐山十二年卒，则其时在义熙十一年（415）。《莲社》记载刘遗民卒于义熙六年（410），那是不确的。由上述文献可以确定：做柴桑令者，乃是彭城刘程之，因弃官隐居庐山，遂号"遗民"。而刘驎之是南阳人，隐居在荆州的阳岐。虽也一字遗民，但并未做过柴桑令。又《桃花源记》说："南阳刘子骥，高尚士也，闻之，欣然规往，未果，寻病终。"据此，刘驎之卒于太元间，他与刘程之的里贯、经历、生平事迹迥然不同。陶渊明、刘遗民、周续之称"浔阳三隐"。渊明与之酬唱的刘遗民，必是彭城人刘程之无疑。

考辨刘柴桑必是刘程之一事已明，再考析《酬刘柴桑》诗的作年。

逯《系年》"义熙五年己酉"（409）条说，《和刘柴桑》及《酬刘柴桑》诗当作于义熙五年："和诗云：'山泽久见招，胡事乃踌躇。直为亲友故，未忍言索居。''茅茨已就治，新畴复应畲。'逯按：去年林室烧燔，今经修葺，故曰茅茨就治。畲者，治三岁田。陶义熙二年开荒南野，至此已三年，故曰'新畴复应畲'。"王瑶注、邓《谱》、刘《编年》皆同逯《系年》。

---

① 高楠顺次郎主编：《大正藏》第45册，《肇论疏》，大正一切经刊行会出版，昭和七年（1932），第1859页。

杨《汇订》以为《酬刘柴桑》诗作于义熙八年壬子（412），说"新畴殆在南村"，而把《移居》诗系于义熙六年庚戌，故系此诗作于《移居》诗后；又说"王《谱》系在庚申五十六岁，杨《谱》系在甲寅五十岁，均误"。李华《陶渊明酬和刘柴桑诗系年》一文通过分析两诗的内容及义熙六年的社会背景、渊明这时的生活经历和思想状况，大体确定《和刘柴桑》诗作于义熙七年辛亥（411）春，《酬刘柴桑》诗早于《和刘柴桑》诗，当作于义熙四年戊申（408）。①袁《汇考》说《酬刘柴桑》诗约作于义熙二年丙午（406）秋，与《和刘柴桑》诗不是同一年所作。

按，王《谱》、陶《考》以为酬、和刘柴桑二诗作于元熙二年庚申，今可明确断其非是，因刘柴桑早在五年之前的义熙十一年（415）就已辞世。丁《谱》谓《酬刘柴桑》诗作于义熙十年甲寅，根据是此年释慧远结白莲社，刘遗民作《誓愿文》。但是这一根据是有问题的。且不说所谓慧远结白莲社之事不可靠（详见汤用彤《汉魏两晋南北朝佛教史》第十一章），刘遗民撰《誓愿文》在元兴元年（402）七月，不在义熙十年甲寅（见前文考辨元兴元年条）。渊明与刘柴桑结交已久，并不始于义熙十年。再者，渊明与慧远为方外交，始于何年虽不可考，但史传说渊明尝往庐山，则与慧远交往恐怕也早于义熙十年。杨《汇订》说《酬刘柴桑》诗作于义熙八年，却又说"渊明四十一岁归田，知与遗民酬唱，当在此二三年内"。"二三年"究竟指渊明四十一岁归田后的二三年，还是指义熙八年、渊明四十八岁之后的二三年？若是前者，则《酬刘柴桑》诗应该作于义熙二三年间，为何系于义熙八年？可见，杨勇对此诗的系年难以信从。李华说《酬刘柴桑》诗作于义熙四年，早于《和刘柴桑》诗，可能与事实比较接近。

细读《酬刘柴桑》诗，表现的是一种与世隔绝的生活，有感慨，也有满足，"新葵郁北墉，嘉穟养南畴"，一派小康景象，与《归园田居》诗的情调接近，不见义熙四年遇火不久的窘迫。又《酬刘柴桑》诗说："命室携童弱。"《释名·释长幼》："十五曰童。"《正字通》："童，男十五岁以下谓之童

---

① 李华：《陶渊明新论》，北京师范大学出版社1992年版，第43—52页。

子。童，独也，言未有室家也。"《左传》文公十二年："有宠而弱。"注："弱，年少也。""弱"较"童"更幼。《止酒》诗说："大欢止稚子。"《责子》诗说："阿舒已二八。"则此诗作年当在《责子》诗前，与《止酒》诗相近。今暂系于本年，其时长子俨十四岁，幼子佟六岁，正是"童弱"之年。袁《汇考》系此诗于义熙二年丙午（406），虽较恰当，然照其主渊明七十六岁说推算，这年幼子佟已十六岁，其余诸子都已二十或二十开外，再称"童弱"，恐怕不太合适。

《蜡日》诗约作于本年。

【考辨】

蜡日，古代年终祭名。李注："蜡，腊祭名。《礼记·郊特牲》：'伊耆氏始为蜡。'蜡也者，索也。虽十二月合聚万物而索飨者也。"《世说新语·德行篇》刘孝标注引《五经要义》："三代名臘，夏曰嘉平，周曰大蜡，总谓之臘。"蜡日有宴饮之习俗。《蜡日》诗前二句说："风雪送余运，无妨时已和。"说明一岁将终，冬去春来。后面说："我唱尔言得，酒中适何多。"即写蜡日宴饮之乐。

此诗作年难考定。吴骞《拜经楼诗话》卷三说："其《蜡日》诗，旧编次《述酒》之后，而文清未注。予细读之，盖犹之乎《述酒》意也。"以为此诗编在《述酒》后，而《述酒》辞不易解，得汤汉的注释，才大致能懂。汤汉以晋宋易代的世事解读《述酒》诗，故吴骞亦以时事解《蜡日》诗，意为同《述酒》诗作于同时。杨《汇订》说此诗作于义熙十三年（417）："诗曰：'未能明多少，章山有奇歌。'潘石禅《析疑》：'章山，商山也。'说殊精要。……而'我唱尔言得'，当与羊长史对言；以此喻羊效商山四老，勿从刘裕驱策而东西奔走也。"王瑶注："诗中有'章山有奇歌'句。《山海经》说'鲜山又东三十里曰章山'，'奇歌'当为神仙所唱。则本诗与《读山海经》应为同年作。但《读山海经》作于孟夏，此诗则作于岁暮。今依之同系宋武帝永初三年壬戌（422），本年渊明五十步岁。"

按，吴骞以汤汉解《述酒》的方法说《蜡日》诗，纯属臆说。杨《汇订》从潘石禅"章山"及"商山"之说，以为此诗是义熙十三年同羊长史的"对言"，劝谕羊勿从刘裕驱驰。这种说法似乎证据不足。商与章古字通，但商山得名于商县，因山在商县之东，故名。商山亦名商岭、商坂。不可因商与章古字通，便谓商山即章山，章山即商山。王瑶以为章山出于《山海经》，较之杨氏可信。王瑶又据"章山"的来源，推断《蜡日》诗与《读山海经》十三首皆作于永初三年。然《读山海经》十三首乃渊明平时读异书所为，并非作于晋宋易代之后。对此，上文已作考辨。《蜡日》诗写腊日宴饮之乐，语调轻松，意义明白，与《读山海经》第一首相似，并无对时事有深沉难言的感触，当是渊明归隐不久，物质生活尚可，精神多感愉悦之时的作品。今暂系于本年作。

晋安帝义熙四年戊申（408）　　　四十岁

正月，以琅邪王德文领司徒。刘裕为侍中、扬州刺史、录尚书事。（《晋书》卷一〇《安帝纪》）

自春至夏，作《停云》《时运》《荣木》三诗。

【考辨】

有人据《荣木》诗第四章"四十无闻，斯不足畏"二句，得出此诗作于渊明四十岁时的结论。若据《宋传》载渊明享年六十三岁推算，渊明四十岁正当晋安帝元兴三年甲辰（404）。故杨恪《年谱》、吴《谱》、顾《谱》、丁《谱》皆谓渊明四十岁作《荣木》诗。梁《谱》因主渊明享年五十六岁说，渊明四十岁作《荣木》诗，则时在义熙七年辛亥（411）。方祖燊从梁《谱》。相比《荣木》诗，《停云》《时运》二诗的系年就困难多了，以致牵涉时事说诗。例如杨恪《年谱》说："宋武帝永初二年辛酉，公年五十七。是年九月，刘裕杀零陵王。《停云》诗云'八表同昏，平路伊阻。竞用新好，以招余情'。此皆感兴亡之语。作此诗当在此年后也。"元刘履《选诗补注》卷五解释《停云》诗首章说："此盖元熙禅革之后，而靖节之亲友，或有历仕于宋者，故特思而赋诗，且以寓规讽之意焉。"以为作于晋宋禅代之后。清陈祚明评选《采菽堂古诗选》卷一三解释《时运》诗说："天下已为宋矣，无复有怀，故朝者曰'偶影独游'……"古注："晋亡之后，陶公同好如周续之等皆出仕。慨独在余，其隐恸深哉！"刘《编年》袭以上诸说，以为《停云》《时运》二诗作于永初二年（421）春天。

然牵合时事以解释上述三诗的作法，有人不以为然。清吴崧《论陶》指出："《停云》《时运》《荣木》三篇，人指为悲愤之作……但前二篇神闲气静，颇自怡悦，绝无悲愤之意。即曰憾曰慨，亦不过思友春游，即事兴怀耳。如指为求同心、商匡扶，殊属枝节；脂车策骥，正欲勉力依道耳，敦善耳。'孰敢不至'，正与'业不增旧'对照，亦不必牵合时事也。"吴淞不同意三诗是悲愤之作，实际上否定了作于晋宋易代之后的说法。按，《停云》诗序说："樽湛新醪，园列初荣。"诗说："静寄东轩，春醪独抚。""有酒有酒，闲饮东窗。"《时运》诗序说："春服既成，景物斯和。偶景独游，欣慨交心。"诗说："人亦有言，称心易足，挥兹一觞，陶然自乐。""斯晨斯夕，言息其庐。花药分列，林竹翳如。清琴横床，浊酒半壶。"一派庭院闲暇，宁静祥和，清琴横床，春醪独抚的闲适生活景象，与渊明晚年无酒可饮、饥寒交至的苦境迥然不同。据此判断，《停云》《时运》二诗不太可能作于晋宋易代之后。诗中景物乃实写之景，以时事解释二诗恐不可取。

最早对三诗系年的是王瑶注《荣木》诗："诗中说'四十无闻，斯不足畏'，则本诗当作于晋安帝元兴三年甲辰（404），渊明年四十岁。按《停云》《时运》《荣木》三诗，都是四言四章，而且前冠小序，序文句法也完全相同，诗题又都是以首句命名，当为同年所作。"王瑶依据的理由充分，很有说服力，后来学者多信从之。但王主渊明六十三岁说，四十岁时正做刘裕镇军参军和刘敬宣建威参军，奔波仕途不暇。《始作镇军参军经曲阿作》诗说："投策命晨装，暂与田园疏。眇眇孤舟逝，绵绵归思纡。"可见渊明正日夜行役于江波浪涛间。然观《停云》《时运》二诗，则是完全不同的生活情景。《停云》诗说："静寄东轩，春醪独抚。""有酒有酒，闲饮东窗。"《时运》诗写作者暮春独游："袭我春服，薄言东郊。""洋洋平泽，乃漱乃濯，邈邈遐景，载欣载瞩。"几乎在同一时刻，渊明一边行役，一边"偶景独游"，显然这是不可能的事。因此，这三首诗不可能作于元兴三年春夏，应是归田之后所作。只有在脱离官场，结束痛苦的行役生活之后，才有"春醪独抚"及"偶景独游"的闲暇和适意。再看《停云》诗说："翩翩飞鸟，息我庭柯。敛翮闲止，好声相和。"与大概作于义熙二年的《归鸟》的意境略同。又《时运》诗说："斯晨斯夕，言息其庐。花药分列，林竹翳如。清琴横床，浊酒半壶。"享受着悠然闲静，也与《归园田居》《和郭主簿》诗的闲适相似。故这三首诗非作于元兴三年，更非晋宋易代之后所作，当是归田初期的作品。今系于义熙四年戊申（408），其中《停云》《时运》作于遇火之前，《荣木》作于遇火之后。

又《荣木》诗尚有辨析之处。此诗第四章说："先师遗训，余岂云坠。四十无闻，斯不足畏。脂我名车，策我名骥，千里之遥，孰敢不至。"或据此以为渊明四十岁，正欲建功立业。如吴瞻泰《陶诗汇注》引程鲞说："脂车、策骥四语，正是迈往图功，有孔席不暇暖之意。此盖其初赴建威幕时也。"袁《汇考》主七十六岁说，称《荣木》诗作于晋孝武帝太元十六年辛卯（391），陶渊明四十岁，在家闲居，"诗有进取闻达之意，与渊明入桓玄幕前心情正相符"。然又说晋安帝隆安二年戊戌（398），渊明四十七岁时，渊明入桓玄幕府。既然渊明四十岁闲居作《荣木》诗已有"进取闻达之意"，为何当时不入仕途，非得迟迟七年之后才入桓玄幕府？考《晋书》卷六九《桓玄传》，玄年二十三始拜太子洗马。太元末，出补吴兴太守，郁郁不得志。太元十六年时，桓玄什么也不是。所谓《荣木》诗"有进取闻达之意，与渊明入桓玄幕前心情正相符"，此说依据何在？其实，"四十无闻"二句典出《论语·子罕》："四十、五十而无闻，斯亦不足畏也。"孔子之意，在勉学积学。渊明用这典故，意思是说自己年已四十却学道无成，无闻于世，此乃不足畏矣。本意也是自警及时勉学。脂车、策骥，都是喻加紧进学。程鲞说是"迈往图功"，袁《汇考》称是"进取闻达"，都以为渊明急于求仕，恐是误解。

《连雨独饮》诗亦作于本年。

《连雨独饮》诗："自我抱兹独,黾勉四十年。"袁《汇考》说此二句与《戊申岁六月中遇火》诗"总发抱孤介,奄出四十年""意同"。"'抱兹独'犹'抱孤介'也,乃在'总发'之时,即十五岁以上。此二句应当连读,自'抱兹独'以来已四十年,此诗作于五十五六岁。"按,关于袁《汇考》凡涉及陶诗中年岁皆用所谓"连读"方法之似是而非,又"总发"乃泛称少年时,不是确指十五岁以上,此点本书前面已言及。"自我抱兹独,黾勉四十年"二句是说,自我独抱任真之志,努力四十年而不变。四十年指四十岁,非指"总发"之后再加四十年。文学重在抒情言志,这二句抒发独抱任真之志而始终不变的情趣,未可用精确之数学计算也。

六月中遇火,作《戊申岁六月中遇火》诗。

【考辨】

梁《谱》"义熙四年戊申"条下说:"集中纪年诗有《戊申岁六月中遇火》一首,中有'总发抱孤介,奄出四十年'语,似是年已逾四十。然则与辛丑三十、辛酉五十诸文相矛盾矣。窃谓此'十'乃'九'字之讹。集中称十二为'二六',十五为'三五',五十四为'六九'。所在多有。此文亦以'四九'代三十六耳。'奄出四九年',谓刚过三十六岁也。讹作'十'者,或由刓损,或由传钞臆改耳。"按,梁《谱》主渊明享年五十六岁说,依其年谱,戊申岁渊明年三十六,与"奄出四十年"相矛盾,故不得不改"四十年"为"四九年"。然陶集各种版本皆作四十年,无有作"四九年"者。又"奄出"谓突然之间,表示时间流逝之快。"奄"作"出"之状语,形容"出"之快速状态。渊明《五月旦作和戴主簿》诗说:"发岁始俯仰,星纪奄将中。"《文选》任昉《齐竟陵文宣王行状》:"天不憖遗,奄见薨落。"李善注引《方言》:"奄,遽也。"若刚过三十六岁,何须有生命急遽之感?梁《谱》所说"或由刓损,或由传钞臆改",其实"臆改"者正是梁氏。

古《谱》"义熙十四年戊午"条据陶集异文,说此诗作于义熙十四年戊午（418），渊明四十三岁："诸本作'戊申'，陶《考》引《江州志》作'戊午'，以本诗证之，良信。"李辰冬与古《谱》略同，说："'总发抱孤介，奄出四十年。'本年为四十七岁，正合。奄作久讲。'奄出四十年'，即久出四十年。"① 方《论评》说："'奄出四十年'，盖谓'不久就要超出四十岁了'，奄，奄忽，倏忽。陶潜《闲情赋》：'悲扶桑之舒光，奄灭影而藏明。'《五月旦作和戴主簿》诗：'发岁始俯仰，星纪奄将中。'也都是作'倏忽'解。由于三十七至四十，不过二三年，所以说'奄出'。非常顺当，并含有'年岁飞逝'之感在内。"② 陈怡良从方氏说，以为"奄出四十年"，当系三十七岁时所咏，是说将超过四十岁，而非已过四十。③

按，古《谱》主渊明享年五十二岁说，依其年谱，义熙四年渊明仅三十二岁，与"奄出四十年"相矛盾，故以《江州志》"戊午"异文为依据。然《江州志》乃孤证，不足为凭。"奄"，忽然，遽然，表示速度之快，不作"久"讲。方祖燊从梁《谱》主渊明享年五十六岁说，戊申岁渊明三十七岁，故说"奄出"为快要超出。然三十七岁离四十岁毕竟还有两三年，说快要超出四十岁总觉牵强。陈怡良解为"将超过四十岁，而非已过四十"，比较妥当。渊明戊申岁六月遇火，而此诗之作时在新秋，大概已入七月中旬了。日月如梭，生命何等急遽，四十之年已过其半，"奄出四十年"也近在眼前矣。

晋安帝义熙五年己酉（409）　　　四十一岁

正月，以抚军将军刘毅为卫将军、开府仪同三司，加辅国将军何无忌镇南将军。浔阳地震。六月，刘裕大破南燕慕容超于临朐。九月，刘裕加太尉，裕固辞。（《晋书》卷一〇《安帝纪》《资治通鉴》卷一一五）

徙居西庐。春，作《和刘柴桑》诗。秋，作《己酉岁九月九日》诗。

---

① 李辰冬：《陶渊明评论》，自印本，1991年，第21页。
② 方祖燊：《陶潜诗笺注校证论评》，兰台书局有限公司（台北）中华民国六十六年（1977）版，第113页。
③ 陈怡良：《陶渊明人品与诗品》，文津出版社1982年版，第92页。

【考辨】

王《谱》"永初元年庚申"（420）条说，此年有《和刘柴桑》诗、《酬刘柴桑》诗。又说："初自西庐移南村，有《移居》诗云：'闻多素心人，乐与数晨夕。'又云：'过门更相呼，有酒斟酌之。'迁居殆为遗民之徒。寻还西庐，度相距亦不远，与遗民更相酬酢，不改赏文析义之时。"李注此诗中"茅茨已就治，新畴复因畲"二句说："《尔雅》曰：田三岁曰畲。靖节自庚戌还居南村，已再稔矣。今秋获后，复应畲也。"庚戌为义熙六年（410），"再稔"为二年，故李注以为此诗作于义熙八年（412）。丁《谱》说《酬和刘柴桑》二诗作于义熙十年甲寅，依据是慧远结白莲社在义熙十年，刘遗民撰《同誓文》，渊明与远公为方外交。王瑶注说义熙四年陶宅遇火，故曰"就治"。畲，指第三年理新田，而渊明于义熙二年开荒南野，则此诗作于义熙五年（409）。逯《系年》同。李辰冬《陶渊明评论》说："此诗言：'山泽久见招，胡为乃踌躇？直为亲友故，未忍言索居。'正是初回柴桑之作。诗又言'弱女虽非男，慰情良胜无'，可知陶渊明是先有女儿，后得儿子，而长子俨生于三十岁，此诗既有盼子之情，当系俨未生以前所为。"[①] 李华《陶渊明酬和刘柴桑诗系年》说，渊明于义熙五年移居西庐，耕于西田，至义熙七年，恰是躬耕西田三岁之始，故曰"新畴复应畲"，遂定此诗作于义熙七年（411）。[②]

按，王《谱》以为和、酬刘柴桑二诗作于永初元年（420），可明确断其非，因刘柴桑早在五年前的义熙十一年即已辞世。丁《谱》说作于义熙十年甲寅（415）亦证据不足。盖远公结白莲社之事本身并不可靠（见汤用彤《汉魏两晋南北朝佛教史》），何况刘遗民撰《同誓文》时在元兴元年（402），不在义熙十年。再者，渊明与刘柴桑结交已久，非始于义熙十年。又，从"山泽久见招"以及描写的农家杂事来看，此时渊明已归隐多年，李辰冬以为此诗当是渊明未生长子俨以前所作，这一结论恐不可信。考《归园田居》诗

---

① 李辰冬：《陶渊明评论》，东大图书有限公司（台北）1975年版，第9页。
② 李华：《陶渊明新论》，北京师范大学出版社1992年版，第48页。

说"开荒南野际","我土日已广"知渊明于义熙二年（406）在南野旁开垦新田，即诗中"新畴"。至义熙五年（409），已满三年，正是新田复应畲之时。故此诗作于本年，即渊明旧居失火之明年。

晋安帝义熙六年庚戌（410）　　四十二岁

二月，刘裕攻克南燕慕容超。广州刺史卢循举兵反，攻江州。江州刺史何无忌战死。五月，卫将军刘毅与卢循战于桑落洲，王师败绩。卢循攻建康。六月，以刘裕为太尉中书监，加黄钺。裕受黄钺，余固辞。以庚悦为江州刺史。七月，卢循败走，复攻荆州，荆州刺史刘道规、雍州刺史鲁宗之等败之，又破徐道覆于华容。卢循复走浔阳。十二月，刘裕破卢循于豫章。（《晋书》卷一○《安帝纪》《资治通鉴》卷一一五）

作《庚戌岁九月中于西田获早稻》诗及《责子》诗。

【考辨】

《责子》诗作年皆由长子俨之生年推算而得。《责子》诗说："阿舒已二八。"二八即十六。渊明二十六岁生长子俨，据此推算，此诗作于渊明四十二岁时，故系于本年。

梁《谱》主渊明享年五十六岁说，以为渊明二十岁丧偶，俨为原配夫人出，生于渊明二十岁之前，作此诗时俨十六岁，故定《责子》诗作于义熙二年丙午（406），渊明年三十五岁。古《谱》假定渊明二十一岁生长子俨，故称《责子》诗作于义熙七年辛亥，渊明三十六岁。李辰冬《陶渊明作品系年》主渊明享年五十六岁说，称渊明三十岁生俨，俨至此正十六岁，则此诗作于义熙十二年丙辰（416）。逯《系年》以为此诗当作于渊明五十一岁时，依据是《杂诗》六"奈何五十年，忽已亲此事"，《杂诗》七"弱质与运颓，玄发早已白。素标插人头，前途渐就窄"等句，知渊明五十岁头发全白，而《责子》诗说："白发被两鬓，肌肤不复实。"钱《系年》说此诗作于晋安帝义熙二年（406）渊明四十二岁。袁《汇考》说《责子》诗作于隆安五年辛丑（401），渊明时年五十。诗云"白发被两鬓，肌肤不复实"，正与五十岁相当。

按，梁《谱》以为渊明十九岁生长子俨，二十岁丧妻，故定《责子》诗作于渊明三十五岁时。然二十岁丧妻之说本不可信。杨《汇订》说："梁《谱》定三十五岁作，古《谱》定三十六岁作，均过早。少年白头尚可论，肌肤不实则不切。"此说近理。逯《系年》据渊明五十岁头发全白，推断《责子》诗作于渊明五十一岁，其证据经不起推敲。渊明体弱，自称"玄发早已白"，非是五十岁时头始白。故头白与否不可作为定此诗作年的依据。钱《系年》说此诗最混乱，前面说太元十六年辛卯（391），渊明二十七岁作《命子》诗，① 后面却说渊明二十岁生长子俨，有《命子》诗，"俨现在已十六岁了，他当然是四十二岁"。② 何以粗疏如此！袁《汇考》因主七十六岁说，谓此诗作于隆安五年辛丑，渊明五十岁。然而辛丑岁渊明正在桓玄幕府，为公事往返浔阳与荆州之间，有《辛丑岁七月赴假还江陵夜行涂口》诗为证。而《责子》诗超旷闲逸，显然是归隐有年后的生活情景。况且，渊明作《责子》诗时已是"白发被两鬓，肌肤不复实"，老态已见，何苦三年后再去做镇军参军？此为袁《汇考》七十六岁说不足信之又一证也。

又诗云"雍、端年十三"，有人据此推断渊明有侍妾。周紫芝《竹坡诗话》云："客有诵渊明《闲情赋》者，想其于此亦自不浅。或问坐客：'渊明有侍儿否？'皆不知所对。一人言有之。问其何以知，曰：'所谓雍、端年十三，不识六与七，此岂非有侍儿耶？'于是坐客皆发一笑。"又马永卿《嬾真子》卷三云："雍、端二子皆年十三，则其庶出可知也。噫！先生德清如此，而乃有如夫人，亦可一笑。醒轩云：安知雍、端非双生子。"其实，二子同岁，或双生，或一生于年初，一生于年尾，皆有可能。颜《诔》说渊明"少而贫病，居无仆妾"，故不能因雍、端同岁，便猜测渊明有侍妾。

《赠长沙公》诗约作于本年。

---

① 钱玉峰：《陶诗系年》，台湾中华书局1992年版，第30页。
② 同上书，第125页。

【考辨】

《赠长沙公》诗是了解诗人身世的重要作品,也是陶集中非常难解的作品之一。此诗的诗序有异文,因之造成完全不同的解读。犹如谜团,始终不得确解。解读中的异说自宋代就已产生,至清代的文史学者或考证,或推测,或怀疑,歧见纷呈,叹为观止,至今仍未达成共识。由于难解之处繁多,而诸问题之间相互关涉纠缠,为清眉目起见,分问题依次考辨之。

一、诗题与诗序之异文及断句。

《赠长沙公》诗的诗题,各本皆作《赠长沙公族祖》。陶注此诗校:"各本皆作'赠长沙公族祖'。杨时伟曰:'序"长沙公于余为族"一句,"祖同出大司马"一句。题中"族祖"二字乃后人误读序文"祖"字为句,因而妄增诗题也。'何孟春、何焯亦皆以'族祖'二字为衍,今删之。"依照校勘学原则,既然各本皆作"赠长沙公族祖",那么一般视为原文如此,不作改动。但杨时伟却以为该诗诗序应该读作"长沙公于余为族,祖同出大司马",诗题"族祖"二字乃后人误读序文以"祖"字为句而妄增。杨氏的这一判断,是有充分道理的。因为后人出于误解而妄增渊明诗题的情况确实存在。例如《与殷晋安别》诗,有人于诗题下注有"景仁名铁"四字。《赠羊长史》诗,有人于诗题下注有"松龄"二字。《赠长沙公》诗题下的"族祖"二字,也应当是后世读者读诗序,因"族祖"二字连读而妄增。

后世读者或研究者,读前人作品若有心得,有时在诗题下或诗中简略作一点注释,年代一久,注释与原文混为一体,原文的真相就有可能不可复得。本诗就是典型例子。吴《谱》"文帝元嘉二年"条从"余于长沙公为族祖"断句,并据《晋书·陶侃传》所载陶氏世系,以为见渊明于浔阳者为陶延寿之子,"诗题当云'赠长沙公族孙',而云'族祖'者,字之误也"。袁《汇考》袭吴《谱》之说,以为"诗题'族祖'当依诗意改为'族孙'。诗题之改动虽无版本依据,但诗中内证确凿,当用理校"云云。① 后来袁氏出版

---

① 《陶渊明年谱汇考》,载于袁行霈《陶渊明研究》,北京大学出版社1997年版,第258页。

《陶渊明集笺注》，径直改"族祖"为"族孙"，诗题为《赠长沙公族孙》。①"族祖"固然是妄增，那么"族孙"是否妄改呢？

相比诗题，诗序中异文的性质是根本性的，造成的混乱更严重。宋代陶集的几种最有价值的善本，如宋刻本、曾集刻本、汤汉注本，诗序的原文皆作"长沙公于余为族，祖同出大司马"，并有原注："一作'余于长沙公为族'。"由此可知，"长沙公于余为族"一句，至迟在宋代就已出现"一作'余于长沙公为族'"的异文。朱自清疑心"'一作'乃经人校改，非本来面目"。② 其疑不无道理。

既然各本正文皆作"长沙公于余为族"，而诗题为《赠长沙公》，细加体味，诗题与诗序的逻辑及语气都较"余于长沙公为族"更通顺。设想渊明当初下笔作"长沙公于余为族"，就不太可能改作"余于长沙公为族"。"一作"当为后人所改。何以改？因"族祖"二字连读，遂不明渊明与长沙公两人的辈分关系而妄改。诗序异文再加上断句，乃是此诗一切异说产生的根源，而尤以断句为关键。若只是异文，"长沙公于余为族"与"余于长沙公为族"，不过是词序的颠倒，都是交代渊明与长沙公为同族。若在"祖"字下断句，即成"族祖"，谜团顷刻生成。

"长沙公于余为族祖"，是指长沙公是族祖，渊明是族孙。"余于长沙公为族祖"，则成了渊明是族祖，长沙公是族孙。于是在陶侃世系中，长沙公与渊明究竟是何世次就变得难以确定。一是长沙公是族祖，一是渊明是族祖，这两种情况实际上可以形成多种排列，由此引起莫大的混乱。清人全祖望、姚莹、洪亮吉、孙志祖等人皆以"祖"字断句，遂致各种异说，莫衷一是。

在诸多的异说中，宋人张缜的《吴谱辩证》格外值得重视。吴《谱》从"祖"字断句，遂致族祖、族孙之辨，故张缜辩证之。张缜据《赠长沙公》诗"伊余云构，在长忘同"二句，说："盖先生世次为长，视延寿乃诸父行，

---

① 袁行霈：《陶渊明集笺注》，中华书局2003年版，第18页。
② 朱自清：《陶渊明年谱中之问题》，许逸民校辑《陶渊明年谱》，中华书局1986年版，第295页。

序云'余于长沙公为族',或云'长沙公于余为族',皆以'族'字断句,不称为祖。"张缜据宋代各善本陶集,正确读解诗序,以"族"字断句,以为不称"族祖"。后来李本亦以"族"字为句,明人杨时伟同张缜之说,《四库总目提要》以为"其说颇确"。张缜以"族"字断句,否定"族祖",走出了正确理解《赠长沙公》诗的关键一步。

二、"族祖"的重重困惑。

后世读者误读诗序,无中生有族祖族孙,虚构出陶渊明世系中难解的谜团,自宋迄今,学者殚精竭虑,索解不已。吴《谱》从一作"余于长沙公为族祖",并据《晋书》卷六六《陶侃传》所叙世系推论:陶侃有子十七人,洪、瞻、夏、琦、旗、斌、称、范、岱九人见《陶侃传》。先生大父亦侃子也。侃以壬辰咸和七年(332)薨,① 世子夏袭爵。及送侃丧还,杀其弟斌。庾亮奏加放黜,表未至而夏卒。诏以瞻子弘袭侃爵。弘卒,子绰之嗣。绰之卒,子延寿嗣。宋受禅,降为吴昌侯。以世次考之,先生于延寿为诸父行。今自谓于长沙公为族祖,见先生于浔阳者,岂不是延寿之子。延寿入宋降封为吴昌侯(《资治通鉴》作醴陵侯),仍以长沙称之,从晋爵也。吴《谱》又以为诗题当云"赠长沙公族孙"。

然正如张缜《吴谱考证》所质疑,延寿已为吴昌侯,其子又安得称长沙公哉?张缜的反驳很有说服力。此诗若作于入宋后,时延寿已降封吴昌侯,延寿之子更不能称长沙公。据《晋书·陶侃传》,长沙公爵位传至延寿,延寿是长沙公爵位的终结者。"宋受禅,降为吴昌侯"者乃延寿,非是延寿子。

与吴《谱》以渊明为长沙公族祖相反,更多的研究者从诗序"长沙公于余为族祖"。不过,长沙公究竟是谁?又是众说纷纭。考证长沙公的主要史料依旧是《晋书·陶侃传》所载的长沙公世系。陶侃世子夏早在渊明出生前就已辞世,故渊明所见之长沙公,不可能是世子夏。夏卒,瞻子弘袭爵位。弘卒,子绰之卒。绰之卒,子延寿嗣。弘、绰之、延寿祖孙三人,谁是渊明所

---

① 据《晋书》卷七《成帝纪》,陶侃之卒在咸和甲午九年(334)。

见之"族祖"？为了找到子虚乌有的"族祖"，学者便将陶侃世系中的长沙公一一排列比较、考量。然而不论怎样排列长沙公的世次，渊明所见之长沙公究竟何人，始终抵牾，无法自圆。因为无法自圆，就怀疑《宋书》及萧统《陶渊明集序》所叙陶侃是渊明曾祖的记载。

以下逐一考辨种种有关长沙公的异说。

1. 长沙公为陶弘说。

此说为吴国富君主张，乃陶渊明世系研究中的新说。国富君数年前作《陶渊明浔阳觅踪》一书，第二章"浔阳与陶渊明的家世"探讨陶侃、渊明祖父、父亲、家叔等与渊明的关系，① 有许多新的思考。其中最重要的考证结论是：渊明非陶侃曾孙，陶侃为渊明高祖；陶弘为渊明族祖。渊明不是陶侃曾孙的说法，本书前面已有考辨，稍后再作一些补充。兹先继续考辨所谓"族祖"。盖渊明是侃五世孙、六世孙、七世孙的旧说今说，溯其源头，皆由"族祖"引起。

长沙公陶弘，是否就是渊明在浔阳见到的"族祖"？国富君据陶侃、渊明的年纪，以为渊明"完全有可能在年轻时见到年高的长沙公陶弘"。但事实上若根据陶侃及渊明年龄为起点再推论，年轻的渊明与年高的长沙公陶弘相遇的概率为零。《晋书·陶侃传》载，侃子瞻为苏峻所害。考《晋书》卷七《成帝纪》，咸和三年（328）二月，苏峻攻建康，王师大败，庐江太守陶瞻与卞壶、羊曼等并遇害。世子夏病卒后，以瞻子弘袭侃爵。按，陶侃卒于咸和九年（334），年七十六，则其生年是魏高贵乡公曹髦甘露四年（259）。假定侃二十五岁生子瞻，则瞻生年是西晋太康四年（283）。又假定瞻亦二十五年生子弘，则弘生年在西晋永嘉元年（307）。假定渊明二十岁见长沙公陶弘，以渊明享年六十三岁推算，时在太元九年（384），而此时陶弘年龄已七十八岁。虽说并非绝对不可能，但可能性微乎其微。

再从陶延寿行踪考察渊明所遇之长沙公是否陶弘。《晋书》卷九九《桓玄传》载：元兴二年（403），"陶延寿以（桓）亮乘乱起兵，遣收之"。又《宋

---

① 吴国富：《陶渊明浔阳觅踪》，江西人民出版社2007年版，第43—53页。

书》卷六四《何承天传》载："义旗初，长沙公陶延寿以为其（指何承天）辅国府参军。"义旗初指元兴三年（404）刘裕建义旗讨伐桓玄。据此可知，陶延寿至迟在元兴二年或三年已为长沙公。假定陶弘太元九年（384）尚健在，并有事经过浔阳遇见渊明，则至元兴二年陶延寿嗣长沙公，相距只有二十年，期间历经陶弘卒，弘子绰之嗣，绰之卒，子延寿嗣长沙公等一系列变故，虽并非绝无可能，但总觉未免太快了。这可以反证渊明所遇之长沙公几无可能是陶弘，而是陶延寿。再者，陶弘果为渊明族祖，那么正如吴《谱》所说，"使侃诸子而在，乃先生祖之昆弟，服属近矣，安得云'昭穆既远'？当曰从祖，亦不得云族祖也"。

更难解释者在于《赠长沙公》诗的语气充满人世沧桑感，显然是老者情怀。诗第二章说："于穆令族，允构斯堂。谐气冬暄，映怀圭璋。爰采春华，载警秋霜。我曰钦哉，实宗之光。"味其诗意，是对晚辈的赞美。若是年且八十的族祖，还用得到年轻的族孙的赞美吗？诗的末章说："何以写心，贻此话言。进篑虽微，终焉为山。"殷勤希望长沙公道德学问日进不止，口吻明显是长辈对晚辈的勖勉。若渊明此时二十岁，对高龄的族祖说这样的话就太不合情理了。

2. 长沙公为陶绰之说。

此说出于姚莹《与方植之论陶渊明为桓公后说》。姚氏考证的逻辑起点也是渊明以长沙公为族祖。他说："今渊明以长沙公为族祖，其同高祖实无疑义。"这一结论的得出，依据是古代的丧服制度。《仪礼·丧服》说："族曾祖父母，族祖父母，族父母，族昆弟。"郑玄注："族祖父母者，亦高祖之孙，祖父之从父昆弟之亲也。"[①] 据郑注，族祖者，乃祖父之从父昆弟，高祖之孙。姚氏根据《仪礼》郑注，进而推论渊明世次："至于昭穆之次，则此所谓赠长沙公为先生族祖，等身而上，是为三代，上溯高祖，则五代矣。"然后再据《晋书·陶侃传》所记的世系，排除陶弘及陶延寿，得出绰之为近是的结论：以绰之为族祖,则高祖乃瞻也……数传至渊明，上及桓公已及六世。其说可表

---

① 《仪礼注疏》卷一一，《丧服》第十一，《四库全书》本。

述如下：侃—瞻—弘—绰之—延寿—渊明。

3. 长沙公为陶延寿说。

此说始于宋人张縯《吴谱辩证》。张縯据《赠长沙公》诗"伊余云遘，在长忘同"二句，谓"先生世次为长，视延寿乃诸父行"，并说诗序以"族"字断句，不称为"祖"，"盖长沙公为大宗之传，先生不欲以长自居，故诗称'于穆令族'，序称'于余为族'，又云'我曰钦哉，实宗之光'，皆敬宗之义也。"张縯读诗序是正确的。然清代学者多不从其说，以致"族祖""族孙"异说纷纭。梁《谱》、邓《谱》同张縯说，读诗序从"长沙公于余为族，祖同出大司马"，在"族"字下断句，谓长沙公乃延寿。邓《谱》考证精详，依据有三：一是《晋书·陶侃传》叙长沙公世次，"降为吴昌侯者当是延寿"。二是延寿在晋季行迹历历可见。三是诗序云："长沙公于余为族。"族，即同族。"渊明为陶侃四世孙（曾孙），延寿为陶侃五世孙，论世次渊明于延寿为三从父兄弟，延寿与渊明之子则四从昆弟，正《大传》所谓'四世而缌，服之穷也'之义。序称长沙公为'族'，为'昭穆既远'，诗云'礼服遂悠'，宜矣。"①邓《谱》三证，尤其第三证以《礼》经解释什么叫族祖，论据很坚实。

4. 长沙公为延寿之子说。

吴《谱》首唱长沙公为延寿之子说，依据是诗序一作"余于长沙公为族祖"。如上所述，"族祖"是误读诗序的产物。既然渊明成了长沙公的"族祖"，而长沙公又是延寿子，则长沙公便是"族孙"了。但这种推论与《晋书·陶侃传》所叙长沙公世次不符。长沙公世次为侃—瞻—弘—绰之—延寿。延寿入宋，降封吴昌侯。长沙公自陶侃始，传至五代而绝。延寿子不见史传，若延寿果有子，也是袭爵吴昌侯，岂可"从晋爵"再称长沙公？吴《谱》的辩解牵强不可信。据邓《谱》所考，长沙公延寿在晋末的行迹历历可见，且诗序云"昭穆既远"，诗云"礼服遂悠"，延寿为陶侃五世孙，虽尚在五服之内，但亲情已经十分疏远了。若长沙公为延寿之子，则出于五服之外，亲情

---

① 邓安生：《陶渊明新探》，文津出版社（台北）1995年版，第213、214页。

断竭，何必称"礼服遂悠"？

由于《赠长沙公》诗序有异文有误读，无中生有一个"族祖"，以致千年以来的读者始终为"族祖"困惑。自弘、绰之、延寿、延寿子，不论哪一个长沙公，都无法充当渊明的"族祖"。为了考证出确实有此"族祖"，有人甚至怀疑渊明是陶侃曾孙的史传记载，曲解渊明诗文中的确凿内证。泥沙俱下的文化积累，构成千年走不出的迷宫。对此，朱自清也无奈地说："大抵此事祇可存疑矣。"

三、诗序诗意的补充论证。

张縯《吴谱辩证》、邓《谱》都正确解读了诗序，今再作一些补充论证。

孙志祖《陶渊明世系》一文说：以"族"字断句，"既不成句，且与题所云'族祖'相戾矣"。袁行霈也说：族字下断句，"于义颇不顺畅"。① 其实，"为族"一词，古之常见。《左传·隐公八年》："无骇卒，羽父请谥与族。公问族于众仲，众仲对曰：'天子建德，因生以赐姓，胙之土而命之氏；诸侯以字为谥，因以为族；官有世功，则有官族，邑亦如之。'"杜预注"因生以赐姓"一句曰："因其所由生以赐姓。"由杜注可知，上文"羽父请谥与族"一句之"族"，义即姓氏，"请谥与族"，意思是请（隐公）赐以谥号与姓氏。"诸侯以字为谥，因以为族"二句杜预注："或使即先人之谥称以为族。"意思是用先人的谥号以为姓氏。《左传·僖公五年》："宫之奇以其族行，曰：'虞不腊矣。'"此处的"族"，指同族之人。又《战国策·秦策二》："费人有与曾子同名族者而杀人。"高诱注："族，姓。"《晋书》卷五九《汝南王亮传》叙汝南王司马亮之子宗谋反，庾亮使右卫将军赵胤杀宗，"贬其族为马氏"。意思是贬司马宗之戚属的姓氏为马氏。《世说新语·文学》七七刘孝标注引《中兴书》说：庾阐，"太尉（庾）亮之族也"。意思是说庾阐与庾亮是同族。郑樵《通志》卷二五《氏族略》论姓氏的来历及"族"的多种意义，说："三代之前，姓氏分而为二，男子称氏，妇人称姓。氏所以别贵贱者。贵者有氏，贱者无名无氏。"三代之后，姓与氏的意义合一。郑樵又指

---

① 袁行霈：《陶渊明集笺注》，中华书局2003年版，第19页。

出,"族"的意义多种,"族者,氏之别也,以亲别疏,以小别大,以异别同,以此别彼",并举例说,"遂人之族,分而为四;商人之族,分而为七。此支分之别也"。这是说同一姓氏,据亲疏或小大或贵贱,区别为众多的族。《周礼·大司徒》说:"二曰族坟墓。"郑玄注:"族犹类也,同宗者,生相近,死相迫。"这是说同宗为族,同族的坟墓葬在一起。故"长沙公于余为族",意思是长沙公与余同姓(陶氏),为同一宗族,即"祖同出大司马",长沙公与余皆是大司马的分支。诗云"同源分流",即"长沙公于余为族"二句的概括。"为族"之"族",用其同姓同宗的意义。孙志祖、袁行霈不明"为族"的意义,故有"不成句""义颇不顺畅"之说。

又"祖同出大司马"一句之"祖"字,前人几乎无解释。祖之常用义是指祖父。但这句中的"祖"不作祖父解。否则余之祖父与长沙公之祖父同出大司马,肤浅之事实,何用述说?此"祖"字,义为始也,初也。"族祖"两字连读者,盖不明《礼记》的禘祀之礼,也就不明"祖"义。《诗·商颂·长发》序:"《长发》,大禘也。"郑玄笺:"大禘,郊祭天也。《礼记》曰:'王者禘其祖之所自出,以其祖配之是谓也。'"朱子辩说《诗序》卷下:"禘尝于后稷之庙,而以后稷配之,所谓禘其祖之所自出,以其祖配之者也。"①"祖"之义为始,见于孔颖达的解释。《诗·大雅·生民》序:"《生民》,尊祖也。"孔颖达疏:"祖之定名,父之父耳。但祖者,始也,己所从始也。自父之父以上皆得称焉。"据此,《礼记》"禘其祖之所自出"之"祖",其义为"始",为"初"。祭宗庙是不忘己之由何处而来,而以初祖祭之。"祖"有"初祖""始祖"之义,史书中有其例:《宋书》六〇《荀伯子传》载江夏公卫璵上表自陈,称"臣乃祖故太保瓘","臣高祖散骑侍郎璪,瓘之嫡孙",云云。以此推算,卫璵为卫瓘八世孙。这里璵称瓘为祖,"祖"之意义为初为始,非指卫璵之祖父。

明了《礼记》的禘祀之礼及"祖"之意义,诗序"祖同出大司马"一句就迎刃而解。"祖"者,谓你我双方之始;"同出大司马"者,谓你我之始同

---

① 《诗序》,《四库全书》本。

自大司马来,即大司马是我们共同祖宗。这一句完全符合《礼记》"王者禘其祖之所自出,以其祖配之是谓也"的古义。由此可见,渊明非常熟悉《礼记》。至此,诗序"长沙公于余为族,祖同出大司马"二句可以得到确解。千百年来的"族祖""族孙"之辨可以休矣。

与此相关联的诗中"礼服遂悠"一句,亦有必要解释。如前所说,渊明与长沙公同族,同出大司马陶侃。据《仪礼·丧服》第十一:"族曾祖父母族祖父母族父母族昆弟。"《正义》"郑氏康成曰:曾祖昆弟之亲也。贾氏公彦曰:此即《礼记大传》云:'四世而缌服之穷也,名为四缌麻者也。'族,属也,骨肉相连属,以其亲将尽,恐相疏,故以族言之耳。"① 渊明为陶侃曾孙,渊明之祖乃延寿族曾祖,延寿当服"四缌麻"——最轻之丧服。骨肉虽相连属,但与渊明的亲属关系已经非常疏远了,故诗序称"昭穆既远,已为路人"。陶侃乃延寿高祖,据汉儒的解释,高祖有服,即高祖在五服之内,服宜缌麻。《仪礼·丧服》卷一一郑玄注:"注正言小功者,服之数尽于五,则高祖宜缌麻,曾祖宜小功也。"② 服之将尽,故诗云"礼服遂悠"。若渊明是侃六世孙或七世孙,长沙公是延寿子,延寿子是侃六世孙,则礼服已竭,亲属等同陌路,何必再称"礼服遂悠"?"礼服遂悠"者,正说明陶侃为延寿高祖,高祖虽仍有服,但丧服已是最轻最疏远的缌麻了。

四、《赠长沙公》诗作年考辨。

此诗作年不易确定。吴《谱》系于元嘉二年乙丑(425)。盖吴《谱》以为渊明为长沙公族祖,在浔阳所见是延寿之子,宋受禅,长沙公延寿降为吴昌侯,其子仍称长沙公,乃从晋爵也。吴《谱》之说其实不能成立。族祖、祖孙上文已考辨,此处不论,长沙公延寿既然于晋宋易代后降为吴昌侯,其子岂可再从晋爵称长沙公?此张縯《吴谱辩证》所驳之者也。张縯又以为"此诗作于延寿未改封之前"。逯注《赠长沙公》诗,亦以为渊明以族祖自居,所遇之长沙公为延寿之子,并据《宋书·武帝纪》《何承天传》《资治通

---

① 《钦定仪礼注疏》卷二五,《四库全书》本。
② 《仪礼注疏》卷一一,《四库全书》本。

鉴》，考定"长沙公陶延寿义熙五年（409）尚任军职"，元熙二年（420）宋代晋，长沙公降为醴陵侯，"则延寿子嗣公爵当在义熙五年以后元熙二年之前，其路过浔阳亦当在此期间"。逯氏虽考出渊明见长沙公的时间范围，但其间长达十五年，仍有详考的必要。杨《汇订》系于义熙十四年（418），以为渊明所遇乃长沙公陶延寿："《宋书·高帝纪》曰：'义熙五年，慕容超率铁骑来战，命咨议参军延寿击之。'知延寿于义熙间颇立功业。浔阳兵要之地，延寿或因军公出入于此，偶与渊明邂逅，语之则知长沙公之后，渊明赠以诗，故有叹为'路人'者。张縯《吴谱辩证》云：'要是此诗作于延寿未改封之前。'其说是。"邓《谱》"义熙六年庚戌"（410）条，以为渊明所遇之长沙公必是陶延寿，并详考史书中所载延寿之行踪，得出结论说："就全诗所述情事与延寿在元兴、义熙中行踪而论，诗亦当作于刘裕平南燕以后，刘还卫京师，延寿返长沙，途经浔阳之时。"① 邓《谱》考证较杨《汇订》翔实，今从之。

晋安帝义熙七年辛亥（411）　　　　四十三岁

二月，右将军刘藩斩徐道覆于始兴。三月，刘裕始授太尉、中书监。四月，卢循走交州，刺史杜慧度斩之。七月，以荆州刺史刘道规为征西大将军、开府仪同三司。（《晋书》卷一〇《安帝纪》《资治通鉴》卷一一六）

八月，从弟敬远卒。作《祭从弟敬远文》。

【考辨】

《祭从弟敬远文》："岁在辛亥，月惟仲秋，旬有九日。""年甫过立，奄与世辞。"可知敬远卒时刚过三十岁。假设敬远三十一岁卒，则渊明长于敬远十三岁。然古谱据此文"相及龆龀，并罹偏咎"二句，考定渊明与敬远相差五岁。他说："《说文解字》：'男八岁而龀。''及龀'则尚未龀，止七岁耳……证以《祭程氏妹文》，则先生罹偏咎时年止十二，十二正龆年也。详此，先生与敬远年龄之差仅为五岁。"并以此考证作为渊明卒年五十二岁的

---

① 邓安生：《陶渊明新探》，文津出版社（台北）1995年版，第212—214页。

"自证"之一。古谱关于龆龀的解释，颇遭人诟病。赖义辉据古书中之十余例，以为"'龆龀'实为泛指幼年之义"，"可指十五岁以前，又可指十岁以前，复可指八岁以后，其为泛称幼年确凿无可疑"①。按：赖氏之说是。"龆龀"泛指幼年，未可据此定渊明与敬远的年岁。

袁《汇考》说义熙七年渊明六十岁，敬远卒时年三十刚过。据袁说，渊明、敬远年龄相差几近三十岁。然《祭从弟敬远文》云："斯情实深，斯爱实厚。念彼昔日，同房之欢，冬无缊葛，夏渴瓢箪，相将以道，相开以颜。岂不多乏，忽忘饥寒。……敛策归来，尔知我意，常愿携手，寘彼众议。每忆有秋，我将其刈，与汝偕行，舫舟同济，三宿水滨，乐饮川界。"记述平生与敬远自幼至长，亲爱无间。"念彼昔日"以下八句记出仕之前与敬远在饥饿中相亲相爱。若依照袁《汇考》，渊明二十岁开始游宦，而渊明与敬远年岁又相差近三十岁，则渊明开始游宦时，敬远尚未出生，何以解释"念彼昔日"以下数句？若以渊明自言学仕在"向立年"为可信，依袁《汇考》，敬远也未生或刚出世。据此判断，渊明与敬远年岁相差必不到三十岁。若年龄相差过大，因生活经历和心境情绪的不同，恐怕不会如此亲密融洽。

晋安帝义熙八年壬子（412）　　四十四岁

四月，刘道规以疾求归。以后将军豫州刺史刘毅为卫将军，都督荆、宁、秦、雍四州诸军事，荆州刺史。九月，太尉刘裕杀兖州刺史刘藩、尚书左仆射谢混。刘裕率军西征刘毅。十月，刘毅兵败自杀。孟怀玉任江州刺史、南中郎将。(《资治通鉴》卷一一六、《宋书》卷四七《孟怀玉传》)

五月一日，慧远在庐山立佛像。（见《广弘明集》卷一五慧远《万佛影铭》）

晋安帝义熙九年癸丑（413）　　四十五岁

三月，刘裕杀前将军诸葛长民及弟黎民、从弟秀之。加刘裕镇西将军、

---

① 赖义辉：《陶渊明生平事迹及其岁数新考》，许逸民校辑《陶渊明年谱》，第360—364页。

豫州刺史。七月，朱龄石克成都。(《晋书》卷一〇《安帝纪》)

刘遗民不应征辟，刘裕以高尚人相礼，遂其初心。(见前引释元康《肇论疏》引《刘公传》)

五月，作《五月旦作和戴主簿》诗。

【考辨】

此诗作年很难确定。方东树《昭昧詹言》卷四说："此与《游斜川》同，而气势较遒。'虚舟'二句，喻也。此皆是请假回作。辛丑年安帝隆安五年，公时年三十七岁，做镇军参军。"杨《汇订》从之。王瑶注："《晋书·天文志》说：'自南斗十二度至须女七度为星纪，于辰在丑。'南斗是斗宿，须女是女宿。《左传》襄公二十八年'岁在星纪'，杜预注：'星，岁星也。星纪在丑。'据'星纪在丑'之说，则本诗当作于晋义熙九年癸丑 (413)。"逯注此诗说："据《晋书·天文志》，自南斗十二度至须女七度为星纪，于辰在丑……陶与江州官吏往来，率在义熙年间，故知星纪指癸丑年。"逯《系年》又说："'即事如已高，何必登华嵩。'与《形影神》诗所谓'诚愿游昆华，邈然兹道绝'思想相同。"袁《汇考》"晋安帝义熙九年癸丑"(413)条则说"星纪"往往并非纪年(表示丑年)，并举《文选》左太冲《吴都赋》"故其经略，上当星纪"、《南齐书》卷三七《虞悰传》"徒越星纪，终惭报答"等例子，以为星纪乃泛指岁月。故此诗系年存疑。

按，自方东树以来，皆以为星纪为丑年，并据《宋传》六十三岁说，一说在辛丑，渊明年三十七，一说在癸丑，年四十九。方东树谓此诗与《游斜川》诗同作于晋安帝隆安五年辛丑。然《游斜川》诗作于渊明五十岁时(见"义熙十四年戊午"条考辨)，非作于隆安五年辛丑。袁《汇考》始谓星纪乃泛指岁月，其说是。诗云："既来孰不去，人理固有终。居常待其尽，曲肱岂伤冲……"委运自然，不佞神仙，确与《形影神》诗有相通之处。故星纪虽是泛指岁月，并非确指癸丑，但定此诗与《形影神》诗作于同年，仍是比较合理的。

九月，慧远作《万佛影铭》。

【考辨】

慧远《万佛影铭》后序："晋义熙八年，岁在壬子五月一日，共立此台，拟像本山，因即以寄诚，虽成因人匠，而功无所加。至于岁次星纪赤奋若贞于太阴之墟，九月三日，乃详检别记，铭之于石。"（《广弘明集》卷一五）按，《尔雅·释天》："在丑曰赤奋若。"赤奋若乃太岁在丑的岁名。义熙九年癸丑，正是"岁次星纪赤奋若"。又汤用彤《汉魏两晋南北朝佛教史》第十三章说："先是慧远于庐山立台图佛影，令其弟子道秉远来命作铭。是年或九年之末，谢作铭并序成。"① 邓《谱》"义熙十年甲寅"（414）条说："按慧远于庐山立台图影，据谢灵运所作铭并序，乃据法显所述天竺国佛像故事。法显在天竺曾亲礼佛影，于义熙九年秋到达建康，则慧远立台图影，并命弟子道秉远至建康求谢灵运作铭，其时当在十年以后。又《莲社高贤传·慧远传》云：'江州太守（按，太守乃刺史之讹）孟怀玉、黄门毛修之……咸赋铭赞。'考《宋书·毛修之传》《晋书·安帝纪》，修之除黄门侍郎在义熙九年十二月朱龄石伐蜀以后，十一年正月以咨议参军从刘裕征司马修之前。则修之赋铭赞亦在十年。据以上二事，则慧远图佛影、谢灵运赋铭赞、渊明作《形影神》诗，并当在本年矣。"按，慧远知天竺有佛影，恐不止来自法显所述。据《佛祖统纪》卷二六记慧远说："后因耶舍律士叙述光相，乃背山临流，营筑龛室。淡采图写，望如烟雾。复制五铭刻于石。"据此可知，佛陀耶舍亦与慧远讲述佛影。慧远《万佛影铭》谓立台图影在义熙八年，铭石在义熙九年，当比谢灵运铭更可靠。

《形影神》诗作于本年或明年。

王瑶注："诗中主要表示渊明的不同于佛教哲学的见解，当是针对释慧远《形尽神不灭论》而发的……慧远卒于义熙十二年，而《万佛影铭》则作于义熙九年。因知渊明与慧远的交游，当以义熙九、十年间最为密切。渊明对

---

① 汤用彤：《汉魏两晋南北朝佛教史》，商务印书馆1938年版，第309页。

慧远《万佛影铭》的立基铭石，必有所感，因此本诗中以自然辨之。今暂系此诗于晋义熙九年癸丑（413），本年渊明四十九岁。"

逯《系年》"义熙九年癸丑"（413）条说："'贵贱贤愚，莫不营营以惜生，斯甚惑焉。故极陈形、影之苦，言神辨自然以释之。'据此诗盖针对释慧远《形尽神不灭论》《万佛影铭》而发，以反对当时宗教的迷信。释慧远元兴三年作《形尽神不灭论》，本年又立佛影作《万佛影铭》。铭云：'廓矣大象，理玄无名。体神入化，落影离形。'形、影、神三者至此具备。又慧远等于元兴元年建斋立誓，共期西方，又以次作《三报论》《明报应论》《形尽神不灭论》等，皆慑于生死报应之反映，故陶为此诗斥其营营惜生也。"按，王瑶注、逯《系年》由释慧远之形尽神不灭论，得出《形影神》三诗乃针对慧远佛教理论而发，很有说服力。

晋安帝义熙十年甲寅（414）　　四十六岁

司马休之在江陵颇得民心。三月，休之子文思在建康捶杀国吏，刘裕诛其党而执文思送休之，意欲休之杀之。休之但表废文思，刘裕由是不悦，以江州刺史孟怀玉兼督豫州六郡以备之。（《资治通鉴》卷一一六）

僧肇卒于长安。（慧皎《高僧传》卷六《僧肇传》）

晋安帝义熙十一年乙卯（415）　　四十七岁

正月，荆州刺史司马休之、雍州刺史鲁宗之举兵抗刘裕，裕率师讨之。三月，休之兵败，奔襄阳。四月，青、冀二州刺史刘敬宣为其参军司马道赐所害。五月，休之、宗之出奔后秦姚泓。是年，江州刺史孟怀玉卒于官，以刘柳继任。（《晋书》卷一〇《安帝纪》《宋书·孟怀玉传》）

刘遗民卒。

【考辨】

释元康《肇论疏》引慧远《刘公传》载：刘遗民于桓玄东下，格称永始后，入山隐居，居山十有二年卒。按，桓玄篡位在元兴元年（402）冬，下推十二年，刘遗民当卒于义熙十一年（415）。陶《考》、古《谱》说刘遗民卒于义熙六年（410），误。

移居南村，与殷晋安结邻。作《移居》诗二首。

【考辨】

渊明移居之年异说甚多，先列于下：

1. 王《谱》"永初元年庚申"（420）条说："初自西庐移南村，有《移居》诗云：'闻多素心人，乐与数晨夕。'又云：'过门更相呼，有酒斟酌之。'迁居殆为遗民之徒……未审的在何年。"

2. 李注《戊申岁六月中遇火》诗说："靖节旧宅，居于柴桑县之柴桑里。至是属回禄之变，越后年徙居南里之南村。"又李注《和刘柴桑》诗说："靖节自庚戌岁徙居南村。"定移居在义熙六年（410）。顾《谱》、古《谱》、杨《汇订》、方《谱》、钱《系年》皆从李注。刘《编年》详考殷景仁行事，并据《资治通鉴》义熙七年三月刘裕受太尉，以殷为行参军之记载，定《移居》之作在义熙六年。

3. 丁《谱》说义熙四年戊申（408），"柴桑旧宅既毁，移居南村，有《移居》诗"。

4. 王瑶注、逯《系年》说移居在义熙七年。王瑶注："据《宋书》，义熙七年辛亥，刘裕改授太尉，三月，殷景仁为太尉参军，移家东下，当在次年春。则此诗作于义熙八年壬子（412），于是知去岁移家南里，当在义熙七年辛亥（411）。"

5. 李辰冬说《移居》二首作于义熙五年己酉（409）："'南村'就是《与殷晋安别》诗中所说的'去岁家南里'的'南里'。《与殷晋安别》作于义熙六年，既言'去岁家南里'，那么，陶渊明的移居南村当在本年。"[1] 逯《系年》"义熙七年辛亥"（411）条引李注及《与殷晋安别》诗，推论此诗作于义熙七年。

---

[1] 李辰冬：《陶渊明评论》，台北东大图书有限公司1975年版，第18页。

6. 邓《谱》说《与殷晋安别》诗之殷晋安，非指殷景仁，乃是《莲社高贤传》所载之殷晋安隐，殷隐为晋安太守，兼任南中郎将孟怀玉长史及掾，怀玉义熙十一年卒于江州任所，殷于次年春应辟刘裕参军，渊明于殷隐移家东下前一年移居南村，因知此年为义熙十一年。

按，李注说戊申岁渊明属回禄之变，越后年（庚戌岁）徙居南里之南村。其结论不知所据。王《谱》以为渊明之所以移居，是为了与刘遗民等"素心人"常相游处。然刘遗民卒于义熙十一年（415），王《谱》犹说永初元年（420）时渊明与刘遗民互相酬唱，移居殆为遗民之徒，此说非是。鄙意以为考证移居之年，与《与殷晋安别》诗有极大关系。诗序说："殷先作南府长史掾，因居浔阳，后作太尉参军，移家东下，作此以赠。"诗说："去岁家南里，薄作少时邻。""去岁"究为何年？邓《谱》考证《与殷晋安别》诗，说殷晋安做太尉刘裕参军移家东下在义熙十二年（416）春，则知"去岁家南里"之"去岁"是义熙十一年（415）。邓《谱》考证精密，今从之。《移居》诗又有"春秋多佳日"等语，知渊明移居当在义熙十一年春天。又，《移居》其一说"怀此颇有年，今日从兹役。"意谓移居南村的念头已有年头了，今日才实现。渊明于义熙四年戊申遇火后，先暂居于方舟之上，不久迁居西庐，并一直怀有移居南村之念。"颇有年"意思是甚有年，当不止二三年。丁《谱》说义熙四年戊申"柴桑旧宅既毁，移居南村，有《移居》诗"，似乎遇火当年就移居南村；而李注、李辰冬、王瑶注，皆以为遇火二三年后移居南村，显然与诗意不合。

关于渊明移居之原因，《移居》其一说得很明白："闻多素心人，乐与数晨夕。"意思是南村那边多素心人，喜欢与他们朝夕相处。钱《系年》却称是避乱移居："可能是春间移居南村的，因为这年春天又一次大的动乱，有很多士人避居南村，陶渊明上京宅遇火之后，可能也打算搬到南村去住的，或许是嫌这处宅子过小而有所犹豫，及至乱起，便不再犹豫而移居了。"① 至于"避乱"指何，钱氏详述义熙六年卢循攻占浔阳，进犯京师建康的形势，以为

---

① 钱玉峰：《陶诗系年》，台湾中华书局1992年版，第142页。

避乱即避卢循之乱。其实，江州自古以来为兵家必争之地，自东晋之初以来战乱不断。何况，南村即在浔阳城南不远，若遇战乱，避之亦不起作用。诗说："怀此颇有年"，说明渊明早有移居之打算，与卢循攻占浔阳实无关系。钱氏之说牵强，还是渊明本人所说真实可信。

江州刺史孟怀玉卒。（见《宋书》卷四七《孟怀玉传》）

颜延之为江州刺史刘柳后军功曹，住浔阳，与渊明结邻。

【考辨】

《宋传》："颜延之为刘柳后军功曹，在浔阳与潜情款。"萧《传》同。颜《诔》："自尔介居，及我多暇。伊好之洽，接阎邻舍。宵盘昼憩，非舟非驾。"陶《考》："刘柳为江州刺史，《晋书》本传不记年月。考《宋书·孟怀玉传》，怀玉义熙十一年卒于江州之任。《晋书·安帝纪》，义熙十二年六月，新除尚书令刘柳卒。《南史·刘湛传》，父柳，卒于江州。是刘柳为江州，实踵怀玉之后，以义熙十一年到官，未去江州而卒。延之来浔阳，与先生情款，当在此两年也。"陶《考》是。

晋安帝义熙十二年丙辰（416）　　四十八岁

二月，加刘裕中外大都督。六月，江州刺史刘柳卒。檀韶迁江州、豫州之西阳、新蔡二郡诸军事，江州刺史。八月，刘裕及琅邪王德文帅众伐姚泓。十月，攻克洛阳。十二，诏刘裕为相国、扬州牧，封十郡为宋公。（《晋书》卷一〇《安帝纪》《宋书》卷四五《檀韶传》《资治通鉴》卷一一七）

本年渊明仍旧隐居在浔阳。

【考辨】

胡思敬《盐乘》卷一四《陶潜列传》："十二年，携少子佟往宜丰，留佟居南山，后就子俨于柴桑。"胡氏又说："十二年丙辰，与妻翟氏携幼子佟还宜丰。诗云：'命室携童弱，良日偕远游。'是年，葺南山旧宅居之。有《归园田居》等诗。"①

按，王象之《舆地纪胜》卷二七"陶渊明读书堂"条下载："按古《图经》载：'渊明家宜丰县东二十里，后起为州祭酒，徙家柴桑，暮年复归故里，因以名乡焉。'"② 宜丰《秀溪陶氏族谱》说："丙辰冬，乃与翟氏携幼子佟还宜丰，诗曰'命室携童弱，良日登远游'。葺理南山旧宅而居之。"③ 渊明暮年复归宜丰说由此而起。然其说证之渊明诗文，不能成立。《归园田居》作于义熙二年，诗中描述居住环境宜人，绝非离别三十年后的旧居景象。《赠羊长史》诗作于义熙十三年（见下本考辨"义熙十三年"条），若渊明于义熙十二年果归宜丰，则根本不可能作诗赠羊长史。《怨诗楚调示庞主簿邓治中》诗说："黾勉六九年。"知此诗作于渊明五十四岁时。治中是州刺史的助理，渊明能与庞主簿、邓治中交游并以诗相赠，说明此时在江州浔阳。而据渊明"始家宜丰"说，义熙十四年渊明五十四岁，时在宜丰。若在宜丰，无由以诗呈庞、邓两人。又《九日闲居》《于王抚军座送客》两诗皆与江州刺史王弘有关。《宋传》说："义熙末，征著作佐郎，不就。江州刺史王弘欲识之，不能致也。潜尝往庐山，弘令故人庞通之赍酒具，于半道栗里邀之。"据《宋书》卷四二《王弘传》，王弘做江州刺史时在义熙十四年，《宋传》记王弘结识渊明，最有可能在义熙十四、十五年间。若渊明此时在将近千里之外的宜丰，王弘岂能识之？仅以上内证，足以说明所谓渊明义熙十二年复归宜丰之说不可信。④

春，殷晋安为刘裕太尉参军，移家东下。渊明作《与殷晋安别》诗。

【考辨】

吴《谱》"义熙七年辛亥"（411）条说："有《与殷晋安别》诗。其序

---

① 胡思敬：《退庐全集·盐乘》卷一四，《陶潜列传》，中国近代史料丛刊448册，第3640页。
② （宋）王象之：《舆地纪胜》，中华书局影印1965年版，第595下—596上。
③ 吴卫华、凌诚沛主编：《陶渊明始家宜丰资料集》收录《秀溪陶氏族谱·靖节公家传》，第58页。
④ 关于渊明"始家宜丰"及暮年复归宜丰问题，详见龚斌《陶渊明"始家宜丰"说》，载上海古籍出版社《中华文史论丛》2013年第1期，第303—328页。

云：'殷先作晋安南府长史掾，因居浔阳。后作太尉参军，移家东下，作此以赠。'按《宋武帝纪》，此年改授太尉。又按《殷景仁传》，为宋武帝太尉行参军。则所谓殷晋安，即景仁也。先生方避世，而景仁乃就辟，故其诗云：'语默自殊势，亦知当乖分。'又云：'兴言在兹春。'则此诗在春月作。"吴《谱》说殷晋安为刘裕太尉行参军，此诗作于义熙七年。其说后世学者多信从之。

考殷景仁其人，《宋书》卷六三、《南史》卷二七有传。李本《与殷晋安别》诗注，题下有"景仁名铁"四字。而宋代诸本无此四字。此四字当是李公焕自注，非渊明注。但景仁确名铁。《宋书》卷三三《范泰传》载：泰卒，"初议赠开府，殷景仁曰：'泰素望不重，不可拟议台司。'竟不果。及葬，王弘抚棺哭曰：'君生平重殷铁，今以此为报。'"又《南史》卷三五《刘湛传》载：刘敬文父诣殷景仁求郡，"敬文遽谢湛曰：'老父悖耄，遂就殷铁干禄。'"可证殷景仁名铁。

自吴《谱》以来，皆以为殷晋安指殷景仁。至于此诗作年，或谓义熙六年，或谓七年，或谓八年。原其异说之起，在于考订刘裕加太尉及殷景仁做刘毅后军参军时间不同所致。至邓安生先生一反旧说，以为殷晋安非殷景仁，并对诗序做出了极富创见的解释。其见解见于邓先生《陶渊明〈与殷晋安别〉及移居新探》一文，[①] 其要点如下。

一是殷晋安非殷景仁，而是《莲社高贤传·慧远传》中的晋安太守殷隐，是江州刺史孟怀玉的僚属。二是晋安是晋安太守的省文。诗序"晋安南府长史掾"，晋安指晋安郡，南府指南中郎将府的省文。长史和掾同为南中郎将府的僚属。"殷先作晋安南府长史掾"，指殷的身份一身而兼三任，即以南中郎将府的长史领晋安太守兼曹掾。正因为他领职晋安太守，所以称之殷晋安；正因为他是南中将府的长史兼曹掾，所以能居浔阳。三是殷晋安从浔阳移家东下，时在孟怀玉之死的次年春天，即义熙十二年春。

以下考察邓先生之创见是否正确。

---

① 邓安生：《陶渊明新探》，文津出版社（台北）1995年版，第80—89页。

殷景仁其人见于《宋书》《南史》已如上述。关于殷景仁在晋末的仕宦经历，《宋书》本传说："初为刘毅后军参军，高祖太尉行参军。"《南史》本传说："为宋武帝太尉行参军，历位中书侍郎。"均不载所谓做晋安太守、南府长史掾。考《资治通鉴》卷一一五《晋纪》三七：义熙五年（409）春正月，以刘毅为卫将军开府仪同三司。义熙六年（410）五月，刘毅与卢循战于桑落洲，毅兵大败。仅能自免。毅至建康，乞自贬，诏降为后将军。是年十月，以后将军刘毅监太尉留守府。义熙七年三月，刘裕改授太尉。四月，刘毅求兼督江州，不置军府，移镇豫章。义熙八年四月，后将军、豫州刺史刘毅代征西将军、荆州刺史。[①] 据上可知，从义熙五年至八年，刘毅或在京师，或在豫章，或在荆州，非在浔阳。殷景仁初为刘毅后军参军之时间，最有可能是在义熙六年五月诏降后将军后，地在建康，非在浔阳。因此，先做晋安太守、南府长史掾，又居在浔阳之殷晋安，肯定不是殷景仁。

邓先生据《莲社高贤传》，以为殷晋安是晋安太守殷隐。虽是孤证，但仍具难得的价值。一千六百余年之前的情事，失落的实在太多太多，即使吉光片羽亦是珍宝。陶渊明研究的困难，主要就在史料的缺失。陈圣俞《庐山记》说："东林寺旧有《十八贤传》，不知何人所作。文字浅近，以事验诸前史，往往乖谬，读者陋之。"从"东林寺旧有"数语判断，《十八贤传》应该是宋代以前的著作，而且因为保存在东林寺，不见流传。"以事验诸前史，往往乖谬"，这是以前史为衡量真伪的标准。其实，前史不可能不遗漏历史真实。前史中不载而见于民间流传的，未必不是真实。与前史乖谬的，有时倒是历史的真相。汤用彤《汉魏两晋南北朝佛教史》据所谓莲社人物的生卒年考证十八高贤结莲社之事不可信，这一结论建立在事实之上，当然是可以采信的。但结莲社事不可信，并不意味慧远当年与道俗交往的事皆不可信。释慧皎《高僧传》卷六《慧远传》说："既而谨律息心之士，绝尘清信之宾，并不期而至，望风遥集。彭城刘遗民、豫章雷次宗、雁门周续之、新蔡毕颖之、南阳宗炳、张莱民、张季硕等，并弃世遗荣，依远游止。"确实，《高僧传》不

---

① 《宋书·武帝纪上》。

言结莲社，但"息心贞信之士百有二十三人"集于庐山之荫波若台阿弥陀佛像前建斋立誓则是事实。所以，不可因为结莲社事不可信，就称十八高贤全不可信，甚至怀疑当年庐山道俗云集的盛况。《莲社高贤传·慧远传》说："复制五铭刻于石，江州太守孟怀玉、别驾王乔之、常侍张野、晋安太守殷隐、黄门毛修之、主簿殷蔚、参军王穆夜、孝廉范悦之、隐士宗炳等，咸赋铭赞。"这段记载，或有谬误，而王乔之、殷隐、殷蔚、王穆夜四人也不见前史。但不必怀疑其真实性。须知《高僧传》所说的百二十三人绝大多数不见记载，《莲社高贤传》所记王乔之等人，很可能就在百二十三人之列，应该看作对《高僧传》的补充。邓先生说，殷隐等人"当是孟怀玉的僚属"，这一判断是可信的。总之，《莲社高贤传》虽可能是后人杂取旧本采撷而成，但这些旧本自有来源，非是虚构，保存了相当的历史真实，故不能因结莲社之事不可信而全盘否定之。

殷晋安既然不是殷景仁，而殷隐为晋安太守，渊明又与江州僚属多有交往，甚至移居南村，与这些"素心人"朝夕相处，那么，《与殷晋安别》诗中的殷晋安，就极有可能是晋安太守殷隐。邓先生确实发千年未发之覆。

如果殷晋安确实是《莲社高贤传》中的晋安太守殷隐，且是孟怀玉的僚属，那么，诗序"殷先作晋安"之晋安，必定是晋安太守的省文。晋安，乃江州所辖之郡名。《晋书》卷一五《地理志》下："惠帝元康元年，有司奏荆扬二州疆土广远，统理尤难，于是割扬州之豫章、鄱阳、庐陵、临川、南康、建安、晋安，荆州之武昌、桂阳、安成，合十郡，因江水之名而置江州。"《资治通鉴》卷一一三《晋纪》三五胡注："武帝太康三年，分建安立晋安郡，今泉州，南安县即其地。"

然这里很自然地产生一个疑问：晋安郡距江州郡治浔阳千余里之遥，何以作为晋安郡太守的殷隐，居在浔阳？祝总斌《陶渊明田园诗产生的历史文化背景》一文即提出此疑问。此疑问诚难解释，故祝氏认为诗序"先作晋安南府长史掾"之"晋"字，"应指晋朝，或许此序是入宋后追写，故书'晋'以别之。'安南府'即安南将军府"。又说"殷景仁于义熙七年任刘裕太尉行参军（见《资治通鉴》卷一一六），则为军府长史掾必在这以前，时将军为何无忌（由义熙二年至六年，见《晋书》本传），乃镇南将军，不是'安南将军'，二者必有一误"①。

按，祝氏说"晋"指晋朝，推测诗序是入宋后追写云云，并无依据，很难令人信服。若"晋"指晋朝，则诗题"殷晋安"当作何解？祝氏心知诗题难解，遂曲意辩解，以"后世陶集又非当年之旧"为由，猜疑诗题"或后人误解小序而擅定"。这种怀疑一无意义。因为后世陶集既非当年之旧，那么，今日所见陶集所有的诗题甚至全部诗文，是否都可以怀疑？又因祝氏以为诗序"晋安南府"中之"晋"指晋朝，如此一来，"晋安南府"成了晋朝的"安南府"。"安南府"必定指安南将军的军府，但何无忌是镇南将军，不是安南将军。这样，诗序中的"安南府"又无法解释，祝氏只好说"二者必有一误"。何无忌为镇南将军不误，则诗序"安南府"是否又误了？是否再用所谓"后世陶集非当年之旧"的理由解释？由此可见，祝氏解读"晋安南府"，触处皆碍。晋，绝非指晋朝。晋安，指晋安郡，乃是唯一正确的解读。

袁《汇考》引祝氏一文，除不赞同"晋"指晋朝之外，肯定其二点：一是"祝氏指出晋安刺史不应住在浔阳"，此"极为有见"；二是"祝氏谓此军府为镇南将军何无忌军府，可信"。兹对此二点再作考辨。

晋安太守不在晋安任职，却居住浔阳，看似难以理解，其实犹有可说。鄙意以为此种情况有两种可能：一是晋安太守乃殷之旧职。因晋安太守官阶高于现职南府长史掾，故仍以晋安相称。二是晋安太守是殷之兼职，南府长史掾是现职，故居浔阳。一人身兼数职的情况在晋宋时代很普遍。例如《晋书》卷八一《桓伊传》说：桓以绥御有方，进督豫州之十二郡，扬州之江西五郡军事、建威将军，历阳太守、淮南如故。显然，桓伊不能既住历阳，又在淮南。《晋书》卷七七《何充传》说：苏峻平后，封都乡侯，拜散骑常侍。出为东阳太守，仍除建威将军、会稽内史。何充出为东阳太守，当住东阳，而建威将军、会稽内史为兼职，不可能一身分居东阳与会稽。《宋书》卷四七

---

① 袁行霈：《陶渊明研究》，北京大学出版社1997年版，第340、341页。

《孟怀玉传》说:"高祖镇京口,以怀玉为镇军参军,下邳太守。"怀玉当居京口,而不住下邳……诗序说"殷先作晋安南府长史掾",邓先生以为殷隐一身而兼三任,即以南中郎将府的长史领晋安太守兼曹掾。这样解释大体正确。须补充的是,殷隐的实职是南府长史掾,领晋安太守是兼职,不必非得去晋安任职。

关于"南府"何指,亦有异说。邓先生说是南中郎将孟怀玉之军府,祝总斌说是镇南将军何无忌之军府。袁《汇考》赞同祝氏说,并据《晋书·安帝纪》《晋书·何无忌传》所载何无忌义熙五年正月加镇南将军,六年三月与卢循战于豫章而死的史实,说"殷之任南府长史掾,必在义熙五年正月以后,六年三月之前。刘裕于义熙七年三月始受太尉,殷移家东下必在此后"。按,初看袁《汇考》的结论似不误,其实似是而非。《与殷晋安别》诗说:"去岁家南里,薄作少时邻。"意谓我在去年家于南里,短时间里与殷晋安做了邻居。但袁《汇考》为了证实殷做镇南将军何无忌之长史掾,定此诗作于义熙七年,遂曲解这二句诗,称"结合序文,主语应是殷"。意思是殷去岁家于南里。然序文说:"殷先作晋安南府长史掾,因居浔阳。"南府的僚属,必定多居浔阳郡治,不太可能住在城外的南里。古《谱》考证南里在浔阳负郭,应该是可以信从的。"去岁家南里"的主语是渊明,因南里毗邻浔阳城,可以常常接近"素心人",故渊明移居彼处(见《移居》二首)。假若"去岁家南里"的不是渊明,是殷某,那么,此时的渊明居在何处?再则,据袁《汇考》,殷在义熙五年正月之后做何无忌僚属,义熙六年移居南里。殷本来好端端地住在浔阳城里,为何要移居南里呢?

当然,殷隐有可能在义熙五年正月之后做过镇南将军何无忌的长史掾。理由只有一个:南府确实是镇南将军府的省文。但可能更大的是做南中郎将孟怀玉的长史掾。《莲社高贤·张野传》说:"州举秀才,南中郎府功曹,州治中,征散骑常侍,俱不就。"可证南中郎将府也可以省文称南府。邓《谱》"义熙十二年丙辰"(416)条:"考《宋书·孟怀玉传》,怀玉以义熙八年壬子至十一年乙卯癸丑,怀玉尝与其僚属别驾王乔之等同游庐山,为佛影'咸赋铭赞'，时晋安太守殷隐亦预其事。"这条考证很有说服力。慧远《万佛影铭》说："晋义熙八年岁在壬子五月一日，共立此台，拟像本山，因即以寄诚。虽成由人匠，而功无所加。至于岁次星纪赤奋若贞于太阴之墟，九月三日，乃详检别纪，铭之于石。爰自经始，人百其诚。道俗欣之，感遗迹以悦心。于是情以本应，事忘其劳。于时挥翰之宾，金焉同咏。"[①] 此文与《佛祖统纪》《莲社高贤传》所载一致，证明孟怀玉与僚属上庐山作佛影铭确有其事，时在义熙九年。既然殷隐在义熙九年尚在浔阳，则袁《汇考》说殷于义熙七年做刘裕太尉参军，移家东下，乃不可信从也。而邓《谱》说殷隐移家在孟怀玉卒后，时在义熙十二年（416）春天，比较合理而可信。

八月，作《丙辰岁八月中于下潠田舍获》诗。

诗云："曰余作此来，三四星火颓。"三四为十二年。渊明自乙巳岁（405）归田，至此已十二年。

檀韶请周续之出山，与祖企、谢景夷三人共在城北讲礼校书。渊明作《示周续之祖企谢景夷三郎》诗。

【考辨】

此诗作年亦有异说。吴《谱》说作于义熙八年壬子（412），杨恪《年谱》、顾《谱》、丁《谱》、陶《考》都说作于义熙十二年丙辰（416）。按，萧《传》："后刺史檀韶苦请续之出州，与学士祖企、谢景夷三人，共在城北讲《礼》，加以雠校。所住公廨，近于马队。是故渊明示其诗云：'周生述孔业，祖谢响然臻。马队非讲肆，校书亦已勤。'"据《宋书》卷四五《檀韶传》《资治通鉴》卷一一七《晋纪》三九，义熙十二年八月，檀韶迁江州刺史。又考《宋书》卷九三《周续之传》："高祖之北讨，世子居守，迎续之馆于安乐寺，延入讲《礼》，月余，复还山。"同上《资治通鉴》载义熙十二年八月，"裕以世子义符为中军将军，监太尉留府事"。由此可知，周续之为刘

---

① 《广弘明集》卷一五，上海古籍出版社1991年版，第205页。

义符讲《礼》及应檀韶之请在城北讲《礼》校书，必前后之事也。《宋书》本传说："江州刺史每相招请，续之不尚峻节，颇从之游。"可见续之常从官府招请，原非尚节之真隐士也。故渊明作诗说："相去不寻常，道路邈何因。""愿言诲诸子，从我颍水滨。"以微讥之。

慧远卒。

【考辨】

慧皎《高僧传》说远卒于义熙十二年八月，春秋八十三。《世说新语·文学篇》注引张野《远法师铭》，亦作八十三。谢灵运《庐山远法师诔》说远卒于义熙十三年八月六日，春秋八十有四。今从《高僧传》。

秋，作《饮酒》诗二十首。

【考辨】

《饮酒》诗二十首之作年说法不一。推断的主要依据是《饮酒》第十九首："畴昔苦长饥，投耒去学仕。将养不得节，冻馁固缠己。是时向立年，志意多所耻。遂尽介然分，终死归田里。冉冉星气流，亭亭复一纪。"由于理解此诗有差异，考定《饮酒》诗的作年遂有数种说法。

1. 元兴二年癸卯（403）。吴《谱》"元兴二年癸卯"条说："先生服阕闲居，有《饮酒》诗二十首。内一篇，上云'是时向立年'，下云'亭亭复一纪'。又别篇云：'行行向不惑。'是年三十九矣。十二月，桓玄篡晋，改元永始。是月先生与从弟敬远诗云：'寝迹衡门下，邈与世相绝。'又《饮酒》诗称'夷叔在西山，且当从黄绮'，皆有激而云。"陶《考》说："'行行'句，斗南谓《饮酒》诗作于是岁，较王说为是。盖《饮酒》诗作于秋月，明年先生为建威参军，非闲居矣。"余如古《谱》、逯《系年》、刘《编年》皆据《饮酒》其十六"行行向不惑，淹留遂无成"二句，以为作于渊明三十九岁时。

2. 元兴三年甲辰（404）。王《谱》"元兴三年甲辰"条说："有《饮酒》

诗云：'是时向立年，志气多所耻。遂尽介然分，终死归田里。'当在壬辰、癸巳为州祭酒之时，所谓'投耒去学仕'。又云：'冉冉星气流，亭亭复一纪。'至是得十二年。"王《谱》意谓渊明于太元十七八年时做州祭酒，加上一纪（十二年），故作此诗时为四十岁。

3. 义熙八年壬子（412）。梁《谱》"义熙八年壬子"条说："篇中有'行行向不惑'语，又叙弃官后事，言'亭亭复一纪'，然则是四十前后作也。"

4. 义熙二年丙午（406）。北京大学中国文学史教研室选注《魏晋南北朝文学史参考资料》说："从诗的内容看来，应当是在彭泽归园田之后，这时归隐不久，所以第九首中才会写到田夫劝他出仕之事。兹定此诗于晋安帝义熙二年（406），时渊明四十二岁。"

5. 义熙七年辛亥（411）。方《论评》笺注《饮酒》其十九，从梁《谱》并略作修改："陶潜始作镇军参军时，正好二十八岁，与本首所说'是时向立年'，正好相合；而从二十八岁出仕算起，又一纪十二年，则陶潜这些饮酒诗当作于四十岁左右，即晋安帝义熙七年（411）。"

6. 义熙十年甲寅（414）。古《谱》据《饮酒》诗其十六'行行向不惑'句，说此诗作于本年，渊明时年三十九。

7. 义熙十一年乙卯（415）。邓《谱》以为《饮酒》诗序中的"故人"即颜延之、殷晋安等，延之于义熙十一年乙卯为刘柳后军功曹，来居浔阳，明年六月离去，故诗当作于义熙十一年。又说"亭亭复一纪"之"一纪"为十年，渊明归田在义熙元年，至本年正为一纪。

8. 义熙十二三年。汤注："彭泽之归在义熙元年乙巳，此云复一纪，则赋此《饮酒》，当是十二三年间。"王瑶注从汤注，说此诗作于义熙十三年丁巳（417）。

按，《饮酒》其四与归鸟自况，其五说："结庐在人境，而无车马喧"，其七说："啸傲东轩下，聊复得此生。"其九写拒绝田父劝其出仕，其十七说："行行失故路，任道或能通。觉悟当念还，鸟尽废良弓。"显然都是叙归田之后的情况，以及由仕而隐的感悟。元兴二年癸卯，渊明母丧居家，不久又奔走仕途，虽有归隐之志，然对人生尚有期待，与《饮酒》诗坚持固穷之志并不切合。很难解释已经坚定表白"吾驾不可回"，决不再入仕途，却又在二年之后重历行役之苦。吴《谱》元兴二年癸卯说、王《谱》元兴三年甲辰说，与《饮酒》诗抵牾之处很多，吾所不取。

考订《饮酒》诗的作年，正确解读其十六、其十九两首诗是关键。前者说："行行向不惑，淹留遂无成。"无成，指学仕无成。《祭从弟敬远文》："余尝学仕，缠绵人事，流浪无成。"两者可以互证。"行行"两句便是追述渐近不惑之年，学仕无成的经历。后者从畴昔学仕讲到当前躬耕的生平经历，可分三阶段。一是自开头至"志意多所耻"六句，所述为一事，讲学仕的原因及心情。"畴昔苦长饥，投耒去学仕"二句是指为贫而仕江州祭酒，"是时向立年"，谓渐近三十而未到。二是"遂尽介然分，终死归田里"（一本"终死"作"拂衣"），此二句指义熙元年归田事。三是"冉冉星气流，亭亭复一纪"二句，指归田后又复一纪，时已义熙十二年矣。《丙辰岁八月中于下潠田舍获》诗云："曰余作此来，三四星火颓。"三四为十二年，与"冉冉星气流，亭亭复一纪"正合，可证《饮酒》诗当作于义熙十二年丙辰。汤注是正确的。

古《谱》据《饮酒》诗其十六"行行向不惑"句，说此诗作于本年，渊明时年三十九。然古注《饮酒》其十九说："向立则未至立也。先生投耒在二十九岁。"按，诗云"投耒去学仕"，投耒只能做出仕解。而古《谱》以为渊明弃官彭泽令而归，年正三十。岂有二十九岁投耒学仕，三十岁辞官之理耶？此为古《谱》不足信之一证也。也证明《饮酒》诗非作于渊明"行行向不惑"之年。逯《系年》从古直说，也说《饮酒》诗作于渊明"行行向不惑"之年，指三十九岁，时在元兴二年癸丑（403）。如前所言，《饮酒》诗作于渊明辞官彭泽之后。逯《系年》以为作于彭泽辞归前，已是判断错误。而"行行向不惑，淹留遂无成"二句乃指学仕无成，拂衣归隐，非谓作此诗之时。将近不惑之年后再"亭亭复一纪"，才有《饮酒》之作。逯氏误读也。

方《论评》及方《谱》考索《饮酒》诗作年，亦误读其十六、十九两首诗，以为《饮酒》诗作于"行行向不惑"之年，即义熙七年辛亥（411），渊明四十岁。方氏称不惑指四十岁固是，然"向不惑"者，乃未至四十也。方氏读《饮酒》其十九，未分清渊明初仕、在仕途、归隐此人生三阶段，说："陶潜自隆安三年（399）二十八岁，出做镇军参军，正是'向立'之年，中经辞彭泽令，回归田里，至义熙七年辛亥（411）四十岁，前后正是十二年。"[①] 按，渊明做镇军参军，非初仕宦，而"冉冉星气流，亭亭复一纪"，是指辞彭泽令之后再经"一纪"也。"复"者，再也。方氏不察致误，与逯氏相同。

邓《谱》说诗序中"故人"指颜延之、殷晋安等，可备一说。然延之作刘柳后军功曹至渊明作《饮酒》诗，为时仅数月，交情尚浅，称其为"故人"，并"聊命故人书之，以为欢笑尔"，恐嫌未安。因此，诗序所称之"故人"，即或包括延之，亦决不会仅此一人也。至于称"一纪"为十年，恐亦不确。对此，袁《汇考》举谢灵运《劝伐河北书》"日来至今，十有二年，是谓一纪"，称"此是当时以十二年为一纪之明证"。其说是。

有诏征著作郎，称疾不就。

【考辨】

颜《诔》："有诏征著作郎，称疾不到。"《宋传》："义熙末，征著作佐郎，不就。"《南传》同。萧《传》："时周续之入庐山事慧远，彭城刘遗民亦遁迹匡山，渊明又不应征命，谓之浔阳三隐。"渊明不就著作郎之年，史传不记确切年份，唯《宋传》说在"义熙末"。王《谱》定为义熙十四年戊午（418）。吴《谱》、顾《谱》、丁《谱》、杨《谱》皆同。陶《考》说不必定其十四年。

逯《系年》说渊明征著作郎不就，时在义熙九年（413），依据是《宋书·周续之传》"时彭城刘遗民遁迹庐山，陶渊明亦不应征命，谓之'浔阳三

[①] 方祖燊：《陶潜诗笺注校证论评》，兰台书局1977年版，第235页。

隐'"。刘遗民不应征召在本年,渊明征著作郎不就,当与刘同时。杨《汇订》据《饮酒》诗作于义熙十三年,而其第四、七、十二、十七首表达坚持隐居不出之志,作于诏征著作郎不就之时,遂定渊明不就著作郎在义熙十三年(417)。邓《谱》据萧《传》《宋书》及《南史》周续之传,以为续之入庐山,与刘、陶并称为浔阳三隐在刘毅镇姑孰之后,而慧远义熙十二年(416)或十三年(417)卒,刘遗民义熙十一年卒,"然则渊明征著作郎必在义熙九年刘毅镇姑孰以后,义熙十一年刘遗民之卒以前"。袁《汇考》称邓《谱》系"浔阳三隐"事于义熙十一年为是,但说刘毅九年镇姑孰,有误,义熙八年刘毅已亡。

按:以上诸说多据"浔阳三隐"的传说考订渊明不就著作郎之年,再据刘遗民的卒年,推断渊明不应征命的时间,这其实未必能得其实。据《宋书》卷九三《周续之传》叙续之"入庐山事沙门释慧远,时彭城刘遗民遁迹庐山,陶渊明亦不应征命,谓之浔阳三隐",时在刘毅镇姑孰之前。又《资治通鉴》卷一一五《晋纪》三七胡注,时刘毅以豫州刺史镇姑孰。若胡注可信,则至迟在义熙六年,"浔阳三隐"之名已播在人口。渊明不应征命当不止一次。义熙六年之前,州府可能征召渊明,渊明不就。《宋传》谓"义熙末,征著作佐郎,不就",明显是义熙末的不就,而不是义熙中的不就。考《宋书》卷二《武帝纪》中:义熙十二年正月,"诏公依旧辟士"。这年十月,刘裕进授相国、封宋公,总百揆。"置宋国侍中、黄门郎、尚书左丞、郎,随大使奉迎。"① 据此,此年刘裕先封宋公,后置宋国的官员。宋国初建,必定需要大量的官员。刘裕辟士的举措在《宋书》卷九三《宗炳传》中得到印证:"高祖开府辟召,下书曰:'吾忝大宠,思延贤彦,而《兔罝》潜处,《考槃》未臻,侧席丘园,良增虚伫。南阳宗炳、雁门周续之,并植操幽栖,无闷巾褐,可下辟召,以礼屈之。'于是并辟太尉掾,皆不起。"同书《周续之传》:"江州刺史刘柳荐之高祖……俄而辟为太尉掾,不就。"② 按,刘柳卒于义熙十二

---

① 《宋书》,第 35、41 页。
② 《宋书》,第 2278—2281 页。

年六月，则荐周续之为太尉掾有可能在这年六月之前。渊明或许也在此年与宗炳、周续之并为征辟，不同的是前者征召为尚书省的著作佐郎，后者辟为太尉掾。周续之终于屈服州府，在城北讲《礼》校书，而渊明不应征召。

《感士不遇赋》约作于本年前后。

【考辨】

此文作年大致有归田初期与归田后期两种说法。前说者如古《谱》，以为赋中"宁固穷以济意，不委曲而累己"等语，与《归去来兮辞》相发明，乃是彭泽去官后作，系于义熙三年（407）。逯《系年》系于义熙二年，袁《汇考》系于义熙三年。后说者如王瑶注，以为此文当是易代后晚年所作，系于宋永初三年壬戌（422）。邓《谱》说此文内容、情感与《饮酒》诗相合，系于义熙十一年（415）前后。李华《陶渊明〈感士不遇赋〉浅议》推断说："他的《读史述九章》小序说：'余读《史记》，有感而述之。'而本赋的序说：'余尝以三余之日，讲习之暇，读其文。''其文'，指董、司马二赋；'讲习之暇'一句，我推测的内容当是《史记》《汉书》……渊明讲习这两部书，自然也就旁涉到董、司马的两篇赋，如《读史述》和本赋所咏人物便都有夷齐、颜回和贾谊。由此，我认为这两篇作品即便不作于同时，至少时间上不会相距太远。"[①]按，邓《谱》说此赋内容与《饮酒》二十首相合，李华称与《读史述九章》作年不会相距太远，这种说法比较可信。《读史述九章》一般认为作于晋宋易代之初，《感士不遇赋》作年稍前，今从邓《谱》，暂系于义熙十二年。

本年岁暮，颜延之奉使洛阳，庆贺刘裕。

【考辨】

《宋书》卷七三《颜延之传》："义熙十二年，高祖北伐，有宋公授。府遣一使庆殊命，参起居。延之与同府王参军俱奉使至洛阳。"

[①] 李华：《陶渊明新论》，北京师范大学出版社1992年版，第154页。

晋安帝义熙十三年丁巳（417）　　　　四十九岁

三月，龙骧将军王镇恶大破姚泓将姚绍于潼关。五月，刘裕克潼关。七月，刘裕克长安，执姚泓，收其彝器，归诸京师。十一月，左仆射、前将军刘穆之卒。十二月，刘裕东还。（《晋书》卷一〇《安帝纪》《资治通鉴》卷一一八）

羊长史衔使秦川，作《赠羊长史》诗。

【考辨】

《赠羊长史》诗序说："左军羊长史，衔使秦川，作此与之。"吴《谱》"义熙十三年丁巳"条下说："有《赠羊长史》诗。长史名松龄，晋史本传谓与先生周旋者。是岁刘裕平关中，松龄以左军长史衔使秦川。"刘履《选诗补注》说："义熙十三年，太尉刘裕伐秦，破长安，送秦主姚泓诣建康受诛。时左将军朱龄石遣长史羊松龄往关中称贺，而靖节作此诗赠之。"历来注家均从刘说，谓左军是朱龄石。

逯《系年》一反旧说，以为左军是檀韶："檀韶自去年八月以左将军为江州刺史，坐镇浔阳，今遣羊长史衔使秦川，向刘裕称贺，故曰左军羊长史。"并称刘履所注非是。又说："据《宋书·朱龄石传》，'十二年北伐'，朱龄石'迁左将军，配以兵力，守卫殿省。十四年，以龄石持节督关中诸军事、右将军、雍州刺史'。知朱为左将军乃在建康守卫殿省，如遣使往关中称贺，必不发自浔阳，陶无由赠之以诗。刘谓羊为朱龄石长史，乃臆断耳。又清钱大昕《十驾斋养新录》，谓此诗当作于义熙十四年，理由是：十四年龄石以右将军领雍州刺史，右将军乃左将军之误。钱沿刘履之误，又曲为之解，亦非是。"

李华《陶渊明赠羊长史诗左将军考》驳逯钦立"左将军乃檀韶"说，论据一是"衔使"一词一般指衔君命而使，"羊长史系朝廷所派遣，不是由江州刺史所派遣；因而这个左军羊长史，乃是在建康守卫殿省的左将军朱龄石的长史，不是江州刺史檀韶的长史"。二是朱龄石深受刘裕赏识，刘裕克复长安，向朝廷献捷之后，刘穆之和朱龄石便采取主动，立即派羊松龄前往关中祝贺。三是檀韶虽然也是左将军，但只是江州刺史，属地方长官，祝贺北伐胜利应到建康去，不能私自派人往前线。四是羊松龄奉命自建康往关中称贺，必然经过浔阳，渊明得以作诗赠之。

按，细较歧见，窃以为逯钦立之说得其实。理由有四：考《宋书》卷四八《朱龄石传》，义熙十二年刘裕北伐，朱龄石迁左将军，守卫建康殿省。刘裕还彭城，以朱龄石为相国右司马，据《宋书》卷二《武帝纪》中，时在义熙十四年正月。由此可知，刘裕北伐至凯旋还归，朱龄石一直守卫建康殿省，不在浔阳。义熙十四年朱龄石以右将军领雍州刺史，钱大昕以为龄石"必仍本号，不应转改为右"，实强为之词，而刘裕早在上年即凯旋建康，何须羊长史奉使秦川？此其一。《晋传》既然称羊松龄为"周旋人"，则羊必在浔阳，或常在浔阳，如此方能与渊明游处。若羊作朱龄石参军，远在建康，岂能与渊明常相周旋？此其二。逯称朱龄石遣使往关中称贺，必不发自浔阳。这条理由很坚实。刘裕北伐，取徐州、洛阳，至长安。从建康遣使关中，走这条陆路最便捷。要是溯江而上经浔阳，再经汉水北上，受风水影响，旷日费时。因此，羊松龄做檀韶长史，必发自浔阳。此其三。李华说檀韶乃江州刺史，不可能派人往关中称贺，此又不然。《宋书》卷七三《颜延之传》载："义熙十二年，高祖北伐，有宋公之授，府遣一使庆殊命，参起居，延之与同府王参军俱至洛阳。"刘裕于义熙十二年八月率大军北伐，十月至洛阳。此时左将军檀韶正任江州刺史。去年派颜延之往洛阳庆贺刘裕的宋公之授，今年派羊长史往关中称贺刘裕大捷，皆檀韶一人所为。可证地方官员遣使称贺刘裕属寻常事，不是非得朝廷才有权称贺。何况，这时的朝廷名存实亡，刘裕即朝廷。此其四。由此看来，逯钦立说羊做左将军檀韶长史，是较为可信的。

《还旧居》诗作于本年。

【考辨】

《还旧居》诗是陶集中最难解的作品之一。难解之点主要有三：一是"旧居"与"上京"在何处？二是"六载去还归"之"六载"的起讫时间。三是

《还旧居》诗作于何年。上述三大疑问互相牵涉，致使问题更复杂，历史的真相更难揭示。自宋以来，历代学者虽多方探索，但歧见纷纭，难有共识。兹依次略述诸家之说，并考辨如下：

一、"旧居"与"上京"在何处。

王《谱》"义熙元年乙巳"（405）条说："《还旧居》诗云：'畴昔家上京，六载去还归。'往来时经乡间，不常留，稍成疏，故云'阡陌不移旧，邑屋或时非。历历周故居，邻老罕复遗。'至是始室居，断他适。"意谓"旧居"在柴桑，渊明六载奔波仕途，虽时经故乡，但不常留，至义熙元年才归旧居。吴《谱》"隆安四年庚子"（400）条说此年渊明做镇军参军，开始"挈家居京师"，故《还旧居》诗有"畴昔家上京"之句。又吴《谱》"义熙元年乙巳"条说："其云六载去还，盖在京师居者六年，已而归浔阳旧居，故有《还旧居》诗。"以为"旧居"在浔阳。王《谱》说"旧居"在柴桑，吴《谱》说在浔阳，所说实一。《晋书·地理志》："安帝义熙八年，省浔阳县入柴桑县，柴桑仍为郡。"《江西通志》卷四："柴桑县初属武昌郡，永兴初属浔阳郡，咸和中为浔阳郡治。"据此可知，柴桑县治即浔阳郡治。

考"上京"一词，陶集中出现两次。一是《还旧居》诗，一是四言《答庞参军》诗序"作使上京"。后者指京师建康无疑。故有人谓"畴昔家上京"之"上京"也是指京师，遂有渊明曾居京师之说。但家居京师之说，正如朱《问题》所说，与《庚子岁从都还》、辛丑正月《游斜川》《辛丑岁七月赴假还江陵夜行涂口》《癸卯始春怀古田舍》《癸卯岁十二月中作与从弟敬远》诸作，无不乖忤。陶《考》因之非难吴《谱》，称"先生未尝有挈眷居京师事"，朱自清亦对王《谱》、吴《谱》的牵强曲解之词做过分析。故家居京师之说少有人信奉。

但李长之《陶渊明传论》认为这个"上京"，正是当时京都建康，并提出诸多理由：第一，集中另一处说"上京"确指建康，即《答庞参军》中所说，"大藩有命，作使上京"，不会同一"上京"而指两地。第二，就陶渊明所去过的地方论，除了建康以外，是再没有适合"六载去还归"的条件的。

六又作十，但"十年去还归"的地方就更没有了。或者有人认为"六载去还归"是指六年中常来常往的意思，那样是可以把"上京"理解为在浔阳附近的。但下文明明说"今日始复来"，决不像六年中常往常来的地方，诗意乃是说六年前离开六年后又归来。第三，就诗中"阡陌不移旧，邑屋或时非"看，乃是前所未经的情况，这绝不是浔阳，因为大乱时，陶渊明在家守丧，对浔阳的乱况是熟悉的。第四，这首诗也不会早年还浔阳时作，因为其中有"常恐大化尽，气力不及衰"的话，一定是靠后些才合适。第五，这首诗是在编年诗的一系列中，恰在《经钱溪》一首之后，相传的本子必定依时间先后。例如《始作镇军参军经曲阿作》一诗在《庚子岁五月中从都还阻风于规林》一诗之前，已证明那诗中的事实也确在庚子岁之前了。反复地考虑，这首诗就是这一年使都时的所见。建康在大乱之后，残破特甚，所以"恻怆多所悲"，"邻老罕复遗"的情况，也是符合于历史上所记前一年（公元404年）时"是岁晋民避乱襁负之淮北者道路相属"的。至于一般人所以怀疑"上京"不是京都，那只是因为觉得陶渊明不见得曾经居京，而且《庚子岁从都还》一诗又说"一欣侍温颜"，以为见老母既仍在浔阳，于是推断陶渊明便未必在京安家了。其实陶渊明常常不带家眷去做官的，萧统《陶渊明传》上，就说他当彭泽令时"不以家累自随"，他到江陵时，母亲也是未必跟去，而死在浔阳的；况且《庚子岁阻风于规林》一诗，题中明说从都还，可知不只是经过，他曾居京是无疑的。退一步说，"畴昔家上京"的"家"字，一本作"居"，和题目"还旧居"也符合，那就是他到了京都，重看看自己住过的地方，又并非指定是老家，也有何不可？①

与李长之见解相同，邓安生先生作《陶渊明〈还旧居〉诗及其事迹新探》一文，从王《谱》、吴《谱》上京指京师，渊明曾寓居京师之说，详论渊明曾居京师的原因以及起讫时间，其辞甚辩，不无新意。譬如邓先生以为"家上京"之"家"字，不是移居或迁徙，不过是说曾在京师住过而已，所谓挈眷居京师之说有违陶诗的本意。又说渊明居京师是求仕，这与他的叔父

---

① 李长之：《陶渊明传论》，天津人民出版社2007年版，第61—63页。

陶夔在京师做官有关。寓居京师的时间始于太元二十年乙未（395），至隆安四年庚子（400）。还旧居之旧居，即指寓居京师之所。上述见解，多为前人所未道，体现出邓先生研究陶集探幽索隐的功夫。

窃以为李长之及邓先生所谓渊明寓居京师之事是可能的。渊明早年有大志，且母老子幼，求仕以救贫。叔父陶夔在京师做官，可以援助。但是否一定寓居六年之久，"旧居"是否在京师，仍然疑点很多，值得进一步探索。

《还旧居》诗描写时移世变的荒芜景象，当是农村常见的自然变故。京师虽经桓玄篡位的历史动荡，城中恐怕不会有不移旧之阡陌。《还旧居》诗云："阡陌不移旧，邑屋或时非。履历周故居，邻老罕复遗。步步寻往迹，有处特依依。"明是农村残破景象，与城居情景不类。若渊明当年确有寓居京师求仕之事，揆之事理，必居于市朝，不会居于乡下，与邻老为伍。此其一。细味诗意，"畴昔"二句写多年前往来"旧居"之情事。"今日"二句写今日复来"旧居"之心情。"畴昔"与"今日"之间尚有一段时间间隔，换言之，"六载去还归"与"今日始复来"非指同时之同一行为。若离开旧居只有六载，恐怕不会有邑屋非旧，邻老罕遗的变故之速。此其二。渊明既不挈家眷，独自寓居京师六年，可是在这段时间内，次子俟、三子份、四子佚何由得生？他们究竟生于京师，还是生于柴桑？隆安二年（398），渊明三十岁，前妻亡。此时他在京师还是在柴桑？渊明既不以妻子自随，则前妻必死在柴桑。渊明是否要从京师赴柴桑守丧？据此看来，在庚子岁（400）之前，渊明历经生子、丧妻的家庭变故，不大可能独自寓居京师六年。此其三。《庚子岁五月中从都还阻风于规林》诗云："行行循归路，计日望旧居。一欣侍温颜，再喜见友于。"可知渊明旧居在柴桑，母孟夫人与兄弟妻小皆在彼。此诗中之"旧居"，当是《还旧居》诗中之"旧居"。渊明即使曾寓居京师，但短暂之住所，称"旧居"也不妥当。此其四。据以上几点看来，邓先生即使在考证渊明谓寓居京师以求仕方面有可取之处，但说寓居六年，称寓居之地为"旧居"云云，鄙意以为尚须重新探讨也。

《还旧居》诗之"上京"，若指京师，则详考渊明一生，未见有"六载去还归"京师居所的行踪。多数学者以为"上京"乃是一地名,唯具体位置有两说:一说在庐山之南,一说在庐山之北。前者如李注引《南康志》,谓近城五里,有地名上京,此中有渊明故居,地在庐山之南。《朱熹语录》说:"庐山南有渊明古迹,曰上原,渊明集作'京',今土人作'荆'。江中有一盘石,石上有痕,云渊明醉卧其上,名渊明醉石。"桑乔《庐山纪事》引《名胜志》说:"南康城西七里为玉京山,亦名上京,有渊明故居,其诗曰'畴昔家上京'即此。"后者如逯钦立,以为"上京"在南康府之说始于《朱熹语录》,《南康志》、桑乔《庐山纪事》殆因袭朱说而别作附会,至于"玉京"之名,起于元明之后,更不可信。[①]逯氏又作《陶渊明行年简考》,其中考证渊明里居共有三处,皆在浔阳负郭。《还旧居》诗之"旧居",即义熙元年乙巳弃官后所返之宅,《归去来兮辞》所写"园日涉以成趣""抚孤松以盘桓",即此"旧居"也。[②]按,逯氏以为渊明旧居不在山南,而在山北,离浔阳城不远。证以陶集中渊明与柴桑及浔阳官员交往唱和之诗,如《和胡西曹示顾贼曹》《与殷晋安别》《示周续之祖企谢景夷三郎》《赠羊长史》《于王抚军座送客》等诗,说明渊明居处都离浔阳郡治不远,故得以过往酬唱也。

《还旧居》诗之"旧居"的地理位置,除庐山南、浔阳负郭、京师三说之外,尚有荆州说。梁《谱》从毛晋绿君亭本云"'上京',一作'上荆'",遂称"上京"指江陵,渊明家于荆州即江陵者六年。梁氏解释道:"荆名上者,以其在上游,犹言西京云尔。"如此解释,纯属臆说。"上京"之"京"作"荆",最早见于《朱熹语录》:"庐山有渊明古迹处,曰上京,《渊明集》作京,今土人作荆。"考宋元陶集版本,未见有作"上荆"者;作"南荆""西荆"者有之,见《辛丑岁七月赴假还江陵夜行涂口》诗"遥遥至南荆",南,《文选》作"西"。一作"上荆",始见于毛晋绿君亭本。逯钦立推测一作"上荆",可能是据《朱熹语录》而妄改。或许梁氏意识到解释"上荆"

---

① 逯钦立:《陶渊明里居史料评述》,逯钦立遗著,吴云整理《汉魏六朝文学论集》,第176—178页。
② 同上书,第190、191页。

实在牵强，便说："作参军何故移家江陵耶？此不可解。然则所谓镇军者，或当求诸江陵之人矣。然又不类。"知不可解却又强解。镇军军府在京口，岂能"求诸江陵诸人"？渊明辛丑七月赴假还江陵，作诗说："投冠旋旧墟。"说明家居浔阳。《祭程氏妹文》说："昔在江陵，重罹天罚。""赴假还江陵"及渊明丧母"昔在江陵"，乃是渊明在江陵做桓玄幕僚，岂能作所谓"渊明侨居江陵"的依据？故梁《谱》说安帝隆安二年戊戌（398），渊明做刘牢之镇军参军，至元兴二年癸卯（403），自江陵还柴桑，首尾六年一直居江陵，皆是臆说，不足取信。

"旧居"一词见于陶集者有四：《庚子岁五月中从都还阻风于规林》诗"计日望旧居"一也；《还旧居》诗，二也；《拟古》诗其三："相将还旧居。"三也；《咏二疏》诗："高啸返旧居。"四也。"旧居"一词，都是指旧宅、故居，非指短时寓居之所。尤其是《庚子岁五月中从都还阻风于规林》二首，知渊明母亲、兄弟皆在此，是"旧居"在柴桑的最有力证据。

二、"六载去还归"之"六载"的起讫时段。

"六载"一句，亦是众说纷纭，莫衷一是。主要有四种说法。

一说为隆安四年庚子（400）至义熙元年乙巳（405），凡六年。韩子苍说："以《陶渊明传》及诗考之，自庚子岁始作建威参军，由参军为彭泽令，遂弃官归，是岁乙巳，凡为吏者六年，故云'六载去还归'。"吴《谱》、邓《谱》同。

一说为隆安三年己亥（399）至元兴三年甲辰（404），凡六年。陶《考》"隆安五年辛丑"（401）条："先生《还旧居》诗曰'六载去还归'，曰'今日始复来'，明乙巳以前，来去靡定，从甲辰逆数至己亥，正六载。"

一说为元兴三年甲辰（404）至义熙六年庚戌（410），凡六年。古《谱》说渊明于元兴三年甲辰迁居上京。又以为义熙七年辛亥（411）殷晋安为宋武帝太尉行参军，渊明《别殷晋安》诗说："去岁家南里，薄作少时邻。"知先生移居南村在庚戌年。由庚戌上溯甲辰，适满六载。为"畴昔家上京"之年。又据《礼记》"五十始衰"，说《还旧居》诗作于渊明五十岁之前。并解"畴昔家上京，六载去还归。今日始复来，恻怆多所悲"数句说："此谓由旧居迁于上京，六载之中，尚时往还，六载之后，再由上京迁于南村，时越十载始复来视，顿觉人民城郭一时皆非，故怆然而悲也。"

一说为义熙七年辛亥（411）至义熙十三年丁巳（417），凡六年。王瑶注《还旧居》诗，说上京在浔阳，有渊明旧居，义熙七年始移居南村。据诗中多悲怆之感，与《饮酒》诗中表现的情绪相同，依《饮酒》诗，暂系于义熙十三年丁巳，作此诗时离别旧居为六年。

上述诸说以第一说较可取。据《庚子岁五月中从都还阻风于规林》二首，渊明最迟于去年即隆安三年己亥（399）为桓玄僚佐，后历经母丧居家，做刘裕镇军参军、刘敬宣建威参军、彭泽令，至义熙元年乙巳（405）十一月弃官归隐，首尾七年，实整整六年，忽而官场，忽而园田。陶《考》谓"六载去还归"指己亥至甲辰，来去不定。其实，渊明在义熙元年三月为建威参军使都，不久归来，又做彭泽令。此年仍然奔走仕途，何以不计入"六载"之内？对此，朱《问题》质疑陶《考》说："然诗作于乙巳（405），所云'六载'乃截止前一年而止，亦难通也。"陶《考》关于"六载"的解释虽与渊明行迹并非十分切合，但说"六载"期间"来去不定"，仍然可取。所谓"六载去还归"，非指"六载"之初一去"旧居"后，直至"六载"之末才一归"旧居"，而是去而归，归而去，来去不定也。

如上所考，"旧居"指柴桑旧居，母亲、兄弟皆居于此，渊明生于斯，长于斯，感情极深。渊明家于上京旧居，当然不止六载，不过在隆安四年庚子岁至义熙元年乙巳岁此六年中奔波仕途，最挂怀故居。多年后复还故居，就特别难忘往昔"六载"之经历，以及当年旧居的印象。

古《谱》说渊明旧居在栗里，元兴三年甲辰（404）由栗里迁往上京。至义熙六年庚戌（410），再由上京迁往南村。朱自清欣赏古直之说"最为得之"。其实，古《谱》关于渊明迁徙之说，疑问至少有三——所谓旧居于元兴三年由栗里迁往上京，羌无依据。此年刘裕为镇军将军，渊明服母丧而毕，做镇军参军，东下赴京口，有《始作镇军参军经曲阿作》，行役途中"心念山泽居",末了表达"终返班生庐"的归隐愿望。"山泽居""班生庐"即《庚子岁五月中从都还阻风于规林》二首中的"旧居"。"旧居"如此美好,而渊明此时行役不已,何故迁徙上京耶?依古《谱》,元兴三年甲辰春渊明母丧服满,起为建威将军刘敬宣的参军。那么,渊明这时也应在外行役。何暇迁居上京?此其一。

义熙元年乙巳(405)十一月,渊明辞官彭泽令,作《归去来兮辞》,描写他的居所是"三径就荒,松菊犹存"。明年,作《归园田居》五首,描写他的住宅是"方宅十余亩,草屋八九间。榆柳荫后檐,桃李罗堂前"。显然,渊明笔下的住宅乃是经营数十年的旧居,非是新居。若依古《谱》,元兴三年,即渊明弃官彭泽的上年由栗里迁上京,则《归去来兮辞》及《归园田居》所描写之宅,乃是迁徙不久的新居,能有"三径就荒,松菊犹存"的景象吗?此其二。

古《谱》说义熙六年庚戌(410),渊明由上京移居南村。何以在此年移居,古《谱》未有论证。其实庚戌岁移居之说,源于李注《戊申岁六月中遇火》诗,盖此时柴桑旧居遇火,故不得不移居也。但李注移居之年,不知其根据。古《谱》既然不信戊申岁(义熙四年,408)遇火,而据《江州志》所引陶集作"戊午",遂称于义熙十四年戊午(418)遇火。依古《谱》,义熙六年庚戌时,上京旧居完好无灾。既然在上京旧居"复得返自然",何故再迁往南村?显然,这是为了强解"六载去还归"句。古氏既已定元兴三年甲辰由栗里迁居上京,而家上京又是六载,故不得不定庚戌岁又迁徙也。此其三。

据以上所考,可得出下面结论:上京旧居在浔阳城附近,自隆安四年庚子至义熙元年乙巳,渊明时而奔波仕途,时而归家,此即"畴昔家上京,六载去还归"二句所指也。义熙四年戊申六月遇火,旧居尽焚,不久迁于西庐。义熙四年之前,渊明一直居于旧居。"六载去还归",非谓居于旧居仅六年也。盖奔波仕途六年,来去不定,记忆尤深刻难忘,故多年后再至旧居,特为言及也。

三、《还旧居》诗作于何年。

此诗作年与上面的"旧居""六载"两个问题密切相关。因理解不同，遂有多种说法。

一说作于隆安四年庚子（400）。李辰冬说："《庚子岁五月中从都还阻风于规林》诗说：'行行循归路，计日望旧居。'故知《还旧居》为同年所作。"[①] 按，李氏此说几无考证，仅仅因为《庚子岁五月中从都还阻风于规林》诗中有"计日望旧居"一句，便说《还旧居》诗也作于庚子岁。不思渊明庚子五月还旧居，难道所见景象是"履历周故居，邻老罕复遗"？难道面对的是一堆废墟，以至"步步寻往迹"？母亲、兄弟何在？再者，依李氏系年，庚子岁渊明二十九岁，却已有"常恐大化尽，气力不及衰"的晚年之叹。这也太不合情理了。

一说作于义熙元年乙巳（405）。吴《谱》谓渊明于义熙元年三月为建威参军使都之后，去官归浔阳旧居，故有《还旧居》诗。又吴《谱》以为渊明在京师居六年，六年之后，始回浔阳旧居。味其意，似乎自乙巳岁上溯庚子岁（400）此六年，一直在外做官，未曾回过旧居。如此理解，是有问题的。《庚子岁五月中从都还阻风于规林》诗、《辛丑岁七月赴假还江陵夜行涂口》诗、《癸卯岁始春怀古田舍》诗，证明渊明至少在庚子、辛丑（401）、癸卯（402）这三年中回过旧居。而在做彭泽令之前，渊明必定在浔阳旧居。所以，渊明为建威参军使都之后归家，看到的旧居必定如《归去来兮辞》所描写的景象，不可能是"邑屋一时非"的荒芜人烟。由此说明，《还旧居》诗绝不可能作于义熙元年，而是弃官多年之后的作品。

邓《谱》同吴《谱》，也说《还旧居》诗作于义熙元年乙巳三月至都之后，但"旧居"的位置恰好相反，称"旧居"指昔日寓居京师之宅。上文已考证此说存疑。邓先生据诗中"常恐大化尽，气力不及衰"二句，以及此诗编在《乙巳岁三月为建威参军使都》之后，以为《还旧居》诗是"乙巳三月

[①] 李辰冬：《陶渊明评论》，东大图书有限公司（台北）1975年版，第8页。

使都重访畴昔寓宅时所作"。① 得出此结论的两个依据虽不无道理，然"旧居"在京师的前提很难成立，所以这结论也难于取信。据邓文考证，渊明自隆安四年庚子离开京都，至义熙元年乙巳奉建威将军刘敬宣之命再次使都，其间仅隔六年，而所见景象已是邻老罕遗，往迹依稀。六年当然会有变故，但不致如此之速。

一说作于义熙七年辛亥（411）。李华《陶渊明还旧居诗系年》以为此诗与《和刘柴桑》诗皆作于义熙七年，诗中反映的是义熙六年卢循之乱造成的柴桑县城被破坏的情况；又说义熙七年从弟敬远卒，渊明安葬敬远，有柴桑之行，所谓城中"邻老罕复遗"，而旧居亦即《悲从弟仲德》诗中"衔哀过旧宅"之"旧宅"。② 按，江州为战乱频仍之地，并非仅仅遭到义熙六年卢循之乱，"阡陌不移旧"是农村最常见的自然变故。至于所谓从弟敬远安葬，渊明有柴桑之行，只是推测而已。关键是此诗作于义熙七年的结论实际上也经不起推敲。因为既然承认旧居是《庚子岁五月中从都还阻风于规林》诗言及的"旧居"，也就是《悲从弟仲德》诗"衔哀过旧宅"句所说的"旧宅"，那么也是《归园田居》诗描写的柴桑居所。此旧居于义熙四年戊申岁遇火。若《还旧居》诗作于义熙七年，则离遇火之年仅仅三载，"邑屋或时非"之景象或许有之，而"邻老罕复遗"之情景必然无。故渊明还旧居当在遇火之年多年之后。

一说作于永初三年壬戌（422）。古《谱》"永初三年"条说："《还旧居》诗云：'常恐大化尽，气力不及衰。'《礼记》曰：'五十始衰。'《论语》：'及其老也，血气已衰。'邢疏：'老谓五十以上。'诗曰'不及衰'，则作于此年前后可知也。"古直定此诗作于渊明四十七岁时。又解释"畴昔家上京"四句说："此谓由旧居迁于上京，六载之中，尚时往还，六载之后，再由上京迁于南村，时越十载始复来视，顿觉人民城郭一时皆非，故怆然而悲也。"按，古氏引《礼记》"五十始衰"，称此诗作于五十岁之前。此说可从。又说

---

① 邓安生：《陶渊明新探》，文津出版社（台北）1995年版，第102—103页。
② 李华：《陶渊明新论》，北京师范大学出版社1992年版，第53—58页。

渊明先居栗里旧居，次由栗里迁上京，再由上京迁于南村，越十载复来视旧居。其说虽有不少疑问，譬如栗里旧居的位置，上京何在，六载起讫时间，移居南村之年，等等，但称越十载后始复来视旧居，合情合理，较为可取。

　　细读《还旧居》诗，参以他诗，并参考诸家之说，大致确定此诗作于渊明近五十岁时。上京乃柴桑一地名，旧居即《归园田居》描写的住宅。"六载去还归"指义熙元年（405）之前奔波仕途，来去不定，自隆安四年庚子（400）冬为桓玄僚佐，至义熙元年（405）十一月归田，整整六年。义熙四年戊申（408）遇火之前，渊明一直家于上京旧居，唯做桓玄僚佐、镇军参军、建威参军、彭泽令这六年来去不定。旧居遇火后，又可能暂居"西庐"，至义熙十一年（415）移居南村。这期间不复至旧居。至义熙十三年（417）还旧居时，距遇火之年将近十载，遂有邑屋非旧，邻老罕遗之感，不禁忆及乙巳之前六载中来去旧居的经历。今暂系此诗于本年作。

　　《悲从弟仲德》诗约作于本年。

【考辨】

　　此诗作年很难确定。王瑶注："诗中开始就说'衔哀过旧宅'，则本诗当与《还旧居》诗为一时所作。今依之暂系于义熙十三年丁巳（417），本年渊明五十三岁。"杨《谱》与王瑶注略同。李华《陶渊明〈还旧居〉诗系年》以为《悲从弟仲德》诗与《和刘柴桑》诗、《还旧居》诗同作于义熙七年（411），"衔哀过旧宅"的"旧宅"就是"旧居"。[①] 可见前人皆以为《还旧居》诗中的"旧居"就是《悲从弟仲德》诗中的"旧宅"，然后依据前者的作年确定后者的系年。因缺乏资料，只能采用上述方法。前已考定《还旧居》诗作于义熙十三年，则本诗亦大致本年作。

晋安帝义熙十四年戊午（418）　　五十岁

　　正月，青州刺史沈田子害龙骧将军王镇恶于长安。六月，太尉刘裕始受

[①] 李华：《陶渊明新论》，北京师范大学出版社1992年版，第56、57页。

相国宋公九锡之命。左长史王弘为仆射，谢晦为右将军。十一月，赫连勃勃大败王师，雍州刺史朱龄石焚长安宫殿，奔于潼关。不久，大败被杀。十二月，刘裕杀晋安帝，立恭帝。（《晋书》卷一〇《安帝纪》《资治通鉴》卷一一八）

正月五日辛丑，渊明与邻曲游斜川，作《游斜川》诗。

【考辨】

《游斜川》诗是确定渊明享年的最重要资料。诗序曰："辛丑正月五日，天气澄和，风物闲美，与二三邻曲，同游斜川。临长流，望曾城，鲂鲤跃鳞于将夕，水鸥乘和以翻飞。彼南阜者，名实旧矣，不复乃为嗟叹。若夫曾城，傍无依接，独秀中皋，遥想灵山，有爱嘉名，欣对不足，率尔赋诗。悲日月之遂往，悼吾年之不留。各疏年纪乡里，以纪其时日。"诗云："开岁倏五十，吾生行归休。念之动中怀，及辰为兹游。气和天惟澄，班坐依远流。弱湍驰文鲂，闲谷矫鸣鸥。迥泽散游目，缅然睇曾丘。虽微九重秀，顾瞻无匹俦。提壶接宾侣，引满更献酬。未知从今去，当复如此不。中觞纵遥情，忘彼千载忧。且极今朝乐，明日非所求。"本来，根据诗序的"辛丑"及诗发端"五十"可以确定渊明的年纪，然正是在这两个地方有重要的异文："辛丑"一作"辛酉"，"五十"一作"五日"。袁行霈《陶渊明享年考辨》考察宋元几种最重要的陶集版本关于此诗的这两处异文，曾列一简表，以清眉目。[①] 兹将此表移录于下：

《东坡先生和陶渊明诗》"辛丑""五十"；

汲古阁藏《陶渊明集》"辛丑"（一作酉）"五十"（一作日）；

绍兴本《陶渊明集》"辛丑""五十"；

曾集本《陶渊明集》"辛丑"（一作酉）"五十"（一作日）；

汤汉《陶靖节先生诗注》"辛丑"（一作酉）"五十"（一作日）；

李公焕笺注《陶渊明集》"辛丑""五日"。

[①] 袁行霈：《陶渊明研究》，北京大学出版社1997年版，第223页。

据不同陶集版本的异文，遂有多种解释，迄今莫衷一是。择其要者有以下一些解释。

1. 王《谱》"隆安五年辛丑"（401）条从诗序"辛丑"，谓渊明年三十七，诗云"开岁倏五十"，作"五日"是。

2. 马永卿《嬾真子》卷一："世所传五柳集数本不同。谨按渊明乙丑生，至乙巳岁赋《归去来兮辞》，是时四十一矣。今《游斜川》诗或云辛丑岁，则方三十七岁；或云辛酉岁，则已五十七。而诗云'开岁倏五十'，皆非也。若云'开岁倏五日'，则正序所谓'正月五日'。言开岁倏忽五日耳。近得庐山东林旧本作'五日'，宜以为正。"

3. 葛胜仲《丹阳集》卷八："《游斜川》诗序云'辛丑正月五日，舆二三邻曲同游斜川'，诗云'开岁欻五十'，以纪年考之，辛丑乃隆安五年，渊明始三十七，若癸丑则义熙九年，渊明四十九，正与诗合，当以癸丑为正。"

4. 吴《谱》"宋高祖永初二年辛酉"（421）条说："别本作'辛丑'者，非是。先生年五十七。然诗云'开岁倏五十'，或疑是辛丑岁作，是年四十九，故言'开岁倏五十'。犹言来岁云耳。"

5. 张縯《吴谱辩证》说："先生辛丑《游斜川》诗言'开岁倏五十'，若以诗为正，则先生生于壬子。自壬子自辛丑，为年五十，迄丁卯考终，是得年七十六。"杨恪《年谱》说："此诗首言'开岁倏五十'，先生自纪年也。从此纪年则公当是永和八年壬子生，至此年为五十，乃大差异，一本'五十'作'五日'。然《陶苏唱和集》及余家旧藏坡公真迹，皆作'五十'字。今晋、宋书及萧统、李延寿传皆不取，莫详所谓。"

6. 陶《考》说："'五十'当从旧本作'五日'，不必改'丑'为'酉'为'亥'。"

7. 梁《谱》"宋永初二年辛酉"（421）条说："此诗为考先生年岁最主要之资料。因序中明言'各疏年纪，纪时日'，而序之发端明记'辛酉正月五日'，诗之发端云'开岁倏五十'。故辛酉年先生之齿五十，丝毫无疑议之余地也。后人所以不察者，则以俗本'辛酉'皆作'辛丑'，而诗句之'倏五十'又或作'五日'。先生卒于丁卯,即以《宋传》年六十三之说推算,则辛丑亦仅三十七岁,与'开岁五十'语不相容。俗子强作解事,见序有'正月五日'语,因奋臆改'五十'为'五日',殊不知'开岁倏五日,吾生行归休',此二语如何能相连成意?慨叹于岁月掷人者岂以日计耶?况序中明言'各疏年纪',若作'开岁五日',所疏年纪何在耶?"

8. 古《谱》"元嘉二年乙丑"(425)条说:"愚根据先生诗文,质定先生卒年五十有二,以乙丑五十推算他篇他岁,皆无不合。'辛丑'为'乙丑'之讹。"

9. 逯《系年》"义熙十年甲寅"(414)条说:"按辛酉岁,陶年五十七,辛丑岁,陶年三十七,与'五十'皆不合。原序应作辛酉。辛酉者,乃以干支纪日。"

10. 邓《谱》"义熙十四年戊午"(418)条受逯《系年》辛酉乃干支纪年说的启发,以为"辛丑"为干支纪日,"正月五日"当为作者自注(刘遗民作《誓愿文》,有"二十八日乙未"句,可以类推)。"根据陈垣《二十四史朔闰表》,义熙十年戊午(414)正月朔日为丁酉,下推初五,正为辛丑,与序文'辛丑正月五日'相合。诗发端云'开岁倏五十',以本年五十岁顺推至宋元嘉四年丁卯(427),得终年五十九岁。"

按,以上诸家的解读,归纳起来有五种:"辛丑""五十",一也;"辛丑""五日",二也;"癸丑""五十",三也;"辛酉""五十",四也;"辛酉""五日",五也。以下依次考辨之。

一、考察宋元陶集版本,"辛丑""五十"最具优势。此由上引杨恪《年谱》所谓"然《陶苏唱和集》及余家旧藏坡公真迹,皆作'五十'字"可知。但马永卿说:"近得庐山东林寺旧本,作五日,宜以为正。"① 可知东林寺旧本作"五日"。所谓东林寺旧本,苏轼《书渊明羲农去我久诗》一文曾言及:"余闻江州东林寺有《陶渊明诗集》,方欲遣人求之,而李江州忽送一部遗予,字大纸厚,甚可喜也。每体中不佳,辄取读,不过一篇,唯恐读尽

---

① (宋)马永卿《嬾真子》卷一,出版信息不详。

后，无以自遣耳。"① 可知苏轼常读庐山东林寺的《陶渊明诗集》。但苏轼《和陶游斜川》诗题下自注说："正月五日与儿子过出城游作。"诗说："虽过靖节年，未失斜川游。"这说明当年苏轼所读庐山东林寺旧本，渊明《游斜川》诗序作"正月五日"，诗作"开岁倏五十"，不作"开岁倏五日"。如此，马永卿说东林寺旧本作"五日"，似与苏轼所读的东林寺《陶渊明诗集》版本不同。抑东林寺有多种陶集版本耶？此事颇不可解。又苏过《小斜川引》说："渊明诗曰'开岁倏五十'，今岁适在辛丑，而余年亦五十，盖渊明与余同生于壬子岁也。"② 陆游也说："陶渊明《游斜川》诗自叙辛丑岁年五十，苏叔党宣和辛丑亦年五十，盖与渊明同甲子也。"③ 可见宋人多以为辛丑年渊明五十岁。除东林寺旧本作"五日"外，另有邵康节手抄陶集本，也作"五日"。周必大《跋向氏邵康节手写陶靖节诗》说："康节先生蕴先天经世之学，顾独手抄靖节诗集，是岂专取词章哉！盖慕其知道也……'开岁倏五十'或作'五日'，近岁祈宽谓'五十则与辛丑不合'，今康节直作'五日'，尚何疑焉？"④ 然朱熹怀疑所谓邵康节手抄陶诗是赝本："向芗林家藏邵康节亲写陶诗一册，……周丞相遂跋尾，以康节手书为据。……向家子弟携来求跋，某细看亦不是康节亲笔，疑熙、丰以后人写，盖赝本也。"⑤ 可见邵康节手写的陶集作"五日"也不足据。张縯《吴谱辩证》、袁《汇考》据"辛丑""五十"，得出渊明享年七十六的结论。

然辛丑年渊明五十岁，至元嘉四年终，享年七十六之说，与渊明的生平事迹与诗文抵牾处甚多。细读《游斜川》诗，当是渊明归隐后的作品。"开岁倏五十，吾生行归休。念之动中怀，及辰为兹游。"抒写来日无多，及时行乐的情怀。若如张縯、袁《汇考》定此诗作于隆安五年辛丑，按之渊明行踪，很难令人信服。在隆安四年庚子（400），渊明为桓玄幕僚，奉使入都，五月

---

① （明）毛晋：《津逮秘书》，《东坡题跋》卷一，江苏广陵书社2016年版。
② （清）鲍廷博编：《知不足斋丛书》，苏过《斜川集》，江苏古籍出版社2010年版。
③ （南宋）陆游：《老学庵笔记》卷七，中华书局1979年版。
④ （宋）周必大：《文忠集》卷一八，出版信息不详。
⑤ （宋）黎靖德：《朱子语类》卷一四〇，中华书局1986年版。

中从都还，阻风于规林（见《阻风于规林》诗二首）。揆之情理，渊明回浔阳与母亲及友于相聚一段时间后，必定重返荆州述职。陶《考》以为渊明庚子五月回故居，遂留浔阳逾年，明年辛丑正月有《游斜川》诗。这不过是猜测而已，无从证实。但犹可听之。最使人不解的是，一个年已半百的老者，既然在辛丑正月与二三邻曲游斜川，"悲日月之遂往，悼吾年之不留"，吟唱"且极今朝乐，明日非所求"，为何又在此年七月假期满后赴荆州任职？一边诉说行役的痛苦，一边眷念着田园（见《辛丑岁七月赴假还江陵夜行涂口》）。很难想象《游斜川》诗与《辛丑岁七月赴假还江陵夜行涂口》诗情绪完全不同，却作于同一年，而此年渊明已五十岁。

二、《宋传》、萧《传》皆言渊明于元嘉四年（427）卒，年六十三。若信《宋传》，则辛丑年渊明三十七岁，诗云"开岁倏五十"非是。"辛丑""五十"既抵牾难通，故王《谱》、丁《谱》，皆以为"五十"当作"五日"，马永卿《嬾真子》说："近得庐山东林旧本作'五日'，宜以为正。"李公焕注本索性作"辛丑""五日"，不列异文。杨《汇订》亦以"辛丑""五日"为是，以为"东林寺旧本，宜最可信"。但梁《谱》以为"五日"乃"五十"之臆改，"开岁倏五日，吾生行归休"此二语不能相连成意，"慨叹于岁月掷人者岂以日计耶？况序中明言'各疏年纪'，若作'开岁五日'，所疏年纪何在耶？"按，暂不论梁《谱》主五十六岁说，他解释诗序"各疏年纪"同"开岁五十"的内在文理，相当符合情理。

三、辛丑年渊明三十七，与"开岁倏五十"不合，故葛胜仲以为辛丑乃义熙九年癸丑，称此年渊明四十九，与诗"开岁倏五十"合。"四十九"明明与"五十"不合，葛说未免太牵强。

四、"辛丑"与"五十""五日"皆不能圆满，遂不得不从异文"辛酉"考虑。由"辛酉"产生两种结论，一是"辛酉""五十"，即辛酉年渊明五十岁；一是"辛酉""五日"，即辛酉年正月五日。前者如梁《谱》，即从"辛酉""五十"，说永初二年辛酉（421）渊明年五十岁，至元嘉四年卒，享年五十六。后者如吴《谱》，从"辛酉""五日"，说别本有作"辛丑"者非是，渊明是年五十七。但又疑心辛亥岁作，是年四十九，并释"开岁倏五十"，犹言来岁云耳。按，辛亥指义熙七年（411），据六十三岁说，此年渊明四十七，非四十九。既说诗作于辛酉，渊明五十七，又怀疑作于辛亥，可见吴《谱》混乱，而释"开岁"为"来岁"，亦不确。

五、无论"辛丑""五十""五日"，还是"辛酉""五十""五日"，都难与渊明年纪及行事相符，若从《宋传》渊明享年六十三岁说，辛丑岁年三十七，辛酉岁年五十七，此诗的解读几至困境。逯《系年》始有新解，谓"原序应作辛酉，辛酉者，乃以干支纪日"，而诗序"辛酉正月五日"误，据陈垣《二十史朔闰表》，义熙十年甲寅正月朔日为辛酉。逯氏提出三点证据：一是陶集凡有干支纪年各诗，皆编在卷三。若此诗干支原为纪年，应编入卷三，不应单独编在卷二。二是卷三各诗凡甲子纪年者，干支以下均以"岁"字承之。此诗各刻本都无"岁"字。三是渊明择孟春酉日游宴，又在五十岁时游集斜川，乃效石崇、王羲之等贵族行径。按，逯氏此解，有可取之处，如所谓证据之一和二。然逯《系年》说辛酉是正月朔日（正月初一），注此诗却说"应作正月五日辛酉"。则义熙十年甲寅正月辛酉究竟是朔日还是五日？可见逯氏立论混乱。

六、邓《谱》受逯《系年》辛酉为干支纪日之启发，谓诗序"辛丑正月五日"本不误，"正月五日四字当为作者自注"，并查陈垣《二十史朔闰表》，义熙十四年戊午（418）正月五日正为辛丑，与序文"辛丑正月五日相合，以本年五十岁推至元嘉四年丁卯（427），渊明终年五十九岁。然袁《汇考》反驳道："邓氏的推论不仅缺乏版本依据，难以成立，而且序文果真像他说的那样：'辛丑，天气澄和，风物闲美'，也不成文章了。"按，史书所见干支纪日，一般先书月份。如《晋书·武帝纪》"三年春正月癸丑""四年春正月辛未"，少见干支在前，具体月日在后，如"辛丑正月五日"者。邓《谱》为解释此问题，称"正月五日"四字当是作者自注，又举刘遗民作《誓愿文》有"二十八日乙未"句加以说明。袁《汇考》不以为然，称邓《谱》无版本依据，亦是据古书干支纪日的惯例立论。若"辛丑正月五日"作"正月五日辛丑",那就符合干支纪日的惯例,不致发生误解。猜想当年作者纪此时日,或偶尔草率,又未能最终审定。逯《系年》说陶集中凡是干支纪年者,干支以下均以"岁"字承之。此诗各刻本无"岁"字,非是纪年,而是纪日。这条理由可以成立。邓《谱》以为"正月五日"四字是渊明自注,此说自然经不起推敲。但在古今考释此诗的众多意见中,得出辛丑是义熙十四年戊午(418)正月初五,渊明终年五十九岁的结论,相比其他几种年寿说,较少矛盾,与渊明行事大体相符,故笔者采信之。

古今学者无不重视《游斜川》诗,盖在据此可考索渊明生卒年。晚近有台湾学者龚嘉英,以为此诗还隐含渊明的生日。此为前所未有之新说,应该作一介绍和评析。龚嘉英《陶渊明生日考》以为《游斜川》诗是"陶公生日之作",依据主要有两点:第一点,此诗序长,"且序中不但叙明正月五日,与邻曲同游斜川,又云:'悲日月之遂往,悼吾年之不留,各疏年纪乡里,以纪其时日。'玩其词意,若隐若显,极似垂老逢辰的口吻。且正月五日,并非节序,而靖节先生于此日游宴,长篇歌吟,必有其重大意义。第二点,诗首句云'开岁倏五日',此一'倏'字,即不知不觉又届生辰的语气。下承'吾生行归休',盖靖节此时已届五十七岁初度,晋室新亡,尤增感慨。语气与《归去来兮辞》中'感吾生之行休'一句,前后相同。下联云:'念之动中怀,及辰为兹游。'若非生辰,何以动中怀?何以动兹游?后段云:'提壶接宾侣,引满更献酬。未知从今去,当复如此否?'是靖节以主人身份,引满举觞,酬谢邻曲。又窃念苟全乱世,桑榆暮景,未知来年生日,仍能作此嘉会否"[①]?

按:龚氏以为"及辰为兹游"之辰为生辰,正月五日为渊明生日。然龚氏仅据此篇诗序较他篇为长,就推断"必有其重大意义",这不合逻辑。正月五日固非节序,但并不是非节序就一定不能游观。渊明与二三邻曲同游斜川,乃此日"天气澄和,风物闲美",为游目骋怀之良辰也。开岁即至五十,愈觉

[①] 孙守依:《陶潜论》,台北正中书局1978年版,第34页。据孙说,龚嘉英此文刊于《中华诗学》五卷六期,民国26年11月出版。

光阴之速、来日之短,此即"念之动中怀"。因"未知从今去,当复如此不",故"及辰为兹游"——行乐须及时也。及辰,谓到此时光(日子),非谓到了生日这一天。良辰美景,虽非生辰,何以就不能动中怀,不能动兹游之念?宋人韩维《南阳集》卷五《奉和兴宗腊日招宾浴普光》诗写年末腊日游览:"嘉腊世所用,况今以令休。吾侪三四人,及辰为兹游。兹游岂其远,东城大道周。松桧寒色静,台殿香气浮。振衣聊自洁,举觞复相酬。"其中"及辰为兹游"或许直接抄自《游斜川》诗句,"举觞复相酬"也全同"引满更献酬",可见及辰而游观,并非一定时逢生日。逢节气如腊日可,"风物闲美"之佳日亦可。龚氏的深思与创新精神固然可嘉,但论正月五日是渊明生日,似乎还缺乏有力证据。

最后考辨斜川何在。渊明与二三邻曲,同游斜川。斜川当离渊明居所不会太远。宋人骆庭芝《斜川辨》谓渊明居在栗里,位于归宗、灵汤二寺之间,有"渊明醉石"。又说《游斜川》诗序所说的"曾城",指落星寺。斜川临彭蠡湖。① 归宗、灵汤二寺皆在庐山南麓,落星寺则在彭蠡湖中。张玉谷《古诗赏析》卷一三以为斜川在南康府。《江西通志》卷一二《南康府》说:"曾城山在府城西五里,今谓之乌石山。晋陶潜《游斜川》诗序'临长流,望曾城'即此。"蒋薰评《陶渊明集》卷二则说:"序中南阜,旧注匡庐山,则曾城当在庐山北。"按,渊明居处数迁,皆距浔阳城不远,疑斜川在庐山西北。千年沧桑之变,早已难寻其地,笔者疑斜川方位,也是猜度而已。关于"曾城"其地,一说落星寺,一说乌石山,皆在庐山南。逯钦立注则谓指庐山之北的鄣山,证据之一是"晋庐山诸道人《游石门》诗云:'褰裳思云驾,望崖想曾城。'目鄣山为曾城,与此诗同"。按,《游斜川》诗序说:"鄙南阜者,名实旧矣,乃不复为嗟叹。"意思是说,庐山声名早有了,不再赞叹。若鄣山本在庐山诸峰中之数,就不在咏叹之列。故逯注恐非是。邓《谱》则以为曾城指浔阳城,并举《世说新语·言语篇》所载顾恺之目荆州城曰"遥望曾城,丹楼如霞"为证。疑此说亦非。盖此诗序状曾城"傍无依接,独秀中

---

① 明刻本《陶渊明集》附录下引,转引自《陶渊明资料汇编》下册,第60、61页。

皋"之后，即"遥想灵山，有爱佳名"。灵山，谓神仙所居昆仑山。可见曾城乃山，非是城楼。诗又说："虽无九重秀，顾瞻无匹俦。"意谓虽无昆仑之灵秀，但顾瞻四周之山峰，无有与之相匹者。若曾城指高城，则"匹俦"两字便无着落。须"曾城"是山，且灵秀独绝于他山，方可称"灵秀无匹俦"也。故鄙意疑曾城乃庐山西北之一山。

王弘为江州刺史，以酒邀渊明。

《宋书》卷四二《王弘传》："十四年迁监江州豫州之西阳、新蔡二郡诸军事、抚军将军、江州刺史。"《宋传》："江州刺史王弘欲识之，不能致也。潜尝往庐山，弘令潜故人庞通之赍酒具于半道栗里要之。"

《九日闲居》诗作于本年或明年。

【考辨】

此诗皆以为是渊明晚年之作，但具体作于何年众说不同。

1. 王《谱》"元熙元年己未"条："君年五十五。王休元为江州，自造不得见，遣其故人庞通之等赍酒，于半道栗里要之，即引酌野亭。休元出与相见，极欢竟日。尝九日把菊，无酒，休元饷之。有《九日闲居》诗，所谓'秋菊满园，时醪靡至'，当是未获所遣。"

2. 杨恪《年谱》："宋武帝元熙二年（420），公年五十七，九月刘裕杀零陵王，先生以先世为晋宰辅，内怀忠愤，此篇'空视时运倾'之句，皆感兴亡之作也。"

3. 王瑶注引《宋书·陶潜传》江州刺史王弘送酒之记载，以为王弘为江州刺史始于义熙十四年，此诗作于王弘任职的第二年即晋恭帝元熙元年己未（419）。

4. 逯《系年》"义熙十四年戊午"条："按《世说新语》注引《续晋阳秋》曰：'陶元亮九月九日无酒，宅边东篱下菊丛中摘盈把，坐其侧。未几，望见白衣人至，乃王宏送酒也。即便就酌，醉而后归。'所记与此诗合，姑系之于此。"

5. 李辰冬说《九日闲居》诗作于宋文帝元嘉二年乙丑（425）："萧统《陶传》说：'尝九月九日出宅边菊丛中坐，满手把菊，忽值弘送酒至，即便就酌，醉而归。'王弘是上年冬认识陶渊明的，可能于本年九月九日送酒。《宋书·王弘传》说：'弘以义熙十四年迁抚军将军江州刺史。在州七年，宋文帝元嘉二年始迁去。'如果送酒，当在此年。"① 李华也说《九日闲居》诗作于元嘉二年："《宋传》：'（延之）临去，留二万钱与潜，潜悉送酒家，稍就取酒。尝九月九日无酒，出宅边菊丛中坐久，值弘送酒至，即便就酌，醉而后归。'则诗是弘送酒以前作也。"②

6. 《邓谱》"晋恭帝元熙元年己未"条："按《宋传》、萧《传》《南传》云：'尝九月九日出宅边菊丛中坐，久之，满手把菊，忽值弘送酒至，即便就酌，醉而归。'《九日闲居》诗序：'余闲居，爱重九之名，秋菊盈园，而持醪靡由，空服九华，寄怀于言。'王弘送酒或属事实。考《宋书·王弘传》，弘为江州刺史在义熙十四年，然不记何月。《宋书·武帝纪》义熙十四年六月，刘裕受相国、宋公、九锡之命，以相国左史王弘为尚书仆射，又《王弘传》载其为尚书仆射期间，尝奏免谢灵运相国左卫率之官，则王弘就任江州或在其年冬。此诗作于九月九日，其中又有'持醪靡由，空服九华'等语，是作诗与王弘非属一时，送酒当在晋恭帝元熙元年以后。而《九日闲居》诗云：'如何蓬庐士，空视时运倾。'明为晋祚将移而发，其作于易代前夕无疑。宋武帝禅代在明年六月，故诗当作于本年。"

按，据《宋书·武帝纪》，王弘做江州刺史，最早当在义熙十四年六月之后。王弘至州后，闻渊明之名欲结识之，故有可能于此年九月九日送酒渊明。若王弘于其年冬至江州，则如邓《谱》所云，送酒当在晋恭帝元熙元年（419）之后。今暂系于本年。

---

① 李辰冬：《陶渊明评论》，东大图书有限公司（台北）1975年版，第28页。
② 李华：《陶渊明新论》，北京师范大学出版社1992年版，第38页。

张野卒。

《莲传》载:"张野,字莱民,居浔阳柴桑,与渊明有婚姻契。""义熙十四年,与家人别,入室端坐而逝,春秋六十九。"

《杂诗》前八首或作于本年。

【考辨】

王瑶注:"按诗十二首中前八首辞意一贯,内容多叹息家贫年衰,及力图自勉之意,当为晚年所作。第六首中说:'昔闻长老言,掩耳每不喜。奈何五十年,忽已亲此事。'渊明五十岁时当晋安帝义熙十年甲寅(414),前八首当为这一年所作。其余四首多咏旅途行役之苦,另系于晋安帝隆安五年辛丑(401)。"王瑶注将《杂诗》十二首分为二组,前八首为晚年作,后四首为隆安五年作,符合渊明生平行止,学者多信从之。唯袁《汇考》因持渊明享年七十六岁说,称渊明"五十余岁正是行役最苦之时,前八首与后四首恰好时间吻合,不必勉强分作两处。由此亦可证明渊明之享年正是七十七岁",于是说《杂诗》十二首作于义熙元年乙巳(405),渊明年五十四岁。

按,据袁《汇考》,义熙元年为刘敬宣上表解职,作《乙巳岁三月为建威将军使都经钱溪》诗,八月为彭泽令,十一月自免职,作《归去来兮辞》,归隐田园。然读《杂诗》前八首,多叹年衰家贫,明是归隐多年之后的思想情绪,与义熙元年奔走仕途时完全两样。例如《杂诗》其二说:"日月掷人去,有志不获骋。念此怀悲凄,终晓不能静。"有感岁月流逝,年轻时有志不能实现,老来悲凄而已,表现的显然是老年情怀。若作于义熙元年,渊明尚在奔走仕途,何来"日月掷人去,有志不获骋"之感叹?第四首说:"丈夫志四海,我愿不知老。亲戚共一处,子孙还相保。觞弦肆朝日,樽中酒不燥。缓带尽欢娱,起晚眠常早。孰若当世士,冰炭满怀抱。百年归丘陇,用此空名道。"此诗满篇抒写子孙相保、知足常乐的老来情怀,讥笑"冰炭满怀抱"的当世之士,绝非尚在仕途时所作。《杂诗》其六:"昔闻长老言,掩耳每不喜。奈何五十年,忽已亲此事。"此四句证明作此诗渊明年已五十。袁《汇考》称

"昔闻"指童年所闻，此时四五岁，四五岁再加五十年，得出五十四的结论，以为渊明作《杂诗》时五十四岁。其计算方法之不科学本书前面已言及。又此诗后面说："有子不留金，何用身后置。"亦可证明此时渊明已归隐有年。

《杂诗》九、十、十一皆咏叹行役之苦，内容与前八首差异极大，王瑶注分为两处，这样处理是正确的。而袁《汇考》以为前八首与后三首皆作于义熙元年。很难设想，渊明一边经历行役之苦，一边咏唱自己的年衰。将两种内容极不协调的作品放在一起，称作于一时，结果处处窒碍，难免尴尬。

《岁暮和张常侍》诗约作于本年。

【考辨】

陶注谓张常侍当即张野，但又疑"野以义熙十四年卒，题不应云和。详味诗意，亦似有哀挽之词，或'和'当作'悲'。又野族子张诠，亦征常侍，或诠有挽野之作，而公和之耶"？按，张野既卒于是年，而岁暮仍有和张野之作，似不大有此可能，陶注所疑是。

《和胡西曹示顾贼曹》诗或亦作于本年。

【考辨】

杨《汇订》以为此诗作于晋安帝元兴二年癸卯（403）五月，说："此为比兴之诗，感物吟志，特多愤慨之词。诗云：'重云蔽白日'，又曰'晔晔荣紫葵'，皆指晋室而言。又曰'当奈行复衰'，其时大臣飞扬，中央权力沦丧，故有行复衰之感。盖作于晋室将衰未亡之际也。"杨氏以比兴解读此诗，以为诗中的景物描写皆指晋室而言。其实诗人感紫葵由荣复衰，不过是抒写"感物愿及时"之伤感，与世事无关。由此情绪判断，此诗当是晚年之作。诗云："感物愿及时，每憾靡所挥。悠悠待秋稼，寥落将赊迟。"知渊明此时常无酒可饮，又乏粮。参以《九日闲居》诗序"秋菊盈园，而持醪靡由"等语，暂定此诗与《九日闲居》诗同年作。

晋恭帝元熙元年己未（419）　　　　五十一岁

正月，改元。征刘裕还朝。七月，宋公刘裕受进爵为王之命。八月，移镇寿阳，以刘怀慎为督淮北诸军事、徐州刺史，镇彭城。九月，宋王裕自解扬州牧。十二月，刘裕加殊礼，进王太妃为太后，王妃为太后，世子为太子。（《宋书》卷二《武帝纪》《资治通鉴》卷一一八）

晋恭帝元熙二年宋武帝永初元年庚申（420）　　　　五十二岁

六月，刘裕篡晋，称宋，废晋恭帝为零陵王，改元永初。八月，荆州刺史宜都王刘义隆进号镇西将军。（《晋书》卷二〇《恭帝纪》《宋书》卷二《武帝纪》）

秋，作《于王抚军座送客》诗。

【考辨】

此诗作年有异说。

1. 李注、陶注等说此诗作于宋武帝永初二年辛酉（421）。李注："按《年谱》，此诗宋武帝永初辛酉秋作也。《宋书》：'王弘字休元，为抚军将军、江州刺史，庾登之为西阳（今黄州）太守，被征还，谢瞻为豫章（今洪州）太守，将赴郡，王弘送至湓口（今浔阳之湓浦），三人于此赋诗叙别。是必休元邀靖节预席饯行，故《文选》载谢瞻即集别诗，首章纪座间四人。'"陶注引李注后加按语云："今《文选》瞻序仅纪三人，无先生名字，岂宋本有之，今本夺去耶？《资治通鉴》永初二年，谢瞻为豫章太守，则此诗决当作于是岁，明年则瞻死矣。"解释《文选》谢宣远诗序所记只有王弘、庾登之、谢瞻自己三人，没有渊明名字，可能是宋本有，而今本脱落了。王瑶注、逯《系年》皆以为作于永初二年（421）。

2. 杨恪《年谱》："恭帝元熙元年己未，公年五十五，作《于王抚军座送客》，有'爰以践霜节，登高饯将归'之句。"

3. 古《谱》"永初二年辛酉"条亦有与陶注同样的怀疑，说："李注殆全袭《文选》注，但此诗所纪，止休元、登之及瞻自己，李云四人，误也。"

4. 丁《谱》说作于义熙十四年戊午（418）。

5. 李辰冬说作于元嘉元年（424），并称李注不确，《文选》谢宣远《王抚军庾西阳集别时为豫章太守庾被征还东》诗与陶渊明《于王抚军座送客》诗不是一时之作。又说渊明所送客非谢瞻与庾登之，而是庞参军，证据如下："上边讲陶、庞的再遇是在冬季，这首诗的背景是冬季；陶、庞是'庞卫军参军从江陵使上都过浔阳'时（见四言《答庞参军叙》）再见的，而庞氏'为卫军使江陵又从江陵使上都'（据陶澍考），这是回上都，所以诗说'登高饯将归……'，'目送回舟远'，也祇有与庞参军离别才足以说：'离言聿云悲……逝止判殊路，旋驾怅迟迟。'"①

按，《文选》卷二〇谢宣远《王抚军庾西阳集别时为豫章太守庾被征还东》一首，李善注："沈约《宋书》曰：'王弘为豫州之西阳、新蔡诸军事、抚军将军、江州刺史。庾登之为西阳太守，入为太子庶子。'集序曰：'谢还豫章，庾被征还都，王抚军送至溢口南楼作。'"李善又注："瞻时为豫章太守。"证以谢宣远诗，渊明《于王抚军座送客》诗所写，即王弘邀渊明饯送谢瞻和庾登之事。古《谱》、李辰冬以为谢瞻诗所纪，只是休元、登之及瞻自己，而李注云"首章纪座间四人"为误。王叔岷《陶渊明诗笺证稿》则说："谢诗'方舟新旧知'，李善注：'旧知，庾也。'新知，盖为陶公。则谢诗所纪，实休元、登之、陶公及瞻自己四人。"王氏所言乃据《文选》胡刻本。谢诗"方舟新旧知"句，《文选》六臣注本、《古诗纪》《古诗镜》诸本均作"方舟析旧知"。《胡氏考异》卷四《王抚军庾西阳集别诗》"方舟新旧知"句下注："袁本、茶陵本'新'作'析'是。"故"新"当作"析"。李善注这一句说："旧知，庾也。"若作"新"，李善不会不注。这可证明李善所见，即"方舟析旧知"。析，分开，离散也。由此看来，王氏据"方舟新旧知"句称"新知"为陶公就有问题。而陶《考》、古《谱》说《文选》谢宣远诗序止记王弘、庾登之、谢瞻自己三人，无渊明名字，李注不确。这符合谢诗的事实。

---

① 李辰冬：《陶渊明评论》，东大图书有限公司（台北）1975年版，第25、26页。

谢诗序确实仅记三人，诗中"旧知"指王抚军、庾西阳，则谢诗与渊明《于王抚军座送客》诗是否同记一事？王抚军送客，别筵间有否渊明？以上二点遂成疑问。鄙意以为谢诗虽不记渊明之名，但二诗同记一事仍有可能。盖二诗所记皆是王抚军送客，则王抚军饯送谢瞻、庾登之时，邀渊明预席并非一无可能。至于谢诗仅记三人，不记渊明，因为王抚军、庾西阳乃是"旧知"，而渊明虽为王抚军所邀，终究是隐士，又是初识，不记也不是不合情理。反观渊明之作，诗题仅记王抚军，诗中止写别离之意，毫不涉及席间客人。因谢、庾两人初交，非是"旧知"，况"逝止判殊路"，仕隐殊途。故鄙意以为谢诗止记三人，不及渊明，此疑问犹可解释。

据《宋书·武帝纪》《资治通鉴》卷一一九，元熙元年十二月，宋王刘裕世子义符为太子，永初元年八月，立太子义符为皇太子。可知庾登之被征入都时间，或在元熙元年十二月，或在永初元年八月之后。此诗首二句说："秋日凄且厉，百卉具已腓。""秋"虽或作"冬"，然此二句由《诗·小雅·四月》"秋日凄凄，百卉俱腓"变化而来，下又接以"爰以履霜节"，"履霜节"指九月（《诗·豳风·七月》："九月肃霜。"），由此大体可确定此诗作于秋日，且必在永初元年八月后。

李辰冬说王抚军送客之客乃庞参军，此说既与史实不符，亦与他本人的考证抵牾。据《宋书》卷三《武帝纪》：永初三年（422）春正月，"抚军将军、江州刺史王弘进号卫将军、开府仪同三司、太子詹事"。《宋书》卷四二《王弘传》同。故可确定，《于（於）王抚军座送客》诗必定作于永初三年之前，王弘在浔阳，为抚军将军，江州刺史。李氏既称王弘于永初三年入朝，庞参军乃作王弘卫军参军，又说渊明四言《答庞参军》诗作于宋文帝元嘉元年（424），与《于王抚军座送客》诗同时作。然不论永初三年或元嘉元年，王弘已入朝进号卫将军，何来王抚军在浔阳送庞参军之事？李氏又说庞参军即《宋传》中王弘欲识渊明，乃令故人庞统通之赍酒于半道栗里要之的那个庞通之。此说误甚。庞参军是渊明结识仅二年的新交，而庞通之乃渊明"故人"，非是一人。李氏又说："庞通之既赍酒具半道栗里要之，一定得有藉口，很有可能就是声言王弘给他饯行，所以王弘来'亦无忤也'。"① 真是越说越离奇，不值一驳。

《读史述九章》约作于本年。

【考辨】

吴《谱》"恭帝元熙二年庚申"条说："《读史述九章》自注曰：'余读《史记》，有所感而述之。'首章述夷、齐云：'天人革命，绝景穷居。采薇高歌，慨想黄虞。'二章云：'去乡之感，犹有迟迟。矧伊代谢，触物皆非。'当是革命时作。"按，《读史述九章》第八章说："《易》大随时，迷变则愚。介介若人，特为贞夫。"所写亦是易代之感，故当作于刘裕篡晋之际。今暂系于本年。

《拟古》九首约作于本年或稍后。
【考辨】

古今学者多以为《拟古》九首是晋宋易代后作品。刘履《选诗补注》卷五说："凡靖节退休后所作诗，类多悼国伤时托讽之词，然不欲显斥，故以拟古、杂诗等目名其题云。"黄文焕《陶诗析义》说《拟古》九首"专感革运，最为明显，与他诗隐语不同"。丁福保编纂《陶渊明诗笺注》卷四引程穆衡说："大旨值运倾而慕节义，悼彼反覆而事人者，其荣华必不可久，而己之志节，亦无望人之知也。所以苏氏于《史述九章》，谓'去之五百岁，吾犹识其意'。呜呼，我于此诗，非亦有见于此夫！"

然《拟古》九首究竟作于何年，前人考证各有不同。梁《谱》据诗中"饥食首阳薇，渴饮易水流"，"自从分别来，门庭日荒芜"，"兰衰柳亦枯，遂令此言负"，"枝条始欲茂，忽值山河改"等句，以为"皆感慨沧桑之微言，其为易代后作品无疑"。系于宋武帝永初三年壬戌（422）。古《谱》据

---

① 李辰冬：《陶渊明评论》，东大图书有限公司（台北）1975 年版，第 26、27 页。

元熙二年六月，刘裕奉晋恭帝为零陵王之史实，赞同黄文焕对于《拟古》第二首"闻有田子泰，节义为士雄"二句的解释，称是元亮寄慨于田子春，系《拟古》诗作于宋武帝永初元年（420）。逯《系年》同。王瑶注据刘裕篡宋的史实，以为此诗作于永初二年（421）。

李长之一反旧说，以为《拟古》九首作于桓玄覆灭之年。他说："桓玄的失败，陶渊明是一定会很惋惜的。他的《拟古》诗最后一首这样说：'种桑长江边，三年望当采；枝条始欲茂，忽值山河改。柯叶自摧折，根株浮沧海；春蚕既无食，寒衣欲谁待！本不植高原，今日复何悔。'此中有'忽值山河改'一语，可知必为政治诗无疑。它的意义有很多可能，或指孙恩，或指收复失地，或指桓玄。黄文焕则说是指恭帝。我们却认为惋惜桓玄的可能为最大。'种桑长江边'说桓玄的政权建自江陵，"三年望当采"正是指桓玄从入京到失败之年，'忽值山河改'是指刘裕把桓玄消灭了。'本不植高原'是说桓玄的建国太鲁莽，不够稳固。总之，这是指一个倏起倏灭的政权，本来还给人们带来一些希望的，但基础不稳，两三年失败了，于是人们像靠桑叶吃食的蚕一样，桑树完了，蚕也有绝粮之虞了。这只有桓玄的政权是符合的。"[①]

按，《拟古》九首所咏非一。有感慨交道衰薄者，如第一首；有赞赏节义者，如第二首；有寄托念旧不弃旧者，如第三首；有感叹荣华难久者，如第四首、第七首；有赞美古代贫寒守节之士者，如第五首；有感慨托身非所者，如第九首。所咏的情感内容繁多，有些如感慨交道衰薄及荣华难久，确实很难同晋宋易代联系起来。这可能是九首诗并非一时所作，而最后编在一起。与时代变迁似乎有关系的是第二首、第三首、第九首。第二首说："闻有田子泰，节义为士雄。……不学驱驰子，直在百年中。"田子泰在汉末董卓之乱时，奉幽州牧刘虞之命奔赴长安，问天子行在。渊明以为田子泰是节义之士，风概传无穷于后世。永初元年（420），刘裕废晋恭帝为零陵王，世人纷纷趋附，再无田子泰那样的人物，坚持节义，问晋帝行在。故曰"斯人久已死"，并斥责趋炎附势者为"驱驰子"。第三首以新来燕春回先巢为喻，隐蔽地表达

[①] 李长之：《陶渊明传论》，天津人民出版社2007年版，第57页。

不肯背弃晋室的态度。第九首"忽值山河改"句，显然写易代之变，李长之据此说"必为政治诗无疑"，甚是。但他以为渊明是惋惜桓玄篡晋的失败。这种说法恐怕与渊明的政治立场不符。假若渊明惋惜桓玄的失败，就不会在刘裕高举义旗讨伐桓玄时，觉得时机已到，离开田园做镇军将军参军。故"忽值山河改"还是指晋宋易代比较妥当。《陶诗程传》以为此诗中的柯叶枝条，是指司马休之事。义熙八年（412），晋宗室司马休之做荆州刺史，义熙十一年（415），刘裕发兵讨休之。休之上表罪刘裕，举兵讨伐。兵败，出奔后秦。至此，晋室彻底丧失兵权，山河实已易主。《拟古》第九首或许即咏此事。

又吴国富以为《拟古》九首全为周续之而作："晋宋异代之际，与陶渊明同称'浔阳三隐'的周续之，中道改节，追随刘裕集团。陶渊明感慨良深，作《拟古》九首以劝导之。"[①] 按，新朝建立之始，变节投靠者纷然满目，唯恐落于人后，这是历史的常态。渊明既然于晋宋易代之际感慨良多，作《拟古》九首以抒写之，则不可能这九首诗全为周续之而发。如第一、第三首感慨交道衰薄，或许与周续之改节有关。但如第二首赞誉古代义士田子泰；第四首感叹功名富贵，终究皆归于寂寞空无；第七首感伤美好短暂，人生不永。凡此，实在很难说与周续之有关。

如前所言，这组诗所咏内容不一，可能不是一时所作。今索解其中可能与时事有关的几首诗，并据此考订其写作年代。今暂系于本年。

宋武帝永初二年辛酉（421）　　　　五十三岁

初，晋恭帝为零陵王，以张祎为郎中令。刘裕以祎乃帝之故吏，封毒酒一罂授张祎，使鸩零陵王。祎自饮而卒。九月，裕使兵人意被掩杀零陵王。（《资治通鉴》卷一一九）

作《述酒》诗。

[①] 吴国富：《拟古九首与周续之》，《九江学院学报》2005年第2期。

【考辨】

此诗词意隐晦，宋韩子苍、汤汉始考释其意，以为乃有感于刘裕杀晋恭帝而作。韩子苍说："余反复《述酒》诗，见山阳旧国之句，盖用山阳公事，疑是义熙以后，有所感而作，故有'流泪抱中叹'、'平王去旧京'之语。"①汤注："晋元熙二年六月，刘裕废恭帝为零陵王。明年，以毒酒一罂授张祎，使鸩王。祎自饮而卒。继又令兵人逾垣进药，王不肯饮，遂掩杀之。此诗所为作，故以酒命篇也。诗辞尽隐语，或观者弗省，独韩子苍以'山阳下国'一语，疑是义熙后有感而赋。予反复详考，而后知决为零陵哀诗也。因疏其可晓者，以发此老未白之忠愤。"古《谱》"永初二年辛酉"条曰："是年九月宋武帝遣兵逾垣弑零陵王于内室。《述酒》诗，汤汉谓'决为零陵哀诗'，其说曰（略）。按，事见《晋书·忠义传》。愚考之良是。"② 按，汤注所言是。此诗当作于永初二年九月晋恭帝被杀之后。

《咏三良》《咏二疏》《咏荆轲》三诗约作于本年。

【考辨】

渊明咏史诗（包括咏怀诗）因不记作年，所以很难确切考定具体年份，只能根据诗中所咏之事及寄托的感情，大致确定其写作年份。前人多以为此三诗作于渊明晚年。如邱嘉穗《东山草堂陶诗笺》说："咏二疏去位，所以自况其辞彭泽而归田也。咏三良从死，所以自伤其不得从晋恭帝而死也。咏荆轲刺秦，所以自伤其不得讨刘裕篡弑之罪也。东坡《读史述九章》而曰：'去之五百余载，吾犹识其意也。'余于是三诗亦云。"王瑶注："三诗中二疏取其见机归隐，三良取其与君主同死，荆轲取其为主复仇的侠义精神，而尤钟情于荆轲。三诗诗体皆相同，内容又互相阐发，当为一时之作。其中《咏三良》一首当为悼张祎不忍向零陵王进毒酒，而自饮身死一事。因知这三诗都作于

---

① 吴仁杰：《陶靖节先生年谱》"恭帝二年庚申"条下引，许逸民校辑《陶渊明年谱》，中华书局1986年版，第21页。
② 古直：《陶靖节年谱》，许逸民校辑《陶渊明年谱》，中华书局1986年版，第208页。

永初二年（421）以后。今暂系于宋废帝景平元年癸亥（423），本年渊明五十九岁。"

然亦有以为作于早年者。李辰冬以为《咏三良》《咏荆轲》作于渊明早年，是二十岁左右的作品。"《拟古》诗说：'少时壮且厉，抚剑独行游……饥食首阳薇，渴饮易水流。'（第八首），《咏三良》《咏荆轲》二诗正是表现少时心胸。一则说：'弹冠乘通津，但惧时我遗。服勤尽岁月，常恐功愈微。'再则说：'雄发指危冠，猛气冲长缨。饮饯易水上，四座列群英。'都是'壮且厉'的胸怀。"遂系《咏三良》《咏荆轲》二诗于晋武帝太元十七年壬辰（392）渊明时年二十岁。①邓《谱》"元兴二年癸卯"（403）条下说："《咏二疏》《咏三良》《咏荆轲》或作于本年冬。……今观渊明暮年所作，情绪颇为消极，不当有《咏荆轲》之'金刚怒目'诗。《咏三良》云：'君命安可违。'于秦穆亦三良殉葬亦颇有微词，且其诗题又为魏晋文人所习用（曹子建、王粲、阮瑀等均有所作），与张祎自饮毒酒事亦颇不相涉。《咏二疏》取二疏见机归隐，乃元兴、义熙之际渊明心迹，若宋受禅以后，其去彭泽归田已二十年，方始津津乐道于吟咏二疏见机归隐，于情理似亦难通。今按桓玄之篡，渊明正居母忧。安帝被废为平固王，迁于浔阳，浔阳乃渊明家乡，其时渊明又值壮年，'猛志逸四海'，其于桓玄之篡与安帝之废迁，固不能无动于衷。然彼既无三良之忠，又乏荆轲之勇，虽高尚其节义，而不能效法其行事，唯有取二疏见机归隐，不辱其志而已。细味三诗，其托古述怀，略与《癸卯岁十二月中作与从弟敬远》旨趣相同，疑即作于同时。"②魏正申说《咏二疏》作于太元九年（384），陶渊明二十岁，并称："这是一首托言古人述己之怀的诗篇。淝水之战胜利后的喜悦，使心怀进取之意的陶渊明，对前途充满了浪漫想象。借托二疏这两位历史人物的事迹为自己编织设计的人生三部曲：首先是进入仕途而'功成'；然后是'功成者自去'，退居林下；最

---

① 李辰冬：《陶渊明评论》，东大图书有限公司（台北）1975年版，第5—6页。
② 邓安生：《陶渊明新探》，文津出版社（台北）1995年版，第202页。

后是'放意乐当年',全诗活画了诗人二十岁时的思想情绪。"①

按,以上两种解读,鄙意以为前者比较可取。古人咏史,实为咏怀,非漫咏史事。咏二疏功成去位,以自况彭泽而归。如此解读最为通达。若渊明方二十岁,尚未仕宦,而其时壮怀激烈,有建功立业之志,却咏二疏功成身退,"促席延故老","放意乐余年",虽说非绝对不可能,但总觉不太合乎情理。《咏二疏》诗末说:"其云其人亡,久而道弥著。"称赞二疏之道不亡而弥著,显然有敬仰仿效之意。若渊明二十岁,不应有此种情怀。至于魏正申说《咏二疏》是淝水之战后年轻的渊明"自己编织设计的人生三部曲",这样的解读纯属臆说或"戏说",难以采信。邓《谱》谓此三诗与刘裕篡晋无关,然以为同桓玄篡晋有关,称渊明"既无三良之忠,又乏荆轲之勇,虽高尚其节义,而不能效法其行事,唯有取二疏见机归隐,不辱其志而已"。其说也牵强。晋安帝元兴二年癸卯(403),渊明在家守母丧。十二月,桓玄篡晋,以安帝为平固王。渊明固然愤慨桓玄篡晋,但若以为他感慨当世无三良之忠,乏荆轲之勇,盼望有人刺杀桓玄,此说实无法证实。渊明《癸卯岁十二月中作与从弟敬远》诗说:"平津苟不由,栖迟讵为拙。"诚有隐居之意。但第二年就离开田园,东下京口做刘裕参军。实在很难想象渊明不久前还在赞美二疏功成身退,说是"谁云其人亡,久而道弥著",言犹在耳,却急匆匆又奔波仕途。

此三诗从其表达的情感判断,作于归隐后的可能性较大。前人多以为作于晋宋异代之际,如刘履《选诗补注》说《咏荆轲》诗:"此靖节愤宋武弑夺之变,思欲为晋求得如荆轲者往报焉,故为是咏。观其首尾句意可见。"但章炳麟手批《陶渊明集》,以为《咏荆轲》《读山海经》情辞激烈,乃是渊明个性所致,与晋宋易代无关。他说:"靖节以长沙裔孙,系心典午,固其情也,而说者乃以荆轲之咏、刑天之篇(笔者注:指《读山海经》其十),谓其志在复兴,是亦妄论……必欲效荆轲揕以匕首,此则拂以物情矣。大抵性情所至,平易者不能无慷慨,彼但能咏荆轲、《山海经》而已,于晋宋之事何

---

① 魏正申:《陶渊明探稿》,文津出版社1990年版,第43页。

与焉。"此说固为通达。荆轲刺秦为激烈之事，渊明为慷慨之人。慷慨之人读激烈之事，自会悲壮淋漓，情见乎辞。但"其人虽已没，千载有余情"二句，显然可见诗人咏唱荆轲，感情是不忘当世的。刘履说"观其首尾句意可见"，意谓此诗首尾句意是情系当世，确实言之成理，唯三诗作年难于确知。前定《读史述九章》作于恭帝元熙二年庚申，而《史述九章》序云："余读《史记》，有所感而述之。"《咏荆轲》《咏二疏》《咏三良》很有可能也是读史有感而作，与《读史述九章》或作于同时。今暂系于本年。

《与子俨等疏》约作于本年。

【考辨】

先论此疏的命意，大致有两种说法。一种以为是临终遗嘱或遗训。一种以为是晚年诫子，非临终遗命。前者如苏轼、邱嘉穗、梁启超等。邱嘉穗《东山草堂陶诗笺注》卷五说："此疏是临终遗言，与祭挽诸诗文同一纪笔。"梁《谱》说："《与子俨等疏》，当属末命。"后者如沈约、郑文焯等。《宋传》说："与子书以言其志，并为训诫。"郑文焯说："此当与康成公诫子文参观。"[①] 游国恩《陶潜年纪辨疑》也否定此文是遗嘱说，以为这是一篇"极平常的家信"，与雷次宗《与子侄书》一样，"况且陶公是一个达观的人，又早衰多病，年过五十，预为治命，也是极可能的事"。[②]

再考辨此疏的作年。

王《谱》据疏有"年过五十"一语，以为渊明此年五十一，为义熙十一年乙卯，此疏作于是年。吴《谱》说作于义熙九年癸丑（413），且非渊明临终遗嘱，而是"预作治命"："东坡云：'渊明临终，疏告俨等。'今按疏称'年过五十'，而先生享年六十有三，则此文又非属纩时语。疏云：'疾患以来，渐就衰损。自恐大分将有限。'则是因为多病早衰之故，预作治命耳。"丁《谱》据《南史》，说作于义熙十年甲寅（414），渊明五十岁。陶《考》

[①] 郑文焯批，日本桥川时雄校补：《陶集郑批录》，中华书局2004年版。
[②] 许逸民校辑：《陶渊明年谱》，中华书局1986年版，第170页。

说："吴《谱》以疏作于癸丑，固非。王《谱》系于是年（按：指义熙十一年），恐亦未然。""澍谓《与子俨等疏》当作宋受禅后，必非作于甫过五十之时。疏末曰：'济北氾稚春，晋时操行人也。'若五十一岁，尚在义熙年间，宜云今之操行人，不当谓晋时也。"梁《谱》以为《与子俨等疏》作于元嘉四年（427），"当属末命"，"全篇皆遗嘱口气也，应判为本年临终时所作。中有'吾年过五十'语，最足为先生寿不满六十之铁证"。逯《系年》同王《谱》，系此疏于义熙十一年乙卯（415）。李华《陶渊明年谱辩证》说作于义熙十二年丙辰（416）。王瑶注以为必作于晋亡之后，系于宋武帝永初二年辛酉（421），因其主六十三岁说，故说是年渊明五十七岁。邓《谱》说此文作于永初二年，渊明五十三岁，证据有三：其一，王瑶注等因主渊明享年六十三岁说，谓此文作于渊明五十七岁时。若已五十七岁，当云年向六十，或径言其齿，今乃以"过五十"称之，常理不合也。其二，疏文与《杂诗》前八首为前后之作。其三，疏文又说"汝辈稚小家贫"，若照王瑶注等长子俨生于太元十八年，至永初二年已二十七岁，即幼子佟亦已十八岁，与"汝辈幼小"语意不合。今按文中"年过五十"，其时应当出五十之年未远。

又，袁《汇考》谓作于义熙三年丁未（407），渊明五十六岁。李辰冬谓此文作于元嘉四年（427）即渊明临终前作："《与子俨等疏》言'吾年过五十'，又言'病患以来，渐就衰损，亲旧不遗，每以药石见救，自恐大分将有限也'。他已感到自己的生命没有希望了。"①

按，以上诸说，以邓《谱》较近事实。吴《谱》以为此文非属圹时语，因多病早衰之故，预作治命，非东坡所谓临终之文。其说是也。李辰冬谓此文作于元嘉四年，为渊明临终前作，乃属误解。据文中"吾年过五十"及"济北氾稚春，晋时操行人也"等语，可知本文作于渊明五十岁后，且其时晋已亡。若作于义熙年间，尚在晋时，不当有"晋时操行人"等语。邓《谱》据文中"年过五十"之语，以为此时渊明当出五十之年未远。这一判断是可取的。

---

① 李辰冬：《陶渊明评论》，东大图书有限公司（台北）1975年版，第29页。

袁《汇考》说最新奇，问题也最多。如谓文中"吾年过五十，少而穷苦，每以家弊，东西游走"数句，"文意殊不连贯"，当取《宋书》《南史》《册府元龟》，作"吾年过五十，而穷苦荼毒"，意谓五十以后，仍东西游走，以求出仕，正是指任镇军参军、建威参军、辞归彭泽令等事。细按文意，若从《宋书》《南史》《册府元龟》作"吾年过五十，而穷苦荼毒"，意思则成渊明五十之后，方穷苦荼毒，东西游走，似乎从前并非如此。事实是渊明少而家贫，《饮酒》其十九说："畴昔苦长饥，投耒去学仕。"《归去来兮辞》序说："余家贫，耕植不足以自给。"颜《诔》说："少而贫病，居无仆妾，井臼不任，藜菽不给，母老子幼，就养勤匮。"此即"少而穷苦"之事实。"年过五十，少而穷苦"，前一句是说当时年龄，已年过五十了。第二句是追述过去，谓少时就贫苦。因"少而穷苦"，故从年轻时起就"东西游走"。而《宋书》《南史》无"少而穷苦"一句，似乎渊明"东西游走"在五十之后。两者相较，陶集的文意远比《宋书》《南史》等准确，绝非不连贯。二者孰优孰劣，不难判断。袁《汇考》取《宋书》《南史》之文，弃陶集原文，目的当然为其七十六岁说找证据。可是，依袁《汇考》，渊明四十七岁、四十八岁入桓玄幕，四十九岁初奉使入都，五月阻风规林。渊明五十之后告子俨等，追叙自己为贫而仕的经历，为何不言五十之前已经"东西游走"之苦，偏要从年过五十仍求仕说起？这合乎情理吗？

再者，袁《汇考》说"渊明五十四岁辞归彭泽令时，长子俨十九岁，幼子佟十一岁，《与子俨等疏》曰：'使汝等幼而饥寒'，与儿辈之年龄正相吻合"。按，《归去来兮辞》序称"幼稚盈室"，《归去来兮辞》说"携幼入室"。若长子俨已十九岁，幼子佟也已十一岁，如此年龄，称之"幼稚"，亦不很妥当。而文末"晋时操行人"句更无法解释。又疏云："病患以来，渐就衰损，亲旧不遗，每以药石见救，自恐大分将有限也。"可知渊明此时年老体衰，病患不轻，有恐不久于人世之虑，故告子俨等，称"天地赋命，生必有死"。然依据袁《汇考》，二年前之义熙元年，渊明仍在"东西游走"。何以短短二年，身体急剧衰老，以至"自恐大分将有限"？渊明若果真享年七十六岁,则义熙三年距元嘉四年渊明之卒,尚有二十年之久,何以有"自恐大分将有限"之虑,以至早早预作治命?这只能说明,渊明辞官归隐不可能迟至五十四岁,此文亦不可能作于义熙三年。由此益证七十六岁说之难以成立也。

《桃花源记》并诗约作于本年。

【考辨】

《桃花源记》并诗作年有异说。梁《谱》据《桃花源记》发端"晋太元中",疑是隆安前后所作,系此文于太元二十一年丙申(396),渊明二十五岁。古《谱》"太元十八年癸巳"条说:"案《桃花源记》为先生心中之安乐国,作记年岁无考,然《桃花源记》首特標'晋太元中'四字,则必作于太元时矣。萧《传》云:'少有高趣,博学善属文。'《桃花源记》即其高趣、善文之初表现者耳。"一说作于渊明晚年。王瑶注:"《拟古》诗作于宋永初二年辛酉(421),《桃花源诗》并《记》当也是同时所作。这年渊明五十七岁。"逯《系年》从翁同龢说(姚培谦《陶谢诗集》引),系于义熙十四年(418)。李辰冬系于晋安帝元兴二年癸卯(403)[1]。又陈寅恪《桃花源记旁证》说:"桃花源记实之部分乃依据义熙十三年春夏间刘裕率师入关时戴延之等所闻见之材料而作成。"又说:"真实之桃花源在北方之弘农,或上洛,而不在南方之武陵。"[2] 寅恪先生虽未指明《桃花源记》确切作年,但称依据义熙十三年刘裕入关时之传闻,则此文为义熙十三年之后作。

按,赖义辉《陶渊明生平事迹及其岁数新考》说:"《容斋随笔》云:'桃源之事,以避秦为言,至云无论魏晋,乃寓意于刘裕,托之秦以为喻耳。'此数语固为解《桃花源》之寓意而发。然若不先断此篇为入宋之作,则此容斋所云殊少价值。故宜先论其时代。按古《谱》次之于太元十八年时,以篇首标'晋太元中'四字也。梁《谱》亦据篇首'晋太元中',惟谓'或是隆安前后少作'。按梁《谱》所考似嫌空泛,至古《谱》所考未免有误。《与子

---

[1] 李辰冬:《陶渊明评论》,东大图书有限公司(台北)1975年版,第173页。
[2] 陈寅恪:《陈寅恪史学论文集》,上海古籍出版社1992年版,第234页。

俨等疏》云：'济北范稚春，晋时操行人也。'按此文为入宋之作，故云'晋时'。不然，使为晋制，则不应有'晋时'，而应为'国朝'、'我朝'，或'我晋'矣。先生《命子》诗，晋作也，有句云'在我中晋'，即其例。《桃花源记》首标'晋太元中'，此例与前者同而与后者异，其为晋亡后之作可知。"赖氏以为梁《谱》、古《谱》据"晋太元中"一句，遂谓《桃花源记》作于太元或隆安前后，此解读有误。又一一分析陶集中涉及"晋"字者，指出祭文标明有"晋"，乃"直述之词"，与追述之语中之"晋"不同。《桃花源记》"晋太元中"乃追述语，故此文为"鼎革后之作"。[①] 按，赖氏区分渊明诗文中的"晋"字，有"直述之词"与"追述之词"的不同，言而有据。例如《晋书·周访传》："生为晋臣，死为晋鬼，复何问乎！"可以信从。要之，《桃花源记》首称"晋太元中"，属追叙之笔，必作于入宋后。再者《桃花源记》并诗境界高妙，寓意深刻，为渊明社会政治理想的集中反映，成于未满二十岁青年之手实难想象。今暂系于宋永初二年辛酉（421）。至于桃花源在武陵或在北方弘农及其他问题，笔者有专文考述。

宋武帝永初三年壬戌（422）　　五十四岁

正月，抚军将军、江州刺史王弘进号卫将军、开府仪同三司。三月，出庐陵王义真为车骑将军、开府仪同三司、南豫州刺史。五月，刘裕卒。太子义符即皇帝位，是为少帝。司空徐羡之、中书令傅亮、领军将军谢晦、镇北将军檀道济同被顾命。（《宋书》卷三《武帝纪》《宋书》卷四《少帝纪》《资治通鉴》卷一一九）

作《怨诗楚调示庞主簿邓治中》诗。

【考辨】

诗云："结发念善事，僶勉六九年。"六九为五十四，故知当作于本年。杨恪《年谱》说此诗作于渊明二十岁时："武帝太元九年甲申（384），公年二十。《怨诗楚调示庞主簿邓治中》云：'弱冠逢世阻，始室丧其偏。'公此

[①] 许逸民校辑：《陶渊明年谱》，中华书局1986年版，第347页。

年哭内。"杨氏释"弱冠"二句为二十岁丧妻，故系此诗作于渊明二十岁。然此二句分述二事，"弱冠"与"始室"非同时也（说见前文），故杨恪《年谱》之说非。又"六九"，曾集本、苏写本云：一作"五十"。《乐府诗集》作"五十"。古《谱》主渊明享年五十二岁说，故从异文"五十"，说此诗作于元嘉二年乙丑（425），渊明五十岁时。逯《系年》谓作于义熙十四年（418），是年王弘以辅国将军为江州刺史，渊明五十四岁。袁《汇考》谓作于永初元年庚申（420），渊明年六十九岁，依据是"结发念善事，僶俛六九年"二句，运用方法如本书前文所述，凡涉及年岁者二句连读："'结发'十五岁以上，兹以十五岁计；'六九年'，五十四年。自十五岁再过五十四年，为六十九岁。"其实，此方法不合文学创作规律，看似精确，实质不妥。"结发念善事，僶俛六九年"二句，无非强调自小念善事，努力躬行，至今已是五十四岁了，即我自幼念善事，并一直努力至今（五十四岁）而已。方法有误，必导致结论谬误。

又，李本"庞主簿"下注"遵"。陶《考》说："《宋书·裴松之传》：'元嘉三年，分遣大使巡行天下，主簿庞遵，使南兖州。'即此庞主簿遵矣。"考《宋书》卷三《武帝纪》下，永初三年春，抚军将军、江州刺史王弘进号卫将军、开府仪同三司。时庞遵在江州做王弘的主簿。早在义熙十四年王弘初临江州时，欲致渊明，命渊明故人庞通之赍酒具，于半道栗里邀之（见《宋传》，萧《传》《南传》同）。《晋传》说渊明"既绝州郡觐谒，其乡亲张野及周旋人羊松龄、宠遵等或有酒邀之"。《晋书》的周旋人"宠遵"与故人"宠通之"之"宠"，当作"庞"。"周旋人"庞遵与"故人"庞通之，当为同一人。遵者，循也，循者为通。遵与通之相孚。

宋少帝景平元年癸亥（423）　　五十五岁

正月，己亥朔，大赦，改元。四月，檀道济北征。（《宋书》卷四《少帝纪》）

春，作五言《答庞参军》诗。冬，作四言《答庞参军》诗。

【考辨】

陶集中有《答庞参军》诗二首,一为五言,一为四言。诗题中之"庞参军",吴正传《诗话》以为即渊明《怨诗楚调示庞主簿邓治中》诗之庞主簿,亦即《宋传》所说渊明故人庞通之:"本传:'江州刺史王弘欲识潜,不能致。潜游庐山,弘令其故人彭通之赍酒具,半道栗里邀之。'此《答庞参军》四言及后五言,皆叙邻曲契好,明是此人。'半道栗里',亦可证移家之事。"① 陶《考》以为吴正传说庞遵即庞通之,其说是也。陶《考》又据《晋传》"周旋人庞遵等,或有酒邀之……王弘遣其故人庞通之等赍酒,要之"之记载,以为庞遵、庞通之"明是一人"。陶《考》又说:《怨诗楚调示主簿邓治中》诗之庞主簿亦即庞遵。然以为出使江陵之庞参军即主簿庞遵,则未是:"先生《答庞参军》诗,并非素识,因结邻而通殷勤,冬夏仅再交,为时尚浅,故曰'相知何必旧,倾盖定前言'。而于主簿遵,则为《怨诗楚调示主簿邓治中》示之,历叙生平,备诉艰苦,至以钟期相望,视参军交情,有深浅之别矣。此可即两诗对勘而得也。"

按,陶《考》说四言、五言《答庞参军》二诗中之庞参军为一人,非是渊明素识,与《怨诗楚调示主簿邓治中》诗中之庞主簿(即《晋传》所载渊明之周旋人庞遵)非同一人;出使江陵之庞参军非庞主簿。此说是也。庞主簿遵乃浔阳郡府中之官吏,渊明与之周旋者,亦是渊明故人。而庞参军非渊明素识。五言《答庞参军》诗序说:"自尔邻曲,冬春再交,款然良对,忽成旧游。"则渊明与庞参军结邻仅二年,交情尚浅。二诗作年,五言在先,四言在后。四言《答庞参军》诗说:"昔我云别,仓庚载鸣。今也遇之,霰雪飘零。"据此可知,五言一首作于前,时在春天。四言一首作于后,时在冬天。

关于此二诗之作年及四言一首诗序"庞为卫军参军"之"卫军"究竟指谁,学者均有考辨,未有共识。陶《考》以为《答庞参军》诗二首,皆营阳王景平元年(423)所作,并说:"时卫军将军王弘镇浔阳,宋文帝为宜都王,以荆州刺史镇江陵,参军奉弘命使江陵,又奉宜都王之命使都,故曰'大藩

---

① 见陶《考》(陶澍《靖节先生年谱考异》)"恭帝元熙元年己未"(419)条引。

有命,作使上京'。非宜都不得称大藩也。""五言是参军奉使之时,先赋诗为别,先生作此以答。四言则参军自江陵回建康,先生又作诗以赠也。"王瑶注从陶《考》。梁《谱》说此二诗同作于义熙七年(411):"《答庞参军》诗序云:'自尔邻曲,冬春再交,款然良对,忽成旧游。'庞名通之,先生依据南村后相与结邻者也。《移居》既推定在己酉年,则冬春再交,当为本年。又有《答庞参军》四言一首,似亦同时作。"丁福保《陶渊明诗笺注》以为此二诗作于义熙七八年间,庞参军为渊明故人庞通之,"卫军参军"指卫将军刘毅的参军。

逯《系年》不同意陶《考》,以为五言作于宋文帝元嘉元年(424)春,其时庞赴江陵乃为刘义隆镇西参军。四言作于此年冬,庞以谢晦卫军参军使都,诗中"卫军""大藩"指谢晦。杨《汇订》亦驳陶《考》,谓"卫军"指谢晦,但称二诗作年在元嘉二年(425),与逯《系年》稍异:"按,陶说牵强,四言明言'从江陵使上都,经浔阳'云云,则不得曲为之说,言由浔阳奉弘命使江陵,又奉宜都王命使都也。且谢晦镇江陵,已进封建平郡公,与'大藩'云云,亦无不合。逯《谱》谓与庞结邻在永初二年,亦非。盖四言诗明言'冬春再交',当自永初三年至此才合。"又钱《系年》说庞参军在浔阳任王弘的参军,后离开浔阳到江陵就任荆州刺史的参军,"这时荆州的刺史是卫将军,按宋史以卫将军为荆州刺史的,只有谢晦一人,庞以卫军参军衔命自江陵使上京(此时王弘已为车骑将军),自然是奉谢晦之命了"。又说"至于所谓'大藩',并非只有藩王才能如此称呼,凡是坐镇一方而屏藩朝廷者皆足当此。谢晦都督荆、湘等七州军事、卫将军、建平郡公、荆州刺史,坐镇长江上游,实有举足轻重之势,尊称'大藩',亦并无不可"。并以为二诗的写作时间,以元嘉二年为近。①

按,据《宋书》卷三《武帝纪》《宋书》卷四《少帝纪》《宋书》卷五《文帝纪》,永初元年(420)六月,刘义隆封宜都王。景平二年(424),少帝义符废为营阳王,奉迎镇西将军宜都王义隆入纂皇统,八月,车驾由江陵

---

① 钱玉峰:《陶诗系年》,台湾中华书局1992年版,第362、363页。

至京城，即皇帝位。由此可知，自永初元年六月至景平二年八月，宜都王刘义隆一直镇守江陵。《宋书》卷三《武帝纪》："永初三年春正月，抚军将军、江州刺史王弘进号卫将军，开府仪同三司。"《宋书》卷四二《王弘传》同。又据《少帝纪》及《王弘传》，景平二年五月，徐羡之等谋废立，召王弘入朝。至于谢晦，《宋书·武帝纪》载：永初三年正月，中领军谢晦为领军将军。《宋书·文帝纪》：元嘉元年（424）秋八月，文帝即位，封诸大臣，"以行抚军将军、荆州刺史谢晦为抚军将军，荆州刺史……卫将军、江州刺史王弘进位司空、中书监……抚军将军、荆州刺史谢晦进号卫将军、镇北将军、南兖州刺史。"陶《考》以为庞作为将军王弘的参军，景平元年奉王弘之命使江陵，又奉宜都王之名由江陵使上都，又说"大藩"指宜都王刘义隆。其说以史实证之，可信从也。如上所考，永初三年（422）春正月，江州刺史王弘进号卫将军。庞参军很可能于王弘进号卫将军之前即做其参军。五言《答庞参军》诗序说："自尔邻曲，冬春再交。"意思是与庞参军结邻经过两个冬春（二年）。若从陶《考》，此二诗同作于景平元年（423），则渊明与庞参军结邻大概始于宋武帝永初二年（421）秋冬之时。"冬春再交"，至景平二年春天，庞参军奉卫将军王弘之命使江陵。这年冬天，庞参军又奉宜都王刘义隆之命，使上都，经浔阳与渊明酬唱。

而逯《系年》说此二诗皆作于宋文帝元嘉元年（424），"卫军"是卫军将军、荆州刺史谢晦："知庞此春赴江陵乃为刘义隆镇西参军，陶以五言酬答；此冬，庞以谢晦卫军参军使都，陶以四言诗酬答。谢为卫将军、建平王，与四言诗所谓'大藩'者，正相吻合。"逯氏上述说法其实经不起推敲。据渊明五言《答庞参军》诗，并证以史实，庞参军在浔阳做卫将军王弘的参军，为何在元嘉元年春（此时还是景平二年）赴江陵做刘义隆的镇西参军？此其一。景平二年八月，宜都王义隆入都即皇帝位，作为昔日的参军庞参军何以不随王入都，而留在江陵，做行抚军将军谢晦的僚属？此其二。逯氏说"大藩"指卫将军、建平王谢晦。此说非是。《宋书》卷四四《谢晦传》载：晦进封建平郡公，非建平王。宋世封王者皆皇室子孙，如建平王宏、建平王景素是也。"大藩",指地位重要之藩王。《晋书》卷三八《齐献王攸传》:"况殿下诞德钦明,恢弼大藩。""大藩"指齐献王攸,晋武帝弟。宜都王义隆为宋武帝之子,故称"大藩"。陶《考》说:"非宜都不得称大藩也。"其说良是。此其三。今从陶《考》,系二诗于本年作。

钱《系年》说此二诗作于元嘉二年,考之史实,亦有问题。据《宋书》卷四《少帝纪》,景平二年五月,扬州刺史王弘入朝。《宋书》卷五《文帝纪》:元嘉元年卫将军、江州刺史王弘进位司空,而谢晦为荆州刺史。元嘉二年八月,新除司空王弘为车骑大将军。可知元嘉元年之后,王弘入朝,不做江州刺史。则元嘉二年庞参军于浔阳做何人参军?钱《系年》称庞参军"在浔阳自然是从王弘的",但事实上此时王弘已离开浔阳入朝,"从王弘"一语无从着落。

至于梁《谱》仅据《移居》诗,谓此二诗同作于义熙七年(411),而于"卫军""大藩"一无考证。丁福保《陶渊明诗笺注》以为此二诗作于义熙七八年间,又误以庞参军为渊明故人庞通之,"卫军参军"指卫将军刘毅的参军,皆不值一辨。

宋少帝景平二年宋文帝元嘉元年(424)　　　五十六岁

南豫州刺史庐陵王义真与太子左卫率谢灵运、员外常侍颜延之等情好款密。徐羡之等以为灵运、延之构扇异同,非毁执政,出灵运为永嘉太守,延之为始安太守。徐羡之等密谋废帝,而次立者应在义真,乃先奏列其罪恶,废为庶人,徙新安郡。四月,徐羡之等以南兖州刺史檀道济、江州刺史王弘入朝。五月,皆至建康,告之废立之谋。废少帝义符为营阳王,以宜都王刘义隆篡承大统。六月,徐羡之等使人杀营阳王于吴郡;又遣使者杀刘义真于新安。谢晦行都督荆湘等七州诸军事,荆州刺史。八月,刘义隆至建康,即皇帝位,大赦,改景平二年为元嘉元年。徐羡之进位司空,王弘进位一司空,傅亮加开府仪同三司,谢晦进号卫将军,檀道济进号征北将军。(《资治通鉴》卷一二〇)

颜延之为始安太守，道经浔阳，日至渊明舍酣饮。

【考辨】

颜《诔》："自尔介居，及我多暇。伊好之洽，接间邻舍。宵盘昼憩，非舟非驾。念昔宴私，举觞相海。"李善注引何法盛《晋中兴书》："延之为始安郡，道经浔阳，常饮渊明舍，自晨达昏。"《宋传》、萧《传》同。读此可见延之前在江州为刘柳后军功曹，及随后为始安太守经浔阳，先后与渊明酣饮之情形。又《文选》颜延之《祭屈原文》："惟有宋五年月日。"宋武帝永初元年（420）至宋少帝景平二年正五年也。邓《谱》："八月，宋文帝即位，改元元嘉。传称'少帝'，则延之出为始安太守，经过浔阳，其时当在五月义符被废为营阳王之前。又萧《传》《南传》云：'弘欲邀延之坐，弥日不得。'则延之过浔阳时王弘犹在浔阳。考《少帝纪》《王弘传》，王弘入朝，与徐羡之等谋废立在五月，是则延之过浔阳或在春月。"

按，《宋书》卷七三《颜延之传》："时尚书令傅亮自以文义之美一时莫及，延之负其才辞，不为之下。亮甚疾焉。庐陵王义真颇好辞义，待接甚厚。徐羡之等疑延之同为同异，意甚不悦。少帝即位，以为正员外郎，兼中书，寻徙员外郎，出为始安太守。"又《宋书》卷四《少帝纪》：景平二年春二月，"废南豫州刺史庐陵王义真为庶人，徙新安郡……执政使使者诛义真于新安"。据此，庐陵王义真赏识延之，而义真废为庶人后，傅亮借此将延之逐出京城，出为始安太守。邓《谱》以为延之过浔阳或在此年春月，其说可信。

宋文帝元嘉二年乙丑（425）　　　五十七岁

八月，以王弘为车骑大将军，开府仪同三司。（《资治通鉴》卷一二〇）

宋文帝元嘉三年丙寅（426）　　　五十八岁

正月，下诏暴徐羡之、傅亮杀营阳王、庐陵王罪。羡之自经死，傅亮被收伏诛。帝发兵讨荆州刺史谢晦，征王弘为侍中、司徒、录尚书事、扬州刺史。二月，檀道济、到彦之破谢晦军，晦被执伏诛。三月，帝还建康，征谢灵运为秘书监，颜延之为中书侍郎。五月，以檀道济为征南大将军，开府仪同三司，江州刺史。（《宋书》卷五《文帝纪》《资治通鉴》卷一二〇）

檀道济往候渊明，馈以粱肉。渊明麾之而去。

【考辨】

檀道济往候渊明之事，史传记载并不一致。萧《传》："江州刺史檀道济往候之，偃卧瘠饥有日矣。道济谓曰：'贤者处世，天下无道则隐，有道则至。今子生文明之世，奈何自苦如此？'对曰：'潜也何敢望贤，志不及也。'道济馈以粱肉，麾之而去。后为镇军、建威参军。"《南传》同。然《宋传》《晋传》无有檀道济馈渊明以粱肉事。陶《考》谓萧《传》、《南传》叙此事在渊明做镇军参军之前，以檀道济做江州刺史年月考之，"知史误也"。陶《考》是也。然具体年月，仍须考索。丁谱"宋文帝元嘉元年甲子"条引萧统《陶渊明传》檀道济馈渊明粱肉，而渊明麾而去之事，加按语说："道济宋室元勋，靖节心鄙之，故不受其馈。视延之故人之谊，为不侔矣。"[①] 以为道济往候渊明，事在元嘉元年（424）。按，是说恐不确。盖道济为江州刺史，非在元嘉元年。《宋书》卷四《少帝纪》载：景平二年，"夏五月，江州刺史王弘、南兖州刺史檀道济入朝"。《宋书》卷四三《檀道济传》载：宋文帝即位，道济"进号征北将军，散骑常侍，给鼓吹一部，进封庐陵郡公，食邑四千户。固辞进封。又增督青州、徐州之淮阳、下邳、琅琊、东莞五郡诸军事"。景平二年八月，改元为元嘉元年。江州刺史王弘进位司空、中书监。由上可知，景平二年道济为南兖州刺史，改元后，为征北将军。景平二年八月之前，江州刺史为王弘。故元嘉元年檀道济不可能在江州往候渊明，馈以粱肉。道济为江州刺史在元嘉三年五月。《宋书》卷五《文帝纪》载：元嘉三年五月，以征北将军、南兖州刺史檀道济为征南大将军、江州刺史、中领军。《宋书》卷四三《檀道济传》：谢晦讨平，道济都督江州之江夏，豫州之西阳、新蔡、晋熙四郡诸军事、征南大将军、开府仪同三司、江州刺史。据此可知，道济往候渊明，必在元嘉三年五月之后。

[①] 许逸民校辑：《陶渊明年谱》，中华书局1986年版，第56页。

《有会而作》诗作于本年。

【考辨】

《有会而作》诗序说:"旧谷既没,新谷未登,颇为老农,而值年灾。"《宋书·五行志》:"宋文帝元嘉二年旱。"《资治通鉴》卷一二〇:元嘉三年九月,"大旱,蝗"。所谓"而值年灾",当指元嘉二三年间旱蝗之灾。邓《谱》说:"按元嘉元年,颜延之出为始安郡,经过浔阳,临去,留二万钱与渊明。渊明悉送酒家,稍就取酒(见本传)。据此,其时尚有酒可饮,有米可食,决不至于偃卧于乞食。若夫元嘉三年,天下大旱且蝗,《有会而作》诗云'颇为老农,而值年灾','登岁之功,既不可希',则此二诗必作于本年。"按,邓《谱》由颜延之赠钱渊明之事,以为此诗不作于元嘉元年,而必作于元嘉三年,其说颇有说服力。诗序说:"岁云夕矣。"诗说:"岁月将欲暮。"据此知本诗作于元嘉三年岁暮。诗又说:"常善粥者心,深念蒙袂非。嗟来何足吝,徒没空自遗。斯滥岂攸志,固穷夙所归。馁也已矣夫,在昔余多师。"前四句即写檀道济馈以粱肉,而自己拒绝之事。后四句抒写效法在昔君子固穷的感慨。加上年灾饥饿,渊明之"有会"多矣。

《乞食》诗、《咏贫士》诗七首约作于本年。

【考辨】

《乞食》一说作于渊明晚年,一说作于早年。持前说者如梁《谱》"文帝元嘉元年甲子"条下说:"《有会而作》《乞食》等篇,或当作于其时。"逯《系年》"元嘉三年丙寅"(426)条下说:"《有会而作》《乞食》《咏贫士》等诗当为本年之作。"王瑶注、杨《汇订》、邓《谱》皆同。李辰冬索解《乞食》诗"情欣新知欢"句,以为"新知"就是五言《答庞参军》诗中的庞参军;《答庞参军》诗作于渊明五十一岁时,庞既然同渊明结邻一年后离别,则《乞食》诗当作于离别之前,为宋武帝永初二年辛酉(421),渊明五十岁。[①]

---

① 李辰冬:《陶渊明评论》,东大图书有限公司(台北)1975年版,第23、24页。

持后说者如郭维森、包景诚《陶渊明集全译》说，《乞食》诗作于太元十年（385）渊明二十一岁："《乞食》一诗，有的系于晚年，此与内容不合；也有的系于婚前一年，也不合事理。诗中云：'情欣新知欢，言咏遂赋诗。'是具有成年人的特点；再有'感子漂母惠，愧我非韩才'，是年轻将有为之时，又云'衔戢知何谢，冥报以相贻'，与后来思想成熟大半相类。"①

魏正申说："《乞食》诗的系年，当在陶渊明'少时壮且厉'（《拟古九首·八》）的早年，十九岁年末，或二十岁年初。"又说：以"漂母"誉"主人"，"这与六十二岁高龄的老人的口吻不相称"；"愧我非韩才"亦非老人口吻，称"才"，"预示未来的作为与发展，是青少年时代的语气"。②

按，据《有会而作》诗，渊明于元嘉三年时，备受"饥乏"之苦。《乞食》诗当与《有会而作》诗同时作。李辰冬谓《乞食》诗中的"新知"指庞参军，并参照五言《答庞参军》诗，得出此诗作于永初二年（421）的结论，实似是而非。庞参军固是渊明新知，然"冬春再交，款然良对，忽成旧游"。诗说："有客赏我趣，每每顾林园。谈谐无俗调，所说圣人篇，或有数斗酒，闲饮自然欢。"据此可见，渊明与庞参军结识之由，多半是后者欣赏渊明隐居之趣，并非因渊明为饥所驱，至庞参军之所乞食，遂成"新知"也。《乞食》诗说："饥来驱我去，不知竟何之。行行至斯里，叩门拙言辞。"渊明此次乞食，漫无目标，并非向近邻乞食。若庞参军新至浔阳，有官舍可住，渊明结庐人境，与江州官员多有交往，岂会不知庞参军住于何所，而行行至彼处乞食乎？"或有数斗酒，闲饮自然欢"，表明渊明此时生活尚可，还未匮乏到饥而乞食的地步。李辰冬信从梁《谱》渊明享年五十六岁说，将《游斜川》诗与《乞食》诗定为同年作。然二诗情调完全不同，绝非一年所作。《游斜川》诗序说："天气澄和，风物闲美，与二三邻曲，同游斜川。"诗说："提壶接宾侣，引满更献酬。"既可见渊明于自然景物兴趣甚高，也可知渊明此时有酒可饮，还未到贫老饥饿，偃卧在床的悲苦境地。故李氏之索解不可信从。

---

① 郭维森、包景诚：《陶渊明集全译》，贵州人民出版社1992年版。
② 魏正申：《陶渊明评传》，文津出版社1990年版，第79页。

至于郭维森、包景诚、魏正申诸人说《乞食》诗作于渊明二十岁左右时，更不可信。渊明自述"弱冠逢世阻，始室丧其偏"（《怨诗楚调示庞主簿邓治中》），颜《诔》称其"少而贫病，居无仆妾"云云，但未见年轻时乞食的迹象。《五柳先生传》史称是渊明少年之作，自我画像说："性嗜酒，家贫不能常得，亲旧知其如此，或置酒而招之。"可见家贫固是事实，然能常得亲旧接济，还能"衔觞赋诗"，不止于无酒可饮。若在《乞食》诗是纪实之作这点上达成共识，则此诗作于渊明晚年当无疑问。这首诗中表现出来的饥而乞食的真切形象，以及知恩图报的心情，浓重的和人生悲苦感，都不像是二十岁的年轻人所有。魏正申说"愧我非韩才"亦非老人口吻，称"才"，"预示未来的作为与发展，是青少年时代的语气"。这种说法离奇而无根据。《宋书》卷八五《谢庄传》于宋孝武帝大明元年（457）上奏改定刑狱，自称"臣学暗申、韩，才寡治术"。谢庄卒于宋明帝泰始二年（466），大明元年时年三十七。"才寡"，指才能缺乏，非是魏氏所说的"预示未来的作为与发展，是青少年时代的语气"。渊明说"愧我非韩才"，也是自谦不才，与谢庄自谦"才寡"同意。与老年、青年全然无关。至于古人自称"不才"，或称他人"不才"之例，不胜枚举。故不能以称"才"或"不才""非才"，判断人之年纪。此乃常识，毋庸多说也。

《咏贫士》七首亦必作于渊明晚年饥寒交迫之时。王瑶注从刘履《选诗补注》，说诗中"朝霞开宿雾，众鸟相与飞"二句，"当为喻改朝后群臣趋附之状"，又说："按宋武帝于晋恭帝元熙二年六月即位，改年号为永初，诗中第二首说'凄厉岁云暮'，则《咏贫士》七首当作于宋武帝永初元年庚申（420）岁末，渊明年五十六岁。"邓《谱》从之。杨《谱》略同王瑶注，并说"恭帝元熙二年七月即位，第二首曰'凄厉岁云暮'，则知七首皆作于是年冬"。逯《系年》系于元嘉三年（426），但无考证。钱《系年》以为这组诗作于晋恭帝元熙二年宋武帝永初元年庚申（420），在晋亡之年。

方《论评》说与上述诸家不同："按陶潜在晋安帝元兴二年（403）《癸

卯岁十二月中作与从弟敬远》诗中,说'凄凄岁暮风,翳翳经日雪……萧索空宇中,了无一可悦。历览千载书,时时见遗烈。高操非所攀,深得固穷节'。意与此诗相类,则与《咏贫士》诗似亦此时的作品。"①

魏正申《咏贫士七首新论》说:"《咏贫士》诗的系年当为陶渊明四十一岁,即晋安帝义熙元年乙巳(405)岁末。理由是,以'朝霞开宿雾,众鸟相与飞;迟迟出林翮,未夕复来归'为喻比所展示的三个条件,唯有陶渊明四十一岁这一年符合:其一,'朝霞开宿雾'喻比本年三月曾被桓玄贬为平固王、迁于浔阳、挟至江陵的晋安帝复位。其二,'众鸟相与飞'喻比人们开始趋附以讨伐桓玄而起家的刘裕、刘毅等新军阀。其三,'迟迟出林翮,未夕复来归',喻比陶渊明在晋安帝复位后又做了八十余天彭泽令后归田。"②

李华《陶渊明年谱辨证》以为《咏贫士》七首作于晋安帝义熙十四年(418),并说:"魏正申《陶渊明探稿》曰:陶自彭泽归田后,未尝有就辟之事,何云'出林翮'、'复来归'乎?且'朝霞'二句,以比晋宋易代、诸臣趋附,亦颇不伦。因系此诗于归田初。按,魏氏对诗句解释提出之质疑,有可参考处,然于系年,观诗中历叙贫苦情形,实与《怨诗楚调示庞主簿邓治中》相近,故暂系于此。"③

按,这组诗的系年,分歧很大。以下先作大致的判断,即作于归田后还是归田前。渊明的咏史、拟古之作,大多借古人古事,抒写己怀。《咏贫士》七首也是以咏古代贫士而写自己安贫守志的胸怀,特别是前两首,完全是自咏,从中不难探知渊明的生活、情感及写作年代。第一首说:"万族各有托,孤云独无依。"以孤云喻己。观照世界,万物各有所托,独有自己如孤云无依。这显然是渊明归隐多年,与世俗两相弃的精神状态的写照。后面说:"朝霞开宿雾,众鸟相与飞。迟迟出林翮,未夕复来归。"这四句与四言《归鸟》诗相同,皆以归鸟的意象,写自己从仕途重归田园。故由此四句看来,《咏贫

---

① 方祖燊:《陶潜诗笺注校证论评》,兰台书局1977年版,第180页。
② 魏正申:《陶渊明探稿》,文津出版社1990年版。
③ 李华:《陶渊明新论》,北京师范大学出版社1992年版,第31页。

士》七首必作于归田后。方《论评》仅仅据《癸卯岁十二月中作与从弟敬远》诗中"历览千载书,时时见遗烈。高操非所攀,深得固穷节"等句与《咏贫士》诗相类,就判断后者作于元兴二年癸卯,这未免轻率。渊明喜读古书,从遗烈中吸取高操,乃是他人格修炼的终生行为,不可见《癸卯岁十二月中作与从弟敬远》诗与《咏贫士》诗都由咏古人见意,就以为两诗作于同时。事实上渊明癸卯岁作诗与敬远之后不久又出仕,而《咏贫士》表现归田之后"量力守故辙",决不重返官场的决绝之志。故这组诗必作于渊明归田多年后。

再辨魏正申以为《咏贫士》七首作于义熙元年之说。他称诗中"朝霞开宿雾,众鸟相与飞;迟迟出林翮,未夕复来归"的比喻展示的"三个条件,唯有陶渊明四十一岁这一年符合"。其说显然受刘履《选诗补注》的影响,以喻象比附时事,牵强得很。"朝霞开宿雾,众鸟相与飞"二句,完全可以看作实景描写。诗人目睹众鸟晨飞的景象,联想自己是"迟迟出林翮",还未日落就归林了。历史上每当两种政治势力消长之时,必有见机而退者,也有趋炎附势者,这是历史的常态。如果非要把"朝霞开宿雾"二句比附时事,那么,既然可以比作义熙元年晋安帝被桓玄贬为平固王而复位,以及人们纷纷趋附新军阀刘裕、刘毅,为什么就不能比作刘裕篡晋,人们趋附刘宋新朝?刘履《选诗补注》、王瑶注,就是这样理解的。"迟迟出林翮,未夕复来归"二句乃追述昔年出仕和辞官归隐的经历,魏氏却据此判断此诗作于渊明辞去彭泽令后的归田之初,实属误解。试读《咏贫士》第二首:"凄厉岁云暮,拥褐曝前轩。南圃无遗秀,枯条盈北园。倾壶绝余沥,窥灶不见烟。"全是老而贫苦景象,是实写而非虚写。试对照作于义熙元年十一月的《归去来兮辞》想象归田后的生活情景:"乃瞻衡宇,载欣载奔。童仆欢迎,稚子候门。三径就荒,松菊犹存。携幼入室,有酒盈樽……"尽管生活简朴,但无饥饿之苦。再读作于归田之初的《归园田居》五首,"户庭无尘杂,虚室有余闲","种豆南山下,草盛斗苗稀",闲坐、躬耕,与子侄野游,生活固然艰苦,但收获尚能果腹,常自得其乐,不见凄苦之态。两相对照,很难想象《咏贫士》七首会作于义熙元年辞官彭泽之初。陶集纪年诗寥寥几首，多数无法知其确切年月。少数学人如魏氏者，往往不细细审察一首诗的内容、情绪和格调，也不比较、不体会两首或几首诗之间在上述诸方面的差异，轻率地"拉郎配"，用作论据。主观随意性，无疑是考索陶渊明诗文系年的大忌。自然，我们永远都不可能确知全部陶诗的作年，但如果大家都把求真作为终极目的，避免主观随意性，仔细审察和比较作品，并参酌史传记载，那么，还是可以做到大体接近历史真实的。

方《论评》及魏氏"新论"不予采信之由，已如上述。下面考辨这组诗的具体作年。刘履、王瑶注、邓《谱》都说作于宋武帝永初元年（420）岁末，逯《系年》说作于元嘉三年（426），李华说作于义熙十四年（418），虽各有考证，但都以为是渊明晚年所作。

先考辨李华之说。李华说《咏贫士》七首作于义熙十四年的结论，实由《怨诗楚调示庞主簿邓治中》诗得出。因为《示庞主簿邓治中怨诗楚调》作于此年，而观《咏贫士》七首中"历叙贫苦情形，实与《示庞主簿邓治中怨诗楚调》相近，故暂系于此"。按，《示庞主簿邓治中怨诗楚调》叙写灾害伤农，终年饥寒，固然贫苦不堪，但比起《咏贫士》七首既老且贫，凄苦无助，情感深沉苍老，仍然有深浅之别。"倾壶绝余沥，窥灶不见烟"（其二），生活几乎陷入绝境。作者咏荣叟、原生、黔娄等，皆借咏古人以抒写自己怀抱。"弊襟不掩肘，藜羹常乏斟"（其三），"年饥感仁妻，泣涕向我流"（其七），其实都是作者晚年凄苦生活的真实写照。由此判断，这组诗当作于义熙十四年更后。

刘履、王瑶注作于晋宋易代之年之说，皆由第一首"朝霞开宿雾，众鸟相与飞"比附晋宋易代而来，并无其他有说服力的证据。上文已言及，这二句理解为实景描写亦无不可。故喻意指晋宋易代，人们趋附新朝之说未必可信。综观全诗，以逯《系年》为近真。诗中"倾壶绝余沥，窥灶不见烟"二句，与《有会而作》诗序"朝夕所资，烟火裁通"同；"年饥感仁妻"之"年饥"，即年灾，指元嘉二年至三年间旱蝗之灾；"袁安困积雪，邈然不可干"(其五)、"惠孙一晤叹,腆赠竟莫酬"(其七),正喻渊明拒檀道济馈粱肉事。审察《咏贫士》七首,不论内容、情感,都与《有会而作》《乞食》诗相近。诗云"凄厉岁云暮",则此诗当作于元嘉三年(426)冬日。

宋文帝元嘉四年丁卯(427)　　五十九岁

五月,京师疾疫。六月,司徒王弘降为卫将军。京邑大水。八月,特进、左光禄大夫范泰卒。(《宋书》卷五《文帝纪》)

九月,作《挽歌诗》三首及《自祭文》。

【考辨】

各谱及前人皆谓《挽歌诗》三首作于渊明临终前。吴《谱》说:"呜呼!死生之变亦大矣,而先生病,不药剂,不祷祀,至自为《祭文》《挽歌》与夫遗占之言,从容闲暇如此,则先生平生所养,从可知矣。"李注引祈宽说:"昔人自作挽诗者多矣,或寓意驰骋,成于暇日。宽考次靖节诗文,乃绝笔于祭挽三篇,盖出于属纩之际者……"又注引赵泉山说:"'严霜九月中,送我出远郊',与《自祭文》'律中无射'之月相符,知挽辞乃将逝之夕作,是以梁昭明采此辞入《选》,止题曰《陶渊明挽歌》。"

然台湾学者齐益寿《论陶渊明挽歌诗非绝笔之作》一反旧说,以《挽歌诗》与《自祭文》的不同,证明非临终绝笔。他有两点理由:一是《自祭文》作于元嘉四年,时长子俨至少三十三岁,幼子佟亦已二十五岁,而《挽歌诗》之一却说"娇儿索父啼",娇儿应指童騃无知的孩儿,因此索父啼的娇儿显与二十五岁或以上的成人不合。二是《自祭文》对生死的态度至为严肃郑重,而《挽歌诗》则出之于戏谑嘲讽。此外,晋朝名士素有作挽歌的习尚,且都成于暇日宴游,因此《挽歌诗》并非作于写《自祭文》当年,而可能作于暇日,也许就作在死前二十年幼子五岁时亦说不定。[①]

袁《汇考》袭齐益寿之说,说《挽歌诗》三首作于渊明壮年,也是两点

[①] 吕兴昌:《陶渊明享年六十三岁旧说新征》,《汉学研究》(台北)第5卷第2期,民国1976年12月。齐益寿文载于台北《幼狮月刊》第35卷第3期。

理由：一是诗中"娇儿索父啼"句，以为其时幼子佟当在三四岁间，即渊明四十六岁前后，故定这三首诗作晋安帝隆安元年丁酉（397）。二是主要依据"魏晋文人有自挽之习，且非必临终所作"，遂称渊明这三首诗当拟缪袭《挽歌诗》与陆机《挽歌诗》三首。按，魏晋文人确有自作挽歌的习气，但并不能以此就得出临终之前就不能自作挽歌的结论。缪袭、陆机等生前自作挽歌固然是一种达观，不过总是游戏的成分多。渊明临终之前自作挽歌则是真正的达观，彻悟生死才有的了然。再看袁《汇考》，晋安帝隆安二年（398）渊明四十七岁入桓玄幕府之前，十余年间一直闲居在家，赋诗不多，而幼子佟才三四岁。若如袁氏所说，渊明此时正当壮年，精力充沛，无衰老之感，何以不作他诗，却无端自作挽歌，以示旷达？且渊明之旷达与东晋庾晞常常自摇大铃唱挽歌，使众人齐和不同，也与袁山松出游，好令左右作挽歌有异。庾晞、袁山松是放荡不羁，渊明作挽歌是了然生死的达观，二者不可等量齐观。

再说"娇儿"，爱子之谓也。娇，爱也。娇儿，虽多指年幼之爱子，但非谓三四岁小孩称"娇儿"，其他年龄的爱子就不可称"娇儿"。左思《娇女》诗，描写其一对娇女，妹名婉素，姐名惠芳。婉素"执书爱绨素，诵习矜所获"，惠芳"从容好赵舞，延袖像飞翩。上下弦柱际，文史辄卷襞……"二娇女已能读书、诵习、学舞。猜其年龄，大概已十岁以上。幼子佟称"娇儿"，长子俨难道不可称"娇儿"乎？《挽歌诗》其一说："娇儿索父啼。"难道只有幼子佟啼，而长子俨及三子、四子皆不啼乎？可见，以"娇儿"幼子佟之年龄为依据，从而得出《挽歌诗》三首作于渊明壮年的结论，并不可靠。

还有人以"岁惟丁卯"句的异文否定《自祭文》是渊明绝笔。柏俊才《陶渊明享年研究之检讨》一文从《艺文类聚》作"岁惟丁未"，以为作"丁未"有足够的理由："其一，现存最早的陶集为宋代汤汉的注本，尽管梁任公和郭绍虞认为唐前尚有几种版本，但已不可考了。《艺文类聚》成书于唐高祖李渊之时，从版本学的角度来说，应以'丁未'为是。其二，笔者通读了《晋书》和《宋书》，并查阅了陆侃如之《中古文学系年》、刘跃进之《南北朝文学系年》，发现此时文人的寿命很短。陶公中年多病，在这样的状况下，早为《自祭文》的可能性极大，故'丁未'较'丁卯'合理些。其三，众所周知，'忧生之嗟'是此时文学主题之一，《自祭文》当如是观。"此文以为《自祭文》作于丁未年（407），此年渊明四十三岁。[①] 按，以上三条理由，似乎第一条还值得考辨，其余二条似是而非。考唐之前陶集版本，《隋书》卷三五《经籍志》著录《宋征士陶潜集》九卷，注：梁五卷，录一卷。《旧唐书》卷四七《经籍志》著录《陶渊明集》五卷。《新唐书》卷六〇《艺文志》著录《陶潜集》二十卷，又集五卷。由此可知，隋唐时陶集版本确有多种。《艺文类聚》所引渊明《自祭文》不知抄录哪一种陶集版本。现存最早的陶集版本有汲古阁藏《陶渊明集》十卷本、汤汉注《陶靖节先生诗》四卷本、曾集刻本、鲁铨刻苏写大字本。这些陶集版本大多出自北宋初年宋庠本，而据宋庠《私记》，他所过目者有萧统所撰八卷本，有阳休之所撰十卷本。宋庠又说："晚获此本，云出江左旧本，其次第最若伦贯。"《艺文类聚》所引陶渊明《自祭文》之版本，其实不一定早于现存宋本，因为后者出于宋庠本，而宋庠本出于"江左旧本"，且"次第最若伦贯"。更能说明问题的是：现存陶集宋本皆作"岁惟丁卯"，无一作"岁惟丁未"。所以，不可据《艺文类聚》"丁未"之孤证，而否定众多宋本之"丁卯"。

其次，《自祭文》说："岁惟丁卯，律中无射。"《礼记·月令》："季秋之月，其音商，律中无射。"《挽歌诗》第三首说："严霜九月中，送我出远郊。"两者若合符契。这是两篇作品作于一时的最有力的证据。假若渊明在义熙三年（407）就作《自祭文》，岂能自知二十年后死期在九月中？如果说，"忧生之嗟"无法排遣，便在丁未年预作《自祭文》，故有"岁惟丁未"句，这犹有可说；但称死期即"律中无射"，世间有这种道理吗？莫非渊明如郭璞之流，能预知自己亡日？可见此文决非似其余文人故作达观，确实是临终前所作。

[①] 柏俊才：《陶渊明享年研究之检讨》，李宁宁、吴国富主编《浔阳论陶——2014 年陶渊明与生态文明国际学术研讨会论文集》，江西人民出版社 2015 年版，第 245、246 页。

再次,《自祭文》回顾自己的一生,满篇是即将告别人世的深沉感慨,真切感人至极,绝非壮年时代的故作旷达。义熙三年(407),渊明归隐不久,正吟唱着"户庭无尘杂,虚室有余闲。久在樊笼里,复得返自然"的宁静生活,享受生的乐趣,何来强烈的"忧生之嗟",以至早作《自祭文》和《挽歌诗》,发出"人生实难,死如之何"那样沉痛的感慨?如果把作于归隐之初的《归园田居》《归去来兮辞》《和郭主簿》同《自祭文》《挽歌诗》作比较,就不难发现上述两组作品是不同人生阶段的产物,语言、感情都迥然相异。《自祭文》说:"识运知命,畴能无眷?""从老得终,奚所复恋。"体味语气情感,都是人之将死时的感慨,决非故作旷达者所可仿佛。

据《挽歌诗》《自祭文》推测,元嘉四年丁卯九月,渊明自知生命将终,作此诗文,回顾生平,感慨人世的艰辛,表达对死亡的理解。延宕两个月之后,"辞逆旅之馆,永归于本宅"。

十一月,散骑常侍陆子真荐渊明,将复征命,未及,卒于浔阳县之某里。颜延之作《陶征士诔》。

【考辨】

萧《传》:"元嘉四年将复征命,会卒,时年六十三。"许嵩《建康实录》卷一二载:元嘉四年十一月辛未,"散骑常侍陆子真荐豫章雷次宗、浔阳陶潜、南郡刘凝之,并隐者也"①。萧统、许嵩所记,当同一事。关于陆子真其人,范子烨《别样的叙写:〈建康实录〉陶渊明事迹考辨》考证陆子真乃出于吴郡陆氏,"对当时的贤士、隐者多有荐举,陶渊明亦为其中之一。其荐举陶渊明当在元嘉三年"②。

《自祭文》:"岁惟丁卯,律中无射。陶子将辞逆旅之馆,永归于本宅。"《挽歌诗》:"严霜九月中,送我出远郊。"颜《诔》:"春秋若干,卒于浔阳县

---

① (唐)许嵩:《建康实录》,中华书局1986年版,第417页。
② 范子烨:《别样的叙写:〈建康实录〉陶渊明事迹考辨》,《中国典籍与文化》2012年总第82期。

之某里。""询诸友好,宜谥曰靖节征士。"许嵩《建康实录》卷一二:元嘉四年十一月,"潜苦贫,求仕为彭泽令,不屈督邮,弃官而去。及其亡也,颜延之伤而诔之。"朱熹《通鉴纲目》:"十一月,晋征士陶潜卒。"盖从许嵩也。王《谱》"元嘉四年丁卯"(427)条说:"有《自祭文》云:'律中无射。'《拟挽歌》诗云:'严霜九月中,送我出远郊。'当是杪秋下世。"按,据《挽歌诗》"严霜九月中"句,渊明于元嘉四年九月自感不久于人世,故自作挽辞。至十一月卒。许嵩称渊明卒于元嘉四年十一月,当是可信从之实录也。

桃花源的长官

[美] 宇文所安（撰）

叶杨曦 卞东波（译）

    我们首先来看欧阳修1072年即去世前两年所写的《六一居士传》。事实上，欧阳修在其大部分写作生涯中都在书写快乐。1036年，他被流放到穷乡僻壤峡州的夷陵县，而以幽默的笔调描写此地的荒凉：街市非常狭小，太守路过时也不得不走下官轿；鱼肆臭味难闻，以至于太守也不得不捂住鼻子快速通过（"虽邦君之过市，必常下乘，掩鼻以疾趋"）。但太守为欧阳修准备了舒适的居所，所以欧阳修并没因进谏导致贬谪而后悔并感到痛苦，而是忘却了忧愁：

> 某有罪来是邦，朱公于某有旧，且哀其以罪而来，为至县舍，择其厅事之东以作斯堂，度为疏洁高明而日居之以休其心。堂成，又与宾客偕至而落之。夫罪戾之人，宜弃恶地，处穷险，使其憔悴忧思，而知自悔咎。今乃赖朱公而得善地，以偷宴安，顽然使忘其有罪之忧，是皆异其所以来之意。

** 项目基金：本文为江苏省社科基金青年项目"北美中国古典文学研究名家研究"（12WWC014）及南京大学文科规划项目"中国古典文学的新视镜：新世纪海外中国文学研究之再研究与译介"成果之一。

* 作者单位：哈佛大学东亚系。译者单位：卞东波，南京大学文学院；叶杨曦，香港中文大学文学院。

此段文字出自回忆文章《夷陵县至喜堂记》。至喜堂无形中消解了朝廷的压力，也使作为贬谪之官的欧阳修不至于悔恨交加。

我坚信苏东坡在 1074 年撰作《超然台记》时，对欧公此记一定了然于心：

> 余自钱塘移守胶西，释舟楫之安，而服车马之劳；去雕墙之美，而蔽采椽之居；背湖山之观，而适桑麻之野。始至之日，岁比不登，盗贼满野，狱讼充斥，而斋厨索然，日食杞菊。人固疑余之不乐也。处之期年，而貌加丰，发之白者，日以反黑。

然而，欧阳修与苏轼在困境之中的快乐有着本质的不同，这种不同似乎与道学的兴起息息相关。对欧阳修来说，快乐需要附着在世间某些物品、建筑和地点之上。在夷陵，就是太守提供的相对舒适的住所。不过，苏东坡却宣称快乐只来自其本身，就如《超然台记》所写的那样。

在欧阳修《画舫斋记》中，因船被比作书斋，舟行的艰险也被化解为乐事：

> 乃忘其险阻，犹以舟名其斋，岂真乐于舟居者耶？

但随后他想到，待在船里毕竟也是一种幸福的状态：

> 然予闻古之人，有避世远去江湖之上终身而不肯反者，其必有所乐也。苟非冒利于险，有罪而不得已。使顺风恬波，傲然枕席之上，一日而千里，则舟之行岂不乐哉。

对于将失意与忧愁转换为快乐的思考过程来说，建造书斋并为其命名至关重要。

关于快乐与命名最著名、最动人的文本出自欧阳修 11 世纪 40 年代中期滁州任上时的作品。作于 1045 年的《丰乐亭记》以欧氏特有的风格起笔，这种写法我们关注较少："修既治滁之明年，夏，始饮滁水而甘。"这并不是说欧阳修主政滁州已一年，却从未尝过当地的水——除非他只饮酒。欧阳修可是品鉴水的行家。这应该说的是他主政滁州一年后才发现此地的水是甜的。这个开头设定了这篇记的主题，即有些事物因离我们太近太平常，以至于被我们忽略。他一发现水是甜的，便开始寻找它的源头（源/原），在本文中，其字面含义即泉水。甘水之源又与滁州百姓被忽略的快乐联系在一起：

> 修既治滁之明年，夏，始饮滁水而甘。问诸滁人，得于州南百步之近。其上丰山，耸然而特立；下则幽谷，窈然而深藏；中有清泉滃然而仰出。俯仰左右，顾而乐之。于是疏凿石，辟地以为亭，而与滁人往游于其间。

泉源很近（"得于州南百步之近"）。一般来讲，得难之物或得之于远，或远涉得之，如最昂贵之物来自远方，最好的计划遥不可及，深刻的含义亦深窅难寻。即使《论语》首章说到快乐，也称来自远方："有朋自远方来，不亦乐乎？"

但在《论语》中，子夏却认为，"近思"是获得"仁"很重要的手段。子夏云："博学而笃志，切问而近思，仁在其中矣。"（《论语·子张》）从近处思考确实是宋代知识分子的特征，从沈括的自然科学到理学家的哲学观察，知识不再是遥不可及，而是可以通过考索近处而得到。

尽管近在咫尺，但泉源并不显而易见；实际上，它似乎表现出是在很远的地方。丰山笼罩其上，幽谷处于其下，泉源隐藏于幽花绿树之间。太守为了自己与滁州百姓的快乐而在此处建亭一座。他渐渐发现了隐藏在山间的一切。

我想多谈一下幽谷，这估计是个形容性的地名。它可能"窈然而深藏"，但欧阳修让大家都知道了它。在文章的下一部分中，我们将看到这正是欧阳修安置陵溪大石的地方，好让众人都能欣赏到其美。如果他把石头放在任何普通的"幽谷"，那么其就会显得很奇怪（他写道"弃没于幽远则可惜"）。地形——即使是像幽谷那样的"幽隐"之所——也会在国家版图的标记中变得清楚。

只找到甘水的源头还不够，地点必须清楚，水流必须可控、可引导（正如大禹治水那样），标志性的建筑也必须在此地建起来，并为其命名。部分幽隐的山水进入国家版图的标记中。

欧阳修为亭子起的名字包括两部分："丰"既是此泉所出之山之名，也寓意着滁州民众祈盼的丰收，"乐"则似乎蕴含欧阳修及滁州民众远游至此亭带来的欢乐。荒野之气一扫而空，泉源也掬手可饮。通过书写，太守为百姓发掘了甘水与快乐的源泉。

必须发现甘水的源头，滁州百姓快乐的源泉也需要发掘，但这与发现泉源的简单相比，更为复杂。它等待太守欧阳修的发现。当他离开城中，前往隐藏在山水之间的泉源时，语脉突然转向同样隐藏在山水之间的往事：

> 滁于五代干戈之际，用武之地也。昔太祖皇帝，尝以周师破李景兵十五万于清流山下，生擒其将皇甫晖、姚凤于滁东门之外，遂以平滁。修尝考其山川，按其图记，升高以望清流之关，欲求晖、凤就擒之所，而故老皆无在者。盖天下之平久矣。自唐失其政，海内分裂，豪杰并起而争，所在为敌国者，何可胜数。及宋受天命，圣人出而四海一。向之凭恃险阻，划削消磨，百年之间，漠然徒见山高而水清。欲问其事，而遗老尽矣。

主题与叙述重心的转移很有意思，中国传统古文批评家会注意这些方面。它们极具艺术性，并不是简单的组合，而表现了建立联系的思维方式，如林云铭《古文析义》评云："忽就滁州想出原是用武之地。"突然我们的注意力被导向滁州周边的山水、清流山、五代末年发生的战争，然后转向后来宋太祖赵匡胤俘虏南唐将军皇甫晖、姚凤的滁州东门，当时赵匡胤还只是后周的将军。我们后来认识到欧阳修寻找源头，寻找快乐之源，如他寻找水源那样。貌似近在咫尺，其实远在天边。但当他开始探索这个"源"的踪迹时，它们与水源不同，无迹可寻。欧阳修感到惊异，那些英雄事迹如何在时间的流逝中灰飞烟灭的，即使当地人也记不起多少。历史在自然山水的美景中没有留下任何痕迹。

> 今滁介于江淮之间，舟车商贾，四方宾客之所不至。民生不见外事，而安于畎亩衣食，以乐生送死，而孰知上之功德，休养生息，涵煦百年之深也。

之后我们来到一个特别的场域，百姓生活于其中，与世无争，自得其乐；但另一方面，这种与世隔绝的地理环境却使之成为兵争之地。百姓平静地生活在其间，没有意识到或不知道他们的快乐建立在国家承平的基础之上。当发现藏于植被之下的泉源时，欧阳修也将被遮蔽的历史故往与现时快乐的来源公之于众。

> 修之来此，乐其地僻而事简，又爱其俗之安闲。既得斯泉于山谷之间，乃日与滁人仰而望山，俯而听泉。掇幽芳而荫乔木，风霜冰雪，刻露清秀，四时之景无不可爱。又幸其民乐其岁物之丰成，而喜与予游也。因为本其山川，道其风俗之美，使民之所以安此丰年之乐者，幸生无事之时也。夫宣上恩德，以与民共乐，刺史之事也。遂书以名其亭焉。庆历丙戌六月日，右正言知制诰知滁州军州事欧阳修记。

让我们回到欧阳修的快乐上，其乐在于民朴事简。欧公此记意在让百姓从更大的语境中明白他们的安乐。尽管治下"无事"，因此太守也没有日常的"事务"，但"刺史之事"也就变为彰显皇上的恩德——这也是对孟子所谓"以与民同乐"的响应。

这种快乐迥异于和太守一起游赏参观亭台的欢乐，也不同于与世隔绝的自得其乐。最后一段的叙述中，欧阳修又写道，快乐包括知道为什么快乐，快乐多来自意外，快乐在战争与苦难中多么难得，同时也暗示着快乐极易消失。太守是外来的——来自本地以外，却知道本地人已经遗忘的往事。太守之"事"就是唤起当地人的陈年旧忆，并投射到当地人的快乐之上，让他们更加珍惜现在的快乐，对朝廷心怀感激，否则朝廷就会对他们弃之不顾。

文王的"与民偕乐"也是相同的快乐，即他需要与民同乐才能享受到这种快乐。欧阳修明白快乐有很多种；事实上，快乐的等级与人存在的等级以及社会的等级是对应的。快乐的等级越高，对快乐的自觉也就越强。

对于欧阳修来说，快乐的图景有明确的形状，快乐的等级在其中以同心圆的形式呈现。他发掘出一处场所，加以命名，并占据中心；其他人聚集在他周围，他享受自己的中心位置。他对于场所的命名来源于自己的名号。最小的情形是六一居士，周围有五"物"，加上一老翁组成了他的新号。在滁州，四周皆山，他命名某处为"丰乐亭"或"醉翁亭"，快乐的百姓围绕着他，亭子的旁边也堆着从陵溪运来的石头。在国家的山水之外，他的文章也被友人传阅。蔡襄、苏舜卿、梅尧臣在读过《丰乐亭记》后皆有唱和。在滁州，他让离其最近的弟子曾巩也给另外一座亭子写记，而欧阳修依旧是曾巩记文的中心。

曾巩之记从各个方面而言呈现的都是弟子之声。他描写的醒心亭建于丰乐亭之后。其目的是为了游人在前一座亭子里醉酒后能在此处醒酒。曾氏亦云，他作此文"得以文词托名于公文之次"。曾巩《醉心亭记》（1047）云：

> 滁州之西南，泉水之涯，欧公作州之二年，构亭曰丰乐，自为记，以见其名之意。既又直丰乐之东几百步，得山之高。构亭曰醒心，使巩记之。凡公与州宾客者游焉，则必即丰乐以饮，或醉且劳矣，则必即醒心而望。以见夫群山之相环，云烟之相滋，旷野之无穷，草树众而泉石嘉，使目新乎其所睹，耳新乎其所闻，则其心洒然而醒，更欲久而忘归也。故即其所以然而为名，取韩子退之北湖之诗云。噫！其可谓善取乐于山泉之间，而名之以见其实又善者矣。虽然，公之乐，吾能言之；吾君优游而无为于上，吾民给足而无憾于下，天下学者皆为才且良，夷狄鸟兽草木之生者皆得其宜，公乐也。一山之隅，一泉之旁，岂公乐哉？乃公所以寄意于此也。若公之贤，韩子殁数百年而始有之。今同游之宾客，尚未知公之难遇也。后百千年，有慕公之为人，而览公之迹，思欲

见之，有不可及之叹，然后知公之难遇也。则凡同游于此者，其可不喜且幸欤？而巩也，又得以文词托名于公文之次，其又不喜且幸欤？庆历七年八月十五日记。

虽为弟子，曾巩亦想象能代老师言志："公之乐，吾能言之。"当然，曾巩解释说欧阳修的快乐不在眼前的情境，而来自国家的安定，这种快乐也表现在自然风景之中。

对于欧阳修本人所言的，曾巩之文是一个有趣的转折，即国家的安定是快乐的前提而非目的。这有着微妙而深刻的区别。曾巩明确否认了欧阳修在自然风景及远游欢愉中发现的快乐（"一山之隅，一泉之旁，岂公乐哉"）。欧阳修自己从未这么说过，山水及远游之乐确实是快乐的起因，但欧阳修也认识到，这种快乐只是因为并通过国泰民安才能实现。对代表年轻世代的曾巩而言，此时此地的快乐都只是"道"的比喻性的实体化（figurative instantiation）的快乐。也许曾巩所认为的快乐最核心与抽象的目标，就是上文末尾描写欧阳修快乐的几句话："夷狄鸟兽草木之生者皆得其宜，公乐也。"正如中国诗人通常准确观察到的那样，自然世界与人类的苦难及国家的兴衰并无关联。曾巩对上述文句的补充很是引人注目，无疑承认自然世界只是道的具体的实在化。好像幽默的经验主义者，欧阳修在《醉翁亭记》中对人与自然的关系，有截然不同的表述："游人去而禽鸟乐也。"当欧阳修表明百姓的幸福离不开国家时，他也认识到禽鸟对游人及其国家毫不在意，只关心自己能否不被打扰。

陶渊明的桃花源在中国文化中十分重要，因为它想象了一个没有国家的社会，一个自给自足而不隶属于国家的社会空间。它是全权帝国里的真空地带。桃花源的命名来自外部世界发现它的夹岸数百里的桃花林。

欧阳修是我们"桃花源的长官"。"环滁皆山也"，正如桃花源被群山包围，与世隔绝，滁州亦是外人绝少涉足的所在；它是未经人认知的乌托邦，而且当地人似乎不知道当地的历史往事以及外在世界发生的事情，一如桃花源中的村民"不知有汉，无论魏晋"。《桃花源记》里的捕鱼人告诉村民历上秦朝以来发生过的事情；在《丰乐亭记》中，欧阳修力图让滁州百姓知道他们自己被遗忘的历史——仅仅一百年前就在此地曾经发生的战乱——但这样做的目的，就是提醒百姓，他们的幸福是如何依赖于国家安定的。捕鱼人一离开桃花源，就再也无法回去，而桃花源仍在国家统治之外。欧阳修是外在国家的代言人，欧阳修命令在县衙周围建造公共建筑，并镌刻上姓名与日期；建造与民同乐的建筑，教给当地人历史及等级，使他们明白自己只是更大整体中的一小部分。如果滁州百姓完全可以自给自足，那么国家就没有必要存在。通过唤起被他们遗忘的战乱，太守告诉他们自己的安乐离不开朝廷的恩德；太守与民同乐正是对国家体制的颂扬及对容易被忽视的权力等级的重申。

欧阳修此时最著名的文章当然是《醉翁亭记》，其作于《丰乐亭记》成文一年后的1046年。我们在这新的场景里看到相同元素的回归。《醉翁亭记》延续了权力等级的主题，而权力等级与知识等级及快乐等级是联系在一起的。这与定位与命名的权力紧密相关。

> 环滁皆山也。其西南诸峰，林壑尤美。望之蔚然而深秀者，琅邪也。山行六七里，渐闻水声潺潺，而泻出于两峰之间者，酿泉也。峰回路转，有亭翼然，临于泉上者，醉翁亭也。作亭者谁？山之僧曰智仙也。名之者谁，太守自谓也。

此记的风格既特别又著名，但有必要探问一下该文为何重复使用关联词（X者，Y也）。选址与命名来自权威的声音。文章开头聚焦于山水中一个单独的点上，需要定位并命名，直到最后称太守有权命名。《醉翁亭记》以点出作者结尾——这并不像记体文标准程式那样简单——作者虽处于万物与万民之中，但只有他有能力写出这篇记，这种能力赋予他作为外部世界的代表。他既处于万物的中心，万众聚焦，又能从外部看到自己处于万物的中心。

我们应该仔细考察一下这是如何运作的。滁州是《丰乐亭记》中描写的万民之乐的背景，万民之乐肇始于对隐藏之原/源的发现。《醉翁亭记》更为戏剧化地聚焦于植被下一个单独的点。欧阳修从滁州本身的大视野开始运笔，它为群山万象所包围。背景聚焦于全景的四分之一，然后转向藏于苍翠之中的一点。我们立刻进入这个密封的点中，先是循着水声，然后跟随小溪自身，这将我们引向了亭子，此亭将是滁州百姓快乐远游的休憩之所。如果这种戏剧化控制的视野移动中存在什么经验的话，那么就是特定的地方——快乐的背景——处在更大的世界之中。他刚在《丰乐亭记》中追溯甘水的源头，又在本文中跟随水声并沿溪水前往亭子，此亭早已建好，只等着太守来加以命名。

小溪已有其名，即酿泉，其在循水声寻泉源时首次出现。小溪引导我们转向了亭子，它最初由其建造者，当地一位僧人构建于此。太守后来利用自己的权力不仅命名了此亭，而且还用自己的号来命名。文本中的作者自问自答，创造了一个自我中心的场景。此亭的新名与溪名酿泉相结合，确定了源头与结果的国家秩序：以酿泉之水酿酒，酒使太守醉倒，而太守正是命名此亭之人。

此亭肯定不是僧人亲自建成的，他一定请人建造了它。建亭的花费来自他的化缘。很难说这种捐助完全"自由"，肯定受到祈求护佑与对因果报应的恐惧驱使；但它们与国家的赋税与劳役相比，还是比较自由的。作为长期封地的寺院庙产，被朝廷象征性地占用，作为戏剧场所，演出与朝廷善政相共鸣的场景。正如欧阳修挪用陵溪之石是为百姓着想的那样。

我们也许应该在"名之者谁，太守自谓也"这段停一下，它的翻译是"Who was it named the pavilion?—the governor claims this for himself"（谁命名了这座亭子——太守说正是他自己）。第二句有两层含义："太守用自己的名字称呼它"（答非所问，除非我们认为"名之者谁"意为如"谁将自己的名字借给了它"之类的意思）与"太守自己称呼它"。二者似乎都没错。正像六一居士之命名，自我命名得到了延伸，并与近前的东西联系在一起。另外，不稳定的"谓"变为稳定的"名"。名字需要得名之由：醉酒的场合与被称为"翁"的合理性，事实是他是在场最年长的人（尽管他也会否认这一称谓的适用性)。作为一群人的长者,并不能合理解释"翁"这个字,而且我们很快又发现"醉"字亦有问题。

    太守与宾客来饮于此,饮少辄醉,而年又最高,故自号曰醉翁也。醉翁之意不在酒,在乎山水之间也。山水之乐,得之心而寓之酒也。

  五柳居士的逸事是理解此文的背景:"造饮辄尽,期在必醉,既醉而退。"醉翁则更容易醉酒:"饮少辄醉。"但这些宋代的新别号都只是相对的与象征的:这不是"正名",而是另有所指。"翁"仅仅显示年纪大,用以掩饰这一特定的称谓。醉态甚至不是它本身,而只是错置的所指(signifer):"醉翁之意不在酒,在乎山水之间也。山水之乐,得之心而寓之酒也。"对于五柳居士来说,他的"意"实际上只在酒本身;对于陶渊明来说,"意"不是所指的世界,而是饮酒的欲望;如果有更大的意义的话,那就在人身上。正如太守将自身之号转移到亭子上那样,太守的心思也从山水转移到酒上。从山水之间(欧阳修在语言上将自己置身"在乎山水之间",一如他后来作为六一居士处理五件消遣之物那样)转移到欢愉上有一个过程,先是得之于心,而后是"寓"(亦"现")之于酒。酒不是获得愉悦的"手段",而是其形象的外在表达。

  如果我们比较陶渊明与欧阳修的世界,那么就会发现区别非常明显。在陶渊明那里,生活的物质世界就像看到的那样。如果陶渊明观看落日下山中的岚气,并从中发现所谓的"真意":"山气日夕佳,飞鸟相与还。此中有真意,欲辨已忘言";那么陶渊明的"真意"是在物质世界之中的,而并不是"寓"于观看者的心灵之中的。在欧阳修那里,物理的风景并没有完全被命名、被描绘为物质世界,而是有待阐释的所指世界(a world of signifiers)。内含并不固定,新的阐释总是不断生发出来。欧阳修在文章中谈及山水之乐,但最终却是他的快乐存在于他人的快乐之中:"太守之乐其乐也。"

  下一段,欧阳修描绘了一天与四时的变化,他用无穷之乐弥平了醉翁亭在时间与季节上的不同。人、地、名都是固定不变的,只有某一时段的风景是变化的，并且这种变化似乎是无穷之乐的条件。快乐的持续性也是拥有醉翁亭的条件。

这时，其他百姓开始来往于欧阳修的山水世界。他们钓鱼、酿酒、摘菜，太守依然是所有活动的中心，他称自己是宴会的主人，说此"太守宴也"。他起初是微醺，宴会活动围绕着太守，最后他还是宴会的中心人物，已然醉了。他在文中早就声称作为太守，自己是他们中地位最高的。

我们来看下文关于生物等级的一段，这同时也反映了快乐的等级。最底层的是鸟类，它们只要人类离开就能获得欢愉，并且无法理解与分享人类的欢愉——的确，要实现它们的欢愉就需要清除人类的侵扰。第二层是百姓（民），他们结伴来此，畅快游玩，但不能理解太守的欢愉，他的欢愉存在于他们的欢愉之中。这是政治意味浓烈的"国家儒家思想"（state Confucianism），呼应了孟子解读《诗经·灵台》时所说的："古之人与民偕乐，故能乐也。"统治者能够快乐，是因为他能与百姓分享快乐。这也许是欧阳修此语的语境，但"偕乐"又不同于"乐其乐"，后者更为复杂。

最后，我们来看最终的命名：从"醉翁"到"太守"，他最终称自己为"庐陵欧阳修"。在古文中以第三人称来描绘作者自己很常见，但此文却将其贯穿始终，就像通过某种终极的媒介，"我"在"他"的影像中发现愉悦，而他发现他的愉悦在众人之乐中。本文中的欧阳修不是"欧阳修"，他更是一个"太守"，是整个国家官僚体系中的一员。难怪，欧阳修一从度过一生的官僚体系中退休后，便在《六一居士传》中创造出新的"事物"体系来界定自我。

我们也许应该回到欧阳修的"乐其乐"上，同时也要注意一位欧阳修同时代人写的一首创作时间未详的诗，他依然纠缠于快乐之中。此人便是邵雍（1011—1077），而有待系年的诗是《无苦吟》：

> 平生无苦吟，书翰不求深。行笔因调性，成诗为写心。诗扬心造化，笔发性园林。所乐乐吾乐，乐而安有淫。

这完全是自我生发的快乐，为了快乐不需要知道你很快乐，而需要知道快乐本身并不处于直觉的经验中，而在次级的、反射性的经验中。邵雍似乎认为更直接的快乐有过分之虞，即所谓"淫"，只有自我意识的阻隔才能让人免于思想不受控制。

这一时期的文本彼此呼应，也回应着早先的文本。当滁州百姓热情地聚集在欧阳修周围之时，欧阳修的《醉翁亭记》已经在更广的范围内流传了。欧阳修的朋友，无论年轻的还是年长的，围绕着此文，都寄来诗，有时还有古文，颂扬其与民同乐之乐。苏东坡是欧阳修另一位年轻的挚友，而且正如我们所看到的那样，他为年长的欧阳修所遭受到的批评辩护。苏东坡的发展势头很好。在11世纪40年代中期，欧阳修还在主政多山的穷乡僻壤滁州；1061年，26岁的苏东坡刚刚通过制科考试，得到第一个职位，任干旱少雨的陕西凤翔府的金书判官。在《喜雨亭记》中，他向《丰乐亭记》的作者致敬，并戏仿了此文：

欧阳修说："修既治滁之明年。"
苏东坡说："余至扶风之明年。"

当然，苏东坡只是个小小的金书判官，不能用"治"这个词，所以他用了"至"，可能古代汉语中"治""至"并不同音，但在现代汉语中两者发音完全相同。

苏轼《喜雨亭记》（1062）云：

亭以雨名，志喜也。古者有喜，则以名物，示不忘也。周公得禾，以名其书。汉武得鼎，以名其年。叔孙胜狄，以名其子。喜之大小不齐，其示不忘一也。余至扶风之明年，始治官舍，为亭于堂之北，而凿池其南，引流种树，以为休息之所。是岁之春，雨麦于岐山之阳，其占为有年。既而弥月不雨，民方以为忧。越三月乙卯，乃雨，甲子又雨，民以为未足，丁卯大雨，三日乃止。官吏相与庆于庭，商贾相与歌于市，农夫相与忭于野，忧者以乐，病者以愈，而吾亭适成。于是举酒于亭上，以属客而告之曰：五日不雨，可乎？曰：五日不雨，则无麦。十日不雨，可乎？曰：十日不雨，则无禾。无麦无禾，岁且荐饥，狱讼繁兴，而盗益滋炽。则吾与二三子，虽欲优游以乐于此亭，其可得耶。今天不遗斯民，始旱而赐之以雨，使吾与二三子，得相与优游而乐于此亭者，皆雨之赐也。其又可忘耶？既以名亭，又从而歌之。曰：使天而雨珠，寒者不得以为襦。使天而雨玉，饥者不得以为粟。一雨三日，繄谁之力？民曰太守，太守不有。归之天子，天子曰不。然归之造物，造物不自以为功。归之太空，太空冥冥，不可得而名，吾以名吾亭。

不同于滁州的祥和，那里每个人似乎都很快乐，扶风人则经历了因大旱而忧虑到因雨从天降而喜悦的感情变化——喜雨亭正建于天降甘霖之时。

如果是欧阳修，他也会在百姓的快乐中感到快乐（"乐其乐"）。在欧阳修那里表现为公共福祉的事，却被苏东坡视为私人之事。苏东坡并不是严肃地在说私人之事，相反他以幽默的口吻言之。他完全根据自己的个人利益来对待降雨。他与几个友人想在亭中赏乐。如果干旱持续，就会出现饥荒，从而影响社会稳定，盗贼横行，这些都会让官员"有事"。那样的话，他与友人将无法享受快乐。苏东坡期望得到的放松无疑是老天送来的甘霖，他将此亭命名为喜雨亭来纪念这件喜事。

欧阳修文主要的曲折是有关责任的疑问。对他来说，正是大宋朝廷之建立以及随后国家施行的恩泽，才使快乐得以实现；作为太守，他正是国家的代表。苏东坡使用了"赐"一词。首先，它是上天的恩赐："今天不遗斯民，始旱而赐之以雨。"其次，这也是雨水对苏东坡及其友人的恩赐："使吾与二三子，得相与优游而乐于此亭者，皆雨之赐也。"

使用"赐"这个字，便必定存在恩泽的赐予者。这种谁或什么应负责的不确定性把我们引向一种幽默的解决途径，这是典型的苏氏风格，在文章末尾有趣的"歌"中，他试图寻找那个赐予者。谢意应该要表达——主要是因为苏东坡使用了"赐"字——但没人知道该感谢谁。我们觉得有趣，是因为没人对这件好事负责。这是一个充满机会的世界，有时也充满喜乐。

还有一个值得提及的小地方，苏东坡说出了欧阳修没有说的："吾以名吾亭"，苏东坡称其为"吾亭"。

阅读

我们在本文中讨论的文本不是单一的，正如《六一居士传》显示的那样，而是关于"乐"的发展性话语（developing discourse），文本在友人间传递，他们对原来的文本加以补充或改变，这都发展了原来的文本。从1036年至1062年四分之一世纪里，我们从一系列关系非常密切的文本"家族"（family of texts）中观察到这一点。我们通常孤立地阅读这些文本或将其作为"宋文"的代表，但它们最好被当作一个文本"家族"来理解，这个文本"家族"对于理解其中的单一篇章非常重要。我们知道苏东坡《喜雨亭记》的结尾有点戏谑的意味，但我们需要想到欧阳修的《丰乐亭记》，才能完全理解东坡的幽默。

有很多纵横交错的文本"家族"。这许许多多的文本背后都有文学上的祖先存在，比如陶渊明。某一位作家有一系列文本，如欧阳修，从早先1036年任职郡县直到晚年写作《六一居士传》时，他都一直在思考"乐"的本质。还有他人撰写的响应文章，如曾巩的补充阐扬或苏东坡的幽默戏仿。

在阅读中，我们应学会注意令人惊奇的东西，尝试想象其最初被诵读时的声调。中国的一个学术传统就是非常重视记诵，似乎人们只有记住一个文本才能理解它。记诵固然有其好处，但其缺点亦不可忽视。当你背诵文本时，所有字句都是熟悉的，语句自然流出，很容易将惊奇的东西视为平淡无奇。引经据典很容易，但发现其中的妙意却很难。文本变得太过熟悉，完全不同于苏东坡首次读到欧阳修《丰乐亭记》时的情形。当欧阳修写下"修既治滁之明年，夏，始饮滁水而甘"时，他本人正在谈论非常熟悉的事情，以至于没有注意到它；如果文本变得过于熟悉，如记诵过的那样，我们就会由于太熟悉而不会留意到这一段。但它却引起了苏东坡的重视，所以他在创作《喜雨亭记》时加以戏仿。

这不是说，在阅读时我们应该努力找寻陌生化的时刻，而是应该注意这种以似乎自然的方式展开的方法——所谓"开门见奇"。当这些句子出现时，你通常会发现这些奇句很是一般，却是整篇文章立意的中心环节——在欧阳修的例子中，就要注意那些习焉不察或迫在眉睫的句子。

用"家族"来形容一系列文本是非常好的隐喻，既因为家族成员之间关系非常密切和亲近，又因为家族成员之间过于熟悉，以至于有忽视家族特性与活力的危险。

论陶集中的自文现象[**]

白彬彬[*]

中国文学史、文化史上，陶渊明都是举足轻重的人物，其留下的百余首诗文作品几乎篇篇堪称经典，其流风余韵深刻影响了后代无数的文人。自与陶公生活在同时代的颜延之起，人们即开始了对陶公其人其文的评析。[①]在此后漫长的陶渊明研究史中，也涌现出大量的论著成果。那么，时至今日我们对陶渊明的研究还有继续开拓的余地吗？答案自然是肯定的。"横看成岭侧成峰，远近高低各不同"，苏轼吟咏庐山的诗句为我们提供了某种启示。陶渊明一生主要的生活轨迹就在庐山附近，他所取得的辉煌的文学成就也正如庐山一样横亘于诗国，借助西方互文性文学理论的崭新视角，我们或许可以从不同的侧面对这座林壑尤美的诗国高峰进行一番新的审视。

在此首先有必要对互文性理论稍作交代。互文性（Intertextuality），又称"文本间性"或"互文本性"，首先由法国符号学家、文学理论家朱丽娅·克里斯蒂娃在其《符号学》一书中提出。在该书中克氏宣称："任何作品的本文都像许多行文的镶嵌品那样构成的，任何本文都是其他本文的吸收和转化。"

[**] 基金项目：本文系国家社科基金重大项目"陶渊明文献集成与研究"阶段性成果，项目批准号：17ZDA252。

[*] 作者单位：商务印书馆。

[①] 邓小军：《陶渊明政治品节的见证——颜延之〈陶征士诔并序〉笺证》，《北京大学学报》（哲学社会科学版）2005 年第 5 期。

在克里斯蒂娃看来，每一个文本是其他文本的镜子，每一文本是对其他文本的吸收与转化，它们之间相互参照，彼此牵连，最终形成一个潜力无限的开放网络，以此构成文本过去、现在、将来的巨大开放体系和文学符号学的演变过程。互文性理论作为20世纪五六十年代从西方兴起的一种全新的文本理论，它继承了结构主义的优点，并吸取了解构主义和后现代主义的传统，强调了文本本身的开放性。作为一种重要的后现代理论，由于其包罗甚广，并且广泛应用于包括文学、艺术、文化在内的许多领域，因此其内涵与外延皆处于不断丰富的变动之中，这也导致对其定义的莫衷一是。正如艾伦在《互文性》一书中所说："我们并不试图通过揭示互文性这一概念的基本定义，来矫正互文性一词使用的混乱局面。给'互文性'下一个定义的企图注定是要失败的。"尽管如此，许多文学理论家们还是提出了他们对于互文性的定义。如皮艾格·格罗这样来定义互文性："互文性是一种一个文本转引另一个文本的运动，而互文本就是被一个作品纳入自身的所有文本，它以或者不在场的方式指涉另一文本（影射），或者以在场的方式重写（引用）。这个广泛的范畴包括各种各样的形式：仿拟、抄袭、重写、拼贴。它是文学的一个构成要素。"[1]而著名叙事学家杰拉尔·德普林斯在其《叙事学词典》中对"互文性"的解释更为清楚和明晰："一个确定的文本与它所引用、改写、吸收、扩展、或在总体上加以改造的其他文本之间的关系，并且依据这种关系才可能理解这个文本。"互文性理论的经典表述为"任何一篇文本都吸收和转换了别的文本"，"每一篇文本都联系着若干篇文本，并且对这些文本起着复读、强调、浓缩、转移和深化的作用"[2]。从以上定义可以看出，互文性的概念打破了传统的文本自足的观念。正如业师范子烨先生指出的那样，"互文性概念强调的是把写作置于一个坐标系内予以观照：从横向上看，它将一个文本与其他文本进行对比研究，让文本在一个文本的系统中确定其特性；从纵向上看，

---

[1] 钱翰：《论两种截然不同的互文性》，《学术论坛》2015年第2期。
[2] ［法］萨莫瓦约：《互文性研究》，邵炜译，天津人民出版社2002年版，第4—5页。

它注重前文本的影响研究，从而获得对文学和文学传统的系统认识"。① 事实上，相较于传统的影响研究，互文性理论充分揭示了写作活动内部多元文化、多元话语相互交织的事实，也因此呈现了写作的深广性及其丰富而复杂的文化、历史内涵，凸显了现代理论的光辉。

用互文性理论的视角来审视陶渊明的作品，我们会惊异地发现，陶渊明诗文中存在着大量的互文现象。这其中既包括他对前代经典作家、作品（如《诗经》《楚辞》《史记》、古诗十九首、阮籍、应璩、左思等）的借鉴、吸收，也不乏对自身创作的大量复写、重述。关于前者，业师范子烨教授在《春蚕与止酒——互文性视域下的陶渊明诗》② 一书中已经做了极富有开创性和启发意义的阐释。关于后者，就笔者所见，尚未有专文述及，因此本文拟就陶渊明诗文自身的互文现象做一番粗浅的探讨。不当之处，尚祈方家就教。

一 陶集中的自文现象及其表现

在现存陶集中，共有诗文作品145首（篇）③，这百余篇作品构成了陶渊明丰富而又深邃的艺术世界与心灵世界。若以互文性的视域进行观照，我们会发现这些作品之间存在着很多明显的互文现象。因为互文性的着眼点在于文本之间的关系，所以正如孙建峰所指出的，"从理论上说，若被吸纳的是自己曾经写过并已成为某种客观存在的文本，此时就必然产生一个作者文本内部存在关联即自身互文的现象"。④ 这种同一作家创作中的自身互文现象简言

---

① 范子烨：《春蚕与止酒——互文性视域下的陶渊明诗》，社会科学文献出版社2012年版，第9—10页。
② 范子烨：《春蚕与止酒——互文性视域下的陶渊明诗》，社会科学文献出版社2012年版。
③ 以袁行霈所撰《陶渊明集笺注》为统计依据，其中外集包括《归园田居·其六》《问来使》等篇真伪难定，不在此145首之列。
④ 孙建峰：《论王安石诗的自身互文现象》，《江苏社会科学》2013年第2期。

之即自文现象。

陶集的自文现象可以分为三类：第一类是大量"高频词汇"的出现；第二类是同类意象的重复；第三类是特定情感主题的反复表达。下面笔者拟对这三类互文现象分别予以说明。

（一）大量"高频词语"的出现

由于特定的生活环境与个人气质等原因的影响，很多诗人偏爱于使用特定的语词表情达意，久而久之便导致某些词语在诗人的笔下反复出现，构成了属于某位诗人特定的"高频词语"。比如"诗仙"李白，北宋大诗人王安石曾批评他说："白识见污下，十首九首说妇人与酒。"我们翻开《李太白全集》，也确实看到李白诗文中大量出现的关于酒的词语，这些关于酒的"高频词语"构成了太白诗文独特的景观。同样，在陶渊明的诗文中也有一些特定词语接连出现，它们构成了陶集中的"高频词语"。陶渊明在不同的作品中反复使用这些词语，它们彼此之间构成了自文关系。陶集中的"高频词语"包括"独""静""死""欢""欣""乐""见""余""慷慨""自然"等。[①]如"静"字在陶集中共出现了11次，分别为：

>静寄东轩，春醪独抚。（《停云》）
>
>我爱其静，寤寐交挥。（《时运》）
>
>静言孔念，中心怅而。（《荣木》）
>
>静念园林好，人间良可辞。（《庚子岁五月中从都还阻风于规林》）
>
>悲风爱静夜，林鸟喜晨开。（《丙辰岁八月中于下潠田舍获》）
>
>念此怀悲凄，终晓不能静。（《杂诗十二首·其二》）
>
>抱朴守静，君子之笃素。（《感士不遇赋》）
>
>于时风波未静，心惮远役。（《归去来兮辞》）
>
>闲静少言，不慕荣利。（《五柳先生传》）

[①] 钟书林：《陶集喜用字词及其现象研究》，《集宁师范学院学报》2012年第3期。

> 少学琴书，偶爱闲静。(《与子俨等疏》)
>
> 静月澄高，温风始逝。(《祭从弟敬远文》)

我们知道，陶渊明毕生追求与大自然的和谐相处，他在经历了仕宦与归隐的挣扎后终于义无反顾地投入了大自然的怀抱。在田园生活中，他通过躬耕劳动安顿了疲惫的身心，通过尚友先贤抚平了拨动的心弦，而"静"正是他所追求的理想的身心状态，这是他诗文的关键词，也构成了他人生的主旋律。

再如"死"字，在陶集中一共出现了十八次之多：

> 老少同一死，贤愚无复数。(《行影神·神释》)
>
> 死殁无复余。(《归园田居·其四》)
>
> 死去何所知？称心固为好。(《饮酒二十首·其十一》)
>
> 遂尽介然分，终死归田里。(《饮酒二十首·其十九》)
>
> 斯人久已死，乡里习其风。(《拟古九首·其二》)
>
> 朝与仁义生，夕死复何求？(《咏贫士七首·其四》)
>
> 君子死知己，提剑出燕京。(《咏荆轲》)
>
> 不死复不老，万岁如平常。(《读〈山海经〉十三首·其八》)
>
> 窫窳强能变，祖江遂独死。(《读〈山海经〉十三首·其十一》)
>
> 有生必有死，早终非命促。(《挽歌诗三首·其一》)
>
> 死去何所道，托体同山阿。(《挽歌诗三首·其三》)
>
> 虽好学与行义，何死生之苦辛！(《感士不遇赋》)
>
> 哀矣韩生，竟死《说难》。(《读史述九章》)
>
> 天地赋命，生必有死。(《与子俨等疏》)
>
> 死生有命，富贵在天。(《与子俨等疏》)
>
> 死如有知，相见蒿里。(《祭程氏妹文》)
>
> 死生异方，存亡有域。(《祭从弟敬远文》)
>
> 人生实难，死如之何？(《自祭文》)

有人在评价陶渊明的生死观时认为他已经完全超越了对死亡的忧虑，达到了"大化"的自由境界。对此，笔者不敢苟同。袁行霈先生曾分析说："陶渊明既然如此达观，为什么还要反反复复地讲到死亡这个问题呢？合理的解释是：陶渊明对生死问题本来就很关切，而且越来越关切，他的内心存有对死亡的恐惧和死后的困惑。"① 联系到陶集中如此集中而反复地出现"死"字，很显然正如袁先生所分析的那样，这表明死亡的阴影时刻盘旋在陶公的心灵之上，对于生死这一人生的"终极命题"，他是经常反复地思考的。虽然陶渊明曾宣称"纵浪大化中，不喜亦不惧"，但事实上却并没有做到像他自己宣称的那样达观，并没有完全超越对死亡的忧虑。当然，看到陶渊明对死亡的牵挂并不会因此影响到我们对他的评价，反而让我们更加感受到诗人那苍茫的内心世界。

从以上举例可以看出，陶渊明在遣词用字时往往有所偏好，他对这些"高频词语"的重复使用实际上构成了一种明显的互文现象。在此类互文现象中，那些反复出现的"高频词语"往往与陶渊明的思想有着紧密的关联。如"独"字暗示了陶公处境的孤独，"乐""欣"等表达了诗人回归田园以后的心境，"慷慨"揭示了陶公平静外表下内心的起伏，"自然"则是他毕生的追求。梁宗岱先生在《论诗》中精辟地指出："其实有些字是诗人们最隐秘最深沉的心声，代表他们精神底本质或灵魂底怅望的，往往在他们凝神握管的刹那有意无意地流露出来。这些字简直就是他们诗境底定义或评语。"② 可以说，陶集中的这些"高频词语"仿佛为我们进入陶渊明的精神家园竖立起一个个路标，指引着我们进入他那深邃沉静而又广博杳邈的心灵世界。

（二）相同意象的大量复现

作为中国古典诗学的关键词之一，意象的含义十分复杂。在此笔者遵从袁行霈先生在《中国古典诗歌的意象》中提出的观点，袁先生认为意象是

---

① 袁行霈：《中国诗歌艺术研究》，北京大学出版社2009年版，第54页。
② 梁宗岱：《梁宗岱批评文集》，珠海出版社1998年版，第78页。

"融入了主观情意的客观物象，或者是借助于客观物象表现出来的主观情意"。① 陶渊明为了情感表达的需要，往往将大量生活中常见的事物摄入诗文创作当中，赋予它们丰富而又深刻的内涵，创造出极富个人化的意象群，甚至很多意象一经陶公的妙手点染，就几乎成为他的专利。比如周敦颐在《爱莲说》中就说："水陆草木之花，可爱者甚蕃。晋陶渊明独爱菊。"在后世，菊花就几乎成为陶渊明的专属意象。陶渊明诗文中的意象，往往来源于他的日常起居，具有生活化的特点，如酒、琴、松、菊、鸟、云等，这些无非是他眼中所见、身边常用之物。然而，这些意象在陶渊明的笔下被反复使用并被赋予诗意化的提升，它们本身也在这种反复使用中获得了意义的增殖。比如"云"这一意象，如梁德林所指出的："古代诗歌中的'云'意象，既带着自然物的特征，又融入了深厚的人文精神，深情、多彩、变幻的'云'意象在中国古代诗歌中占有极其重要的地位，向读者传递着丰富的信息。"② 在陶集中"云"这一意象就有"停云""白云""游云""去云""寒云""重云""余云""归云""孤云""高云""行云"等十多种表现形态，具有十分丰富的内涵。如"孤云"就被陶渊明用来表现自身的孤独处境，"游云"则被用来抒发悠然飘逸的情致，"寒云"被用来象喻沉闷死寂的现实，等等。可以说，"云"意象就是在陶公的反复使用中获得了意义的升华，也正是这些形态各异的"云"，使得陶公的文学世界呈现出了云蒸霞蔚般的绚烂之美。

"鸟"意象也在陶集中大量出现，在陶渊明全部诗文作品中"鸟"共出现三十一次之多，成为陶公笔下出现频率最高的意象之一。在陶公笔下，这些"鸟"意象也情态各具：有的是自我形象的化身，如《归鸟》中那只"见林情依""悠然其怀"的归鸟；有的象征着世俗的牢笼和羁绊，如"羁鸟恋旧林"中的"羁鸟"；有的是自由的象征，如"飞鸟""高鸟"等；有的则是孤独的化身，如那只"徘徊无定止，夜夜声转悲"的"栖栖失群鸟"。再如陶渊明诗文中的"松"。在《和郭主簿》二首中那株挺拔的青松与耀目的黄

---

① 袁行霈：《中国诗歌艺术研究》，北京大学出版社2009年版，第54页。
② 梁德林：《古代诗歌中的云意象》，《广西师院学报》（哲学社会科学版）1995年第1期。

花共同构成了素秋时节清雅芳馨的景致("芳菊开林耀,青松冠岩列");而在《饮酒二十首·其四》中孤生的松树则成了那只"戚戚失群鸟"的精神家园("因值孤生松,敛翮遥来归");在《饮酒二十首·其八》中那株生长于东园被杂草掩盖的青松象征着世俗尘网中的孤标傲世的诗人形象("青松在东园,众草没其姿");至于《归去来兮辞》中的孤松,陶公则在对其轻抚中汲取了精神的力量("景翳翳以将入,抚孤松而盘桓")。

互文性理论认为,"文本的性质大同小异,它们在原则上有意思地互相孕育,互相滋养,互相影响;同时又从来不是单纯而又简单的相互复制和全盘接受"①。陶集中这些大量复现的相同意象就是这样一些"文本",它们之间不是单纯而又简单的相互复制和全盘接受,而是在互相孕育、互相滋养、互相影响,正是在这种互文性的写作中产生了永恒的艺术魅力。

(三)某些思想主题的反复表达

在陶集中有些思想主题得到反复的表达,成为陶公念兹在兹的对象,这如同音乐中的主旋律,在反复中强化了主题的表达。袁行霈先生在《陶诗主题的创新》一文中总结出陶诗在主题上的五个创新:徘徊—回归主题、饮酒主题、固穷安贫主题、农耕主题、生死主题。②袁先生总结出的以上五个主题在陶渊明诗文中反复出现,实际上构成了一种互文现象。如"徘徊—回归主题",陶渊明在《杂诗》《饮酒》《归园田居》《归去来兮辞》等作品中都曾反复表达。另外除了袁先生已经总结的五个主题之外,笔者认为"傲然自足"也是陶集中的一个重要主题。"傲然自足"与"固穷安贫"相比具有相似之处,但实际上却又并不相同。概括来说,如果说"固穷安贫"是对"穷"和"贫"这些苦难进行努力超越的话,那么"傲然自足"则更强调了主体心态的积极性,包含着一种以苦为乐、苦中作乐的意思。陶集中"傲然自足"的思想主要表现在以下几处:

---

① [法]萨莫瓦约:《互文性研究》,邵炜译,天津人民出版社2002年版,第1页。
② 袁行霈:《陶渊明研究》,北京大学出版社2009年版。

人亦有言，称心易足。挥兹一觞，陶然自乐。《时运》

傲然自足，抱朴含真。《劝农》

山涧清且浅，适以濯我足。《归园田居·其五》

弊庐何必广？取足蔽床席。《移居·其一》

营己良有极，过足非所钦。《和郭主簿·其一》

岂期过满腹？但愿饱粳粮。御冬足大布，粗绨以应阳。《杂诗·其八》

刍藁有常温，采莒足朝餐。《咏贫士·其五》

离别情所悲，余荣何足顾！《咏二疏》

赤泉给我饮，员丘足我粮。《读〈山海经〉十三首·其八》

环堵萧然，不蔽风日，短褐穿结，箪瓢屡空，晏如也。《五柳先生传》

倚南窗以寄傲，审容膝之易安。《归去来兮辞》

靡潜跃之非分，常傲然以称情。《感士不遇赋》

少学琴书，偶爱闲静，开卷有得，便欣然忘食。见树木交荫，时鸟变声，亦复欢尔有喜。尝言五六月北窗下卧，遇凉风暂至，自谓是羲皇上人。《与子俨等疏》

在陶公那里，不必高堂广厦，无须锦衣玉食，只一杯酒，一张琴，一身粗布衣裳，一间足以遮床蔽席的草庐，甚至是一道清浅的溪水、一声欢快的鸟鸣，抑或者夏日里一阵不期而至的凉风，都可以让诗人获得持久的欢乐。在陶公看来，物质的富足与精神上的愉悦相比，实在是不值一提，人只要能保持精神上的欢愉，在大地上诗意地栖居，那么再艰苦的物质条件也会甘之如饴。

"文学的写作就伴随着对它自己现今和以往的回忆。它摸索并表达这些记忆，通过一系列的复述、追忆和重写将它们记载在文本中，这种工作造就了互文。"① 这段话准确地揭示了陶集中同一类思想主题反复表达的原因。可以说，陶集中出现的这些集中表达的主题就是陶渊明的"记忆"，对这些主题的"复述、追忆和重写"也构成了一种文本的自文关系。

二　陶集中自文现象大量出现的原因及其意义

任何文学现象都不是孤立的，它的背后一定牵涉到更为深广的文学背景。如同一棵参天的大树，文学现象是露出地表的枝叶，掩藏其下的则是纵横的根脉。在我们注意到陶集存在着大量的自文现象之后，接下来就自然想要尝试给这种现象寻找一些合理的解释。我们会进一步追问：为什么陶集中会出现大量的自文现象？这种现象背后又有着怎样的意义？

关于陶集中会出现大量的自文现象的原因，笔者认为可以两个方面来看。首先，陶集中大量自文现象的出现应与陶渊明对待写作的态度有关。在《饮酒二十首·序》中，陶渊明写道："偶有名酒，无夕不饮，顾影独进，忽焉复醉。既醉之后，辄题数句自娱，纸墨遂多。"在《五柳先生传》里他也说："常著文章自娱，颇示己志，忘怀得失。"在此，陶渊明的写作是为了"自娱"，即为了满足自身的精神需求，因此完全是自然而然的，他纯任内心一派真意汨汨流出，无丝毫勉强和忸怩作态之感。前文已经提及，陶集里经常出现的词语和思想主题都是陶公念兹在兹的重大内容，可以想见，这些内容必然经常会盘踞在陶公的脑海里，而每当身边的一草一木、一花一鸟触动了他的诗思时，这些盘踞在陶公脑海中的事物便会自然地脱口而出，流淌在字里行间。这一点正如宋人施德操所言："渊明随其所见，指点成诗，见花即道花，遇竹即说竹，更无一毫作为。"②

其次，这种现象的出现当与陶渊明的创作环境也有关系。陶公一生除了五次短暂的仕宦经历外，其余大部分时间是在田园中度过的。与其他有着丰

---

① ［法］萨莫瓦约：《互文性研究》，邵炜译，天津人民出版社2002年版，第35页。
② 袁行霈：《陶渊明研究》，北京大学出版社2009年版，第61页。

富社会经历的诗人相比,陶公的生活环境显然要单纯得多。这样的生活环境一方面形成了陶渊明平淡真淳的诗风,另外一方面在客观上也限制了陶诗的表现领域。作为后代读者、评论家眼中的"古今隐逸诗人之宗",田园生活自然也就成为陶集题中应有之义,于是那些与田园具有紧密关联的事物(如上文提及的云、鸟、酒、松树等),则自然而然地成为他反复吟咏表现的对象,构成了陶集大量出现的自文景观。

关于陶集中会出现大量的自文现象的意义,笔者认为通过对陶渊明诗文自文现象的探讨,有助于我们更清楚地理解陶公思想发展的脉络。马克思主义告诉我们,思想是客观存在反映在人的意识中经过思维活动而产生的结果,是人类一切行为的基础。人因思想而伟大,人因思想而崇高。而任何思想的形成都不是一蹴而就的,都有一个由模糊到清晰的形成过程,陶渊明也不例外。如上文提及"傲然自足"作为陶诗中的一个重要主题思想,是在一部陶集中反复回荡的主旋律,在陶集中各种表达有十三处之多。通过对这十三处互文情况的梳理,我们可以发现陶集中这一主题的来龙去脉。此一主题最早的一处表达出现在《时运》一首中,这可看作其他各处的"底文",据逯钦立《陶渊明事迹诗文系年》,此诗作于公元404年,陶渊明时年40岁,其他几处表达则分别在42岁(两次)、44岁(两次)、47岁(一次)、51岁(一次)、62岁(一次)。通过以上时间的梳理可以看出,"傲然自足"这一陶渊明的重要思想早在他40岁左右即已成熟,而在以后的苦难岁月里,陶公始终坚持,未曾抛弃,直至生命的终点,成为维系其余生的精神支柱。

"他山之石,可以攻玉。"借助西方互文性理论的视角,我们看到了陶集中存在大量自我互文这一为人忽略的独特景观。大量"高频词语"的出现、相同意象的重复和某些情感主题的反复表达构成了陶集中的自文现象。这些自文现象为我们进入陶渊明的精神世界竖立了一座座路标,指引着我们进入诗人那深邃沉静而又广博杳邈的心灵世界,同时也使我们可以更清楚地看到陶渊明情感发展的脉络。这对于我们更深刻地理解陶渊明其人、其文均不无裨益。

略论《归去来兮辞并序》之"自免去职"与"宵逝"**

吴国富*

陶渊明担任彭泽令，不过八十多天，就辞官而去，个中原因似乎颇为复杂，后人争议甚多，意见不能统一。萧统《陶渊明传》说陶渊明辞官是因为"不为五斗米折腰"，而陶渊明《归去来兮辞并序》说自己辞官是因为"质性自然，非矫厉所得"，又因"程氏妹丧于武昌，情在骏奔"，这都有些费解。事实上，《归去来兮辞并序》所说的"自免去职"和"宵逝"，两者透露了辞官的很多信息，值得研究。

一 "自免去职"与"畏罪潜逃"的区别

晋安帝义熙元年八月，陶渊明出任彭泽令，十一月"自免去职"，辞官而归，在任八十多天。陶渊明辞去彭泽令一事，在历史上影响甚大；关于他的辞官原因，也有很多人关注和研究。近二三十年来，有些学者另辟蹊径，对他的辞官原因提出了不同看法，其中如陶渊明辞官因畏罪而潜逃一说[①]，则显得很"别致"：陶渊明为官之前很穷，而归田之后则过上了富足的生活；督邮

** 项目基金：本文系国家社科基金重大项目"陶渊明文献集成与研究"阶段性成果，项目批准号：17ZDA252。

* 作者单位：《九江学院学报》编辑部。

① 耿宝强：《畏罪潜逃：陶渊明辞官的新解读》，《阅读与写作》2003年第4期。

到彭泽公干，就是为了查办大肆贪污的陶渊明；致使陶渊明"畏罪潜逃"，赶紧归田去了。然而从历史的角度来看，这种看法大体属于一种臆测。

陶渊明在《归去来兮辞并序》说自己是"自免去职"，这与"畏罪潜逃"有很大差异。在特别注重君臣伦理关系的中国古代，对于两者的评价亦有天壤之别。

"畏罪潜逃"在古代一般称为"逃刑"，在道义上为人所不齿。如《左传·襄公三年》记载，晋悼公之弟扬干"乱行于曲梁，魏绛戮其仆"，晋侯大怒，必杀魏绛而后已。魏绛说："事君不避难，有罪不逃刑。"说完准备自杀，旋即得到宽宥①。魏绛由此得到时人的敬重，而他体现的这种精神亦是当时褒贬人物的原则，如《春秋胡氏传》云："春秋之义，私逃者必书奔，有罪者必加贬。"② 从春秋到两汉时期，"有罪不逃刑"逐渐演变为儒家伦理的固有之义，成为衡量臣节高下的重要标准。如《后汉书·李膺传》记载李膺在遭遇党锢之祸时说："事不辞难，罪不逃刑，臣之节也。"侍御史景毅，因儿子曾为李膺门徒，亦自表免归，以示不敢逃刑③。又《后汉书·巴肃传》记载巴肃说："为人臣者，有谋不敢隐，有罪不逃刑。"④ 张亮采《中国风俗史》说："汉末名士，互相品题，遂成风气。于时朝廷用人，率多采之，颇足以挽势利夤缘之习。故魏之何夔、杜恕，皆注重乡评。陈群遂立九品中正之法，晋因之乡邑清议，不拘爵位，褒贬所加，深足劝励。……清议之严如此，而又皆持之于中正，用以区别流品，亦六朝之一特色。虽法久弊生，中正不尽秉公，或上下其手，然乡间之清议自峻也。"⑤ 在荐举制度和人物品评互为表里的情况下，"有罪不逃刑"不仅事关前途、刑罚问题，更关乎一生名节问题，凡有名望者一旦在这方面留下污点，就再也抬不起头来。在清议流行的魏晋时期，假如陶渊明真的敢于"畏罪潜逃"，那他一生的名节也就毁了，不再为人所看

---

① 陈戍国点校：《四书五经》，岳麓书社2014年版，第943页。
② （宋）胡安国：《春秋胡氏传》，浙江古籍出版社2010年版，第88页。
③ （南朝宋）范晔撰，（唐）李贤等注：《后汉书》，中华书局1965年版，第2197、2195页。
④ （南朝宋）范晔撰：《后汉书》，中国文史出版社2003年版，第1135页。
⑤ 张亮采：《中国风俗史》，中国文史出版社2015年版，第93页。

重，被当作隐士来尊崇的情况也将不复存在。何况他从彭泽回到浔阳，这里靠近州治、郡治、县治，为人烟耳目密集之地，一旦"逃刑"，也很容易被人告发。

"自免去职"类似于现代的"自动辞职"，自古以来不乏其人。如《后汉书·李通传》记载王莽当政之时，南阳宛人李通"不乐为吏，乃自免归"，①《魏书·辛雄传》记载辛雄因"父于郡遇患"而自免归等②，皆为"自免去职"的例子。"自免去职"是允许的，如果因为行孝或归隐，这种行为还能得到社会舆论的高度赞赏。但有两种情况例外。

一种是因为有罪而"自免去职"。在这种情况下，自免去职有可能会减轻罪处罚，但绝不允许"潜逃"，否则会罪加一等。西晋初年，庾纯因饮酒时触犯权臣贾充，贾充说他有不养老父之罪，想借此惩处之，庾纯遂上表自劾，以"居下犯上，醉酒迷荒"为理由，请求朝廷削去他的官爵，并交付廷尉论罪、定罪③。南朝宋景平元年，北魏军队攻克虎牢关，司空徐羡之惧怕获罪，上书自劾，请求削职，"乞蒙屏固，以申国法"。宋少帝不许（《宋书·索虏传》）④。因为犯了罪或有重大过失而自动请求辞职，这是允许的；但在这种情况下，必须等候答复以及相应的处罚，否则私自离任，就属于"逃刑"了。

另一种是"不告而归"。在任官员自动离职，虽然没有罪行，但不以任何形式向上报告，私自离职而去，这本身就是一种罪行，属于"无故私逃"或"擅离职守"，必须加以惩处。如宋代编撰的《名公书判清明集》卷一一收录有胡石璧的《兵士差出，因奔母丧，不告而归，其罪可恕》，其中说道"吴保随直上幕，不告而归，其罪固不可容恕。原其逃归之故，却系奔母之丧"，因此可以宽宥，所依据为古代事例："吴起仕于魏，母死不归，而曾子绝之；孟宗为吴县令，因奔母丧，自囚以听刑，陆逊表其素行，乃得免死。"⑤孟宗在

---

① （南朝宋）范晔，（晋）司马彪著：《后汉书》，岳麓书社2009年版，第188页。
② （北齐）魏收撰：《魏书》，中华书局1997年版，第1144页。
③ （清）严可均辑：《全晋文》，河北教育出版社1997年版，第373页。
④ （南朝梁）沈约撰：《宋书》，中华书局2000年版，第1550页。
⑤ 蒲坚编著：《中国古代法制丛钞》，光明日报出版社2001年版，第155页。

三国东吴时任吴县令，因奔母丧，不告而归，属于"擅离职守"，经过陆逊的辩解，才得以幸免。孟宗的曾孙孟嘉，就是陶渊明的外祖父。陶渊明《晋故征西大将军长史孟府君传》说："曾祖父宗，以孝行称，仕吴司马。"可见他也熟悉孟宗的孝行。又《晋书·姚兴传》记载王尚至长安，以藏匿吕氏宫人、擅杀逃人薄禾而得罪，凉州别驾宗敞等上疏为之辩护云："边藩要捍，众力是寄，禾等私逃，罪应宪墨，以杀止杀，安边之义也。"① 指出薄禾任职边关，私自逃离，按律令应予严惩，杀之名正言顺，不应给王尚加罪。入唐以后，进一步在律令上明确了这一原则，如《唐律疏议》："诸在官无故亡者，一日笞五十，三日加一等；过杖一百，五日加一等。边要之官，加一等。""见在官者，无故私逃者，一日笞五十，三日加一等。过杖一百，五日加一等，五十六日流三千里。"②

总而言之，"自免去职"要求在任官员以口头或书面形式报告上司，说明自己免职的理由；如果缺乏这一环节，就属于"无故私逃"或"擅离职守"，必受惩罚。同时，"自免去职"的理由亦必须充分或正当，以确保得到上司的认可。如果有罪，理所当然得不到认可。

陶渊明在"自免去职"属于哪一种情况，不难得知。《宋书·隐逸传》说他是"解绶去职"。"解绶"一词，亦见《全后汉文》卷七八蔡邕《陈寔碑》："郡政有错，争之不从，即解绶去。"陈寔辞职，有堂皇正大的理由，犯不着私自潜逃，由此推测陶渊明"解绶"与此类似，至少并不是"潜逃"。颜延之《陶征士诔》说："长卿弃官，稚宾自免。子之悟之，何悟之辩。赋诗归来，高蹈独善。"寻味上下文，这几句就是描述陶渊明彭泽辞官的情况。长卿即司马相如，在汉景帝时推托有病，自免朝廷之官，客游于梁。稚宾即郇相，以明经饬行显名于世，在王莽执政之时数次称病去官。《汉书》卷七二："郇越、相，同族昆弟也，并举州郡孝廉茂材，数病去官。"颜延之说陶渊明

---

① （唐）房玄龄等撰：《晋书》，中华书局2000年版，第2003页。
② 郭超、夏于全编著：《法治名著》第十二卷《唐律疏议·洗冤集录》，蓝天出版社1999年版，第118页。

模仿司马相如、郇相的行为，大致可以推测陶渊明不是因获罪而自免，乃是"称病自免"。陶渊明《归去来兮辞并序》说自己"自免去职"，又说"因事顺心"，表明上司接到他"自免去职"的报告之后，并未予以任何追究，更没有给他制造任何麻烦，否就他就不会"顺心"了。在没有罪行的情况下"称病自免"，是朝廷允许的，不必等到答复就可以离开，而且在魏晋时期，这属于不贪恋爵位的高尚行为，还能得到鼓励。陶渊明"自免去职"归田之后，名声大增，被列入"浔阳三隐"之一，可见他的"自免"理由充分，而且无罪可究。综合起来，陶渊明辞官，既不属于"逃刑"，也不属于"无故私逃"，而是属于官府许可的"自免去职"，在形式上不存在问题。

两晋之时，"自免去职"又称为"自表解职""自解"，甚为常见，如《晋书》记载傅咸出为冀州刺史，继母杜氏不肯随傅咸之官，傅咸"自表解职"；石崇因伐吴有功，封安阳乡侯，"在郡虽有职务，好学不倦，以疾自解"；王恬出任豫章郡守，王允之认为王恬是丞相之子，"不可出为远郡，乃求自解州，欲与庾冰言之"；袁瑰为镇南将军卞敦军司，"寻自解还都，游于会稽"；晋孝武帝时，"朱序自表去职"[①]；《宋书》记载晋安帝反正之时，刘敬宣"自表解职"[②]；等等。其中"自表解职""自表去职"与"自免去职"同义，反映出"自免去职"一般应该给上司留下"自免表"。萧统《陶渊明传》记载陶渊明"以亲老家贫，起为州祭酒，不堪吏职，少日自解归"[③]，亦当如此。彭泽辞官属于陶渊明第二次"自免"，熟悉"自免"套路的他，也应当会留下自免文书而去，而他陈述的辞官理由，多半是疾病，属于官场很常见的"称病自免"。陶渊明在任上没有罪过，或因任期很短而无所作为，还够不上治罪的条件，因此辞官自免，也就得到了认可，没有人来追查。

与陶渊明同时，也有几个人称病自免，皆属于无罪可究的例子。如《晋书·范宣传》记载范宣的儿子范辑，"历郡守、国子博士、大将军从事中郎。

---

① （唐）房玄龄等：《晋书》，中华书局2000年版，第873、654、1331、1443、1199页。
② （南朝梁）沈约：《宋书》，中华书局2000年版，第929页。
③ 袁行霈：《陶渊明集笺注》，中华书局2011年版，第421页。

自免归，亦以讲授为事。义熙中，连征不至"①。范辑"自免"的理由不详，但明显属于"无罪可究"的情况。又《宋书·羊欣传》记载，泰山南城人羊欣，字敬元，于桓玄辅政时领平西将军，又为平西参军，又转为主簿，参与机要之事。羊欣觉得桓玄野心太大，不宜久从，就经常有意地泄露一些机密之事，意欲桓玄疏远之。桓玄识破了他的心思，反而更加器重他，升之为楚台殿中郎，视如腹心股肱。羊欣更加觉得不安，"拜职少日，称病自免，屏居里巷，十余年不出"。义熙年间，羊欣的弟弟羊徽受到刘裕的器重，任新安太守，前后凡十三年，"游玩山水，甚得适性"。后来转为义兴太守，非其所好，不久就"称病笃自免归"。②南朝初期，大将军彭城王刘义康与殷景仁互相倾轧，时任衡阳王刘义季右军主簿的顾恺之不欲卷入其中，"乃辞脚疾自免归"。事实上顾恺之并无脚疾，辞官后每天晚上都在床上走来走去，以锻炼身体。后刘义康被废，涉及两派权力斗争者多受牵连，而顾恺之因早已辞官，得以幸免③。在上述诸人之中，羊欣做过浔阳太守，范辑则随从范宣，在豫章郡从事教授。两者的活动地点都非常接近陶渊明的居住地，对陶渊明的影响是明显的。范辑、羊欣都有所从非人、避祸自免的意味，而陶渊明也面临着相似的乱局。在桓玄篡国前后，羊欣因畏惧桓玄胡作非为而称病自免，陶渊明因守丧而得以自免，遭遇也很相似。颜延之《陶征士诔》将陶渊明辞去彭泽令与西汉末郇相自免相比，而郇相自免则是因为王莽篡权。

自动免职的个人动机和官方认可的理由，应作两个层面来看。自汉至晋，官员无罪而自动免职的个人动机各不相同，如因力行孝道、不乐吏事、对时政表示失望或不愿意卷入政治纷争等，存在较大差异。但在形式上，则以"称病自免"或"行孝自免"居多，两者是最容易被官方认可的理由。前者如汉朝的司马相如、郇相，两晋的石崇、羊欣、羊徽，南朝宋初的顾恺之等，后者如三国魏的辛雄，晋朝的傅咸等。因此，陶渊明辞去彭泽令，个人动机

---

① （唐）房玄龄等：《晋书》，中华书局2000年版，第1575页。
② （南朝梁）沈约：《宋书》，中华书局2000年版，第1097页。
③ 同上书，第1377页。

甚为复杂,但向上司陈述的,大抵也就是"称病自免"。此时他的母亲早已去世,不存在行孝问题。

二 "宵逝"的含义

在《归去来兮辞并序》中,与"自免"密切相关的陈述是"宵逝":"犹望一稔,当敛裳宵逝。""宵逝"就是"趁夜走掉"的意思。考察全文,这是一种实在的表述,并非虚饰。其一,从"问征夫以前路,恨晨光之熹微"等语句可知,陶渊明到家时天才蒙蒙亮。其二,陶渊明家在浔阳,自言"彭泽去家百里";从彭泽乘船到浔阳,最多不过十个小时。其三,陶渊明辞官在农历十一月,据国家授时中心的日出日没表,2017年12月25日为农历十一月初八,江西九江的日出时刻为7时6分,日落时间为17时26分。东晋时期的日出日落时分,大体近似于此。由此可知,陶渊明在彭泽出发,在晚上十点到十一点之间。在东晋时期十一月的乡村,晚上这个时辰已很少有人活动,因此陶渊明的确如《归去来兮辞并序》所说的"敛裳宵逝",趁夜乘船回到了家乡。江湖之间风高浪急,夜晚行船远不如白天安全;陶渊明为什么要"宵逝",看起来很是费解。按照前面的分析,陶渊明应该是"称病自免",不用担心上司追究,本可以在白天大摇大摆地离去。因此,"宵逝"要么出于特殊原因,要么具有特殊含义,不可轻易忽略。

"宵逝"一词,前人用得不多。西晋潘岳《萤火赋》:"颎若飞电之宵逝,嘈似移星之云流。"[①] 这个"宵逝"形容闪电之光,与陶渊明的"宵逝"无关。在陶渊明之前,与"宵逝"意义相近的词语大约有两个,一个是"夜遁",如《庄子·田子方》记载周文王拜臧丈人为大师,向他请教为政之事,然而臧丈人却"昧然而不应,泛然而辞,朝令而夜遁,终身无闻"。[②] 这个"夜遁"表示归隐之意,但六朝人使用不多。另一个是"宵遁",如陆机《辨

---

① (西晋)潘岳著,王增文校注:《潘黄门集校注》,中州古籍出版社2002年版,第132页。
② (战国)庄子著,陈业新评析:《庄子》,崇文书局2015年版,第205页。

亡论》:"强寇败绩宵遁,丧师大半。"① 刘琨《答太傅府书》:"贼捐弃辎车,宵遁而退。"② 这个"宵遁"是一个贬义词,通常用于形容贼寇逃遁之状。

如前所述,六朝官员自动免职,多半出于力行孝道、不乐吏事、对时政表示失望或不愿意卷入政治纷争等原因。陶渊明担任彭泽令时,母亲孟氏已经去世四五年,不存在"行孝"的问题。此前他在官场奔波许久,又因"幼稚盈室,瓶无储粟,生生所资,未见其术"而求为彭泽令,大概也不会因为"不乐吏事"而辞职。若说陶渊明因贪墨而畏罪潜逃,也不大可能成立,因为这样一来陶渊明会根本走不脱。他"自免去职"而得到了认可,表明他在彭泽令任上没有显著的罪行。因此,陶渊明"宵逝",不大可能出于"行孝""不乐吏事"或"畏罪潜逃"等原因。

除此之外,陶渊明"宵逝"可能还有别的原因。

一种可能是当时政局很乱,刘裕等人征兵征粮,督责急迫,县令很难维持。督邮来了之后,陶渊明深感痛苦,决心归隐而"宵逝"。隋唐之际,天下大乱,担任县令的王绩,因不堪逼迫而辞官,吕才《东皋子王绩集序》说:"君笃于酒德,颇妨职务,时天下乱,藩部法严,屡被勘劾。君叹曰:'罗网高悬,去将安所?'遂出所受俸钱,积于县城门前,托以风疾,轻舟夜遁。"③ 王绩的"夜遁",就很像陶渊明辞官时的"宵逝"。这一推测表面上看起来可以成立,事实上却未必然。陶渊明不肯穿戴整齐去迎接督邮,可知他还没有与督邮见面,就下决心"宵逝"了,并未与督邮产生实质性的冲突。自称"朝与仁义生,夕死复何求"(《咏贫士》)的陶渊明,若是目睹摧残百姓之事,就应该与督邮理论一番,在得不到认可的情况下应当有一番激烈的争吵,之后才会拂袖而去,不会一言不发便一走了之。由此推测,陶渊明可能不是因为督邮催促兵粮而"宵逝"的。

另一种可能是因畏祸而"宵逝",有一些线索似乎指向了这一点。例如颜

---

① 曾国藩:《经史百家杂钞》,岳麓书社2015年版,第50页。
② 赵天瑞编著:《刘琨集》,天津古籍出版社1996年版,第87页。
③ (宋)姚铉编:《唐文粹》,吉林人民出版社1998年版,第944页。

延之《陶征士诔并序》叙述陶渊明的仕宦经历，说陶渊明"初辞州府三命，后为彭泽令，道不偶物，弃官从好"，没有提到陶渊明曾经跟随桓玄的那一段经历。在诔文中说到他"爵同下士，禄等上农"，之后就是担任彭泽令，而后"赋诗归来，高蹈独善"，也没有提到陶渊明在桓玄手下的经历。这看来是有意隐瞒或有意忽略。桓玄因篡乱而灭亡之后，他手下虽然也有人成功改换门庭，但许多人被当作叛贼杀死。《晋书·五行传》："寻而桓玄篡位，义旗以三月二日扫定京都，诛之。玄之宫女及逆党之家子女妓妾悉为军赏，东及瓯越，北流淮泗，皆人有所获。"①《晋书·恭帝纪》："玄篡位，以帝为石阳县公，与安帝俱居浔阳。及玄败，随至江陵。玄死，桓振奄至，跃马奋戈，直至阶下，瞋目谓安帝曰：'臣门户何负国家，而屠灭若是？'帝乃下床谓振曰：'此岂我兄弟意邪！'振乃下马致拜。"②这些记载，足以反映刘裕等人滥杀荆州将士的事实。由此推测，陶渊明担任彭泽令之时，因追查桓玄余党的风声很紧，便产生了辞官归隐的念头。此时又恰逢程氏妹丧于武昌（武昌以往是桓玄的地盘），陶渊明因"情在骏奔"而"宵逝"，但他辞官之后直接回家，并没有去武昌，估计程氏妹一家也有可能是死于乱军之手，令陶渊明更加感到畏惧，所以他不敢涉足武昌这个是非之地。又陶渊明《感士不遇赋》云："密网裁而鱼骇，宏罗制而鸟惊。彼达人之善觉，乃逃禄而归耕。"这几句话如果是作者的生平自述，只能是指彭泽辞官，用于描述此前几次出仕均不合适。而按照这一思路去理解，彭泽辞官的背景应当是清剿桓玄余党之风声日紧，让陶渊明感受到了威胁。假设有人来追究陶渊明，则他很难奢想用什么方法自保，不如见微知著，早日归隐。以此理解"宵逝"，就类似于《宋书·刘怀肃传》所说的"凶丑宵遁，阖境崩扰"，以及《为刘毅军败自解表》所说的"长蛇虿毒，丑类宵遁"③。这些"宵遁"都指叛贼逃之夭夭的意思，但并非实指在晚上逃跑，而有"宵小之人在暗夜里消失"之意。大概陶渊明觉得自

---

① （唐）房玄龄等：《晋书》，中华书局 2000 年版，第 551 页。
② 同上书，第 170 页。
③ （唐）欧阳询编撰：《艺文类聚》，上海古籍出版社 1965 年版，第 975 页。

己已经难免"桓玄余党"的嫌疑，以此"宵遁"，既表示归隐，也表示自己趁夜消失，绝无与刘裕"义军"对抗之意：你们说我是"宵小"，我就做个逃之夭夭的"宵小"吧。

然而"畏祸"之说，表面上可以成立，实质上与"自免"是矛盾的。按照前文所述，如果因为"畏祸"而"宵遁"，就不可能留下"自免去职"的文书，让别人知道他的行踪，而是越隐蔽越好。即便留下了"自免去职"的文书，他也得老实待着，等待治罪或赦免。否则，陶渊明就得带着一身的罪名或嫌疑逃回家乡，从此销声匿迹，不再抛头露面，更不可能因此而获得"隐士"的称号。事实上，陶渊明既不算桓玄的得力干将，又早在桓玄篡位之前就已经回家守丧，算不上从逆作乱；辞官之后也没有人来追究他跟随桓玄的这段经历，否则他将无法全身而隐。总之，冠冕堂皇的"自免去职"和"隐士"的荣誉称号，反过来证明"宵逝"不可能是"畏祸"而"宵遁"的意思。陶渊明之所以没有立即去武昌，也不过是因为时局太乱，"风波未定"，没有更深的含义。

综合起来，陶渊明的"宵逝"，与《庄子·田子方》所说的"夜遁"更为接近。《庄子·田子方》记载周文王迎臧丈人而授之政，三年有成，文王于是拜其为大师，向他请教："政可以及天下乎？"然而臧丈人却"昧然而不应，泛然而辞，朝令而夜遁，终身无闻"。① 南宋褚伯秀《南华真经义海纂微》说："文王举臧丈人，政成而夜遁，则知有心为治者，任贤惟急；应物无心者，功成弗居。"② 这个"夜遁"表示"隐汝形，藏汝光"，决意隐藏，以示不可复用。这是一种"真隐"，在《庄子》一书中有不少体现。如《庄子·渔父》曰："人有畏影恶迹而去之走者，举足逾数而迹疾，而影不离，自以为尚迟，疾走不休，绝力而死。不知处阴以休影，静处以息迹，愚亦甚矣。"③《庄子集释·徐无鬼》曰："若我韬光晦迹，不有声名，彼之世人何得知我？

---

① （战国）庄子著，陈业新评析：《庄子》，崇文书局2015年版，第205页。
② 胡道静编：《道藏要籍选刊》第2卷，上海古籍出版社1989年版，第594页。
③ （战国）庄子著，陈业新评析：《庄子》，崇文书局2015年版，第310页。

我若名价不贵，彼何得见而贩之？只为不能灭迹匿端，故为物之所卖鬻也。"①也就是说，要做隐士，就必须韬光晦迹，否则就会被名声所累，做不成隐士，如同害怕影子却总是在太阳底下奔走一样荒唐。故西汉枚乘《上书谏吴王》亦曰："人性有畏其影而恶其迹，却背而走，迹逾多，影逾疾，不如就阴而止，影灭迹绝。"②

《庄子》一书描绘的"真隐"，代表了上古以来的一种隐逸观。如《周易》曰："遁世无闷。"又曰："天地闭，贤人隐。"《高士传》记载巢父曰："汝何不隐汝形，藏汝光？"③《太玄经》曰："老子行则灭迹，立则隐形。"④《后汉书·申屠蟠传》："昔人之隐，遭时则放声灭迹，巢栖茹薇。"⑤ 曹植《潜志赋》："退引身以灭迹，进出世而取容。"⑥ 萧纶《陶隐居碑》："是以颍阳高蹈，洗耳于唐朝，汉阴贞栖，灭迹于周代。"⑦ 上古至先秦时代提倡"真隐"，要想隐居，便要藏匿身体，悄无声息，不让别人知道他。但到后来，欺世盗名的隐士越来越多，"真隐"反而被边缘化了。

陶渊明对《庄子》非常熟悉，朱自清《陶诗的深度》说："陶诗用事，《庄子》最多，共四十九次，《论语》第二，共三十七次，《列子》第三，共二十一次。"⑧ 又其《命子》诗说："纷纷战国，漠漠衰周。凤隐于林，幽人在丘。"可知陶渊明对《庄子》所说的"真隐"亦很理解。陶渊明《祭从弟敬远文》说："绝粒委务，考盘山阴。淙淙悬溜，暧暧荒林。晨采上药，夕闲素琴。"这几句话可用唐朝吴筠的《岩栖赋》来注解："于是歌《考槃》于诗人，讽《嘉遁》于大《易》，……蹈方外之坦途，信可免于兢惕。既即阴以

---

① （清）郭庆藩撰：《庄子集释》，中华书局2004年版，第849页。
② （南朝梁）萧统编：《文选》，上海古籍出版社1998年版，第315页。
③ （晋）皇甫谧原著，（清）任渭长、沙英绘，刘晓艺撰文：《高士传》，上海古籍出版社2014年版，第40页。
④ （宋）李昉编纂，夏剑钦、王巽斋校点：《太平御览》第四卷，人事部二十九，河北教育出版社1994年版，第249页。
⑤ 庄适选注，王文晖校订：《后汉书》，崇文书局2014年版，第130页。
⑥ 夏传才主编，王巍校注：《曹植集校注》，河北教育出版社2013年版，第233页。
⑦ （清）王先谦编：《骈文类纂》，吉林人民出版社1998年版，第606页。
⑧ 朱自清：《生命的韵律·朱自清美学文选》，安徽文艺出版社2015年版，第191页。

息影，由不行而灭迹。"① 敬远的隐居，息影而灭迹，的确是一种真隐。又陆云《荣启期赞》："自昔逸民，遁志山林。邈矣先生，如龙之潜。夷明收察，灭迹在阴。"② 陶渊明不但歌咏过荣启期，也取名为"潜"，类似于陆云所说的"如龙之潜"。谢灵运《逸民赋》描述隐士"其见也则如游龙，其潜也则如隐凤"，"有酒则舞，无酒则醒"，"弄琴明月，酌酒和风"③，用在陶渊明身上也很合适。而陶潜《命子》提到"凤隐于林"，与"其潜也则如隐凤"的意思相似。这些均表明陶渊明颇有意于学习先秦时代的"真隐"，而非魏晋时期沽名钓誉的假隐士。

《宋书·隐逸传》记载："（周续之）入庐山，事沙门释慧远。时彭城刘遗民遁迹庐山，陶渊明亦不应征命，谓之'浔阳三隐'。"④ "浔阳三隐"之称号，出现在陶渊明彭泽辞官后最初的几年之内；这一点暗示陶渊明的隐士身份与彭泽辞官具有时间及行为上的紧密关联性。《归去来兮辞并序》所说的"归去来兮，请息交以绝游。世与我而相违，复驾言兮焉求"，正表明了归隐的明确意图。由此看来，文中所谓的"宵逝"，就与《庄子》的"夜遁"体现了相同的含义，亦即表示"韬光隐迹"，下决心做一个隐士，不再出仕。如果白天归去，恐怕有沽名钓誉、耸人耳目之嫌，类似于害怕影子却偏要在太阳底下行走，所以陶渊明便学习臧丈人的做法，连夜坐船离开了彭泽。又《祭从弟敬远文》说："余尝学仕，缠绵人事，流浪无成，惧负索志。敛策归来，尔知我意，尝愿携手，置彼众议。"这几句话也应该是形容彭泽辞官的情形。按《后汉书》卷七一："时人说皇甫嵩之不伐，汝豫之战，归功朱俊，张角之捷，本之于卢植，收名敛策，而己不有焉。盖功名者，世之所甚重也。诚能不争天下之所甚重，则怨祸不深矣。"⑤ 反映"敛策"之意，亦类似于臧丈人"夜遁"而销声匿迹之意。总结起来，陶渊明"称病自免"是按照当时

---

① 周绍良主编：《全唐文新编》，吉林文史出版社2000年版，第1271页。
② （清）曾国藩编：《经史百家杂钞》，吉林人民出版社1998年版，第194页。
③ （晋）陶渊明、（南朝宋）谢灵运：《陶渊明全集·谢灵运集》，上海古籍出版社1998年版，第65页。
④ （南朝梁）沈约撰：《宋书》，中华书局2000年版，第1526页。
⑤ （南朝宋）范晔：《后汉书》，中州古籍出版社1996年版，第673页。

惯例去做的，也是得到许可的；但"宵逝"则有些"仿古"的意味，借以显示自己追求"真隐"。这一行为得到了官府的嘉奖，故而随后便出现了"浔阳三隐"的称号。而"置彼众议"一句，反衬出别人对他无故而隐的不理解；如果是畏罪潜逃，别人反而很容易理解了。

陶渊明追求"真隐"，与他的人生选择密切相关。他在《感士不遇赋》中说："或击壤以自欢，或大济于苍生。"在陶渊明看来，摆在自己眼前的人生道路只有两条，要么"大济苍生"，要么"击壤自欢"。从《咏荆轲》等诗及"猛志逸四海"等表述来看，陶渊明是乐意为"大济苍生"而奋斗的。然而在政局混乱、苍生涂炭的情况下，很多人热衷于走"第三条道路"，既不"大济苍生"，也不"击壤自欢"，而是在倾轧逢迎中奔走于官场。这就使得陶渊明极为痛苦，发出了"质性自然，非矫厉所得"的感慨。理想、性格与时政的冲突，在陶渊明笔下有很多表现，如"世路多端，皆为我异"（《读史述九章》），"感哲人之无偶，泪淋浪以洒袂"（《感士不遇赋》）等。这种情怀积郁已久，到出任彭泽令时一并爆发，辞官归隐对他来说就是必然的选择。但对于常人来说，所谓的"大济苍生"乃是迂腐之见，所谓的"美恶作以异途"（《感士不遇赋》）不过是书生之谈，若能放下这一份执着，不就可以继续在官场混下去了？所以陶渊明贸然辞官，周边人表示很不理解，后人亦不理解，多方揣测，说三道四。事实上，陶渊明想得太深、太远、太复杂，一般人是很难理解的。然而不是想得如此深远，他的理想又何以跨越时空，引起共鸣？他的人格又何以超越时代，百世景仰？

"刑天舞干戚，猛志固常在"
——陶渊明功名情结再探讨

于东新[*]

必须看到，与古代众多士人一样，陶渊明有着强烈的功名情结。梁启超在《陶渊明之文艺及其品格》中就指出，陶渊明"一生得力处、用力处都在儒学"，他是"极热烈极有豪气之人"，也是"极严正——道德责任心极重的人"[①]。李长之也认为："陶渊明是一个受有很浓厚的儒家思想影响的人，因而在他出仕乃是正常的，归来却是迫不得已的。"[②]朱光潜也说："假如他有意要做某一家，我相信他的儒家倾向比较大。""他很有儒家的精神。"[③]稍作统计也会发现，陶渊明诗文中征引儒家语汇颇多，仅《论语》中的话就引了三十七次之多，此外"固穷"有十一次，"明道"有六次，"行善"有五次，等等。因此，我们看到：陶渊明在采菊东篱、悠然南山之外，还有"不为五斗米而折腰"的铮铮风骨，还有"精卫衔微木，将以填沧海。刑天舞干戚，猛志固常在"（《读山海经》其十）的金刚怒目，更有着"固穷守节"的人格坚守。其外表静穆、洒脱，而内心却充满了对功名理想的强烈向往。他虽然时以

** 项目基金：本文系国家社科基金重大项目"陶渊明文献集成与研究"阶段性成果，项目批准号：17ZDA252。

* 作者单位：内蒙古民族大学文学院。

① 梁启超：《陶渊明之文艺及其品格》，《陶渊明研究资料汇编》上册，中华书局1962年版，第271—273页。

② 李长之：《陶渊明传论》，天津人民出版社2007年版，第69页。

③ 朱光潜：《诗论》，《朱光潜全集》（第三卷），安徽教育出版社1991年版，第266页。

"羲皇上人"自居，其实他的着眼点，还是在于他所生活的晋宋之交的社会现实，他归去来的选择、鸡鸣狗吠的田园、桃源世界以及晚年叹老嗟贫的絮絮诉说，都与他所处的现实、内心时刻萦绕的功名情结无由实现有着无法分开的联系。

或许有人认为，陶渊明是归田隐士，委运任化、崇尚自然是他的人生思想，采菊东篱下、种豆于南山是他的生活内容，至于其对功名的追求则是个次要问题，或是年轻时才有的阶段性问题，不值得深究。其实，功名却是他思想的底色，他一生的所思所念、行为出处都与功名情结有着非常重要的关系，所以对于陶氏功名情结确有再探究的必要。众所周知，陶渊明生在一个仕宦之家，其曾祖是东晋王朝叱咤风云的大人物陶侃，只是到了陶渊明这一支、这一代，"门衰祚薄"罢了。这种家世背景，以及从小所受的教育无疑使陶渊明很早、很深地接受了儒家事功的思想。具体到陶氏功名情结的内涵，《左传·襄公二十四年》中叔孙豹有言曰："太上有立德，其次有立功，其次有立言。虽久不废，此之谓不朽。"这可以说是集中代表了受儒家思想影响的士人的功名目标。具体到陶渊明身上，其所追求的功名也大体上属于这三种情形，即建功、树德、立言，而这三者几乎贯穿陶氏一生，是他最重要的生活内容。

一 建功：陶渊明对功业的想象和实践

关于少年时所接受的教育，陶渊明在《饮酒》其十六中就明确说："少年罕人事，游好在六经。""六经"自然是指儒家的经典——诗、书、礼、乐、易、春秋。所以真德秀才说："渊明之学，正自经术中来，故形之于诗，有不可掩。"[1] 按，魏晋时期尽管儒学式微，但并不等于它失去了影响力，况且陶渊明家乡江州当时是儒家思想十分活跃的地方，先是范宣在此"以讲诵为业"，教授儒学。据《晋书·范宣传》载，当时谯国戴逵等人不远千里，闻风

---

[1] 真德秀：《跋黄瀛甫拟陶诗》，《陶渊明研究资料汇编》上册，中华书局1962年版，第104页。

而至，跟他学习，"讽诵之声，有若齐鲁"，俨然成了一个小的洙泗世界。到了晋孝武帝太元年间，范宁为豫章太守。他博通儒学，也"在郡立乡校，教授恒数百人"，"由是江州人士并好经学，化二范之风也"①。所以吕思勉在《两晋南北朝史》才有这样的判断："世称晋、南北朝，为佛、老盛行，儒学衰微之世，其实不然。"② 关于此期的儒学，有学者认为其演变为两方面形态，即作为统治哲学的儒学和作为政治理想追求的儒学，前者完全是为了维护已有的统治秩序，它强调的是"适应"，而后者就不是"适应"，而是要求"建立"，它更多的是积极进取，即对于人格理想的追求③。就陶渊明来说，这两方面的影响都是有的，然以后者影响尤大。所以他的《读史述九章》中，有《屈贾》即说："进德修业，将以及时；如彼稷契，孰不愿之。""进德修业"一语出自《易·乾·文言》，进德指修养品行，锻炼情操；修业就是学习经典，增长学识。读六经就在于进德修业，而进德修业的目的是"将以及时"，为世所用，建功立业。这里陶渊明抒发了自己的政治理想，即以稷、契为功业的目标——其志向实在不低。后世杜甫也有诗云："许身一何愚，窃比稷与契。"不管陶渊明在实践上做到了哪一步，但至少在怀抱和志向上，是足以和老杜相媲美的。陶渊明这首诗虽是歌咏屈原、贾谊，但既然是采取歌颂的态度，也就体现了他自己的建立伟大功勋的理想。

关于青少年时的志向，陶渊明有着浪漫的想象，在《杂诗》其五中他说："忆我少壮时，无乐自欣豫。猛志逸四海，骞翮思远翥。"由此可知，陶渊明人生确有一个开朗乐观而意气昂扬的时期。"猛志逸四海"，即好男儿要志在四方；"骞翮思远翥"，即想要展翅高飞。这是何等的志怀和气魄！这几句诗写得意气风发，神采飞扬，是陶诗中少见的。在《拟古》其八中陶渊明又说："少时壮且厉，抚剑独行游。谁言行游近，张掖至幽州。"张掖在西北，幽州在东北。当时西北为氐族苻氏所建的前秦，都城是长安；东北为鲜卑慕容氏

---

① 房玄龄等：《晋书·范宁传》，中华书局1974年版，第2360页。
② 吕思勉：《两晋南北朝史》，上海古籍出版社1983年版，第8页。
③ 刘向荣：《陶渊明思想发展的轨迹及其深层结构》，《文学遗产》1988年第2期，第40页。

所建的前燕，建都于蓟城。诗中表现的壮怀显然有收复失地、重建统一之意。陶渊明这种志怀似不是随意而发，可能与太元八年（383）淝水之战的胜利有关。史载太元八年，前秦苻坚率百万的大军进攻江南，结果被东晋谢玄、谢石统率的八万北府军于淝水打败，这是东晋一代对北方少有的巨大胜利。《晋书·会稽文孝王道子传》载："五尺童子，振袂临江，思所以挂旆天山，封泥函谷。"连五尺童子都激发起统一北方的豪情，可见在"淝水之战"胜利的鼓舞下，当时是如何的人心大振。陶渊明当时无疑也笼罩在这种氛围当中，那时他正在弱冠之年的十九岁，血气方刚，所以才有壮怀与逸想。而在《感士不遇赋》中他还说："原百行之攸贵，莫为善之可娱。奉上天之成命，师圣人之遗书，发忠孝于君亲，生信义于乡闾"，可见，陶渊明将学习儒家经典，忠孝于君亲，信义著于乡里当作自己理所应当的理想。

　　陶渊明不仅有理想，而且有行动，那就是中年时期，即从二十九岁至四十一岁的求索宦海的人生实践。为什么到二十九岁的大龄才离家出仕呢？可能是在等待合适的机会，所以一直蹉跎到而立之年才毅然走上仕途。按，陶渊明出仕做官，不仅仅是为了解决"亲老家贫"的问题，更多的动机还是实现少时就立下的功业壮志，所以当他感到所任"州祭酒"与自己的初衷相去甚远的时候，就毫不犹豫地辞去了，而后又去做桓玄的参军、做刘裕的参军，这是因为他曾对桓、刘二人抱有幻想，以为他们是国家中兴的希望，是自己实现壮志的平台，所以才投身到当时政治斗争的旋涡中去，这都是他功业理想作用的结果。尽管在这过程中，他时有犹豫、彷徨，但这并不等于他削弱了建功立业的念头。即便从桓玄幕府中退出，返乡为母亲丁忧，他也为自己"总角闻道，白首无成"（《荣木》）而感到焦灼，于是在母丧三年未满的情况下，便重新鼓起勇气，"脂我名车，策我名骥"，奔赴千里之遥的京口进入刘裕的幕府，希望能抓住建立功业的时机。结果是刘裕的野心、官场的倾轧，再一次让他失望，无奈的他只好退出。故有学者就指出，"陶渊明所希望的自我实现，是建立在人格独立的基础上的"[①]。东晋政治十分黑暗污浊，正如陶

[①] 刘向荣：《陶渊明思想发展的轨迹及其深层结构》，《文学遗产》1988年第2期，第41页。

渊明在《感士不遇赋》中所描述的："闾阎懈廉退之节，市朝驱易进之心"，"雷同毁异，物恶其上，妙算者谓迷，直道者云妄。坦至公而无猜，卒蒙耻以受谤。"在这是非颠倒、黑白不分的官场中，有才有德的人备受谗毁和迫害，而无德无才的人反而占据高位，作威作福，诗人不愿也不能与之同流合污，所以诗人犹豫、矛盾，于是退缩、辞官，同时他也对自己无所用世、理想无由实现而感到悲哀。最后，甚至连做彭泽令，获取一点未来酒钱的愿望都不能，他只好选择"归去来"，所以，陶渊明的归隐不是他轻松的选择，实际是功业理想幻灭之后的无奈之举，绝不是像苏轼所说的"渊明欲仕则仕，不以求之为嫌，欲隐则隐，不以去之为高"那样洒脱。

陶渊明不仅自己有很强的功业之心，而且希望儿子也能进德修业，将来干一番事业，光耀陶氏门庭，于是他写了《命子》和《责子》诗。有人认为《命子》诗作于诗人二十九岁之时[①]，是写给长子陶俨的。诗歌从远祖陶唐氏写起，描述了陶氏一族历代有功业人物的事迹，有周代的司徒陶叔、汉代随高祖创业的愍侯陶舍、汉景帝时的丞相陶青、晋大司马长沙公陶侃。诗中颂赞陶舍以武功封侯："于赫愍侯，运当攀龙。抚剑风迈，显兹武功。书誓山河，启土开封。"歌颂位列三公的陶青能继踪陶氏先人功业："亹亹丞相，允迪前踪。"尤其高度赞扬陶侃："桓桓长沙，伊勋伊德。天子畴我，专征南国。功遂辞归，临宠不忒。孰谓斯心，而近可得！"说曾祖勋高德厚，受到天子专征的倚重和托付，他虽势雄权重，却谨守臣节。陶渊明在这首诗里还颂扬祖父的守道惠民的功业，说他"直方二台，惠和千里"。

面对先人的功业，陶渊明深感惭愧："嗟余寡陋，瞻望弗及。"那一种焦灼不安的心情如见。所以他把希望寄托在儿子身上。从诗的第八章为儿子命名、赐字中，可以看出他对长子的深切期望：

卜云嘉日，占亦良时。名汝曰俨，字汝求思。温恭朝夕，念兹在兹。尚想孔伋，庶其企而。

---

① 杜景华：《陶渊明传》，附录《陶渊明生平、作品年表》，百花文艺出版社2005年版，第316页。

为儿子名叫"俨",字叫"求思",并期望他能做到"温恭朝夕"。《礼记·曲礼》:"毋不敬,俨若思。"郑玄注谓:"礼主敬。"又云:"俨,矜庄貌。人之坐思,貌必俨然。"可见"俨"与恭谨严肃地守礼做事相关,这自然是儒家的风范。什么叫"求思"呢?看下文"尚想孔伋"一句就清楚了。孔伋,字子思,是孔子之孙,曾受学于曾子,独传孔门家法,著有《中庸》一书,传述儒道,被后世称为"述圣"。《史记·孟子荀卿列传》说:"孟轲,邹人也。受业于子思之门人。"所以亚圣孟子还是子思的后学传人。陶渊明为儿子取字"求思",就是希望儿子向子思看齐。这里陶渊明期望于儿子的,不仅是儒家的风范,还要以儒家的圣贤为榜样。由此可见,陶渊明发扬先祖传统、实现功业志向的心情是多么的强烈。如果说陶渊明至死都在为自己不能光宗耀祖而耿耿于怀,也不为过。

陶渊明还有一首《责子》诗,大约作于诗人四十六岁之时,是为五个儿子都不认真读书而感发的:"虽有五男儿,总不好纸笔。"诗说"阿舒已二八,懒惰故无匹",老大陶俨(小名阿舒)年已十六,却是个懒虫,从不摸纸笔;"阿宣行志学,而不爱文术",老二阿宣快十五了,也不喜文事;"雍端年十三,不识六与七",老三、老四是双胞胎,都十三了,连自己岁数六加七等于十三也算不明白;"通子垂九龄,但觅梨与栗",小儿子快九岁了,也只知道馋嘴贪吃而已。诗人无奈感慨地说:"天运苟如此,且进杯中物!"儿子们都没有建立功业的希望,失望的诗人只有借酒浇愁了。诗人写这首诗时已经归隐,他对自己人生已定为隐士,可是他仍希望儿子们能走士人读书做官的传统道路,大一点可以大济苍生,小一点也可以光耀门庭。这里诗名曰"责子",然何尝不是"责己"?由此见出功业理想在陶渊明心中的分量。故有学者指出:"出仕为官是陶渊明的根本想法。"[①]

[①] [日]大地武雄:《陶渊明的身后名》,《九江师专学报》1998年增刊,第26页。

二 树德：陶渊明对高名的向往与坚守

经过十三年的仕宦挣扎，被陶渊明寄予过幻想的桓玄、刘裕等人利欲熏心，飞扬跋扈，不断挑起事端，翻云覆雨，东晋政局混乱污浊，老百姓生灵涂炭，这让陶渊明治国安邦的雄心无比沮丧，他梦想破灭，心灰意冷，只好选择退守田园。但有一点是确定的，即便回归了山林田园，陶渊明也并非与世隔绝，忘却世事，实际上他依然感慨自己不能实现的功业理想，依然有着浓厚的功名意识，"求仁取义是陶渊明的奋斗目标"[①]，所以，他希望走一条不同于仕途的建立名声的路径。杜甫在《遣兴五首》中就感慨地说："陶潜避俗翁，未必能达道。观其著诗集，颇亦恨枯槁。达生岂是足，默识苦不早。有子贤与愚，何其挂怀抱！"杜甫的眼光真是犀利，陶渊明作品确有感慨一生枯槁的意蕴，也即他虽然退隐归田了，却并未放弃对功名的追求，"他的隐居求志，与儒家的伦理道德生命观并不违碍"。[②] 这里，不妨先看他诗文中关于"名"的慨叹：

> 养真衡茅下，庶以善自名（《辛丑岁七月赴假还江陵夜行涂口》）
> 不学狂驰子，直在百年中。（《拟古》其二）
> 身没名亦尽，念之五情热。（《形影神·影答形》）
> 日月依辰至，举俗爱其名。（《九日闲居》）
> 吁嗟身后名，于我若浮烟。（《怨诗楚调示庞主簿邓治中》）
> 有酒不肯饮，但顾世间名。（《饮酒》其三）
> 恐此非名计，息驾归闲居。（《饮酒》其十）
> 虽留身后名，一生亦枯槁。（《饮酒》其十一）
> 山阳归下国，成名犹不勤。（《述酒》）

[①] 徐声扬：《也谈陶渊明的哲学思考》，《九江师专学报》1999年第2期，第72页。
[②] 钱志熙：《陶渊明传》，中华书局2012年版，第255页。

> 百年归丘垄，用此空名道。（《杂诗》其四）
>
> 心知去不归，且有后世名。（《咏荆轲》）
>
> 去去百年外，身名同翳如。（《和刘柴桑》）
>
> 管生称心，鲍叔必安。奇情双亮，令名俱完。（《读史述九章·管鲍》）

可见，陶渊明对于声名是高度关注的，这告诉我们：不管他前半生追求功业的实践，还是后半生归隐田园，实际都是为获取不朽的声名而做的努力，前后形式虽不同，但目的却是一样的——后世陶渊明接受史也证明，陶渊明建立美好声名的目的其实实现了。故朱熹曰："隐者多是带气负性之人为之。陶，欲又为而未能者也，又好名。"[①] 关于陶渊明晚年建立高名的路径，有学者归纳说为"固穷守节"之法、"立身行道"之法、"立善遗爱"之法、"节义"之法[②]。笔者认为其最突出的则是关于"固穷守节"等高德美名的向往与落实，正如梁启超所说，陶渊明是"极严正——道德责任心极重的人，他对于身心修养，常常用功，不肯放松自己"[③]。比如，他说人生在世"匪道何依，匪善奚敦"（《荣木》）？追求美德实为人生最大乐事："原百行之攸贵，莫为善之可娱"（《感士不遇赋》）。他赞美功成身退的疏广与疏受："事胜感行人，贤哉岂常誉。……谁云其人亡，久而道弥著"（《咏二疏》）；赞美安贫乐道的袁安和阮公："至德冠邦闾，清节映西关"（《咏贫士》其五），可以说，在其晚年所作的咏史、咏怀诸作中，他歌咏了一系列高德之人，即如有学者所归纳的："有以高洁之操守著称的廉士，如伯夷、叔齐、黔娄、子思等；有以刚正之气著称的贞士，如鲁二儒、张挚、王商、杨伦等；有以义勇之节著称的烈士，如程婴、公孙杵臼、荆轲、田畴等。"[④] 这些人的共同特点就是道德感极强，高风亮节，陶渊明对他们给予了高度的评价，比如说黔娄

---

① （宋）朱熹：《朱子语类》卷一四〇，中华书局1986年版，第3327页。
② ［日］大地武雄：《陶渊明的身后名》，《九江师专学报》1998年增刊，第27—28页。
③ 梁启超：《陶渊明之文艺及其品格》，《陶渊明研究资料汇编》上册，中华书局1962年版，第273页。
④ 罗忠族：《陶渊明"好名"辨》，《中国韵文学刊》1992年第5期，第22页。

是"从来将千载,未复见斯俦";伯夷叔齐是"贞风凌俗,爰感懦夫";程婴、杵臼是"令德永闻,百代见纪";鲁二儒是"介介若人,特为贞夫";张长公是"敛辔朅来,独养其志",凡此种种,见出陶渊明的用心,那就是:只要向这些高德之士学习,坚持"固穷守节"的操守,就一定会留名千载的。

具体我们不妨看陶渊明关于颜回与荣启期的歌咏:"颜生称为仁,荣公言有道。屡空不获年,长饥至于老。虽留身后名,一生亦枯槁。"(《饮酒》其十一)关于颜回,《论语·雍也》有云:"子曰:'回也其心三月不违仁。'""子曰:'贤哉,回也!一箪食,一瓢饮,在陋巷,人不堪其忧,回也不改其乐。贤哉,回也!'"孔子称赞颜回尽管贫困到一箪食、一瓢饮的地步,但他仍坚持为仁,不改其志,因而他后世获得了高名。荣启期的事迹,见于《列子·天瑞》:"孔子游于泰山,见荣启期行乎郕之野,鹿裘带索,鼓琴而歌。……人生有不见日月不免襁褓者,吾既已行年九十矣,是三乐也。贫者士之常也,死者人之终也。"也即在荣启期看来,贫穷是士人的人生常态。这里陶渊明是借颜回与荣启期的事迹,来状写自己归隐后生活状态和心态的,得出的结论是"虽留身后名,一生亦枯槁",也即"身后名"的代价就是"一生亦枯槁",所以自己也要这样做。这种思想在《饮酒》其二中有更清楚的表达:"九十行带索,饥寒况当年。不赖固穷节,百世当谁传?""九十行带索"即指荣启期。也即诗人如果能向荣启期、颜回这些先贤那样,自己也会和他们一样青史留名的。因此,他五十一岁时在《与子俨等疏》中说自己一生坚守不苟流俗的个性:"性刚才拙,与物多忤";五十四岁时,总结自己积善的历程:"结发念善事,僶俛六九年"(《怨诗楚调示庞主簿邓治中》);六十二岁时作《有会而作》来自我激励:"斯滥岂攸志,固穷夙所归。馁也已矣夫,在昔余多师";六十三岁临终前作《自祭文》总结自我一生:"嗟我独迈,曾是异兹。宠非己荣,涅岂吾缁?捽兀穷庐,酣饮赋诗。"总之,陶渊明对声名的态度是"不赖固穷节,百世当谁传",他强调自己如何坚守君子固穷的节操,又如何在隐居田园中逍遥自适,期望能以一个固穷贫士、贤达隐士的形象留名于后世,以弥补不能以功业传世的遗憾,所以,"陶渊明的贫士形象其实是部分地与士人的自我实现联系在一起的"①。

可是，有时他又对树立声名持完全否定的态度——陶渊明似乎一直是个极其矛盾的人。比如在上文所举《饮酒》其十一中，前半部分还在称赞颜回和荣启期："虽留身后名，一生亦枯槁。"可后面马上笔锋一转："死去何所知，称心固为好。"认为生前死后的名声毫无价值；在《形影神》中，他通过神对形影追求的否定，也传达对"立善留名"人生志向的舍弃。还有《怨诗楚调示庞主簿邓治中》中"吁嗟身后名，于我若浮烟"的句子，他感叹身后之名如梦中的浮云，虚无缥缈，不足珍惜。相似的表述还有："千秋万岁后，谁知荣与辱"（《挽歌诗》其一）、"匪贵前誉，孰重后歌"（《自祭文》）等，树立声名与否定声名，同时出现在一个人身上，可见诗人内心世界是多么的矛盾与纠结。其实这种矛盾的性格在其他古人那里也是有的，比如曹魏正始诗人阮籍、嵇康，《晋书》本传说阮籍："本有济世志"，"时率意独驾，不由径路。车迹所穷，辄恸哭而反"，可见他壮志难酬的焦灼感多么严重，可是他又分明说自己的志向是："愿登太华山，上与松子游"（《咏怀诗》其三十二）、"愿耕东皋阳，谁与守其真"（《咏怀诗》其三十四）；另一位正始名人嵇康，也是矛盾的，他是那样的清高简傲、超凡脱俗，可是他为儿子所写的《家诫》却是那样的世俗圆滑，二者对立得"如出两手"。西晋诗人左思也是这般，一方面说自己的理想是"长啸激清风，志若无东吴。铅刀贵一割，梦想骋良图"（《咏史诗》其一），另一方面他又高唱："自非攀龙客，何为欻来游？被褐出阊阖，高步追许由。"（《咏史诗》其五）为什么会这样？有学者就揣度人情来分析："因为一个人说话或表现其理智，或表现其情感，二者有时是统一的，也有时是矛盾的。所以有些话可能是正言，有些话则可能是反语；有些话可能出于一贯的思想，有些话则可能出于一时的感慨。"嵇阮、左思、陶渊明等大约就是如此，尤其以陶渊明为甚，清人温汝能也曾有辨析，他针对渊明"吁嗟身后名，于我若浮烟"句，指出："渊明不过一时感怀，发

---

① 蒋寅：《陶渊明隐逸的精神史意义》，《求是学刊》2009年第5期，第92页。

为词语，非真谓身后之名不足重也。"① 今人钱志熙也说："渊明是一个高度自觉的生命体，他所执着的……是传统儒家达则兼济、穷则独善的思想。"② 所以，陶渊明思想的底色就是功名，他或正面申说对功名的求索，或反面否定功名的价值，尽管看似矛盾对立，但实质都指向了"功名"一事，真可谓"剪不断、理还乱"。

三 立言：陶渊明诗文的"自娱"与"示志"

陶渊明一生钟爱诗书，更是写了许多诗文，只是可惜，传世的作品不多。那他著诗文的动机是什么呢？对此，渊明时有说明，如《饮酒并序》曰："余闲居寡欢，兼比夜已长，偶有名酒，无夕不饮。顾影独尽，忽焉复醉。既醉之后，辄题数句自娱。纸墨遂多，辞无诠次。聊命故人书之尔。"他说写诗是为了"自娱"，"以为欢笑"，是为好玩而已。这样的表述，还有《五柳先生传》"常著文章自娱"、《扇上画赞》"寄心清商，悠然自娱"、《答庞参军》"衡门之下，有琴有书。载弹载咏，爰得我娱"等，所以很多学者就据此阐释说，陶渊明创作没有功利目的，完全是感情需要而使然，如宋代陈师道在《后山诗话》中就有著名的断语："渊明不为诗，写其胸中之妙尔。"③ 元代陈模亦云："盖渊明人品素高，胸次洒落，信笔而成，不过写其胸中之妙尔，未尝以为诗，亦未尝求人称其好，故其好者皆出于自然，此其所以不可及。"④ 清代贺贻孙也说："味'自娱'而论，便见彭泽平日读书作文本领，绝无名根。"⑤ 这里，陶渊明所谓"自娱"，当然含有娱乐性的意义，是指为抒发自我性情，以获得心理上、精神上的愉悦，因此"自娱"是自我抒发、自我愉悦之意。具体到各时期，就是前期在家"闲居"时，诗人写闲居心情，中间

---

① 温汝能：《陶诗汇评》卷二，清嘉庆丁卯刻本。
② 钱志熙：《陶渊明传》，中华书局2012年版，第255页。
③ 陈师道：《后山诗话》卷二十三，《陶渊明研究资料汇编》上册，中华书局1962年版，第42页。
④ 陈模：《怀古录》卷上，《陶渊明研究资料汇编》上册，中华书局1962年版，第115页。
⑤ 贺贻孙：《诗筏》，郭绍虞编《清诗话续编》上册，上海古籍出版社1983年版，第175页。

"学仕"时，写学仕体验，后期隐居期间，便写"归田"心境，这就是"常著文章自娱"的具体内涵。以此为目的，既是自娱，自己写给自己看的，那就不考虑什么"声名自传于后"，也不"俪采百字之偶，争价一句之奇"，而是"因事顺心"，有感而发，抒情娱乐而已，不搞什么谈玄说虚、雕饰镂刻那一套。这些就是学界由"自娱"说而提出的较通行的看法。这当然没有错，然而陶渊明仅仅就是这一宗目的吗？

实际上，陶渊明在申明自己为"自娱"而创作的同时，也在反复强调创作的另一重目的，那就是"示志"，如《五柳先生传》说"常著文章自娱，颇示己志。忘怀得失，以此自终"；《形影神并序》云："好事君子，共取其心焉"；《感士不遇赋》亦云"夫导达意气，其惟文乎？抚卷踌躇，遂感而赋之"；《有会而作》也说"今我不述，后生何闻哉"，以及《答庞参军并序》谈写答诗的目的是："吾抱疾多年，不复为文，本既不丰，复老病继之；辄依《周礼》往复之义，且为别后相思之资。"可见，在"自娱"的同时，陶渊明是有着很强的功利指向的，即向世人坦露胸怀，表明心迹，其或以此伸张人生的信念，或传达对知音的渴望，或激励自己归隐之志等，正如蒋寅所指出的，陶渊明"将自己弃官归隐、躬耕自足的实际生活和感受记录于诗篇，使自己的归隐行为具体化和文本化，自我塑造为历史上第一位真正将隐逸付诸实践的诗人"[①]。具体以倾诉对象的不同，其"示志"约分四种类型。

其一，向亲人"示志"。

陶渊明十分看重亲情，在他的作品中，有写给儿子的《命子》《责子》《与子俨等疏》等，还有为悲悼程氏妹、从弟敬远、仲德而作的诗文等，尤其是写给儿子的作品，情意真挚，娓娓道来，表达了自己作为父亲的舐犊深情，同时更是向儿子们介绍家族先辈的功绩、自己的性格志向等，写得既深厚又率真。比如《与子俨等疏》，是写给五个儿子类似遗嘱的文章。他在文中回顾了自己由仕到隐的人生道路，"黾勉辞世，使汝等幼而饥寒"，表达了发自内心的对孩子们的疼爱以及负疚之情。在诗人的生活历程中，曾几次出仕，但

[①] 蒋寅：《陶渊明隐逸的精神史意义》，《求是学刊》2009年第5期，第91页。

都因为自己"性刚才拙,与物多忤",无法与世俗苟合而退隐。尽管他本人对自己的归田选择无怨无悔,但归田不可避免地给妻儿带来了重重困难和痛苦,面对妻儿"幼而饥寒""败絮自拥"的处境,他是深为愧疚和不安的。尽管如此,诗人还是希望孩子们能理解他的选择,并按他的理想和做人原则去处事为人。文章是慈父在向儿辈倾诉衷肠,表达志趣,一股浓浓的亲情洋溢其间,令人觉得诗人高旷而不冷漠,可亲而又可爱。与此同时,诗人也慨叹"邻靡二仲,室无莱妇。抱兹苦心,良独惘惘",诉说自己的孤独,甚至连妻子也不能理解自己的人生选择,心中的孤独、遗憾可想而知。这也是他为什么絮絮不休地写作上述诗文的主要用意所在,他是在向亲人表白自己的心志,渴望得到理解与支持。

其二,向友朋"示志"。

陶渊明好像一生都处在孤独、不被人接受和理解的境地之中,少年时"嗟余寡陋,瞻望弗及。顾惭华鬓,负影只立"(《命子》),父亲早亡,没有同胞兄弟,只有一位同父异母的妹妹,后又远嫁武昌;有两个志趣相投的叔伯兄弟仲德、敬远,可二人又都年少而逝。成年后他也依然孤苦,三十岁时妻子去世,三十七岁时母亲也撒手尘寰。在仕途上,他一直挨到二十九岁才去做官,但几进几出,折腾反复,最后无奈地选择退隐田园,其间的心路历程是非常复杂的,但有一条也是确定的,那就是他不被上司和同僚理解与接纳,其心灵一直处于孤独之中。即便他归隐的行为本身,以及归隐后躬耕"长勤"的坚持,也是不被社会所理解和认同的,正如他诗中感叹的:"世路多端,皆为我异,……寝迹穷年,谁知斯意"(《读史述九章·张长公》)。所以,他非常渴望有朋友、有志同道合的知己。其《饮酒》之十六云:

> 少年罕人事,游好在六经。行行向不惑,淹留遂无成。
> 竟抱固穷节,饥寒饱所更。弊庐交悲风,荒草没前庭。
> 披褐守长夜,晨鸡不肯鸣。孟公不在兹,终以翳吾情。

在诗里,诗人不仅倾吐了自己少年时期的爱好、志趣以及成年后一事无成的悲酸，而且最后还引用东汉刘龚识举张仲蔚的典故，表达了自己世无知音的孤独与郁闷。相同的感情还见于《拟古》其八："不见相知人，惟见古时丘。路旁两高坟，伯牙与庄周。此士难再得，吾行欲何求？"此诗引用钟子期死、伯牙绝弦破琴和惠施卒而庄子再无辩友的故实，抒发了自己不被人知的无奈。所以诗人特别看重朋友，《移居》二首是他得遇同道之友而作的诗，"闻多素心人，乐与数晨夕。怀此颇有年，今日从兹役"，字里行间充满了喜悦之情，终于移居到"素心人"的村落并与之朝夕相处了，实现了自己多年的宿愿。然后诗人描述了移居后，与友人共赏奇文、登高赋诗、饮酒畅谈的隐居乐趣，并表示要珍惜这种生活、要坚持躬耕的信念，可谓"直是口头语，乃为绝妙词"[①]。与此诗主旨大体相近，陶渊明还写了许多赠答诗，如《答庞参军》《怨诗楚调示庞主簿邓治中》《和郭主簿》《岁暮和张常侍》《和刘柴桑》《酬刘柴桑》《与殷晋安别》等，皆以诚相见，感情淳真，其中一个重要的目的，就是向友朋描述自己隐居田园、"固穷守节"的生活情态，展现自己的襟怀志趣。不妨以《和郭主簿》其一为例，该诗向好友描述了自己闲居时的生活状态：天气热了，庭院里有树林，树林里有"清阴"，还有善解人意吹开了衣襟的南风。而且，仓房里有陈粮，园中有菜蔬，并且还有让人欢喜的酒；在精神上，他"息交游闲业"，和官场人物断绝了来往，每天读书、弹琴，与儿子嬉戏，身心放松，悠游自在。——生活其实很简单，幸福也可以轻易获得。这是他喜欢的生活样貌，而"营己良有极，过足非所钦"正是他人生幸福的秘诀。可见诗歌向友人"示志"的用意是十分明显的。前举《形影神》诗，实际就是针对慧远提出的精神不灭的理论，陶渊明发表自己的哲学主张，认为形与神互相依存，形在则神存，形死则神灭，反对精神不灭之论。该诗自然不是诗人"自娱"，而是"示志"。

其三，向世人"示志"。

陶渊明不只是"示志"于亲人与朋友，他好像担心世人也不了解自己的人生选择和信念，会误解自己的言行，所以又作《归园田居》《归去来兮辞》

[①] 蒋薰评：《陶渊明诗集》卷二，《陶渊明研究资料汇编》下册，中华书局1962年版，第87页。

《癸卯岁始春怀古田舍》《庚戌岁九月中于西田获早稻》《己酉岁九月九日》《有会而作》《乞食》等，在这些作品中诗人坦露襟怀心迹，或感慨或沉思或咏叹，"我手写我心"，向世界呈现了自己的人生，也似乎借此宣示自己矢志不移的决心。比如关于自己为什么要躬耕自足，他吟咏道：

> 人生归有道，衣食固其端。孰是都不营，而以求自安。
> 开春理常业，岁功聊可观。晨出肆微勤，日入负耒还。
> 山中饶霜露，风气亦先寒，田家岂不苦？弗获辞此难。
> 四体诚乃疲，庶无异患干。盥濯息檐下，斗酒散襟颜。
> 遥遥沮溺心，千载乃相关。但愿常如此，躬耕非所叹。
>
> ——（《庚戌岁九月中于西田获早稻》）

诗人并不着力写收获早稻的具体情况，而重点写他对农田劳动的认识和态度。人为什么要去耕作？那是因为"人生归有道，衣食固其端，孰是都不营，而以求自安"，于是诗人才努力地去躬耕。躬耕是非常艰苦的："晨出肆微勤，日入负耒还。山中饶霜露，风气亦先寒"，但这样的日子有诗人聊以自慰的好处，一是解决了衣食，二是，也是最重要的，"四体诚乃疲，庶无异患干"，劳作的诗人是自由、闲适的，不会有意外的灾祸降临，于是就向世人说，也是对自己说："遥遥沮溺心，千载乃相关。但愿常如此，躬耕非所叹！"表示志耕不渝。陶渊明的躬耕思想与实践，都在本诗中反映出来了，这是最见其躬耕心志的作品。再如《有会而作》与《乞食》，都是写贫穷、悲苦的诗，陶渊明将晚年贫穷到乞食的生活情态展现给了读者。诗中说他怀疑不吃"嗟来之食"的对错，但诗的结尾他笔锋突然一转："斯滥岂攸志，固穷夙所归！"完全否定了"深念蒙袂非"之说，强调越是在饥寒贫病之中越应坚持气节，越应有骨气，以此向世人宣示其决绝的心志，这既是"示志"，又是"明志"。

此外，陶渊明还好为自己作传，如《五柳先生传》《挽歌诗》《自祭文》等。为什么要为自己作传？显然是担心后人误解自己，他要通过自传的形式告诉世人自己真实的人生景象,尤其到了生命的终点,他反省自己艰苦的一生,为自己作挽歌,自己祭奠自己的魂魄,颇有黑色幽默意味,但正是通过《挽歌诗》《自祭文》这样的文字,诗人将自己的人生观、生死观集中地表达出来,宣示了自己同黑暗社会绝不同流合污的气节,因而成为千古流传的名作。

其四,自白以"颇示己志"。

如前所论,陶渊明是个自我矛盾的人,在作品中展现了他矛盾的内心世界,正如其诗中所说的"贫富常交战"(《咏贫士》其五),所以他的作品有时简直就是写给自己的自白,为自己打气——一定要过自己想要的生活,告诫自己绝不苟且,这类作品著名的有《归园田居》《咏贫士》《咏荆轲》《读山海经》《读史述九章》等。《归园田居》其一就是在跟自己说"误落尘网中,一去三十年",而现在"久在樊笼里,复得返自然",终于返回到身心自由的大自然中了,这真是太好了!其三则说:"衣沾不足惜,但使愿无违"——自己一定要战胜"衣沾"这样的困扰,坚守志愿,不再违背本心进入官场"樊笼"。诗人仿佛是自说自话,不断地为自己伸张。再如《咏贫士》七首,归耕以来,陶渊明及家人承受着日益严重的贫困饥乏之苦,诗人越发清晰地认识到:耕则贫,自己就在贫士之列。故《咏贫士》是诗人坚持安贫守道志向的自白,其以许多古代贫士的事迹,激励自己坚持躬耕、坚守贫穷,绝不从俗。组诗第一首咏自己归耕之因由,第二首咏自己寒饥之实况;以下分咏他人,第三首咏不苟得,第四首咏慕仁义,第五首咏至德情节,第六首咏乏知音,第七首咏饥寒累及妻儿。全诗以前贤慰勉为基调,虽云困贫,而志在高标,乐道而忘忧。诗中陶渊明自我激励,甚至有时自己感动了自己——为"固穷守节"而自我感动。清代温汝能在《陶诗汇评》中指出:"渊明一生,得力全在'固穷'二字。固则为君子,滥则为小人。"[①] 可谓切中肯綮之言。

这样,通过陶渊明创作"自娱""示志"目的的梳理,我们实际是等于对其"立言"的过程进行了考察。诗人通过"颇示己志"的方式,借助文学

[①] 温汝能:《陶诗汇评》卷三,清嘉庆丁卯刻本。

形象性、情感性的审美特质，表现了其对人生本质的思考，诸如哲学观、生命观、审美观等都得到了艺术的呈现，而这就是陶渊明所立之言，是他"一部精神抗争的历史，是高洁的品节战胜富贵荣华的诱惑的胜利记录"①。由于其"言得其要，理足可传"，所以"不假良史之辞，不托飞驰之势，而声名自传于后"（曹丕《典论·论文》），陶渊明被后人誉为"古今隐逸诗人之宗"（钟嵘语），是"李杜诸人皆莫及"（苏轼语）的伟大诗人，此所谓"以诗传人，复以人传诗，两者互动互济，逐渐将陶渊明推到一个殿堂级的偶像位置"②——他通过立言以求声名不朽的目标实现了。上述这些言行，即如有学者所看到的，陶渊明"在官场迥异的农村过着朴素、自然、适意的生活，一面从事耕作，一面读书写诗，结果在立德、立言上取得了光辉的硕果。……他不刻意求名，而美名自然树立起来"。③

综上所论，陶渊明深受儒家事功思想的影响，从小树立了建功立业的壮志，从二十九岁至四十一岁十三年间并为之去尝试、探索，由于晋宋易代之际政治的黑暗与凶险，加之他性格——"少无适俗韵"，"性刚才拙，与物多忤"——他不肯牺牲人格，更不愿违逆正道，所以经过认真思考之后他选择了退隐。但是退隐也不是纯然消极的，在归田躬耕的二十多年中，他独善其身，固穷守节，追求道德的圆满，建立了"高德"的美名。同时，在文学上以"自娱"与"示志"为创作目的，"寄身于翰墨，见意于篇籍"。最终，所有这些努力使陶渊明的声名著录于帛书史册之上，成为后人心目中人格完美的高洁之士。

---

① 莫砺锋：《陶渊明》（上），《古典文学知识》2015年第6期，第22页。
② 蒋寅：《陶渊明隐逸的精神史意义》，《求是学刊》2009年第5期，第92页。
③ 唐满先：《陶渊明处世面面观》，《首届中日陶渊明学术研讨会文集》（《九江师专学报》1998年增刊），第89页。

古典新证

刘骏事迹诗文系年

胡耀震[*]

元嘉七年庚午（430）　　刘骏生

《宋书》卷六《孝武帝纪》："世祖孝武皇帝讳骏，字休龙，小字道敏，文帝第三子也元嘉七年秋八月庚午生。"《宋书》卷四一《后妃传》："文帝路淑媛讳惠男，丹阳建康人也。以色貌选入后宫，生孝武帝，拜为淑媛。"

元嘉十二年乙亥（435）　　刘骏六岁

元嘉十三年丙子（436）　　刘骏七岁

立为武陵王。

《宋书》卷六《孝武帝纪》："（元嘉）十二年，立为武陵王，食邑二千户。"卷五《文帝纪》载元嘉十三年"九月癸丑，立第二皇子濬为始兴王，第三皇子骏为武陵王"。卷九十九《二凶传》："元嘉十三年，（刘濬）年八岁，封始兴王。"

---

[*] 作者单位：江西师范大学文学院

元嘉十六年己卯（439）　　　刘骏十岁

征虏将军、湘州刺史，领石头戍事。

《宋书》卷六《孝武帝纪》："（元嘉）十六年，都督湘州诸军事、征虏将军、湘州刺史，领石头戍事。"

元嘉十七年庚辰（440）　　　刘骏十一岁

迁使持节、南豫州刺史，犹戍石头。

《宋书》卷六《孝武帝纪》："（元嘉）十七年，迁使持节、都督南豫豫司雍并五州诸军事、南豫州刺史，将军如故，犹戍石头。"

元嘉二十一年甲申（444）　　　刘骏十五岁

进号抚军将军。

《宋书》卷六《孝武帝纪》："（元嘉）二十一年，加督秦州，进号抚军将军。"

元嘉二十二年乙酉（445）　　　刘骏十六岁

宁蛮校尉、雍州刺史。寻给鼓吹一部。

《宋书》卷六《孝武帝纪》载元嘉二十二年刘骏"徙都督雍梁南北秦四州荆州之襄阳竟陵南阳顺阳新野随六郡诸军事、宁蛮校尉、雍州刺史，持节、将军如故。自晋氏江左以来，襄阳未有皇子重镇，时太祖欲经略关河，故有此授。寻给鼓吹一部"。

元嘉二十四年丁亥（447）　　　刘骏十八岁

命释惠休还俗。

《宋书》卷七一《徐湛之传》。

元嘉二十五年戊子（448）　　　刘骏十九岁

安北将军、徐州刺史。北镇彭城。作《临徐兖二州搜扬教》。

《宋书》卷六《孝武帝纪》："（元嘉）二十五年，改授都督南兖徐兖青冀幽六州豫州之梁郡诸军事、安北将军、徐州刺史，持节如故，北镇彭城。寻领兖州刺史。始兴王濬为南兖州，上解督南兖。"《临徐兖二州搜扬教》见《艺文类聚》卷五三《治政部下·荐举》。

《巡幸旧宫颂》见《艺文类聚》卷六二《居处部二·宫》。当为文帝巡幸。

元嘉二十七年庚寅（450）　　　刘骏二十一岁

作《北伐诗》，坐汝阳战败，降号镇军将军。又以索虏南侵，降为北中郎将。

《北伐诗》见《艺文类聚》卷五九。本年秋七月文帝令北伐。《宋书》卷六《孝武帝纪》："（元嘉）二十七年，坐汝阳战败，降号镇军将军。又以索虏南侵，降为北中郎将。"

元嘉二十八年辛卯（451）　　　刘骏二十二岁

进督南兖州、南兖州刺史，当镇山阳。

《宋书》卷六《孝武帝纪》："（元嘉）二十八年，进督南兖州、南兖州刺史，当镇山阳。"

六月，迁南中郎将、江州刺史，总统众军伐江蛮。谢庄从孝武帝刘骏游姑孰，谢朏十一岁为《洞井赞》。

"寻迁都督江州荆州之江夏豫州之西阳晋熙新蔡四郡诸军事、南中郎将、江州刺史，持节如故。时缘江蛮为寇，太祖遣太子步兵校尉沈庆之等伐之，使上总统众军。"卷五《文帝纪》载本年"六月壬戌，以北中郎将武陵王骏为江州刺史"。《梁书·谢朏传》载："孝武帝游姑孰，敕庄携朏从驾，诏使为《洞井赞》，于座奏之。帝笑曰：'虽小，奇童也。'"《宋书》卷三六《州郡志二》载元嘉二十二年至孝武大明三年,合豫州与南豫州为一,治姑孰。本年后来的孝武帝刘骏实际上还未称帝,《梁书·谢朓传》的记载是以后来的称呼称尚未称帝的刘骏。

元嘉二十九年壬辰（452）　　刘骏二十三岁

作《广陵王诞冠表》。

《广陵王诞冠表》见《初学记》卷四。（未核）《宋书》卷七九《文五王竟陵王诞传》："元嘉二十年,年十一,封广陵王,食邑二千户。"推之,诞是年二十。《礼记·曲礼上》："二十曰弱,冠。"故表作于此年。

元嘉三十年癸巳（453）　　刘骏二十四岁

作《建平王宏冠表》。

《建平王宏冠表》见《初学记》卷〇。（未核）《礼记·曲礼上》："二十曰弱,冠。"刘宏本年二十岁。刘骏此表当作于称帝前。

出次西阳之五洲。元凶弑逆,为征南将军,加散骑常侍。率众入讨,即皇帝位。克定京邑,有《即位遣大使巡方诏》《节省诏》《求言诏》《饬治诏》。

《即位遣大使巡方诏》《节省诏》《求言诏》《饬治诏》见《宋书》卷六《孝武帝纪》："（元嘉）三十年正月,上出次西阳之五洲。会元凶弑逆,以上为征南将军,加散骑常侍。上率众入讨,荆州刺史南谯王义宣、雍州刺史臧质并举义兵。四月辛酉,上次溧洲。……戊辰,上至于新亭。己巳,即皇帝位。……（五月）丙子,克定京邑,劭及始兴王濬诸同逆并伏诛。庚辰,诏曰：……。是日解严。辛巳,车驾幸东府城。甲申,尊所生路淑媛为皇太后。乙酉,立妃王氏为皇后。……壬辰,以太尉江夏王义恭为太傅,领大司马。……（六月）丁巳,诏曰：……。庚申,诏有司论功班赏各有差。……秋七月辛丑朔,日有蚀之。甲寅,诏曰：……。辛酉,诏曰：……。冬十月癸未,车驾于阅武堂听讼。……（十一月）丙辰,停台省众官朔问讯。丙寅,高丽国遣使献方物。"

《赠张敷侍中诏》见《宋书》卷六二《张敷传》:"世祖即位,诏曰……。"

《与刘延孙等诏》见《宋书》卷七八《刘延孙传》:"世祖即位,以(延孙)为侍中,领前军将军。下诏曰:"……。"

《恤卜天舆诏》见《宋书》卷九一《孝义卜天舆传》:"世祖即位,诏曰:……,车驾临哭。"

《下王素等诏》见《宋书》卷九三《隐逸王素传》:"世祖即位,欲搜扬隐退,下诏曰:……。"

《下沈庆之等诏》见《宋书》卷七七《沈庆之传》:"世祖践阼,以庆之为领军将军,加散骑常侍,寻出为使持节、督南兖豫徐兖四州诸军事、镇军将军、南兖州刺史,常侍如故,镇盱眙。上伐逆定乱,思将帅之功,下诏曰:……。"

使苏宝生为董元嗣诔。

考见本年苏宝生条。

《答有司奏不应致拜太傅诏》见《宋书》卷六一《武三王江夏文献王义恭传》:"世祖即祚,……事宁,进位太傅,领大司马,增班剑为三十人。以在藩所服王環大绶赐之,增封二千户。上不欲致礼太傅,讽有司奏曰:……。诏曰:……。"

义恭为太傅在本年五月壬辰。

《赠王微祕书监诏》考见本年王微条。

孝武帝孝建元年甲午(454)　　刘骏二十五岁

亲祠南郊,作《重农举才诏》《建仲尼庙诏》。

《重农举才诏》《建仲尼庙诏》见《宋书》卷六《孝武帝纪》:"孝建元年春正月己亥朔,车驾亲祠南郊,改元,大赦天下。……戊申,诏曰:……。壬戌,更铸四铢钱。丙寅,立皇子子业为皇太子。……二月庚午,豫州刺史鲁爽、车骑将军江州刺史臧质、丞相荆州刺史南郡王义宣、兖州刺史徐遗宝举兵反。……冬十月戊寅，诏曰：……。是岁，始课南徐州侨民租。"

与南郡王义宣诸女淫乱，义宣反。作《答义宣诏》。

《答义宣诏》见《宋书》卷六八《武二王南郡王义宣传》："初，臧质阴有异志，以义宣凡弱，易可倾移，欲假手为乱，以成其奸。……义宣阴纳质言，而世祖闺庭无礼，与义宣诸女淫乱，义宣因此发怒，密制舟甲，克孝建元年秋冬举兵。报荆州刺史鲁爽、兖州刺史徐遗宝使同。爽狂失旨，其年正月便反。……二月二十六日，加都督中外诸军事，置左右长史、司马，使僚佐悉称名。遣传奉表曰：'……'上诏答曰：'……。'"

作《祀大一牛鼎名》。

《祀大一牛鼎名》见宋潜说《咸淳临安志》十三。（未核）铭云："维甲午八月丙寅，帝若稽古，肇作宋器。……"

与颜延之、谢庄论诗赋。考见颜延之、谢庄条。

孝建二年乙未（455）　　刘骏二十六岁

大赦天下。下《开苑禁诏》《囿罪诏》。

《开苑禁诏》《囿罪诏》见《宋书》卷六《孝武帝纪》：孝建二年"二月己丑，婆皇国遣使献方物。……夏四月壬申，河南国遣使献方物。……六月甲子，以国哀除释，大赦天下。……（秋七月）槃槃遣使献方物。……（八月）斤陀利国遣使方物。三吴民饥，癸酉，诏所在赈贷。丙子，诏曰：……。……九月丁亥，车驾于宣武场阅武，庚戌，诏曰：……。（十一月）辛亥，高丽国遣使献方物"。

孝武改《前舞》为《凯容》《后舞》为《宣烈》。

孝建三年丙申（456）　　刘骏二十七岁

《宋书》卷六《孝武帝纪》载孝建三年春正月"辛丑，车驾亲祠南郊。

壬子，立皇太子妃何氏。……六月，上于华林园听讼"。

下《重散骑诏》。

诏见《宋书》卷八四《孔觊传》："初，晋世散骑常侍选望甚重，与侍中不异，其后职任闲散，用人渐轻。孝建三年，世祖欲重其选，诏曰：……。于是，吏部书颜峻奏曰：……。"

大明元年丁酉（457）　　　刘骏二十八岁

十月，作《通下情诏》。

《通下情诏》见《宋书》卷六《孝武帝纪》载"大明元年春正月辛亥朔，改元，大赦天下。……京邑雨水，辛未，遣使检行，赐以樵米。二月乙亥，复亲民职公田。索虏寇兖州。三月壬戌，制大臣加班剑者，不得入宫城门。梁州獠求内属，立怀汉郡，夏四月，京邑疾疫，丙申，遣使按行，赐给医药。死而无收敛者，官为敛理。……癸酉，于华林园听讼。……冬十月丙申，诏曰：……。甲辰，以百济王余庆为镇东大将军。……（十二月）戊戌，于华林园听讼"。

二月，作《戒薛安都》。

《戒薛安都》见《宋书》卷八八《薛安都传》载：大明元年"二月，遣安都领马军北讨，……上戒之曰：……"。

十一月，作《答江夏王义恭请封禅诏》。

《答江夏王义恭请封禅诏》见《宋书》卷一六《礼志三》："世祖大明元年十一月戊申，太宰江夏王义恭表曰：……诏曰：……。"

作《下庞秀之等诏》。

《下庞秀之等诏》见《宋书》卷七七《颜师伯传》："上以伐逆宁乱，事资群谋，大明元年，下诏曰：……。"

作《答蔡兴宗辞昏诏》。

《答蔡兴宗辞昏诏》见《宋书》卷五七《蔡廓传附蔡兴宗传》："大明初，诏兴宗女与南平王敬猷婚，兴宗以姊生平之怀，屡经陈启，答曰：……。"

七月后，作《答王玄谟诏》。

《答王玄谟诏》见《宋书》卷七六《王玄谟传》：玄谟"迁宁蛮校尉、雍州刺史，加都督。雍土多侨寓，玄谟请土断流民，当时百姓不愿属籍，罢之。其年，玄谟又令九品以上租，使贫富相通，境内莫不嗟怨。民间讹言玄谟欲反，……兵讨玄谟。玄谟令内外晏然，以解众惑，驰启孝武，具陈本末。帝知其虚，驰遣主书吴喜公抚慰之，又答曰：'梁山风尘，初不介意。君臣之际，过足相保，聊复为笑，伸卿眉头。'玄谟性严，未尝妄笑，时人言玄谟眉头未曾伸，故帝以此戏之"。该诏在此传中似不完整。《南史》卷一六《王玄谟传》载此诏略异："帝知其虚，驰遣主书吴喜公慰抚之。又答曰：'玄谟启明白之日，七十老公反欲何求？聊复为笑，想足以申聊眉头耳。'"《宋书》卷六《孝武帝纪》载孝建二年十一月戊子"青、冀二州刺史王玄谟为雍州刺史"。《宋书·王玄谟传》载玄谟"年八十一薨"。（《南史·王玄谟传》载玄谟"薨年八十二"。）《宋书》卷八《明帝纪》载泰始四年二月乙巳"王玄谟薨"，以薨年八十一推之，大明元年，玄谟年七十。卷六《孝武帝纪》载本年"秋七月辛未，土断雍州诸侨郡县"。《南史·王玄谟传》载玄谟"薨年八十二"，盖误。

大明二年戊戌（458）　　刘骏二十九岁

下《给东土诏》《优赐奉迎文武等诏》《恤贫民诏》《赦逃亡诏》《省贡赋诏》。

《给东土诏》《优赐奉迎文武等诏》《恤贫民诏》《赦逃亡诏》《省贡赋诏》见《宋书》卷六《孝武帝纪》："（孝建）二年春正月辛亥，车驾祀南郊。壬子，诏曰：……。丙辰，复郡县田秩，并九亲禄俸。壬戌，诏曰：……。二月丙子，诏曰：……。……（六月）丙申，诏曰：……。秋七月甲辰，彭城民高阇等谋反伏诛。……九月癸卯，于华林园听讼。……（冬十月）乙未，高丽国遣使献方物。……十二月己亥，诸王及妃主庶姓位从公者，丧事听设凶门，余悉断。闰月庚子，诏曰：……。庚申，上于华林园听讼。壬戌，林邑国遣使献方物。是冬，索虏寇青州，刺史颜师伯频大破之。"

二月，有《殷祭章太后庙诏》。

《殷祭章太后庙诏》见《宋书》卷一七《礼志四》："大明二年二月庚寅，有司奏：……。……诏曰：……"

七月后，有《沙汰沙门诏》。

《沙汰沙门诏》见《宋书》卷九七《夷蛮天竺迦毗黎国传》："世祖大明二年，有昙标道人与羌人高阇谋反，上因是下诏曰：……。于是设诸条禁，自非戒行精苦，并使还俗。而诸寺尼出入宫掖，交关妃后，此制竟不能行。"《宋书》卷六《孝武帝纪》载本年"秋七月甲辰，彭城民高阇等谋反伏诛"。

《下诏罪王僧达》见本年王僧达条。严可均《全宋文》定为八月。

造臧质、鲁爽、王僧达、刘义恭诸传在此年后。

《宋书》卷一〇〇《自序》："宋故著作郎何承天始撰《宋书》，草立纪传，止于武帝功臣，篇牍未广。其所撰志，唯《天文》《律历》，自此外，悉委奉朝请山谦之。谦之，孝建初，又被诏撰述，寻值病亡，仍使南台侍御史苏宝生续造诸传，元嘉名臣，皆其所撰。宝生被诛，大明中，又命著作郎徐爰踵成前作。爰因何、苏所述，勒为一史，起自义熙之初，讫于大明之末。至于臧质、鲁爽、王僧达诸传，又皆孝武所造。"《宋书》卷六一《武三王江夏文献王义恭传》："大明中撰国史，世祖自为义恭作传。"本年秋七月苏宝生被诛，考见本年苏宝生条。《隋书》卷三三《经籍志二》："梁有宋大明中所撰《宋书》六十一卷，亡。"

《论选举诏》《又诏江夏王义恭》考见本年谢庄条。

《答颜竣诏》考见本年颜竣条。

作《劳颜师伯诏》。

《劳颜师伯诏》见《宋书》卷七七《颜师伯传》："（大明）二年，起为持节、督青冀二州徐州之东安东莞兖州之济北三郡诸军事、辅国将军、青冀二州刺史。其年，索虏拓拔浚遣伪散骑常侍、镇西将军、天水公拾贲敕文率寇清口，……大破之。……虏天水公又率二万人复来逼城，乾爱等出战，又破之，追奔至赤龙门，杀贼甚众。上嘉其功，诏曰：……。"

《又与颜竣诏》见本年刘宏条。

《故侍中司徒建平王宏墓志》见《艺文类聚》卷四八，作于本年，考见本年刘宏条。《与颜竣诏》见《宋书》卷五九《何偃传》："素好谈玄，注《庄子·逍遥篇》传于世。大明二年，卒官，世祖与颜骏诏曰：……。"《与颜竣诏》考见本年何偃条。

大明三年己亥（459）　　刘骏三十岁

作《邺北讨文武诏》《宥罪诏》《矜恤诏》《修亲桑礼诏》。

《邺北讨文武诏》《宥罪诏》《矜恤诏》《修亲桑礼诏》见《宋书》卷六《孝武帝纪》："（大明三年正月）丙申，婆皇国遣使献方物。……（三月）癸巳，太宰江夏王义恭加中书监。夏四月癸卯，上于华林园听讼。……乙卯，司空、南兖州刺史竟陵王诞有罪，贬爵。诞不受命，据广陵城反，……以始兴公沈庆之为车骑大将军、开府仪同三司、南兖州刺史讨诞。……秋七月己巳，克广陵城，斩诞，悉诛城内男丁，以女口为军赏。是日解严。……八月丙申，诏曰：……。……甲子，诏曰：……。九月己巳，诏曰：……。壬辰，于玄武湖北立上林苑。冬十月丁酉，诏曰：……。……十一月己巳，高丽国遣献方物。肃慎国重译献楛矢、石砮。西域献舞马，十二月戊午，上于华林园听讼。"

四月至七月间作《戒沈庆之》《诏卜天生》。

《戒沈庆之》见《宋书》卷七七《沈庆之传》载：沈庆之率众讨竟陵王诞，"每攻城，辄身先士卒。上戒之曰：……。自四月至于七月，乃屠城斩诞"。《诏卜天生》见《宋书》卷九一《孝义卜天舆传附卜天生传》："（天生）隶沈庆之攻广陵，天生推车塞堑，率数百人先登西北角，径至城上。贼为重栅断攻道，若战移日不拔，乃还。诏曰：……。"可见作于四月乙卯至七月己巳间。

作《答刘怀珍》。

《答刘怀珍》见《南齐书》卷二七《刘怀珍传》载"大明二年,虏围泗口城,……孝武遣怀珍将步骑数千赴之,于麋沟湖与虏战,破七城。……明年,怀珍启求还,孝武答曰:……"。

作《罪颜竣诏》。

《罪颜竣诏》考见本年颜竣条。震按:严可均《全宋文》诏文仅作:"竣孤免恩养,乃可至此。"《宋书》卷七五《颜竣传》又有"于狱赐死,妻息宥之以远"二句。

三月后作《答江夏王义恭诏》。

《答江夏王义恭诏》见《宋书》卷五一《列传十一·宗室·长沙景王道怜,临川烈武王道规》:"瑾弟祇,字彦期,大明中为中书郎。太宰江夏王义恭领中书监,服亲不得相临,表求解职。世祖诏曰:……。"《孝武帝纪》载本年三月癸巳太宰义恭加中书监。《宋书》卷六一《武三王江夏文献王义恭传》载大明七年义恭解中书监。

作《经袁湛墓下诏》。

《经袁湛墓下诏》见《宋书》卷五二《袁湛传》:"世祖大明三年,幸籍田。行经湛墓。下诏曰:……。"

大明四年庚子(460)　　刘骏三十一岁

《邺都邑诏》见《宋书》卷六《孝武帝纪》:"(大明)四年春正月辛未,车驾祠南郊。甲戌,宕昌王奉表献方物。乙亥,车驾躬耕藉田。大赦天下。尚方徒系及逋租宿债,大明元年以前,一皆原除。力田之民,随才叙用。孝悌义顺,赐爵一级。孤老贫疾,人谷十斛。藉田职司,优沾普赉。百姓乏粮种,随宜贷给,吏宣劝有章者,详加褒进。(三月)甲申,皇后亲桑于西郊……(夏四月)丙午,诏曰:'昔纮御宇,……无竞市。'(震按:此诏严可均《全宋文》刘骏部分漏收)辛酉,诏曰:……。五月庚辰,于华林园听讼。……(九月)甲申,上于华林园听讼。……(冬十月)壬辰,制郡县减禄,并先充公限。……十二月乙未,上于华林园听讼。辛丑,车驾幸廷尉寺,凡囚系咸悉原遣。索虏遣使请和。丁未，车驾辛建康县，原放狱囚，倭国遣使献方物。"《亲蚕诏》见《宋书》卷四十一《后妃孝武文穆王皇后传》："大明四年，后率六宫躬桑于西郊，皇太后观礼。上下诏曰：……。"可见诏下于三月甲申。

四月作《答有司上封禅仪注诏》。

《答有司上封禅仪注诏》见《宋书》卷一六《礼志三》："（大明）四年四月辛亥，有司奏曰：……。诏曰：……。"

《罪周朗诏》见《宋书》卷八二《周朗传》："大明四年，上使有司奏其居丧无礼，请加收治，诏曰：……。"

《诏顾宝先》见《宋书》卷八一《顾琛传》："宝先大明中为尚书水部郎。先是，琛为左丞荀万秋所劾，及宝先为郎，万秋犹在职，自陈不拜。世祖诏曰：……。"此诏作于大明中，未详何时，暂系于是年。

《听行干杖诏》见《宋书》卷六三《沈演之传附沈统传》："勃弟统，大明中为著作佐郎。先是，五省官所给干僮，不得杂役，太祖世，坐以免官者，前后百人，统轻役过差，有司奏免。世祖诏曰：……得行干杖，自此始也。"

《南齐书》卷四三《谢瀹传》："瀹年七岁，王彧见而异之，言于宋孝武，孝武召见于广众之中，瀹举动闲详，应对合旨，帝甚悦。诏尚公主，值景和败，事寝。……永泰元年，转散骑常侍，太子詹事。其年卒。"

大明五年辛丑（461）　　刘骏三十二岁

作《厉兵赦罪诏》《宽南徐兖二州租诏》《振赐水灾诏》《兴学诏》《停白板郡县制》《详检畿内诏》。

《厉兵赦罪诏》《宽南徐兖二州租诏》《振赐水灾诏》《兴学诏》《停白板郡县制》《详检畿内诏》见《宋书》卷六《孝武帝纪》："（大明）五年春正月丁卯，以宕昌王梁唐子为河州刺史。二月癸巳，车驾阅武。诏曰：……。（夏四月）戊戌，诏曰：……。……五月癸亥，制帝室期亲，朝官非禄官者，月给钱十万。丙辰，车驾幸阅武堂听讼。……秋七月丙辰，诏曰：……丁卯，高丽国遣使献方物。……（八月）己丑，诏曰：……。庚寅，制：方镇所假白板郡县，年限依台除，食禄三分之一，不给送故。（震按：严可均《全宋文》以此为制文，似可商榷）……。（十二月）甲戌，制天下民户岁输布四匹。（震按：严可均《全宋文》前以为制文，此处不取，失当）……。"

四月作《宗祀诏》。

《宗祀诏》见《宋书》卷一六《礼志三》："宋孝武大明五年四月庚子，诏曰：……。"

《祈晴文》见《艺文类聚》卷二《天部下·霁》《初学记》卷二。又大明元年春京邑雨水也大而成灾。然《祈晴文》："润既违时……率辍霖而吐景……耒耨得施，黍稷获艺，增高廪于嘉年，登十千于兹岁。"似在秋季，本年秋七月京邑水灾，姑系于此年。

《追崇外家诏》《给外家茔户诏》见《宋书》卷四一《后妃文帝袁皇后传》："大明五年，世祖诏曰：……。……又诏：……。"

《益封诸王诏》见《宋书》卷七九《文五王庐江王祎传》："（大明）五年，诏曰：……"

《诏刘延孙》见《宋书》卷七八《刘延孙传》："（大明）五年，诏延孙曰……"

《经殷景仁墓下诏》见《宋书》卷六三《殷景仁传》："世祖大明五年，行事经景仁墓，诏曰……"

《经王弘墓下诏》见《宋书》卷四二《王弘传》："世祖大明五年，车驾游幸，经弘墓。下诏曰：……"

《原孙棘兄弟诏》卷九一《孝义孙棘传》载世祖大明五年，孙棘欲代弟孙萨之罪，太守张岱"依事表上，世祖诏曰……"

大明六年壬寅（462）　　刘骏三十三岁

作《勿禁合葬诏》《下倭王世子兴诏》《赠刘延孙司徒诏》《又诏》。

《勿禁合葬诏》见《宋书》卷六《孝武帝纪》："（大明六年春正月）辛

卯，车驾亲祠南郊。是日，又宗祀明堂。大赦天下。……二月乙卯，复百官禄。……（三月）壬寅，以倭国世子兴为安东将军。……六月辛酉，尚书左仆射、护军将军刘延孙卒。……九月戊寅，制沙门致敬人主。……（冬十月）丁卯，诏上林苑内民庶丘墓欲合葬者，勿禁。"震按：《勿禁合葬诏》严可均《全宋文》漏收，题乃震自拟。《下倭王世子兴诏》见《宋书》卷九七《夷蛮倭国传》："世祖大明六年，诏曰：'倭王世子兴，……可安东将军、倭国王。'"诏下于三月壬寅。《定国史诏》见《宋书》卷九四《恩倖徐爰传》："先是元嘉中，使著作郎何承天草创国史，世祖初，又使奉朝请山谦之、南台御史苏宝生踵成之。（大明）六年，又以爰领著作郎，使终其业。爰虽因前作，而专一家之书。上表曰：……。于是内外博议，太宰江夏王义恭等三十五人同爰议，宜以义熙元年为断。散骑常侍巴陵王休若、尚书金部郎檀道鸾二人谓宜以元兴三年为始。太学博士虞龢谓宜以开国为宋公元年。诏曰：……。"《赠刘延孙司徒诏》《又诏》见《宋书》卷七八《刘延孙传》："（大明）五年，……明年，（延孙）卒，时年五十二。上甚惜之，下诏曰：……。有司奏谥忠穆，诏为文穆。又诏曰：……。"

正月策秀、孝于中堂。恶顾法对策。

《资治通鉴》卷一百二九载本年正月"丁未，策秀、孝于中堂。扬州秀才顾法对策曰：'源清则流洁，神圣则刑全。躬化易于上风，体训速于草偃。'上览之，恶其谅也，投策于地"。

作《伤宣贵妃拟汉武帝李夫人赋》。

《伤宣贵妃拟汉武帝李夫人赋》见《宋书》卷八〇《孝武十四王始平孝敬王子鸾传》载："始平孝敬王子鸾字孝羽，孝武帝第八子也。大明四年，年五岁，封襄阳王，食邑二千户。……其年，改封新安王，户邑如先。……（大明）六年，（子鸾）丁母忧。追进（殷）淑仪为贵妃，班亚皇后，谥曰宣。……上痛爱不已，拟汉武《李夫人赋》，其词曰：……。"

宋孝武帝向谢庄称叹谢超宗《新安王母诔》文采。

《南史》卷一九《谢灵运传附谢超宗传》："王母殷淑仪卒，超宗作诔奏之，帝大嗟赏，谓谢庄曰：'超宗殊有凤毛，灵运复出。'"谢超宗为谢凤子，谢灵运孙。超宗《新安王母诔》今佚。

殷淑仪大明六年薨。《南史》卷一一《后妃传上·殷淑仪传》载"殷淑仪，南郡王义宣女也。丽色巧笑。义宣败后，帝密取之，宠冠后宫。假姓殷氏，左右宣泄者多死，故当时莫知所出。及薨……追赠贵妃，谥曰宣。……谢庄作哀策文奏之，帝卧览读，起坐流涕曰：'不谓当今复有此才。'都下传写，纸墨为之贵。或云贵妃是殷琰家人入义宣家，义宣败入宫云"。《宋书》卷六一《武三王传》："武帝七男：……胡婕妤生文皇帝，……孙美人生南郡王义宣。"孝武帝刘骏是文帝第三子。

嘲王玄谟作《四时诗》于本年后。

《宋书》卷七六《王玄谟传》："及建明堂，以本官领起部尚书，又领北选。孝武狎侮群臣，随其状貌，各有比类，多须者谓之羊。……柳元景、垣护之并北人，而玄谟独受'老伧'之目。凡所称谓，四方书疏亦如之。尝为玄谟作四时诗曰：'堇荼供春膳，粟浆充夏餐。飑酱调秋菜，白醯解冬寒。'"本年春孝武宗祀明堂。《四时诗》当作于此后。

大明七年癸卯（463）　　刘骏三十四岁

《春蒐诏》《礼南岳诏》《巡行大赦诏》《加恩历阳郡诏》《禁专杀诏》《严军兴诏》《禁占川泽诏》《省刑诏》《殖麦诏》《巡行诏》《巡南豫州诏》《又诏》。

《春蒐诏》《礼南岳诏》《巡行大赦诏》《加恩历阳郡诏》《禁专杀诏》《严军兴诏》《禁占川泽诏》《省刑诏》《殖麦诏》《巡行诏》《巡南豫州诏》《又诏》见《宋书》卷六《孝武帝纪》："（大明）七年春正月癸未，诏曰：……。……二月甲寅，车驾巡南豫、南兖二州。丙辰，诏曰：……。丁巳，车驾校猎于历阳之乌江。己未，车驾登乌江县六合山。……壬戌，诏曰：……。又诏曰：……。壬申，车驾还宫。（夏四月）甲子，诏曰：……。……（五月）丙子，诏曰：……。……（七月）

丙申，诏曰：……。八月丁巳，诏曰：……。……（乙丑）车驾幸建康秣陵县讯狱囚。九月己卯，诏曰：……。戊子，诏曰：……。……乙未，车驾幸廷尉讯狱囚。……。冬十月壬寅，太子冠，赐王公以下帛各有差。戊申，驾巡南豫州。诏曰：……癸丑，行幸江宁县讯狱囚。……丙寅，诏曰：……。己巳，车驾校猎于姑孰。十一月丙子，曲赦南豫州殊死以下。巡幸所经，详减今岁田租。乙酉，诏遣祭晋大司马桓温、征西将军毛璩墓（震按：此诏严可均《全宋文》未收）。上于行所讯溧阳、永世、丹阳县囚。癸巳，车驾习水军于梁山，有白爵二集花盖，有司奏改大明七年为神爵元年，诏不许。乙未，原放行狱徒系。……十二月丙午，行事历阳。……己未，太宰江夏王义恭加尚书令。于博望梁山立双阙。癸亥，车驾至自历阳。"

二月作《答子业》。

《答子业》见《宋书》卷七《前废帝纪》："世祖西巡，子业启参承起居，书迹不谨，上诘让之。子业启事陈谢，上又答曰：……。"严可均《全宋文》注（大明）七年二月。

七月作《下高句骊王高琏诏》。

《下高句骊王高琏诏》见《宋书》卷九七《夷蛮高句骊传》："（大明）七年，诏曰：'……，（琏）可车骑大将军、开府仪同三司，……。'"《宋书》卷六《孝武帝纪》："（六月）戊申，芮芮国、高丽国遣使献方物。……七月乙亥，征东大将军高丽王高琏进号车骑大将军、开府仪同三司。"诏当下于七月乙亥。

《天阙诏》见《御览》卷四六《舆地志》，诏曰："梁山天表象魏，以旌图形。仍以二山为立阙，故曰天门。"诏当下于十一、十二月。

《下邓琬诏》见《宋书》卷八四《邓琬传》："大明七年，车驾幸历阳，追思在藩之旧，下诏曰：……。"诏当下于十二月。

《与刘秀之诏》见《宋书》卷八七《萧惠开传》："（惠开）还为新安王子鸾冠军长史，行吴郡事。……乃以为豫章内史，……徙御史中丞。世祖与刘秀之诏曰：'今以萧惠开为宪司，冀当称职。但一往服领，已自殊有所震。'

及在任，百僚畏惮之。（大明）八年，入为侍中。"《宋书》卷八〇《孝武十四王始平孝敬王子鸾传》载："始平孝敬王子鸾字孝羽，孝武帝第八子也。大明四年，年五岁，封襄阳王，食邑二千户。仍为东中郎将、吴郡太守。其年，改封新安王，户邑如先。"观诏文意作于惠开初为御史中丞时，诏当作于此年前而大明四年后，未详何时，姑系于是年。

大明八年甲辰（464）　　刘骏三十五岁

作《恤东境诏》《恤刘秀之诏》《恤东使诏》《授萧惠开诏》《遗诏》，崩。葬丹阳秣陵县岩山景宁陵。

《恤东境诏》《恤东使诏》见《宋书》卷六《孝武帝纪》："（大明）八年春正月甲戌，诏曰：……癸未，安北将军、雍州刺史刘秀之卒。……（二月）壬寅，诏曰：……。……夏闰五月辛丑，以前御史中丞萧惠开为青、冀二州刺史。庚申，帝崩于玉烛殿，时年三十五。秋七月丙午，葬丹阳秣陵县岩山景宁陵。"《恤刘秀之诏》见《宋书》卷八一《刘秀之传》，该传载刘秀之大明八年卒，"上甚痛惜之，诏曰：……。"《授萧惠开诏》见《宋书》卷八七《萧惠开传》："八年，入为侍中。诏曰：'……可更授御史中丞。'"诏下当在夏闰五月之前。《宋书》卷七《前废帝纪》载大明八年八月"己巳，以青、冀二州刺史萧惠开为益州刺史"。《遗诏》见《宋书》卷六一《武三王江夏文献王义恭传》："（大明）八年闰月，又领太尉。其月，世祖崩，遗诏：……。"震按：此《遗诏》严可均《全宋文》漏收。

欲用祖冲之新历法，未果。

《宋书》卷一三《律历志下》："上爱奇慕古，欲用冲之新法，时大明八年也。故须明年改元，因此改历。未及施用，而宫车晏驾也。"

孝武帝刘骏是刘宋最有文学创作才能的皇帝，对当时文坛有巨大影响。

裴子野《雕虫论》说："宋初迄于元嘉，多为经史。大明之代，实好斯文。高才逸韵，颇谢前哲；波流同尚，滋有笃焉。自是闾阎少年，贵游总角，罔不摈落六艺，吟咏情性。学者以博依为急务，谓章句为专鲁。淫文破典，斐尔为功。无被于管弦,非止乎礼义。深心主卉木,远致极风云。其兴浮,其志弱,巧而不要,隐而不深。讨其宗途,亦有宋之遗风也。……荀卿有言:'乱代之征,文章匿而采。'而斯岂近之乎?"

《文心雕龙·时序》:"自宋武爱文,文帝彬雅,秉文之德,孝武多才,英采云构。自明帝以下,文理替矣。尔其缙绅之林,霞蔚而飙起。王袁联宗以龙章,颜谢重叶以凤采,何范张沈之徒,亦不可胜数也。盖闻之于世,故略举大较。"

《诗品》卷下"宋孝武帝、宋南平王铄、宋建平王宏"条:"孝武诗,雕文织采,过为精密,为二蕃希慕,见称轻巧矣。"震按:宋南平王铄为人负才狡竞,每与兄弟计度艺能,与帝又不能和。见元嘉三十年铄条。

《颜氏家训》之《文章篇》:"自昔天子而有才华者,唯汉武、魏太祖、文帝、明帝、宋孝武帝,皆负世议,非懿德之君也。"

逯钦立《先秦汉魏晋南北朝诗》之《宋诗》卷一。

今存文篇,清人严可均校辑《全上古三代秦汉三国六朝文》之《全宋文》卷收文篇,失收,今已补辑。除已见上文者外,尚有写作年代尚待考证。

《隋书》卷三五《经籍志四》:"《宋孝武帝集》二十五卷,梁三十一卷,录一卷。……《宋孝建诏》一卷……梁有……又《宋孝武帝诏》五卷,《宋大明诏》七十卷,……亡。"

论传奇小说对晚唐诗序的影响[**]

吴振华[*]

荆世晚唐是诗序创作的低潮期[①],作家们对诗序普遍缺乏热情,曾经辉煌一时的赠别诗序寥若晨星,即使有些作家写作的诗序数量较多,也大都是简短的小文,没有盛唐、中唐的鸿篇巨制。在晚唐普遍衰飒颓靡的世风中,人们对国家的命运和自己的前途大都失去信心,也很少出现掌控文坛且担当朝廷重任的轴心文人,即使有盛大的宴会,也没有人尝试追踪魏晋风流,在流光溢彩、觥筹交错的宴会上,人们的兴趣已经转向剪翠偎红的刺激性的身官享受,缺乏理想化的昂扬奋发精神。正是在这样的灯红酒绿之中,从朝廷到民间,人们的审美情趣也发生了变化,泛滥着浓重的没落的世纪末情绪。此时,骈文复炽,追求典雅精美的装饰性,影响到诗歌也是朝辞藻和艳情的方向演进。传奇小说重新放射光彩,尽管没有中唐传奇对现实人生的关注,也缺乏诗情、史笔、议论的才华,却以搜奇猎艳迎合了社会的普遍心理期待。这一点在诗序中也得到体现,本文探讨晚唐传奇小说对诗序的深刻影响。

[**] 项目基金:本文系国家社科基金后期资助项目"唐代诗序及其文化意蕴研究"(编号:12FZW009)阶段性成果。

[*] 作者单位:安徽师范大学文学院。

[①] 据《全唐诗》收录的属于晚唐时期诗人共有31人,诗序只有95篇,大部分作家只有一两篇,而《全唐文》中情况也大致如此。

一　晚唐诗序与诗歌广泛关注传奇色彩的爱情题材

晚唐诗歌的一个重要特点是内容方面大量描写艳情或爱情题材，这与晚唐时代整体社会氛围有关。像当时著名的诗人李商隐、杜牧、温庭筠、韩偓等，都写有一定数量的艳情诗（当然，其中也有一些可以称为爱情诗），当诗歌所写内容具有一定的传奇性时，则会附上一篇简短的诗序，交代写作背景或提示主要情节内容。如杜牧的《杜秋娘诗并序》（《全唐诗》卷五二〇）：

> 杜秋，金陵女也。年十五为李锜妾，后锜叛灭，籍之入宫，有宠于景陵，穆宗即位，命秋为皇子傅姆，皇子壮，封漳王。郑注用事，诬丞相欲去己者，指王为根。王被罪废削，秋因赐归故乡。予过金陵，感其穷且老，为之赋诗。

这篇诗序是杜秋娘的一篇小传：她是金陵人，姿容绝丽，年仅十五岁就为成镇海节度使李锜的爱妾。元和二年李锜反叛，兵败被杀，杜秋娘因为貌美进入宫廷，却意外地得到宪宗的宠幸。杜秋娘经历了一生中最豪华的生活，但是好景不长，元和十五年宪宗被宦官谋杀，穆宗立，命杜秋娘为皇子李凑保姆。皇子长大了，封为漳王，杜秋娘的生活有了新的依靠。但是，穆宗、敬宗都在位短暂，文宗时期，为了消除宦官之祸，遂于大和五年同宰相宋申锡谋划除宦，因泄密被宦官王守澄的门客郑注得知详情，他们先发制人，诬告宋申锡谋反，要拥漳王为皇帝，因此漳王糊里糊涂地受到牵连得罪远贬，这样杜秋娘失去靠山被放归金陵。她的经历充满变幻莫测的诡谲色彩，其遭遇串连起三十年间四代皇帝的宫廷生活，历经人生跌宕起伏的大喜大乐和大悲大难，虽然只是个小人物，但她身上却浓缩了时代的风云变幻，因此杜牧感慨良深。而诗歌内容就是以杜秋娘命运变迁为中心，书写的是晚唐中后期的一段传奇的宫廷史，也可以说是用诗歌写成的历史传奇。杜秋娘经历了由藩镇侍妾到皇帝宠姬再到皇子保姆最后成放逐老妇的变化，她的每根白发都充满着人生无常的悲剧色彩，是历史造就了杜秋娘的悲剧，也可以说杜秋娘见证了那一段带有悲剧色彩的荒唐的宫廷历史。诗序与诗歌可以说相互印证，相得益彰。

又如许浑的《赠萧炼师并序》：

> 炼师，贞元初①自梨园选为内妓，善舞《柘枝》，宫中莫有伦比者，宠锡甚厚。及驾幸奉天，以病不获随辇，遂失所止。洎复宫阙，上颇怀其艺，求之浃日，得于人间。复闻神仙之事，谓长生可致，乞奉黄老。上许之，诏居嵩南洞清观。迨今八十余矣，雪肤花颜，与昔无异，则知龟鹤之寿，安得不由所尚哉！因赋是诗，题于院壁。

这篇诗序接近杜牧的传奇题材，叙述萧炼师的传奇经历，相当于一篇人物传记：萧炼师建中初（780年前后）从梨园歌女选为皇宫内妓，得到德宗的宠幸。建中四年，太尉朱泚拥兵作乱占领长安，德宗逃往奉天，萧炼师由于生病，没有随驾前往，而是流落民间。德宗回宫后，非常思念她的歌舞技艺，派人四处寻找，十天后终于找回。后来萧炼师崇尚神仙黄老之术，要求出道，德宗允许她居住嵩山南面的洞清观。到会昌末年，虽然八十多岁，但还是"雪肤花颜，与昔无异"。因此许浑感慨地说："则知龟鹤之寿，安得不由所尚哉！"他赋诗只是表现对炼师生活的一种精神向往。与杜牧从杜秋娘身上挖掘人世沧桑、命运无常的感慨不同，许浑感兴趣在于炼师晚年修道的成功。诗歌沿着诗序的线索，运用大量的道教典故，将萧炼师一生的经历作了叙述，主要笔墨描写炼师"洛烟浮碧汉，嵩月上丹岑"之后的生活情事。露草争秀，凤篁八音，吹笙敲磬，鹤舞龙吟，手持旄节，饮仙液琼浆，尽管"东海人情变，南山圣寿沈"，但是她依然"朱颜常似渥，绿发已如寻"。对萧炼师的"养气齐生死，留形尽古今"，许浑充满了浓厚的兴趣。

再如李商隐的《柳枝五首并序》（《全唐诗》卷五四一）：

---

① 按：这里时间可能有错误，"贞元初"应当是"建中初"。因为后面叙述德宗"幸奉天"发生在建中四年，这时萧炼师已经"失所止"了。

柳枝，洛中里娘也。父饶好贾，风波死湖上。其母不念他儿子，独念柳枝。生十七年，涂妆绾髻未尝竟，已复起去，吹叶嚼蕊，调丝擪管，作天海风涛之曲，幽忆怨断之音。居其旁，与其家接故往来者，闻十年尚相与，疑其醉眠梦断不娉。余从昆让山，比柳枝居为近，他日春曾阴，让山下马柳枝南柳下，咏余《燕台》诗。柳枝惊问："谁人有此？谁人为是？"让山谓曰："此吾里中少年叔耳。"柳枝手断长带，结让山为赠叔乞诗，明日，余比马出其巷。柳枝丫鬟毕妆，抱立扇下，风障一袖，指曰："若叔是？后三日，邻当去溅裙水上，以博香山待，与郎俱过。"余诺之。会所友有偕当诣京师者，戏盗余卧装以先，不果留。雪中让山至，且曰："为东诸侯取去矣。"明年，让山复东，相背于戏上，因寓诗以墨其故处云。

这是李商隐唯一的诗序，以自己的亲身经历为基础构造的一个浪漫爱情故事。作者、堂兄和柳枝是这个故事的三个主要人物，其中堂兄是一个线索人物，柳枝是核心人物，她是洛阳某里巷的姑娘，父亲特别热衷于做生意，不幸在湖上遇到风波而死。她的母亲不怜爱其他的儿女，唯独爱柳枝。柳枝十七岁了，对女孩家化妆打扮的事还是很马虎，常常是没有梳妆完毕，就去做她喜爱的其他事情，尤其擅长以树叶吹奏乐曲，音调非常优美动听，弹琴吹箫奏笛，能作天海风涛般的雄浑之曲，有时又奏出幽怨凄厉的低沉之音。她家附近与其家有十几年交往的亲戚朋友和乡邻，都怀疑柳枝因为醉梦颠倒，生活情绪与旁人不同，所以无人愿意来娶这位喜爱音乐却有点疯癫张扬的女孩。而李商隐的堂兄让山，就住在柳枝家旁边，在一个阴沉的春日，让山在柳枝门前的柳树下，吟诵李商隐的《燕台》诗，柳枝惊问："谁人有此？谁人为是？"让山说是他同里的堂弟所作，因此柳枝手断长带，结交让山去向他堂弟求诗。第二天，李商隐和堂兄并马来到柳枝所居住的里巷。柳枝精心打扮，双臂交叉站在门口，用一面袖子遮着自己的脸，这个打扮是精心计划的，一方面有大胆的对爱情的追求，另一方面又充满羞涩矜持的娇态。她指着李商隐说："这就是你的堂弟？三天后，邻居会去水边溅裙祈福消灾，我跟你约会，以博香山待，请你一起去。"可是，事情出现了突然的转折，李商隐竟然因为一个朋友盗走了行李先行去了京城，不得不也离开了洛阳。寒冬的一个大雪纷飞的日子，让山突然前来告诉李商隐说："柳枝已经被一个大官娶走了。"第二年，让山又要东去洛阳，李商隐与他分别，因托他将自己所写的五首绝句带回去，写在柳枝曾经居住的地方。李商隐的赋诗追念，表达的是一种打翻五味瓶的复杂情感，一方面表达他对可遇而不可求的爱情的追恋；另一方面也表达命运不可捉摸的哀怨，那些不可再次追寻的爱情往往具有这种飘忽微妙的悲剧感。

还有罗虬的《比红儿诗并序》（《全唐诗》卷六六六）：

> 比红者，为雕阴官妓杜红儿作也。美貌年少，机智慧悟，不与群辈妓女等。余知红者，乃择古之美色灼然于史传三数十辈，优劣于章句间，遂题比红诗。广明中，虬为李孝恭从事，籍中有善歌者，虬令之歌，赠以彩，孝恭以红儿为副戎所盼，不令受。虬怒，手刃红儿，既而追其冤，作比红诗。

罗虬是台州人，辞藻富赡，与同宗人罗邺、罗隐齐名，世称"三罗"。这篇诗序后来为《唐诗纪事》[①] 所采录，因为这是作者亲身经历的故事，罗虬杀死红儿又赋诗百首表达追悔和思念，其中含有丰富的文化信息，也体现了晚唐人独特的审美文化心态，而《唐诗纪事》之类的著作对这类题材诗歌的注意，又扩大了诗歌的影响，并刺激了后来诗歌追求惊悚刺激的艺术趣味。

---

① 按：计有功《唐诗纪事·卷六十九·罗虬》载："红儿者，善歌，常为副戎属意。副戎聘邻道，虬请红儿歌而赠之增彩。孝恭以副戎所盼，不令受所贶。虬怒，拂衣而起；诘旦，手刃红儿。既而思之，乃作绝句百篇，以追其冤，号《比红诗》，盛行于时。"上海古籍出版社 2008 年版，下册，第 1031 页。

二 传奇小说对诗序的影响

唐代传奇小说的兴盛，宋人赵彦卫《云麓漫钞》认为与当时进士考试"温卷"有关①。但陈寅恪先生则认为与"古文运动"有关，他说："今日所谓唐代小说者，亦起于贞元元和之世，与古文运动实同一时，而其时最佳小说之作者，实亦即古文运动之中坚人物是也。"② 并认为唐人小说是一种新兴的文体，"其优点在便于创造，而其特征则尤在备具众体也"③。二者都有一定的真理性，但都有一些缺陷，实际上唐人小说还受民间文学及佛道传播的影响，是在六朝志怪和史传文学基础上发展起来的，同时与诗歌的关系也很密切。④ 传奇小说最大的特点就在它具有新颖曲折的故事情节和生动独特的人物形象，容易产生惊悚震撼的艺术效果，能够在不同阶层的受众之间广泛传播。传奇与诗体的结合较早，初唐时期的《游仙窟》就是采用散文与诗歌交杂的体制，到中唐时期白居易的《长恨歌》与陈鸿的《长恨歌传》，元稹的《莺莺传》与李绅的《莺莺歌》也都是相互映衬，到了韩愈写《石鼎联句诗序》则将传奇与诗序结合起来，开创了新的风气。在晚唐时代，传奇再次兴盛繁荣，而诗歌也追求艳情与传奇，因此传奇小说就很自然地渗透进入诗序之中，这就是骈文复炽的背景下，诗序依然保持散体的根本原因。总体上看，传奇对诗序的影响有以下几个方面。

（一）诗序本身就是传奇

晚唐诗序很多本身就是传奇，如上举罗虬的《比红儿诗序》就被收入五

---

① （宋）赵彦卫著，张国星校点：《云麓漫钞》卷八说："唐之举人，先借当世显人，以姓名达之主司，然后以所业投献，逾数日又投，谓之'温卷'，如《幽怪录》、'传奇'等皆是也。盖此等文备众体，可以见史才、诗笔、议论。"辽宁教育出版社1998年版，第82—83页。
② 陈寅恪：《元白诗笺证稿》，生活·读书·新知三联书店2001年版，第2页。
③ 同上书，第4页。
④ 程毅中：《唐代小说史》第十一章"余论"部分，人民文学出版社2003年版，第346—359页。

代人王定保的《唐摭言》,后被收入宋代李昉编的大型类书《太平广记》[①],还有像许浑的《赠萧炼师并序》《题卫将军庙并序》、杜牧的《杜秋娘诗并序》等,也都可以看作一代历史传奇。

(二) 以传奇笔法写诗序

传奇笔法就是虚构故事情节和传神刻画人物的方法,像李商隐的《柳枝五首并序》就是典型的传奇笔法,尽管以自己的经历为线索,但是其中显然充满了虚构,留下很多空白,令人悬想。又如许浑的《题卫将军庙并序》(增补新注《全唐诗》第三册,第1368页):

> 将军名逖,阳羡人。少习诗书,学弓剑,有武略。二十七游并、汾间,遇神尧皇帝始建义旗,逖以勇艺进,备行列。洎擒窦建德,逖时挟枪剑,前突后翼,太宗顾而奇之。天下既定,录其功,拜将军宿卫。以母老且病,乞归侍残年,辞旨哀激,诏许之。既而以孝敬睦闺门,以然信居乡里。及卒,邑人怀其贤,庙于荆溪之湄。以平生弓甲,悬东西庑下,岁时祠祭,颇福其土焉。文士王敖撰碑,辞实详备,惜乎国史阙书其人,因题是诗于庙壁。

诗序实际上是卫逖将军的小传,这位阳羡的将军,"少习诗书,学弓剑,有武略",以作战勇猛得到唐高祖李渊和太宗李世民的赏识,天下大定后在皇宫担任宿卫。因母老且病,乞归侍亲,最终得到皇帝的允许。回到乡里后,"以孝敬睦闺门,以然信居乡里",乡人怀念他的贤德,为他立庙,并将他生前所使用的弓甲悬挂在廊庑下,岁时祭祀,十分灵验。由于国史阙载卫将军的事迹,因此许浑要题诗歌颂。这篇序文俨然就是一篇传奇。

再如皮日休的《伤进士严子重诗并序》:

---

① (宋)李昉等编:《太平广记·卷三百七十三·妇人》中的罗虬条。第三册,中国盲文出版社1998年版,第1808—1809页。

余为童在乡校时，简上抄杜舍人牧之集，见有与进士严恽诗。后至吴，一日，有客曰严某，余志其名久矣，遽怀文见造，于是乐得礼而观之。其所为，工于七字，往往有清便柔媚，时可轶骇于常轨。其佳者曰："春光冉冉归何处，更向花前把一杯。尽日问花花不语，为谁零落为谁开？"余美之，讽而未尝息。生举进士，亦十余计偕。余方冤之，谓乎竟有得于时也。未几，归吴兴，后两月，咸通十一年也。霅人至，云："生以疾亡于所居矣。"噫！生徒以词闻于士大夫，竟不名而逝，岂止此而湮没耶？江湖间多美材，士君子苟乐退而有文者死，无不为时惜，可胜言耶？于是哭而为诗。鲁望，生之友也，当为我同作。

诗曰：

十哭都门榜上尘，盖棺终是五湖人。生前有敌唯丹桂，没后无家只白蘋。

箸下斩新醒处月，江南依旧咏来春。知君精爽应无尽，必在酆都颂帝晨。

诗序中的严子重就是晚唐诗人严恽，皮日休为童子时就知道他的名字，后来又读到他的很多诗歌，对他很是敬佩，然而严恽竟然十次考进士不中，于咸通十一年病逝。这是晚唐时代典型的"一生襟抱未曾开"的诗人。"生徒以词闻于士大夫，竟不名而逝，岂止此而湮没耶？"说明了这一现象的普遍性，因此皮日休要为这些江湖间美才的不幸运命一洒同情之泪。诗中"知君精爽应无尽，必在酆都颂帝晨"两句说人间不能尽其才，在阴间一定可以有所作为，这样的安慰更让人感到透骨的凄凉，一种悲惨的绝望之情弥漫全诗，代表了晚唐时代整体上的悲伤格调。

（三）将诗序写得像传奇

有时候，诗人们为了寄托自己的人生理想，将现实生活中的真人也写得像小说中的传奇人物，前面所举的李商隐、杜牧等诗序已经具有这种倾向，再如陆龟蒙的《丁隐君歌并序》：

> 隐君，姓丁氏，字翰之，济阳人也。名飞举，读老子庄周书，善养生，能鼓琴。居钱塘龙泓洞之左右，或曰憩馆耳。别业在深山中，非得得行不可适。到其下，畜妻子，事耕稼，如常人。余尝南浮桐江，途而诣龙泓憩馆。获见，纶巾布裘，貌古而意澹。好古文，乐闻歌诗。见待加厚，因曰："他时愿为山中仆。"丁笑而不应。问之年，曰："七十二。"当咸通丙午岁，逮今十四年矣。雷平道士葛参寥话与翰之熟，至今齿发不衰，气力益壮。疏繁导蒙，灌溉挫铬，皆自执绠缶斤斸辈。升高望远，不翅履平地。时时书细字，作文纪事，皆有楷法意义。夜半山静，取琴弹之，奏雅弄一二而已。少睡，寡言语。与人相接，礼简而情至。周旋累年，未尝有罢倦之色，不唯疾病也，非养生之效欤？又不见其有所服饵。或问之，对曰："治心修身之外，复有何物？"予始嘉其遁世，又闻其老而益精，又悦其治心修身之说。孔子所谓乐而寿者，斯人也欤？既乐而寿，则仁智充乎其内。充乎其内者，非有德者欤？有德而不耀于世者，非隐君子欤？乃作丁隐君歌，以寄其声云。

诗序就像是一篇传奇人物小品，这位名叫丁翰之的济阳隐君子，居住在钱塘龙泓洞的深山别墅中，他既"读老子庄周书，善养生，能鼓琴"，又"畜妻子，事耕稼，如常人"，还"好古文，乐闻歌诗"。陆龟蒙南游桐江时曾经见到过他，已经七十二岁。十四年后，据友人葛参寥说，至今丁隐君还是"齿发不衰，气力益壮""升高望远，不翅履平地"，并"时时书细字，作文纪事，皆有楷法"，更有甚者他"夜半山静，取琴弹之，奏雅弄。少睡，寡言语。与人相接，礼简而情至"，陆龟蒙的理想隐居生活就是这样的"乐而寿"，因此"予始嘉其遁世，又闻其老而益精，又悦其治心修身之说"，作诗相赠，为他立传。诗曰：

> 华阳道士南游归，手中半卷青萝衣。自言逋客持赠我，乃是钱塘丁翰之。连江大抵多奇岫，独话君家最奇秀。盘烧天竺春笋肥，琴倚洞庭秋

石瘦。草堂暗引龙泓溜,老树根株若蹲兽。霜浓果熟未容收,往往儿童杂猿狖。去岁猖狂有黄寇,官军解散无人斗。满城奔迸翰之闲,只把枯松塞圭窦。前度相逢正卖文,一钱不直虚云云。今来利作采樵客,可以抛身麋鹿群。丁隐君,丁隐君,叩头且莫变名氏,即日更寻丁隐君。

诗序重在纪实,突出人物的传奇色彩,而诗歌重在展现丁隐君生活的优美环境和情趣,特别突出在黄巢起义激烈而"官军解散无人斗"的时候,"满城奔迸翰之闲,只把枯松塞圭窦",因而表现出对丁隐君的羡慕和对隐居生活的向往。

综上所述,我们得出以下几点结论。

(1) 晚唐时代,唐王朝整体上处于衰落时期,中央对地方基本上失去影响力,没有中唐时期那样既有较高官位又能掌握文柄的轴心作家,重要作家都在地方幕府任职或主要在幕府任职(如李商隐就十依戎幕),虽然幕府也经常有宴会,但是盛唐那样的豪兴,中唐那样的理性已经不存在了,文人们对赠送诗序似乎已经失去兴趣,更重要的原因可能是时代没有为士人提供展现才华和政治出路的机会,因此文人普遍缺乏进取精神,对诗序制作缺乏激情,导致诗序的整体衰落。

(2) 晚唐时代,骈文重新抬头,像李商隐就是四六高手,他的文集中绝大部分是骈文,但没有一篇骈体诗序。说明诗序接受了其他文体的影响,晚唐是短篇传奇繁荣的时期,诗序显然受到传奇的影响,不仅题材带有传奇性,而且情调、结构、语言、意蕴都带有传奇色彩,因此当初唐盛行的宴会诗序、盛唐中唐流行的赠别诗序退潮后,富有传奇意味的追忆诗序和独特经历诗序大放光彩,诗人们尤其对爱情题材特别垂青。

(3) 晚唐时代,诗歌体裁发生了重大的变化,短小的绝句和律诗(主要是五律)成为诗人选择的主要体式,由于出现了群体宴会赠别向诗人之间的双向酬赠或邀约唱和的转变,诗歌收敛到私人化的情感空间,呈现出主观化、心灵化的趋势,甚至追求朦胧隐约的意蕴,而诗序正是使诗歌主旨明晰的标志,因此在这种创作取向的制约下,诗序逐渐失去作用,不得不退缩或消失。

（4）正是在这样的时代环境下，出现许浑为七律一体大量制作诗序，出现皮日休反映现实民生方面的诗序，出现陆龟蒙描写隐士生活的诗序，就成为特别值得关注的现象，也是诗序这种文体最后的艺术光彩，值得特别珍视。

朱熹《楚辞集注》的训诂特色

李永明[*]

一 朱熹的训诂学思想

在思想史和学术史上，宋代是一个创新的时代。变革创新始于对传统典籍的怀疑。欧阳修、刘敞等写书著作，对汉唐旧说提出质疑，开一代疑古的先声。[①]宋初疑古思潮只是宋人跳脱汉唐学术思想窠臼的开始，逮至张载、二程出，宋代理学思想才真正成为与汉代经学思想相颉颃的独立思潮，而被称作宋学。到了朱熹则理学发展至顶峰，而朱熹成为集理学思想之大成的伟大思想家。理学家在本体论、认识论、实践论等方面都有新的理论探索，丰富和推进了儒学思想的发展。但理学家所论之心、性、理、气等话题，由于主观性太强，往往陷于空疏之境地。而训诂学是朴实之学，讲求实事求是，无征不信，此为汉学之能事。宋学的主潮往往轻视训诂学这种朴学功夫。但宋代理学的集大成人物朱熹，作为宋学的代表，却能做到汉学与宋学兼顾，训诂与义理并重，实为难能可贵。朱子《鹅湖寺和陆子寿》有曰：

---

[*] 作者单位：西藏民族大学文学院。
[①] 欧阳修著为《诗本义》《童子问》《春秋论》等，对传统传注质疑驳正；刘敞著有《疑礼》一文，说"今之礼，非醇经也"，乃"圣人之徒合百说而杂编之"，对《礼》的经典地位提出质疑。

> 旧学商量加邃密，新知培养转深沉。①

旧学为汉唐注疏训诂之学，新知为宋代义理心性之学。可见朱熹对旧学、新知二者兼重。朱熹注释古书也体现了他的这种学术风格，他在注释中固然非常重视对义理的阐发，但并不偏废训诂考据，他力矫同时代人轻视训诂的弊病，他说：

> 祖宗以来，学者但守注疏，其后便论道，如二苏直要论道，但注疏如何弃得？②

他重视旧学，视汉唐注疏、训诂为治学之基础，他说"本之注疏，以通训诂"③"某寻常解经，只要依训诂说字"④ "先儒训诂，直是不草草"⑤。朱子在那种"直要论道"的大氛围下，却强调汉唐训诂在治学论道上的基础地位，赞赏先儒训诂上的严谨风格，既见其卓识，更见其勇气。而朱子训诂学的继承与创新的特质，在训诂学史上具有独特地位，郭在贻在他的《训诂学》一书中说：

> 宋代在经学方面集大成人物朱熹，同时也是在训诂学方面能够加以变革的代表人物。朱熹著述宏富，重要的有《四书集注》《诗集传》《楚辞集注》等。朱熹注书，不默守旧注，不规矩于零词碎句，而能会通大意，简洁明了无诘诎繁碎之病，为训诂学放一异彩。⑥

郭在贻对朱子训诂学地位、成就和独特贡献的评价是恰当和公允的。

朱子训诂思想中，特重汉唐旧注，特重训诂，这在宋儒中实为罕见。然

---

① （宋）朱熹：《朱文公文集》卷四，影印文渊阁《四库全书》本。
② （宋）黎靖德：《朱子语类》，中华书局1986年版，第3091页。
③ （宋）朱熹：《论语训蒙口义序》，《朱文公文集》卷七五，影印文渊阁《四库全书》本。
④ （宋）黎靖德：《朱子语类》，中华书局1986年版，第1812页。
⑤ （宋）朱熹：《答李公晦》，《朱文公文集》卷五九，影印文渊阁《四库全书》本。
⑥ 郭在贻：《训诂学》，《郭在贻文集》，中华书局2002年版，第581页。

朱子亦很重视义理阐发，这是他在训诂学上的特殊贡献，他在《楚辞集注·目录序》中说：

> 而独东京王逸章句与近世洪兴祖补注并行于世，其于训诂名物之间，则已详矣。顾王书之所取舍，与其题号离合之间，多可议者，而洪皆不能有所是正。至其大义，则又皆未尝沈潜反复、嗟叹咏歌，以寻其文词指意之所出，而遽欲取喻立说，旁引曲证，以强附于其事之已然，是以或以迂滞而远于性情，或以迫切而害于义理，使原之所为壹郁而不得申于当年者，又晦昧而不见白于后世。①

朱熹认为王、洪骚注在训诂名物方面"详矣"；但对诗句大义，则"皆未尝沈潜反复"以至于"迂滞而远于性情""迫切而害于义理"，显然朱熹是不满意于楚辞旧注对义理阐发的迂滞、迫切。旧注之所以有此弊病是由于汉唐经学注疏皆是以经解经，因此往往牵强附会。可见朱熹既重视旧注，又不迷信旧注，以旧注训诂为基础，解释诗句义旨，阐发其理气论、心性论、格物致知论等理学思想。钱穆在《朱子学提纲》中总结朱子经学的特点时说：

> 朱子治经，一面遵依汉唐儒训诂注疏旧法，逐字逐句加以理会，力戒自立说笼罩。一面则要就经书本文来解出圣贤所说道理，承守伊洛理学精神。②

这也是朱子训诂学的特点，一方面重视过去的训诂成果；另一方面更加强调对经典原文的理解，使训诂为理解原文意旨服务。正是由于朱熹对旧学的扬弃，对新知的开拓，成就了他致广大而尽精微、综罗百代的学术大家风范。

---

① （宋）朱熹：《楚辞集注》，上海古籍出版社 1979 年版。
② 钱穆：《朱子学提纲》，生活·读书·新知三联书店 2002 年版，第 162 页。

二 《楚辞集注》的训诂学特色

朱熹作《楚辞集注》(省称《集注》),在其晚年,他的理学思想已经成熟,他的训诂理念随着他的《诗集传》《四书集注》等注疏之作、《楚辞协韵》音韵之作及《韩集考异》校勘之作等诸多训诂实践而更趋完善,因此《楚辞集注》的训诂学特色可以作为研究朱熹训诂学特色的一个范例。

(一) 扬弃旧学

朱熹作《楚辞集注》时,首先对当时的通行楚辞注本加以研究与利用,他接受先儒训诂注疏旧法,逐字逐句加以理会,力求诗句中每字稳当,得其正解。他对王逸《楚辞章句》(省称《章句》)和洪兴祖《楚辞补注》(省称《补注》)的训诂成果充分加以吸收,此外还吸收了郭璞、颜师古的楚辞训诂材料以及《文选》李善注、五臣注的楚辞训诂成果。如:

> 日月忽其不淹兮,春与秋其代序。惟草木之零落兮,恐美人之迟暮。
> 集注:淹,久也。代,更也。序,次也。零落,皆坠也,草曰零,木曰落。美人,谓美好之妇人,盖托词而寄意于君也。迟,晚也。此承上章,言已但知朝夕修洁,而不知岁月之不留,至此乃念草木之零落,而恐美人之迟暮,将不得及其盛年而偶之,以比臣子之心,唯恐其君之迟暮,将不得及其盛时而事之也。(《楚辞集注·离骚》)[①]

此章注释中,训诂字义方面几乎全依旧注。王逸《楚辞章句》曰"淹,久也""代,更也。序,次也""零、落,皆堕也,草曰零,木曰落"。"迟,晚也"[②],朱熹《集注》全依王逸《章句》。在对待字义训诂上,朱熹实事求是,

---

[①] (宋)朱熹:《楚辞集注》,上海古籍出版社1979年版,第4页。本文征引大量《楚辞集注》的诗句皆出自此版本,为避免烦琐,以下不一一列出页码,但在每处引文后注明具体的篇名,以便读者检核。

[②] (宋)洪兴祖:《楚辞补注》,中华书局1983年版,第6页。

并不刻意标新立异。同时此章注释中，也有与旧注不同者，"美人"，王逸曰："美人，谓怀王也。人君服饰美好，故言美人也。"朱熹《集注》曰："美人，谓美好之妇人，盖托词而寄意于君也。"王逸得其意而失其辞，其曰"美人谓怀王"，指意太迫，虽得其内涵意旨，但直谓美人即怀王，于诗句文意不通。朱注以美人为美好之妇人，释其本意，这样诗句文意通顺，然后指出美人的寓意："盖托词而寄意于君也。"于此可见朱注对旧注的扬弃态度，既不强为异说，又不苟同旧注。朱熹之所以遵依王、洪旧注，是因为王逸时代与屈子时代较近，与其他楚辞作品时代更近，所以释义也较接近当时的真实情况；而洪兴祖《补注》补王逸《章句》之未备，征引大量文献，以作释义证明，训诂态度极其严谨，洪兴祖虽为宋人，然尊尚汉学传统，故而其训诂名物多可信从。

朱注不但在训诂上遵依旧注，有时在诗句意旨上，也有取于旧注，如：

> 惟党人之偷乐兮，路幽昧以险隘。岂余身之惮殃兮，恐皇舆之败绩。
> 集注：惟，思念也。党，朋也。偷，苟且也。幽昧，不明也。险，临危也。隘，履狭也。惮，难也。殃，咎也。皇，君也。绩，功也。君车宜安行于大中至正之道，而当幽昧险隘之地，则败绩矣。故我欲谏争者，非难身之被殃咎也，但恐君国倾危，以败先王之功耳。（《楚辞集注·离骚》）

此章释文曰："君车宜安行于大中至正之道，而当幽昧险隘之地，则败绩矣。"这是依据洪兴祖《补注》，《补注》曰："皇舆宜安行于大中至正之道，而当幽昧险隘之也，则败绩矣。"[①] 朱注与洪注几乎全同；此章释文又曰："故我欲谏争者，非难身之被殃咎也，但恐君国倾危，以败先王之功耳。"此与王逸《章句》全同。

在阐发诗句意旨和义理时，朱熹《集注》中有许多地方，直接引用洪兴

---

① （宋）洪兴祖：《楚辞补注》，中华书局1983年版，第8页。

祖《补注》内容。如：

> 固时俗之工巧兮，偭规矩而改错。背绳墨以追曲兮，竞周容以为度。
> 集注：偭，背也。规，所运以为圆之筳也。矩，所拟以为方之器，今曲尺也。错，置也。绳墨，引绳弹墨以取直者，今墨斗绳是也。追，犹随也。言舍直而随曲也。竞，争也。周，合也。度，法也。言争以苟合求容，为常法也。洪曰："偭规矩而改错者，反常而妄作。背绳墨以追曲者，枉道以从时。"（《楚辞集注·离骚》）

又如：

> 依前圣以节中兮，喟凭心而历兹。济沅湘以南征兮，就重华而陈词：
> 集注：……洪曰："天下明德，皆自虞帝始，其于君臣之际详矣。屈原以世莫能察己之志，故欲就之而陈词。"如下文所云也。（《楚辞集注·离骚》）

上述两章释文最后皆直接引用洪兴祖《补注》内容。在《楚辞辩证》中，朱熹更是直接称许洪兴祖释义之确：

> 补注曰："女嬃詈原之意，盖欲其为宁武之愚，而不欲其为史鱼之直耳。非责其不为上官靳尚以徇怀王之意也。而说者谓其詈原不与众合，以承君意，误矣。"此说甚善。（《楚辞辩证》）①

朱熹非常赞同洪兴祖的释义，评价说"此说甚善"。

朱熹扬弃"旧学"，一方面是继承与吸收已有楚辞训诂成果，特别是旧注中名物训诂与字词训诂的成果；另一方面对旧注中的词章义理，也能有分析地加以吸收采纳。因此朱熹的训诂态度是扬弃的态度，并不刻意追新求异。

---

① （宋）朱熹：《楚辞集注》，上海古籍出版社1979年版，第178页。

（二）发明新知

朱熹《集注》于训诂字义方面多依旧注，但也时有发明，如：

> 女媭之婵媛兮，申申其詈予，曰鲧婞直以亡身兮，终然夭乎羽之野。
> 集注：婵媛，眷恋牵持之意。申申，舒缓貌也。（《楚辞集注·离骚》）

婵媛之释义，王逸《章句》曰："婵媛，犹牵引也。"洪兴祖无注。朱熹曰："婵媛，眷恋牵持之意。"王逸《章句》之释义，诗句意旨终觉隔阂；朱熹《集注》释义于诗句文义较为贴切。

朱熹《集注》开创新知尤在于训诂理念的创新，表现在对诗句大义阐发的强调、对注释接受者的重视等方面。朱熹《集注》在字义训诂上多采王、洪旧注，而将注释的重点放在大义的阐发上，他在《楚辞集注·目录序》中肯定王逸《章句》和洪氏《补注》在训诂名物方面的贡献，但更指出：二书在大义阐发方面，都不能"沈潜反复、嗟叹咏歌，以寻文词指意之所出"。就是说王逸和洪兴祖在大义阐发方面不能反复斟酌，逐字逐句理会，以求整章义理的至当，因而他们的注释"或以迂滞而远于性情，或以迫切而害于义理"。不能真实顺畅地表达诗句的本义。致使屈原抑郁不平之志既"不得申于当年者，又晦昧而不见白于后世"。朱熹对楚辞注本的这个现状感到不满，因而他作《楚辞集注》就特别重视大义的阐发，以伸屈原爱国之志，以白屈原忠君之心。如：

> 屈心而抑志兮，忍尤而攘诟。伏清白以死直兮，固前圣之所厚。
> 集注：抑，按也。尤，过也。攘，除也。诟，耻也。言与世已不同矣，则但可屈心而抑志，虽或见尤于人，亦当一切隐忍而不与之校，虽所遭者或有耻辱，亦当以理解遣，若攘却之而不受于怀。盖宁伏清白而死于直道，尚足为前圣之所厚，如比干谏死，而武王封其墓，孔子称其仁也。自怨灵修以下至此，五章一意，为下章回车复路起。

(《楚辞集注·离骚》)

王逸《章句》、洪兴祖《补注》皆详于字义名物训诂，对于整章文意则较少措意，致使各句不能会通，断裂隔绝，甚为疏略。朱熹《集注》则会通各句文意，串讲整章意旨，极便览者理解。朱熹《集注》先串讲章旨，然后举例论证："如比干谏死，而武王封其墓，孔子称其仁也。"朱熹《集注》谓："虽所遭者或有耻辱，亦当以理解遣，若攘却之而不受于怀。"朱熹认为屈原因自身之高洁已经与其所处的浊世不能相容，所以其志行处处受到压抑不能伸展，那么屈原应该知道这一切都是他必然要遭受的，屈原这时已不能要求俗世改变得如自己所愿，而他只能用"理"——往圣前贤所遵循的大道，来排解自己的苦闷，同时选择往圣前贤那样崇高地死去。朱熹"以理解遣"之语，显然标举出了支撑屈原安身立命的那个理想和精神支柱，这就是"理"，即古圣先贤所遵循的大道，这是王逸、洪兴祖所未言，所未能言，可见朱熹创新之处，亦见朱熹理学精神。

朱熹《集注》的创新还在于对经典接受者的重视。在注释体例、注释风格上都显示出这一特点。楚辞旧注皆孜孜于字义训诂，考证名物不厌其烦，旁征博引，多多益善，前有注，后更重之以疏，重复烦琐，凌乱冗长。这种烦琐的注疏体例，根本不便读者阅读讽诵。这种注疏体例对学术而言，可以保留大量原始文献，而且字义训诂，书证丰富，对楚辞专门研究家来说是最有价值的，但对于大多数楚辞的接受者而言是非常不便的，因为注疏繁乱不仅不能清楚地了解注释的内容，而且也影响到对楚辞正文的阅读。朱熹在训诂理念的理论高度上，重视楚辞经典的接受者，一切以接受者的方便为宗旨。在注释体例上他明确地分成三部分：校勘和注音；分隔符"○"；释义。这样注疏眉目清晰，极便读者的观览。校勘和注音以及释义皆按每字在句中的顺序依次出之，也便于读者寻绎考索。在注释风格上，以简明扼要为宗旨。旧注训诂考证广博，《集注》则力求简明。如：

启九辩与九歌兮，夏康娱以自纵。不顾难以图后兮，五子用失乎家衖。

难，乃旦反。衖，一作巷，与巷同，叶乎贡反；一作居，非是。○自此以下皆比而赋也。启，禹子也。九辩、九歌，禹乐也。言禹平治水土，以有天下，启能承先志，缵叙其业，故九州之物皆可辩数，九功之德皆有次序而可歌也。夏康，启子太康也。娱，乐也。纵，放也。图，谋也。五子，太康昆弟五人也。家衖，宫中之道，所谓永巷。太康以逸豫灭厥德，盘游无度，田于洛南，十旬弗反，有穷后羿距之于河，而五子用此亦失其家衖，言国破而家亡也。事见《尚书·大禹谟》及《五子之歌》。此为舜言之，故所言皆舜以后事也。(《楚辞集注·离骚》)

此章四句，《集注》字数187字。而王逸《章句》字数190字，洪兴祖《补注》字数多达301字，而《楚辞补注》又是补王逸注的，所以《楚辞补注》的注释文字多达491字。可见《集注》对于旧注来说是极为精简的。

反顾以游目兮，将往观乎四荒。佩缤纷其繁饰兮，芳菲菲其弥章。
缤，匹宾反。○比也。荒，远也。缤纷，盛貌。繁，众也。菲菲，犹勃勃，芳香貌也。章，明也。言虽已回车反服，而犹未能顿忘此世，故复反顾而将往观乎四方绝远之国，庶几一遇贤君，以行其道。佩服愈盛而明，志意愈修而洁也。(《楚辞集注·离骚》)

此章四句，《集注》字数80字，而王逸《章句》101字，多于《集注》字数，再加上《补注》字数127字，旧注多达228字，远远多于《集注》字数。《集注》的这种简明扼要的注释风格，并非一、二特例，而是贯穿全书的一种特点。

旧注不但内容烦冗，而且每句出注，整章文意割裂繁碎，读者读之如坠雾里。这是朱熹作注时，极力反对和避免的。他在《记解经》中更是明确指出"不可让注脚成文"，他说：

凡解释文字，不可令注脚成文。成文，则注与经各为一事，人惟看注而忘经。不然，即须各做一番理会，添却一项功夫。窃谓须只似汉儒毛、孔之流，略释训诂名物及文义理致尤难明者。而其易明处，更不须贴句相续，乃为得体。盖如此，则读者看注，即知其非为经外之文。却须将注再就经上体味，自然思虑归一，功力不分，而其玩索之味，亦益深长矣。①

注脚成文，必然使注疏篇幅增大，必然将正文淹没在烦冗的注释之中，不便于读者的阅读和使用。朱熹认为注释只须"略释训诂名物及文义理致尤难明者"，只有这样，注才与经"思虑归一，功力不分"。如果注脚成文，就会使"注与经各为一事，人惟看注而忘经"。这种简洁的训诂风格就使读者读注与读经相互为用，便于读者阅读和使用文本。虽然朱熹的这段议论是针对儒家经书的注疏而发的，却是他注疏一切古书的训诂风格，他的《诗集传》《楚辞集注》都贯穿着这种简洁的训诂体例和训诂风格。而这种简洁的训诂体例和训诂风格都是对经典的接受者高度重视的表现。

朱熹《楚辞集注》对于读者高度重视还表现在注音方面。朱熹《楚辞集注》于每章章下对诗句中的难字和韵脚字加以注音，有的注有叶音，这些注音紧接诗句出之，极便读者寻览。朱熹注音，使读者阅读诗句扫除了语音障碍，极便读者讽诵咏歌。朱熹一贯重视吟诵在经典学习中的作用，朱熹教人读书最重"反复涵泳"，他说：

读书须要涵泳，须要浃洽。……某为见此中人读书大段鲁莽，所以说读书须当涵泳，只要仔细寻绎，令胸中有得尔。②

读书之法无他，惟是笃志虚心，反复详玩，为有功耳。③

《论语》一章不过数句，易以成诵。成诵之后，反复玩味于燕闲静一之中，以须其浃洽可也。④

---

① （宋）朱熹：《记解经》，《朱文公文集》卷七四，影印文渊阁《四库全书》本。
② （宋）黎靖德：《朱子语类》，中华书局1986年版，第2790页。
③ （宋）朱熹：《答李守约》，《朱文公文集》卷五五，影印文渊阁《四库全书》本。
④ （宋）朱熹：《读书之要》，《朱文公文集》卷七四，影印文渊阁《四库全书》本。

读《诗》正在于吟咏讽诵,观其委曲折旋之意,如吾自作此诗,自然足以感发善心。①

《诗》……但须是沉潜讽诵,玩味义理,咀嚼滋味,方有所益。②

学问者:"诵诗,每篇诵得几遍?"曰:"……涵泳读取百来遍,方见得那好处。"③

朱子教人读书,一再强调"涵泳""反复玩味""吟咏讽诵""涵泳读取百来遍",这是他自己学习研究经典的亲身体验。而要"吟咏讽诵",必当先明其音读,所以朱子注《楚辞》在章下首先注出句中难字和韵脚字的读音,这样就使读者消除了读音障碍,便于读者阅读讽诵。朱熹在谈到楚辞旧注时认为王、洪等人对楚辞诗句没有能够熟读深思,寻其文词指意,指出王、洪二人对楚辞诗句大义,"未尝沈潜反复,嗟叹咏歌"。可见朱子对包括楚辞在内的经典著作,皆以为当熟读成诵为首先要务,而朱子注音就是这一思想的体现。

(三)求其本义,反对穿凿

汉唐注疏用经学方式注释解读古代典籍,常常做牵强附会的比附,如《诗经》首篇《关雎》,旧注以为寓后妃之德,这首诗现在看起来应当是爱情诗,与后妃之德根本无关,但汉代经学就是这样比附的。再如《诗经·邶风·静女》,是一首热恋的情人约会的情诗,《诗小序》曰"刺时也。卫君无道,夫人无德"④,完全扭曲了诗歌本义。这种注释解读典籍的方式,只是从政治教化的意义来理解诗歌意旨,完全不顾诗歌内容,牵强附会太甚,简直毫无道理。相对而言,朱熹能够实事求是,力求诗歌本义。如他在解释《诗经·邶风·静女》大义时说"此淫奔期会之诗也"⑤,这个解释虽然对诗歌的

---

① (宋)黎靖德:《朱子语类》,中华书局1986年版,第2086页。
② 同上书,第2086页。
③ 同上书,第2087页。
④ (唐)孔颖达:《毛诗注疏》卷三,影印文渊阁《四库全书》本。
⑤ (宋)朱熹:《诗集传》,上海古籍出版社1958年版,第26页。

道德含义评价很低，即认为是所谓"淫诗"，但在事实判断方面却是正确的，因为这首诗的确是男女情侣约会之诗，只是他认为男女之间的这种约会不合儒家道德规范，因而是"淫诗"。注释诗歌，首先要讲清的是诗歌的本义，至于它是不是讽刺了"国君无道""夫人无德"，这问题还是很值得商榷的，至少这种说法就现有的资料来看是证据不足的。

在《楚辞》旧注中以现实政治比附诗歌文意的也颇多，朱熹反对这种牵强附会的比附，他对诗歌本意都能做出实事求是的解释。如：

日月忽其不淹兮，春与秋其代序。惟草木之零落兮，恐美人之迟暮。

集注：美人，谓美好之妇人，盖托词而寄意于君也。迟，晚也。此承上章，言已但知朝夕修洁，而不知岁月之不留，至此乃念草木之零落，而恐美人之迟暮，将不得及其盛年而偶之，以比臣子之心，唯恐其君之迟暮，将不得及其盛时而事之也。（《楚辞集注·离骚》）

此章"美人"的释义，王逸曰："美人，谓怀王也。人君服饰美好，故言美人也。"王逸此说过于迫切，"美人"或可寓指"怀王"，但应先释其本义，然后才可逆测其寓意。此处之"美人"寓指屈原自己又何尝不可呢？此章本言岁月流逝，时光飞转，草木由盛而衰，美人亦随时光流转而垂垂迟暮，韶华不在。若按逸注，则感突兀，整章意脉不谐，不合文理。洪兴祖《补注》曰"屈原有以美人喻君者，'恐美人之迟暮'是也。"[①] 洪说或可成立。朱熹《集注》曰："美人，谓美好之妇人，盖托词而寄意于君也。"朱熹从文本本身去解释诗句文意，整章诗意也怡然理顺，朱熹也体味到此句的比喻意义："盖托词而寄意于君也"，"盖"为推测之词，可见朱熹的态度是特别谨慎的，不作意必之词。朱熹注释的这种先释本义，后推测引申义的释义方法，是科学的、实事求是的。

朱熹极力反对不顾诗句本义，随意比附的汉儒解经方法。他在《楚辞辩

---

① （宋）洪兴祖：《楚辞补注》，中华书局1983年版，第6页。

证》中说：

> 《离骚》以灵修、美人目君，盖托为男女之辞而寓意于君，非以是直指而名之也。灵修，言其秀慧而修饰，以妇悦夫之名也。美人，直谓美好之人，以男悦女之号也。今王逸辈乃直以指君，而又训灵修为神明远见，释美人为服饰美好，失之远矣。①

朱熹认为"灵修""美人"虽然寓意于君，但在诗句理解上仍应以本义为基础。寓意和引申只能在本义的基础上延伸。

朱熹在分析王逸旧注之失时，并不一概否定，而是指出王逸《章句》之失在于"得其意而失其辞"。即肯定王逸骚注亦能体味屈原诗歌的意旨，这是其得，但是王逸比附太过，将比喻义直接解为本义，有时或可讲通，但有时就很牵强。朱熹评价旧注"迂滞而远于性情""迫切而害于义理"就是这个道理。朱熹在《楚辞辩证》中说：

> "两美必合"，此亦托于男女而言之。注直以君臣为说，则得其意而失其辞也。下章"孰求美而释女"，亦然。至说"岂惟是其有女"，而曰：岂惟楚有忠臣，则失之远矣。其以芳草为贤君，则又有时而得之。大率前人读书，不先寻其纲领，故一出一入，得失不常，类多如此。②

"两美必合"是指《离骚》中的诗句"曰两美其必合兮，孰信修而慕之"。朱熹《集注》曰："两美，盖以男女俱美，比君臣俱贤也。"朱注先指出两美本义，谓两美为"男女俱美"，继而指出其寓意，即男女俱美，比喻君臣俱贤。朱熹批评旧注不顾诗句本身文意，直接以暗含的寓意解说章旨，这样释义是"得其意而失其辞"，而"岂惟是其有女"一句，释为"岂惟楚有忠臣"，直接以"女"指为"忠臣"，则与诗句文意更不相属。

朱熹《集注》在释义时对诗句沈潜反复，涵泳玩味，皆从诗句本身求其

---

① （宋）朱熹：《楚辞集注》，上海古籍出版社1979年版，第176页。
② 同上书，第182页。

意旨，不做牵强附会的比附，遇有诗句含有比喻意旨时，亦能揭示其内涵，但都以释其本义为基础。朱注释义得其意，亦得其辞。

（四）阐发义理，标举气节

朱熹作《集注》，亦将其理学精神熔铸其中，而他对屈原其人其文推崇有加，他借《集注》标举气节以正人心。他说：

> 窃尝论之，原之为人，其志行或过于中庸而不可以为法，然皆出于忠君爱国之诚心。原之为书，其辞旨虽或流于跌宕怪神、怨怼激发而不可以为训，然皆生于缱绻恻怛、不能自已之至意。虽其不知学于北方，以求周公、仲尼之道，而独驰骋于变风、变雅之末流，以故醇儒庄士或羞称之。然使世之放臣、屏子、怨妻、去妇，抆泪讴吟于下，而所天者幸而听之，则于彼此之间，天性民彝之善，岂不足以交有所发，而增夫三纲五典之重？（《楚辞集注·目录序》）

他认为屈原之心为"忠君爱国之诚心"，屈原著作是有"不能自已之至意"的真情之作，可以起到"增夫三纲五典之重"的儒家伦理教化作用。可见朱熹充分认识到《楚辞》一书所含有的儒家伦理价值，他通过注释《楚辞》来阐发义理、标举气节，使《楚辞》中的儒家伦理价值得到彰显。如：

> 屈心而抑志兮，忍尤而攘诟。伏清白以死直兮，固前圣之所厚。
> 集注：言与世已不同矣，则但可屈心而抑志，虽或见尤于人，亦当一切隐忍而不与之校，虽所遭者或有耻辱，亦当以理解遣，若攘却之而不受于怀。盖宁伏清白而死于直道，尚足为前圣之所厚，如比干谏死，而武王封其墓，孔子称其仁也。（《楚辞集注·离骚》）

朱熹此章注释直谓"以理解遣"，是以屈原诗句阐发其君子修养之德行，认为君子名节若遭诬蔑，应当以理来排遣之、攘除之，否则当以死殉于正直之道，这才是古圣前贤所尊尚之品德。如比干以死谏商纣王，周武王封其墓，孔子称许他的仁德。朱熹通过此注阐发义理，称许忠臣义士之所为。又如：

> 何昔日之芳草兮，今直为此萧艾也？岂其有他故兮，莫好修之害也！
> 集注：世乱俗薄，士无常守，乃小人害之，而以为莫如好修之害者，何哉？盖由君子好修，而小人嫉之，使不容于当世，故中材以下，莫不变化而从俗，则是其所以致此者，反无有如好修之为害也。东汉之亡，议者以为党锢诸贤之罪，盖反其词以深悲之，正屈原之意也。（《楚辞集注·离骚》）

朱熹此注借芳草变化为萧艾之情状，阐发君子坚持操守之行，因其遭谗遭嫉，而更显艰难，故而中材以下之人皆随俗而化，芳草而变萧艾也，从而砥砺坚持气节修养的君子。

朱熹在《楚辞集注》中标举气节，对扬雄之类的偷生苟免之徒屡致其贬词，他收录扬雄《反离骚》，是作为反面教材。他在《反离骚》小序中说："然则雄固为屈原之罪人，而此文乃《离骚》之谗贼矣。"[①] 在《反离骚》的注释中，他亦表达了自己对扬雄的批评嘲讽，如：

> 舒中情之烦或兮，恐重华之不累与。陵阳侯之素波兮，岂吾累之独见许？
> 集注：阳侯，见《九章》。言屈原欲自投江以陵素波，舜必不许之也。洪兴祖曰："吾恐重华许原之沈江而死，不许雄之投阁而生也。"斯言得之矣。（《楚辞集注·楚辞后语·反离骚》）

诗句中扬雄讥讽屈原，认为屈原投江而死必不为圣人所赞许，这是扬雄为自己偷生苟免的行为掩饰。洪兴祖鄙视扬雄为人，在《补注》中嘲讽扬雄贪生怕死的丑态，朱熹引用洪兴祖的话："吾恐重华许原之沈江而死，不许雄之投阁而生也。"这也表达了朱熹的态度，他深为赞同洪兴祖所说，他评价洪

---

① （宋）朱熹：《楚辞集注》，上海古籍出版社1979年版，第237页。

兴祖言论为"斯言得之矣"。《楚辞后语》中收录《胡笳》这篇不完全合乎儒家伦理规范的作品，其目的就是反衬扬雄品行之低劣。朱熹在《胡笳》小序中明确说："琰失身胡虏，不能死义，固无可言。然犹能知其可耻，则与扬雄《反离骚》之意又有间矣。今录此词，非恕琰也，亦以甚雄之恶云尔。"① 朱熹《集注》如此安排的用意就在于标举气节，以正人心。

在标举气节上，朱熹与洪兴祖达到共鸣，朱熹经常引用洪氏《补注》，以其评论往往代表自己心声。如：

> 时缤纷以变易兮，又何可以淹留？兰芷变而不芳兮，荃蕙化而为茅。
> 集注：补曰："上云谓幽兰其不可佩，以幽兰之别于艾也；谓申椒其不芳，以申椒之别于粪壤也。今曰兰芷不芳、荃蕙为茅，则更与之俱化矣。当是时也，守死而不变者，楚国一人而已，屈子是也。"（《楚辞集注·离骚》）

此章诗意为屈子感叹时代变易，众人变节，如昔之香草化为今之臭物："兰芷不芳、荃蕙为茅"，洪注得其意旨，并联系上章"幽兰不可佩""申椒其不芳"与此章意旨相互发明，申说此章意旨。朱熹全引洪注，未另置词。特别洪氏"当是时也，守死不变者，楚国一人而已，屈子是也"一语，最足代表朱子心声。

朱熹《集注》，阐发义理，标举气节，在朱子而言，亦希望借此有补于治道。朱熹说："若是字字而求，句句而论，不于身心上著切体认，则又无所益。"② 又说："只是讲明义理以淑人心，使世间识义理之人多，则何患政治之不举耶！"③ 可见朱子之用心于儒家伦理体系的建构，并希望从人心正气这个根本上巩固当时的封建统治基础。

---

① （宋）朱熹：《楚辞集注》，上海古籍出版社1979年版，第255页。
② （宋）黎靖德：《朱子语类》，中华书局1986年版，第435页。
③ 同上书，第237页。

三 《楚辞集注》的训诂影响

朱熹《楚辞集注》的训诂代表了楚辞宋学的最高成就，《集注》训诂字义简洁明了，阐释章旨，要言不烦，力矫汉、唐旧注繁碎冗长之弊。郭在贻说：

> 如果说，读六朝、唐人义疏之类的旧注，有堕五里雾中之感，那么读朱熹所著书，便如坐光风霁月之中，有心旷神怡之概。这不能不说是宋学的优异之处。①

朱注《楚辞》确有文从字顺、明白晓畅的优长。朱熹《楚辞集注》的训诂一方面遵依汉、唐旧注的训诂成果，一方面发掘诗句蕴含的情感，一方面阐发理学精神，故而《集注》是融科学性、艺术性、思想性为一体的训诂佳作。正是由于朱熹《集注》的巨大成就，使他成为楚辞学史上与王逸《楚辞章句》、洪兴祖《楚辞补注》齐名的三大楚辞注本，其训诂思想、训诂方法、注释风格、训诂成就影响于后世者至巨：

《集注》一出，时人即有评论。宋楼钥称赞"晦翁集注尤详明"，其诗曰：

> 平时感叹屈灵均！《离骚》三诵涕欲零。向来传注赖王逸，尚以舛陋遭讥评。河东《天对》最杰作，释问多本《山海经》。练塘后出号详备，晦翁集注尤精明。比逢善本穷日诵，章分句析无遁情。②

楼钥诗中评论历代楚辞注本，以为朱熹《楚辞集注》尤为详明，赞赏朱熹对楚辞反复吟诵，比勘各楚辞善本，训诂解析无不谨慎精勤。

后代对朱熹《楚辞集注》的训诂得失也多有评论，如明人方承章评论曰：

---

① 郭在贻：《训诂学》，《郭在贻文集》第一卷，中华书局2002年版，第581页。
② （宋）楼钥：《攻媿集》卷六，上海书店1989年版四部丛刊本。

> 叔师句解，似太离析。元晦韵分，旨稍可寻。①

朱熹作《集注》以章为单位进行诂释，这样就克服了王逸《章句》作注时"句为之释"的烦冗重复之弊。方承章指出了《集注》按韵分章释义的方法，对比了《楚辞章句》与《楚辞集注》在这方面的优劣。

后代楚辞注释之作，大多参考朱注，将他与王逸、洪兴祖并列，即便反对朱注者，也把朱注作为参照对象。而以朱注为主，然后疏通证明者，几乎成为后代注骚者的一个主流，可见朱熹《集注》对后代的影响。如明代来钦之作《楚辞述注》即以朱注为主，清来逢春为此书所作《后序》曰：

> 屈原具可大用之才，而见沮于子兰上官之徒。此离骚二十五篇之所由作也。朱晦翁生当宋之中叶，因于大奸，亦有可大用之才，而不得盛其发施。其事亦差与原类。故合诸贤之注而统集其成。迄今学士家咸奉朱子集注，此即屈原之所作之之意也。吾宗圣源，博学宏才，其所疏注，自经及史，率皆千古盛业。可以大用，而尚不遇于时。故读屈原之词，取晦翁之注，而少加衷益。书始大定，而曰述注云者，其亦同屈原晦翁两人有大悲慨也夫！有大悲慨也夫！崇祯戊寅月嘉平。②

来氏说"迄今学士家咸奉朱子集注"，可见朱熹《楚辞集注》在当时学术界的主流地位。《后序》又说：《楚辞述注》是"取晦翁之注，而少加衷益"的著作，可见该书是以朱注为主，然后加以补益。

又如清人钱澄之《屈诂》，此书"先列朱熹集注，次标'诂曰'者，盖又演绎朱注之义也"。③《四库全书总目提要》谓此书："以朱子集注为主，而以己意论断于后。"④ 澄之《自引》曰：

---

① 崔富章：《楚辞书目五种续编》，上海古籍出版社1993年版，第83页。
② 姜亮夫：《楚辞书目五种》，上海古籍出版社1993年版，第78页。
③ 同上书，第93页。
④ （清）纪昀：《四库全书总目提要》，中华书局1965年版，第1139页。

> 紫阳朱子，遭伪学之禁，读其词有所谓"往者余弗及，来者吾不闻"，慨焉悲之，乃取王氏及洪、晁之书，为之删定，以成集注。集注之善，在遵王逸之章句，逐句解释，不为通篇贯串，以失于牵强也。……故因朱子之集注，更加详绎，不立意见，但事诂释。①

可见《屈诂》的成书完全是对《楚辞集注》的训诂注释。遵依朱子集注者，还有清吴世尚《楚辞疏》，其叙目曰：

> 右楚辞八卷，其去取皆遵朱子所论定。其篇次唯六七两卷今从林说，略一移置，非敢背朱也。理有可通，谅亦朱子之所不深罪者也。夫朱子之于屈原，论之审矣。……噫！原之所以千古，骚之所以千古，朱子之论尽之矣！②

在叙目中，吴世尚高度评价朱熹《楚辞集注》的思想成就，而在训诂中也完全遵依朱子所论定。

后代注骚之作或以朱熹《集注》所定次序为标准，如明陆时雍《楚辞榷》即如此，金兆清为此书写的条例曰：

> 楚辞次序无定，今从朱晦翁本。……朱晦翁句解字释，大便后学。然骚人用意幽深，寄情微眇，觉朱注于训诂有余，而发明未足。③

或以朱熹所定训诂体例为标准，如清张诗《屈子贯》，张诗自序曰：

> 因取王氏、洪氏、考亭夫子之集注，损益去取，参以己见，联缀其词，以贯穿其意而已。④

《屈子贯》凡例曰：

---

① 姜亮夫：《楚辞书目五种》，上海古籍出版社 1993 年版，第 94 页。
② 同上书，第 158 页。
③ 崔富章：《楚辞书目五种续编》，上海古籍出版社 1993 年版，第 115 页。
④ 姜亮夫：《楚辞书目五种》，上海古籍出版社 1993 年版，第 133 页。

> 从来注楚辞者甚多，苦未有联络其神气者。即考亭夫子，亦仅详于物类音释，与其意之大都耳。予不揣，依考亭诗经圈下注法，使其神气联络而已。
>
> 叶韵十九依考亭。至其中奇难字，惟于不经见者音切，余亦从略。①

据此可见知，《屈子贯》的训诂体例是依朱熹《诗集传》"圈下作注法"，而朱熹《楚辞集注》训诂体例亦是此法；朱熹《楚辞集注》的注音采用叶韵法，张诗几乎全依朱注，所谓"叶韵十九依考亭"。

或以朱熹注释风格为高妙，如清曹同春在《楚辞约注序》中说：

> 朱晦翁论诗，要在吟咏讽诵，以观其委曲折旋之意。故其为注也，于诗之本文，略增数字，令人反复以求其意，初未尝多为之说也。其注楚辞也亦然。释名物辨兴比，明其大旨而已。岂非欲人讽诵而自得其性情哉。性情既得，则其词有不足言者。苟徒拟其词，而于性情顾失之，则辞愈工而与古人相去愈远，无惑乎其莫之能继也……独取王逸、朱晦翁、黄坤五三子之书，删其繁芜，去其穿穴，依文立解，使观者一览而其意晓然。②

曹氏分析朱熹注书风格，认为朱熹论诗注骚皆简明扼要，其苦心在于"欲人讽诵而自得其性情哉。性情既得，则其词有不足言者"。曹氏此说深得朱熹注书之三昧。而高秋月、黄同春在作《楚辞约注》时，独取王逸、朱熹、黄文焕三子之书，在此基础上，删繁就简，依文立解。

朱熹《楚辞集注》在训诂思想、训诂体例、训诂方法、阐释风格等诸多方面对后代楚辞注释著作影响巨大。

---

① 姜亮夫：《楚辞书目五种》，上海古籍出版社1993年版，第135页。
② 同上书，第131—132页。

思想发微

太和"浮华"案再探讨

王 勇[*]

关于曹魏太和"浮华"问题,前贤时哲多有关注,其中具有代表性的说法有两种。其一是贺昌群先生的看法,他认为"浮华一词,本汉人常语,魏晋之际,实指清谈而言"。[①]周一良则持另一种看法,"所谓浮华,非指生活上之浮华奢靡,而是从政治着眼,以才能互相标榜,结为朋党,标举名号如'四窗'、'八达'之类以自夸"。[②]二人分别从思想、政治两个维度来理解,对解决这一问题颇有启发,然而他们的观点都存在一定的问题。

周一良以结党来论"浮华",乃是受陈寅恪先生政治集团分析范式的影响,从曹马之争的结果出发,通过倒推来解释历史进程,王伊同关于这一问题的解释其实也是沿着这一思路。这一思路实际上存在观念先行的危险,其主要证据也并不充分。贺昌群的观察点侧重在思想上,他指出当时"合党连群,互相褒叹"等社会风气的存在,但将原因归为清谈的新思想盛行。青木正儿与王晓毅先生都将太和"浮华"与正始玄学关联在一起,基本与贺氏的思路相近。贺氏的说法固有卓见,然而缺陷在于忽视了"浮华"的对立面,即魏明帝本身的思想,以致论析不够深入。近年来有些学者对这一问题又提

---

[*] 作者单位:安徽大学文学院。
[①] 贺昌群:《魏晋清谈思想初论》,商务印书馆2011年版,第36页。
[②] 周一良:《魏晋南北朝史札记》,中华书局2010年版,第35页。

出了新的看法,① 但仍有进一步检讨的必要。

一 "浮华"案的发生及其过程

首先宜对"浮华"的性质加以考察。《三国志》卷九《曹爽传》载:

> 南阳何晏、邓飏、李胜、沛国丁谧、东平毕轨咸有声名,进趣于时,明帝以其浮华,皆抑黜之。②

裴注引《世语》载:

> 是时,当世俊士散骑常侍夏侯玄、尚书诸葛诞、邓飏之徒,共相题表,以玄、畴四人为四聪,诞、备八人为八达,中书监刘放子熙、孙资子密、吏部尚书卫臻子烈三人,咸不及比,以父居势位,容之为三豫,凡十五人。帝以构长浮华,免官废黜。③

《三国志》卷二八《诸葛诞传》:

> (诸葛诞)与夏侯玄、邓飏等相善,收名朝廷,京都翕然。④

《三国志》卷二二《卢毓传》:

> 前此诸葛诞、邓飏等驰名誉,有四聪八达之诮,帝疾之。⑤

《三国志》卷四《董昭传》载:

---

① 刘蓉认为此案乃明帝忌惮朋党的隐患,针对的是曹植的政治势力,孔毅认为曹叡罢退"浮华"之辈是打击思想上的异己。参见刘蓉《析魏明帝禁浮华》,《北京师范大学学报》2004 年第 5 期;孔毅《论曹魏之黜抑"浮华"》,《许昌师专学报》2000 年第 1 期。
② 陈寿撰,裴松之注:《三国志》卷九,中华书局 2010 年版,第 283 页。
③ 陈寿撰,裴松之注:《三国志》卷二八,第 769 页。
④ 同上。
⑤ 陈寿撰,裴松之注:《三国志》卷二二,第 651 页。

思想发微　　　　　　　　　　　　　　　　　　　　　　　　　　太和"浮华"案再探讨

窃见当今年少，不复以学问为本，专更以交游为业；国士不以孝悌清修为首，乃以趋势游利为先。合党连群，互相褒叹，以毁誉为罚戮，用党誉为爵赏，附己者则叹之盈言，不附者则为作瑕衅。至乃相谓"今世何忧不度邪，但求人道不勤，罗之不博耳；又何患其不知己矣，但当吞之以药而柔调耳"。又闻或有使奴客名作在职家人，冒之出入，往来禁奥，交通书疏，有所探问。凡此诸事，皆法之所不取，刑之所不赦，虽讽、伟之罪，无以加也。①

从裴注所引郭颁《世语》来看，当时"浮华"案牵涉较广，关于主要人物的记载有两则材料。《世语》所载凡十五人，包括夏侯玄、诸葛诞、邓飏、刘熙、孙密及卫烈等，这些人被呼为"四聪八达三豫"。陈寿《三国志·曹爽传》提到的是何晏、邓飏、李胜、丁谧、毕轨等人。何晏、夏侯玄、诸葛诞等人"相善"，"咸有声名"，并以交游为业，"互相题表"，获得了"四聪八达"的称号，以致"收名朝廷，京都翕然"。这与汉末太学"曳长裾，飞声誉"的"浮华"之风是相似的，是以朝臣批评他们"修浮华，合虚誉"。② 明帝所推重的乃是汉代名教之治，《三国志》卷二二《卢毓传》注引《魏略》云：

前此诸葛诞、邓飏等驰名誉，有四（窗）八达之诮，帝疾之。时举中书郎，诏曰："得其人与否，在卢生耳。选举莫取有名，名如画地作饼，不可啖也。"毓对曰："名不足以致异人，而可以得常士。常士畏教慕善，然后有名，非所当疾也。愚臣既不足以识异人，又主者正以循名案常为职，但当有以验其后。故古者敷奏以言，明试以功。今考绩之法废，而以毁誉相进退，故真伪浑杂，虚实相蒙。"帝纳其言，即诏作考课法。③

---

① 陈寿撰，裴松之注：《三国志》卷一四，第442页。
② 陈寿撰，裴松之注：《三国志》卷二八，第769页。
③ 陈寿撰，裴松之注：《三国志》卷二二，第651—652页。

卢毓所谓的"常士畏教慕善"正合于明帝，他要选用的正是符合名教的士，我们从他对管宁的征召以及青龙四年的选举诏书也可以看出这点。明帝所欲褒奖的正是"畏教慕善"的经明行修之辈，而何晏、夏侯玄、诸葛诞及邓飏诸人的交游标榜正与明帝所提倡的士风背道而驰，这在明帝看来就是"浮华不务道本"，①故而明帝对诸人加以抑黜。②董昭上疏批评他们"以毁誉为罚戮，用党誉为爵赏，附己者则叹之盈言，不附者则为作瑕衅"，加之诸人使其家奴、门客"交通书疏，有所探问"，这与汉末党人以清议干扰政府选举的做法并无二致，所以才有《卢毓传》中"帝疾之"的记载。

要而言之，何晏诸人被明帝以"浮华"抑黜其原因有两个：一是因其交游标榜、互相品题的作风与明帝尊儒崇经的理念相悖，他们在思想学术上存在冲突，故为明帝所不喜（这一问题下文将详细论述）；二是因其使家奴门客冒名出入禁地，交通书信，探问朝廷信息，为明帝忌惮。"浮华"案不能简单归结为政治原因，如果仔细研读史料梳理其发生的过程则不难发现政治斗争说存在的漏洞。

《三国志》卷二八《诸葛诞传》载：

> 言事者以诞、飏等修浮华，合虚誉，渐不可长。明帝恶之，免诞官。③

《三国志》卷二八注引《魏略》言：

> （邓飏）与李胜等为浮华友。及在中书，浮华事发，被斥出。④

胜少游京师，雅有才智，与曹爽善。明帝禁浮华，而人白胜堂有四窗八达，各有主名。用是被收，以其所连者多，故得原，禁锢数岁。帝崩，曹爽

---

① 陈寿撰，裴松之注：《三国志》卷三，第97页。
② 陈寿撰，裴松之注：《三国志》卷二八，第769页。
③ 同上。
④ 陈寿撰，裴松之注：《三国志》卷九，第288页。

辅政，胜为洛阳令。①

《三国志》卷一四《董昭传》云：

> 昭上疏陈末流之弊……帝于是发切诏，斥免诸葛诞、邓飏等。②

从《魏略》的记载来看，"四聪八达"被罢黜乃是在明帝颁诏禁"浮华"之后，且诸人受到了朝臣的检举，最后董昭的奏疏成为明帝废黜这些人的催化剂。至此"浮华"案的发生可以简单概括为三个阶段：首先明帝颁诏罢退"浮华不务道本者"，然后言事者检举"四聪八达""修浮华，合虚誉"，董昭随之上疏"陈末流之弊"，最后明帝恶其浮华废黜诸人。王伊同先生以为"浮华"案始于董昭，因为董昭是司马氏党羽，故而他发动对何晏、夏侯玄等人的罢黜行动。从以上的论述我们可以看到王先生"曹马之争"说的依据是不牢固的，因为从目前的材料看，整个事件发生在明帝颁诏禁"浮华"之后，其根本的原因即在于诸人不合于曹叡的思想，而董昭也只是在诸人的废黜上起了催化剂的作用，这就是太和"浮华"案的大致过程。

在梳理清楚"浮华"案发生过程后，还有个小问题需要略作补充。"浮华"案发生于太和六年，③ 但是年九月景福殿落成，何晏受明帝之命作《景福殿赋》。次年明帝改年号为青龙，毕轨为并州刺史，出军与鲜卑轲比能部作战，二人似仍在朝，如何解释？王晓毅先生据此认为不能排除此案发生在青龙年间的可能，但我认为这是对明帝处置诸人方式的误解。《曹爽传》明确说道"明帝以其浮华，皆抑黜之"，④ 也就是说明帝对诸人的处理采取了"抑"与"黜"两种手段。《三国志·董昭传》言明帝"斥免诸葛诞、邓飏等"，⑤

---

① 陈寿撰，裴松之注：《三国志》卷九，第290页。《魏略》"四窗八达"那是"四聪八达"之讹，"窗"与"聪"形讹。
② 陈寿撰，裴松之注：《三国志》卷一四，第442页。
③ 陈寿撰，裴松之注：《三国志》将此事系于太和六年，而《资治通鉴》则系之于太和四年"罢退浮华"诏的颁发后，就其时间而言《三国志》所载为是，王晓毅先生已经进行详细辨析，请参考王晓毅《论曹魏太和"浮华"案》，《史学月刊》1996年第2期。
④ 陈寿撰，裴松之注：《三国志》卷九，第283页。
⑤ 陈寿撰，裴松之注：《三国志》卷一四，第442页

在现有史料明言明帝废黜者也不见何晏、毕轨，二人皆为帝室亲戚，可以推测明帝很可能只是予以抑制而非废黜。

二　魏明帝的政治措施及其思想

关于魏明帝，史书称他"好学多识"，① 这是没有问题的。但《魏书》说他"特留意于法理"，② 我以为并不能据此认定他与曹操一样是法家。曹叡年少时很得曹操的喜爱，《三国志》本传言"太祖爱之，常令在左右"，③ 曹叡很可能只是为博得祖父的好感而对法家表现出兴趣，是以史书称其"特留意"，就指出了他有意地留心法家思想。事实上，从曹叡的教育经历及其本人的言行，我们不难发现浓厚的儒学痕迹。《三国志》卷二《文帝纪》注引《魏略》曰：

> 以侍中郑称为武德侯傅……令曰"称笃学大儒，勉以经学辅侯，宜旦夕入侍，曜明其志"。④

曹叡本人受到良好的儒学教育，曹丕曾令大儒郑称以经学教授曹叡，曹叡本人也十分重视经学的传授，在即位后诏令"科郎吏高才解经义者十人，从光禄勋隆、散骑常侍林、博士静，分受四经三礼"。在选举问题上，曹叡是以"通经"为首要标准。他十分重视经学的传授，在选举中也体现出了他对经学的一贯重视，在太和二年与太和四年他分别两次下诏言选举之事：

> 尊儒贵学，王教之本也。自顷儒官或非其人，将何以宣明圣道？其高选博士，才任侍中常侍者。申敕郡国，贡士以经学为先。⑤

---

① 陈寿撰，裴松之注：《三国志》卷三《明帝纪》，第91页。
② 同上。
③ 同上。
④ 陈寿撰，裴松之注：《三国志》卷二《文帝纪》，第59页。
⑤ 陈寿撰，裴松之注：《三国志》卷三《明帝纪》，第94页。

其郎吏学通一经，才任牧民，博士课试，擢其高第者，亟用。①

自曹操求才令以来，如此旗帜鲜明地提出以儒学取士的当属曹叡。"尊儒贵学"可以说是曹叡思想的核心观念，曹叡主张选举"莫取有名"，须以儒学修养为条件，这与汉代以"经明行修"为标准的取士制度是相通的。在第一道诏书中曹叡明确指出尊儒学贵经学乃是王道教化的根本，故而他采取了两个措施：一方面仿效汉武帝准许博士上升，充任侍中、常侍，提高儒生的政治地位；另一方面申敕郡国优先推荐通经者。第二道诏书针对的是中央政府的用人问题，曹叡认为汉末丧乱以来存在经学废绝的现状，导致后生晋身并不通过经学，他认为这是由于朝廷选拔用事之人并不以"德"显世，是以他要从正反两方面解决这一问题，首先在中央郎官中选拔能通经致用者以及博士课试中优异者立即任用，在正面起引导作用，同时对浮华交会不务经学者予以罢退，对反面予以警戒。曹叡这两道诏书对中央政府及地方政府的人才选举都提出了新标准，我们可以看到这与曹操、曹丕时代的选举是有着明显差别的。曹操用人"唯才是举"，曹丕选士犹以"儒通经术"与"吏达文法"并用，实为儒法并行，观曹叡选举诏已是全以儒学为本。

在太和四年春二月魏明帝再次下诏：

世之质文，随教而变。兵乱以来，经学废绝，后生进趣，不由典谟。岂训导未洽，将进用者不以德显乎？其郎吏学通一经，才任牧民，博士课试，擢其高第者，亟用；其浮华不务道本者，皆罢退之。②

魏明帝曹叡认为世道的文与质随着教化而变动，汉末兵乱以来经学废绝，以致进取选拔之人不能以德行显著于世。是故，他主张亟用通经的郎官与才高的博士，而罢退"浮华不务道本者"。曹叡的意见就其内容而言又回到了东汉名教以"经明行修"为选举标准这一点上。

---

① 陈寿撰，裴松之注：《三国志》卷三《明帝纪》，第97页。
② 同上。

曹叡关于选举的意见得到了朝臣的回应，此诏书颁布两年后董昭上疏，斥责当时的社会风气。董昭的指责实际是明帝"不务道本"的注脚。董昭上疏言"伏惟前后圣诏，深疾浮伪，欲以破散邪党，常用切齿"，① 可见他的上疏乃是正面呼应曹叡的禁"浮华"诏。董昭在上疏中批评道：

> 窃见当今年少，不复以学问为本，专更以交游为业；国士不以孝悌清修为首，乃以趋势游利为先。合党连群，互相褒叹，以毁訾为罚戮，用党誉为爵赏，附己者则叹之盈言，不附者则为作瑕衅。②

在董昭看来，夏侯玄、诸葛诞等人并不以学问德行为本，而是专注交游标榜，以至于引起社会的"浮华"之风，故而他主张要严处诸人。此外，刘靖的意见也与曹叡相同：

> 明制黜陟荣辱之路；其经明行修者，则进之以崇德；荒教废业者，则退之以惩恶；举善而教不能则劝，浮华交游，不禁自息矣。③

刘靖的言论与曹叡高度契合，在选举上仍然秉持东汉"经明行修"的旧标准，以此来矫正"浮华交游"的时俗，以此标准来衡量，何晏等人当然不符合。

此外，在曹魏礼制建设特别是改正朔的问题上，我们能够清晰地看到曹叡受到汉儒的影响。《三国志·明帝纪》注引《魏略》载：

> 初，文皇帝即位，以受禅于汉，因循汉正朔弗改。帝在东宫著论，以为五帝三王虽同气共祖，礼不相袭，正朔自宜改变，以明受命之运。及即位，优游者久之，史官复著言宜改，乃诏三公、特进、九卿、中郎将、大夫、博士、议郎、千石、六百石博议，议者或不同。帝据古典，

---

① 陈寿撰，裴松之注：《三国志》卷一四《董昭传》，第442页。
② 同上。
③ 陈寿撰，裴松之注：《三国志》卷一五，第464页。

甲子诏曰："……其改青龙五年三月为景初元年四月。"①

《宋书》卷一四《礼志》载：

> 明帝即位，便有改正朔之意，朝议多异同，故持疑不决。久乃下诏曰："黄初以来，诸儒共论正朔，或以改之为宜，或以不改为是，意取驳异，于今未决。朕在东宫时闻之，意常以为夫子作《春秋》，通三统，为后王法。正朔各从色，不同因袭。自五帝、三王以下，或夫子相继，同体异德；或纳大麓，受终文祖；或从干戈，从天行诛。虽遭遇异时，步骤不同，然未有不改正朔，用服色，表明文物，以章受命之符也。由此言之，何必以不改为是邪。"②

从以上两则材料，我们知道曹叡即位之初改正朔的意图乃是从他做太子时就有的。再者，明帝改正朔依据的乃是汉儒学说。《魏书》言"帝据古典"，此"古典"与桓阶等人劝谏曹丕所说的"古典先代"意义相同，③ 指的是儒家经典的记载。他自言"意常以为夫子作《春秋》，通三统，为后王法"，今文经学认为《春秋》为孔子作，董仲舒《春秋繁露》以为三代改制旨在"昭五端，通三统"及"大一统"，④ 可见明帝对《春秋》的认识承袭了汉儒的看法。

明帝以儒家思想为治国方略，选拔儒士实行礼治，试图恢复汉代的名教之治。但此时的儒学并不可能像明清那样成为思想界的绝对主宰，而仅仅只是曹魏政权认可的官方意识形态。在曹叡努力恢复儒学统治地位的同时，汉末以来的形名学也在逐渐蜕变。太和年间一批生于建安时期的青年逐渐崭露头角，他们交游标榜，互相品题，声动京师，他们的言行立身与明帝曹叡秉持的儒学理念迥然有别。

---

① 陈寿撰，裴松之注：《三国志》卷三《明帝纪》，第108页。
② 沈约：《宋书》卷一四，中华书局2003年版，第328—329页。
③ 同上书，第328页。
④ 苏舆：《春秋繁露义证》卷七，中华书局1992年版，第199页。

三 汉魏学术分野与"浮华"之辈的学术旨趣

汉末士人交游往往有助于声名的获取,直到曹魏时期仍如此,从李丰一例便可看到这点。《三国志》卷九裴注引《魏略》曰:

> 黄初中,以父任召随军。始为白衣时,年十七八,在邺下名为清白,识别人物,海内翕然,莫不注意。后随军在许昌,声称日隆。其父不原其然,遂令闭门,敕使断客。①

李丰在邺下因品鉴人物而有清名,随军至许昌时声望更隆,其父不愿如此,便令其闭门断客,由此可知李丰声望在许昌的扩大与他交游有关。明帝时九品官人法已经开始实行,良好的声誉在个人品第以及仕途晋升都颇有助益,当时何晏、夏侯玄等人的交游也是希望获取声名。但我们注意到何晏、夏侯玄等人虽与东汉"浮华"之风有近似之处,但实际上二者存在实质的差异。东汉"浮华"一个重要的表现即清议,清议主要的内容是品鉴人物与议论时政,太和年间的"浮华"已经不仅仅是清议了,《三国志》卷〇《荀彧传》注引何劭《荀粲别传》曰:

> 太和初,到京邑与傅嘏谈……顷之,粲与嘏善。夏侯玄亦亲。②

太和初年荀粲入京进入了当时京师核心的交游圈,与当时颇具盛名的傅嘏、夏侯玄相善。《世说新语》云"何晏、邓飏、夏侯玄并求傅嘏交,而嘏终不许。诸人乃因荀粲说合之",③ 由此来看荀粲与何晏、邓飏等人也是相与友善。这一青年群体与魏明帝尊儒重经的理念是相背离的,其学术思想已经远不同于汉儒。

---

① 陈寿撰,裴松之注:《三国志》卷九,第301页。
② 陈寿撰,裴松之注:《三国志》卷一〇,第320页。
③ 刘义庆著,刘孝标注,余嘉锡笺疏:《世说新语笺疏》,中华书局2009年版,第456页。

太和年间何晏等人的学术思想究竟如何，不妨做一番简单的考察。太和六年景福殿建成，何晏作《景福殿赋》云"是以六合元亨，九有雍熙。家怀克让之风，人咏康哉之诗。莫不优游以自得，故淡泊而无所思。历列辟而论功，无今日之至治。彼吴蜀之湮灭，固可翘足而待之。然而圣上犹孜孜靡忒，求天下之所以自悟。招中正之士，开公直之路。想周公之昔戒，慕咎繇之典谟。除无用之官，省生事之故。绝流遁之繁礼，反民情于太素"。① 余敦康先生就说"这就是后来玄学家所服膺的名教本于自然思想的最早表述"。② 此时的何晏已经初步显示出崇尚老庄的痕迹。而其余诸人的学术旨趣也已与两汉迥异。

诸人之中颇可代表这一群体思想倾向的是傅嘏与荀粲。《三国志》裴注引何劭《荀粲别传》曰：

> 嘏善名理而粲尚玄远，宗致虽同，仓卒时或有格而不相得意。裴徽通彼我之怀，为二家骑驿，顷之，粲与嘏善。夏侯玄亦亲。③

《世说新语·文学》云：

> 傅嘏善言虚胜，荀粲谈尚玄远。每至共语，有争而不相喻。裴冀州释两家之义，通彼我之怀，常使两情皆得，彼此俱畅。④

傅嘏擅长名理之学，名理学以讨论名实问题为核心，循名责实是其基本原则。此时的清谈已经渐渐脱离具体的人事而趋于抽象的理论，⑤ 这就是所谓"傅嘏善言虚胜"。荀粲崇尚玄远，也就是说荀粲的谈论远离具体之事物，他与傅嘏在根本上是相通的，所以说傅嘏与荀粲"宗致虽同"。裴徽能够"释两家之义，通彼我之怀"，这也说明他的思想与二人是共通的。《三国志·方技

---

① 严可均：《全三国文》卷三九，商务印书馆2006年版，第405页。
② 余敦康：《何晏王弼玄学新探》，齐鲁书社1991年版，第90页。
③ 陈寿撰，裴松之注：《三国志》卷一〇，第320页。
④ 刘义庆著，刘孝标注，余嘉锡笺疏：《世说新语笺疏》，第236页。
⑤ 汤用彤：《魏晋玄学论稿》，生活·读书·新知三联书店2009年版，第13页。

传》注引《管辂别传》云"冀州裴使君才理清明,能释玄虚,每论《易》及老、庄之道,未尝不注精于严、瞿之徒也"。① 又云裴徽"数与平叔共说《老子》《庄子》及《易》,常觉其辞妙于理,不能折之"。② 由此可见裴徽之思想也是近于名理而兼习老庄。刘勰称"傅嘏王粲校练名理",《三国志》本传载"嘏常论才性同异,锺会集而论之"。③ 才性问题就是名理学的一个论题,其基本的思路就是以本末体用来解释二者关系。裴注引《傅子》曰:

  嘏既达治好正,而有清理识要,好论才性,原本精微,鲜能及之。司隶校尉锺会年甚少,嘏以明智交会。④

傅嘏与钟会二人相善,他们对才性问题的意见也颇相近,"会论才性同异,传于世。四本者:言才性同,才性异,才性合,才性离也。尚书傅嘏论同,中书令李丰论异,侍郎钟会论合,屯骑校尉王广论离"。⑤ 陈寅恪虽指出才性论有关曹马之争,但是才性问题首先是一个是魏晋玄学的理论命题。《三国志》载"会尝论《易》无互体、才性同异。及会死后,于会家得书二十篇,名曰《道论》,而实刑名家也"。⑥ 钟会之尚刑名学由此可知。从傅嘏、钟会来看他们的学术趣味已经远不同于汉代学术。

四 结语

曹魏明帝太和年间,曹叡以"浮华"之名抑黜何晏、夏侯玄、诸葛诞等人,表面上看起来似乎为政治事件,然而究其根源却是曹叡与诸人在思想上的分歧。明帝曹叡的思想近于汉儒,而当时的朝臣如董昭、刘靖也与明帝思

---

① 陈寿撰,裴松之注:《三国志》卷二九,第819页。
② 同上书,第821页。
③ 陈寿撰,裴松之注:《三国志》卷二一,第627页。
④ 同上书,第628页。
⑤ 刘义庆著,刘孝标注,余嘉锡笺疏:《世说新语笺疏》,第230页。
⑥ 陈寿撰,裴松之注:《三国志》卷二八,第795页。

想一致，甚至当时太学学风也是如此。鱼豢《魏略》言太和与青龙年间太学之中为学"不念统其大义，而问字指墨法点注之间"。[①]"不念统其大义"针对的是汉儒治学的弊病，不讲求义理，而专注于"字指墨法点注之间"，以琐碎的章句疏解代替贯通的经义求索，纠缠于现象层面。

何晏、诸葛诞、夏侯玄等人其学术的旨趣与"浮华"之辈相去不可谓不远。"浮华"诸人与明帝之间的学术、思想存在显著的对立，而这正是汉儒学风与曹魏新思潮之间的冲突，有此思想的差异才导致明帝以"浮华"为名罢黜何晏、诸葛诞、夏侯玄等人。这些青年在曹叡去世后的正始年间左右了朝政，成了正始年间思想文化的领导者，也正是他们完成了汉魏思想的转折与蜕变。太和"浮华"案发生的时间正在建安与正始之间，这正是儒学倾颓、玄学继起的时段，明帝对何晏、夏侯玄为核心的群体作出的处置可以视作汉儒旧学与魏晋新学对立的表征。

[①] 陈寿撰，裴松之注：《三国志》卷一三《王朗传》，第420页。

中国人思维的独特性与《昭明文选》的贵族性

陈延嘉[*]

一 中国人思维的独特性

明确中国人特别是中国古人的思维特点的独特性，是认识中国古代文化的前提，学习、研究《昭明文选》（简称《文选》）也不例外。换言之，不能先用外国的和现代人的思维来认识《文选》。而后，再用外国的和现代人的思维来分析、评价《文选》。如果相反，先用现代人的思维来认识《文选》，先用外国的理论往《文选》上生搬硬套，就不能正确理解和评价《文选》的诗文和文选学中的问题。这并不是复古，不是排斥现代人的思维和外国的理论，恰恰相反，这是尊重国情，尊重历史。

为什么必须坚持这个认识的先后次序呢？因为中国古代文化是中国古人的思想成果；外国人的思维特点与中国古人不同。具体说到《文选》，它是萧统的思想成果，其中的诗文是从先秦至梁代作者的思想成果，体现了我们中华民族的思维特点。这都是常识，似乎是些废话。但《文选》学习和研究中出现的诸多问题，恰恰是违反了这个次序，证明坚持这个认识次序的必要性。

---

[*] 作者单位：长春师范大学《昭明文选》研究所。

那么，什么是中国人特别是古人的思维特点呢？一个词：整体性。有些人（包括笔者）对中国人思维特点的认识并不深刻，也不全面。笔者阅读钱穆先生的大作《晚学盲言》，深受启发，故郑重介绍以共勉。

钱氏是可以真正称为大师的人。他中国文化功底深厚，著作等身；周游世界，考察各国文化，故融通古今中外。在晚年目盲之后，把一生的思索总结而成《晚学盲言》。巨著的开篇《宇宙天地自然之部》论述的第一个问题就是《整体与部分》，可见对此问题之重视，应是全书的纲领。论述之言洋洋洒洒，近16000字，这里只能举其要。

钱氏第一句就说："有整体有部分。但应先有了整体，才始有部分。并不是先有了部分，乃始合成为整体。如先有了天，乃始有春夏秋冬，非是先有了春夏秋冬，乃始合成一天。亦是先有了地，乃有山海川谷，非由山海川谷，合成一地。"对于人而言，"人体亦先由身之整体来产生出耳目口鼻胸腹手足各部分，非是由各部来拼凑成身体"[①]。这是符合人之发育生长规律的。从母亲受孕起，胎儿逐渐发育成型，起初是分不清耳目口鼻的，是混沌一体的，而后才逐渐形成四肢耳口。就像宇宙元始时期是混沌状态，而后才轻清者上升为天，重浊者下降为地一样。中国人的观念也是这样，即重整体。"部分从整体生，不明其整体，即无法了解其部分。这是中国人的观念。"[②] 而"西方人看重部分，中国人则看重整体"。钱氏举例说："在医学上，西医更分别看重其身上之各部分，中医则看重其各部分所合成之一整体。如西医重视血，中医重视气。血是具体的，分别流行于身体之各部分。气则不具体，不能从身体各部分中抽出一气来，气只是血之流通的一抽象功能。有了气，血才通。无气则血不行。气绝则人死。中医重气，西医少提及。"[③]《灵枢经》曰："悲伤忧愁则心动，心动则五脏六腑皆摇。"中医之"心"并非指心脏，而指抽象的精神。在《抽象与具体》一节，钱氏更进一步提出中国人重抽象，西方人

---

① 钱穆：《晚学盲言》，上海三联书店2010年版，第3页。
② 同上书，第4页。
③ 同上书，第3页。

重分析。所以中国人的思维特点是整体性，西方人的思维特点是分析性。中国人思维特点表现在学术上是这样的："中国学术思想即为寻求此一生命总体而加以认识，并求加以充实发扬光大，此之谓道。道亦一体，而有生命性，故能不断继续有其生长与变化。此体亦有部分，但各部分仍相会通，非可独立，更不容相争。如古代经学，亦文亦史亦哲，有政治有社会有人生，共相会通，《诗》三百首即然。若专以文学或政治视《诗经》，则浅之乎其视《诗经》矣。《诗》然，《易》亦然，《尚书》《春秋》亦然。"这里我们应注意的是，思维的整体性并非只是文史哲不分，而且"有政治有社会有人生"。"若专以文学或政治视《诗经》，则浅之乎其视《诗经》矣。"范子烨先生《诗之声与乐之心：对〈诗经〉"鼓簧诗"的还原阐释》亦指出："由此或许可以获得对《诗经》的全新认知——由兼容多民族文化而形成的本属礼乐经典的《诗经》，近两千年来先被'窄化'为汉族文化经典，后又被'窄化'为儒家文化经典，最后被'窄化'为现代科学意义上的古代文学经典，并由此形成了三种强势的文化传统和多种复杂的学术格局，我们对此当进行全面而深刻的反思。"① 同理，《昭明文选》"有政治有社会有人生"，"有生命性"，若专以文学视之，"则浅之乎视"《文选》，窄之乎视《文选》矣！钱氏又说："西方学术又不然。必分别为各部分，而不成为一总全体。如文学，如哲学，如科学皆然。至如史学，必会通各部分各方面以成，故于西方学术史上属最后起。又有政治学社会学，亦各分别独立。而中国又不然，宁有不通其他诸学，而可独立自成为一套政治学与社会学。此可谓之不知道，亦不知学矣。"②

为什么中国人的思维特点与西方人不同呢？这是由地理和生产条件不同决定的。钱氏指出："中西观念此一分别，最先应从其从事生产事业起。中国是一农业民族，耕种稻麦蔬果，畜养牛羊鸡豚，又凿池养鱼，在其观念中，各业总为谋生，实成一体，无多分别。西方乃是一商业民族，观念大不同。

---

① 范子烨：厦门大学《中国文选学研究会第十二届年会暨先唐文学国际学术研讨会论文集》，2016年。
② 钱穆：《晚学盲言》，上海三联书店2010年版，第8页。

商人谋生，只从某部分着想，或卖布匹，或卖器皿，全从外面人所需来选择从事。只从整体中选择其部分，此是商人观念。古希腊人心理，应即如此。在此一观念中，引生起中西文化体系之大不同。"①

冯友兰对上述问题亦有论述。他早在美国讲学的 1947 年就在美国出版《中国哲学简史》，其中亦谈及中国哲学的特点，亦即中国人的思维特点，虽比钱氏谈得简略，但某些方面可互相补充。冯氏也指出了中国人思维的独特性即"中国哲学家表达他们的思想的特殊方式"。特殊方式有二：一是这些言论和著作都很短，没有联系。如《论语》《老子》。这造成理解上的困难。"习惯于精密推理和详细论证的（外国）学生，要了解这些中国哲学到底在说什么，简直感到茫然"，因为"这些言论、文章都不是正式的哲学著作"。这正是由中国人思维的特殊性造成的。二是"中国哲学家习惯于用名言隽语、比喻例证的形式表达自己的思想"，"《老子》全书都是名言隽语，《庄子》各篇大都充满比喻例证"。"名言隽语，比喻例证就不够明晰。它们明晰不足而暗示有余，前者从后者得到补偿。当然，明晰与暗示是不可得兼的。一种表达，越是明晰，就越少暗示；正如一种表达，越是散文化，就越少诗意。正因为中国哲学家的言论、文章不很明晰，所以他们所暗示的几乎是无穷的。"冯氏接着指出："富于暗示，而不是明晰得一览无余，是一切中国艺术的理想，诗歌、绘画以及其他无不如此。"冯氏指出了中国人思维特点及其表达方式的独特性以及与中国文学艺术的密切联系，就为我们理解《文选》的诗文打开了一扇门。也就是启示我们要用中国人的思维与表达方面来理解《文选》。冯氏具体解释说："拿诗来说，诗人想要传达的往往不是诗中直接说了的，而是诗中没有说的。照中国的传统，好诗'言有尽而意无穷'。所以聪明的读者能读出诗的言外之意，能读出书的行间之意。"我们应成为这种"聪明的读者"。这就是我们阅读好的作品，读《文选》，百看不厌，总能有新的体会的原因，因为"暗示才耐人寻味"。②

---

① 钱穆：《晚学盲言》，上海三联书店 2010 年版，第 5 页。
② 冯友兰：《中国哲学简史》，北京大学出版社 2013 年版，第 11—12 页。

笔者结合《文选》稍加解释。曹植《赠王粲》："重阴润万物，何惧泽不周。""重阴"词面之义是浓云，由云而雨，润泽万物。而这里是比喻曹植之父曹操，说曹操的恩德普施众人。还有全诗皆为喻者。曹植《七哀诗》作于曹丕称帝以后，诗云："明月照高楼，流光正徘徊。上有愁思妇，悲叹有馀哀。借问叹者谁？言是宕子妻。君行逾十年，孤妾常独栖。君若清路尘，妾若浊水泥。浮沉各异势，会合何时谐？"从表面看，这是一首弃妇诗。但刘履指出："子建与文帝同母骨肉，今乃浮沉异势，不相亲与，故以孤妾自喻。"这是中国诗文的特点，也是中国诗文的传统。如唐张籍《节妇吟》："君知妾有夫，赠妾双明珠。……还君明珠双泪垂，恨不相逢未嫁时。"从字面看，是一位有夫之妇拒绝另一男人的追求。但有一个副题"寄东平李司空师道"。李师道是藩镇之一的节度使，独霸一方；又有检校司空、同中书门下平章事的头衔，职同宰相，可谓权势熏天。李东平想要张籍到藩镇为自己服务，许以高官厚禄（双明珠），但藩镇割据，有独立倾向，张籍已在中央为官，忠于朝廷，又不想得罪他，既"还君明珠"，又"恨不相逢未嫁时"，极其含蓄而巧妙，"暗示才耐人寻味"。

这种特点产生的原因，冯氏也论及了。他首先指出："古代中国和希腊的哲学家不仅生活于不同的地理条件，也生活于不同的经济条件。"中国是大陆国家，以农业立国，农业是"本"，商业是"末"。从事农业生产必"受到日月运行、四时相继的启发"。上古只分春秋二季，后来才细分为四季。这都影响了中国人的思维的内容和方法论。在谈及审美时，冯氏说："'农'所要对付的，例如田地和庄稼，一切都是他们直接领悟的。他们淳朴而天真，珍贵他们如此直接领悟的东西。这就难怪他们的哲学家也一样，以对于事物的直接领悟作为他们哲学的出发点了。"儒家是一种"心灵状态，在其中，不定的直觉到的多方面的概念移入思想背景了"，构成了其"哲学内容"。而"道家学说中，则是不定的未区分的审美连续体的概念构成了哲学内容"。我们可以补充说，这也是中国人审美的特点，这"基本上是'农'的概念"。[①] 中国传统分为

[①] 冯友兰：《中国哲学简史》，北京大学出版社2013年版，第24—25页。

四个阶级：士、农、工、商。士虽然不实际种地，但他们通常是地主，国君是最大的地主，所谓"溥天之下莫非王土"，所以收成的好坏与他们的命运直接相关，所以士的思想本质上"就是'农'的反应和看法"，士有能力"把实际耕种的'农'所感受而自己不会表达的东西表达出来。这种表达采取了中国的哲学、文学、艺术的形式"。所以道家和儒家看起来是不同的两极，却是"同一轴杆的两极。两者都表达了农的渴望和灵感，在方式上各有不同而已"。如《易传》说"寒来则暑往，暑往则寒来"，《老子》说"反者道之动"。①

海洋国家与大陆国家不同。地理决定希腊人是商人。"商人要打交道的首先是用于商业账目的抽象数字，然后才是具体东西。只有通过这些数字才能直接掌握这些具体东西……他们发展了数学和数理推理。为什么他们有知识论问题，为什么他们的语言如此明晰，原因就在此。"②

我们如果能用上述钱氏、冯氏论述的道理，就能更正确理解萧统和《文选》。萧统的思维有整体性，《文选》的作家作品亦然。萧统远没有区别文学和非文学。以鲁迅介绍的日本学者提出的"魏晋是中国文学自觉时代"的观点来解读《文选》，是不适用的。

二 《文选》的贵族性

笔者在20世纪50年代于东北师范大学中文系学习中国古代文学史的时候，是不讲《文选》的，更不知文选学为何物。当然是受到"选学妖孽"的影响。那时及以后的很长时间，认为《文选》是贵族文学、形式主义文学，应该批判；提倡平民文学，面向工农兵。但讲中国古代文学史又离不开《文选》，所以学过《文选》的一些诗文。在中学时，我们就学过不为五斗米折腰的陶渊明《归去来兮辞》和丘迟《与陈伯之书》等文章，不提《文选》尚可以理解。但到中文系，也不提《文选》就是不正常的了。最简单的例子是

---

① 冯友兰：《中国哲学简史》，北京大学出版社2013年版，第17—19页。
② 同上书，第26页。

《古诗十九首》,《古诗十九首》是因收入《文选》才保留下来的。但是老师不提《文选》。在改革开放后,笔者看到过一部《文选》研究著作,书名是《贵族的御花园》,也把它定性为贵族享受的作品。这就出现了一个问题:既然是贵族的御花园,与我们这些草根有什么关系?我们应该怎样认识这个问题?这固然是极"左"思潮下泛起的浊浪,但不是用"极左"两个字否定一下就可以了事的,有进一步探讨的必要。

说《文选》是贵族文学,是贵族的御花园,又对又不对。从阶级出身看,萧统是梁武帝之下最大的贵族。他编撰《文选》自然是他思想的反映。在《文选》作者中也有贵族,他们的作品中也会有贵族思想的反映。但是,也有许多作者并非贵族。陶渊明的祖先陶侃在晋朝是显贵的高官,他也以此为荣。但在晋末就破落了,以致到了"乞食"的地步。那时严分士庶,陶侃曾被骂为"溪狗"。所以,如果单纯以出身来论《文选》,就大错特错了!此其一。其二,《文选》反映的主要是儒家思想,《文选》之根是儒家元典。儒家元典反映的思想不仅有我们不能接受的贵族思想,还有中华民族长期与自然和社会斗争产生的宝贵的生存经验,即它的核心价值观。而这些核心价值观有超时代性、超阶级性,只要人类存在,要和谐共处,幸福生活,就必须遵守这些核心价值观;反之,就要生乱。《文选》就艺术地、精彩地反映了这些核心价值观。所以,决不可以用"贵族"二字来整体否定《文选》的思想内容。其三,从审美的角度看,《文选》是一部优秀的泛文学总集,是宝贵的文化遗产,值得继承。绝不能把《文选》看成只适合贵族的趣味,相反,它具有中华民族共同喜欢的审美要求。

前面,谈及笔者学习中国古代文学史的情况,证明《文选》是想绕过去而绕不过去的。还有一件事很有趣,颇可启人思索。毛泽东非常喜欢读《文选》,一辈子反复读《文选》。1964年春节召开教育座谈会,他坐在章士钊和黄炎培之间,以诙谐的语气对章士钊说:你手捧《古文辞类纂》不放,可谓"桐城谬种",而我则上厕所也要翻几页《昭明文选》,故可自称"选学余孽"。[①] 在李善

[①] 王庆祥:《毛泽东、周恩来与溥仪》,吉林人民出版社2012年版,第249页。

注本《文选序》右下方的空白处，毛泽东写了四个字："好文宜读。"而且他还用《文选》的篇章治国。我们不能忘记那正是极"左"路线的年代，"文革"的前夜。当时，笔者听了春节教育座谈会精神的传达，但没有毛泽东自诩"选学余孽"的话。这件事再一次证明是不可以把《文选》视为贵族文学的。

但是，如果在"贵族"的后面加上一个"性"字，就妥当了。这里的"贵族性"不是阶级上的意义，而是审美上的意义。从审美意义上说的贵族性是中国文学的特点之一，是一个宝贵的传统。具体到《文选》，它是审美贵族性的完美体现，值得我们继承和发扬光大。

所谓文学艺术的贵族性和平民性，是不讲民主而是讲自由的。专制社会既不讲民主，又不讲自由，审美是一个例外；专制者不是不想统一，但统一不了。为什么？首先，爱美是人的天性，爱美之心人人皆有。"食色，性也。""食"是必需的，无食则人死；"色"也是必需的，无男女之事，则人类不能存在。这是肉体的。文学艺术的审美与此相似而不同，它属于精神上的饥渴，审美就是满足人的精神饥渴，是万物之灵之必须，否则，人与禽兽就没有区别了。其次，审美有两个特点：一是无功利性，二是纯粹个人的行为。无功利性就对他人不构成伤害，只为满足个人的精神需要：自我快乐。它与带有利益心的爱不同，有利益心的爱是谁给你利益，你就爱谁。而审美的爱作为一种心理反应与此完全不同——与他人无关，没有利害关系。再次，天性和无功利性结合就使审美具有了天然的自由性，所以，审美的本质就是对自由的追求。再次，对自由的追求就意味着对差别的认同。审美如同舌尖上的快乐，不同的人口味不同，应该得到尊重。《文选》卷三一江淹《杂体诗》三十首之序已说：不能"论甘而忌辛，好丹而非素"，应该"通方广恕，好远兼爱"。又次，真正的审美活动是对健康的人性的追求，是使美好的个性得到张扬，决不能相反。所以，不能无原则地肯定所有的审美对象。换言之，不能因为审美是个人行为，而任凭恶劣的有害的嗜好泛滥，正像毒品不能肯定一样。所以，审美自由如同其他自由一样不是无边界的。复次，审美的追求是求新求变。萧统《文选序》说："若夫椎轮为大辂之始，大辂宁有椎轮之质；

增冰为积水所成，积水曾微增冰之凛。何哉？盖踵其事而增华，变其本而加厉。物既有之，文亦宜然。"这个求新求变是一个永不停止的发展过程，也是文学艺术不停发展的动力，这个动力就是人的天性，就是人类追求自由的天性。最后，意识形态对审美追求有一定的影响，但阻止不了审美活动的发展。比如儒家正统的音乐观一直把郑卫之音视为有害的，说它是靡靡之音，亡国之音，而提倡中和之音。儒家的中和之乐实际上是一种节奏不快不慢、音域不高不低、符合所谓"中庸"的音乐，一定的时间需要它，但总听它会使人厌倦。魏文侯说他听中和之乐昏昏欲睡，而听郑卫民歌就兴奋。还有一点应该指出，对郑卫之音的内涵，人们的理解并不相同，萧统的理解与孔子的理解就不同，这也是应注意的。以上所论，在《文选》中有充分的反映。所以《文选》贵族性的审美追求是使其成为经典的原因之一。

另外，文艺作品的审美、欣赏不是人越多越好，欣赏的人少就不好。它不像选举，选举以票多少来决定。审美却不是这样，恰恰相反，越是高雅的作品，能欣赏的人越少。这个事实古人早就指出了。《文选》卷四五宋玉《对楚王问》说："客有歌于郢中者，其始曰《下里》《巴人》，国中属而和者数千人。其为《阳阿》《薤露》，国中属而和者数百人。其为《阳春》《白雪》，国中属而和者，不过数人而已。是其曲弥高，其和弥寡。"一般引用者到此为止。为说明更多问题，笔者继续引用："故鸟有凤而鱼有鲲。凤皇上击九千里，绝云霓，负苍天，足乱浮云，翱翔乎杳冥之上。夫藩篱之鷃，岂能与之料天地之高哉！鲲鱼朝发昆仑之墟，暴鬐于碣石，暮宿于孟诸。夫尺泽之鲵，岂能与之量江海之大哉！故非独鸟有凤而鱼有鲲也，士亦有之。夫圣人瑰意琦行，超然独处，世俗之民又安知臣子之所为哉！"上文提到中国古人表达方式之一是多用比喻例证，这是一个非常好的证据。宋玉的本意并不在文艺欣赏，而在以此为己辩护，回击"世俗之民"认为他"有遗行"即品德不端的批评。但他并不首先亮明自己的观点，而是先讲了一个发生在"郢中"这个楚襄王十分熟悉的故事，很有说服力。接着又用比喻，把自己比作凤鲲，把批评他的人比作鷃鲵。最后才引出"士"，甚至把自己与"圣人"同列，水到渠成。如果宋玉先就说自己是圣人会怎样？楚襄王一定大怒！因为那时的文人不过是弄臣——近似小丑，逗君王开心——之流。宋玉的聪明才智表现于此，文学的贵族性也表现于此。所以，《文选》不仅使我们欣赏到高雅的作品，而且教给我们如何为人处事，如何处理突然出现的危机。中国人是有诗心的。诗心滥觞于《诗经》，唐诗是大海，唐诗是有长江黄河才成为大海的，而《文选》就是长江黄河。唐诗是得到《文选》滋润的。李白就熟读《文选》。他说："两人对酌山花开，一杯一杯复一杯。我醉欲眠卿且去，明朝有意抱琴来。"这不是一个活脱脱的陶渊明吗？

贵族性即高雅的文学艺术必须得到尊重，通俗的即平民的文学艺术也必须得到尊重。认为平民文学低下而鄙弃之是不对的，认为高雅文学艺术是贵族的同样不对，"数千人"和"数人"必须兼顾。雅与俗是对立的统一。就以被尊为"经"的《诗三百》来说，其中的《国风》原是民歌，是被孔子或乐师加工整理才成为我们看到的样子。《文选·古诗十九首》也是民间创作，被文人加工成为现在的样子。而雅与俗是可以转换的，雅对提高俗是有作用的。光有雅，没有俗，不行，反之亦然。我们试想一下，《卖拐》之类的小品风靡一时，然而如果舞台长期甚至永远让它们占据，中国的文学艺术会是个什么样子？所以，我们必须尊重平民的文学艺术和平民的审美趣味，但不可以无原则地向"平民"靠拢。

读《文选》就是读高雅的作品，其审美标准是很高的。但只要努力攀登，努力是不会白费的，会提高我们的文化素养，提升我们的欣赏品位，所谓"会当凌绝顶，一览众山小"也。

以上的两个问题是一正一反，思维的整体性是正，《文选》是贵族文学是反。而每一个问题又有一正一反。思维的特点，中国人的是正，西方人的是反；贵族文学是反，贵族性是正。它们之间是相反相成，互相补充，互相融合，相映生辉的。《文选》又是一部选录式的中国文学和文章史，也是中国人思维特点的产物。所以，把握这两个问题对理解《文选》是必要的。

齐白石的"冷逸"情结与"简少"思想[**]

安祥祥[*]

齐白石有过一段学习八大山人画风的经历,并有"青藤雪个远凡胎"这样的诗句,他对于逸品风格的向往应该是很真切的。实践证明,齐白石不仅对于八大山人的风格念念不忘,并且确实取得了不俗的成绩。齐白石具备出色的学习能力,这在他学习金农和何绍基书法一事上深有体现,这种特质同样反映在他对于八大山人风格的学习上面。齐白石见过八大山人的作品不多,并且多属一面之缘,后期更多是依靠记忆在作画。即便如此,他对于八大山人逸品风格的理解与把握还是卓有成效,并且构成了齐白石写意花鸟画风格的重要内容。在对八大山人作品的欣赏过程中,齐白石还时时表达出自己对于简少与粗放风格的热爱,和对稠密、工致画风的抵触情绪。在齐白石的作品中也处处体现了他对于简少风格的把握能力和钟爱程度。

一 齐白石的"冷逸"情结

逸品精神强调创作者自身情绪的充分释放,强调主体精神的天然发露,在这一点上,与齐白石内在的创作精神正相符合。由于元代之后"逸格"在

[**] 项目基金:本文为 2017 年度山东省艺术科学重点课题"齐白石绘画题跋中的美学思想研究"阶段性成果,立项号:201706002。

[*] 作者单位:山东大学(威海)艺术学院。

文人画家中的崇高影响力，逸品画风很受士人的推重。从画面语言以及表达方式来看，逸品画风有如下一些比较突出的特征：比如重墨而轻色，笔墨尚清简、空灵，重抒发而轻雕琢，等等。而徐渭、八大山人的作品则逐渐成为写意花鸟画中"逸格"的典型代表。齐白石心仪八大山人的作品风格，将对八大山人的学习作为建立自身简逸画风的主要途径，在学习之中也经历了复杂的情感变化过程。

（一）对冷逸风格的一度热衷

齐白石学习运用冷逸风格比较集中的时期是在20世纪20年代前后。在1913年作品《杯花》的题款中，齐白石道出了喜欢八大山人画风的原因："作画最难无画家习气，即工匠气也。前清最工山水画者，余未倾服。余所喜，独朱雪个、大涤子、金冬心、李复堂、孟丽堂而已。"在1920年以八大山人风格作《牡丹小鸟》时又重申此意："作画之难，难在脱尽画家习气。"八大山人的风格相对于他所反对的"画家习气"是一种恰当的调整。按照郎绍君的观点，齐白石喜欢八大山人的作品，不是出于艺术个性的相契，而是出于对文人画的渴望。这种说法有一定道理，但不全面。能够代表文人画风的画家还有很多，齐白石选择八大山人，一定有一种源自内心的切实认同感。而且他对于简、逸画风的喜爱应该是真实不虚的。1917年题《戏拟八大山人》："余尝游南昌，有某世家子以朱雪个画册八帧求售二千金。竟无欲得者。余意思临其本，不可。今尤想慕焉。笔情墨色至今未去心目。"这种"想慕"之情正是作者内心审美情感的真实写照。

在1915年前后齐白石的冷逸风格尚显稚嫩，这从《荷花图》《菊花图》等作品可以看得出来。到1917年的《芙蓉八哥》已经比较大方了，与八大山人比较，齐白石的用笔更苍、更拙一些，冷、孤的意味没有那么突出。同年齐白石作《墨荷水鸟》，题写"朱雪个、李复堂与余同趣，余之作画欲不似二者，固下笔难矣"。似乎以不能不似为苦恼，并把原因归结为审美取向的一致。这一方面说明齐白石对于八大山人的学习很自然，没有天性上的障碍；

一方面说明彼时的齐白石花鸟画风格是以八大山人冷逸一路为主要基调的。1918年题《小鸟葡石》："余尝游江西，于某世家见有朱雪个花鸟四幅，匆匆存其粉本。每为人作画不离乎此。十五年来所摹作真可谓不少也。"从这段题跋更可以看出齐白石对于八大山人稿本的喜爱程度。八大山人对于齐白石的影响不仅是花鸟画，1917年齐白石题《巨石》中有"余画山水恐似雪个"语，说明他在山水画方面受到了很大的影响。1922年在题跋中又称自己的山水画法"从冷逸中觅天趣，似属索然"，这显然是接近八大山人一路的风格。

齐白石对于自己学习八大山人的能力还是比较自信的，他在1913年所作《芙蓉小虾图》中题："余尝客海上，搜罗石印古迹，独八大山人画无多，见有小册画一虾，今经四年，尚未忘也。似否，未自敢称然。芙蓉神色，即今朱雪个背临之，未必伊敢自夸耳。世有知者，当不窃笑。"齐白石有搜集画稿的习惯，而且用力甚深，所以能够数年不忘。同时他对于作品风格与精神的把握比较准确，能够捕捉到八大山人作品中简洁而传神的特征。1919年题《虾》图："即朱雪个画虾，不见有此古拙。"1920年题《花果画册》："朱雪个有此花叶，无此简少。"从这些题跋中看出来齐白石的自信态度和学习方法，一边学习八大山人，一边还能够体会笔墨间的差异，有着对于自身笔墨个性的清醒认知。

（二）变法之后的"追悔"心态

1920年，齐白石追仿八大山人的风格画一套册页，在1945年出版时齐白石作序："冷逸如雪个，游燕不值钱。此翁无肝胆，轻弃一千年。予五十岁后之画，冷逸如雪个，避乡乱窜于京师，识者寡。友人陈师曾劝其改造，信之，即一弃。今见此册，殊堪自悔。年已八十五岁矣。乙酉白石。"这段题跋最能包含齐白石复杂的情感。齐白石画风的转变有着强大的内因，就是他后来找到了一种最能够表达自我情感，最契合自我性格的艺术形式，这个过程是一个真诚的艺术家所应该经历的一种内在、自然的过渡。从这个层面上讲，齐白石对于八大山人冷逸风格的"轻弃"实则是一种发展的必然，并非全是因为"游燕不值钱"或者陈师曾的劝说使然。从齐白石最终的艺术成就来看，根本不需要"自悔"，他的"自悔"实际上是基于这种曾经向往、追求的画风的留恋心理，虽然最终形成了自己的鲜明风格，但对于八大山人画风的内在认同还是不变的。

齐白石后来的作品在造型方式与题材选择上都与八大山人拉开了距离，齐白石的"弃"有出于卖画的考虑，更有变法的内在驱动。根据齐白石的说法，陈师曾最能看懂他的冷逸画法，但同时又劝他予以改造，这显然是遵循了艺术发展的规律。变法的初衷源自陈师曾的劝导，但如何变以及能够变到何种程度则是齐白石的个人发挥。齐白石对于八大山人风格的"抛弃"并非出自审美态度上的转变，更多是一种艺术创造力与丰富情感共同作用下的自然变化。尽管有了后期"红花墨叶"的个人风格，但八大山人对于齐白石的影响其实一直都在，并没有在某个特定的时间段全然消失，只不过在后期主要作品中呈现出来的特征不那么明显和集中罢了。从绘画的层面分析，齐白石对冷逸画风没有完全舍弃，至少在他后期的作品中始终保持了清和简的特质。从情感的角度分析，齐白石尽管绝少再谈到对于八大山人抑或逸品风格的钟爱，但一句"殊堪自悔"就将这份无法割舍的情感表达得十分婉转深沉了。

（三）未曾改变的审美情感

齐白石说自己"与雪个同肝胆"，有夸张之处，但他一生喜欢八大山人，这种情感和审美态度始终未曾改变。齐白石的创造性以及个人面貌的形成在很大程度上体现在他"红花墨叶"的处理方式上，通过浓烈的色与墨的对比，形成热情大气又简洁明快的艺术效果。但齐白石纯水墨一路的作品也很多，尤其是水族类题材更是占据了极大的分量。直到晚年，齐白石还时常有逸品风格的作品出现，有的还是一些老题材，但在处理手段上有变化。1949年《柳牛图》中牛的造型与之前基本保持不变，在堤岸与柳树的处理上则简逸许多。柳树枝的用笔痛快沉着，真有一种八大山人的神采。1949年《游鱼册》

更见八大山人的神韵，简洁、单纯、抒情，饶有趣味，其游戏的心态也更加接近逸品的精神要求。1951年《小鱼都来》上书"九十一岁老人齐白石戏"，白石老人不常用"戏"字，因而此幅更能见其逸笔精神和文人情致。"戏"是取文人"墨戏""游戏翰墨"的意思。在其同年所作《虾》上有陈半丁所题："老齐与余独厚，其作画好怪，惜未彻底，人多不明其用意所在，惟有写鱼虾，确确是雪个脱胎，虽足迹未周，神乎见奇，至美矣。"诚然，齐白石的画作中包含强烈的乡土味道，他的质朴、真纯和对家乡的情感充溢笔端，但他同时也具备文人的素质，能够抓住文人绘画的关键性因素。只不过传统文人的品位、格调在与齐白石自身的经历、情感融汇之后，形成了另外一种味道。这种味道更加热情、更加亲切，这也是齐白石的作品能够同时获得文化界与大众喜爱的重要原因。齐白石自认"冷逸如雪个"，其实从"冷逸"的角度来看，他与八大山人尚且距离不少。齐白石的特色不是"冷"，而是纯朴、热情、厚拙，并有天然之趣。

齐白石对于逸品风格的"舍"是内在动力与外在动机共同作用的结果，他的不舍则是基于一种真实的喜欢与留恋。从齐白石后来的作品面貌上看，逸品风格尽管不构成其主要的表现方式，但依旧能够得到断续而有效的发挥。从齐白石创作的虾蟹、蛙、小鸡、鱼等题材的作品中，从这种纯水墨的画面形式里，能够得到比较多的关于八大山人逸品画风的联想与感受。齐白石有时候会题写"一挥"，"挥"的感觉正是即兴神驰的意味，也符合"墨戏""逸品"类创作中抒发性情的艺术特征。1952年画《鱼》《野菌》等作品中流露出比较明显的扬州八怪（尤其是李鱓）的影子，那种简逸放旷的用笔所传达出来的生命状态是鲜活而饱含文学意味的。

齐白石的简笔水墨作品最能够反映出他对于逸品画风的不变情感，而"戏""一挥"等词语也尤其能够传达出作者追求文人自娱的心态和寄兴抒情的心理需求。李可染亲自见证过齐白石作画的过程，根据他的阐述，齐白石写字作画速度很慢，并非"一挥"那么轻松潇洒。关于这一点，我想齐白石的"一挥"所表达的正是一种文人墨戏式的心态，与赵孟頫《二羊图》中题

"戏"字有异曲同工之妙。齐白石作画时的谨慎、持重反映出他的内在性格，但其作品全然没有雕琢的感觉，反而自然大方，并不妨碍我们在画中体会作者"游戏"之快乐。

李可染这样评价齐白石："他对这冷逸的作风，当时及后来虽然仍有所留恋，但却毅然地变了。怎样变呢？他把人民群众朴素健康的思想感情与古典艺术高妙的意匠努力糅合起来，一方面尽力满足群众的要求，一方面又提高这些要求。"[①] 齐白石确实变了，而且变得非常成功，在我们总结齐白石艺术风格的时候，很难再用到"冷逸"这个词。进入成熟时期的齐白石艺术，天真、热情、淳朴的气质更为突出，简洁、清雄、厚拙的笔墨特征也更为鲜明。八大山人冷逸的风格在齐白石绘画中偶或以某种形态出现，已经不再作为主流，而且无法构成齐白石主要的艺术特色。但是，在齐白石创造新的写意形象以及进行新题材的写意化表达过程中，八大山人作品中的简逸精神始终在发挥积极的作用。在这些水墨的鱼、鸭、枯枝、小鸟等形象中，我们看到了八大山人笔墨的延续，读出了齐白石笔墨中不变的传统根基。也正如傅抱石所说，这些作品恰恰反映了齐白石对于八大山人"难以磨灭的爱恋"[②]。

二 齐白石的"简少"思想

上文提到齐白石说过"朱雪个有此花叶，无此简少"，齐白石比较崇尚粗放、简洁的画风，这一点对于帮助我们理解其作品风格具有很大的作用。齐白石能画非常工致的草虫，也能画很细腻的擦炭像，他的写实能力是不容怀疑的。但这些都不是他的最爱，他内心喜欢的是"简"，从他作品中大胆的剪裁、凝练的笔墨以及塑造形象时的简洁大方都能够体现出"简"的艺术特征与艺术追求。齐白石作品的"简"体现在两个方面：剪裁画面之简；笔墨语言之简。而且这种"简"的精神不仅反映在其写意画中，在工笔细致类绘画

---

① 尚辉、赵国荣主编：《齐白石研究（第一辑）》，湘潭大学出版社2007年版，第13页。
② 同上书，第18页。

中同样有所体现。

（一）绘画品格与个人性情的双重考虑

齐白石喜欢简少而非工致风格的原因有出于美学层面的考虑，他认为简少的风格更能够代表一种比较高的格调；同时他也反复强调自己的性情本来就符合粗简的表现方式，是一种发自本能的风格取向。

> 余画粗枝大叶。三过都门，知者无多。近今以来，印髯能知。余为之喜。伯恒老兄又能知，余可大喜矣。（题《墨花草虫》，1919）

> 余自少至老不喜画工致，以为匠家作。非大叶粗枝胡涂乱抹不足快意。（题《秋叶孤蝗·草虫册页》之四，1920）

> 前代山水者董玄宰、释道济二公无匠家习气，余犹以为工细。衷心倾佩，至老未愿师也。（仿石涛山水册页题记，1922）

> 咫尺天涯几笔涂，一挥便了忘工粗。（题画山水，1922）

> 画苑前朝胜似麻，多为利禄出工华。吾今原不因供奉，愧满衰颜作匠家……拱北先生委作细致画，取其所短，苦其所难也。（题《贝叶秋蝉图》，1923）

> 借山吟馆主者作画，平生不喜稠密，最耻杂凑。老年犹省少。（题《汲汲高官》，1928）

> 一笑前朝诸巨手，平涂细抹死工夫。（题画山水）

题跋中交代了作者不喜工细（工致、细致）的原因：以为工细偏匠气。齐白石对于匠气（或者画家习气、流俗气）的理解包括：一味临摹、画风偏工细、过于形似、没有个人风格等内容。这与他提倡的"我法""己意""简少"正相对应。正因为有这样的认识，所以齐白石不以其工致画法为能事，反而多多解释自己从事工致画法时的矛盾心情与勉强态度。"友人强余画""寄萍堂上老人强持细笔"（题《工虫老少年》）等题跋正可以反映齐白石的内心纠结。

思想发微　　　　　　　　　　　　　　　　　　　齐白石的"冷逸"情结与"简少"思想

齐白石有过对于八大山人、徐渭、石涛等人的钟爱，其中就蕴含着对于简逸、粗放风格的向往。这种审美观其实贯穿了齐白石一生的艺术创作，"简洁"与"雄放"成为齐白石作品的重要特征。齐白石在题梅花册页上曾题："友人陈师曾以为工真劳人，劝其改变。"（题《花果画册》）陈师曾的劝说应该是恰恰合乎了齐白石的心意而已，"工真"的变与不变，关键还在齐白石自己的态度。齐白石乐意用所谓"粗枝大叶""花粗石大"等语言来形容自己的豪放画风，并表明自己采用此种风格时的痛快心情。不仅如此，齐白石还深以能赏其粗简画法者为知音，多以"法家""知画者"相称呼，对于自己工细的作品则以为"只可供知者一骂"（题《秋叶孤蝗·草虫册页》之四，1920），由此便更加清晰地表达了他在艺术品格层面的认知。

齐白石不喜"稠密"与"工致"，在他的作品中基本保持一种舒朗的美感和豪放的气势。在形成自我变格的过程中，这些审美习惯依旧得以保持。郑板桥有诗云："敢云少少许，胜人多多许。努力作秋声，瑶窗弄风雨。"[1]以少胜多是一种概括的能力，一种艺术语言的提炼能力。唐代张彦远在《历代名画记》中所称"上古之画，迹简意淡而雅正"，[2]也体现出简洁的艺术形象所形成的高古、悠远而且意味深长的气息。而过分的烦琐与细腻则会降低作品的艺术品格，也不适于性情的抒发。相对于院体绘画，禅宗绘画与文人墨戏都有比较明显的"粗""简"特征和对于空灵意境的营造，其中的文化寓意与精神寄托也更加强烈浓厚。齐白石的"不喜画工致"显然也有关于"匠体""士体"的内在选择，当然与其性情本身的合拍也尤为重要。

（二）工致草虫中的"简少"精神

齐白石给人的印象是工写兼善，并且将工笔与写意进行了有机的结合。他在塑造艺术形象时用尽量简洁的笔墨表达丰富的意趣，无论是花鸟、山水抑或人物，均呈现出这样的特征。即使他的工笔草虫，精致入微，同时也有

---

[1] （清）郑板桥著，张素琪编：《板桥题画》，西泠印社2008年版，第24页。
[2] 汤麟编：《中国历代绘画理论评注——隋唐五代卷》，湖北美术出版社2009年版，第33页。

一种简洁大气的格局，不给人细碎烦琐的感觉。

齐白石早年随胡沁园学画，自认为没有学到老师工致的画法，从齐白石早期的工笔花鸟来看，还属比较板刻，到20世纪二三十年代已经非常出色，虽工致而具写意精神，生动自然，这也是不断写生与锤炼的结果。"客有求画工致虫者众。余目昏隔雾，从今封笔矣。"（题《甲虫·草虫册页》之十，1924）齐白石的工笔草虫新颖而有趣，生动活泼、形神俱肖，能够为收藏者普遍欣赏是可以想见的事情。但工笔画比较有赖于目力，所以并不很适合上了年纪的人多多从事。齐白石以"目昏"为推辞，仅仅是一个方面，内心的抵触才是最重要的。

齐白石在处理画面关系以及选择题材上有关于市场因素的考虑，他在题跋中讲到将花草配以虫鸟会显得比较工致，容易让人喜欢，这些是他的经验之谈，也是很真实的想法。但从齐白石数次陈述自己不喜欢工细画法来看，这绝非口头上的谦辞或者有意推托之语。齐白石进行大写意创作时的"一挥"状态是他心中尤为得意的，而偏工致的细笔则是他内心有所拒斥的。《白石诗草》有言："余平生工致画未足畅机，不愿再为，作诗以告知好：从今不作簪花笑，夸誉秋来过耳风。一点不教心痛快，九泉羞煞老萍翁。"这段话最为真实地揭示了齐白石作工致画法时的内心感受。"未足畅机"和"不教心痛快"说明工致画法只是齐白石的一种艺术手段而已，尽管在锤炼此画法的过程中融入了齐白石极大的精力与智慧，但依旧不是齐白石心中所喜。或者说，工致画法从根本上不符合齐白石审美的心灵需要。

在齐白石看来，工致画法当然属于他所崇尚的"粗枝大叶"法的对立面，但是齐白石的工细类画风的确做到了一般人所不具备的生动与大气。齐白石笔下的草虫精准而生动，能够做到"精细中求生意"，[1] 齐白石的学生于非暗曾经讲齐子如画草虫比起齐白石来"工致有余而气韵不足"，说的就是在传神一事上的差距。工细类画法最容易出现两个问题：不工或者太工。前者指那

---

[1] 陈履生：《草间偷活——齐白石的草虫画》，北京画院编《草间偷活——齐白石笔下的草虫世界》，广西美术出版社2011年版，第5页。

种观察不细致，画法简单粗糙的作品；后者指那种刻画太过，画法繁复乃至腻歪的作品。齐白石的作品能够达到高度，就是因为他对于精细与简少的平衡关系有着非常敏锐的把握。如果抛开单个的昆虫形象，从整个画面组成来看，就更加容易理解齐白石对于"简"的崇尚。齐白石的花草工虫类作品多数都有很大面积的留白，舒朗有致，有着非常通透的感觉。与昆虫做搭配的植物往往造型简洁，册页中多取极少数花叶蔬果，并向边角处做安排，留下充分舒展的空间；在大幅作品中与意笔花草相组合，使工者不觉其繁，原本舒朗的画面风格也不会受到影响。有一个特别典型的例子，中国美术馆藏有一套齐白石所画的20开工虫册，每幅画上只有一只昆虫，外加名款印章。画面极空旷，看起来像是提前画好予备后期补加花草所用，但细细品味，又觉得画面已然完整，不需要再加点缀。齐白石在其中一页上题写："此册计有二十开，白石所画，未曾加花草。往后千万不必添加，即此一开一虫最宜。西厢词作者谓'不必续作'，竟有好事者偏续之，果丑怪齐来。"从这段话中也正可以看出齐白石"以少少许胜多多许"的艺术追求。

从绘画风格上讲，原本就存在简与繁的对比，但都要以丰富而凝练为目标，如此才不至于走向极端。徐悲鸿提倡"尽精微、致广大"，既要抓住关键的细节，又要保持广大的格局。齐白石工笔画法中所包含的概括与提炼，体现着"传神"和"简洁"的内在要求；其画面的构成关系则进一步印证了齐白石不喜稠密的审美思想。

楼宇烈《〈王弼《老子道德经注》〉校释》校补

杨鉴生[*]

北京大学楼宇烈先生《〈王弼《老子道德经注》〉校释》，汇集各本，征引众说，并加己见，不仅是研究《老子》的重要参考书目，也是研究魏晋玄学和王弼思想的必备书。不过，该书在校、勘、标点、注释方面也存在不足。笔者曾撰《楼宇烈〈王弼《老子道德经注》〉校释》一文（刊于《商丘师范学院学报》2017年第2期），予以讨论。今重读楼先生大作，又发现校勘方面若干可补充问题，故再做补正，以就正于方家。共列出校勘可商榷者15条，体例亦依前文，先列《道德经》经文并标明卷数，次列王弼注文，次列楼先生校释，最后列按语为本文观点。《〈老子道德经注〉校释》版本较多，本文仍以楼宇烈先生最新修订收入中华书局2008年出版的《新编诸子集成》本为据。

一 底本不误，不必校改者

本部分择六条加以讨论。

---

[*] 作者单位：商丘师范学院。

同谓之玄，玄之又玄，众妙之门。(《老子》第一章)

王弼注：玄者，冥（也）默（然）无有也。

《校释》依据易顺鼎"《文选·游天台山赋》注引王弼注云'玄，冥嘿无有也。'据此，则今本'冥'下衍'也'字，'默'下衍'然'字"之说而校改。按：玄者，冥也，是典型的"者……也"结构，"默然无有也"是对"冥"的具体申说，进一步阐明"玄"的含义。原文不误，当读为："玄者，冥也，默然无有也。"《文选》李善注乃节引。

天地不仁，以万物为刍狗。(《老子》第五章)

王弼注：……有恩有为，则物不具存。物不具存，则不足以备载。（矣）[天]地不为兽生刍，而兽生刍，不为人生狗而人食狗……

《校释》云："天"字，按《道藏集注》本改。

按："矣"字恐上读。或应校读为：物不具存，则不足以备载矣。地不为兽生刍，而兽生刍……

果而不得已，果而勿强。(《老子》第三十章)

王弼注：言用兵虽趣功（果）济难，然时故不得已（当复）[后]用者，但当除暴乱，不遂用果以为强也。

《校释》据陶鸿庆之说"'当复用'，'当'字涉下文而衍，'复'为'后'字之误"而校改，又说"时"与"是""故"与"固"皆通用。按："时故"者，时，时局；故，难也。曹丕《典论·自叙》："上以世方扰乱，教余学射。……以时之多难故，每征，余常从。""时故"即此"时之多难故"之意。上文言"不以师道为尚，不得已而用，何矜骄之有"，然以时之多故难，不得已复用之，但当除暴乱，不以果为强也，文自可通，不必校改。

我愚人之心也哉！(《老子》第二十章)

王弼注：绝愚之人，心无所别析，意无所（好欲）[美恶]，犹然其情不可睹。

《校释》云："美恶"二字，依《古逸丛书》本校改。按："好"指嗜好，"欲"指欲望，故"好欲"同义连言与上文"别析"同义连言正相吻合，"美恶"反义连言则不协调。"好欲"恐为当日常语，第六十四章"是以圣人欲不欲，不贵难得之货"注曰"好欲虽微，争尚为之兴"，正"好欲"连言。

其安易持，其未兆易谋。(《老子》第六十四章)

王弼注：以其安不忘危，持之不忘亡，谋之于无功之势，故曰"易"也。

《校释》云：波多野太郎说"持之"二字，似宜作"其存"。按："持之"二字，疑当作"存"，"之"字，涉下文"谋之"而衍。按："之"指代"安"，"持"即同文引用经文"易持"之"持"，"持之"二字无甚可误。

善胜敌者不与。(《老子》第六十八章)

王弼注：(不)与，争也。

《校释》云据陶鸿庆之说，以为"与"即"争"，你、"不"字为衍文而删。按：王弼注当读为"不与争也"，解释经文"善胜敌者不与"。王弼注多发挥玄学……

二 底本不误，所引校本不可从者

本部分择四条加以讨论。

是以圣人处无为之事。(《老子》第二章)

王弼注：自然已足，为则败也。

《校释》云："足"字，《永乐大典》本作"定"。按：作"足"或是，与下文"智慧自备"之"备"对文，"足""备"皆完满、完备的意思。

功成而弗居。(《老子》第二章)

王弼注：因物而用，功自彼成，故不居也。

《校释》云："用"字，《道藏集注》本作"明"。按："因物而用"指道因循物之性发挥其功用，故后文云"功自彼成"，作"明"则无义，"明"当是"用"的形讹。

故建言有之。(《老子》第四十一章)

王弼注：建，犹立也。

《校释》云："犹"字，《道藏集注》本作"由"。

按：王弼注中同义解释时，用"犹"字连接被解释词和解释词。如第二十二章注"式犹则也"，第五十九章注"莫若，犹莫过也"，第六十五章注"智犹治"，六十七章注"且犹取也"，皆可为证，"建，犹立也"即同义解释，"犹"字不误，作"由"则非。

鱼不可脱于渊，国之利器不可以示人。(《老子》第三十六章)

王弼注：……鱼脱于渊，则必见失。

《校释》云：波多野太郎说："'见失'之'见'疑衍。"又引一说："'见失'恐为'见制'。盖'制'脱'刀'、'衣'为'㞢'，与'失'相混耳。"又一说："'见失'之'见'衍。"按：波多野太郎之说不可从，"见"字不误。见，现也。言鱼脱于深渊，从水底显现必遭人捕获。

三　底本不误，所疑不可从者

本部分选择三条加以讨论。

能知古始，是谓道纪。(《老子》第十四章)

王弼注：无形无名者，万物之宗也。虽今古不同，时移俗易，故莫不由乎此以成其治也，故可从执古之道以御今之有。上古虽远，其道存焉，故虽在今可以知古始也。

《校释》云："故"，此处当读为"固"，本然之辞。按："虽今古不同，时移俗易"与"莫不由乎此以成其治也此"为转折关系，"故""固"皆不通，"故"当因下文"故可从执古之道以御今之有""故虽在今可以知古始也"之"故"而衍，当删。

致虚静，守静笃。（《老子》第十六章）

王弼注：言致虚，物之极笃，守静，物之真正也。

《校释》云：陶鸿庆说"物之极笃"疑涉。按："极"即"笃"，即"真正"。下文注云"凡有起于虚，动起于静，故万物虽非动作，卒复归于虚静，是物之极笃也"，亦"极笃"连言，可见"极笃"二字并不误。《校释》所疑不可从。

吾以观复。（《老子》第十六章）

王弼注：以虚静观其反复。凡有起于虚，动起于静，故万物虽非动作，卒复归于虚静，是物之极笃也。

《校释》云：《文选·杂体诗》李善注引此节注最后一句"是物之极笃也"，作"各反其始，归根则静也"，与今本异。按："各返其始""归根则静"是王弼分别对下文"夫物芸芸，各复归其根"和"归根曰静"解释，李善注连引王弼三注，中间省略"是物之极笃也"一句，并不存在与今本相异的问题。

四 底本有误，未校出者

本部分选择一条加以讨论。

爱民治国，能无知乎。（《老子》第十章）

王弼注：任术以求成，运数以求匿者，智也。玄览无疵，犹绝圣也。治国无以智，犹弃智也。

按：经文"载营魄抱一，能无离乎？""专气致柔，能婴儿乎？""涤除玄览，能无疵乎？""爱国治民，能无知乎？""天门开阖，能无雌乎？""明白四达，能无为乎？"为疑问排比句，王弼注分别为"言人能处常居之宅，抱一精神……""言任自然之气……""言能涤除邪饰""言能天能开阖能为雌乎……""言至明四达，无迷无惑……"，皆以"言"开头以启己见字，此不应独缺，"治国无以智"前当有"言"字，应据补。

五 底本有误，然所校不可从者1条

本部分选择一条加以讨论。

故抗兵相加，哀者胜矣。（《老子》第六十九章）

王弼注：抗，举也。（加）［若］当也。

《校释》依据《道藏集注》本改"加"为若。认为傅弈本老子经文和马王堆帛书老子甲乙本经文"相加"皆作"相若"，应是经文相误而导致注文相误。按：陈鼓应《老子今注今译》经文"加"乃"如"字之误。陈说是，"如"，"若"也。"加"乃"如"字之形讹。

六 底本有误，然所疑不可从者

本部分选择二条加以讨论。

其次，辱之。（《老子》第十七章）

王弼注：不能法以正齐民，而以智治国，下知避之，其令不从，故曰"辱之"也。

《校释》云："法"字据陶鸿庆说删。

按：素不知王弼是反对以"正"治国的，第五十七章注曰："以道治国则国平，以正治国则奇兵起也。"又曰："立正欲以息邪，而奇兵用。"法字不误,法即上文所言"不复能以恩仁令物,而赖威权也之"威权。此文当是"法以"二字倒文。应校为:不能以法正齐民,而以智治国,下知避之,其令不从,故曰"辱之"也。

常有司杀者杀,夫代司杀者杀,是谓代大匠斲。夫代大将斫者,希有不伤其手也(《老子》第七十四章)

王弼注:为逆,顺者之所恶忿也,不仁者,人之所疾也。故曰"常有司杀"也。

《校释》认为"忿"乃"恶"字之注,为衍文当删,又据宇惠说"顺者"二字倒乙。而校为"为逆者,顺之所恶也"。按:"顺之"二字倒乙可从,而"恶"字为衍文当删,理由一是:忿、疾同义,古籍连言而语,例如《尚书·君奭》"尔无忿疾于顽";二是"恶"乃常见语,不当被释,而是用来解释"忿"字,故应删。故文应校改为:为逆者,顺之所忿也,不仁者,人之所疾也。故曰"常有司杀"也。

七 底本与校本皆可,校本或优者

本部分选择一条加以讨论。

虽有舟舆,无所乘之;虽有甲兵,无所陈之;使人复结绳而用之。甘其食,美其服,安其居,乐其俗。邻国相望,鸡犬之声相闻,民至老死不相往来。(《老子》第八十章)

王弼注:无所欲求。

《校释》云:"欲求",《道藏集注》本作"求欲"。按:"无所欲求"即无所欲、无所求,欲、求同义。第五十章注曰"故物,苟不以求离其本、不以欲渝其真……",第五十五章注"赤子无求无欲",皆求、欲对言,然皆"求"字在前,"欲"字在后,《道藏集注》本作"求欲"或是。

八　经文与注文不符，《校释》未校出者

本部分选择一条加以讨论。

天下莫柔于水，而攻坚强者莫之能胜，其无以易之。（《老子》第七十八章）

王弼注：以，用也。其，谓水也。言用水之柔弱，无物可以易之也。

高明《帛书老子校释》"王弼、河上诸本末句"其无以易之"，帛书甲乙本均作"以其无以易之也"。傅奕本句前有"以"字，与帛书本同。蒋锡昌云："'以其无以易之'，《道藏》王本及诸本均脱上'以'字，……'以其'二字为老子习用之语，七章'以其不自生……非以其无私邪'，五十章'以其无死地'，六十五章'以其智多'，六十六章'以其善下之'，七十一章'以其病病'，七十五章'以其上食税之多……以其上之有为……以其上求生之厚'，文例均同，'其'上当增'以'字。蒋说甚是，帛书甲乙本'其'上均有'以'字，当从。"按：注云"无物可以易之"的"可以"是解释经文中的"无以"之"以"，注又云"言用水之柔弱"，"用水"即对应"以，用也"，且王注"以"在"其"字前，可见，王弼本经文"其"前本有"以"，与帛书甲乙本同。王弼注本本字有源，世传王弼本多与古本不同者，乃遭后人妄删，此又添一例。

历史钩沉

魏晋以来的"禅让革命"及其思想背景

楼 劲[*]

荆世战国秦汉是中国古代王朝体系的形成期,也是王朝统治合法性理论的奠基期。尧、舜禅让和商汤灭夏、武王伐纣等传说、记载,即在此期逐渐排除了杂音异说而趋于一致[①]。当时归纳王朝合法更替的基本模式有二,即要么如尧、舜禅让,要么如汤、武革命。而围绕两者利害和价值高低的讨论,则开启了这两种模式不断蜕变、合流的趋势。到汉代以来,"革命"的抗暴举义内涵愈遭忌惮而被不断抽弃淡化,"禅让"渐被视为政权得以和平过渡的最佳方式[②]。至魏、晋取仿、发展王莽所为,相继以禅让完成易代而仍称革命,遂使"禅让革命"作为一种新的易代模式确定了下来。

像这样,在革命备受质疑之时标榜革命,在王莽禅代身败名裂后再行禅让,其事本堪深思;把革命和禅让的内涵嫁接为一,更意味着对以往相关争论和思考的扬弃,标志着王朝统治合法性理论的发展。这都表明其为当时政治史和思想史的头等问题,却未受到近现代学界的应有关注,或仍循石勒鄙之

---

[*] 作者单位:中国社会科学院历史研究所。

[①] 其事至20世纪20年代以来由古史辨派着力还原和证明,其部分目的固然是要解构上古以来的王朝谱系,其主要成果却正可反映战国至两汉为王朝体系的形成期。参阅顾颉刚《与钱玄同先生论古史书》及《答刘、胡两先生书》,收入《古史辨》第一册,上海古籍出版社1982年版。20世纪90年代以来更有郭店等处所出《唐虞之道》等多篇简牍,反映了战国以来这方面文本和思考的变迁。

[②] 参见楼劲《西汉时期"革命论"之退化与政治思想之转折变迁》,《中国社会科学院历史研究所学刊》第七集,商务印书馆2011年版。

为"欺人孤儿寡妇，狐媚以取天下"①，或如罗贯中《三国演义》第一一九回讥其为"再受禅依样画葫芦"，要仍归此入权谋厚黑之术而厌弃不顾②。究其所以，盖因近代以来王朝失败、覆灭又阴魂不散，人们亟欲将其一切抛进"历史垃圾堆"之故。但否定历史并不等于历史的否定，对魏晋以来"禅让革命"模式的形成和演化，还是要放入当时的场景加以考察，才能揭示其历史内涵和相应的思想进程，理解古人在王朝存在、更替合法性前提上的思考，也才能准确认识由此形成的传统及其深远影响。③

一 革命易代及其与禅让的嫁接

汉、魏和魏、晋易代的基本特征，即号称革命而实则禅让，其所称革命已与汤、武抗暴举义放杀乱君的原型相去甚远，几乎已是易代的别称，具体则通过禅让来达成，故可名之为"禅让革命"。此后仿此而完成易代的王朝，包括了南朝的宋、齐、梁、陈及北朝后期的北齐、北周以及隋，至唐、五代仍绪余不绝，足见这一易代模式影响之大。

当时把禅让易代称为"革命"的例子，如《晋书》卷一三《天文志下》史传事验目客星妖星条：

> 恭帝元年正月戊戌，有星孛于太微西蕃，占曰："革命之征。"其年，宋有天下。

同期这种被视为"革命之征"的天象还有不少，除可视为魏、晋易代舆

---

① 《晋书》卷一〇五《石勒载记下》。
② 自20世纪50年代末起，大陆史界曾就曹操评价展开讨论，及于《三国演义》对曹氏父子的偏见，但当时各方对其易代情节不欲深论的态度是共同的。参郭沫若《替曹操翻案》，收入所著《文史论集》，人民出版社1961年版。
③ 近年学界对此研究正在深入，参周国林《魏晋南北朝禅让模式的文化背景》，《文史哲》1993年第3期；徐冲《"禅让"与"起元"：魏晋南北朝的王朝更替与历史书写》，《历史研究》2010年第3期；王强《"篡逆"还是"禅让"：史学视角下的"新莽代汉"与"汉魏故事"》，《郑州大学学报》（哲学与社会科学版）2013年第2期；朱子彦《汉魏禅代与三国政治》第一章"王朝鼎革的主流形态：以汉魏禅代为中心"，东方出版中心2013年版。

论在晋、宋之际的重演外，也表明革命以指易代已是天占系统的惯用术语①。《弘明集》卷一一齐释僧岩《与刘刺史书》辞仕而云：

> 今既老矣，岂能有为？夫以耄耋之年，指麾成务，此自苍灵特授，假手天功，协佐龙飞之英，翼赞革命之主。今欲以东亩之农夫，西园之抒叟，侧景前光，参踪古烈，无异策驽足以均骅骝，系泽雉以双鸾鹤，斯之不伦，宁俟深察。

当时青州刺史刘善明欲举其秀才，僧岩作书坚拒，其中即称齐高帝为"革命之主"，是方外沙门对"革命"以指禅代的意涵亦甚熟稔。②

这类语例说明，经魏晋以来涵化以后，革命、禅让在指易代时其义大略重合，各界于此已普遍认同。表述更为明确的如《北齐书》卷四《文宣帝纪》载魏帝禅位策书曰：

> 时来运往，妫舜不暇以当阳；世革命改，伯禹不容于北面。况于寡薄，而可踟蹰？

又《庾开府集笺注》卷三《周五声调曲二十四首（燕射歌辞）·宫调曲五首》之二，所歌即北周禅魏之事：

> 我皇承下武，革命在君临，应图当舜玉，嗣德受尧琴。

两者均直接把革命视同禅让。这样的革命，几已完全抹去了其举义犯上的色彩，意涵似已简化为单纯的"世革命改"，强调的是其顺应天命而和平易

---

① 《晋书》卷一二《天文志中》史传事验目日蚀条："恭帝元熙元年十一月丁亥朔，日有蚀之。自义熙元年至是，日蚀皆从上始，皆为革命之征。"同书卷一三《天文志下》史传事验目月五星犯列舍条：恭帝元熙元年七月"月犯太微，太白昼见。自义熙元年至是，太白经天者九，日蚀者四，皆从上始，革代更王，臣失君之象也"。皆然。

② 《艺文类聚》卷七六《内典上·内典》引梁元帝《庄严寺僧旻法师碑》曰："……皇帝革命受图，补天初地，转金轮于忍土，策绀马于阎浮。"则不仅把梁武帝代齐称为革命，更足见"革命"一词已与当时中土佛教话语系统完美啮合。

· 403 ·

代,俨然一派舜禹承位而普天同庆的祥和模样。①

但同以"革命"指称易代,意涵仍可相当不同。堪与上述言论对比的是,另有一些把当时易代称为革命的说法,多少也还记得汤、武革命的原型,并在着力渲染其易代乃抗暴定乱的大义所在。《文苑英华》卷七五一《论·兴亡上》卢思道《后周兴亡论》末曰:

> 周武任数拒情,果敢雄断,拥三秦之锐,属攻昧之秋,削平天下,易同俯拾。未及三祀,宫车晚驾,嗣子披猖,肆其凶慝。真人革命,宗庙为墟,此盖天所以启大隋,非不幸也。

文中把隋文帝禅代誉为"真人革命",突出的是其终结乱政的一面②,因为周末宣帝实为凶慝之主,年幼禅位的静帝自然也不是圣王。不能不承认这是汉魏以来历次禅让的一个深切著明的事实,卢思道所论,正是在力图弥合其得之者即犹舜、禹,授之者却绝非尧、舜这个无法忽略的漏洞。③

这种以革命举义为禅让易代辩护的论证套路,反映了现在禅让模式及相关观念的深刻变化。同时其亦渊源有自,从魏、晋易代围绕汤、武话题的纷争、对立④,直到晋、宋以来关于易代的论调,其中不少也还是体现了人们对革命原型及其含义的关注⑤。《北齐书》卷三〇《高德政传》载高洋欲行禅代

---

① 《艺文类聚》卷四六《职官部二·太尉》引陈沈炯《太尉始兴昭烈王碑》述陈武帝代梁之事:"皇上革命应运,大启邦国,麟趾磐石之宗固具,金桢玉干之戚毕封。"所述之况亦然。

② 《容斋四笔》卷一二《治历明时》条:"《易·革》之《彖》曰:'天地革而四时成,汤、武革命,顺乎天而应乎人。'魏晋而降,凡及禅代者,必据以为说。"便指出了这一点。

③ 《晋书》卷三七《宗室任城景王陵传》附《司马顺传》载"武帝受禅,顺叹曰:'事乖唐虞,而假为禅名!'遂悲泣,由是废黜"。《宋书》卷六〇《范泰传》载其文帝元嘉初年因旱疫上表有曰:"大宋虽揖让受终,未积有虞之道,先帝登遐之日,便是道消之初。"《梁书》卷三五《萧子恪传》末史臣引陈吏部尚书姚察曰:"昔魏借兵威,而革汉运,晋因宰辅,乃移魏历。异乎古之禅授以德相传,故抑前代宗枝,用绝民望。"这类言论都指出了魏晋以来禅让与古圣王之间"以德相传"截然有别的事实,构成了促使人们加强其合法性辩护的压力。

④ 西晋代魏时,人们即常以汤、武革命为喻,从而形成了拥护和反对派以推崇或鄙薄汤武划界的局面,嵇康之死即与其鄙薄汤武相关。参楼劲《魏晋时期的革命话题》,收入马宝记主编《魏晋文化研究》,河南人民出版社 2012 年版。

⑤ 《陶渊明集》卷六《记传赞述·读史述九章》"夷齐"曰:"二子让国,相将海隅。天人革命,绝景穷居。采薇高歌,慨想黄虞。贞风凌俗,爰感懦夫。"这与其下的"箕子"章皆述武王革命之事,盖亦有感于晋宋禅代而抒其所思。

· 404 ·

而驰驿赴邺：

> 以众人意未协……又说者以为："昔周武王再驾孟津，然始革命。"于是乃旋晋阳，自是居常不悦。

可见高洋身边谋臣，确有以北齐禅魏比附汤、武革命的意思，意即其事固属易代，但也要将之标榜为终结魏末之乱。早些时候，梁武帝亦用过这个孟津之典，《广弘明集》卷二九上《统归篇第十》梁武帝《净业赋序》自述其志有曰：

> 以齐永元二年正月发自襄阳，义勇如云，舳舻翳汉……有双白鱼跳入舳前，义等孟津，事符冥应。云动天行，雷震风驰，郢城克定，江州降款……独夫既除，苍生甦息，便欲归志园林，任情草泽。下逼民心，上畏天命，事不获已，遂膺大宝。

其所称"义等孟津""独夫既除"云云，直截以武王伐纣自比，以明其平乱代齐实乃大义所在①。再上推至晋宋易代之际，《宋书》卷三《武帝纪下》史臣曰盛称"宋祖受命，义越前模"：

> 高祖地非桓文，众无一旅，曾不浃旬，夷凶剪暴。祀晋配天，不失旧物，诛内清外，功格区宇，至于钟石变声，紫天改物。民已去晋，异于延康之初；功实静乱，又殊咸熙之末。所以恭皇高逊，殆均释负。若夫乐推所归，讴歌所集，魏晋采其名，高祖收其实矣。

这是刘宋禅晋时上下一致的口径②，其旨也在强调宋武帝为平乱定难、夷

---

① 《文苑英华》卷七五四《论·史论一》何元之《〈梁典〉高祖革命论》："高祖痛兄弟之戮，因天下之心，举荆雍之师，兴易武之伐，指挥则智能风从，号令则遐迩响应……师不疲劳，民无怨讟，乐推口在，代德是膺。逆取顺治，享年四纪……兢兢罔倦，乾乾不已。"所述"兴易武之伐"及"逆取顺守"，为汉以来对汤、武革命的常见概括。
② 如《宋书》卷三《武帝纪下》载其永初元年六月丁卯登位告天策文，即称"裕虽地非齐晋，众无一旅"云云；同书卷二《武帝纪中》载元熙二年六月晋帝禅位诏，称其时天命归宋实有显征，"夫岂延康有归，咸熙告谢而已哉"？所述即与此处史臣曰"宋祖受命，事越前模"如出一辙。

凶蔫暴的革命之主，且称魏晋的禅让革命徒有其名，晋宋易代方得其实。

由上可见，在魏晋以来禅让革命模式中，尧舜禅让所寓基本原则及其政权和平过渡的价值已被公认，汤武革命象征的举义抗暴传统也未被一概丢弃，且因其仍可与某些现实要求合拍而时被强调。这种革命、禅让内涵相兼，强调其易代由禅让达成而仍寓革命之义的状态，显然是要解决易代理论与现实之间的一系列疑问，且都深切关系到其合法性论证。揆诸形势和需要，时人面临的这类问题主要表现在两个方面：

一个方面是时代发展而禅让变质的现实，不能不使其合理性面临挑战，须另辟蹊径使之可行。尧舜禅让本是圣王之间在"公天下"前提下传授大位，后世既要禅让易代，也就必须在政治原理上接受天下非一家一姓之天下，大位唯有德者居之的预设，但无论如何，现在已不再可能"以圣传圣"。故王莽为论证其禅代合法性，只得越过已失天意民心的在位汉帝，勉强搬出其高庙神灵来授位于己，同时渲染自身功德、政教措置及远祖世系上承圣王①。魏晋禅代大体即因袭了这个套路的后半部分，其既不再借手前朝祖灵，而是直截由其在位之主来完成禅让，便须更加强调其政衰世乱，人心已去而天命已终。至南北朝诸禅代之主更已不甚在意远祖是否圣王之裔②，也就尤其要让自身的盖世功德与前朝末世的黑暗腐朽形成对比，以奋起举义的革命为之铺垫，以此展开其易代合法性论证。就是说，要在完全不同的时代条件下仿行古圣王禅让来和平易代，就不能不在理据上做出一系列调整才能抵消相关非议，解决其合法性论证上的缺漏。而魏晋以来的选择，正是肯定了公天下让贤理念适用于后世的价值，且以"革命"抗暴平乱的大义为之驱除，方得使现在已由代位者主导的禅让成为拯世济难而大势所趋的义举。

---

① 《汉书》卷九九上《王莽传上》载其元始五年五月加九锡时，已明其功业德泽之盖世无双，其末又载其初始元年以"虞帝之苗裔"由当时已托付为尧后的"赤帝汉氏高皇帝之灵"传书授位，则是以尧舜之裔而仿行远祖盛事。

② 《三国志》卷一《魏书·武帝纪》裴注引王沈《魏书》曰"其先出于黄帝"，《晋书》卷一《宣帝纪》则述"其先出自帝高阳之子重黎"。至南北朝诸帝则虽姓源可溯而多至汉来名族而止，是其已不甚在意是否身为古圣王之裔。至于北朝拓跋、宇文氏等溯其姓源于黄帝、炎帝，则又别有寓意而非为禅代。

另一个方面是引入革命大义固然有其必要，却仍须解决其与现已空前明确的纲常伦理的内在矛盾。"革命"之义在儒家经传中续有所论①，到两汉之际三统论兴，夏、商、周三代地位确立，其更替之法被升华为合乎宇宙循环之理的规律，汤武革命作为易代范例的价值从此再难完全否定，足以构成下层人士举义抗暴、夺取政权可得援据的重要传统和思想资源。但随儒学的独尊和不断社会化，君臣纲常已被演绎为合乎天道的基本秩序，也就不能不与革命易代的正当性形成了矛盾。而其折中、统一之道则仍承以往的讨论，既百般限定革命的前提和方式，尽可能消除人们动辄举义犯上的危险性；更强调禅让所寓准则及其帮助实现天命转移的价值，以和平过渡而不是以干戈放杀的革命来完成易代。由此再看主导魏晋以来禅让革命的霸府之主，其既皆须由臣跃居为君，又大都是寒微之人崛起于末世而有平乱定难之实，则引入革命大义来论证其崛起易代乃水到渠成，最终则以禅让来完成"惟有德者居之"的大位交割，正可谓理论上源远流长而甚完密，实际又与当时时势、条件无不合拍的一种必然。

　　要之，正由于战国秦汉政治理论和王朝体制的发展，使魏晋以来的禅代必须解决接踵而来的一系列难题：其既要以禅让来实现和平易代，便须确认尧舜禅让所寓公天下让贤原理的普适性；又须引入汤武革命抗暴定乱的大义，来解决当世禅让的可行性和正当性；还须限制革命的条件和方式，尽可能弥合其与君臣纲常的矛盾。而这自然就要修正禅让和革命所寓的理念准则，使之具有相互兼容、发明的特定内涵，才能构成一套适应现实条件与可能，更有必要说服力的禅代合法性辩护体系，使循此易代得为朝野公认。

　　当时的这种改造和建构，要点是把"革命"与"禅让"协调起来，也就尤其要把革命的意旨框入体制之内。《宋书》卷二《武帝纪中》载元熙二年六月晋帝禅位诏有曰：

---

① 儒家对易代合法性的关注由来已久，但有些现代学者将之概括为"革命精神"，则多少有夸大之嫌。像刘小枫在蒙文通等所论基础上著有《儒家革命精神源流论》一书，即其典型。上海三联书店2000年版。

相国宋王，天纵圣德，灵武秀世，一匡颓运，再造区夏，固以兴灭继绝，舟航沦溺矣。若夫仰在璿玑，旁穆七政，薄伐不庭，开复疆宇，遂乃三俘伪主，开涤五都，雕颜卉服之乡，龙荒朔漠之长，莫不回首朝阳，沐浴玄泽。故四灵效瑞，川岳启图，嘉祥杂沓，休应炳著，玄象表革命之期，华裔注乐推之愿……予其逊位别宫，归禅于宋，一依唐虞、汉魏故事。

这是借晋帝之口述禅代的理据所在。所谓"玄象表革命之期，华裔注乐推之愿"，正表明革命、禅让之义现已被杂糅为一；"一依唐虞、汉魏故事"则是自来禅代的常式①，强调的是其仪节的稽古而又创新。亟可注意的是所述刘裕定难平乱、北伐开疆的义举，要为延续了已被桓氏所篡的晋祚，足见其德深厚，于所效节之朝实已仁至义尽。②

以刘裕拯济晋室的平乱义举，来强调其臣节已尽和实行禅代的正当无愧，其背后的逻辑正是司马氏已失天意民心，其虽竭尽挽之而仍枉然，是以君臣之义已全来论证其取而代之的合理。但即便刘宋禅晋"义越前模"，仍应看到这样的解说并非始于此时，曹魏以来的禅让革命事实上皆在尝试为革命易代与君臣纲常的矛盾解套，刘宋的这类论调无非是承前启后罢了③。像前引梁武

---

① 类此如《南齐书》卷一《高帝纪上》载宋帝禅位诏曰"逊位别宫，敬禅于齐，一依唐虞、魏晋故事"；《梁书》卷一《武帝纪上》载齐帝禅位诏曰"今便敬禅于梁，即安姑孰，依唐虞、晋宋故事"；《陈书》卷一《高祖纪上》载梁帝禅位诏曰"今便逊位别宫，敬禅于陈，一依唐虞、宋齐故事"；《北齐书》卷四《文宣帝纪》载东魏孝静帝禅位于齐，"禅代之礼，一依唐虞、汉魏故事"；《隋书》卷一《高祖纪上》载周帝禅位诏曰"今便祗顺天命，出逊别宫，禅位于隋，一依唐虞、汉魏故事"。此期唯曹魏陈留王禅位于晋称"如汉魏故事"，盖因其已寓唐虞故事；西魏恭帝禅位北周称"踵唐虞旧典"，则因其此前已复古改制之故。

② 这也是当时盛称"宋祖受命，义越前模"的着眼点。《晋书》卷一〇《恭帝纪》元熙二年六月记刘裕命傅亮讽帝书禅位诏，帝谓左右曰："晋氏久已失之，今复何恨。"即寓此义。《宋书》卷三《武帝纪下》载其永初元年即位告天策文，自称其举义定乱之举为"投袂一麾，则皇祀克复……大造晋室，拨乱济民"。亦然。

③ 《三国志》卷二《魏书·文帝纪》裴注引《献帝传》载禅代众事，其中魏王侍中刘廙等言："自汉德之衰，渐染数世，桓、灵之末，皇极不建，暨于大乱，二十余年，天之不泯，诞生明圣，以济其难。"此实已开刘裕所述之先河。后世类此的如《晋书》卷三《武帝纪》载其即位告天策文，其中亦述"粤在魏室，仍世多故，几于颠坠，实赖有晋匡拯之德"云云。《南齐书》卷二《高帝纪下》载其即位告天策文，亦称"水德既微，仍世多故，实赖道成匡拯之功，以弘济于厥艰"云云。其余梁、陈及北齐、北周至隋的禅代，类皆强调其于前朝有拯济扶危之实，文繁不录。

帝《净业赋序》下文即曰：

> 论者以朕方之汤、武，然朕不得以比汤、武，汤、武亦不得以比朕。汤、武是圣人，朕是凡人，此不得以比汤、武。但汤、武君臣义未绝，而有南巢、白旗之事；朕君臣义已绝，然后扫定独夫，为天下除患。以是二途，故不得相比。

其前文已自以平乱易代比附汤、武革命，此处又特别指出己身于君臣大义并未亏缺，故其事的正当尤胜于汤、武。这种把抗暴举义与君臣大义协调起来的"革命"，不仅继承了汉代以来其举义抗暴的尖锐性不断退化的趋势，更已明确了其维护王朝体制和根本伦理秩序的功能。经此演绎的"革命"，其实已定位为王朝体制在危机下突破易代僵局的一种机制，是末世乱政之时面临王朝可否更替等根本问题的可取选项。而这显然是整个社会纲常已立，王朝更替原则渐明，革命前提和方式在理论上、实践上都被重重设限的结果。

以上讨论表明，魏晋以来的禅让既非"以圣传圣"，也就不仅是公天下让贤原理的体现，且被视为特定条件下的一种拨乱反正；革命亦非仅指易代，而是保留了其抗暴定乱的部分意涵，是在维护纲纪、扶危济难，以为臣君之义已尽而前朝命运不复可挽的证明。正是这种适应时势的内涵修正，方得大体存续两者所寓的易代合法性原则，使之互渗和啮合为一，从而构成了"禅让革命"的新模式。这一模式显然面对现实降低了"禅让"的门槛，又引入"革命"大义提升了易代的格调，从而在纲常已立的时代，为人们突破由臣为君的禁制，合理而和平地完成对其自身生存及社会发展来说已成必需的王朝更替提供了出路。

二　公天下原理与禅让革命的前提

魏晋以来的历次禅代，就是在这些已被修削嫁接的"革命""禅让"理念的指导下展开的，其具体的程序亦是对此的体现和确认。此期凡革命之主，必先统揽政柄位极人臣，旋即"依唐虞、汉魏故事"启动易代程序，其具体节目史载繁悉毋庸赘述，其中一个重要的部分，是要彰显新主有如古圣王功德盖世而身负气运、泽被万民，为其得行禅让之事所必需。为之遂须封土以建宗庙、社稷，定世系、国号，自署群卿百官，以明其渊源深厚有国有家①；九锡以彰其功业德泽有类周公，治教刑事足为典范②；摄天子位或用天子之仪，以示其虽未即真而实治天下③。凡此之类，皆基于其革命举义、定难平乱的伟业而来，又举着取法尧舜的旗帜，引领了古史复兴等思想潮流④，而实质均是要体现其禅代合乎古圣王传统而名正言顺，乃是大势所趋、众望所归。

这种高度程式化又一再重复的过程，确易遮掩权力更替特有的精彩、残酷和跌宕起伏，像石勒就很不理解，讥其虚伪，不够"磊落"⑤。但与完全赤裸的丛林法则相比，与动辄失范僭越的权力更替对照，却仍应肯定其为王朝合法性理论与实践的长足发展，是华夏政治文明的历史性进步。仅把问题置于权谋诈术的层面，将之一概归为欺诳天下的掩耳盗铃之举，那就难以解释其相关程序的反复重现；厌弃或漠视这种易代模式的内在意涵，自以为"看

---

① 《史记》卷一六《秦楚之际月表》序，提到了战国秦汉流行的"无土不王"论，其大意谓王者必先有封域，舜、禹、汤、武皆先受封有国而积善累功，方得行禅让、放杀之事而受命为王。《集解》引《白虎通》曰："圣人无土不王，使舜不遭尧，当如夫子老于阙里也。"汉魏以来行"禅让革命"者之所以皆先封公进王而授土治民，表象上是因为有封域者必有庙社、世系、国号、百官，实则是在遵循这个"无土不王"的政治传统。

② 如《三国志》卷一《魏书·武帝纪》建安十八年五月丙申天子策命曹操为魏公并加九锡，裴注引《魏书》载其时曹操令曰："夫受九锡，广开土宇，周公其人也"云云，又引《魏略》载操上书谢曰"不意陛下乃发盛意，开国备锡，以贶愚臣，地比齐、鲁，礼同藩王"云云。

③ 其具体节目或有加减及次序调整，北周的情况又因其先已周官改制而有不同。《周书》卷三《孝闵帝纪》载西魏恭帝三年十月宇文泰死后孝闵帝嗣位太师、大冢宰，十二月丁亥进封周公后，十余日后即行禅让。其既已封周公，故无须再另行封土，九锡及用天子仪。

④ 战国荀子、韩非子等均有质疑尧舜禅让之说，晋武帝太康二年汲县魏冢所出竹书又催动了相关讨论，如《史记》卷一《五帝本纪》正义引《竹书》记有"舜囚尧"等事。《史通》卷一三《外篇·疑古第三》引"《汲冢琐语》云：舜放尧于平阳。而书云某地有城，以'囚尧'为号。识者凭斯异说，颇以禅授为疑"。是竹书整理及后续记逸之作不能不受当世禅代的触动和影响。《隋书》卷三三《经籍志二》史部杂史类著录皇甫谧《帝王世纪》古史书多部，皆为当时古史因此复兴的反映。

⑤ 《晋书》卷一〇四《石勒载记上》记其屯兵葛陂将寇建邺而遭饥疫，问张宾以和战之计，宾曰："将军攻陷帝都，囚执天子，杀害王侯，妻略妃主，擢将军之发不足以数将军之罪，奈何复还相臣奉乎！"是石勒自许之"磊落"如此，其既身为胡人备遭歧视，又倾覆晋室虐之尤甚，故只能推崇刘邦、刘秀而鄙薄禅代。

透"了其权斗底蕴,说明的不仅是肤浅和傲慢,更是规则和信念的缺失。魏晋以来禅让革命模式接武继轨大同小异的样态,是因汉代以来的社会整合已渐铸就了朝野上下均难逾越的统治合法性原则,禅代程序即与之兼容又强化了易代的规则,其权力更替无非因其不可违背而须循规蹈矩,因高度程式化而得平稳过渡。其表明的正是王朝体制在最为尖锐复杂的易代问题上的重大进展,是禅让和革命内涵经刷新、协调后仍然具有的严肃性。

如前所述,要以禅让来完成易代,自须肯定天下非一家一姓之天下,乃天下人之天下这个前提,又必接过选贤与能,大位唯有德者居之的传统。这两个方面自尧舜禅让说诞生即已连成一体不可分割[①],后世也一直都在尚公、崇让等观念中存其脉绪,但在战国以来建立的五帝公天下、三王家天下递嬗序列中,对公天下时期的禅让易代方式是否适用于三王以下曾屡有论争[②]。至西汉昭、宣年间,眭弘、盖宽饶等上承鲍白令之、韩婴、董仲舒等所论加以发挥,力主汉家已衰而当去位让贤,虽以此被祸而为朝野所惜,可见禅让在后世仍可帮助完成和平易代的价值渐被广泛认同[③]。再到王莽将之付诸实践,禅让体现的公天下让贤理念,已因其有助于突破业已势在必行而又受制于君

---

① 今存文献关于尧舜禅让的最早表述在《尚书·尧典》,其中即包含了天下为公、君位推举而唯德是尚的理念。杨希枚《再论尧舜禅让传说》一文的结论是:"尧舜禅让传说应至迟是春秋时代以来就已经流传的古老传说之一。"收入所著《先秦文化史论集》,中国社会科学出版社1995年版。另参彭裕商《禅让说源流及学派兴衰——以竹书〈唐虞之道〉、〈子羔〉、〈容成氏〉为中心》,《历史研究》2009年第3期。

② 战国后期关于燕国子之禅让的讨论即集中体现了这一点。又《说苑·至公》篇述秦始皇既吞天下,与群臣议君位禅贤、世继"孰是",鲍白令之对曰:"天下官,则让贤是也;天下家,则世继是也。故五帝以天下为官,三王以天下为家。"并认为当世行桀纣之道,"五帝之禅,非陛下所能行也"。这又反映了秦汉以来相关讨论之况。

③ 《汉书》卷七五《眭弘传》载其元凤三年正月上书说灾异曰:"先师董仲舒有言:'虽有继体守文之君,不害圣人之受命。'汉家尧后,有传国之运。汉帝宜谁差天下,求索贤人,禅以帝位,而退自封百里,如殷、周二王后,以承顺天命。"结果被定罪"妖言惑众,大逆不道"而伏诛。同书卷七七《盖宽饶传》载其"引《韩氏易传》,言'五帝官天下,三王家天下,家以传子,官以传贤,若四时之运,功成者去,不得其人则不居其位'。……时执金吾议,以为宽饶意欲求禅,大逆不道"。而谏大夫郑昌则认为"宽饶忠直忧国,以言事不当而为文吏所诋诬",请恕其罪。"上不听,遂下宽饶吏,宽饶引佩刀自刭北阙下,众莫不怜之。"二例可见韩婴、董仲舒以来对鲍白令之所说的发展,"莫不怜之"表明相关理论已被广泛接受。

臣纲常的易代僵局，渐被确认为同样适用于家天下时期的政治公理①。这就构成了魏晋以来禅让革命的重要思想基础，故当时的历次禅代都十分明确地对此公理作了阐发。

《三国志》卷二《魏书·文帝纪》裴注引袁宏《汉纪》载献帝禅位诏有曰：

> 夫大道之行，天下为公，选贤与能。故唐尧不私于厥子，而名播于无穷。朕羡而慕焉，今其追踵尧典，禅位于魏王。

《晋书》卷三《武帝纪》载其登位告天，亦述"昔者唐尧，熙隆大道，禅位虞舜"云云。所谓尧舜禅让的"大道"，也就是献帝禅位诏所引《礼记·礼运》篇的"天下为公，选贤与能"。其后禅代者对此道的申述，如《宋书》卷三《武帝纪下》载其登位告天有曰：

> 夫树君宰世，天下为公，德充帝王，乐推攸集。越俶唐虞，降暨汉魏，靡不以上哲格文祖，元勋陟帝位，故能大拯黔首，垂训无穷。

《北齐书》卷四《文宣帝纪》载其登位告天有曰：

> 夫四海至公，天下为一，总民宰世，树之以君。既川岳启符，人神效社，群公卿士，八方兆庶，佥曰皇极乃顾于上，魏朝推进于下，天位不可以暂虚，遂逼众议，恭膺大典。②

---

① 《汉书》卷九九下《王莽传下》载莽临终，"公卿大夫、侍中、黄门郎从官尚千余人随之"。足见其直至末路仍拥护者甚众，对此自须联系上引韩婴、董仲舒及眭弘、盖宽饶所论来加以认识。蒙文通《孔子和今文学》一文指出：西汉今文学的革命、禅让学说，"为王莽的篡取政权提供了理论，把王莽推上了皇帝的宝座"。收入《蒙文通文集》第三卷《经史抉原》，巴蜀书社 1995 年版。钱穆《孔子与春秋》则说："盖宽饶、眭弘都为公开请求汉室求贤让位，招致了杀身大祸。但禅国让贤、新王受命的呼声，依然不能绝，终于逼出了王莽。"收入所著《两汉经学今古文平议》，商务印书馆 2001 年版。

② 《南齐书》卷二《高帝纪下》载其登位告天有曰："夫肇自生民，树以司牧，所以阐极则天，开元创物。肆兹大道，天下惟公，命不于常。"《梁书》卷二《武帝纪中》载其登位告天有曰："夫任是司牧，惟能是授，天命不于常，帝王非一族。"《陈书》卷二《高祖纪下》载其登位告天有曰："夫肇有蒸民，乃树司牧，选贤与能，未常厥姓。"《周书》卷三《孝闵帝纪》载魏帝禅位册书有曰："帝王之位弗有常，有德者受命，时乃天道。"《隋书》卷一《高祖纪上》载周帝禅位诏书有曰："元气肇辟，树之以君，有命不恒，所辅惟德。天心人事，选贤与能，尽四海而乐推，非一人而独有。"皆然。

这类文字以往常被鄙为虚饰之论，不外是因人们先已认定其不过是为篡位谋逆张本，以致无视了其事本身和这些理论、规则的严肃性；忘记了末世乱政之际的改朝换代，正所以维护天下为公之理；意识不到确认公天下让贤原则的普适性，也就改变了后世所谓"家天下"的内涵。尤其是这些均为业已付诸实践的重大理论突破，明确君臣之义晚出而辅从于天下为公、选贤与能的准则，其提出早在先秦，王莽始落实于王朝更替而身死名裂，为后人所笑，故其真正明确和得以巩固还是在魏晋以来的禅代，自此一直都是历代志士仁人在王朝更替和统治合法性问题上坚持的原理。一旦否定了这一点，那就是说凡属易代皆为谋逆而不可行，也就等于认定天下乃一家一姓之天下，封闭了通过易代使整个社会走出困境而获更始的可能。

此即魏晋以来历次禅代，都要连篇累牍强调"天下为公，选贤与能"之道的原因。在专制皇权秩序和纲常伦理日益深入人心的家天下时期，不举起尧舜禅让的旗帜，不凭借其所代表的公天下让贤传统，就无法与"天下者列祖列宗之天下"或"朕即国家"之类的观念抗衡，也就谈不上易代的必要性、合法性了。正其如此，贯穿于禅让革命全过程的基调之一，就是要竭尽塑造现世禅代者有类尧舜的神圣形象，并以九锡、封王、用天子仪、再三劝让等各有特定寓意的步骤，来象征和体现让位、登位均合乎"唯有德者居之"的公天下准则，以尽可能减少王朝更替的阻力，使易代得以按古圣王传统和平实现。

这也决定了禅让革命处理不少现实问题的理路和方式。像如何对待、评价前朝的问题，当时虽循周汉分封二王三恪的传统，以不臣的宾礼尊重前朝帝裔，并将此礼推及至前此一、二朝之裔[1]，但现在其着力点首先是在维护禅

---

[1] 这类制度安排起源甚早，但后世所称的二王三恪之制当始于西周，汉、新、曹魏做法不一，西晋定型后仍有变化而尤重所禅朝代之裔。参《通典》卷七四《礼三十四·三恪二王后》，中华书局1984年影印版；谢元鲁《隋唐五代的特殊贵族——二王三恪》，《中国史研究》1994年第2期；孙正军《二王三恪所见周唐革命》，《中国史研究》2012年第4期。

让的合法。故其不仅尤重禅位之君的安置程式①，以此为"一依唐虞、汉魏故事"的重要体现，还一定要以所禅前朝为天命所归，明确其本来立国甚正而统治有道，其裔自亦承此正统，但因政衰世乱而为天所弃。这是因为"以圣传圣"既因时代发展再不可能，非如此，即无法按公天下让贤原理禅让大位完成权力的和平过渡，也不能使本朝成为历代正统相承王朝谱系的一环。具体如《三国志》卷二《魏书·文帝纪》裴注引《献帝传》载其禅位册诏有曰：

> 朕惟汉家世逾二十，年过四百，运周数终，行祚已迄，天心已移，兆民望绝，天之所废，有自来矣。今大命有所底止，神器当归圣德。

又《晋书》卷三《武帝纪》载其告天登位之文有曰：

> 昔者唐尧，熙隆大道，禅位虞舜，受双以禅禹，迈德垂训，多历年载。暨汉德既衰，太祖武皇帝拨乱济时，扶翼刘氏，又用受命于汉。粤在魏室，仍世多故，几于颠坠，实赖有晋匡拯之德……。

这都是当时评述前朝的标准口径，其基调是要确认其本来膺有正统。《宋书》卷二《武帝纪中》载晋恭帝签署禅位诏时，"谓左右曰：'桓玄之时，天命已改，重为刘公所延，将二十载。今日之事，本所甘心。'"所说晋室在桓玄称帝时"天命已改"，与上引文述汉"天心已移"、魏"几于颠坠"大意不二，即先明确前朝祖上获得天命，再强调其末叶失去了天命②，不一起肯定这两点，禅代的合法性就无从谈起，新旧君臣就不能两得其便。

---

① 如《三国志》卷二《魏书·文帝纪》黄初元年十一月癸酉，"以河内山阳邑万户奉汉帝为山阳公，行汉正朔，以天子之礼郊祭，上书不称臣，京都有事于太庙，致胙；封公之四子为列侯"。自后各朝禅代安置旧君之式皆在此基础上损益，虽大多不久被杀而仍须留其裔脉以为承统象征。
② 《宋书》卷三《武帝纪下》史臣评论晋宋易代之事有曰："桓温雄才盖世，勋高一时，移鼎之业已成，天人之望将改。自斯以后，晋道弥昏。道子开其祸端，元显成其末衅，桓玄借运乘时，加以先父之业，因基革命，人无异心。"同书卷四六《王懿传》载其字仲德，"桓玄篡，见辅国将军张畅，言及世事，仲德曰：'自古革命，诚非一族，然今之起者，恐不足以成大事。'"是桓玄称帝而时人亦比之为"革命"。

这类渲染显然也反映了禅让与革命内涵的嫁接组合，并可将之视为禅代的必要步骤。形形色色称颂前朝祖宗功德绝伦而获天下，又痛惜其终至气运衰绝而四海困穷的文字，既可表明舆论的至公与开放，亦可抒达易代之际人们或幸或痛的复杂情怀和思考，同时又烘托了革命易代拨乱反正的性质，彰显了禅让所寓公天下让贤原理的普适性，体现了王朝更替而正统不绝的谱系。就是说，除那些形态较为确定的节目程式外，禅让革命也甚有赖于这类看似纷杂而内有脉理的舆情议论，来传播相关理念，形成声势和共识，尽可能消解阻力，以便在现有体制内展开易代程序，直至借手其君和平交割权力，让新主成为王朝正统的当然继承者。

三　顺天与应人：禅让、革命合法性的统一

前已指出，魏晋以来禅让革命的着眼点之一，是要以抗暴定乱的革命大义，为家天下时期再行禅让提供辩护，这本身即意味了两者在合法性前提上趋于一致。非但如此，禅让与革命所寓准则的修正和嫁接，又势必要中和、协调以往对公天下和家天下时期易代合法性问题的不同思考。结果便是《易·革》卦《彖辞》说汤武革命的"顺乎天而应乎人"，已不再只是夏、商、周的易代前提和革命传统的远源，而亦成了当下禅让合法性论证的充要条件。

这一点当然也有一个逐渐明确起来的过程。西汉后期至东汉以来，特别是由于王莽代汉的刺激，各种易代方式包括禅让的正当性已日益引起了人们关注。东汉初年班彪的《王命论》说尧舜禅让与汤武革命，"虽其遭遇异时，禅代不同，至于应天顺民，其揆一焉"[①]。即把禅让与革命的理据统一了起来。到魏晋以来的禅代，无论是把革命等同于禅让易代，还是以禅让为革命的归宿，两者皆须顺天应人而"其揆一也"的认识，自亦延续了下来而被公认。

《艺文类聚》卷一〇《符命部·符命》引魏邯郸淳《受命述》有曰：

[①] 《文选》卷五二《论二·班叔皮〈王命论〉》，中华书局1977年版。

> 虞夏受终，殷周革命，有禅而帝，有代而王，禅代虽殊，大小繇同……圣嗣承统，爰宣重光，陈锡裕下，民悦无疆。三神宜厘，四灵顺方，元龟介玉，应龙粹黄。若云魏德，据兹以昌。

同书卷六二《居处部·阙》引梁陆倕《石阙铭》则述：

> 昔舜格文祖，禹至神宗，周变商俗，汤黜夏政。虽革命殊乎因袭，揖让异于干戈；而晷纬冥合，天人启基，克明克俊，大庇生民，其揆一也。

《隋书》卷一《高祖纪上》载周帝禅位册书亦称：

> 厥有载籍，遗文可观，圣莫逾于尧，美未过于舜……汤代于夏，武革于殷。干戈揖让，虽复异揆，应天顺人，其道靡异。

以上足见魏晋以来，随禅让与革命所寓原理的啮合互渗，本来只是家天下时期革命理据的"顺乎天而应乎人"，确已成为现世禅让是否合法的基本判据。正由于此，在禅让革命模式的应有节目中，除前面所述彰显公天下让贤理念，体现新主功德有同尧舜而得仿行禅让之事的部分外；又不能不以呈进灵征、再三劝让等另一部分节目，来专门表明其易代亦如汤武革命为天意、民心所向，才能在讲究纲常伦理的时代构成禅让革命合法性论证的完整链条。也正是这两部分节目及其所寓之理的相互对接而不可或缺，决定了这种易代模式"一依唐虞、汉魏故事"而高度程式化的状态。

从禅让和革命所寓原理的协调、折中，到两者的合法性判据一并落脚于顺天、应人，可说是禅让革命模式的内蕴逻辑，也是对战国秦汉以来王朝易代和统治合法性论争的历史性总结，理当视为中国政治思想史及人类政治文明史上的划时代成果。纵观中外历史，确认公天下让贤理念适用于后世的价值，以此修正本与公天下相对而言的家天下内涵及其应循准则，使人不再能公然声称"天下乃一家一姓之天下"，这样振聋发聩的理论突破和实践已足傲视整个古代世界。更为重要的是，无论是公天下让贤准则，还是主权在天或民本观念，其本身并不能保证在位者代天、代民理物，也无法阻碍其肆意粉饰其统治的为公、有德，只有进一步肯定人民有权反抗暴政，确认天怒人怨之时被统治者举义革命的正当合理，方可防止并有途径驱逐现实中一家一姓的为私、无德之治，贯彻为公让贤或民本、神本的政治原理才会有确切保障，其整个理论也才能自洽有力。即此而论，魏晋以来对禅让、革命在顺天应人上"其揆一也"的确认和强调，实际上也是为各种方式的易代明确了合法性论证的共同基点，这就相当彻底地澄清了先秦、秦汉以来各执一是，对于王朝体制和王朝传统承续来说已愈为重要而迫切的易代合法性论证难题。

不过，易代合法性论证的基点统一至顺天而应人以后，其具体论证方式尤其天、人关系如何协调，认识和实际过程也还会有曲折。在汉儒的表述中，王者革命易代的天意和民心基础，是相互感应缺一不可的。如前引班彪《王命论》述：

> 帝王之祚，必有明圣显懿之德，丰功厚利积累之业，然后精诚通于神明，流泽加于生民，故能为鬼神所福飨，天下所归往。未见运世无本，功德不纪，而得崛起在此位者也。

其述王者兴起在位，必有厚德丰功，然后得以通于神明、泽被生民而为天下所归，仍体现了儒经中"民之所欲，天必从之"或"天视自我民视"的逻辑[1]；但其功德前提中既然包含了出身、祖业及所秉气运等先天条件，似"人事"与"天命"又是交感混同地发挥作用的。《艺文类聚》卷一〇《符命部·符命》引后汉傅幹《王命叙》则述：

> 帝王之起，必有天命瑞应自然之符，明统显祚丰懿之业，加以茂德成功贤智之助，而后君临兆民……未见运叙无纪次，勋泽不加于民，而

---

[1] 分见古文《尚书·泰誓》上、中篇，《泰誓》三篇皆武王纣誓师之文，《吕氏春秋》及《汉书》等魏晋以前文献已引此二语以证武王伐纣顺天、应人之统一。

可力争,觊觎神器者也。

与班彪大略以人事为先相比,傅幹也强调了天命与人事不可或缺,却明显是把天命置于"茂德成功"等人事之上的,可见东汉时人关于天、人感应或协调孰重孰先的看法已有较大反差。这种认识上的异同模糊之处魏晋以来尤然,其典型如干宝《晋武帝革命论》有曰:

> 史臣曰:帝王之兴,必俟天命,苟有代谢,非人事也。文质异时,兴建不同……尧舜内禅,体文德也;汉魏外禅,顺大名也;汤武革命,应天人也;高、光争伐,定功业也。各因其运而天下随时,随时之义大矣哉!古者敬其事则命以始,今帝王受命而用其终,岂人事乎?其天意乎![1]

不难看出时人于天命、人事孰先孰重虽有异议,但其论显然更重天意。可见汉魏以来虽已明确顺天应人为合法易代的前提,却因其难以切实证明和表达民意,也就势必连同天命一并发生疑惑,而终究只能迷失于鬼神莫测之间。这也可说是近代以前各国政治理论鲜有例外的归宿,像禅让革命模式所示节目中,标志天意的恒为玄妙不一的祥瑞谶记,象征人心归属的则多诸处呈进的谣谚歌颂,以及一再策禅奏让和臣民的反复劝进[2],其况不能完全视为欺诈造作,却也表明理论和逻辑上讲得通的"天意自我民意",正是当时的统治合法性理论最为薄弱的一环,极易在付诸实际时落入以天为本而曲释人事

---

[1] 《文选》卷四九《史论上·干令升〈晋武帝革命论〉》。
[2] 此期历次禅位的诏策文可说是禅让革命理据的说明书,其作结时通常都要点明其事顺天而应人。前引晋恭帝禅位诏称"玄象表革命之期,华裔注乐推之愿",即是。此后如《南齐书》卷一《高帝纪上》载宋帝禅位玺书称"神祇之眷如彼,苍生之愿如此,笙镛变声,钟石改调,朕所以拥璇持衡,倾伫明哲"。《梁书》卷一《武帝纪上》载齐帝禅位诏称"河岳表革命之符,图谶纪代终之运,乐推之心,幽显共契,歌颂之诚,华裔同著"。《陈书》卷一《高祖纪上》载梁帝禅位诏称"革故著于玄象,代德彰于图谶,狱讼有归,讴歌爰适,天之历数,寔有攸在"。《北齐书》卷四《文宣帝纪》载东魏孝静帝禅位诏称"祯符杂沓,异物同途,讴颂填委,殊方一致,代终之迹斯表,人灵之契已合"。《周书》卷三《孝闵帝纪》载西魏恭帝禅位册书称"玄象征见于上,讴讼奔走于下,天之历数,用实在焉"。《隋书》卷一《高祖纪上》载周帝禅位诏称"河洛出革命之符,星辰表代终之象,烟云改色,笙簧变音,狱讼咸归,讴歌尽至"。所述皆以灵征图谶象征天意,而以讴歌劝进表明人心。

的窠臼。①

就其理论本身的问题而言,"天意自我民意"虽以人事诠释天命,却毕竟还是肯定了唯天为上的预设,是以天命为最高权力合法授受的终极步骤的。曹魏李萧远撰《运命论》曰:

> 圣明之君,必有忠贤之臣。其所相遇也,不求而自合;其所以相亲也,不介而自亲。唱之而必和,谋之而必从,道德玄同,曲折合符,得失不能疑其志,谗构不能离其交,然后得成功也。其所以然者,岂徒人事哉?授之者天也,告之者神也,成之者运也。②

其述帝王创业而君臣遇合、风云际会,人事固然重要,但真正授之告成的还是天命气运,这在当时确为普遍的认识③。《洛阳伽蓝记》卷三《宣阳门》引常景《讷颂》称:

> 详观古列,考见《丘》《坟》,乃禅乃革,或质或文。周余九裂,汉季三分,魏风衰晚,晋景雕曛。天地发辉,图书受命,皇建有极,神功无竞。魏篆仰天,玄符握镜,玺运会昌,龙图受命。

是尧、舜、汤、武及魏晋以来"乃禅乃革"的历次易代,要之皆为天命授受的结果。《隋书》卷五八《许善心传》载其续父撰著《梁史》,其《序传》末述其撰作之意有曰:

---

① 参顾颉刚《五德终始说下的政治和历史》,收入《古史辨》第五册,上海古籍出版社1982年版;陈槃《秦汉间之所谓符应论略》,《"中央研究院"历史语言研究所集刊》第十六本,1947年;安居香山《纬书与中国神秘思想》第五章《中国"革命"的特点》,田人隆译,河北人民出版社1991年版。

② 《文选》卷五三《论三·李萧远〈运命论〉》。李善注谓李萧远曹魏明帝时为浔阳县长,其"运"指五德之运,"命"指天命。

③ 《隶释》卷一九《魏公卿上尊号奏》载相国华歆、太尉贾诩、御史大夫王朗领衔劝进,其文有"陛下圣德,懿□两仪,皇符照晰,受命咸宜。且有熊之兴,地出大蝼;夏后承统,木荣冬□,□汤革命,白狼衔鉤;周武观□,□□□□。方之今日,未足以喻"。《宋书》卷二《武帝纪中》载晋帝逊位,群臣劝进至于再三,"太史令骆达陈天文符瑞数十条,群臣又固请,王乃从之"。皆以天命符瑞为禅让登位的终极理由。

有人民焉，树之君长；有贵贱矣，为其宗极。保上天之睠命，膺下土之乐推，莫不执太方，振长策，感召风云，驱驰英俊。干戈揖让，取之也殊功；鼎玉龟符，成之也一致。

这是认为禅让或革命易代，虽亦赖其"殊功"，而均成之于天意。凡此之类的看法，显然并未否定人事的重要，更无意否定易代必须顺天而应人的命题，而是由于易代的最终程序毕竟是要告天登位。故其说明的是相比于人为努力和有时不免对立的民意，人们更愿把天象地兆之类所示天意，视为一种非造作而具有决定意义的存在。

魏晋以来禅代合法性论证所以尤重"顺天"的一面，还有一重背景是此期易代均在数朝并峙之时，也就不能不更加关注本朝为天命正统所归的唯一性，遂愈为着力于天意的证明，特别在意那些被公认为直示天意的天象。《宋书》卷二三《天文志一》曹魏文帝黄初六年纪事引《蜀纪》载明帝时事：

明帝问黄权曰："天下鼎立，何地为正？"对曰："当验天文。往荧惑守心，而文皇帝崩，吴、蜀无事，此其征也。"

其下文有曰："按三国史并无荧惑守心之文，宜是入太微。"这条按语质疑了《蜀纪》所述天象，却还是说明鼎立之时当以天文定其正统的说法，在当时实已深入人心①。《宋书》卷二四《天文志二》记东晋康帝建元元年之事：

岁星犯天关。安西将军庾翼与兄冰书曰："岁星犯天关，占云：'关梁当涩。'比来江东无他故，江道亦不艰难；而石虎频年再闭关，不通信使。此复是天公愤愤，无皁白之征也。"

---

① 《宋书》卷二四《天文志二》咸和六年十一月纪事："荧惑守胃、昴。占曰：赵、魏有兵。八年七月，石勒死，石虎自立，多所残灭。是时虽勒、虎僭号，而其强弱常占于昴，不关太微紫宫也。"亦其例。

又《魏书》卷一〇五之三《天象志三》明元帝泰常二年十二月"彗星入太微"条原注：

> 自晋灭之后，太微有变，多应魏国也。

这类记事，反映了时人面对日、月、太微、紫宫、天关等对应于王者及其政治的天象变化，是多么着紧在意。这是因为它们早已是证明天命正统不可取代的证据，更是因为数朝并峙局面进一步强化了独占这种正统地位的重要性①。《艺文类聚》卷五八《杂文部四·檄》引魏收《檄梁文》有曰：

> 夫辰象丽天，山岳镇地，方以类聚，物以群分。建之以邦国，树之以君长，日月于是莫贰，帝王所以总一。虽五运相推，百王革命，此道所以孰云能易？

从中不难体会，易代合法性论证所以要特别强调其"顺天"的一面，要害正在时人公认"日月莫贰"而"帝王总一"。在鼎峙局面下，各种因应着"革代更王"的天象灵征，实为其易代合乎天意和本朝独占正统地位的最佳证明，这自然会使人们强调其易代的"顺天""因天""荷天"有了更大的必要和意义。

正是由于理论和实际的上述原因，导致了魏晋以来禅代合法性论证重视"顺天"甚于"应人"的某些现象，不少记载或言论甚至只提顺天而略云应人②。但若据此断言其时唯天是从而忘却了顺天、应人不可或缺的易代合法性前提，那显然是过犹不及，不仅不符把禅让和革命相关内涵嫁接为一所体现

---

① 《魏书》卷一〇五之四《天象志四》载武定八年三年甲午"四星聚焉。五月丙寅（辰），帝禅位于齐。是岁，西主大统十六年也。是时两主立，而东帝得全魏之墟，于天官为正。昔宋武北伐，四星聚奎；及西伐秦，四星聚井。四星聚参而勃海始霸；四星聚危而文宣受终。由是言之，帝王之业其有征矣"。亦然。

② 如《晋书》卷一九《礼志上》载魏明帝时公卿奏定七庙之制，称"文皇帝继天革命，应期受禅，为魏高祖"。《抱朴子外篇》卷三《仁明》有"应天革命，以其明也"之语。《文选》卷五三《陆机〈辨亡论〉》下篇有曰："《易》曰：汤、武革命顺乎天。或曰：乱不极则治不形。言帝王之因天时也。"《南齐书》卷三九《刘瓛传》："太祖践阼，召瓛入华林园谈语，谓瓛曰：'吾应天革命，物议以为何如？'"皆然。

的政治理性，也有违当时仍多本乎圣贤所示天人关系的义理，坚持以人事来解释天命的基本倾向和事实。

如《三国志》卷二《文帝纪》裴注引《献帝传》载汉魏禅代之际太史丞许芝条上曹魏代汉之谶，侍中辛毗等奏引《易传》"观乎天文以察时变"等文而申论其义：

> 天文因人而变，至于河洛之书，著于《洪范》，则殷周效而用之矣。斯言，诚帝王之明符，天道之大要也。

其说仍秉持了"天意自我民意"的逻辑，而早被公认为揭示了天人关系之要的《尚书·洪范》之义，也正是为政合乎物理人情天即佑之，龟筮、征兆的吉凶常随民意而定这个传统。直至周隋禅代之际，《隋书》卷七八《艺术庾季才传》载其精于天文灾异，曾为太史中大夫，撰《灵台秘苑》，杨坚为丞相后尝夜召季才问事：

> 问曰："吾以庸虚，受兹顾命，天时人事，卿以为何如？"季才曰："天道精微，难可意察，切以人事卜之，符兆已定。季才纵言不可，公岂复得为箕、颍之事乎？"

这是说天意终须以人事来说明和确定。诸如此类诠释天意的人本立场①，与同期诸种强调天命的论点虽有矛盾，却毕竟仍有某种共同的基底②。在当时的社会条件和天人关系认知框架下，易代之际参差百出而不免对立的人心所

---

① 如《宋书》卷一六《礼志三》载孙权告天登位之文："权生于东南，遭值期运，承乾秉戎，志在拯世，奉辞行罚，举足为民。君臣将相州郡百城执事之人，咸以为天意已去于汉……历数在躬，不得不受。"《抱朴子外篇》卷四八《诘鲍》述抱朴子论诸祥瑞："至于扰龙驯凤，河图洛书，或麟衔甲负，或黄鱼波涌，或丹禽翔授，或回风三集，皆在有君之世，不出无王之时也。夫祥瑞之征，指发玄极，或以表革命之符，或以彰至治之盛。若令有君不合天意，彼嘉应之来，孰使之哉？"凡此皆以民意人事而定天意灵征，例不胜举。

② 史载其例甚多，故学界亦有汉魏以来神学主义和理性主义孰占上风的分歧。安居香山、中村璋八所辑《纬书集成》前附的吕宗力、栾保群《〈纬书集成〉前言》，河北人民出版社1994年版；孙英刚《神文时代：谶纬、术数与中古政治研究》之《绪论》—《神文与人文》，上海古籍出版社2015年版。

向，实际上只能借助于看似中立而征兆确切的天意来加以统一，因人而变的天文，要在指示一种根本的、无疑义的民意。①

四 改制以明天道、人心及模式的演化

在禅代合法性论证时强调天命的论调，无疑从属于汉代思想界高涨起来的神学倾向②。而这个持续高涨的过程，说到底是已居政治主导地位的儒学急欲与阴阳五行宇宙论统一起来的反映，是儒学指导下的统治和社会整合获得巨大成功，遂使士人主流坚信其基本准则上合天心而为宇宙至理的结果。故当时的主要神化对象，是以尧舜禹汤文武以及周孔等古王先圣构成神谱，并把圣贤所示伦理准则上升为天道。这种不同于欧洲中世纪的神学主义，自须遵循圣贤所示传统，秉持人可感天而天佑良政的天人关系架构，致力于使宇宙和社会的终极真理发挥合一而非二元的作用，以适应和巩固政治和社会体制的一元化架构。在如此根深蒂固的一元化坚持之中，所谓天命绝非是脱离人事的独立意志，而更像是一种特殊的民意刻度，是以人事是否上通圣贤之道为转移，其征兆亦经历代验证筛选而更为确切的终极指示③，遂得在易代合法性论证和大位授受时起到一锤定音的决定作用。

正其如此，汉魏以来虽符命图谶之说盛行，却仍确认了民意基础对王朝存在和更替的不可或缺，事实上也一直都在禅代必须顺天应人的前提下，展开如何集中代表民意以获天命的探索。《艺文类聚》卷一〇《符命部·符命》引曹魏傅遐《皇初颂》赞美曹魏代汉：

---

① 《白虎通》卷八《三正》"论改朔之义"："王者受命必改朔何？明易姓，示不相袭也。明受之于天，不受之于人，所以变易民心，革其耳目，以助化也。"即寓此义。另参江晓原《天学真元》第二章《哲学基础：天人合一与天人感应》，辽宁教育出版社1991年版。

② 参侯外庐等主编《中国思想通史》第二卷《两汉思想》第三章《董仲舒公羊春秋学的中世纪神学正宗思想》、第七章《汉代白虎观宗教会议与神学思想》，人民出版社1957年版；冯友兰《中国哲学史新编》第三册第二十七章《董仲舒公羊学和中国封建社会上层建筑》，人民出版社1985年版。

③ 唐前期成书的《开元占经》中记有大量天象及地上、人间征兆的占验之辞，这类占书摘编的是经传注疏及星经、史籍所记的权威性成例，其中不少都表明先秦以来对同类征兆的占验是一脉相承非可曲解的。

昔九代之革命，咸受天之休祥；匪至德其焉昭，匪至仁其焉章？懿大魏之圣后，固上天之所兴……揽皇象以阐化，顺帝则以播音，遵阳春以行施，揆四时以立信，运聪明以举善，宣柔惠以养人。于赫我后，迈德如神，化不期月，令不浃辰。于是天地休豫，灵祇欢欣，嘉瑞云集，四灵允臻。

　　这是确认唯仁德可以受天眷命，魏主正是以一系列仁政而使祥瑞并臻、天命嘉许的；尤其"揽皇象以阐化"以下数句所述，其语皆从《洪范》之政化出，实与上引辛毗据以强调的天道之要相互呼应。其所代表的观点，显然是在禅代合法性论证如何统一天意与人心的难题面前，着力强调了良法善政足以勾通天人和证明天意的重大作用。也就是说，灵征图谶、劝让文书之类对证明禅代顺天而应人固甚必要，却仍须以儒经所示天佑良政的大义为其根基方得其实。在古圣王及其治道已被神化的前提下，合乎其道的政教举措，实为代表民意和落实天命的根本途径。

　　这种以特定政教举措来集中表达民意以证天命的理路，亦上承汉儒及王莽改制之意发展而来①，在民意难定而至于天心莫测的困境下，循此理路统一对此做出证明，较之本属象征又易于流向二元论和泛滥失信的灵征图谶、谣谚劝让之类②，正是一条重要而可行的路径。但易代既须由禅让完成，制度改作就不能不受其尤重因循之义的制约，这一矛盾在汉魏禅代论证其顺天应人时即已暴露。《宋书》卷一四《礼志一》载曹魏代汉时议定正朔服色之事：

　　尚书令桓阶等奏："……今新建皇统，宜稽古典先代，以从天命；而告朔牺牲，壹皆不改，非所以明革命之义也。"诏曰："服色如所奏，其余宜如虞

----

　　① 如董仲舒《春秋繁露》卷七《三代改制质文》即述其理，《白虎通》卷八《三正》继此发挥。王莽的相关举措见《汉书》卷九九中《王莽传中》。又《文选》卷四八《符命·杨子云〈剧秦美新论〉》赞美新朝的改制举措合乎古圣王治道而"天人之事盛矣，鬼神之望允塞"。亦抒此理，魏晋以来已对这类举措作了简化。

　　② 参钟肇鹏《谶纬论略》第一章《谶纬的起源和形成》（二）《谶纬的定型和兴衰》，辽宁教育出版社1991年版；吕宗力《汉代的谣言》之《绪言》，浙江大学出版社2011年版。

承唐，但腊日用丑耳，此亦圣人之制也。"

桓阶等所奏，取据的是三统论概括的汤武革命易代改制之理，认为革命易代本须改作制度与民更始，否则即难证明其顺天而应人。魏文帝最终诏定宜遵尧舜禅让故事①，故不改正朔，服色等制则依本朝行次加以调整②。需要指出的是，"正朔"即官颁历法按天地宇宙之理确定的岁首朔日，不仅是王朝与天命相通的象征，更在历法起点上决定了因时施政的"月令"，关系到各种朝政、典礼的构成和展开③。是故禅让革命而不改正朔，也就是要尽可能保持制度的稳定，所体现的正是这一易代模式对禅让与革命内涵的折中。但争论显然并未结束，七年以后魏明帝登位，受命易代必改正朔的议论又高涨了起来，其原因还是要以特定改制活动来完成本朝为天命人心所归的证明。《宋书·礼志一》载当时明帝下诏：

> 自五帝三王以下，或父子相继，同体异德；或纳大麓，受终文祖；或寻干戈，从天行诛。虽遭遇异时，步骤不同，然未有不改正朔，用服色，表明文物，以章受命之符也。由此言之，何必以不改为是邪？

当时预议的侍中高堂隆，亦以为自古以来禅让或革命，皆须改正朔而易

---

① 所谓"虞、夏故事"不改正朔，指《尚书·尧典》述舜"正月上日，受终于文祖"及《大禹谟》述禹"正月朔旦，受命于神宗，率百官若帝之初"。其"正月上日"及"正月朔旦"皆用尧、舜之历而不改正朔，"若帝之初"更明确禹禅让一如尧舜禅让不失旧物。又所谓"腊日用丑"或"腊以丑"，指以丑日腊祭，魏文帝定未祖丑腊，称其"亦圣人之制也"，其事可参《初学记》卷四《岁时部》下《腊第十三》引《魏名臣奏》及《通典》卷四四《礼四·大　》载黄初元年高堂隆等议腊用之事。

② 《宋书》卷一四《礼志一》："魏文帝虽受禅于汉，而以夏数为得天，故黄初元年诏曰：……朕承唐、虞之美，至于正朔，当依虞、夏故事。若殊徽号、异器械、制礼乐、易服色、用牲币，自当随土德之数。每四时之季月，服黄十八日，腊以丑，牲用白，其饰节旄，自当赤，但节幡黄耳。其余郊祀天地、朝会四时之服，宜如汉制。宗庙所服，一如周礼。"

③ 王莽对此已甚为注意，近年公布的悬泉置壁书《使者和中所督察诏书四时月令五十条》，即于元始五年刘歆定毕《三统历》后，由王莽奏请太皇太后颁行全国，其事与当时起明堂、辟雍、灵台及刘歆定律历等事相互关联。又《礼记注疏》（《十三经注疏》本）卷一四《月令第六》孔疏引《郑目录》云："名为'月令'者，以其纪十二月政之所行也。"《柳河东集》卷三《论·时令论》通篇以"政令之作，有俟时而行之者，有不俟时而行之者"立意，其开篇谓："《吕氏春秋》十二纪，汉儒论以为月令，措诸礼，以为大法焉。"也指出了汉代以来以月令为大法的传统。唐宋几次为《月令》重新作注，仍有改制变法的寓意。

诸制度，"所以明天道，定民心也"①。其事因缪袭、王肃等仍持异议而被搁置，十年以后明帝方断然诏改正朔，行《景初历》，"以建丑之月为正"，易诸服色时令，至齐王芳登位后又复其旧。

这一波折表明，以禅让革命的模式易代，改正朔这种极富象征意义的制度革新举措，势须受到禅让之义的制约；但"圣人之制"上通天意而下合民心既得公认，以相应的改制举措来完成易代合法性论证的倾向，也就还在不断滋长并影响决策。《宋书·礼志一》又载：

> 晋武帝泰始二年九月，群公奏："唐尧、舜、禹不以易祚改制，至于汤、武，各推行数……今大晋继三皇之踪，蹑舜、禹之迹，应天从民，受禅有魏，宜一用前代正朔、服色，皆如有虞遵唐故事，于义为弘。"奏可。孙盛曰："仍旧，非也。且晋为金行，服色尚赤，考之天道，其违甚矣。"

群公既奏不改正朔、服色"于义为弘"，说明当时于此仍多异议而各有理据②，以制度更作证明易代合乎天意人心的讨论在禅代以后仍在持续，这正是魏明帝改制波折所示思想脉络的再现，说明改制以证禅代顺天而应人的倾向仍在发展。尤其上引文中东晋史臣孙盛论其泥古因循之弊，凿凿言其行次既改而服色仍旧甚悖天道，足见必要的制度更作已愈被视为天经地义，服色以外的其他制度亦可类推。值得注意的是晋武帝当年即已对其拘泥于因循之失作了反省和调整，《晋书》卷一九《礼志上》：

> 泰始二年正月诏："有司前奏郊祀权用魏祀，朕不虑改作之难，令便

---

① 《三国志》卷二五《魏书·高堂隆传》载其当时以为"改正朔，易服色，殊徽号，异器械，自古帝王所以神明其政，变民耳目"。其旨显然本乎前引《白虎通·三政》"论改朔之义"所说，其义即改制固上应天命亦下合人心。

② 《通典》卷五五《礼十五·历代所尚》载西晋初年议正朔服色："散骑常侍傅玄上议：'帝王受命，应历禅代，则不改正朔；遭变征伐，则改之。舜正月上日受终于文祖，无改正之文，唐、虞正朔皆同，明矣。至殷周革命乃改。魏受汉禅，亦已不改，至于服色，皆从其本，唯节幡用黄。大晋以金德王天下，顺五行三统之序矣。'诏从之。由是正朔服色，并依前代。"《通典》保存的这段记载亦反映了当时的争论，且可见其的确是围绕禅让和革命之义的裁剪嫁接而展开的。

为永制，众议纷互，遂不时定，不得以时供飨神祇，配以祖考。旦夕难企，贬食忘安，其便郊祀。"时群臣又议，五帝即天也，王气时异，故殊其号，虽名有五，其实一神。明堂南郊，宜除五帝之坐；五郊改五精之号，皆同称昊天上帝，各设一坐而已。地郊又除先后配祀。帝悉从之。①

这也表明当时与不改正朔相应的，是一系列制度的因循，郊祀制度的这些调整则因关系到地位最崇的天地神祇而首当其冲，尽管其同时也受到了王肃所释祭天之义的影响②，却也可见孙盛所述行次与服色等制须相协调方符天道，早在此时就已有了教训。

事实上，即便是不改正朔这个集中代表禅让之义的定式，也还可用历法的更名或修订为之变通，以示天命已随易代而改。像曹魏禅汉固然循用了东汉《乾象历》而不改正朔，但文帝黄初年间命高堂隆"详议历数，更有改革"，并由太史丞韩翊制订《黄初历》付诸校验，即可视为明帝改正朔而行《景初历》的前声。至晋武帝禅代后，更直接把《景初历》易名《泰始历》，可谓实不改正朔而名已改之③。其后禅代之朝亦多循此而为，或改历名而岁首月建略同，或不久即议改订历法④。而这无疑表明，改制较之因循更足证实易代为天命人心所向的看法实为大势所趋，遂使禅代不改正朔的做法仅具一时以应唐虞故事的象征意义，至新历颁行即告终结。

除此之外，南北朝以来凡诸彰显天命改易的服色、礼乐等制，渐多例随本朝行次而加调整，以往在禅代之前展开的改制活动往往被移至其后，新帝登位而改制的进程和幅度则逐渐拉长、扩大。《隋书》卷一六《律历志上》

---

① 《宋书》卷一六《礼志三》载其文字略有出入。
② 参见《隋书》卷六《礼仪志一》载郑玄、王肃之学释"天"释"帝"之异。
③ 二事并见《晋书》卷一七《律历志中》。其载西晋改定历名："泰始元年，因魏之《景初历》，改名《泰始历》。"《宋书》卷一二《律历志中》则载是年改定祖、腊祭日，"改《景初历》为《泰始历》"。据诸处所载魏明帝行《景初历》以建丑之月为正，帝崩后复行夏正而晋初不改正朔，当时改其历名当不涉岁首月建之改，只有易代象征意义。
④ 如刘宋禅晋不改正朔，至文帝改行《元嘉历》，孝武帝时又改行《大明历》而多所调整；萧齐禅宋又改《元嘉历》名《建元历》而循其岁首月建，萧梁、北齐、北周则在禅代之后定历，皆因众说纷纭而拖沓未成，即有成而颁行者，亦与旧历大同小异。见《宋书》卷一二《律历志中》《隋书》卷一七《律历志中》。

载南北朝后期声律沿革：

> 梁初，因晋、宋及齐，无所改制。其后武帝作《钟律纬》，论前代得失，其略云："……且夫验声改政，则五音六律，非可差舛。工守其音，儒执其文，历年永久，隔而不通。无论乐奏，求之多缺，假使具存，亦不可用。周颂汉歌，各叙功德，岂容复施后王，以滥名实？今率详论，以言所见，并诏百司，以求厥中。"

其事虽因侯景之乱爆发而未成，但梁武帝强调以往律吕因循之失和后王"验声改政"的必要，正是上承汉儒所阐五音六律上通天道之理[①]，以此为易代在位者是否顺应天意民心而名实相副的一个标志。在当时的知识系统中，律吕与历法、月令皆与天地气运相连而原理相通，又是确定度量衡制的重要标准，对之的整顿与改正朔同样属于制度牵动面极广的举措。故隋志后文载北齐、周、隋皆于禅代之际详正音律，不仅也是要以变更律吕来上通天道而下达民心，更说明了其改制幅度的进一步加大。在看待南北朝前期制度更多因循而后期则较多改作，从礼制、法制到官制等基本政教制度大略皆然的现象时[②]，除问题本需有积累和解决的过程外，这种以系统改制为禅代顺天应人的重要论证路径，其事且可延至新主登位后持续进行的发展势头，也是一个重要的原因。

当然易代完成而新帝登位，总要推出若干除旧布新、兴利去害的更张举措，以示本朝的上通天命和与民更始。这固然早已是秦汉王朝的常例，但在

[①] 见《汉书》卷二一上《律历志上》据刘歆《钟律书》所论。
[②] 如礼典的制定，即应以萧梁、北齐划出前后阶段，隋礼即本梁、齐新礼而来。参梁满仓《魏晋南北朝五礼制度考论》第三章《五礼制度化的过程原因及意义》第二节《五礼制度发展的三个阶段》，社会科学文献出版社2009年版。此期律令制定和完善的阶段性大略与之相应，参楼劲《魏晋南北朝隋唐立法与法律体系》第十二章《中古"制定法运动"与"法律儒家化"进程》第二节《"儒家化进程"与魏晋以来的"制定法运动"》五《修礼典与定律令的相互驱动》，中国社会科学出版社2014年版。官制的修订则与律令相连，《隋书》卷二六《百官志》总序勾勒魏晋至隋官制沿革尤重因循，却特别强调了萧梁、北周及隋的改作。

魏晋以来禅让革命的模式中，各种更张改制活动显然已有了共同的基调和动向①，总的是更为自觉地以比附古圣王所为的政教举措来证成其禅代的顺天而应人，而禅让因循之义对此的制约又总是被革命改制的必要冲破。还须一提的是南北朝后期这种趋势的加速，也受到了其他一些因素的催动。像北朝后期禅代前后的改制倾向，即有上承北魏尤其是孝文帝以来改革的成分；而南朝后期的制度举措，也有北朝托古改制的压力在起作用。但若考虑北族政权因其自身特点向有标榜革命改制的传统②，其制度变革着眼的也都是顺天而应人这个王朝合法性论证的基点，那就应当认为，无论其变革以明正统，还是禅代而多改制，归根结底也仍处于魏晋以来确认的禅让、革命"其揆一也"的思想笼罩之下。直到隋、唐禅代，虽仍一时不改正朔却皆先修历法③，其他凡服色、音律、度量衡及礼、法诸制，则多比附古圣王所为而于当年下诏修订。可见全面系统的政教更张举措，至此确已被公认为禅代合法性证明所必须，同时这也表明，面对民意难定而天命莫测的困境，在更为可信地证明禅

---

① 如《梁书》卷二《武帝纪中》载其告天登位后，还驾太极前殿下诏大赦除旧布新，开头即称"五精递袭，皇王所以受命；四海乐推，殷周所以改物。虽禅代相袭，遭会异时，而微朋递用，其流远矣。莫不振民育德，光被黎元"云云。即把这类举措视为禅让革命的题中之义，《乐府诗集》卷五一《清商曲辞·梁雅歌五首》之《应王受图曲》："应王受图，荷天革命，乐曰功成，礼云治定。"亦抒此义。魏晋以来禅代后例行大赦，内容包括蠲放官户，听还流徙，恤刑厚俗，荐贤求言之类，史载不一而足而基调类皆如此，文烦不引。

② 《魏书》卷二《太祖纪》载皇始二年八月伐燕遇疫，九月晁崇称甲子进兵不吉，帝诘以"纣以甲子亡，周武不以甲子胜乎"？是其亦自比武王革命。同书卷一〇八之三《礼志三》载安定王休等与孝文帝争文明太后之服期，休表有曰："自皇代革命，多历年祀，四祖三宗，相继纂业，上承数代之故实，俯副兆民之企望，岂伊不怀，理宜然也。"此"皇代"即大代亦即北魏，是孝文帝时仍以本朝建立为革命易代。同书卷一九中《景穆十二王传中·任城王云传》附《元澄传》载孝文帝欲迁都而卜，其兆遇《革》，帝称："此是汤武革命，顺天应人之卦也。"群臣因其为易代之征而不敢言，元澄力陈其不可比附汤武易代而可据以南征，帝又以革卦亦寓革政之义坚持己意。孝文帝不惮于革命、革政的心态，仍与北魏建立以来的传统相关。

③ 《隋书》卷一七《律历志中》载隋文帝欲行禅代时即命道士张宾等修订历法，开皇四年二月颁行，即《开皇历》。《旧唐书》卷一《高祖纪》载李渊登位于戊寅年五月甲子，十月癸巳，"诏行傅仁均所造《戊寅历》"。是当时禅代已例修新历，唐则于当年颁新历。至于五代，《旧五代史》卷一四〇《历志》载各朝多于禅代之年修订历法。《五代会要》卷一〇《历》载周显德三年八月宰相王朴奏："臣闻圣人之作也，在乎知天人之变者也……夫为国家者，履端立极，必体其元；布政考绩，必因其岁；礼动乐举，必正其朔；三农百工，必授其时；五刑九伐，必顺其气；庶政有为，必从其日月；六籍宗之为大典，百王执之为要道。是以圣人受命，必治历数，故得五纪有常度，庶征有常应，正朔行之于天下也。"所述即为唐以来的共识。

代顺天而应人的讨论和探索中，魏晋至隋唐禅让革命模式演化的内在思想脉络，实际上是从偏于禅让因循逐渐转到了较重革命改制之义的方向，而北族革命和北朝改革传统的汇入其间与之共鸣，则显著地强化了这个总的趋势，又揭开了唐以来这一模式进一步调整变迁的序幕。[①]

[①] 《大唐创业起居注》卷下记义宁二年三月少帝欲行禅让，李渊以为魏晋以来的禅让革命"虽欲已同于舜，不觉禅者非尧；贬德于唐虞，见过于汤武。岂不悖哉"。是其确曾犹豫于禅让，故其后来虽仍用之而略变其体。《旧唐书》卷一《高祖纪》载隋恭帝禅位诏已不像魏晋以来这类策书例有禅位于新主的诫勉之文，又载李渊在隋帝逊位后再由群臣劝进而择日登位。即其体现，而其背景则是李渊自以其事类于汉高而上比武王，其登位后改年号为"武德"，亦所以标榜其虽行禅让而实为革命易代。

暨艳案发覆

张德恒[*]

孙吴黄武三年（224），选曹尚书暨艳因检核三署事，与选曹郎徐彪皆坐自杀。东吴名士张温因"宿与艳、彪同意，数交书疏，闻问往还"[①]，遂遭废黜，沉沦终身。对此，田余庆先生曾做深入细致的考证，认为暨艳检核三署主要针对江东大族吴四姓，"检核郎署对吴四姓触动不小，因而他们反应最强"[②]，而"暨艳案出现在黄武年间而不是更早或更晚，并非偶然。孙权严惩暨艳，并及张温，正是为了维护江东大族特别是吴四姓的仕宦特权，满足孙吴政权对人才的需求，巩固孙吴政权江东化这一历史进程"[③]。庄辉明不同意田氏观点，认为暨艳检核三署的矛头"主要指向当时力量虽已渐衰，但仍然占据着孙吴政权主体地位的淮泗集团"[④]，而暨艳案的结局则可见出"在东吴大族与淮泗集团这一回合的较量中，江东大族势力遭到了一次挫折"[⑤]。田庄两氏

---

[*] 作者单位：北京第二外国语学院博士后流动站。

[①] 陈寿著，裴松之注：《三国志》卷五七《吴书》传第十二，中华书局2016年版，第1331页。又，《资治通鉴》卷七〇《魏纪二》将此事系于魏文帝黄初五年（224），即孙吴黄武三年。（司马光编著，胡三省音注：《资治通鉴》，中华书局2009年版，第2220—2221页。）

[②] 田余庆：《暨艳案及相关问题》，《秦汉魏晋史探微》（重订本），中华书局2011年版，第309页。

[③] 同上书，第327页。

[④] 庄辉明：《暨艳案与吕壹事件再探讨》，《江海学刊》1996年第1期。

[⑤] 同上。

同论一案，而持论近乎相反，其中原委，值得探究。[①] 笔者今使用相关原始文献证据材料，在检核田庄论证论据的基础上，对暨艳案重新进行考索，以期解决此一问题。

一 暨艳案梗概及对田庄论述之检核

《三国志·吴书·张温传》载录暨艳案梗概如下：

> 艳字子休，亦吴郡人也，温引致之，以为选曹郎，至尚书。艳性狷厉，好为清议，见时郎署混浊淆杂，多非其人，欲臧否区别，贤愚异贯。弹射百僚，核选三署，率皆贬高就下，降损数等，其守故者十未能一，其居位贪鄙，志节污卑者，皆以为军吏，置营府以处之。而怨愤之声积，浸润之谮行矣。竟言艳与选曹郎徐彪，专用私情，爱憎不由公理。艳、彪皆坐自杀。温宿与艳、彪同意，数交书疏，闻问往还，即罪温。[②]

暨艳案发后，骆统表理张温，其中有云：

> 然臣周旋之间，为国观听，深知其状，故密陈其理。温实心无他情，事无逆迹，但年纪尚少，镇重尚浅，而戴赫烈之宠，体卓伟之才，亢臧

---

① 按：学界对暨艳案之探讨，以这两种对立观点较具代表性，庄氏观点亦见诸其《孙吴时期两大利益集团间的冲突与平衡》（《探索与争鸣》1996年第5期）一文，后之论者似多从庄，如王宗广《吴四姓与东吴政权》（郑州大学硕士学位论文，2001年5月）；沈华《论孙吴政权与江东世家大族关系之演变——兼析陆逊之死》[《苏州科技学院学报》（社会科学版）2003年第4期]；王令云《试论孙吴时期淮泗集团的兴衰》（郑州大学硕士学位论文，2006年5月）等。但是，迄今为止，亦未见有人对田余庆先生观点提出根本性反驳。再，胡守为从孙权"忘过记功"笼络群臣之角度（《暨艳案试析》，《学术研究》1986年第6期）、王永平从孙权与儒学士大夫斗争之角度（《孙吴政治与文化史论》，上海古籍出版社2005年版，第42页）、余全介从张温"结党"之角度（《三国孙吴张温案考论》，《浙江社会科学》2010年第10期），纷纷对暨艳案提出别出心裁之见解，或许都有一定道理，但均偏于对暨艳案之定性，而未能深入考论暨艳案之相关细节，因此说服力有限，影响亦不甚大。又，高敏在其《试论孙吴建国过程中北方地主集团与江东地主集团之间的矛盾斗争》[《郑州大学学报》（哲学社会科学版）1994年第1期]一文中论及暨艳案，已经表达"他们（按指张温、暨艳）既重门阀、清议，则所贬损者必为淮、泗武人与北方流寓地主""张温确有一个集团，连孙权也有些害怕这个集团"（第26页）的意见，庄辉明、余全介之观点或受到高敏发启。

② 《三国志》卷五七《吴书》传第十二，第1330—1331页。

否之谭，效褒贬之议。于是务势者妒其宠，争名者嫉其才，玄默者非其谭，瑕衅者讳其议，此臣下所当详辨，明朝所当究察也。①

无论是暨艳的"欲臧否区别，贤愚异贯"，抑或是张温的"亢臧否之谭，效褒贬之议"，其目的都是激浊扬清，惩劣奖善。从情理上说，张、暨的做法既有利于郎署官员队伍的肃清，本应得到吴主孙权的嘉许和支持，殊不料竟为暨、张招来杀身、废黜之祸。原因何在？

田庄两先生均将暨艳与张温弹射、降损的对象作为考察暨、张获罪的重点，各举证据，论证其说，而结论迥异。兹逐次检核其说。

被田余庆先生引据从而证成其观点的重要证据是《三国志·吴书·朱治传》中的这段话：

> （治在吴郡）公族子弟及吴四姓多出仕郡，郡吏常以千数，治率数年一遣诣王府，所遣数百人。②

田先生以为"朱治汲汲于贡举公族及四姓子弟，目的是十分明显的。遣诣王府泛指孙权原来所居的将军幕府和后来的吴王府，因为朱治数年一遣，累计至数百人，决非都是黄武元年至三年即孙权称吴王至朱治之死的两三年内所遣。可见朱治为孙氏公族子弟及吴四姓铺设仕宦之路，为日已久。孙权称吴王前，朱治所遣当居停将军幕府；称吴王以后始有三署之设，所遣当以三署为居停之所，从郎吏迁转它官"。③

田先生的上述见解难以成立。原因是田先生断章取义，完全误解了《朱治传》中的内容。为清眉目，兹将《朱治传》中相关内容迻录如下：

> （朱治）性简约，虽在富贵，车服惟供事。权优异之。自令督军御史典属城文书，治领四县租税而已。然公族子弟及吴四姓多出仕郡，郡吏常

---

① 《三国志》卷五七《吴书》传第十二，第1331—1332页。
② 《三国志》卷五六《吴书》传第十一，第1305页。
③ 田余庆：《暨艳案及相关问题》，《秦汉魏晋史探微》（重订本），中华书局2011年版，第306页。

以千数,治率数年一遣诣王府,所遣数百人,每岁时献御,权答报过厚。①

以上这段话,"然"字前后的内容构成鲜明对比。前面叙述朱治性简约,虽在富贵,不尚奢华;后面叙述朱治在遣人向孙权"献御"时,不仅所遣人数众多,而且多为公族子弟及吴四姓,这又从一具体事件反映出朱治有"奢华"的一面。朱治的上述做法或许可以概括为:处己简约,事主奢华。

值得注意的是上引文句中的"每岁时献御",田氏将此句与前文割裂,直接造成对文献的误读。所谓"献御",是指向皇帝或主君贡献珍奇异味等物。② 如《后汉书·光武帝纪下》:"往年已敕郡国,异味不得有所献御,今犹未止,非徒有豫养导择之劳,至乃烦扰道上,疲费过所。其令太官勿复受。"③《后汉书·杨震列传》,永宁二年(121),杨震谏安帝乳母王圣宠幸伯荣事上疏:"……惟陛下绝婉娈之私,割不忍之心,留神万机,诫慎拜爵,减省献御,损节征发。"④《三国志·魏书·武帝纪》注引《魏书》:"攻城拔邑,得美丽之物,则悉以赐有功,勋劳宜赏,不吝千金,无功望施,分毫不与,四方献御,与群下共之。"⑤《三国志·吴书·孙权传》:"(赤乌)五年(242)春正月,立子和为太子,大赦。……夏四月,禁进献御,减太官膳。"⑥ 据上引《朱治传》内容,朱治每隔数年,便在岁时差遣数百公族子弟

---

① 《三国志》卷五六《吴书》传第十一,第1304—1305页。
② 按:《汉语大词典》解释献御"指进献食物给皇上",并引朱治事做例证(《汉语大词典》(第一卷),上海辞书出版社,1986年,第五册,第141页),不确。据《三国志·吴书·朱治传》,朱治卒于黄武三年,彼时孙权尚未称帝。另,献御的物品也不局限于食物。
③ 范晔:《后汉书》卷一《光武帝纪下》,中华书局1973年版,第60页。按:光武此诏颁下于建武十三年正月,而建武五年夏四月,"河西大将军窦融始遣使贡献"(《后汉书》卷一《光武帝纪上》,第37页),则建兴五年之后,郡国或屡有贡献,糜费实多,故光武下诏郡国,不得再以异味献御。
④ 《后汉书》卷五四《杨震列传》第四十四,第1761页。
⑤ 《三国志》卷一《魏书》纪第一,第54页。
⑥ 《三国志》卷四七《吴书》传第二,第1145页。又,"献御"一词在后世文献中多次出现,皆指向皇帝或主君贡献珍奇异味等物,并无别解。如《宋书·竟陵王诞列传》:"又太官东传,旧有献御,丧乱既平,犹加断遏,珍馐庶品,回充私膳。"(沈约:《宋书》卷七九《竟陵王诞列传》第三十九,中华书局1974年版,第2029页)韩愈《归彭城》:"食芹虽云美,献御固心痴。"(《全唐诗》卷三三七,上海古籍出版社1986年版,第832页)《陈与义集外集·蒙再示属辞三叹之余赞美巨丽无地托言辄依元韵再成一章非独助家弟称谢区区少衷之使进学焉亦师席善诱之意也》:"便可缮写持献御,注解不须烦五臣。"(陈与义著,吴书荫、金德厚点校:《陈与义集》,中华书局1982年版,第532页)

及吴四姓成员向吴主孙权贡献奇珍异味。这里根本没有涉及任人用官的事，根本不能以之作为"朱治汲汲于贡举公族及四姓子弟"的证据。职是之故，田先生所谓的"吴郡太守朱治选大姓子弟入官事，提供了一个考察暨艳检核郎署问题的重要线索"①"从朱治大量遣送公族及四姓子弟诣王府一事推知，检核郎署对吴四姓触动不小"②"江东大族蜂拥入仕，产生严重弊端，因而出现要求检核郎署与反检核的冲突，这是暨艳案的实质"③ 云云，难以成立。

在引据朱治事之前，田先生还具体考证出孙吴黄武时三署中成员六人。其中五官署三人：吴郡朱据（郎中），沛国薛综（中郎），会稽谢承（郎中）；"不明在何署者"三人：云阳殷礼，陈郡郑泉，河南褚逢。④ 此六人中，朱、谢、殷为江东人⑤，薛为淮泗人，郑、褚为北人，属侨寄江东的宾旅之士。据此，田先生说："以黄武时可考郎官的籍贯言之，侨寄作为的宾旅之士为数尚多，江东人数量也不少。"⑥ 在后文的论述中，田先生更说："如前所考，黄武时三署郎官，江东子弟已占相当比例。"⑦ 实际上，仅凭此六人的籍贯，似难以做出上述结论。即如田先生自己亦道："这种地域分布有一定的参考价值。当然，这只是偶然留下的几个例证而已，只能窥其一斑，不是郎官籍贯的准确统计。"⑧ 那么，以之作为暨艳案主要针对吴四姓的论据，当然是缺乏说服力的。更何况，田先生所举的三位江东郎官，谢、殷俱非吴四姓，殷且出身寒族并受张温汲引。⑨

---

① 田余庆：《暨艳案及相关问题》，《秦汉魏晋史探微》（重订本），中华书局2011年版，第305页。
② 同上书，第309页。
③ 同上书，第311页。
④ 同上书，第304页。
⑤ 按：殷礼籍贯云阳，属于吴郡。《三国志·吴书·韦曜传》："韦曜字弘嗣，吴郡云阳人也。"见《三国志》卷六五《吴书》传第二十，第1460页。
⑥ 田余庆：《暨艳案及相关问题》，《秦汉魏晋史探微》（重订本），中华书局2011年版，第304页。
⑦ 同上书，第305页。
⑧ 同上书，第304页。
⑨ 《三国志·吴书·顾雍传》："云阳殷礼起乎微贱。"据殷礼之子殷基所作《通语》："礼字德嗣，弱不好弄，潜识过人。少为郡吏，年十九，守吴县丞。孙权为王，召除郎中。后与张温使蜀，诸葛亮甚称叹之。稍迁至零陵太守，卒官。"（《三国志》卷五二《吴书》传第七，第1229页）殷礼曾得到张温的赏拔，《张温传》："又殷礼者，本占候召，而温先后乞将到蜀，扇扬异国，为之谭论。又礼之还，当亲本职，而令守尚书户曹郎。"（《三国志》卷五七《吴书》传第十二，第811页）

在引据朱治事之前，田先生对三署中的江东籍郎官称"江东人""江东子弟"①；在引据朱治事之后，则对三署中的江东籍郎官称"大姓子弟""吴四姓""江东大族"②。可见朱治事在其论证"孙吴与江东大族的结合"及"孙吴政权的江东化"③过程中占据极大的分量。今依上论，朱治事既不足为据，而其考证出的六位黄武郎官虽有三位籍隶江东，却有两位显非吴四姓，且一为寒族，那么，田先生将暨艳检核郎署与江东大族、吴四姓进行黏合，进而认为"孙权严惩暨艳，并及张温，表明孙权维护江东大族特别是吴四姓仕宦特权的决心"④，便根本无从谈起。将暨艳案视为"孙吴政权江东化进程中的插曲，是全面江东化的前奏"⑤，更根本站不住脚。田余庆先生对暨艳案的论述因失去最有力的实据而告全线崩溃。

庄辉明凝注于孙吴两大政治集团势力的消长，认为"至黄武初，以陆逊出任上游统帅为标志，淮泗集团作为孙氏政权主体的地位已经动摇，江东大族的地位和影响却在急剧上升，并已呈现出取前者而代之的明显趋势。一方的力量日渐衰落，却仍然要设法维护自己的利益；另一方的地位迅速上升，并希望尽快地取而代之。在考察'吴国黄武年间的特定条件'的时候，不能不对此予以特别的注意。而在此时发生的暨艳案，便不可能不带有江东大族与淮泗集团矛盾冲突的印记"⑥。实际上，田余庆先生并非没有关注到孙吴这两大政治集团势力的消长，在其文章的第三节《孙吴政权的江东化与暨艳案》中，田先生对两股势力的消长做了清晰描述。所不同的是，田氏是将暨艳案放顿到孙吴政权"江东化"这一历史过程中进行论述，暨艳案仅是其立论的一环。而庄氏则以两股政治势力的消长作为其论述暨艳案的重要背景依据。但是，如以淮泗、江东两大政治集团势力消长为背景依据进行立论，则还要

---

① 分见田余庆《暨艳案及相关问题》，《秦汉魏晋史探微》（重订本），中华书局2011年版，第304、305页。
② 同上书，第305、306、311页。
③ 田余庆：《暨艳案及相关问题》，《秦汉魏晋史探微》（重订本），中华书局2011年版，第319页。
④ 同上书，第319页。
⑤ 同上书，第327页。
⑥ 庄辉明：《暨艳案与吕壹事件再探讨》，《江海学刊》1996年第1期。

拿出切实的证据，既然"一方的力量日渐衰落，却仍然要设法维护自己的利益；另一方的地位迅速上升，并希望尽快地取而代之"，那么也就是说双方都在竭力维持、试图扭转局面。

在具体论证中，庄氏注目"弹射百僚"一语，揭示出被张温、暨艳弹射的两个大臣：丞相孙邵，太守王靖。因这两人皆为淮泗籍贯（孙为北海人，王是广陵人），庄氏遂谓："这恐怕不是偶然的巧合，而是暨艳、张温把弹射的矛头指向淮泗集团的明证。"[①] 另外，庄氏还指出，"此案的主要人物暨艳、张温都是吴郡人。这恐怕也不是偶然的巧合"。[②]

宏观的背景描述，微观的涉案人籍贯考察，构成庄文立论的主要支撑。其中后者是关键，后者的结论，直接影响到对前者性质的判断。

庄氏所论，不能成立。

首先，因暨艳案涉及两个受弹淮泗籍人，便认为暨、张"把弹射的矛头指向淮泗集团"的观点殊为武断。孙邵为北海人[③]，王靖为广陵人[④]固不虚，但是温、艳弹射孙邵、王靖，俱属事出有因，并非欲加之罪。

关于孙邵，《三国志·吴书·孙权传》注引《吴录》曰：

> 邵字长绪，北海人，长八尺。为孔融功曹，融称曰："廊庙才也。"从刘繇于江东。及权统事，数陈便宜，以为应纳贡聘，权即从之。拜庐江太守，迁车骑长史。黄武初为丞相，威远将军，封阳羡侯。张温、暨艳奏其事，邵辞位请罪，权释令复职，年六十三卒。[⑤]

---

① 庄辉明：《暨艳案与吕壹事件再探讨》，《江海学刊》1996年第1期。
② 庄辉明：《暨艳案与吕壹事件再探讨》，《江海学刊》1996年第1期。又，田余庆先生也关注到温艳的出身："张温、暨艳都是吴郡人。张温是大族名士，大族名士居职选曹是当然的事。暨艳门户较低，非张温引致难入选曹，更难于以选曹郎代张温居曹尚书职。"（田余庆：《暨艳案及相关问题》，《秦汉魏晋史探微》（重订本），中华书局2011年版，第311页）田先生所云"大族名士居职选曹是当然的事"是不妥当的，孙吴选曹用人主要看重的是人品德行、才干能力，详参本文第三节之论述。
③ 《三国志》卷四七《吴书》传第二，第1131页。
④ 《三国志》卷六〇《吴书》传第十五，第1388页。
⑤ 《三国志》卷四七《吴书》传第二，第1131—1132页。

孙邵为孙吴开基首相而《吴书》无传，赖裴注引据《吴录》始知其生平梗概。《志林》引刘声叔之语谓："与张惠恕（按即张温）不能。后韦氏作史，盖惠恕之党，故不见书。"① 刘氏所谓"与张惠恕不能"当即指《吴录》所记温、艳奏弹孙邵事，那么，张、暨奏何事以弹劾孙？②

从上引《吴录》可知，在孙权统事时期，孙邵曾"数陈便宜，以为应纳贡聘，权即从之"，也就是说，孙邵认为彼时正朔在北方，孙吴当与曹魏亲近。张温则是明显的"亲蜀派"。黄武三年（224），时年32岁的张温使蜀，孙权特意叮嘱："恐诸葛孔明不知吾所以与曹氏通意，（以）故屈卿行。"③ 而张温则谓："诸葛亮达见计数，必知神虑屈申之宜。"④ 张温使蜀，蜀人"甚贵其才"⑤。而张温后来见忌于孙权，则因权"阴衔温称美蜀政"⑥。张温既遭废黜，诸葛亮亦尝"初闻温败，未知其故，思之数日"。⑦ 以此观之，"张温、暨艳奏其事"，逼使"邵辞位请罪"，只可能是因邵曾建议向曹魏"纳贡聘"。再从吴魏两国关系来看，黄武三年正是吴魏关系紧张之际，《三国志·魏书·文帝纪》："（黄武三年）八月，为水军，亲御龙舟，循蔡、颍，浮淮，幸寿

---

① 《三国志》卷四七《吴书》传第二，第1132页。按：此处刘声叔所说只是一种推测，实际并非如此。韦昭《吴书》所以未能为孙邵立传，盖以《吴书》尚未修成，而韦昭陷狱而死。《三国志·吴书·韦曜传》载华覈疏救韦曜（按：曜本名昭，史避晋讳，改之）："《吴书》虽已有头角，叙赞未述。"（《三国志》卷六五《吴书》传第二十，第1464页）又《三国志·吴书·薛综传》载建衡三年（271）华覈疏救薛莹："大吴受命，建国南土。大皇帝末年，命太史令丁孚、郎中项峻始撰《吴书》。孚、峻俱非史才，其所撰作，不足纪录。至少帝时，更差韦曜、周昭、薛莹、梁广及臣五人，访求往事，所共撰立，备有本末。昭、广先亡，曜负恩蹈罪，莹出为将，复以过徙，其书遂委滞，迄今未撰奏。"（《三国志》卷五三《吴书》传第八，第1256页）由此可知，韦昭死时，《吴书》尚未完稿。又《三国志·吴书·韦曜传》载："（孙）皓欲为父和作纪，曜执以和不登帝位，宜名为传。"（《三国志》卷六五《吴书》传第二十，第1462页）韦昭坚持修史原则，不惜触犯吴主孙皓，又怎能会为张温与孙邵"不能"而不为孙立传？故孙邵无传，合理的解释只能是未及作传而韦昭陷狱身死。

② 按：田余庆先生认为："张温、暨艳奏孙邵何事，于史无考。以情理言，当为坐三署混乱，丞相失职事。"（田余庆：《暨艳案及相关问题》，《秦汉魏晋史探微》（重订本），第303页）所谓"以情理言"，表明只是一种推测，不足信据。

③ 《三国志》卷五七《吴书》传第十二，第1330页。

④ 同上。

⑤ 同上。

⑥ 同上。

⑦ 同上书，第1334页。又，《资治通鉴》卷七十《魏纪二》文帝黄初五年（224）条："吴张温少以俊才有盛名，顾雍以为当今无辈，诸葛亮亦重之。"（第2220页）

春。扬州界将吏士民，犯五岁刑以下，皆原除之。九月，遂至广陵，赦青、徐二州，改易诸将守，冬十月乙卯，太白昼见。行还许昌宫。"① 而张温使蜀还吴后，孙权"使入豫章部伍出兵"②"后闻曹丕自出淮泗，故豫敕温有急便出"③。两相比勘，知黄武三年正是魏吴多事之秋，借此时机，亲蜀的张温，以亲魏为罪名弹射丞相孙邵，不是顺理成章的事吗？孙张之不相能，当由政治见解不同而致，而与孙邵籍贯并不相关。④

关于王靖。骆统表理张温即有云："王靖内不忧时，外不趋事，温弹之不私，推之不假，于是与靖遂为大怨，此其尽节之明验也。"⑤《三国志·吴书·周鲂传》亦云："鲂所代故太守广陵王靖，往者亦以郡民为变，以见谴责，靖勤自陈释，而终不解，因立密计，欲北归命，不幸事露，诛及婴孩。"⑥由此可见，王靖实为一无能官员，且在被弹劾谴责的情形下生出"欲北归命"的想法，结合前引《魏书·文帝纪》"（黄武三年）九月遂至广陵"，则"太守广陵王靖""欲北归命"之期大体即在此时。

综合上述，张温、暨艳弹射孙邵、王靖，各有原委，事出有因，并非是由其籍属淮泗便蓄意攻讦、交章谴责。

其次，因张、暨均为吴郡人，于是便认为温、艳检核三署主要弹射淮泗人的论调也经不住推敲。因为暨艳案中时任选曹郎，与暨艳"皆坐自杀"的徐彪即广陵人⑦，籍属淮泗，而且"温宿与艳、彪同意"⑧，出身吴四姓的张温与出身淮泗的徐彪在检核三署过程中并非歧见纷出，而是心存默契、密切合作。那么，徐彪的存在岂不正可作为暨艳检核郎署主要打击淮泗人之反证？

---

① 《三国志》卷二《魏书》纪第二，第84页。
② 《三国志》卷五七《吴书》传第十二，第1330页。
③ 同上书，第1331页。
④ 按：《资治通鉴》卷七〇《魏纪二》文帝黄初五年（224）条置暨艳检核三署事于"秋，七月，（魏文）帝东巡，如许昌。……九月，至广陵"及"冬，十月，帝还许昌"（第2219—2221页）之间，足资参考。
⑤ 《三国志》卷五七《吴书》传第十二，第1333页。
⑥ 《三国志》卷六〇《吴书》传第十五，第1388页。
⑦ 《三国志》卷五七《吴书》传第十二，第1331页。
⑧ 同上。

（另参本文第三节对孙吴选曹用人的论述）

庄氏在微观上的考察既站不住脚，则其建基于微观考察之上的检核三署之矛头"主要指向当时力量虽已渐衰，但仍然占据着孙吴政权主体地位的淮泗集团"① 之论断自然不能成立。

二 暨艳案真相

孙吴黄武三年（224）检核郎署，主其事者为暨艳、徐彪，与之往还闻问者为张温。徐彪生平不见载纪，据《三国志·吴书·张温传》注引《吴录》，知其字仲虞，广陵人②。由《张温传》所载"温宿与艳、彪同意"③，知徐彪与温、艳在检核郎署的过程中是心存默契、通力合作。张、暨的生平事迹是我们探赜暨艳案真相的重要线索。

先看张、暨的家世出身及其案前的仕宦履历。

张温出身江东大族，其父张允既曾以"轻财重士"④ 显名于州郡，曾任孙权东曹掾⑤。

张温的出仕，既因其父之勋烈，亦由孙吴公卿之赏拔。《三国志·吴书·张温传》："父允，以轻财重士，名显州郡，为孙权东曹掾，卒。温少修节操，

---

① 庄辉明：《暨艳案与吕壹事件再探讨》，《江海学刊》1996 年第 1 期。又，严格说来，丞相孙邵、太守王靖，因并不属于三署成员，故不能以之作为暨艳检核三署矛头主要指向淮泗集团之证明。据《三国志·吴书·孙权传》赤乌二年注引《江表传》所载孙权诏书："郎吏者，宿卫之臣，古之命士也。间者所用颇非其人。自今选三署皆依四科，不得以虚辞相饰。"（《三国志》卷四七《吴书》传第二，第 1143 页）则三署郎吏，实为宿卫之臣，而孙邵、王靖不与其列。但是《张温传》既言"艳性狷厉，好为清议，见时郎署混浊淆杂，多非其人，欲臧否区别，贤愚异贯。弹射百僚，核选三署"（《三国志》卷五七《吴书》传第十二，第 1330 页），则暨艳弹射的对象并不局限于三署成员。要言之，"弹射百僚"与"核选三署"乃暨艳并行之事，故若无特别必要，本文不做细致区分。

② 《三国志》卷五七《吴书》传第十二，第 1331 页。

③ 同上。

④ 同上书，第 1329 页。

⑤ 按：田余庆先生认为"魏东曹掾，典选举，见《魏书·崔琰传》。吴制当亦如此"［田余庆：《暨艳案及相关问题》，《秦汉魏晋史探微》（重订本），第 302 页］。其说可从。笔者遍检《三国志·吴书》，发现孙吴典选举之官称"东曹掾"，是在孙权称王之前，称王后改成"选曹郎""选曹尚书"。详参本文第三节。

容貌奇伟。权闻之，以问公卿曰：'温当今与谁为比？'大（司）农刘基曰：'可与全琮为辈。'太常顾雍曰：'基未详其为人也。温当今无辈。'权曰：'如是，张允不死也。'征到延见，文辞占对，观者倾竦，权改容加礼。"① 从这段文字的叙述看，孙权之所以注意到张温，是在张允死后，权或有录用其后人之意，故当孙权听说张温"少修节操，容貌奇伟"，便向刘顾询及张温，而刘顾对温的评价皆高。在召见之后，孙权对张温由耳闻到目见，了解加深，于是"改容加礼"。从张温受召后授职"拜议郎、选曹尚书"② 来看，孙权是有意让张温继替张允东曹掾之任。

除刘顾对张温的表彰外，温之出仕，还得到张昭的助力。《三国志·吴书·张温传》载孙权召见张温后，"罢出，张昭执其手曰：'老夫托意，君宜明之。'"③ 而温在使蜀之前答孙权之语中亦言："臣入无腹心之规，出无专对之用，惧无张老延誉之功，又无子产陈事之效。"④ 其中的"张老延誉之功"正是对张昭"老夫托意，君宜明之"的确切注脚。此正说明张温出仕，颇得张昭褒扬之力。最先使"权闻之""温少修节操，容貌奇伟"的人很可能是张昭。

张温初仕时，刘基已任"大（司）农"，据《刘基传》："权为吴王，迁基大农。"⑤ 孙权受封吴王在魏黄初二年（221）十一月⑥，基为大农，必在此后。温之初宦，亦在此后。

张温初仕"拜议郎、选曹尚书"，入仕之前，曾从皇象问学于山阴，期间

---

① 《三国志》卷五七《吴书》传第十二，第1329页。又按：黄武三年（224），张温奉命使蜀，从《张温传》的叙述看，孙权召见张温在使蜀之前，但顾雍为"太常"，却是黄武四年事，据《顾雍传》："权为吴王，累迁大理奉常，领尚书令，封阳遂乡侯，……黄武四年，迎母于吴。……是岁，改为太常，进封醴陵侯，代孙邵为丞相，平尚书事。"（《三国志》卷五二《吴书》传第七，第1225—1226页）以此观之，《张温传》中的"太常顾雍"当作"奉常顾雍"。
② 《三国志》卷五七《吴书》传第十二，第1329—1330页。
③ 同上书，第1329页。
④ 同上书，第1330页。
⑤ 《三国志》卷四九《吴书》传第四，第1186页。
⑥ 《三国志》卷五二《吴书》传第七，第1221页。

与华融"朝夕谈讲",张温居选曹尚书时,擢融为太子庶子①。不久,温"徙太子太傅,甚见信重"②。

黄武三年(224),温年三十二,夏,以辅义中郎将使蜀。在蜀,温与秦宓答问③。归吴不久,孙权"使入豫章部伍出兵"④,张温表讨宿恶,入山击贼⑤。张温自蜀归吴,当有褒扬蜀政的言论,而且对殷礼、贾原、蒋康等人的职位有所措置⑥。因此招致孙权嫌忌,"权既阴衔温称美蜀政,又嫌其声名太盛,众庶炫惑⑦,恐终不为己用,思有以中伤之"。⑧孙权的嫌忌使张温身陷危险境地,一有风吹草动,难免坎壈失志,从"恐终不为己用,思有以中伤之"来看,孙权废黜张温,仅是时间问题,仅是时机问题。⑨

与张温相较,暨艳因《三国志》中无传,其生平行实可资考论者不多。

---

① 《三国志》卷六四《吴书》传第十九,第1447页。按:《三国志》卷六四《吴书》传第十九注引《文士传》谓:"俄而温为选部尚书。"(第1447页)《资治通鉴》卷七〇《魏纪二》文帝黄初五年(224)条:"温荐引同郡暨艳为选部尚书",胡三省注:"汉置四曹尚书,其一曰常侍曹,主丞相、御史、公卿事。光武改常侍为吏部曹,主选举祠祀。灵帝以梁鹄为选部尚书,魏复改选部为吏部。吴盖循东都之制。"(第2220页)实际"选部尚书"即选曹尚书。

② 《三国志》卷五七《吴书》传第十二,1330页。

③ 《三国志》卷三八《蜀书》传第八,第976页。

④ 《三国志》卷五七《吴书》传第十二,1330页。

⑤ 按:据孙权废黜张温的诏令,温在豫章表讨宿恶,一度受到孙权支持"特以绕帐、帐下、解烦兵五千人付之",后来孙权竟以此为借口指责张温,"后闻曹丕自出淮泗,故豫敕涵有急便出,而温悉内诸将,布于深山,被命不至"(引文俱见《三国志》卷五七《吴书》传第十二,第1331页)。实际上,孙权废黜令所谓的"悉内诸将,布于深山",正是讨伐宿恶的不得不然之法,《三国志·吴书·陆逊传》:"会丹杨贼帅费栈受曹公印绶,煽动山越,为作内应,权遣逊讨栈。栈支党多而往兵少,逊乃益施牙幢,分布鼓角,夜潜山谷间,鼓噪而前,应时破散。遂部伍东三郡,强者为兵,羸者补户,得精卒数万人,宿恶荡除,所过肃清。"(《三国志》卷五八《吴书》传第十三,第1344页)因此,张温讨伐宿恶,却以"悉内诸将,布于深山"见责,实属欲加之罪。

⑥ 《三国志》卷五七《吴书》传第十二,第1331页。

⑦ 按:孙权废黜张温诏令在叙述完蒋康等人事件后批判张温:"专衔贾国恩,为己形势。"衔同炫,孙权嫌忌张温"众庶炫惑"当指温措置蒋康等职位事。

⑧ 《三国志》卷五七《吴书》传第十二,第1330页。

⑨ 按:《孙权传》注引《吴录》有云:"(沈友)字子正,吴郡人。……弱冠博学,多所贯综,善属文辞,兼好武事,注《孙子兵法》。又辩于口,每所至,众人皆默然,莫与为对,咸言其笔之妙,舌之妙,刀之妙,三者皆过绝于人。权以礼聘,既至,论王霸之略,当时之务,权敛容敬焉。陈荆州宜并之计,纳之。正色立朝,清议峻厉,为庸臣所潜,诬以谋反。权亦以终不为己用,故害之,时年二十九。"(《三国志》卷四七《吴书》传第二,第1117页)按:沈友性情尚(辩于口,正色立朝,清议峻厉)与张温(文辞占对,观者倾骇,讽议举正)俱近,孙权初聘沈友"敛容敬焉",与权初接张温"改容加礼"何其相似乃尔?而一旦孙权"以终不为己用",便因庸臣之潜而害其命,其事与温之被废黜又何其相似乃尔?

· 442 ·

但是《三国志》也保存了一些关于暨艳的关键信息，对这些信息的缀合考释，对于发掘暨艳案真相裨益良多。

据《张温传》："艳字子休，亦吴郡人也。"① 田余庆先生据敦煌所出《新集天下姓望氏族谱一卷并序》（斯二〇五二号）中的"第八所录江东（南）道二十郡，'苏州吴郡出五姓：朱、张、顾、陆、暨'；'杭州余杭郡出四姓：暨、隗、戢、监'"及《古今姓氏书辩证》卷三七"暨，今余杭及闽中多此姓"诸文献，认为"吴郡暨氏当为一方土豪"②，其论或近是。

张温、暨艳同为吴郡大族，但其前代情形却迥异。据《张温传》，温"父允，以轻财重士，名显州郡，为孙权东曹掾"③，是较早投效孙吴的江东才士。而暨艳父兄，则有附逆之迹。《张温传》载废黜张温令有云："昔暨艳父兄，附于恶逆，寡人无忌，故进而任之，欲观艳何如。察其中间，形态果见。"④

暨艳父兄所附之恶逆当指袁术。检《三国志·吴书·孙策传》："时袁术僭号，策以书责而绝之。曹公表策为讨逆将军，封为吴侯。"⑤ 裴注引《江表传》："建安二年（197）夏，汉朝遣议郎王誧奉戊辰诏书曰：'董卓逆乱，凶国害民。先将军坚念在平讨，雅意未遂，厥美著闻。策遵善道，求福不回。今以策为骑都尉，袭爵乌程侯，领会稽太守。'又诏敕曰：'故左将军袁术不顾朝恩，坐创凶逆，造合虚伪，欲因兵乱，诡诈百姓，……术所造惑众妖妄，知术鸱枭之性，遂其无道，修治王宫，署置公卿，郊天祀地，残民害物，为祸深酷。……是策输力竭命之秋也。其亟与布及行吴郡太守安东将军陈瑀戮力一心，同时赴讨。'"⑥ 由此可知，汉末凶逆，前有董卓，后有袁术，他们

---

① 《三国志》卷五七《吴书》传第十二，第 1330 页。
② 田余庆：《暨艳案及相关问题》，《秦汉魏晋史探微》（重订本），中华书局 2011 年版，第 311 页。
③ 《三国志》卷五七《吴书》传第十二，第 1329 页。
④ 同上书，第 1331 页。
⑤ 《三国志》卷四六《吴书》传第一，第 1104 页。
⑥ 同上书，第 1107 页。

或废易皇祚，或僭号称帝，均威胁到东汉帝室的统绪，故被称为"逆乱""凶逆"。① 董卓逆乱，孙坚讨之，其功未遂，故当袁术构逆，乃诏孙策讨之，名为"遵善道""遂雅意"，实为分化袁术集团力量，与孙策同时赴讨者为吕布、陈瑀。董卓逆乱于中原，暨氏为吴郡大族，无从附之，且彼时孙吴政权尚未开基，故"暨艳父兄，附于恶逆"不当指从董卓为乱，而只能是附袁术之逆。

又据《孙策传》注引《江表传》，当孙策与吴郡太守陈瑀"行到钱塘，瑀阴图袭策，遣都尉万演等密渡江，使持印传三十余纽与贼丹杨、宣城、泾、陵阳、始安、黟、歙诸险县大帅祖郎、焦已及吴郡乌程严白虎等，使为内应，伺策军发，欲攻取诸郡。策觉之，遣吕范、徐逸攻瑀于海西，大破瑀，获其吏士妻子四千人"。② 而《孙辅传》："（孙辅）又从策讨陵阳，生得祖郎等。"③ 注引《江表传》："策既平定江东，逐袁胤。袁术深怨策，乃阴遣间使赍印绶与丹杨宗帅陵阳祖郎等，使激动山越，大合众，图共攻策。"④ 由此可知，陈瑀、祖郎等人乃是附于袁术之逆而攻孙策。《江表传》又曰："策自率将士讨郎，生获之。策谓郎曰：'尔昔袭击孤，斫孤马鞍，今创军立事，除弃宿恨，惟取能用，与天下通耳。非但汝，汝莫恐怖。'郎叩头谢罪。即破械，赐衣服，署门下贼曹。及军还，郎与太史慈俱在前导军，人以为荣。"⑤ 据是可知，当孙策在江东"创军立事"之际，一度"惟取能用"，赦免并任用曾与自己为敌的人，那么祖郎诸宗帅及所获吴郡太守陈瑀的"吏士妻子四千人"，很可能俱得孙策赦免，在"惟取能用"的原则下，有些当被孙策委任。

综合以上所考可知，对于孙吴政权来说，在黄武三年（224）之前，最切

---

① 按：《三国志》卷一《魏书》纪第一载汉献帝册封曹操为魏公之诏书有云"袁术僭逆，肆于淮南"（第37页）。同纪注引《魏书》："诛二袁篡盗之逆。"（第41页）"二袁"指袁术、袁绍。据《三国志·魏书·袁术传》："（袁术）遂僭号。……术前为吕布说破，后为太祖所败，……将归帝号于绍。"（《三国志》卷六《魏书》传第六，第219—210页）同传注引《魏书》："术归帝号于绍曰：……绍阴然之。"（第201页）由此知，彼时称袁术为篡逆，乃是共识。
② 《三国志》卷四六《吴书》传第一，第1107页。
③ 《三国志》卷五一《吴书》传第六，第1211页。
④ 同上书，第1212页。
⑤ 同上。

· 444 ·

近并与自身利害相关的"恶逆"只有僭号称王的袁术①。而吴郡太守陈瑀，以及丹杨宗帅祖郎等则属"附于恶逆"者。又，当孙吴创军立事之际，孙策曾"除弃宿恨，惟取能用"，不仅赦免并任用了祖郎，亦赦免并委任其他附逆者（非但汝）。由此可以推断，第一，所谓"暨艳父兄，附于恶逆"事，只能是指暨艳父兄附于袁术之逆。第二，据当时孙吴用人原则，籍属吴郡的暨艳父兄，无论是作为吴郡太守陈瑀的"吏士"，抑或是作为险县宗帅，皆有被赦免并任用的可能。

袁术僭号于兴平二年（195）冬，孙策受诏讨逆在建安二年（197）夏。假设黄武三年（224）暨艳任选曹尚书时年三十（张温年三十二），则当其父兄"附于恶逆"之际，艳不过两三岁；即以黄武三年暨艳年四十计，彼时亦不过十二三岁，因此我疑暨艳当时很可能就在孙策俘获的吴郡太守陈瑀的"吏士妻子四千人"中。

暨艳年既长，"先见用于朱治，次见举于众人，中见任于明朝，亦见交于温也"。②艳温相交，当由其习性密迩。从性情言，张温"少修节操"③"才多智少""清浊太明，善恶太分"④。暨艳"性狷厉"⑤，所谓狷，《论语·子路》

---

① 按：田余庆先生以为暨艳父兄所附之"恶逆"为孙吴境内据险不服的山民，"《吴志》中屡有'恶逆'、'旧恶'、'宿恶'、'奸叛'等称，迭见于顾雍、陆逊、张温、骆统、朱治、潘璋、诸葛恪等传及注，所指皆扬州山区守险不服的山民，或称'山寇'、'山贼'。有的地方也有山越人包括在内"。（田余庆：《暨艳案及相关问题》，《秦汉魏晋史探微》（重订本），中华书局 2004 年版，第 314 页）此说实误。通检田先生所提及的顾陆等传，除《张温传》中所载孙权废黜张温的诏令言及"暨艳父兄，附于恶逆"外，其他诸传并无以"恶逆"措辞者。如《顾雍传》"以雍为丞，行太守事，讨除寇贼"（《三国志》卷 52《吴书》传第七，第 1225 页）。同传注引《吴书》"山薮宿恶，皆慕化为善，义出作兵"（《三国志》卷五二《吴书》传第七，第 1228 页）；《陆逊传》"宿恶荡除，所过肃清"（《三国志》卷五八《吴书》传第十三，第 1344 页）；《张温传》"表讨宿恶"；《骆统传》"轻剽者则迸入险阻，党就群恶"（《三国志》卷五七《吴书》传第十二，第 1335 页）；《朱治传》"是时丹杨深地，频有奸叛"（《三国志》卷 56《吴书》传第十一，第 1305 页）；《潘璋传》"讨山贼有功""讨治恶民"（《三国志》卷五五《吴书》传第十，第 1299 页）；《诸葛恪传》"逋亡宿恶"（《三国志》卷六四《吴书》传第十九，第 1431 页）。以上诸传，并无一例将据险山民、山贼称为"恶逆"，事实上，这些不服从孙吴政权的山民、山贼也并不能称为"逆"。暨艳父兄所附之"恶逆"，与称谓山民、山贼的"旧恶""宿恶""奸叛"诸语不能等价齐观。

② 《三国志》卷五七《吴书》传第十二，第 1332 页。
③ 同上书，第 1329 页。
④ 同上书，第 1334 页。
⑤ 同上书，第 1330 页。

"狷者有所不为也"。朱熹集注:"狷者,知未及而守有余。"① 知即智,智未及与温之"智少"显为同义②。而艳"欲臧否区别,贤愚异贯"③ "盛明臧否"④ 亦与温之"清浊太明,善恶太分"同科。以习尚论,据《张温传》:"文辞占对,观者倾竦"⑤,复据《三国志·吴书·孙綝传》注引《文士传》,张温出仕前曾"止(华)融家,朝夕谈讲"⑥。而张温聘蜀,亦尝与秦宓答问⑦。又据《会稽典录》:"(虞俊)至吴,与张温、朱据等清谈干云,温等敬服。"⑧ 结合《朱据传》之"(据)有姿貌膂力,又能论难"⑨ 可知,张温亦必为清谈高手。而暨艳"好为清议"⑩。温艳习尚密近。

暨艳与张温习性既近,故"温引致之,以为选曹郎、至尚书",同台共演了检核郎署的一出大戏。

从以上分析可知,在温、艳检核郎署之前,张、暨分别以"称美蜀政""声名太盛"和"父兄附逆"而引起孙权的嫌忌,两人俱处危境,前者甚至已使孙权"思有以中伤之",后者的"父兄附逆"身世,则为其埋下致祸的深根。⑪ 温、艳与孙权的矛盾一触即发。

再看张、暨检选三署的原则、江东大族的反响,以及暨艳案的结果。

暨艳"弹射百僚,核选三署,率皆贬高就下,降损数等,其守故者十未

---

① 朱熹:《四书章句集注》,中华书局2012年版,第138页。
② 按:关于厉,《论语·述而》:"子温而厉。"集注:"厉,严肃也。"又,《论语·阳货》:"色厉而内荏。"集注:"厉,威严也。"(分见朱熹:《四书章句集注》,第98、166页)于此可见暨艳有严肃、威严之性。
③ 《三国志》卷五七《吴书》传第十二,第1330页。
④ 同上书,第1337页。
⑤ 同上书,第1329页。
⑥ 《三国志》卷六四《吴书》传第十九,第1446页。
⑦ 《三国志》卷三八《蜀书》传第八,第976页。
⑧ 田余庆:《暨艳案及相关问题》,《秦汉魏晋史探微》(重订本),中华书局2011年版,第312页。
⑨ 《三国志》卷五七《吴书》传第十二,第1340页。
⑩ 同上书,第1330页。
⑪ 按:据《三国志·吴书·朱治传》,朱治卒于黄武三年,而暨艳"先见用于朱治"。朱治既死,则孙权处置父兄附逆的暨艳自无任何顾忌。这或许也是暨艳在黄武三年检核郎署,旋即坐罪自杀之一因。

能一，其居位贪鄙，志节污卑者，皆以为军吏，置营府以处之"。① 由此看来，暨艳对待受核三署成员的办法，一是贬高就下，降损数等；二是严惩贪鄙卑污者，将其退为军吏，置之营府。前者适用面较广（率皆贬高就下），后者是与前者并行的更严厉的惩处措施。

暨艳检核三署，"其守故者十未能一"，也就是说，暨艳核选，原则上得罪了九成以上的三署成员。暨艳为何会降贬、处置如此众多的三署成员？我认为这是由于暨艳取弃三署成员的标准并非其是否称职堪任，而是其清浊贤愚，也就是说，暨艳选核三署是以道德为标的，而非以能力为准绳。正如《张温传》所云："艳性狷厉，好为清议，见时郎署混浊淆杂，多非其人，欲臧否区别，贤愚异贯。"②

暨艳检核三署，引起江东大族的反响。

《陆瑁传》："时尚书暨艳盛明臧否，差断三署，颇扬人暗昧之失，以显其谪。瑁与书曰：'夫圣人嘉善矜愚，忘过记功，以成美化。加今王业始建，将一大统，此乃汉高弃瑕录用之时也，若今善恶异流，贵汝颍月旦之评，诚可以厉俗明教，然恐未易行也。宜远模仲尼之泛爱，中则郭泰之弘济，近有益于大道也。'艳不能行，卒以致败。"③

《朱据传》："是时选曹尚书暨艳，疾贪污在位，欲沙汰之。据以为天下未定，宜以功覆过，弃瑕取用，举清厉浊，足以沮劝，若一时贬黜，惧有后咎。艳不听，卒败。"④

《陆逊传》："初，暨艳造营府之论，逊谏戒之，以为必祸。"⑤

从以上三则引文来看，无论是陆瑁的"忘过记功""弃瑕录用"，抑或是朱据的"以功覆过，弃瑕取用""一时贬黜，惧有后咎"，更或是陆逊的以为

---

① 《三国志》卷五七《吴书》传第十二，第1330—1331页。又，《资治通鉴》载录此段文字，"文帝黄初五年（224）"事，在"其守故者"后加"，"，在"十未能一"后用"；"（《资治通鉴》卷七〇《魏纪二》，第2221页），似更具层次性。
② 《三国志》卷五七《吴书》传第十二，第1330页。
③ 同上书，第1337页。
④ 同上书，第1340页。
⑤ 《三国志》卷五八《吴书》传第十三，第1354页。

营府之论必为艳招祸，他们实际都是针对暨艳对待三署成员的第二种做法，即严惩贪鄙卑污者，将其退为军吏，置之营府而提出的规劝、谏戒。其中《朱据传》所述最为明确，"艳疾贪污在位"，而据以为"宜以功覆过，弃瑕取用"，但朱据同时认为"举清厉浊，足以沮劝"，也就是说，朱据并不反对暨艳"贬高就下，降损数等"的核选办法，而"若一时贬黜，惧有后咎"则正说明朱据以为将贪鄙卑污者置营府以处之的惩治办法太过激烈、严苛，恐将招致祸患。陆逊于营府之论谏戒暨艳，而未及"贬高就下，降损数等"之措施，这也侧面说明陆逊并不反对举清厉浊，沮劝贤愚的做法。《陆瑁传》所述稍嫌隐晦，但是其中的"扬人暗昧之失，以显其谪""忘过记功""弃瑕录用"也明显指向严惩贪鄙，置之营府的做法。当然，与朱陆两传相较，陆瑁对暨艳规劝、谏戒的内容更广泛。

由此可见，籍属江东的大族朱陆，对暨艳选核三署并非全面抵触，而只是就其中较为激烈严苛的做法提出规劝、谏戒。可惜的是，暨艳并未听从他们的劝谏，卒致身败名裂。

暨艳因父兄附逆，原已使孙权生忌，他将居位贪鄙，志节卑污者退为军吏、处之营府的严苛做法，更激起"怨愤之声""浸润之谮"，乃至"竞言艳及选曹郎徐彪专用私情，爱憎不由公理"，终致"艳、彪皆坐自杀"。[①]

张温由于之前称美蜀政、声名太盛，以及措置官员招致孙权嫌忌，甚至到了"思有以中伤之"的地步，故暨艳事起，张温遂以"宿与艳、彪同意，数交书疏，闻问往还"而牵连获罪。但因其并非暨艳案之主犯，且有骆统为之表理、剖白，故只遭废黜，而罪不及死。"后六年，温病卒。二弟祗、白，亦有才名，与温俱废。"[②]《朱据传》载："权咨嗟将率，发愤叹息，追思吕蒙、张温。"[③] 于此足见孙权对张温才能的认可，只是"恐终不为己用"，遂忍痛将其废黜。

---

① 《三国志》卷五七《吴书》传第十二，第 1331 页。
② 同上书，第 1333 页。
③ 同上书，第 1340 页。

既然罢废张温的诏令中有"非温之党，即就疵瑕，为之生论"①，而暨艳、徐彪已死，张温已黜，那么暨、张检核三署、惩治署员的两种举措，当然未能贯彻执行。孙吴"郎署混浊淆杂，多非其人"的局面并未改变。孙权只是借暨艳事，借人们对暨艳的怨谮除掉了嫌忌已久的张温、暨艳。暨艳案无论对江东大族抑或淮泗集团，均未造成任何严重的、致命性打击。

另外，从检核郎署的主事者暨艳、张温、徐彪的籍贯（艳、温吴郡，彪广陵）并看不出孙权对江东或淮泗集团的偏袒或打压。受到张温、暨艳弹射的孙邵（北海）、王靖（广陵）虽属淮泗人物，但其受弹被谴，实有其由，也不能将二者视作温、艳打击淮泗集团的证明。作为江东大族领袖的朱据、陆逊，虽然反对暨艳惩处署员的过激做法，但是并未反对艳、温"举清厉浊"的原则方针，这或许可以说明：在暨艳检核三署的过程中，江东大族的利益并未受到根本性损害。当然，由于受到暨艳弹射的百僚到底都有谁，江东、淮泗人各有多少，均难以推考，故从暨艳案并看不出孙吴的政治倾向到底是扬江东抑淮泗，还是扬淮泗抑江东。

三　孙吴选曹用人刍议

通观《三国志·吴书》可知，孙吴政权在选曹用人的问题上并无明显的江东、淮泗意识及限界。孙吴选曹用人是杂用江东、淮泗之士。而其所任用的淮泗选官亦未必是当年随孙策渡江的"淮泗旧人"，有的只是淮泗籍贯而已。但是孙吴选曹用人，又确有其明显的特征：一是对选官的个人才能及人品要求较高；二是存在父子隔时相承的现象。兹将孙吴政权可考知的历任选曹官员约略以时间为序列表②：

---

① 《三国志》卷五七《吴书》传第十二，第1331页。
② 按：表中"?"表示未能确定或不可考之年；又，上任与去职时间皆能确定，或有一者可以确定，则用"—"连接两个年份。又，"才德"栏下，凡带""者，为史书原文，无""者，为笔者据史书所载而总结、归纳。

选官	职务	任期	籍贯	才德	史源
顾徽	东曹掾	200—?①	吴郡	"有唇吻。""有才辩"	《卷五二·吴书传第七·顾雍传》注引《吴书》第1228页
张允	东曹掾	200？—?②	吴郡	"轻财重士，名显州郡""世之英伟"	《卷五七·吴书传十二·张温传》第1229页，《卷四六·吴书传第一·孙策传》注引《吴录》第1109页
步骘	东曹掾	209—210③	临淮淮阴	"昼勤四体，夜勤经传"	《卷五二·吴书传第七·步骘传》第1236页
冯熙	东曹掾	209—223④	颍川	善才辩，不为利益所诱	《卷四七·吴书传第二·孙权传》注引《吴书》第1130页

---

① 按：据《顾雍传》注引《吴书》："孙权统事，……权许而嘉之。转东曹掾。"（《三国志》卷五二《吴书》传第七，第1228页）又据《孙权传》："（建安）五年（200），策薨，以事授权。"（《三国志》卷四七《吴书》传第二，第1115页）由此断定，顾雍任东曹掾必在公元200年之后，离任时间不详。

② 按：据《张温传》："父允，……为孙权东曹掾，卒。"（《三国志》卷五七《吴书》传第十二，第1329页）知张允在孙权时为东曹掾，初任、离任时间俱不详。

③ 按：《步骘传》："孙权为讨虏将军，召骘为主记，除海盐长，还辟车骑将军东曹掾。建安十五年（210），出领鄱阳太守。"（《三国志》卷五二《吴书》传第七，第1237页）据《孙权传》："（建安五年，200），曹公表权为讨虏将军。"同传："（建安）十四年（209），……刘备表权行车骑将军。"而建安十五年，骘已出领鄱阳，则其任孙权车骑将军东曹掾必在209—210年间。

④ 按：《孙权传》注引《吴书》："权遣立信都尉冯熙聘于蜀，吊备丧也。……权之为车骑，熙历东曹掾，使蜀还，为中大夫。"（《三国志》卷四七《吴书》传第二，第1130页）又据《孙权传》："（建安）十四年（209），……刘备表权行车骑将军。"（《三国志》卷四七《吴书》传第二，第1118页）同传："（黄武二年，223）四月，刘备薨于白帝。"（《三国志》卷四七《吴书》传第二，第1130页）知冯熙聘蜀必在黄武二年（223），归吴后转官中大夫。另，从"权之为车骑，熙历东曹掾"之表述看，冯熙有可能是接替步骘出任东曹掾，如是，其初任时间当为210年。

续 表

选官	职务	任期	籍贯	才德	史源
刘基	东曹掾	219—221①	东莱牟平	"居繇丧尽礼,故吏馈饷,皆无所受。姿容美好,孙权爱敬之。"	《卷四九·吴书传第四·刘繇传》第1186页
张温	选曹尚书	221?—223?②	吴郡	"少修节操,容貌奇伟""文辞占对,观者倾竦"	《卷57·吴书传第十二·张温传》第1329页
暨艳	选曹郎、选曹尚书	?—224③	吴郡	"性狷厉,好为清议""见举于众人"	《卷57·吴书传第十二·张温传》第1330页
徐彪	选曹郎	223?—224④	广陵		《卷57·吴书传第十二·张温传》注引《吴录》第1331页

---

① 按:《刘繇传》:"繇长子基,……权为骠骑将军,辟东曹掾,……权为吴王,迁基大农。"(《三国志》卷四七《吴书》传第二,第1186页)据《孙权传》:"(建安二十四年,219)十二月,……曹公表权为骠骑将军。"(《三国志》卷四七《吴书》传第二,第1121页)同传,魏黄初二年(221)十一月,孙权被曹丕封为吴王。

② 按:据《张温传》,孙权召见张温时,刘基已为大(司)农。基为大农在权为吴王(221)之后,而孙权召见张温后,温即"拜议郎、选曹尚书"(《三国志》卷五七《吴书》传第十二,第1330页),则张温任孙吴选曹尚书必在221年之后。又据《孙权传》,黄武三年(224)夏,张温出使蜀国时已为"辅义中郎将",(《三国志》卷五七《吴书》传第十二,第1330页),则温离任选曹当在223年前后。

③ 按:暨艳案事发在黄武三年(224),暨艳时为选曹尚书,其初任之年不可确考。据《张温传》"温引致之,以为选曹郎,至尚书"(《三国志》卷五七《吴书》传第十二,第1330页),则暨艳履任选曹郎,或在张温任选曹尚书时,其任职选曹尚书,当在张温离任选曹之后。

④ 按:黄武三年(224),暨艳案发时徐彪为选曹郎,其初任选曹郎,当在暨艳由选曹郎迁转选曹尚书之后。

续表

选官	职务	任期	籍贯	才德	史源
李肃	选曹尚书	224？—229？①	南阳	"少以才闻，善议论，臧否得中，甄奇录异，荐述后进，题目品藻，曲有条贯"	《卷52·吴书传第七·步骘传》注引《吴书》第1238页
陆瑁	选曹尚书	232—239？②	吴郡	"少好学笃义。"有赏鉴之能	《卷57·吴书传第十二·陆瑁传》第1337页
薛综	选曹尚书	240—243③	沛郡竹邑	"枢机敏捷。"善才辩，有文辞	《卷53·吴书传第八·薛综传》第1254页
顾谭	选曹尚书	243④	吴郡	"心精体密，贯道达微，才照人物，德允众望。"	《卷52·吴书传第七·顾谭传》第1230页

---

① 按：据《步骘传》注引《吴书》："肃字伟恭，南阳人。……权擢以为[选曹尚书]，选举号为得才。求出补吏，为桂阳太守，吏民悦服。"（《三国志》卷五二《吴书》传第七，第1238页）桂阳郡属荆州。又据《步骘传》，孙权称尊号之年（229），步骘条陈"于时事业在荆州界者"，其中即有李肃（《三国志》卷五二《吴书》传第七，第1238页），知李肃至迟在229年已任桂阳太守，则其任职孙吴选曹，必在229年之前。通检《吴书》，暨艳自杀后，孙吴选曹未明谁人接任，或即李肃，故推定其初任选曹在224年或之后的某年。

② 按：据《陆瑁传》："嘉禾元年（232），公车征瑁，拜议郎、选曹尚书。"（《三国志》卷五七《吴书》传第十二，第1337页）直至"赤乌二年（239），瑁卒"（《三国志》卷五七《吴书》传第十二，第1338页），未见有关陆瑁官位升降之记载，陆瑁或即卒于选曹尚书任。

③ 按：据《薛综传》："赤乌三年（240），徙选曹尚书。五年，为太子太傅，领选职如故。六年春，卒。"（《三国志》卷五三《吴书》传第八，第1254页）

④ 按：据《顾雍传》："薛综为选曹尚书，固让谭曰……后遂代综。祖父雍卒数月，拜太常，代雍平尚书事。"（《三国志》卷五二《吴书》传第七，第1230页），由此知顾谭初任选曹尚书在赤乌六年（243）春薛综卒后，其离任时间在顾雍卒后数月。又据《顾雍传》："雍为相十九年，年七十六，赤乌六年卒。"（《三国志》卷五二《吴书》传第七，第1227页），则顾谭离任选曹，或即在赤乌六年，最迟不过赤乌七年。

续 表

选官	职务	任期	籍贯	才德	史源
陆胤	选曹郎	—245?①	吴郡	"天资聪朗，才通行洁，昔历选曹，遗迹可称。"	《卷61·吴书传第十六·陆凯传》第1409页
虞汜	选曹郎	?—258?②	会稽余姚	有才辩，虞翻有十一子，四子汜最知名。	《卷五十七·吴书传第十二·虞翻传》第1326页
薛莹	选曹尚书	264—271③	沛郡	"涉学既博，文章尤妙，同僚之中，莹为冠首。"	《卷五十三·吴书传第八·薛综传》第1254页
缪袆	选曹尚书	271—272④	沛郡	"执意不移，为群小所疾。"	《卷五十三·吴书传第八·薛综传》第1256页

① 按：据《陆凯传》："胤字敬宗，凯弟也。始为御史、尚书选曹郎，太子和闻其名，待以殊礼。会全寄、杨竺等阿附鲁王霸，与和分争，阴相谮构，胤坐收下狱，楚毒备至，终无他辞。后为衡阳督军都尉。"（《三国志》卷六一《吴书》传第十六，第1409页）《孙和传》："鲁王霸觊觎滋甚，陆逊、吾粲、顾谭等数陈嫡庶之义，理不可夺，全寄、杨竺为鲁王霸支党，潜诉日兴。粲遂下狱诛，谭徙交州。"（《三国志》卷五九《吴书》传第十四，第1369页）《资治通鉴》卷七四《魏纪六》将此事系于正始六年（245），即孙吴赤乌八年。由此知，陆胤陷狱当在赤乌八年，其任选曹郎乃在此之前。

② 按：据《虞翻传》："翻有十一子，第四子汜最知名，永安初，从选曹郎为散骑中常侍。"（《三国志》卷五七《吴书》传第十二，第1327页）如以永安初为永安元年（258），则虞汜为选曹郎必在此之前，其初任时间不可考。

③ 按：据《薛综传》："（薛莹）孙皓初，为左执法，迁选曹尚书，及立太子，又领太傅。建衡三年……何定建议凿圣溪以通江淮，皓令莹督万人往，遂以多盘石难施功，罢还，出为武昌左部督。"（《三国志》卷五三《吴书》传第八，第1254—1255页）孙皓初当指元兴元年（264），建衡三年为公元271年。

④ 按：据《薛综传》："（薛莹）出为武昌左部督。后（何）定被诛，皓追圣溪事，下莹狱，徙广州。……皓遂召莹还，为左国史。顷之，选曹尚书同郡缪袆以执意不移，为群小所疾，左迁衡阳太守。"（《三国志》卷五三《吴书》传第八，第1255—1256页）据《孙皓传》："凤皇元年（272）……何定奸秽发闻，伏诛。"（《三国志》卷四三《吴书》传第八，第1169页）则薛莹之下狱、徙广州，以及随即召还，当皆在凤皇元年，而彼时缪袆已为选曹尚书，故缪袆之任选曹尚书，当是继替薛莹。

续表

选官	职务	任期	籍贯	才德	史源
陆喜	选曹尚书	272？—280？①	吴郡	"涉文籍，好人伦。"	《卷57·吴书传第十二·陆瑁传》第1338页

由表可见，如以籍贯言，孙吴在选曹官员的择取上并无一定之规，江东大族（顾徽、张允、张温、暨艳、陆瑁、顾谭、陆胤、虞汜、陆喜），淮泗人员（步骘、徐彪、薛综、薛莹、缪祎），乃至北方的宾旅寄寓之士（冯熙、刘基、李肃）时相杂用，从中根本看不出"择人因地"的用士取向。孙吴在选曹用人问题上首要看重的是其个人的才能品性，而父子隔时相承的现象亦时有存在，如张允之与张温，陆瑁之与陆喜，薛综之与薛莹。②

将孙吴政权选曹用人之特征与暨艳案参勘，再次说明，从温、艳乃至徐彪的籍贯来考论暨艳案的性质是扬江东抑淮泗，抑或是扬淮泗抑江东，是根本站不住脚的。

---

① 按：据《陆瑁传》："子喜亦涉文籍，好人伦，孙皓时为选曹尚书。"（《三国志》卷五七《吴书》传第十二，第1338页）如前所考，孙皓时的选曹尚书，前有薛莹、缪祎，陆喜为选曹尚书的时间当在272—280年间，具体时间段难以确考。

② 按：顾徽之与顾谭，是叔祖与族孙间的隔时相承。

钩沉索隐　推陈出新

——田余庆先生《拓跋史探》的学术方法与启示

周忠强[*]

荆世《拓跋史探》是田余庆先生于耄耋之年完成的一部学术经典，同时也是田先生专注于北魏前期历史的一部学术转型之作。《拓跋史探》勾勒出拓跋部在与乌桓共生的百余年中发展壮大、民族融合这一重要线索，试图还原拓跋社会经历的巨大社会变迁。道武帝拓跋珪确立残忍悖伦的"子贵母死"之制，暴力离散母族、妻族部落，用野蛮手段使拓跋部承受巨大精神痛苦的同时，也把拓跋部落联盟急速地带入文明社会，乘时崛起，担当起开启北朝，从而孕育隋唐的历史任务。这部著作，在民族史和政治史层面开拓了北魏拓跋史研究，其分析方法和精彩结论，集中反映了田先生的学术风格与独到史识。

田余庆先生的学术兴趣主要集中在秦汉和魏晋南北朝的政治史研究方面，尤其关注于皇权的演变问题。《拓跋史探》一书，从政治、制度、地理、文化、民族等多个方面，揭示了拓跋部向专制皇权国家发展所涉及的重大问题，着眼点依然是皇权。从田先生中年所作《说张楚》《论轮台诏》到晚年《拓跋史探》，对皇权的关注，可谓是持之以恒、前后贯通，他始终力图把握中国历史发展和社会演变的这一关键点，进而探索历史演进过程中内在的逻辑和规律。田先生曾说，"中国古史中始终是皇权至上，皇权专制制度是运转历

---

[*] 作者单位：中国社会科学院研究生院文学系。

史的枢纽。尽管朝代变了，制度的外观有异，甚至后来皇帝居位制度也被推倒了，但皇权统治思想和某些机制实际上是保存在社会躯体的骨髓里面，可以说形成历史的遗传基因"。① 治史阅世，感慨良深。

王子今先生认为，自20世纪70年代末以来，"田余庆先生的论著，是政治史研究的新创制，也在当时谋求史学新生的思想解放浪潮中，以新的视角，新的思路，新的方法，新的格调，树立起了学术高标"。② 田先生自己也说"在我看来，没有思想，不是历史学；只有思想，只有理论的陈述，也不是历史学"。③ 研究史学，既要有扎实的学术根底，又要有深刻创新的思想。在运用新方法时，需要避免矫枉过正，注意生搬硬套的问题。田先生将政治学尤其是地缘政治理论引入中古史研究，这是他在学术方法上的一大贡献和创造。他早年曾就读于西南联大政治系，对政治学尤其是地缘政治理论比较熟悉，故能够自如运用。《东晋门阀政治》一书，就含有浓重的地缘政治色彩，即如未能如愿增补的《温峤与江州》一章，就方法论而言也在于此，"我留意温峤与江州一事，主要是探究温峤能在江左走红的缘故和在江州留下的影响，填补东晋门阀政治和东晋地缘政治的一点空缺"。④ 到了《拓跋史探》，田余庆先生对这一理论的运用越发驾轻就熟。在田先生看来，历史地形成的地域限制决定了拓跋部生存空间范围，也决定了拓跋部必须在这个空间范围内采取相应的对外策略以谋求发展。在《代北地区拓跋与乌桓的共生关系》一文中，他"从地缘政治角度分析"⑤ 祁后引以为援的力量，从地理环境和部族关系特点的分析反映拓跋、乌桓两族互动关系及其后果，用《代北周边关系》两节文字剖析了当时朔方、代北的乌桓独孤、铁弗和拓跋夹在前秦、前燕之间

---

① 北京大学中国古代史研究中心编：《田余庆先生访谈》，《田余庆先生九十华诞颂寿论文集》，中华书局2014年版，第20—21页。
② 王子今：《"守住科学良心"——追念田余庆先生》，《中华读书报》2015年1月5日。
③ 罗新：《思想与境界：学术的生命——田余庆先生访谈录》，《原学》第二辑，中国广播电视出版社1995年版，第5页。
④ 北京大学中国古代史研究中心编：《田余庆先生访谈》，《田余庆先生九十华诞颂寿论文集》，中华书局2014年版，第17页。
⑤ 田余庆：《拓跋史探》修订本，生活·读书·新知三联书店2011年版，第113页。

的复杂局势，以及前秦、前燕的不同处置措施。以上这些分析，从地缘政治角度立论，线索明晰，脉络通贯，令人叹服。

　　田先生之学术，多从宏观大局着眼，从微观细处入手，以小见大，见微知著，将宏观与微观有机结合。田先生谈及《东晋门阀政治》一书时，就有"仔细审读史籍，着眼于大局分析"[①]这样的表述。在《拓跋史探》中，田余庆先生发挥了他一贯擅长的以小见大、尺幅千里的特点。《北魏后宫子贵母死之制的形成和演变》一文，从子贵母死问题切入，溯及拓跋母后的部落背景和由此产生的母强立子现象，再及于离散部落和君位传承，最终归结于拓跋统一北方的历史大势。从子贵母死制度的探索中，衍生出离散部落和文明冯太后擅政这两个新问题，这两个问题都是北魏历史中的头等大事。在田先生看来，这一研究过程，它探索的实质是政治制度的渊源和演变，通过把握拓跋部向专制皇权国家发展这一主线索，足以解释其对北魏中晚期历史的影响。这就不仅是制度史，而且进入社会史、政治史、文化史范围。在《代北地区拓跋与乌桓的共生关系》一文中，利用细微的资料审视祁后个人族属这一个案，随着思考深入，逐渐超越个案而进入一些重大的问题，如拓跋整个早期历史中乌桓地位、作用如何，偏于代北一隅的拓跋部如何能够结束十六国混乱局面等，这就超越了纤细考证而是属于宏观考察的范畴。田先生发现，拓跋百年发育经历的三大转折，实际上就是拓跋、乌桓共生历史的演化过程，它反映出魏晋代北地区部族关系的趋同现象，从而孕育了一个融合乌桓与其他族的有强大生命力的新拓跋部，足以承担结束十六国纷争的时代任务。在微观史料的解读方法上，田先生一贯坚持"论从史出"，拒绝从概念出发，认为应从原始资料发掘入手，一步一步进行推敲，求其演化进展之迹。在他看来，"这一研究过程像是一层一层剥笋，一环一环解扣，走一步瞧一步，而不是先有基本立意，一气呵成"[②]。

---

　　① 北京大学中国古代史研究中心编：《田余庆先生访谈》，《田余庆先生九十华诞颂寿论文集》，中华书局2014年版，第19页。
　　② 田余庆：《拓跋史探》修订本，生活·读书·新知三联书店2011年版，第97页。

田先生治学的再一个特点，在于通过精细的考证，将历史人物和事件的来龙去脉考订清楚，以发现彼此之间的内在联系。这种把许多看来孤立分散的问题集中在一起，从而探索其间关系的方法，毫无疑问，来自陈寅恪先生。田先生在一次与北大学生的座谈中，提及自己在1949年以后，读到陈先生《隋唐制度渊源略论稿》和《唐代政治史述论稿》，感觉陈先生的分析方法细致入微，和自己以往所学很不相同，不觉十分着迷。于是他和几个同学找系里开介绍信，求见问学于陈寅恪先生。在《拓跋史探·前言》中，他谈到陈寅恪先生的史学研究，认为陈先生是"凭借精微思辨，推陈出新，从习见的本不相涉的史料中找到它们的内在联系，提出新问题，得出高境界的新解释"，并说"在古史研究方法上给了我极大的启示"。他的研究，正是以对历史问题的深入思考而著称。

研究拓跋早期历史，最大的困难在于史料缺乏。田先生认为，保存拓跋先人历史资料系统且准确的《魏书·序纪》十分珍贵，利用不够充分，应该反复研读，甚至对《序纪》相关史料解析笺注。他曾反复思考《序纪》中"诘汾皇帝无妇家，力微皇帝无舅家"这一谚语，觉得知父而不知母，事出蹊跷，不符合各族初民知母不知父的通则，可能包含有某种历史隐情，因此从这里作了一些探索。田先生《东晋门阀政治》，也曾由"王与马，共天下"一句谣谚而引出一系列重大问题。这种由谚语破题的方法，让人不禁联想到陈寅恪先生，如著名的《述东晋王导之功业》一文中，即由《梁书》"江陵素畏襄阳人"一语，而引出了"上层士族"与"次等士族"的精彩讨论。田先生强调，在治学中，"需要我们有敏锐眼光，从史料缝隙中找出由头，作合理的分析判断"。[①] 这实际上是承袭了陈先生的思路，并有进一步的丰富和升华。

集团分析是田先生惯用的分析方法，如蜀史中新人、旧人的划分，吴史中淮泗集团和江东士族的对立。在《拓跋史探》中，田先生用集团分析法，在拓跋内部，观察桓帝、穆帝以后拓跋的历史，将之归结为兰妃后人和封后

[①] 田余庆：《拓跋史探》修订本，生活·读书·新知三联书店2011年版，第85页。

后人长期反复的权位斗争。具体来说,穆帝猗卢死后拓跋的内乱及其后续事态,是拓跋营垒中新与旧之争,夹杂着拓跋君权与外家部族干政之争,由此演变为拓跋兄弟支系的君位继承之争,进而表现为东西(分别以大宁和盛乐为中心)集团的对立。在拓跋外部,他用集团分析,将乌桓分为原来的代北乌桓和后来形成的乌桓铁弗和乌桓独孤,并认为,以盛乐为中心的拓跋旧人在反复斗争中终于获胜。新旧之争实际上又孕育着新旧的进一步融合,其中主要是乌桓与拓跋的融合。在拓跋史的研究中,田先生运用集团分析这一强大的理论工具,加上精深的考证功力,得出了许多非常具有说服力的结论。不过,这一方法并不是田先生首创,应该也是来自陈寅恪先生。关陇集团本位之说在陈先生的唐史研究中占有重要地位,田先生曾谈道,"关陇本位之说是一个大学说,贯通北朝隋唐,读过的人都受启发,终身受益"[①]。例如纪念陈寅恪先生诞辰百年,田先生提交的学术论文《北府兵始末》中,他认为陈先生《述东晋王导之功业》对"南来北人武力集团"的论述深具启发意义。田文探索北府京口武力集团出现的时代背景和兴替过程,论证它的历史作用,从而对陈先生的见解进行补充。

此外,田余庆先生认为,代北部族发育中的趋同或趋异现象只是相对而言。就与母体关系而言是趋异,就与新环境的适应而言则是趋同。北方复杂的民族关系、族属隔阂不是不起作用,但根本之处并不在纯种族的异同而在环境养成的文化异同。从这一类的论述中,我们更不难发现陈寅恪先生文化史学的影子。

田先生在继承陈寅恪先生思路的基础上,推进、升华了陈寅恪先生的学术方法,可谓是站在巨人肩上的进一步展望。重视在前辈学人研究基础上的创新和突破,田先生无疑为我们树立了榜样。

田先生一生潜心史学,钩沉索隐,发微阐幽。其治学风格严谨精密,视野开阔,辨析锐利,研究方法独具特色,带给我们不少启示。

[①] 北京大学中国古代史研究中心编:《田余庆先生访谈》,《田余庆先生九十华诞颂寿论文集》,中华书局2014年版,第20页。

田先生曾有著名的"境界之论",他认为,青年学者从事学术研究,应当志存高远,追求较高境界的学术目标。归根结底,这涉及学术的责任问题、使命感问题。"我秉承的理念,是求实创新。"① 在田余庆先生看来,华而不实、无独立见解、无思想内容、趋俗猎奇之作都应该避免。具体到秦汉与魏晋南北朝史研究,这八百年历史中最为薄弱的部分,无过于东汉和北魏。"填补充实的根本办法,不能是在原有研究基础上改编通史,只能是有针对性地多做专题研究,逐渐积累成果。"② "重视开拓新思路、新课题,立志填补历史研究中的空白点。"③

　　填补学术空白,并不意味着一定要从新材料中去寻找答案,以新眼光审视旧问题,即从另外的思路和视角进行旧史新读,也不失为一种可行的方法。田先生对被离散的部落进行个案考察,就是这样一种尝试。他善于读书,勤于思考,学与思密切结合,能于不疑处有疑,很快发现新问题,如对道武帝生母献明贺后死因的质疑,祁后姓氏的考索,普根被立为君的思考,韩胤职衔的考辨,乌桓赤沙种族属的认定,等等。田先生做学问心细如发,思维缜密,在对现有资料仔细梳理的过程中,对不同文本中被删削的资料进行考辨,如《晋书·苻坚载记》与《资治通鉴》异同的比较。对溢出文字,如《魏书·刘库仁传》中刘奴真即刘罗辰的考证亦见不凡功力。对于复杂的历史问题,应进行细致分析而非笼统言之,这也是田先生个案研究带给我们的另一个重要启示。部落离散绝不可能由道武帝一纸政令就能完成,它是一个历时的发展过程。也就是说,部落离散不是一次完成的,而是需要武力强迫,反复交锋,对强大的部落尤其是这样。贺兰部落离散就是一个典型个案。

　　先生有言,"我相信治史是无尽头的事业,因而可能成为不朽的事业,不能过多地当成史家个人的事来看待。史家个人,重在发挥特点,重在创新。坚持创新务实,不断寻找新问题、新思路,总能日益走向历史实际,逐渐接

---

① 北京大学中国古代史研究中心编:《我的学术简历》,《田余庆先生九十华诞颂寿论文集》,中华书局2014年版,第9页。
② 田余庆:《拓跋史探》修订本,生活·读书·新知三联书店2011年版,第82页。
③ 同上书,第97页。

近真理"。① 他身体力行，真正做到了"板凳甘坐十年冷，下笔不言半句空"，在追求"高境界"的治学道路上不懈奋进、无怨无悔。

英国历史哲学家柯林伍德在《历史的观念》中，提出了著名的"历史学是人性科学"的命题，读罢《拓跋史探》，自然会产生对此命题的进一步认同。在书中，作者笔端不自觉流露出的丝丝悲悯常令人感动。即如道武帝拓跋珪这种滥刑嗜杀、名声不佳的君主，田先生也强调，不能简单诉诸伦理谴责而不考察其所处文化背景和历史条件，这种充满悲悯情怀的叙述，正与陈寅恪先生"了解之同情"的论说契合无间。在《代北地区拓跋与乌桓的共生关系》一文的结尾，我们读到了这样的文字："我们为拓跋的历史感到沉重，为乌桓的历史感到沉重，也为人类历史包括我们亲历的历史感到沉重，而祈求理性的进步。"这种充满人文关怀的表达，显示出田余庆先生作为一位有着深刻思想的历史学家，他对历史和现实所进行的深度反思。对于文学研究者而言，亦具有启发价值。

不止一位论者提及，田先生的史学论文布局讲究、文笔优美，不但可以作史学论文研读，也可以作文学作品品读。《拓跋史探》也是如此，对于芜杂凌乱的北魏前期历史的梳理清晰而流畅，行文严谨却没有晦涩之病。这给我们以重要的启示，其实，优美的文字不仅能大大提高史学的影响力，对文学研究也是一样。"言之无文，行而不远"，可为鉴戒。"我执着于历史新知的获取需要学界长远积累这样一种愿望，而无急功近利之心。对于拓跋史这种资料极为稀缺的模糊领域，尤其如此。现在我还是此心如旧。"② 田先生之言，言犹在耳，振聋发聩。正因为文章很少应景之作、急就之章，故篇篇精粹可读，必将传之久远。此外，田先生的文章精彩，也和反复认真修改分不开。田先生改文章，精益求精，不厌其烦，力求做到取材适当、论证周密、表述精准。如《拓跋史探》，2003年初版，2011年又出了修订本。他在后记中写

---

① 田余庆：《拓跋史探》修订本，生活·读书·新知三联书店2011年版，第97—98页。
② 田余庆：《修订本后记》，《拓跋史探》修订本，生活·读书·新知三联书店2011年版，第277页。

道,"修订本对原书有较多改动,订正了一些使用史料和认知史料的不足之处,另外,也有若干见解上的变动"。① 田先生在去世前一天,仍伏案工作。摊开的书中,左边是严耕望先生的《魏晋南北朝佛教地理稿》,右边是先生自己的《拓跋史探》。在《拓跋史探》的书页边,田余庆先生做了笔记。显然,先生生前是在看严耕望先生的《魏晋南北朝佛教地理稿》,校定自己的《拓跋史探》。

---

① 田余庆:《修订本后记》,《拓跋史探》修订本,生活·读书·新知三联书店 2011 年版,第 277 页。

文化探秘

中华史前文明的太阳崇拜

周华斌[*]

荆世古典文明中的太阳崇拜是人类的一种普遍现象。五大洲的文明发源地无不崇拜太阳,如欧亚大陆的古中国、古印度、古希腊、非洲的古埃及、南美洲的古玛雅文明等(见图1至图5)。

图1 中国古金沙遗址中的"太阳神鸟"金箔

(2006年3月中国国家文物局公布为"中国文化遗产"的标志图案)

---

[*] 作者单位:北中国传媒大学。

图2 古埃及太阳神　　　　图3 古印度太阳神毗湿奴

图4 古希腊驾太阳车的大神宙斯　　图5 古玛雅太阳神庙

中国古代属于农业文明，与太阳的关联尤其密切。史前的太阳崇拜延及中华古文字中的"日"字、"皇"字，联系着商周时期礼乐中的主干"皇舞""羽舞"。推而广之，自商周以来数千年，历朝无不祭天祭地。尤其如明清皇家的钟鼓司、教坊司，每年必须在承应戏中演出与农业节令相关的鞭牛、犁耕、播种、打稻、秋收等所谓"仪式戏剧"，甚至在园囿内专辟"耕织图"，

以示不忘农家耕织。

史前没有文字，只能靠文物来证明——包括对自然界不断销蚀的人类遗迹的解读。新石器时代的文明信息可以在人类用火、制陶、玉石雕琢、部族图腾中体现，也可以在岩画中探索。岩画可以上溯四五千年前，西方戏剧史便追溯到欧洲冰河后期的洞穴壁画，相当于新石器时代。

我国岩画在《山海经》《水经注》中已有记载。近代地方志和学者也有所记述。但真正进入学术研究领域，则是在中华人民共和国成立后的20世纪60—80年代以后。经田野考古工作者的辛勤努力，迄今披露和出版的岩画图集与研究成果已蔚为大观。作为古代先民雕刻在石头上的历史，本文当以岩画为主，联系新石器时代的其他文物，从"太阳崇拜"角度披沙拣金、艺海拾贝。

一 原始岩画中的太阳崇拜

（一）贺兰山、阴山岩画及游牧部落的太阳神

贺兰山在我国北部的宁夏回族自治区，与内蒙古阴山和赤峰接壤。由西到东，山脉连绵，形成了一个北方岩画带。该地区连接草原，是以狩猎、放牧为主的、居无定所的游牧民族地区。其岩画主要产生于新石器时代，下限延至青铜时代，时间长达数千年之久。尽管它们并非某个相对稳定的部族或部落所绘刻，但整体上反映了游牧部族的生活状态和原始意识。

岩画内容多为野生的食草动物，如山羊、岩羊、麋鹿、马、牛以及犬、狼等，但不乏对天体的原始崇拜观念。其中将天体表现为不规则的点与坑，又以涟漪式的同心圆或周边放射线，来表示其发光。又有表示崇拜的宗教性画面。（见图6至图8）

图6 星象神（贺兰山岩画）　　　　图7 太阳（贺兰山岩画）

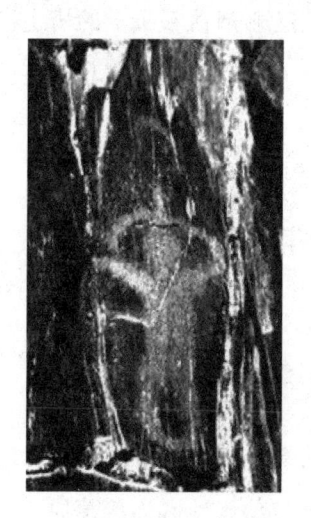

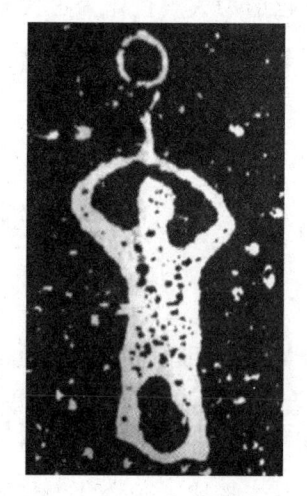

图8 岩画"拜日"（左：阴山岩画；右："拜日"拓片）

　　阴山与贺兰山表现天体有几种方式，点、坑以外，有的"无轮廓"，表现为两只对称的、同心圆式的眼睛——童谣："天上星星眨眼睛，一闪一闪放光明"，原始思维就像人类的童年思维，把天体视作有生命的灵魂、将双眼视作灵魂的眼睛。眼睛，可视之为灵魂崇拜。

　　在贺兰山的千余枚岩画中，人面岩画占有半数以上，有"人面"的轮廓。其实，所谓"人面"，只有五官中眼、鼻、口，没有双耳，没有眉毛，也不绘制头发。整个面部感情冷漠，没有喜怒哀乐，周边的放射线表示光芒。这种幼稚的造型正如同正面化、平面化的儿童绘图，缺乏立体、透视、构图的概念。因此，有的学者称其为"类人面"。不过其中已具备有用具象的图形符号来表达意识的"写意"观念（见图9、图10）。

图9 无轮廓的天体神灵（左：内蒙古阴山；右：内蒙古格尔敖包沟）

图10 有"人面"轮廓的天体神灵（宁夏贺兰山）

除了用两只眼睛喻示灵魂以外，更值得注意的是"太阳"神面下的其他符号：有的添加了双手、双足，有的还在头顶和额部添加生殖器符号，或男或女。这些符号可作如下解读："人"字形表示太阳神能够像人一样游走；男女生殖器有父系、母系和生殖崇拜观念。其中特别有一枚无足、有手的太阳神图案，头顶上添加了一个男女生殖器合体的符号。有学者认为，"整个人面构成的核心应该是男女两性的性器，即由男根和女阴构成的"①。因此，这个太阳神同时可视为滋生万物的生育大神。

近年来，该图案已被当作北方游牧民族最有代表性的太阳神形象，印制为全国发行的邮票（见图11）。

---

① 孙新周：《中国原始艺术符号的文化破译》，中央民族大学出版社1998年版，第69—70页。

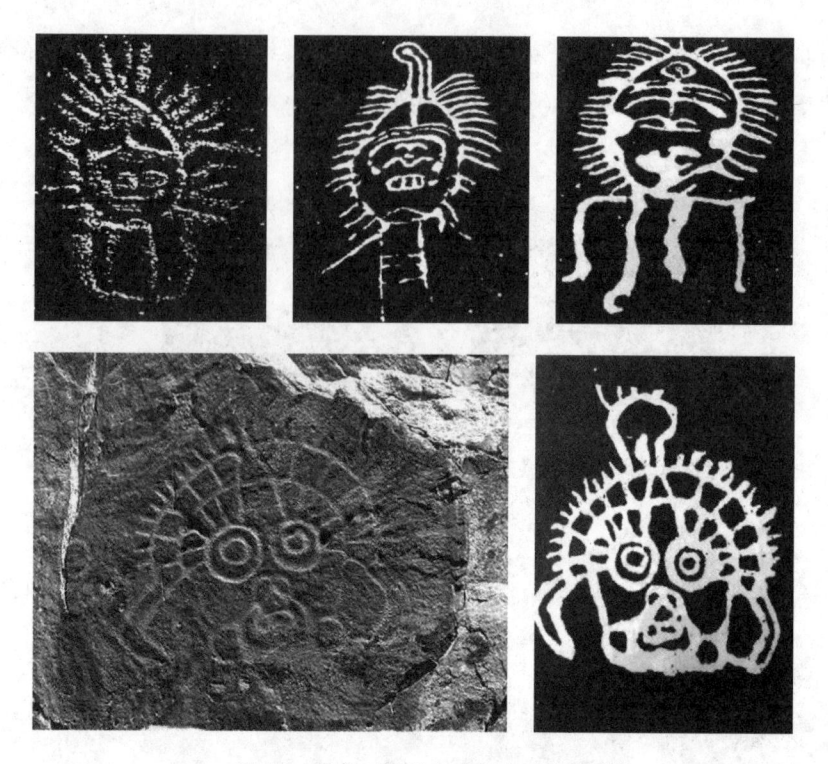

图 11 阴山、贺兰山岩画之"太阳神"

（上：内蒙古桌子山毛尔沟，有"人"形身体；中：内蒙古桌子山召烧沟，有"人"形身体和男女性器官符号；下：宁夏金山乡贺兰山口，有上肢和男女性器合体符号。）

（二）连云港将军崖岩画的太阳崇拜及农业部落的太阳神

连云港在我国东南沿海的江苏省。大海与海岸南连浙江，北连山东、辽宁。东南沿海连云港市的海州区锦屏山的入口处（"将军崖"）存在有原始岩画，约产生于新石器时代的中后期至春秋晚期，其所反映的是相对稳定的农业部落的生活状态和原始意识。

将军崖岩画刻在海拔仅 20 米的一块平整光滑的黑色岩石上，长 22 米，宽 15 米。岩画共三组：东边最高处的一组密布点、坑、同心圆及少量人面，南边一组类似，这两组均可视为"星象图"（见图 12）。西边的一组集中刻绘 10 个左右草禾与人面相结合的图形，又有呈半放射状的禾苗，可视为"草禾人面图"（见图13）。

图中的同心圆，可视为发光的星体，又可视为对称的眼睛。草禾上之人面，正是对称的两只眼睛赋予草禾生命与"灵魂"，从而以之为神灵。天体中的太阳和星星是促使禾苗成长之天神。

图12　将军崖岩画"星象图"（左：太阳；右：天体星辰）

图13　将军崖岩画"草禾人面图"

三组岩画前的中间部位排列有三块大石，呈圆凹形。这三块大石上亦刻有3—5厘米的圆窝形图案，代表天体。有学者认为，将军崖大石上的岩画，以及对面的三块大石，整体上可视为原始部落的祭坛。①

将军崖岩画和阴山、贺兰山岩画都以同心圆的形态表现太阳和眼睛。但将军崖岩画中的草禾人面均呈现为雷同的群体。"星辰图"也是群体，太阳不

---

① 参见《中国各民族原始宗教资料集成（考古卷）》第236页"编者提示"，中国社会科学出版社1996年版。

过天体星辰中的一员——仅仅在放射光芒和大小形状上与其他星辰有所区别。总之,将军崖岩画主要祭祀的是农作物神灵,没有突出太阳神。至于农业部族中太阳神,必须联系新石器时代以浙江沿海的河姆渡文化和江浙一带的良渚文化来加以解读。

浙江余杭县杭州湾的南岸,有一个河姆渡村。1973年至1974年,这里发现了距今约7000年的原始文化遗址,称之为"河姆渡文化",属新石器时代早期。

在河姆渡文化的骨器上,有一种"双鸟载日"图案,均以同心圆表示太阳,负载于写实的鸟身。很明显,这一图饰以太阳为主体,将太阳与飞鸟联系在一起,是最早的"鸟日文化"纹饰。(见图14)

图14 河姆渡文化骨器上的"双鸟载日"

20世纪80年代中叶,江苏北部,淮河中游的安徽蚌埠市双墩村,发现了

文化探秘　　　　　　　　　　　　　　　　　　　　中华史前文明的太阳崇拜

距今约7000年的新石器时代文化遗址。遗址内有大量陶碗的碎片，碗底上刻划有字形符号，600余件。据考古工作者认定，先民们以碗象征如盖的天穹，翻过来，碗底用字符表示天体和方位，包括太阳。遗址内还发现一个小型的陶塑人头，以及原始祭坛痕迹。这个陶塑人头，头顶明确刻有一个同心圆的纹饰，表示太阳。该遗址2013年5月已被国务院定为全国重点文物保护单位，陶塑人头已被定为国家一级文物。

当地处于长江下游和黄河下游之间的淮河平原，地理空间当属东夷范畴。周边平坦，但水患严重。尽管捕鱼是当地的重要生活来源之一，但作为东夷部落不甚敬奉水神和鱼神，更为崇拜太阳。该陶制人头很有淮河中游南方人的特点——丰硕的圆脸、小鼻子、耳带孔。不妨作为崇拜太阳神灵的原始部落民的形象参照。（见图15）

图15　安徽蚌埠市双墩新石器时代遗址陶塑人头像

更为典型的是良渚文化玉器上的太阳神灵。

良渚与河姆渡同样处浙江省余杭县的杭州湾——河姆渡在杭州湾南侧，良渚镇在杭州湾北侧。自1936年起，良渚镇不断发现原始遗址和地下玉器，定名为"良渚文化"。浙江良渚与江苏连云港、安徽双墩同属长江下游的农业地区。其中，离连云港不远的江苏省太湖地区属良渚文化范畴。1987年5月，浙江余姚县的瑶山地区清理了十一座良渚文化墓葬，发现了一座用于宗教性祭祀活动的祭坛，属新石器晚期。

良渚文化以玉器最为著名。在大量的良渚玉器上，雕有像岩画太阳神一般的同心圆双目，眼睛周边饰有捆起来的禾苗，又有鼻口。但无轮廓，可视为农业部落神灵。（见图16）

图16　良渚玉饰品上的农业神灵

特别值得注意的是，有一种图纹在神面上方添加了一张放射光芒的倒梯形人面。人面光芒四射，形成光圈。光圈的外缘呈向上的飞鸟形状。至于兽形的眼、鼻、口下方，雕有两只兽爪的纹饰。据此，有学者认为，这个图纹表示神巫骑着一只据以上天的神兽。神兽及神巫连接天地间，是人神的媒介，早期道教称之为"神跷"。因此，这枚"神跷"图案更明确地可视为农业部落太阳神。（见图17）

图17　良渚玉饰品上的"神跷"（太阳神）

新石器时代的河姆渡文化与良渚文化都以太阳与飞鸟相联系。原因是，原始先民认为太阳是有灵魂的，它们在天空中运行，就像大鸟在空中飞翔。因此，古代文献中多有"日鸟"（太阳鸟）将太阳比作黑色的神鸦。在农业部落，又认为农作物是由飞鸟带来的种子和鸟粪肥料哺育而成的，因此又有"鸟耕""鸟步"等说法，甚至生发出飞鸟停留的神树——"扶桑"的说法以及相关文物。

在中华古文明中，五帝之一是"少昊"部落建立了"东夷"之国。春秋战国时期，《左传·昭公十七年》称："少皞（少昊）挚（鸷）之立出，凤鸟适至，故纪于鸟，为鸟师而鸟名。"鸷指的是大鹰，他属下的百官和部队都是鸟族，用鸟作为标志，如凤鸟氏、玄鸟氏、伯赵（劳）氏、青鸟氏、丹鸟氏，以及五种鸠、五种雉等。①

同类的比喻非仅中国，古埃及亦将太阳比喻为鹰的形象；古印度的太阳神毗湿奴的坐骑是鹰首、利爪、鸟喙的大鹏金翅鸟迦楼罗，又将太阳车喻为在天空中滚动的车轮——因为圆形的车轮、车轴、辐条很像是太阳放光的形象；古希腊神话则将太阳喻为大神宙斯驾驭的太阳车，在空中驰骋，车上亦负载着太阳。

中国作为传统农业文明社会，日后"鸟日文化"被发扬光大。因此，几千年前新石器时代以稻米为主食的河姆渡文化和良渚文化是不可忽视的。

（三）云南沧源与广西花山岩画上的太阳图符

西南地区的岩画主要发现在云南沧源和广西花山沿江的山崖上。这两个地区都在武夷山区以南的云贵地区以及川桂地区，古称"西南夷"。广西的"桂"又因种族众多，称"百越"。当地长期以来经济发展缓慢，留有反映原始先民生活状态和意识形态的岩画是顺理成章的。

---

① 《左传·昭公十七年》："少昊挚之立出，凤鸟适至，故纪于鸟，为鸟师而鸟名。凤鸟氏，历正也；玄鸟氏，司分者也；伯赵氏，司至者也；青鸟氏，司启者也；丹鸟氏，司闭者也。祝鸠氏，司徒也；鴡鸠氏，司马也；鸤鸠氏，司空者；爽鸠氏，司寇也；鹘鸠氏，司事也。五鸠，鸠民者也。五雉，为五工正，得器用，正度量，夷民者也。九扈，为九农正，扈民无淫者也。"

据20世纪60年代中叶至70年代考察,沧源岩画约出现在3000多年前,相当于新石器时代的原始社会晚期,是佤族先人的文化遗迹。花山岩画则绘制于战国至东汉时期约2000—4000年前,是壮族先人的文化遗迹。其岩画都表现为以赤铁矿的矿粉作为红色颜料,绘为平涂的影像(没有面部造型)。其中值得重视的,是太阳符号所带来的崇拜迹象。

沧源岩画出现在新石器时代云南最大的洞穴遗址边上。洞口向南,在沧源县小黑江北岸。岩画凌乱无序,其最高处绘有一组岩画:主体是一个圆形发光的太阳,太阳内站立一个双手平举的人形,一手持弓,一手持箭,有学者称之为"太阳人"①。该图像下距可以立足的岩面约3.8米,是一组岩画的局部。在"太阳人"右下侧,还绘有一个同样持有弓箭的、头戴羽饰的人形,疑为"巫"。左下侧与持弓箭的巫人相对,又绘有五头走兽,似乎是弓箭猎取的对象。倘若将这组图符联系起来,那么存在"祭日"的含义:期望作为神灵的太阳能带来狩猎或畜牧的成功。(见图18)

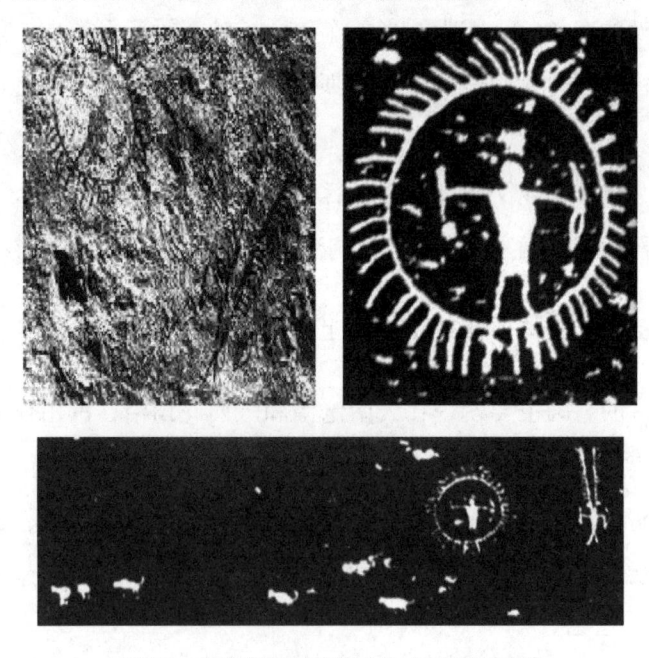

图18 沧源岩画"太阳人"与"祭日图"

---

① 汪宁生:《云南沧源岩画的发现与研究》,文物出版社1985年版。

文化探秘　　　　　　　　　　　　　　　　　　　　中华史前文明的太阳崇拜

由于太阳光芒四射，类似光箭和飞鸟的羽箭，因此巫人戴羽饰，将鸟羽与太阳相联系，是各民族较为普遍的习俗。在沧源岩画中，还有一组"祭日"的舞蹈。在这组岩画里，上面是作为羽人的"巫"，下面是五个人形围着一个圆圈踏舞。可视为"围日而舞"的巫仪。以舞象神、以舞媚神、以舞降神，是原始巫仪的普遍功能。（见图19）

图19　沧源岩画"祭日舞"

花山岩画出现在广西左江流域的山崖上，有作为壮族先民的骆越人巫术祭祀活动的遗迹。其中没有离开太阳，表现在祭祀歌舞中不可或离的节奏乐器——鼓上。这里的圆形图纹多义，更表现为圆鼓。理由是：圆形并非一个，往往伴随舞者，圆形中心则绘制有放射状的装饰性图纹——太阳。这里有形与声的多义：一方面可喻为太阳放射光芒，另一方面喻为声音的传播。声音的涟漪如同光波，不过诉之于耳朵。鼓心是发声处，可以声震万里。

人类以鼓传声已经有几千年历史。鼓是最早的原始乐器，鼓声的节奏、鼓声的变化，甚至可以传达信息，从而产生了"鼓语"。广西与云南、贵州接壤，属"西南夷"。西南夷的青铜文化较早就发达，大约在商周时期就进入了

· 477 ·

青铜时代。春秋至汉代甚至发展到了青铜文化的顶峰，并形成了独立而封闭的"酋族群"。广西壮族始终使用铜鼓，从而形成了独具风采的"铜鼓文化"。时至今日，壮族歌舞依然使用铜鼓，铜鼓中心上保留着放射光芒的"太阳纹"。周边则明确表示为同心圆的太阳，以及飞鸟。（见图20、图21）

图20 广西花山岩画及铜鼓纹

图21 广西壮族传统铜鼓及铜鼓纹

二 农耕文明一统时期的太阳崇拜

（一）走向一统的农耕文明及太阳图饰

与散状的原始部落相适应，原始岩画群星璀璨。正如上文所述，原始岩画分别体现有北方游牧部落、东夷农业部落、西南夷狩猎部落的文化。与此相对应的新石器时代，中国的西北和中原是黄帝部落，东夷是少昊部落，西南夷是被称作"九黎"的蚩尤部落联盟。

在长达数千年之久的新石器时代，中国经历了玉石时期、陶器时期（黑陶、彩陶），走向青铜时期。图像不仅被绘刻在自然山崖上，还被绘刻在以玉石、陶器和青铜铸造的器皿上，越来越精细化。其时，随着文明的历史进步，文化上被分别划分为石器文明、陶器文明、青铜文明甚至铁器文明。与此同时，纯粹以地理空间形成的部落群和酋族群走向解体，产生了乡、镇、城市、城邦、国家，华夏已走向文明社会。

从三皇五帝算起，中华文明号称五千年。"民以食为天"，尽管原始部落的渔猎文明、畜牧文明、采集文明在历史上均皆不同程度地存在，但这几种文明在太阳崇拜上有它们的一致性。从殷商时期起，已走向以中原农耕文明为一统的、多种文明样式的融合，比较典型的是河姆渡文化中的"鸟日纹"走向商周青铜器上的"饕餮纹"。

前已述，鸟日文化的起点，可以以7000年前河姆渡文化骨器上的"双鸟载日"图案为标志。这一图案在器物上有多种变体，乃至成为良渚神兽面部的组成部分——主要是它的同心圆式的两只眼睛。在龙山文化[①]的器物上，这一神兽不仅以双目为神目，还添加了上下相对的四只尖利的虎牙，以及两只飞鸟式的双耳。

---

① 龙山文化，新石器时代晚期，距今4000余年，因首次发现于山东历城县龙山镇而命名。通行于黄河中下游山东、河南、山西、陕西一带。铜、石并用，尤以黑陶著称。

商周钟鼎的整体图案更为复杂化、纹饰化。在商周时期的"饕餮"神面上，两只神目依然如同太阳，虎视眈眈地监视着下界的一切。"飞鸟"已非双耳，增添了"夔龙"纹的两个兽角，意味着"鸟、日"组合已转化为"龙、兽、日"的组合。但是不管怎样变，神兽"饕餮"永远保持着太阳式的、同心圆形的双目。正所谓"神目睽睽，疏而不漏"。这与皇权至上、驾驭一切的观念有关。（见图22至图27）

图22 河姆渡文化中的"双鸟载日"图案

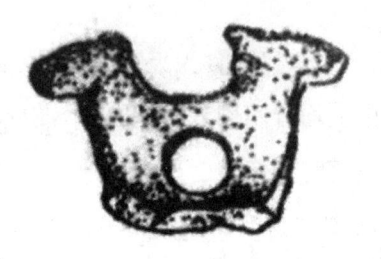

图23 河姆渡文化的"双鸟载日"器物

图24 良渚文化中的"鸟日"神兽图案　　图25 龙山文化神面上的鸟日图纹

图26 商周神兽饕餮上的太阳、夔龙图纹

图27 西周早期青铜器大盂鼎上的饕餮纹（中国国家博物馆藏）

（二）甲骨文、钟鼎文中原始图腾象形的遗留

殷商之前被称作神话时代。按文献记载，神话时代各个部族有相应的图腾标记，如从西北地区起家走向中原的黄帝部族"以云纪""以龙纪"①，是与农业相关的雷电、龙蛇图腾，日后转化为神龙；东夷起家的少昊部族是飞鸟图腾，日后转化为与太阳相关的神凤；西南夷起家的蚩尤部落联盟是毒虫猛兽，日后转化为牛虎图腾——带角，善角抵，有铜头铁额的八十一兄弟，无坚不摧。

图腾物的这种转化，有相应的动物崇拜因素，更有神话般的浪漫想象。在华夏一统之后，除了龙、凤以外，饕餮纹中还有牛和虎的影子，说明"饕餮"原本就是不同部族图腾符号的融合。当然，这种融合不乏战争的因素。

---

① 《周礼正义》序引《左传·昭公十七年》："昔者黄帝氏以云纪，故为云师而云名。""大皞氏（即伏羲氏）以龙纪，故为龙师而龙名。"

在神话时代，南方长江流域的蚩尤曾经北上，与北方黄河流域的黄帝有过一番争夺中原的涿鹿大战。后来，黄帝借助于"应龙"占领中原，杀死了蚩尤。不过，在商周的饕餮造型中，既留下了牛、虎的影子，也留下了鸟、日的影子，还有黄帝部下"夔龙"的影子。

于是要涉及古文字的产生。中国的汉文字，是由图形符号衍化和发展起来的。从商周时期起，以甲骨文、钟鼎文为代表的中国语言文字已经比较系统规范。尤其以"象形"为特征的文字，加上"形声""会意""指事""转注""假借"的造字方法和语法规律，能面对所有的事物，同时表达思想。[①]在国际性的语言文字领域，以象形文字传达信息的方式一直流传至今，独一无二。其他民族的原始象形文字往往局限于一隅或少数人，很难解读，因此被社会淘汰。

商周甲骨、钟鼎用于占卜、记物、记事、供奉，有宗教性崇拜的因素。因此在商周的甲骨和青铜器物上，都铸刻有象形文字，与陶器时代在陶器上铸刻的象形文字异曲同工。

在甲骨象形文字中，有头部戴有冠状物的"龙"字、"凤"字、"虎"字。冠状物象征帝冠，有部族图腾标志的因素。特别是"凤"字，是"鸟"的原形，其头部明显是同心圆的太阳。这一点与原始岩画中表示太阳的同心圆一致，意味着"凤"是鸟日部落的象征。[②]（见图28）

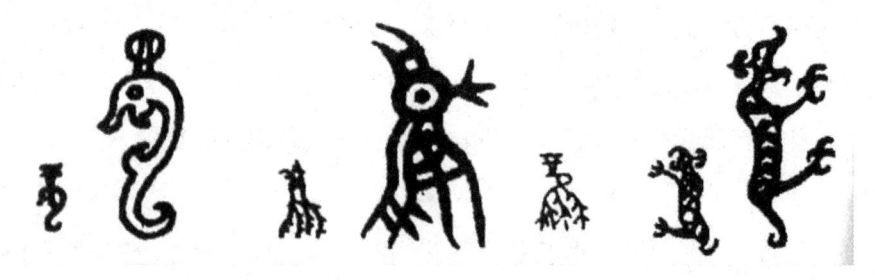

图28 甲骨象形文字中的"龙""凤""虎"

---

① 周代即有"六书"之说。《周礼注疏》卷一〇；"书，六书之品。"东汉郑玄释为：象形、会意、转注、处事、假借、谐声。东汉许慎《说文解字》释为：象形、形声、指事、会意、转注、假借，是六种造字方法。

② 本文甲骨文、钟鼎文均引自高明编《古文字类编》，中华书局1980年版，下同。

（三）古文字中的"日"字、"皇"字

新石器时代文字还没有产生。汉文字中的"日"与"皇"，体现了太阳崇拜走向帝王崇拜的迹象。

黄帝部落进驻中原，随后尧、舜、禹立足中原。大禹治水兴农，发展农业经济。同时以中原为中心，划分九州。殷商之后，秦汉王朝承继，除了农业较为发达的"九州"以外，周边荒野之地的游牧民族和渔猎民族统统被称为"蛮夷"。不仅西南夷的蚩尤，而且与蚩尤相联系的饕餮，西北的穷奇、混沌，北方的猃狁、犬戎等，一律都被视为"凶兽"。

其时，中国已进入了封建专制的农业社会。在秦汉以来统一规范的汉字中，与农业文明的太阳崇拜有密切联系的莫过于"日"字和"皇"字。

正如上文所述，北方游牧民族的岩画、东夷太阳神的神目，普遍表现为同心圆的象形。甲骨文"鸟"和"凤"的头部的眼睛也是同心圆，因此，以同心圆为"日"字象形顺理成章。（见图29、图30）

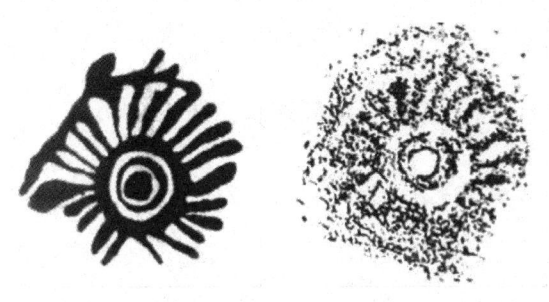

图29　内蒙古阴山岩画中的太阳

图30　商周钟鼎文中的"日"字

"皇"字出现在钟鼎文中有贵为天子、至高无上的含义。其上半部分是太阳放射光芒象形,下半部分是"土"和"王"的指事。上下合为一体,"皇"字有君临天下的帝权的含义。

分吴大澂《说文古籀补》称:"皇,大也。日出土则光大。日为君像,故三皇称'皇'。"林曦光《文源》称:"像日光出地形。日出地,视之若大。皇,大也。"①《诗经·小雅》称:"普天之下,莫非王土。"在原始岩画中,太阳崇拜至高无上,其造型及含义都与"皇"字相关。(见图31)

图31　商周钟鼎文中的"皇"字

(四)"夔"以及中原礼乐中的皇舞、羽舞

甲骨文和钟鼎文中还有一个动物形的象形文字——"夔"。其原型,是一只侧面的、头部戴冠、手舞足蹈的猴子,而且特别强调它的脚,说明顿足而舞。从象形、指事的含义上说,头戴冠冕,说明受到尊重,非同一般。举手顿足、顿足而舞,是舞蹈的指事。

这个象形文字似乎传播较广,衍化为"夔"字。民间有"夔一足"(一条腿)的说法。春秋战国时期,鲁哀公问过孔子:"夔担任乐正,但是'夔一足',可以相信吗?"孔子回答说:"'夔'是从草莽间推举来的。舜帝的意思

---

① 宋耀良:《中国史前神格人面岩画》,上海三联书店1992年版,第321页。

是，'乐正'有一个足可，并非是只有一条腿的意思。"① 从甲骨、钟鼎的象形文字可知，"夔"的侧面造型确实能产生"一足"的附会。（见图32）

图32　甲骨文、钟鼎文以及秦汉篆文中的"夔"字

舜帝在史上是神话传说与社会现实交错时期。

据中国最早的历史性文献《尚书》"益稷"篇记载，夔"戛击鸣石，抟拊琴瑟以咏"，即敲打石磬，拍打和弹奏琴瑟唱歌。在仪典上，夔的乐舞"鸟兽跄跄"，"百兽率舞"。等到"箫韶九成"，也就是演奏雅乐《箫韶》② 达到高潮的时候，有"凤皇来仪"③。

所谓"鸟兽跄跄""百兽率舞"，指的是图腾装扮的动物性舞蹈，正如"夔"的象形文字，本就比较原始。"凤皇来仪"，则意味着仪表堂堂的鸟日部落首领前来参加典礼——正如上文所说，"凤皇"可视为东夷"鸟日部落"的"皇"，很重视仪表。

"夔"善于击鼓，声音很大，又称"雷兽""夔牛""夔龙"。神话中说，夔出自东海流波山，黄帝战蚩尤时，用它的皮做鼓，用它的骨头做鼓槌，其声如雷，声震五百里。又称：夔牛一出，必有风雨，其光如日月，其声如

---

① 《吕氏春秋·察传》："鲁哀公问与孔子曰：'乐正夔，一足，信乎？'孔子曰：昔者，舜欲与乐传教于天下，乃令重黎举夔于草莽之中而进之，舜以为乐正。……夔曰：'若夔者，一而足矣。'故曰'夔一足'，非一足也。"
② 《箫韶》，周礼记载有黄帝以来的六代乐舞《六乐》，其中舜乐为"韶"，用箫管演奏。
③ 《尚书·益稷》："帝曰：'夔，命汝典乐教胄子。直而温，宽而柔，刚而无虐，简而无傲。诗言志，声依咏，律和声。八音克谐，无相夺伦，神人以和。'夔曰：'于！予击石拊石，百兽率舞。'"又载："夔曰：'戛击鸣石，抟拊琴瑟以咏。'……鸟兽跄跄。箫韶九成，凤皇来仪。"

雷。① 商周钟鼎上"夔牛""夔龙"是很重要的图纹。周边常常还装饰有"雷纹"——云气状的回文图案。

由此，可以联系广西花山岩画上的"太阳鼓"。不过，"太阳鼓"的鼓心绘太阳图纹，用鼓的声波类比太阳的光波。在中华文明中，鼓作为最早、最原始的节奏乐器，与"百兽率舞"式的原始乐舞及祭祀乐舞、庙堂乐舞始终紧密相连。原始思维是泛性的，通过"夔鼓"和花山岩画"太阳鼓"的一系列解读，可以贯穿中华文明。

在周代的乐舞领域，"日"字和"皇"字表现为"皇舞"和"羽舞"。

《周礼·春官》载"乐师掌国学之政"，负责教"国子"六种"小舞"：帗舞、羽舞、皇舞、旄舞、干舞、人舞。② 前三种舞蹈——"帗舞""羽舞""皇舞"分别用于祭祀社稷、宗庙、四方。手持的道具都与"鸟"相关，区别仅在于：帗舞用"全羽"；羽舞用"析羽"；皇舞"以羽冒（帽）复头上，衣饰翡翠之羽"。东汉郑玄还特别注解"皇舞"，这种舞蹈拿的是"杂五彩羽，如凤凰色"。倘若遇到大旱，需要"祭四方"，舞者便装扮得像凤凰一般，跳"皇舞"。

至于其他三种"小舞"——"旄舞"持牦牛尾，"干舞"持兵器，"人舞"为空手舞（或为袖舞），分别用于辟雍（厅堂教育）、兵事（军事）、祭祀星辰（天文）。

可知"小舞"大都是文雅的仪式性舞蹈。其中唯有持牦牛尾的"旄舞"和持兵器（干戚）的"干舞"带有阳刚之气，后来成为戏曲表演艺术的重要元素。"旄舞"，很容易让我们联想起《吕氏春秋》"古乐"篇所载"三人操牛尾，投足以歌八阕"的"葛天氏之乐"；"干舞"，很容易让我们联想起陶渊明《读山海经》诗中的"刑天舞干戚，猛志固常在"，都是涉及中国乐舞和中国戏剧起源的经典例子。而"旄舞"持牦牛之尾，分明是游牧部族之物。

---

① 见《山海经·大荒东经》。
② 见《周礼注疏》，（东汉）郑玄注，（唐）贾公彦疏。《周礼·春官》："帗舞用于祭社稷，羽舞用于祭宗庙，皇舞用于祭四方，旄舞用于辟雍，干舞用于兵事，人舞用于星辰。"

"葛天氏之乐"的内涵："一曰载民，二曰玄鸟，三曰遂草木，四曰奋五谷，……八曰总万物之极"，又分明是东夷部族农业文明的产物。之所以被纳入"小舞"，可见华夏一统后尽管以农业文明为主，却也融合了游牧文明。至于"刑天舞干戚"，是刑天舞着兵器与天帝争帝位的内涵，属于西北地区昆仑山的神话传说。总之，"旄舞""干舞"，乃至周代文献中另有记载的"散乐""四裔乐""四夷乐"等，都属于民间乐舞，日后在秦汉时期进入了"百戏"的表演艺术领域。

正所谓"鸟兽跄跄，百兽率舞"，这个问题当另当别论。

余论　史前太阳崇拜中乐舞的启示

史前原始社会没有语言文字。从原始岩画中，可知原始文明中的太阳崇拜尚体现于祭祀仪式中的乐舞。祭祀乐舞属于国际文明，古印度、古希腊的太阳崇拜无不使用音乐舞蹈。在华夏文明中，商周语言文字产生之后，"寓教于乐"的观念已发端于礼乐。

先哲王国维先生曾经给中国的"戏曲"下过一个定义："以歌舞演故事。"[①] 其实，其中有两个元素："歌舞"形态与"故事"内涵。"歌舞"属于肢体表演。"故事"则必须叙事——包括语言文字的叙事。其实，作为肢体表演的"乐舞"未必不能叙事。

前几年参加云南楚雄的火把节，同时观看了一个现代歌舞晚会，叫《太阳雨》。这是体现彝族文化很美、很动人的一场演出。由于没有明确的"故事"，所以不叫"戏曲"。彝族的所谓"戏曲"是"彝剧"，在"剧本为中心"确定戏曲剧种的20世纪50年代，"彝剧"的第一个剧本是彝族郭四九先生整理的《半夜羊叫》。据了解内情的朋友说，郭四九 20 世纪 50 年代中叶在北大中文系读书，他利用假期到乡间进行民间文学调查，根据当地彝民表演

---

① 《戏曲考原》（1909）："戏曲者，谓以歌舞演故事也。"见《王国维戏曲论文集》，中国戏剧出版社 1957 年版，第 201 页。

的一个节目,翻译成了《半夜羊叫》。于是,《半夜羊叫》成为以文字剧本为依据的彝剧的第一个剧本。

在火把节的研讨会上,中国艺术研究院的毛小雨研究员指着汉、彝两种文字对照的横标问:"这上面的汉文和彝文可以一一对应吗?"回答说:"不能,是意译,而且是楚雄方言。其他地方的彝语不这样说。"毛小雨说:"那么,在严格意义上,现有彝剧只能说是'楚雄彝剧'。"

于是带来了对少数民族戏剧戏曲的一个认识。作为少数民族"戏剧"是站得住脚的,但少数民族"戏曲"未必。"戏曲"是汉民族"歌舞演故事"的形态,进而延伸出所谓"声腔剧种",总结出曲牌体(长短句,包括民歌、山歌体)、板腔体(七言、十言整齐句式,押韵)等艺术规律。但这些"戏曲"规律未必可以规范所谓的少数民族的"戏曲"。正如古希腊戏剧源于带有崇祀"酒神节""羊人节"的狂欢民俗,日本"歌舞伎"同样源于带有崇神意义的"能乐"民俗,它们都可以成为"戏剧",但没人称它们是"戏曲","戏曲"是中华文明特有的、汉民族的传统戏剧。"戏剧"与"戏曲"是共性与个性的关系。戏剧有戏剧范畴规范的共性界定,各民族戏剧则有各自民族文化的不同的风格个性。共性能够涵盖个性,但个性未必可以取代共性。中华戏剧与少数民族戏剧也是这种共性与个性的关系。

《太阳雨》强调"西南夷"源远流长的歌舞文化和现代艺术元素,未强调戏剧的所谓"故事"内涵。它是"歌舞",甚至以原生态歌舞作为艺术元素,但是有它独特的美学价值。同类歌舞不仅可以跨越语言文字障碍,甚至可以跨出国界,走向国际,这已经为当代历史所证明。

这就是史前太阳崇拜中的乐舞及现代乐舞《太阳雨》带来的启示。

《世说新语》成书考

范子烨[*]

  《世说新语》(以下简称《世说》)问世迄今已有一千四百余年。由隋至清,历代之官、私书目均以刘义庆为其作者,如《隋书·经籍志》(卷三四)、《旧唐书·经籍志》(卷四七)、《新唐书·艺文志》(卷五九),宋王尧臣《崇文总目》(卷五)、郑樵《通志》(卷六八)、晁公武《郡斋读书志》(卷三下)、陈振孙《直斋书录解题》(卷一一)、《宋史·艺文志》(卷二〇六)、马端临《文献通考》(卷二一五),明高儒《百川书志》(卷八)、焦竑《国史经籍志》(卷四),清孙星衍《孙氏祠堂书目》(卷三)、《四库全书总目》(卷一四〇)、《四库全书简明目录》(卷一四)、钱曾《读书敏求记》(卷三)、《钦定天禄琳琅书目》(卷六)和藤原佐世(828—898)《日本国见在书目录》等。萧梁时代的刘孝标早已言及《世说》之作者为刘义庆。《世说·假谲》第10条写诸葛令女与江思玄的婚恋故事,刘《注》:

  葛令之清英,江君之茂识,必不背圣人之正典,习蛮夷之秽行。康王之言,所轻多矣。

---

[*] 作者单位:中国社会科学院文学研究所。

"康王"是刘义庆的谥号,见《宋书》卷五一《刘道规传》附《刘义庆传》(以下简称《宋书·刘义庆传》),也是义庆卒后南朝人对他的习称,屡见于梁代名僧释慧皎(公元6世纪上半叶)撰写的《高僧传》。这就为历代之通说提供了一个极为有力的证据。然而在明清之际,在历代之通说中却生出一支变调。明陆师道(约1510—约1573)《何氏语林·后序》曰:

> 抑义庆宗王牧将,幕府多贤,当时如袁淑、陆展、鲍照、何长瑜之徒,皆一世名彦,为之佐吏,虽曰笔削自己,而检寻赞润,夫岂无人?①

清毛际可(1633—1708)承续此说,复云:

> 予谓临川宗藩贵重,赞润之功,或有借于幕下袁、鲍诸贤。②

陆、毛虽未否定刘义庆是《世说》的作者,却谓其幕下文士有"赞润"之功,即潜在地认为《世说》是集体合作的结晶,但此说影响甚微。鲁迅在陆、毛的基础上,直接推断说:

> 《宋书》言义庆才词不多,而招聚文学之士,远近必至,则诸书或成于众手,未可知也。③

所谓"诸书",自然包括《世说》。1933年,鲁迅在《选本》一文中又说:

> 《世说新语》并没有说明是选的,好像刘义庆或他的门客所搜集,但检唐宋类书中所存裴启《语林》的遗文,往往和《世说新语》相同,可见它也是一部抄撮故书之作,正和《幽冥录》一样。④

鲁迅所言,本系推测之词。这种推测,目前已为海内外学术界普遍接受,

---

① (明)何良俊:《何氏语林》,上海古籍出版社1983年版,第1页。
② (清)毛际可:《今世说·序》,(清)王晫《今世说》,古典文学出版社1957年版,第1页。
③ 鲁迅:《中国小说史略》第七篇《〈世说新语〉及其前后》,《鲁迅全集》第九卷,人民文学出版社2005年版,第64页。
④ 鲁迅:《集外集》,《鲁迅全集》第7册,人民文学出版社2005年版,第137—138页。

几成定论。但是，迄今为止，鲁迅此说一直未能得到证实。笔者试图从《世说》本身出发，结合晋宋时代的有关史料，为解决这一遗留问题而做出努力，同时对《世说》成书的过程、编纂的原因以及编纂的时间和地点等问题进行深入的考索。

一 从作品本身看《世说》之成于众手

《世说》一书带有明显的成于众手的痕迹：首先是语言风格的不统一；其次是条目分类之安排不尽妥当，时有错乱；最后是记载同一言行，兼存异说。兹详论之。日本学者吉川幸次郎称《世说》："此书之撰述，当非出刘义庆一人之手，据梁刘孝标注解中所引书籍已可证明。又如同一人物，而称谓不一。例如谢安，或称谢公，或直呼谢安，即其显证。"① 其实除吉川所举，谢安在《世说》中还有安石、太傅、仆射三种称号。而称谓不一，中国古籍或多或少都具有这一特点。《世说》虽在这方面较为突出，但并不足以视为其成于众手之依据。其实《世说》之称谓不一，是由其所反映的魏晋知识分子的实际生活情态决定的。唐张彦远《法书要录》卷一〇《右军书记》：

> 昨者书想至，参军近有慰，阮光禄信在耳。许中郎家欲因书，比去报如，庾君遂不救疾，摧切心情。②

又《淳化阁帖》第五《晋右军将军琅琊王羲之书》：

> 伏想清和，士人皆佳适。桓公十月末书为慰，云所在荒甚可忧，殷生数问北事势复云何。安西以至，能数面不？

这两封短笺提到的参军、阮光禄、许中郎、庾君、桓公、殷生和安西，

---

① 吉川幸次郎：《〈世说新语〉之文章》，纪庸译，国立西南联合大学师范学院文学系：《国文月刊》第46期，开明出版社1946年版。
② （唐）张彦远：《法书要录》，人民美术出版社1984年版，第353页。

都是当时与王羲之交往的名士。可见对同一人物有不同的称谓乃是当时士人的习尚。《世说》也真切地传达此种习尚，从一个侧面显示了这部名著的时代特征。《世说》本具史传之特点，但称谓之不一致，则又有别于史传。杨勇云："《世说》编次颇多重复，……鲁迅所谓成于众手，其言可信。"① 编次之重复的确可以证明《世说》是一部集体性著作。上文我们指出《世说》纂辑旧文，有所谓兼存法，兼存亦即重复，《世说》编次之重复多在同一门的相近部位，系编者有意为之。因编者非止一人，而用以纂辑《世说》之"旧文"于同一人物言行之记载又有差异，为保持原貌，故不得不如此。《世说》的编撰工作是十分繁重的。由于编撰者面对的材料太多，有的要简择、取舍，有的则需诸说并存，不宜删略。如此繁复的工作，绝非刘义庆一人所能胜任。因之，由《世说》记载人物言行的重复现象便可推知此书成于众手。《世说》还有归类不当的毛病。所谓归类，即依照三十六门之内容主旨，将相应的言论、故事纳入其中。从总体上看，《世说》的这一工作做得十分出色，但也时有方枘圆凿、龃龉不合之处。《世说·言语》第28条：

  崔正熊诣都郡，都郡将姓陈，问正熊："君去崔杼几世？"答曰："民去崔杼，如明府之去陈恒。"

崔杼、陈恒皆是春秋时齐国大夫，有弑君之罪。晋人重视氏族所出，又喜欢以此互为嘲戏，《世说·排调》特多此类记载。徐震堮说："此条入《言语》，不如入《排调》。"② 颇有道理。梁元帝（508—555）《金楼子》卷五《捷对篇第十一》著录此条③。对答机敏乃《世说·言语》着力表现的一个方面，故置此条于《世说·言语》中亦未尝不可；但相对而言，放入《世说·排调》中更妥当一些。又如《世说·简傲》第2条：

---

  ① 杨勇：《〈世说新语〉"书名""卷帙""版本"考》，《东方文化》（台北）1970年第8卷第2期。
  ② 徐震堮：《世说新语校笺》上册，中华书局1984年版，第49页。
  ③ 许逸民：《金楼子校笺》下册，中华书局2011年版，第209页。

> 王戎弱冠诣阮籍，时刘公荣在坐，阮谓王曰："偶有二斗美酒，当与君共饮，彼公荣者无预焉。"二人交觞酬酢，公荣遂不得一杯，而言语谈戏，三人无异。或有问之者，阮答曰："胜公荣者，不得不与饮酒；不如公荣者，不可不与饮酒；唯公荣可不与饮酒。"

按"阮答曰"云云，徐震堮以为："此文与《任诞》四刘公荣之言相类，盖公荣先有此言，故嗣宗稍变其语以戏之，入《简傲》不如入《排调》。"①此说甚是。类似的情况在《世说》中还可以看到许多。这种情况的出现说明编撰者对各门内容标准的把握很不一致，对所采撷的条目理解也颇有不同，因而未能准确归入与之相对应的门类之中。《世说》若非成于众手之书，就不会屡屡出现这种现象②。《世说》在记事方面也颇多自相矛盾之处。《世说·赏誉》第51条：

> 王敦为大将军，镇豫章，卫玠避乱，从洛投敦，相见欣然，谈话弥日。于时谢鲲为长史，敦谓鲲曰："不意永嘉之中，复闻正始之音。阿平若在，当复绝倒。"

史敬胤注曰："前篇间一夜极谈而发病，困以遂死，此又曰弥日，可谓自相矛盾也。"所谓"前篇"指《世说·文学》第20条：

> 卫玠始度江，见王大将军，因夜坐，大将军命谢幼舆。玠见谢，甚

---

① 徐震堮：《世说新语校笺》下册，中华书局1984年版，第411页。
② 对《世说》归类不当的问题，古人已经有所发现，但在整体上并未对全书造成太大影响。明王思任（1574—1646）《〈世说新语〉序》曰："读《史记》之后，或难为《汉书》；读《汉书》之后，且不可看他史。今古风流，惟有晋代。至读其正史，板质冗木，如工作《瀛州学士图》，面面肥皙，虽略具老少，而神情意态十八人不甚分别。前宋刘义庆撰《世说新语》，专罗晋事而映带汉魏间十数人，门户自开，科条另定，其中顿富不安，微博未的，吾不能为之讳。然而小摘短拈、冷提忙点，每奏一语，几欲起王、谢、桓、刘诸人之骨，一一呵活眼前，而毫无追憾者。又《说》中本一俗语，经之即文；本一浅语，经之即蓄；本一嫩语，经之即辣。盖其牙室利灵，笔颠老秀，得晋人之意于言前，而因得晋人之言于舌外。此小史中之徐夫人也。嗣后，孝标劬注，时或以经配《左》，而博赡有功；须溪贡评，亦或以郭解《庄》，而雅韵独妙。义庆之事于此乎毕矣！"见周兴陆辑著《世说新语汇校汇注汇评》下册，凤凰出版社2017年版，第1644页。

说之，都不复顾王，遂达旦微言，王永夕不得豫。玠体素羸，恒为母所禁，尔夕忽极，于此病笃，遂不起。

这两条间的矛盾固然非常明显，而《世说·容止》第 19 条与上条所写亦颇不合：

卫玠从豫章至下都，人久闻其名，观者如堵墙。玠先有羸疾，体不堪劳，遂成病而死。时人谓看杀卫玠。

一是因清谈过劳而亡，一是被人"看杀"，同一人物而生两种不同之死因，其中必有一谬。案《世说·品藻》第 22 条：

明帝问周伯仁："卿自谓何如庾元规？"对曰："萧条方外，亮不如臣；从容廊庙，臣不如亮。"

刘《注》："按诸书皆以谢鲲比亮，不闻周颙。"孝标注《世说》时参阅"诸书"，而《世说》之纂集亦以"诸书"为据。当然，由于所处时代不同，注者与作者看到的书并不完全一致。徐震堮称"临川此书，本由众书辑录而成，其一事分见于数书而有出入者不一，唐宋诸类书所收，犹可覆按"①。众书之记载虽间有不同，但编撰者倘系一人，也不会出现这样严重的自相矛盾现象。

二 刘义庆及其幕府文士与《世说》的关系

《世说》全书六万余言，编纂这样一部著作，编纂者本身的创作和言行不能不受其影响。同时，编纂者也必然具备与《世说》相近的文章水平和遣词用语习惯。譬如，以创写《世说注》驰誉千古的刘孝标，《世说》在他的文

---

① 徐震堮：《世说新语校笺》上册，中华书局 1984 年版，第 131 页。

章中就留下了明显的印迹①，其《与何炯书》曰：

　　（刘）訏超超越俗，如半天朱霞；（刘）歊矫矫出尘，如云中白鹤。皆俭岁之梁稷，寒年之纤纩。②

"超超"，语出《世说·言语》第23条："我与王安丰说延陵、子房，亦超超玄著。"这两句话是王衍（256—311）自叙其洛水之游时说的。"云中白鹤"，语见《世说·赏誉》第4条："公孙度目邴原：'所谓云中白鹤，非燕雀之网所能罗也。'""俭岁之梁稷"与"荒年谷"为同义语，"荒年谷"，语见《世说·赏誉》第69条："世称庾文康为丰年玉，稚恭为荒年谷。"《艺文类聚》卷五八引刘孝标《答刘之遴借〈类苑〉书》：若夫采亹亹于细纨，阅微言于残竹。③

"亹亹"，同"娓娓"，谈论滔滔不绝之貌；"微言"，指精深微妙的言辞；此二语亦屡见于《世说》。《世说·赏誉》第76条："长史曰：'向客亹亹，为来逼人。'"又《世说·品藻》第67条："亹亹论辩，恐殷欲制支。"《世说·文学》第83条："见敬仁所作论，便足参微言。"又《世说·赏誉》第23条："自昔诸人没已来，常恐微言将绝，今乃复闻斯言于君矣。"《文选》卷五四刘孝标《辩命论》：

　　（刘）琳则志烈秋霜，心贞昆玉，亭亭高竦，不杂风尘。……然则天下善人少，恶人多，暗主众，明主寡，而薰莸不同器，枭鸾不接翼。……夫圣人之言，显而晦，微而婉；幽远而难闻，河汉而不测。④

"亭亭"，语见《世说·赏誉》第154条："孝伯亭亭直上，阿大罗罗清

---

① 对于这一点，罗国威首先发明之，他在《世说新语辞典序》中指出"刘孝标自己的诗文，遣词隶事也多用《世说新语》。"并举他的《与何炯书》为证。见张永言主编《世说新语辞典》，四川人民出版社1992年版，第3页。
② （唐）李延寿：《南史》第四册，卷四十九《刘怀珍传》附《刘訏传》，中华书局1975年版，第1228页。
③ （唐）欧阳询等撰：《艺文类聚》第二册，上海古籍出版社1982年版，第1043页。
④ （梁）萧统编、唐李善注：《文选》卷五四，中华书局1977年版，第749—753页。

疏。""天下善人少，恶人多"，语出《庄子·胠箧》："天下之善人少而不善人多。"①"薰莸不同器"，语出《孔子家语·致思》："薰莸不同器而藏，尧桀不共国而治，以其异类也。"②"河汉而不测"，语本《庄子·逍遥游》："吾惊怪其言，犹河汉而无极也，大有径庭，不近人情焉。"③ 这三个典故，亦见于《世说》。如殷浩（？—356）曾对刘真长（311—347）诸人发问："自然无心于禀受，何以正善人少，恶人多？"④ 又《世说·方正》第24条："王丞相初在江左，欲结援吴人，请婚陆太尉。对曰：'培塿无松柏，薰莸不同器。玩虽不才，义不为乱伦之始。'"及《世说·言语》第75条："谢公云：'贤圣去人，其间亦迩。'子敬未之许，公叹曰：'若郗超闻此语，必不至河汉。'"刘孝标《广绝交论》：

范张款款于下泉，尹班陶陶于永夕。……加以敛颐蹙頞，涕唾流沫，骋黄马之剧谈，纵碧鸡之雄辩。⑤

"永夕""剧谈"，分别见《世说·文学》第20条"王永夕不得豫"和《世说·文学》第41条"今日与谢孝剧谈一出来"。这些例证说明刘孝标作文章喜欢用《世说》语汇，甚至连用典也常常和它保持一致。注释《世说》者尚且如此，编纂者《世说》者遗留于今日的文字，又岂能没有《世说》的印记？下面就从这一角度对刘义庆及其幕府文士与《世说》的关系加以考察。

（一）刘义庆与《世说》

《宋书·刘义庆传》：

义庆幼为高祖所知，常曰："此我家之丰城也。"……为性简素，寡

---

① 陈鼓应：《庄子今注今译》，中华书局1983年版，第256页。
② 《孔子家语》，（魏）王肃（195—256）注，影印文渊阁《四库全书》，第695册，台湾商务印书馆1983—1986年版，第76页。
③ 陈鼓应：《庄子今注今译》，中华书局1983年版，第21页。
④ 徐震堮：《世说新语校笺》，中华书局1984年版，第126页。
⑤ （梁）萧统编、唐李善注：《文选》卷五五，中华书局1977年版，第755—757页。

嗜欲，爱好文义，才词虽不多，然足为宗室之表。……太祖与义庆书，常加意斟酌。①

"爱好文义"确是刘义庆的一个突出特点。义庆一生著述甚富。《宋书·刘义庆传》："撰《徐州先贤传》十卷，奏上之。又拟班固《典引》为《典叙》，以述皇代之美。"②

此处并未言及《世说》，其事可疑，令人深思。而《南史》卷一三《刘义庆传》，不仅言及《徐州先贤传》和《典叙》二书，且云：所著《世说》十卷，撰《集林》二百卷，并行于世。③

而据《隋书·经籍志》，刘义庆总的著述情况如下：

1. 《江左名士传》一卷
2. 《宣验记》十三卷
3. 《幽明录》二十卷
4. 《世说》八卷
5. 《宋临川王义庆集》八卷
6. 《集林》一百八十一卷。（此下又云："梁二百卷。"）④

我们姑且不将《典叙》计算在内，即依《宋书》及《隋志》所载，刘义庆的著作至少也有二百四十卷；倘《世说》和《集林》的卷数按《南史》的记载来统计，则刘义庆的著作有二百六十二卷之多。而据《旧唐书·经籍志》和《新唐书·艺文志》，刘义庆还有《后汉书》五十八卷、《小说》十卷。若将此二书之卷数与上面的两个统计数字相加，则刘义庆的著作数量在三百〇

---

① （南朝梁）沈约：《宋书》卷五一，中华书局1974年版，第1475—1477页。
② （南朝梁）沈约：《宋书》第五册，卷五一，中华书局1974年版，第1477页。
③ （唐）李延寿：《南史》第二册，卷十三，中华书局1975年版，第360页。
④ 笔者读《丛书集成初编目录》"文学类·故事"，发现《唐宋丛书》《历代小史》和《指海》所著录《大业杂记》一书，题云"刘义庆撰"，初甚疑之。按此书后有云雪枝氏《大业杂记跋》云："唐杜宝《大业杂记》十卷，……《说郛》于《杂记》误题为南宋刘义庆作，而别出杜宝《大业拾遗录》七条。"及见此，始豁然而解。见《丛书集成初编目录》，中华书局1983年版，第189页。

八卷至三百三十卷之间。义庆享年42岁，设使他从20岁正式开始笔耕生涯，那么在此后的二十二年里，他必须每年完成十四至十五卷的写作任务。对于刘孝标那样的职业学者来说，这不是不可能的（但刘孝标本人也没有这么多著作），但刘义庆是藩王，其主要的时间和精力是用在行政事务方面，所以绝不会有那样的写作速度①。因此，我们可以断定：刘义庆的多数作品并非他本人撰写的，而是有许多文士为之捉刀。《世说》之编纂，亦当如此。

刘义庆的文章流传下来的很少。为说明问题，兹一并引录于下：

1. 侯牵化而始造，鲁幸奇而后珍。名启端于雅引，器荷重于吴君。等齐歌以无譬，似秦筝而非群。（《箜篌赋》）②

2. 其状也，绀络颈而成饰，赪点首以表仪。羽凝素而雪映，尾舒玄而参差。趾象蚪以振步，形亚凤以擅奇。（《鹤赋》）③

3. 形凤婉而鹄峙，羽衮蔚而缃晖。临渌湍而映藻，傍青崖而妍飞。不隐燿而贻累，倐见屈于虞机。（《山鸡赋》）④

4. 诏书畴咨群司，延及连牧，旌贤仄陋，拨善幽退。伏惟陛下惠哲光宣，经纬明远，皇阶藻曜，风猷日升，而犹询衢室之令典，遵明台之睿训，降渊虑于管库，纡圣思乎版筑。故以道邈往载，德高前王。臣敢竭虚暗，祗承明旨。伏见前临沮令新野庾实，秉真履约，爱敬淳深。昔在母忧，毁瘠过礼，今罹父疚，泣血有闻。行成闺庭，孝著邻党，足以敦化率民，齐教轨俗，前征奉朝请武陵龚祈，恬和平简，贞洁纯素，潜居研志，耽情坟籍，亦足镇息颓竞，奖勖浮动。处士南郡师觉，才学明敏，操介清修，业均井渫，志固冰霜。臣往年辟为州祭酒，未污其虑。

---

① 萧虹：《世说新语整体研究》第二章《作者问题的商榷》，上海古籍出版社2011年版，第23—24页。
② （清）严可均：《全宋文》卷一一，《全上古三代秦汉三国六朝文》第三册，影印清光绪年间王毓藻刻本，中华书局1958年版，第2496页。
③ 同上书，第2496—2497页。
④ 同上书，第2497页。

若朝命远暨，玉帛遐臻，异人间出，何远之有！(《荐庾实等表》)①

5. 恩旨赐臣犀镂竹节如意，目所未睹。(《启事》)②

6. 按《周礼》父母之仇，避之海外，虽遇市朝，斗不反兵。盖以莫大之冤，理不可夺，含戚枕戈，义许必报。至于亲戚为戮，骨肉相残，故道乖常宪，记无定准，求之法外，裁以人情，且礼有过失之宥，律无仇祖之文。况赵之纵暴，本由于酒，论心即实，事尽荒耄。岂得以荒耄之王母，等行路之深仇。臣谓此孙忍愧衔悲，不违子义，共天同域，无亏孝道。(《黄初妻赵罪议》)③

7. 笼窗一不开，乌夜啼，夜啼望郎来。(《乌夜啼》)④

8. 暄景转谐淑，草木日滋长。梅花覆树白，桃杏发荣光。(《游鼍湖诗》)⑤

《集林》之佚文有三段：

9. 昔有一人寻河源，见妇人浣纱，以问之，曰："此天河也。"乃与一石而归。问严君平，云："此织女支机石也。"⑥

10. 嵇喜字公穆，举秀才。⑦

11. 李康字萧远，中山人也。性介立，不能和俗，著《游山九吟》。魏明帝异其文，遂起家为浔阳长。政有美绩。病卒。⑧

---

① （清）严可均：《全宋文》卷一一，《全上古三代秦汉三国六朝文》第三册，影印清光绪年间王毓藻刻本，中华书局1958年版，第2497页。
② 同上。
③ 同上。
④ 逯钦立：《宋诗》卷四，《先秦汉魏晋南北朝诗》中册，中华书局1983年版，第1201页。
⑤ 同上。
⑥ 《太平御览》卷八，宋李昉等撰，第一册，中华书局1960年据上海涵芬楼影印宋本复制重印，第42页。
⑦ 《文选》魏嵇康《赠秀才入军》唐李善注引，梁萧统编、唐李善注：《文选》卷二四，中华书局1977年版，第342页。
⑧ 《文选》晋李康《运命论》唐李善注引，梁萧统编、唐李善注：《文选》卷五三，中华书局1977年版，第730页。

从这些作品看，《宋书》本传"才词虽不多，然足为宗室之表"的说法是符合其实际情况的。我们试将以上刘氏诗文的零枝碎叶与《世说》加以比较，不仅看不出一丝与《世说》相关之痕迹，而且很快会发现义庆的文章水平远在《世说》之下。这一客观事实是显而易见的。因此，我们可以这样推断：在编纂《世说》的过程当中，刘义庆至多是充当主编，发号施令，总理全局，而非具体的执笔人。《宋书·刘义庆传》：

太尉袁淑，文冠当时，义庆在江州，请为卫军咨议参军；其余吴郡陆展、东海何长瑜、鲍照等，并为辞章之美，引为佐史国臣。①

这里所提及的几位文士，就是《世说》一书的主要作者。"佐史国臣"四字正透露了此中的真实消息。兹分别考证如下。

（二）袁淑与《世说》

袁淑（408—453）的作品，今存诗七首②，文十五篇③，其中有三篇值得注意，并录于下：

1. 维神雀元年，岁在辛酉，八月己酉朔，十三日丁酉，帝颛顼遣征西大将军下雉公王凤、西中郎将白门侯扁鹊：咨尔俊鸡山子，维君天姿英茂，乘机晨鸣；虽风雨之如晦，抗不已之奇声。今以君为使持节金西蛮校尉、西河太守，以杨州之会稽，封君为会稽公，以前俊鸡山子为汤沐邑。君其祗承予命，使西海之水如带，俊鸡之山如砺，国以永存，爰及苗裔。浚山侍郎丁鸿、舍人凫、亭男梁鸿、郎中苏鹄死罪：伏惟君德著朝野，勋加鹓鹭，故天王凤皇，特锡位封。今凤鹄等在栖外。愿时拜

---

① （南朝梁）沈约：《宋书》第五册，卷五一，中华书局 1974 年版，第 1477 页。
② 逯钦立：《宋诗》卷五，《先秦汉魏晋南北朝诗》中册，中华书局 1983 年版，第 1211—1213 页。
③ （清）严可均：《全宋文》卷四四，《全上古三代秦汉三国六朝文》第三册，影印清光绪年间王毓藻刻本，中华书局 1958 年版，第 2679—2681 页。

受，不胜欣豫之情。谨诣栖下以闻。(《鸡九锡文》)①

2. 若乃三军陆迈，粮运艰难，谋臣停算，武夫吟叹，尔乃长鸣上党，慷慨应官，崎岖千里，荷囊致餐，用捷大勋，万世不刊，斯实尔之功也。音随时兴，晨夜不默，仰契玄象，俯叶漏刻。应更长鸣，豪分不却。虽挈壶著称，未足比德，斯复尔之智也。若乃六合昏晦，三辰幽冥，犹忆天时，用不应声，斯又尔之明也。青脊绛身，长颊广额，修尾后垂，巨耳双砾，斯又尔之形也。嘉麦既熟，实须精面，负磨回衡，迅若转电，惠我众庶，神祇获荐，斯又尔之能也。尔有济师旅之勋，而加之以众能，是用遣中大夫庐丘加庐尔使衔勒大鸿胪班脚大将军宫亭侯，以杨州之庐江、江州之庐陵、吴国之桐庐、冷浦之朱庐，封尔为中驴公。(《驴山公九锡文》)②

3. 大亥十年，九月乙亥朔，十三日丁亥，北燕伯使使者豪猪，册命大兰王曰：咨惟君禀太阴之沉精，标群形于玄质，体肥腯而洪茂，长无心以游逸，资豢养于人主，虽无爵而有秩，此君之纯也。君昔封国殷商，号曰豕氏，叶隆当时，名垂千世，此君之美也。白蹢彰于《周诗》，涉波应乎隆象，歌咏垂于人口，经千载而流响，此君之德也。君相与野游，唯君为雄，顾群数百，自西徂东；俯喷沫则成雾，仰奋鬣则生风。猛毒必噬，有敌必攻，长驱直突，阵无全锋，此君之勇也。(《大兰王九锡文》)③

这三篇文章具有寓言的性质。首篇写"鸡"，文中的"大将军下雉公王凤""西中郎将白门侯扁鹊"；又写"鸿""凫""鹄"等"鸟臣""劝进"；第二篇写"驴"以卓著的"功勋"和种种"美德"受封为"中驴公"；第三篇写"北燕伯"派遣使者"豪"册命"大兰王"。凡此均属于俳谐之文。袁

---

① (清) 严可均：《全宋文》卷四四，《全上古三代秦汉三国六朝文》第三册，影印清光绪年间王毓藻刻本，中华书局1958年版，第2681页。

② (宋) 李昉等撰《太平御览》卷九〇一引袁淑《诽谐文》第四册，中华书局1960年据上海涵芬楼影印宋本复制重印，第3998页。

③ 《初学记》卷二九，唐徐坚等撰，下册，中华书局1962年版，第711—712页。

淑本来有一部此类作品的专集——《诽谐集》。明张溥（1602—1641）云："阳源《诽谐集》，文皆调笑，其于艺苑，亦博篆之类也。"①《隋书·经籍志》著录《诽谐文》十卷，题曰"袁淑撰"。《诽谐文》即《诽谐记》《诽谐集》。此类作品，文风诙谐，与《世说》的某些条目有切近之点。《世说·排调》第7条：

> 头责秦子羽云：子曾不如太原温颙，颍川荀寓，范阳张华，士卿刘许，义阳邹湛，河南郑诩。此数子者，或謇吃无宫商，或尪陋希言语，或淹伊多姿态，或欢哗少智谞，或口如含胶饴，或头如巾齑杵。而犹以文采可观，意思详序，攀龙附凤，并登天府。

根据刘《注》，此条为晋人张敏（公元4世纪上半叶）《头责子羽文》之节录②。秦子羽乃虚构之人物。"头"对人加以谴责，而且发语连篇，正如袁文所写禽鸟劝进、驴子封公一样滑稽可笑。又如《世说·排调》第12条：

> 诸葛令、王丞相共争姓族先后。王曰："何不言葛、王而云王、葛？"令曰："譬言驴马，不言马驴，驴宁胜马邪？"

以世俗中关于"驴马"的习惯性说法，来比喻、说明姓族本无先后的观点，更为幽默风趣。而幽默、滑稽，喜欢嘲谑、调笑，也正是袁淑其人最突出的性格特点。《宋书》卷六二《王微传》：

> 微既为始兴王濬府吏，濬数相存慰，微奉答笺书，辄饰以辞采。微为文古甚，颇抑扬，袁淑见之，谓为诉屈……③

---

① （明）张溥：《袁忠宪集题辞》，殷孟伦：《汉魏六朝百三名家集题辞注》，人民文学出版社1960年版，第179页。

② 《隋书·经籍志》四："晋尚书郎《张敏集》二卷。"注："梁五卷。"唐魏徵等：《隋书》第四册，卷三五，中华书局1973年版，第1062页。又《旧唐书·经籍志》下："《张敏集》二卷。"（后晋）刘昫等：《旧唐书》卷四七，中华书局1975年版，第2060页。

③ （南朝梁）沈约：《宋书》卷六二，中华书局1974年版，第1666页。

文章之"抑扬",属于语言之声调问题,袁淑称王微"诉屈",其实是调侃的意思。王微对此并未理解,所以在此传后沈约评论说:"袁淑笑谑之间,而王微吊词连牍,斯盖好名之士,欲以身为珪璋,皎皎然使尘玷之累不能加也。"《南史》卷三〇《何尚之传》:

> 尚之既任事,上待之愈隆,于是袁淑乃录古来隐士有迹无名者,为《真隐传》以嗤焉。

《真隐传》二卷,《新唐书》卷五八《艺文志》著录之。《艺文类聚》卷三六引此传:

> 鬼谷先生,不知何许人也。隐居韬智,居鬼谷山,因以为称。苏秦、张仪师之,遂立功名。先生遗书责之曰:"若二君岂不见河边之树乎?仆御折其枝,波浪荡其根,上无径尺之阴,身被数千之痕,此木岂与天地有仇怨?所居然也。子不见嵩岱之松柏、华霍之檀桐乎?上枝干于青云,下根通于三泉,千秋万岁,不受斧斤之患,此木岂与天地有骨肉哉?盖所居然也。"[①]

《太平御览》卷五一〇亦引此传,有云:

> 客有候孔子者,颜渊问曰:"客何人也?"孔子曰:"窅兮泛兮,吾不测也!夫良玉径尺,虽有十仞之土,不能掩其光;明珠度寸,虽有函丈之石,不能戢其曜。苟蕴美自厚,容止可知矣。"[②]

"真隐"与"假隐"是相对而言的。《真隐传》意在歌颂"蕴美自厚"之人,而讥贬何尚之(382—460)一类的虚伪之徒。

[①] (唐)欧阳询等撰:《艺文类聚》第二册,上海古籍出版社1982年版,第640页;又见(宋)李昉等撰《太平御览》卷五一〇,第三册,中华书局1960年据上海涵芬楼影印宋本复制重印,第2322页。

[②] (宋)李昉等撰:《太平御览》第三册,中华书局1960年据上海涵芬楼影印宋本复制重印,第2323页。

《宋书》本传谓袁淑"喜为夸诞,每为时人所嘲",这是其性格的另一重要特点。而带有"夸诞"性质的文字在《世说》中也有不少。《世说·言语》第95条:

> 顾长康拜桓宣武墓,作诗云:"山崩溟海竭,鱼鸟将何依!"人问之曰:"卿凭重桓乃尔,哭之状其可见乎?"顾曰:"鼻如广莫长风,眼如悬河决溜。"或曰:"声如震雷破山,泪如倾河注海。"

又《世说·排调》第61条:

> 桓南郡与殷荆州语次,因共作了语。顾恺之曰:"火烧平原无遗燎。"桓曰:"白布缠棺竖旒。"殷曰:"投鱼深渊放飞鸟。"次复作危语。桓曰:"矛头淅米剑头炊。"殷曰:"百岁老翁攀枯枝。"顾曰:"井上辘轳卧婴儿。"殷有一参军在座,云:"盲人骑瞎马,夜半临深池。"殷曰:"咄咄逼人!"仲堪眇目故也。

袁淑对魏晋时代的人文掌故颇为熟悉。他平时的言论亦多与《世说》的语言和故事有关。可见喜为夸诞是晋宋人物的一个特点。《南史》卷一三《刘义康传》:

> 义康素无术学,待文义者甚薄。袁淑尝诣义康,义康问其年,……曰:"陆机入洛之年。"义康曰:"身不读书,君无为作才语见向。"[1]

晋陆机(261—303)入洛,事见《世说·简傲》第5条:"陆士衡初入洛,咨张公所宜诣,刘道真是其一。陆既往,刘尚在哀制中。性嗜酒,礼毕,初无他言,唯问:'东吴有长柄壶芦,卿得种来不?'陆兄弟颇失望,乃悔往。"据姜亮夫(1902—1995)考证,陆机入洛,是在太康十年(289),此

---

[1] (唐)李延寿:《南史》卷一三,中华书局1975年版,第366页。

年他二十九岁①。又《艺文类聚》卷四〇袁淑《吊古文》云：文举疏诞以殃速，德祖精密而祸及。②

孔融、杨修并为《世说》人物，前者凡四见③，后者凡五见（《世说·赏誉》第58条、《世说·捷悟》第1—4条）。其遭祸事，《世说·言语》第5条刘《注》所引《魏氏春秋》和《世说·捷悟》第1条刘《注》所引《文士传》，均有记载。《世说·言语》第31条描写了著名的新亭泣泪的故事，而袁淑有《游新亭曲水诗序》④。可知永嘉流人盘桓之故地，袁淑亦曾流连其间。《南史》卷二二《王僧虔传》：

> 与袁淑、谢庄善，淑每叹之曰："卿文情鸿丽，学解深拔，而韬光潜实，物莫之窥，虽魏阳元之射，王汝南之骑，无以加焉。"⑤

《南史》卷二二《王慈传》：

> 慈字伯宝。……袁淑见其幼时，抚其背曰："叔慈内润也。"⑥

"王汝南之骑"，事见《世说·赏誉》第17条："王汝南既除所生服，遂停墓所。兄子济每来拜墓，……。济去，叔送至门。济从骑有一马，绝难乘，少能骑者。济聊问叔：'好骑乘不？'曰：'亦好尔。'济又使骑难乘马，叔姿形既妙，回策如萦，名骑无以过之。"此条刘《注》引王隐《晋书》曰："魏舒字阳元，任城人。……少工射，着韦衣，入山泽，每猎大获。为后将军钟毓长史。毓与参佐射戏，舒常为坐画筹。后值朋人少，以舒充数，于是发无不中，加博措闲雅，殆尽其妙。"毓叹谢之曰："吾之不足尽卿，如此射矣！"

---

① 姜亮夫：《陆平原年谱》，古典文学出版社1957年版，第43页。
② （唐）欧阳询等撰：《艺文类聚》，上海古籍出版社1982年版，第730页。
③ 《世说·言语》，第3—5条、第8条，徐震堮：《世说新语校笺》上册，中华书局1984年版，第31—32、34—35页。
④ （宋）李昉等撰：《太平御览》卷三五八，中华书局1960年据上海涵芬楼影印宋本复制重印，第1648页。
⑤ （唐）李延寿：《南史》卷二二，中华书局1975年版，第600—601页。
⑥ 同上书，第600—606页。

此即袁淑所谓"魏阳元之射"。而"叔慈内润",语见《世说·品藻》第6条刘《注》引《逸士传》:

"(荀)靖字叔慈,颍川人。有俊才,以孝著名。……弟爽,亦有才学,显名当世。或问汝南许章:'爽与靖孰贤?'章曰:'二人皆玉也。慈明外朗,叔慈内润。'"

又《太平御览》卷五一〇引袁淑《真隐传》曰:

苏门先生尝行,见采薪于阜者。先生叹曰:"汝将以是终乎?哀哉!"薪者曰:"以是终者,我也;不以是终者,我也。且圣人无怀,何其为哀?圣人以道德为心,不以富贵为志。"因歌二章,莫知所终。①

"苏门先生",即"苏门真人",《世说·栖逸》第1条正文及刘《注》均有关于这位高士的记述。从这些材料可以看出,袁淑评论时人之言论所涉及的汉晋故事,或见于《世说》,或见于产生在《世说》之前而与《世说》有关的历史文献。如果他不是《世说》的执笔人,恐怕就不会屡屡发生这种现象。

袁淑在刘宋文坛上的地位是很高的。南朝梁钟嵘(约468—约518)《诗品》置之于中品,与谢瞻、谢混、王微和王僧达并为一目(谢后王前),而位居鲍照(约414—466)之前②。张溥云:"御房议世讥其诞,然文采遒艳,才辩鲜及,即不得为仪秦纵横,方诸燕然勒铭,广成作颂,意似欲无多让。诗章虽寡,其摹古之篇,风气竟逼建安,此人不死,颜谢未必能出其上也。"③案《宋书·刘义庆传》:太尉袁淑,文冠当时。④

---

① (宋)李昉等撰:《太平御览》,中华书局1960年据上海涵芬楼影印宋本复制重印,第2322页。
② 陈延杰:《诗品注》,人民文学出版社1980年版,第45页。
③ (明)张溥:《袁忠宪集题辞》,殷孟伦《汉魏六朝百三名家集题辞注》,人民文学出版社1960年版,第179页。
④ (南朝梁)沈约:《宋书》卷五一〇,中华书局1974年版,第1477页。此语又见《宋书》卷八五《谢庄传》:"太子左卫率袁淑文冠当时。"第八册,第2167页。

又《宋书》本传：

> 少有风气，年数岁，伯父湛谓家人曰："此非凡儿。"至十余岁，为姑父王弘所赏。不为章句之学，而博涉多通，好属文，辞采遒艳，纵横有才辩。……卫军临川王义庆雅好文章，请为咨议参军。……文集传于世。①

而《隋书·经籍志》四著录"宋太尉《袁淑集》十一卷并目录"②。袁淑以其卓越的文学才能受到刘义庆的青睐，他的实际情况也足以说明他确实有条件、有资格参加《世说》的编纂工作。

（三）鲍照与《世说》

鲍照的作品流传至今者甚多。在刘氏幕府文人中，他的文学才能和实际成就也是最高的。但史书对这位杰出作家的记载却很少。《宋书·刘义庆传》：

> 鲍照字明远，文辞赡逸，尝为古乐府，文甚遒丽。元嘉中，河、济俱清，当时以为美瑞，……世祖以照为中书舍人。……临海王子顼为荆州，照为前军参军，掌书记之任。子顼败，为乱兵所杀。③

《南史》卷一三称其为"东海人"，其他记载与《宋书》相同。鲍照的生平情况大致如此。

鲍照之诗文与《世说》颇多近似之点。首先是语言风格。钟嵘《诗品》卷中称鲍照：

> 其源出于二张。善制形状写物之词，得景阳之俶诡，含茂先之靡曼。骨节强于谢混，驱迈疾于颜延。总四家而擅美，跨两代而孤出。嗟其才

---

① （南朝梁）沈约：《宋书》卷七〇，中华书局1974年版，第1835—1840页。
② （唐）魏徵等：《隋书》卷三五，中华书局1973年版，第1073页。
③ （南朝梁）沈约：《宋书》卷五一，中华书局1974年版，第1477—1480页。

秀人微，故取湮当代。贵尚巧似，不避危仄，颇伤清雅之调。故言险俗者，多以附照。①

"贵尚巧似，不避危仄"，就是刻意雕饰文辞，以求得语言形式的精工雅丽。鲍氏在文学创作上的这种审美倾向是十分明显的，就连他的一般散文也带有鲜明的骈俪化特征。如：

1. 雕瓠饰笙，备云和之品；潢池流藻，充金鼎之实。铩羽暴鳞，复见翻跃，枯杨寒炭，遂起烟华。(《拜侍郎上疏》)②

2. 臣闻尺量之锦，工者裁之；袤丈之木，绳墨在焉。事无巨细，非法不行。(《论国制启》)③

3. 臣闻善谈天者，必征象于人；工言古者，允考绩于今。(《河清颂·序》)④

而《世说》中也特多骈俪语句：

论王霸之余策，览倚伏之要害。(《世说·品藻》第3条)

何平叔巧累于理，嵇叔夜俊伤其道。(《世说·品藻》第31条)

仗民望以从众怀，尽冲退以奉主上，如斯则勋牟一匡，名垂千载。(《世说·规箴》第12条)

桑榆之光，理无远照；但愿朝阳之晖，与时并明耳。(《世说·规箴》第24条)

倾荆汉之力，穷舟车之势。(《世说·豪爽》第7条)

面如凝脂，眼如点漆。(《世说·容止》第26条)

---

① 陈延杰：《诗品注》，人民文学出版社1980年版，第47页。
② (清)严可均：《全宋文》卷四六,《全上古三代秦汉三国六朝文》第三册，影印清光绪年间王毓藻刻本，中华书局1958年版，第2690页。
③ 同上书，第2692页。
④ 收入《宋书·鲍照传》,(南朝梁)沈约：《宋书》卷五一，中华书局1974年版，第1478页。

其次是《世说》中的许多语词亦屡见于鲍照的诗文。《芙蓉赋》：无长袖之容止，信不笑之空城。①

"容止"谓仪容、举止，乃《世说》第十四门之名称。又《世说·贤媛》第 15 条："举动容止不失常。"《凌烟楼铭》：岩岩崇楼，巍巍层隅。②

"岩岩"，高耸之貌，见《世说·赏誉》第 37 条："岩岩清峙，壁立千仞。"及《世说·容止》第 5 条："嵇叔夜之为人也，岩岩若孤松之独立。"又《飞白书势铭》：君子品之，是最神笔。③

"神笔"，谓非凡之作，见《世说·文学》第 67 条："魏朝封晋文王为公，备礼九锡，文王固让不受。公卿将校当诣府敦喻，司空郑冲驰遣信就阮籍求文。籍时在袁孝尼家，宿醉扶起，书札为之，无所点定，乃为付使。时人以为神笔。"《从庾中郎游园山石室》：怪石似龙章，瑕璧丽锦质。④

"龙章"，龙形的花纹，语见《世说·赏誉》第 20 条："五色之龙章。"《拟古诗》八首其五：海岱饶壮士，蒙泗多宿儒。⑤

"海岱"，《尚书·禹贡》指青、徐二州，即位于东海与泰山之间的地区。《世说·赏誉》第 65 条："真海岱清士。"《望孤石诗》：啸歌清漏毕，徘徊朝景终。⑥

"啸歌"谓以啸法唱出歌音，语见《世说·简傲》第 1 条："晋文王功德盛大，坐席严敬，拟于王者。唯阮籍在坐，箕踞啸歌，酣放自若。"《咏老》：冉冉逝将老，咄咄奈老何。⑦

"咄咄"，叹词，表示吒喝、惊叹或恼怒等感情，语见《世说·排调》第 1 条："后于张辅吴坐中相遇，别驾唤恪：'咄咄郎君！'恪因嘲之曰：'豫州

---

① （清）严可均：《全宋文》卷四六，《全上古三代秦汉三国六朝文》第三册，影印清光绪年间王毓藻刻本，中华书局 1958 年版，第 2688 页。
② （清）严可均：《全宋文》卷四七，《全上古三代秦汉三国六朝文》第三册，影印清光绪年间王毓藻刻本，中华书局 1958 年版，第 2695 页。
③ 同上。
④ 黄节：《鲍参军诗注》，《黄节注汉魏六朝诗六种》，人民文学出版社 2008 年版，第 804 页。
⑤ 同上书，第 847 页。
⑥ 同上书，第 889 页。
⑦ 同上书，第 893 页。

乱矣，何咄咄之有？'"又《世说·排调》第 61 条："咄咄逼人。"《世说·黜免》第 3 条："咄咄怪事。"此类例证还有很多。鲍诗之用典，也有与《世说》相同的。《拟古诗》八首其一：富贵人所欲，道得亦何惧。①

"富贵"云云，典出《论语·里仁》。按《世说·尤悔》第 17 条："桓公初报破殷荆州，曾讲《论语》，至'富与贵是人之所欲，不以其道得之不处'，玄意色甚恶。"②《拟古诗》八首其五：管仲死已久，墓在西北隅，后面崔嵬者，桓公旧冢庐。③

管仲、齐桓公事，《世说》亦常提及："仁称不异，宁为管仲。"④"愿明公为桓、文之事，不愿作汉高、魏武也。"⑤《拟古诗》八首其六：不谓乘轩意，伏枥还至今。⑥

"伏枥"，化用曹操《龟虽寿》诗意。《世说·豪爽》第 4 条："王处仲每酒后，辄咏：'老骥伏枥，志在千里。烈士暮年，壮心不已。'"《学古》：齐衾久西设，角枕已双陈。⑦

"角枕"，指用兽角装饰的枕头，语出《诗经·唐风·葛生》："角枕粲兮，锦衾烂兮。予美亡此，谁与独旦？"⑧按《世说·排调》第 36 条："袁羊尝诣刘恢，恢在内眠未起。袁因作诗调之曰：'角枕粲文茵，锦衾烂长筵。'"《在荆州与张使君李居士联句》：三尹无喜色，一适可垂竿。⑨

"三尹"，典出《论语·公冶长》子张之言："令尹子文三仕为令尹，无喜色；三已之，无愠色。"⑩春秋时人斗谷于菟，字子文，事楚王为令尹。《世说·德行》第 41 条："初，桓南郡、杨广共说殷荆州，宜夺殷觊南蛮以自

---

① 黄节：《鲍参军诗注》，《黄节注汉魏六朝诗六种》，人民文学出版社 2008 年版，第 843 页。
② "富与贵"云云，见杨伯峻《论语译注》，中华书局 1980 年版，第 36 页。
③ 黄节：《鲍参军诗注》，《黄节注汉魏六朝诗六种》，人民文学出版社 2008 年版，第 848 页。
④ 《世说·品藻》第 41 条，徐震堮《世说新语校笺》上册，中华书局 1984 年版，第 286 页。
⑤ 《世说·规箴》第 18 条，徐震堮《世说新语校笺》上册，中华书局 1984 年版，第 312 页。
⑥ 黄节：《鲍参军诗注》，《黄节注汉魏六朝诗六种》，人民文学出版社 2008 年版，第 849 页。
⑦ 同上书，第 855 页。
⑧ （宋）朱熹集注：《诗集传》卷六，上海古籍出版社 1958 年版，第 73 页。
⑨ 黄节：《鲍参军诗注》，《黄节注汉魏六朝诗六种》，人民文学出版社 2008 年版，第 895 页。
⑩ 杨伯峻：《论语译注》，中华书局 1980 年版，第 49 页。

树，觊亦即晓其旨。尝因行散，率尔去下舍，便不复还，内外无预知者。意色萧然，远同斗生之无愠。""斗生"，即令尹子文。《代升天行》：凤台无还驾，箫管有遗声。①

"箫管"句，本阮籍《咏怀诗》八十二首其三十一："箫管有遗音，梁王安在哉。"②《世说·豪爽》第13条："桓玄西下，入石头，外白司马梁王奔叛。玄时事形已济，在平乘楼上笳鼓并作，直高咏云：'箫管有遗音，梁王安在哉！'"

鲍照之诗文亦偶尔涉及《世说》的人物和故事。《拟行路难》十八首其五：且愿得志数相就，床头恒有沽酒钱。③

黄节注引《世说·规箴》第9条："王夷甫雅尚玄远，常嫉其妇贪浊，口未尝言'钱'字。妇欲试之，令婢以钱绕床不得行。夷甫晨起，见钱阁行，呼婢曰：'举却阿堵物！'"又《谢解禁止》：臣自惟孤贱，盗幸荣级，暗涩大谊，猖狂世礼。奇非阮籍，无保持之助。④

"保持之助"，事见《世说·德行》第15条："晋文王称阮嗣宗至慎，每与之言，言皆玄远，未尝臧否人物。"鲍氏集中有四首诗，对于我们证明鲍照参与《世说》编撰工作最为有力：

1. 一身仕关西，家族满山东。二年从车驾，斋祭甘泉宫。三朝国庆毕，休沐还旧邦。四牡曜长路，轻盖若飞鸿。五侯相饯送，高会集新丰。六乐陈广坐，组帐扬春风。七盘起长袖，庭下列歌锺。八珍盈雕俎，绮肴纷错重。九族共瞻迟，宾友仰微容。十载学无就，善宦一朝通。(《数名诗》)⑤

---

① 黄节：《鲍参军诗注》，《黄节注汉魏六朝诗六种》，人民文学出版社2008年版，第746页。
② 黄节：《阮步兵咏怀诗注》，《黄节注汉魏六朝诗六种》，人民文学出版社2008年版，第504页。
③ 黄节：《鲍参军诗注》，《黄节注汉魏六朝诗六种》，人民文学出版社2008年版，第780页。
④ （清）严可均：《全宋文》卷四六，《全上古三代秦汉三国六朝文》第三册，影印清光绪年间王毓藻刻本，中华书局1958年版，第2690—2691页。
⑤ 黄节：《鲍参军诗注》，《黄节注汉魏六朝诗六种》，人民文学出版社2008年版，第860页。

2. 二形一体，四支八头。四八一八，飞泉仰流。(《字谜三首》其一)①

3. 头如刀，尾如钩，中央横广，四角六抽。右面负两刃，左边双属牛。(《字谜三首》其二)②

4. 乾之一九，只立无偶。坤之二六，宛然双宿。(《字谜三首》其三)③

《数名诗》每二句为一组，每组以数目字冠首。黄节注引方回之语曰："此游戏翰墨。如金石丝竹八音，建除满平十二辰、角亢氏房二十八宿，皆以作难得巧为工，非诗之自然者也。数者，自一至十。始云'一身仕关西，家族满山东'，末云'十载学无就，善宦一朝通'，意全在此。谓寒士之学，十载不成，巧宦之人，一朝显通，如前九韵所云耳。"④方氏的解释十分准确。后三首为字谜诗。据钱振伦说，第一首打"井"字："四八一八，合则五八，五八，四十也。四十为井字。"第二首诗，钱氏释为"龟"字；第三首诗钱氏解为"土"字："乾阳坤阴，上二句谓阳爻，阳爻即一字也。下二句谓阴文，二阴爻（☷）则为十字也。合成土字。"⑤类似的文字游戏在《世说》中有很多：

1. 杨德祖为魏武主簿，时作相国门，始构榱桷。魏武自出看，使人题门作"活"字，便去。杨见，即令坏之，既竟，曰："'门'中'活'，'阔'字，王正嫌门大也。"⑥

2. 人饷魏武一杯酪，魏武啖少许，盖头上题"合"字以示众，众莫

---

① 黄节：《鲍参军诗注》，《黄节注汉魏六朝诗六种》，人民文学出版社 2008 年版，第 894 页。
② 同上。
③ 同上。
④ 黄节：《鲍参军诗注》，《黄节注汉魏六朝诗六种》，人民文学出版社 2008 年版，第 861—862 页。
⑤ 《鲍参军集注》，钱仲联增补集说校，上海古籍出版社 1980 年版，第 416 页。
⑥ 《世说·捷悟》第 1 条，徐震堮《世说新语校笺》上册，中华书局 1984 年版，第 317 页。

能解。次至杨修，修便啖，曰："公教人啖一口也，复何疑！"①

3. 魏武尝过曹娥碑下，杨修从。碑背上见题作"黄绢幼妇，外孙齑臼"八字。魏武谓修曰："解不？"答曰："解。"魏武曰："卿未可言，待我思之。"行三十里，魏武乃曰："吾已得。"令修别记所知。修曰："黄绢，色丝也，于字为'绝'；幼妇，少女也，于字为'妙'；外孙，女子也，于字为'好'，齑臼，受辛也，于字为'辞'；所谓'绝妙好辞'也。"魏武亦记之，与修同，乃叹曰："我才不及卿，乃觉三十里。"②

4. 嵇康与吕安善，每一相思，千里命驾。安后来，值康不在，喜出户延之，不入，题门上作"凤"字而去。喜不觉，犹以为欣故作。"凤"字，凡鸟也。③

《世说》的这些条目必然出自平素对此种文字游戏饶有兴趣的文士之手，我们可以从《数名诗》和《字谜三首》推断，该文士可能就是鲍照。

鲍照与刘义庆的关系十分密切。《南史》卷一三《鲍照传》：

照始尝谒义庆，未见知，欲贡诗言志，人止之曰："卿位尚卑，不可轻忤大王。"照勃然曰："千载上有英才异士沉没而不闻者，安可数哉！大丈夫岂可遂蕴智能，使兰艾不辨，终日碌碌与燕雀相随乎？"于是奏诗，义庆奇之。赐帛二十四，导擢为国侍郎。甚见知赏。④

可见鲍照最初是以诗文见知于义庆的。而鲍照后来创作的许多作品与刘义庆多少都有直接或间接的关系。《从登香炉峰诗》：

辞宗盛荆梦，登歌美凫绎。徒收杞梓饶，曾非羽人宅。罗景蔼云扃，

---

① 《世说·捷悟》第2条，徐震堮《世说新语校笺》上册，中华书局1984年版，第318页。
② 《世说·捷悟》第3条，徐震堮《世说新语校笺》上册，中华书局1984年版，第317页。
③ 《世说·简傲》第4条，徐震堮《世说新语校笺》下册，中华书局1984年版，第412页。
④ （唐）李延寿：《南史》卷一三，中华书局1975年版，第360页。

沾光扈龙策。御风亲列涂,乘山穷禹迹。含啸对雾岑,延萝倚峰壁。青冥摇烟树,穹跨负天石。霜崖灭土膏,金涧测泉脉。旋渊抱星汉,乳窦通海碧。谷馆驾鸿人,岩栖咀丹客。殊物藏珍怪,奇心隐仙籍。高世伏音华,绵古遁精魄。萧瑟生哀听,参差远惊觌。惭无献赋才,洗污奉毫帛。①

根据《宋书》的记载,黄节认为:"此篇盖明远从义庆登香炉峰作也。"② 黄氏又指出:"辞宗谓当时文学之士,视屈宋为盛。歌颂义庆,比之鲁侯。其时义庆以江州刺史都督南兖州、徐、兖、青、冀、幽六州诸军事,一若鲁侯之保有凫绎也。"③ 其《登庐山》《登庐山望石门》二诗,钱振伦以为"皆从临川王江州作"④。据钱仲联《鲍照年表》⑤,其《解褐谢侍郎表》亦为临川王而作。鲍照《从拜陵登京岘》诗云:"孟冬十月交,杀盛阴欲终。"⑥ 据《宋书》本传,义庆于元嘉十七年离江州之任,而为南兖州刺史,则此诗亦当系跟从临川王时所作。《凌烟楼铭并序》也是一篇应刘义庆之命而写的文章:

臣闻凭飙荐响,唱微效长;垂波鉴景,功少致深。是以冰台筑乎魏邑,凤阁起于汉京,皆所以赞生通志,感悦幽情者也。伏见所制凌烟楼,栖置崇迥,延瞰平寂。即秀神皋,因基地势。东临吴甸,西眺楚关。奔江永写,鳞岭相葺,重树穷天,通原尽目。悲积陈古,赏绝旧年。诚可以晖旷高明,藻撤远心矣。夫识缘感倾,事待言彰,匪言匪述,绵世罔传。敢作铭曰:

岩岩崇楼,巍巍层隅。阶基天削,户牖云区。瞰江列楯,望景延除。积清风露,合彩烟涂。俯窥淮海,俯眺荆吴。我王结驾,藻思神居。宜

---

① 黄节:《鲍参军诗注》,《黄节注汉魏六朝诗六种》,人民文学出版社 2008 年版,第 802—803 页。
② 同上书,第 804 页。
③ 同上。
④ 《鲍参军集注》,钱仲联增补集说校,上海古籍出版社 1980 年版,第 163 页。
⑤ 同上书,第 432 页。
⑥ 黄节:《鲍参军诗注》,《黄节注汉魏六朝诗六种》,人民文学出版社 2008 年版,第 797 页。

此万春，修灵所扶。

此文题下有宋人注云："宋临川王起。"由"东临吴甸，西眺楚关""俯窥淮海，俯眺荆吴"等句可以看出，这篇作品写于江州。《凌烟楼铭并序》中的"我王"，就是指临川王刘义庆。鲍照的另一篇文章《佛影颂》，钱仲联以为"似为临川王作"，可能与义庆晚年笃奉沙门有关①。而鲍照之《舞鹤赋》②也可能是酬和刘义庆《鹤赋》之作。鲍照《野鹅赋序》曰：有献野鹅于临川王，世子悯其樊萦，命为之赋。③

则此赋当系奉刘义庆世子哀王刘晔（？—453）之命而作。《临川王服竟还田里诗》云：

送往礼有终，事居惭懦薄。税驾罢朝衣，归志愿巢壑。寻思邈无报，退命愧天爵。舍耒将十龄，还得守场藿。道经盈竹笥，农书满尘阁。怆怆秋风生，戚戚寒纬作。丰雾粲草华，高月丽云崿。屏迹勤躬稼，衰疾倚芝药。顾此谢人群，岂直止商洛。④

钱振伦注："《仪礼》疏：'衰裳齐牡麻绖无缨者，为旧君。《传》曰："为旧君者，孰谓也？仕焉而已者也。何以服齐衰？三月也，言与民同也。"'"⑤ 义庆卒于元嘉二十一年正月，据诗意及当时的礼制规定，此诗当作

---

① 《鲍参军集注》，钱仲联增补集说校，上海古籍出版社1981年版，第117页。刘义庆之奉佛，与彭城刘氏的家族史有密切关系。田余庆在《彭城刘氏与佛学成实论的传播》一文中指出："按成实论，鸠摩罗什居后秦时于长安译出，当东晋安帝义熙年间。其时北方扰攘，两淮之地长期属南。刘裕灭后秦，以子义真留守长安。义熙十四年（418）义真被赫连勃勃攻逼，赖长安僧人释僧导之助得以逃归南方。翌年刘裕受晋封为宋王，以寿春为王都，遂立东山寺为寿春，僧导得以来东山寺讲说经论。罗什译成实论时，僧导曾'参议详定'，深谙其说，成实论乃得因僧导而南传。后来北魏太武帝毁佛（446），北方僧众纷纷避难南行，或归寿春，或投彭城，寿春、彭城成为两淮地区的成实论重镇，寿春为时略早，彭城则影响大于寿春。两处僧人又多移住建康，建康成实之学遂盛于南朝。"田余庆：《秦汉魏晋史探微》，中华书局2004年版，第391页。
② （清）严可均：《全宋文》卷四六，《全上古三代秦汉三国六朝文》第三册，影印清光绪年间王毓藻刻本，中华书局1958年版，第2689页。
③ 同上。
④ 黄节：《鲍参军诗注》，《黄节注汉魏六朝诗六种》，人民文学出版社2008年版，第864—865页。
⑤ 《鲍参军集注》，钱仲联增补集说校，上海古籍出版社1980年版，第370页。此诗当作

于是年四月。此后鲍照又作《通世子自解启》《重与世子启》等文，请求自解侍郎。其《通世子自解启》云：

> 仆以常桓，无用于世。遭逢谬幸，被受恩荣。诚愿论毕，久宜捐落。仁眷笃终，复获淹停。感今惟昔，衔佩无已。但自无堪，尸素累载。腹心之愧，瘖瘵为忧。今请解所职，愿蒙矜许。自奉清尘，于兹六祀。坠辰永往，遗恩在心。执纸哽咽，言不自宣。①

"坠辰永往，遗恩在心"云云，说明此文作于义庆辞世不久。文中又云："自奉清尘，于兹六祀。""兹"谓此时，指元嘉二十一年，由此上推六年，乃元嘉十五年（438），则鲍照于此时开始追随义庆，此即"自奉清尘"之意，彼时刘义庆正任荆州刺史②。

从这些情况可以看出，鲍照是临川王幕府中的一位重要文士。他不仅与刘义庆接触时间长，而且感情较深。刘义庆主编《世说》，他不可能不参与其事。

（四）何长瑜与《世说》

何长瑜（？—445?）的文学成就不高，钟嵘《诗品》置之于下品（与羊曜璠、范晔并为一目，在二人之前)③。现有诗二首存世。一为《离合诗》：

> 宜然悦今会，且怨明晨别。肴蕨不能甘，有难不可雪。④

二为《嘲府僚诗》。《宋书》卷六七《谢灵运传》：

> 灵运以疾东归，而游娱宴集，以夜续昼，复为御史中丞傅隆所奏，

---

① （清）严可均：《全宋文》卷四七，《全上古三代秦汉三国六朝文》第三册，影印清光绪年间王毓藻刻本，中华书局1958年版，第2692页。
② 《宋书》本传，（南朝梁）沈约：《宋书》卷五一，中华书局1974年版，第1476页。
③ 陈延杰：《诗品注》，人民文学出版社1980年版，第63页。
④ （唐）欧阳询等撰：《艺文类聚》卷五六，上海古籍出版社1982年版，第1005页。

坐以免官，是岁，元嘉五年。灵运既东还，与族弟惠连、东海何长瑜、颍川荀雍、泰山羊璿之，以文章赏会，共为山泽之游，时人谓之四友。惠连幼有才悟，而轻薄不为父方明所知。灵运去永嘉还始宁，时方明为会稽郡。灵运尝自始宁至会稽造方明，过视惠连，大相知赏。时长瑜教惠连读书，亦在郡内，灵运又以为绝伦，谓方明曰："阿连才悟如此，而尊作常儿遇之。何长瑜当今仲宣，而饴以下客之食。尊既不能礼贤，宜以长瑜还灵运。"灵运载之而去。荀雍字道雍，官至员外散骑郎。璿之字曜璠，临川内史，为司空竟陵王诞所遇，诞败坐诛。长瑜文才之美，亚于惠连，雍、璿之不及也。临川王义庆招集文士，长瑜自国侍郎至平西记室参军。尝于江陵寄书与宗人何勖，以韵语序义庆州府僚佐云："陆展染鬓发，欲以媚侧室。青青不解久，星星行复出。"如此者五六句，而轻薄少年遂演而广之，凡厥人士，并为题目，皆加剧言苦句，其文流行。①

日本学者川胜义雄根据这一记载，认为何长瑜是《世说》的主要撰写人②，其论据有二：一是其中的《嘲府僚诗》与前引《世说·排调》第61条中的"了语"和"危语"十分相似；二是被刘宋朝廷以谋反罪处死的诗人谢灵运（385—433）见于《世说·言语》第108条：

  谢灵运好戴曲柄笠，孔隐士谓曰："卿欲希心高远，何不能遗曲盖之貌？"谢答曰："将不畏影者，未能忘怀？"

这说明《世说》的编写者对他很同情。因之，《世说》必出于与谢客关系至密而与朝廷持相反态度的刘义庆幕府文人之手。此人就是何长瑜。其实川胜所说的"韵语"，在《世说》中还有不少。《世说·政事》第5条：

---

① （南朝梁）沈约：《宋书》卷六七，中华书局1974年版，第1774—1775页。《南史》卷一九《谢灵运传》之记载与此相同，唐李延寿：《南史》第二册，卷一九，中华书局1975年版，第539—540页。
② 川胜义雄：《〈世说新语〉之编纂——元嘉之治的一个侧面》，京都大学人文科学研究所《东方学报》第41期，1970年。

山公以器重朝望，年逾七十，犹知管时任。贵胜年少若和、裴、王之徒，并共言咏。有署阁柱曰："阁东有大牛，和峤鞅，裴楷鞘。王济剔嬲不得休。"

《世说·宠礼》第3条：

王珣、郗超并有奇才，为大司马所眷拔，珣为主簿，超为记室参军。超为人多髯，珣行状短小，于时荆州为之语曰："髯参军，短主簿，能令公喜，能令公怒。"

这两段"韵语"都是用以品论人物的，与何氏的《嘲府僚诗》更为相似。据此我们可以推断，何氏参与了《世说》的撰写工作，但他并非主要作者，更非唯一的执笔者。

陆展（？—453）之作品，今只字不存，但他与《世说》亦有关系，说详下文。

三 从氏族谱系及文士交游看《世说》之成书

清赵翼（1727—1814）说："六朝最重氏族。盖自魏以来，九品中正之法行，选举多用氏族。下品无高门，上品无寒士。当其入仕之始，高下已分。……是以矜门第者，高自标置。……间有不恃门第，肯降心俯就卑秩，如羊欣、王筠之流，已传为盛德之事。而单门寒士，亦遂自视微陋，不敢与世家相颉颃。……选官既重氏族所出，则需有谱牒之依据。"[①] 因此，六朝谱学极为发达。谱学修养好的人，在六朝时代也特别受到推重。《世说·赏誉》第139条：

谢胡儿作著作郎，尝作《王堪传》，不谙堪是何似人，咨谢公。谢公

[①]（清）赵翼：《陔余丛考》卷一七"六朝重氏族"条，商务印书馆1957年版，第315—319页。

答曰:"世胄亦被遇。堪,烈之子,阮千里姨兄弟,潘安仁中外,安仁诗所谓'子亲伊姑,我父唯舅'。是许允婿。"

《世说·赏誉》第 152 条:(王弥)又谙人物氏族中来,皆有证据,(张)天锡讶服。

而编撰《世说》一类书籍,熟知氏族谱系也是一个重要前提。《世说·赏誉》第 142 条:"吴四姓旧目云:张文,朱武,陆忠,顾厚。"张、朱、顾、陆,乃江东四大望族,《世说》所描写者远不止此四家。宋人汪藻(1079—1154)《世说叙录》中的《世说人名谱》(以下简称汪《谱》)为旧有之谱,其所载人物凡二十六族,另附无谱者 26 族。刘义庆及其幕府文人与谱中的某些人物都有特定的关系。因此,从氏族谱系及文士交游的角度来考察,我们将会对《世说》成于众手的问题有更深的认识(参见本书关于《世说》编纂体例的讨论)。

(一) 刘义庆与王僧达及彭城刘氏

王僧达(423—458)是刘义庆的女婿。《宋书》卷七五《王僧达传》:

> 王僧达,琅邪临沂人,太保弘少子。……太祖闻僧达早慧,召见于德阳殿,问其书学及家事,应对闲敏,上甚知之,妻以临川王义庆女。少好学,善属文。年未二十,以为始兴王濬后军参军,迁太子舍人。坐属疾,于杨列桥观斗鸭,为有司所纠,原不问。性好鹰犬,与间里少年相驰逐,又躬自屠牛。义庆闻如此,令周旋沙门慧观造而观之。僧达陈书满席,与论文义,慧观酬答不暇,深相称美。[1]

王僧达还是东晋当朝丞相王导的五世孙[2],所以宪司刘瑀(?—458)说

---

[1] (南朝梁)沈约:《宋书》卷七五,中华书局 1974 年版,第 1951 页。
[2] (宋)汪藻:《世说叙录·人名谱·琅邪临沂王氏谱》,影印清光绪十七年(1891)思贤讲舍刻本《世说新语》下册,上海古籍出版社 1982 年版,第 669—705 页。

他"荫籍高华"①。而作为琅邪王氏的后人,他必然深谙魏晋名流之言行。例如他评论颜延之说:"气高叔夜,严方仲举。"② 嵇康(223—262)字"叔夜",陈蕃(？—168)字仲举,都是《世说》里的人物。又《南史》卷四八《陆慧晓传》:

> 王僧达贵公子孙,以才傲物,为吴郡太守,入昌门曰:"彼有人焉。顾琛一公两掾,英英门户;陆子真五世内侍,我之流亚。"③

则俨然魏晋月旦人伦之声口。另外,僧达之为人与性格亦颇有晋人遗风。《宋书》本传:

> 兄锡罢临海郡还,送故及奉禄百万以上,僧达一夕令奴辇取,无复所余。④

这与《世说》中的两个故事十分相似:

> 王子猷诣郗雍州,雍州在内,见有翕甀,云:"阿乞那得此物!"令左右送还家。郗出觅之,王曰:"向有大力者负之而趋。"郗无忤色。⑤

> 郗公大聚敛,有钱数千万,嘉宾意甚不同。常朝旦问讯,郗家法,子弟不坐,因倚语移时,遂及财货事。郗公曰:"汝正当欲得吾钱耳!"乃开库一日,令任意用。郗公始正谓损数百万许,嘉宾遂一日乞与亲友、周旋略尽。郗公闻之,惊怪不能已已。⑥

《宋书》本传又载:

---

① (南朝梁)沈约:《宋书》卷四二《刘穆之传》,第五册,中华书局1974年版,第1310页。
② (南朝宋)王僧达:《祭颜光禄文》,(南朝梁)萧统编、(唐)李善注《文选》,卷六〇,中华书局1977年版,第837页。
③ (唐)李延寿:《南史》第四册,卷四八,中华书局1975年版,第1190页。
④ (南朝梁)沈约:《宋书》卷七五,中华书局1974年版,第1951页。
⑤ 徐震堮:《世说新语校笺·任诞》第39条,下册,中华书局1984年版,第404页。
⑥ 同上书,第467页。

(僧达)服阕,为宣城太守。性好游猎,而山郡无事,僧达肆意驰骋,或三五日不归,辞讼多在猎所,民或相逢不识,问府君所在,僧达曰:"近在后。"①

这又使我们联想起《世说·简傲》第11条:

王子猷作桓车骑骑兵参军。桓问曰:"卿何署?"答曰:"不知何署,时见牵马来,似是马曹。"桓又问:"官有几马?"答曰:"'不问马',何由知其数!"又问:"马比死多少?"答曰:"未知生,焉知死!"

"不问马",语出《论语·乡党》:"厩焚,孔子退朝曰:'伤人乎?'不问马。"②"未知生,焉知死",语见《论语·先进》③。王子猷(?—388)巧引《论语》之言,以显示其脱略几案、不事俗务的气度。王僧达之驰骋无度、不理政务和"猖狂成性"④,确实与他东晋时代的本家相差无几。

王僧达工为文章。《隋书》卷三五《经籍志》四著录《宋护军将军王僧达集》十卷。我们虽然不敢肯定他参与了《世说》的编撰工作,但他与刘义庆的特殊关系,他的文学修养以及对魏晋故事的了解,决定他不可能置此事于不顾。

刘义庆为彭城(今江苏徐州)人⑤。彭城刘氏之见于《世说》者有五位,即《世说·言语》第53条之刘劭(公元4世纪中叶),《世说·文学》第104条之刘牢之(?—402),《世说·赏誉》第38条、第61条之刘畴(?—311),《世说·品藻》第8条之刘讷(公元3世纪末4世纪初)和《世说·品藻》第53条之刘惔(公元4世纪中叶)。又《世说·品藻》第47条:

---

① (南朝梁)沈约:《宋书》卷七五,中华书局1974年版,第1951—1952页。
② 杨伯峻:《论语译注》,中华书局1980年版,第105页。
③ 同上书,第113页。
④ (唐)李延寿:《南史》卷二一"论曰",中华书局1975年版,第583—584页。
⑤ (南朝梁)沈约:《宋书》卷一《武帝本纪》:"高祖武皇帝……彭城县绥舆里人。"中华书局1974年版,第1页。

> 王修龄问王长史："我家临川，何如卿家宛陵？"长史未答，修龄曰："临川誉贵。"长史曰："宛陵未为不贵。"

"临川"指临川太守王羲之，"宛陵"指宛陵令王述（303—368）。"临川誉贵"一语，表面上是称颂羲之，暗中亦有为临川王刘义庆张目之意。二王积怨甚深，王长史未抵牾羲之，只云"宛陵未为不贵"，其实是《世说》的编撰者出于对刘义庆的尊重，而故意使书中人物委婉其词的表现。

（二）袁淑与琅邪王氏、吴郡顾氏和袁豹

王僧达之从弟王僧虔（426—485）是琅邪王氏的又一重要人物[1]。袁淑与他往还甚密。《南齐书》卷三三《王僧虔传》：

> 王僧虔，琅邪临沂人也。……僧虔弱冠，弘厚，善隶书。宋文帝见其书素扇，叹曰："非唯迹逾子敬，方当器雅过之。"除秘书郎，太子舍人。退默少交接，与袁淑、谢庄善。[2]

僧虔既秉承书法艺术之家学，亦必然熟知其前辈人物的事迹。袁淑既与他交游，自然也会对此多有了解。《南史》卷二六《袁粲传》：

> 粲字景倩，洵弟子也。父濯，扬州秀才，早卒。粲幼孤，祖哀之，名之曰愍孙。伯叔并当世荣显，而愍孙饥寒不足。母琅邪王氏，太尉长史（王）诞之女也。……愍孙少好学，有清才。……叔父淑雅重之，语子弟曰："我门不乏贤，愍孙必当复为三公。"[3]

---

[1] 《宋书》卷七五《王僧达传》有"从弟僧虔知其谋"一语，（南朝梁）沈约：《宋书》第七册，中华书局 1974 年版，第 1955 页。僧虔系王导八世孙，亦见（宋）汪藻：《世说叙录·人名谱·琅邪临沂王氏谱》，影印清光绪十七年（1891）思贤讲舍刻本《世说新语》，下册，上海古籍出版社 1982 年版，第 669—705 页。

[2] （南朝梁）萧子显：《南齐书》第二册，卷三三，中华书局 1974 年版，第 591 页。

[3] （唐）李延寿：《南史》第三册，卷二六，中华书局 1975 年版，第 702 页。

据《琅邪临沂王氏谱》①，太尉长史王诞乃王导之三世孙。王诞之女为袁粲之母，袁淑又是袁粲之叔父。可见袁淑与王氏也有亲戚关系。琅邪王氏一族见于《世说》者约有80人，显然是特别受到编撰者重视的。

据《宋书》卷八一《顾恺之传》，袁淑与顾恺之亦有交往。按传首云：

> 顾恺之字伟仁，吴郡吴人也。高祖谦字公让，晋平原内史陆机姊夫。②

今检《吴国吴郡顾氏谱》③，知顾恺之乃晋代名士顾荣族孙。顾荣、陆机二人皆为《世说》人物，前者出现十次，后者出现十二次。

袁淑本人与《世说》人物还有直接的关系。《宋书》卷七〇本传：

> 袁淑字阳源，陈郡阳夏人，丹阳尹豹少子也。④

检《陈郡阳夏袁氏谱》⑤，知袁豹（？—413）为九世，袁淑为十世，与以上记载相合。《世说·文学》第99条：

> 殷仲文天才宏赡，而读书不甚广，傅亮叹曰⑥："若使殷仲文读书半袁豹，才必不减班固。"

此条刘《注》引南朝梁丘迟（464—508）《文章叙》云：

> 豹字士蔚，陈郡人。祖耽，历阳太守。父质，琅邪内史。豹隆安中著作佐郎，累迁太尉长史、丹阳尹。义熙九年卒。

---

① （宋）汪藻：《世说叙录·人名谱·琅邪临沂王氏谱》，影印清光绪十七年（1891）思贤讲舍刻本《世说新语》，下册，上海古籍出版社，1982年版，第765—775页。
② （南朝梁）沈约：《宋书》第七册，卷八一，中华书局1974年版，第2079页。
③ （宋）汪藻：《世说叙录·人名谱·吴国吴郡顾氏谱》，影印清光绪十七年（1891）思贤讲舍刻本《世说新语》，下册，上海古籍出版社1982年版，第887—895页。
④ （南朝梁）沈约：《宋书》卷七〇，中华书局1974年版，第1835页。
⑤ 同上书，第669—705页。
⑥ "傅"，宋本讹作"博"。据《晋书·殷仲文传》，"傅亮"当作"谢灵运"，参见杨勇《世说新语校笺》，中华书局2006年版，第255页。

袁豹的名字在《世说》中只出现一次，而袁氏一族见于《世说》者还有十二人。据《宋书》卷五二、《南史》卷二六本传，袁豹少为谢安（320—385）所重，好学博闻，多览典籍。刘裕（363—422）遣朱龄石（378—418）伐蜀，使豹为檄文。《隋书》卷三五《经籍志》四著录《晋丹阳太守袁豹集》八卷。又《南史》本传：

  湛弟豹字士蔚，好学博闻，善谈雅俗。每商较古今，兼以诵咏，听者忘疲。①

"善谈雅俗""商较古今"也正是袁淑其人的突出特点。显然，袁淑是充分继承了家学的。

（三）鲍照与琅邪王氏及傅亮

鲍照与王僧达亦有交往。今鲍诗中有《送别王宣城》一首及《和王护军秋夕诗》《和王义兴七夕》②二首，王宣城、王护军、王义兴并指僧达。《宋书》卷七五《王僧达传》：

  服阕，为宣城太守。……贼退，又除宣城太守，顷之，徙任义兴。……时南郡王义宣求留江陵，南蛮不解，不成行。仍补护军将军。③

鲍诗中还有《和王丞》④一首。王丞为王氏族中另一人物王僧绰（423—453）。据《琅邪临沂王氏谱》，王僧绰乃王氏第八代人物。《宋书》卷七一本传：

---

① （唐）李延寿：《南史》卷二六，中华书局1975年版，第698页。
② 黄节：《鲍参军诗注》，《黄节注汉魏六朝诗六种》，人民文学出版社2008年版，第818页，第886—887页。
③ （南朝梁）沈约：《宋书》卷七五，中华书局1974年版，第1951—1952页。
④ 黄节：《鲍参军诗注》，《黄节注汉魏六朝诗六种》，人民文学出版社2008年版，第813页。

王僧绰，琅邪临沂人，左光禄大夫昙首子也。……初为江夏王义恭司徒参军，转始兴王文学，秘书丞、司徒左长史、太子中庶子。①

尤应予以注意的是鲍照的《赠傅都曹别》：

轻鸿戏江潭，孤雁集洲。邂逅两相亲，缘念共无已。风雨好东西，一隔顿千里。追忆栖宿时，声容满心耳。落日川渚寒，愁云绕天起。短翮不能翔，徘徊烟雾里。②

黄节引闻人倓注云："《宋书》：傅亮，字季友，初为建威参军，桓谦中军行参军，又为刘毅抚军记室参军。"③黄氏又引钱振伦补注云："《宋书·百官志》：都官尚书领都官、水部、库部、功部四曹。"④今检《宋书》卷三九《百官志上》："尚书令，任总机衡；仆射、尚书，分领诸曹。……都官尚书领都官、水部、库部、功论部四曹。"此文前云："宋高祖初，又增都官尚书。"而《宋书·傅亮传》云："永初元年，迁太子詹事，中书令如故。……二年，亮转尚书仆射，中书令、詹事如故。……少帝即位，进为中书监，尚书令。"都官尚书本系尚书令之属官，武帝初设，傅亮（374—426）曾任此职，《宋书》及《南史》本传均失载。鲍照赠诗给他，殆在此时。

傅亮是《世说》人物之一，见上引《世说·文学》第99条。又《世说·识鉴》第25条：

郗超与傅瑗周旋。瑗见其二子，并总发，超观之良久，谓瑗曰："小者才名皆胜，然保卿家，终当在兄。"即傅亮兄弟也。

此事《宋书》卷四三《傅亮传》所载更详：

---

① （南朝梁）沈约：《宋书》卷七一，中华书局1974年版，第1850页。
② 黄节：《鲍参军诗注》，《黄节注汉魏六朝诗六种》，人民文学出版社2008年版，第821页。
③ 同上。
④ 同上。

> 瑗与郗超善,超尝造瑗,瑗见其二子迪及亮。亮年四五岁,超令人解亮衣,使左右持去,初无吝色。超谓瑗曰:"卿小儿才名位宦,当远逾于兄。然保家传祚,终在大者。"①

据《北地傅氏谱》②,傅亮为第八世,傅瑗为第七世。除此二人外,傅氏族人见于《世说》者还有傅迪(?—421)和傅嘏(209—255)。《宋书》本传称傅亮"博涉经史,尤善文词",他与鲍照之交往,当与兴趣相投有关。

(四)何长瑜与谢灵运

何、谢交游之事,已见前引《宋书·谢灵运传》。传首云:谢灵运,陈郡阳夏人也。祖玄,晋车骑将军。③

今检《陈国阳夏谢氏谱》,知灵运居第六世。其祖父谢玄(343—388)是东晋太傅谢安的侄子。谢灵运曾经在刘义庆的父亲刘道怜(368—422)的手下任职。《宋书》本传载:

> 高祖伐长安,骠骑将军道怜居守,版为咨议参军,转中书侍郎,又为世子中军咨议,黄门侍郎。④

刘裕伐长安,事在义熙十二年(416),这一年刘义庆14岁⑤。如此则刘义庆对谢灵运的性格与行事,自当有所了解。谢灵运是《世说》人物之一,见上引《世说·言语》第108条。除谢灵运外,谢氏一族还有19人出现于《世说》中。

---

① (南朝梁)沈约:《宋书》卷四三,中华书局1974年版,第1336页。
② (宋)汪藻:《世说叙录·人名谱·北地傅氏谱》,影印清光绪十七年(1891)思贤讲舍刻本《世说新语》,下册,上海古籍出版社1982年版,第881—885页。
③ (南朝梁)沈约:《宋书》卷六七,中华书局1974年版,第1743页。
④ 同上。
⑤ (南朝梁)沈约《宋书》卷五一本传云:"义熙十二年,从(高祖)伐长安。"中华书局1974年版,第1475页。

（五）陆展与吴郡陆氏

史书中关于陆展的记载颇为零散。《宋书》卷九二《陆徽传》：

> 陆徽字休猷，吴郡吴人也。……弟展，臧质车骑长史、浔阳太守，质败，从诛。①

《南史》卷三〇《何尚之传》：

> 孝武即位，复为尚书令。丞相南郡王义宣、车骑将军臧质反，义宣司马竺超、质长史陆展兄弟并应从诛。②

《宋书》卷六六《何尚之传》：

> 尚之上言曰："……陆展尽质复灼然，便同之巨逆，于事为重。"③

《宋书》卷一〇〇《自序》：

> 时中书郎缺，尚书令何尚之领吏部，举璞及谢庄、陆展，事不行。④

《南齐书》卷三九《陆澄传》：

> 建元元年，骠骑咨议沈宪等坐家奴客为劫，子弟被劾，宪等晏然。左丞任遐奏澄不纠，请免澄官。澄上表自理曰：……诏委外详议。尚书令褚渊奏："宋世……左丞陆展弹建康令丘珍孙、丹阳尹孔山士劫发不禽，免珍孙、山士官……"⑤

---

① （南朝梁）沈约：《宋书》卷九二，中华书局1974年版，第2267—2268页。
② （唐）李延寿：《南史》卷三〇，中华书局1975年版，第784页。
③ （南朝梁）沈约：《宋书》卷六六，中华书局1974年版，第1737页。
④ （南朝梁）沈约：《宋书》卷一〇〇，中华书局1974年版，第2464页。
⑤ （梁）萧子显：《南齐书》卷三九，中华书局1974年版，第681—683页。

由这些记载我们知道，陆展担任过车骑将军臧质的长史、浔阳太守和左丞等职，何尚之曾欲举荐他担任中书郎；他本人又弹劾过建康令丘珍孙、丹阳尹孔山士。元嘉三十年（453），臧质反叛朝廷，他以"尽质复灼然"之罪从诛。这就是陆展生平的大致情况。

陆展属于吴郡陆氏族人，对前朝陆氏人物之言行自当熟知。今检《世说》，陆氏人物共有十位，即陆亮（公元3世纪末）、陆云（262—303）、陆玩（277—340）、陆绩（公元2世纪末3世纪初）、陆凯（198—269）、陆逊（183—245）、陆迈（公元4世纪初）、陆退（公元4世纪下半叶）、陆机（261—303）和陆抗（226—274）。他们在《世说》全书中共出现二十八次。我们虽然不能肯定关于陆氏族人的描写均出自陆展之手，但他作为具有一定文学才能而见重于刘义庆的文士，是有条件参加《世说》的撰写工作的。清修《广东通志》卷三八《名宦志》：

> 陆展，吴郡人，徽之弟。少善词章，尝撰《世说新语》，人竞传之。宋元嘉中为增城令，历南海太守。务持体要，不为苛细，士民安之。后改守浔阳。

这里直接说陆展就是《世说》的撰者，恐非空穴来风，其"改守浔阳"之日，可能就是参与《世说》编纂工作之时，因为浔阳郡的治所就在江州。

总之，刘义庆及其幕府文人与《世说》人物或《世说》人物的后代均有直接或间接的接触以及或远或近的关系。而《世说》之成书，一方面是纂辑旧文，另一方面也是以众多编撰者的历史记忆为依据的。《世说》是晋宋世族文化的结晶，所以不可避免地要宣扬门第，高自标置，因而世族人物便构成了《世说》人物画廊的主体。由此可见，鲁迅对《世说》成于众手的推测是富有科学价值的，故笔者考论如上，以确定今后不须再争之事实。鲁迅创立此说，态度颇为谨慎，也是经过深思熟虑的。《小说史大略》作为《中国小说史略》之初稿，原系鲁迅之讲义，其第七篇《〈世说新语〉与其前后》云：

> 宋临川王刘义庆，凤好文翰，多所述作，有《世说新语》八卷，今

存者三卷,……然间或与裴郭二家书所记相同,盖亦采拾故书,排比而成者也。①

这里是以刘义庆为《世说》作者的。可见在《中国小说史略》发表之后,鲁迅也并未完全摈弃传统的说法。再如他在《中国小说的历史的变迁》一文中写道:

> 六朝志人的小说,也非常简单,同志怪的差不多,这有宋刘义庆做的《世说新语》,可以做代表。②

1930年,在《开给许世瑛的书单》上,他又如此开列:

> 《世说新语》 刘义庆晋人清谈之状③。

在这些地方他都充分表现出对传统说法的尊重。换言之,在未有确凿证据的前提下,鲁迅绝不固执己意,妄加裁断。这种严谨、扎实的学风,令人钦佩。

四 《世说新语》编纂的时间、地点和原因

(一)《世说》编纂之时间与地点

《世说》成书的具体时间,学术界迄今尚无定论,多数学者认为此书纂成于元嘉时期(424—454)。刘兆云说:"刘义庆《世说》编成的年代联系其生平估计,应在刘宋元嘉年间。再早不可能编成,因为他不可能在少年时代就

---

① 鲁迅:《小说史大略》,陕西人民出版社1981年版,第37页。
② 鲁迅:《中国小说的历史的变迁》,《鲁迅全集》第九卷,人民文学出版社2005年版,第319页。
③ 鲁迅:《开给许世瑛的书单》,《集外集拾遗补编》,《鲁迅全集》第八卷,人民文学出版社2005年版,第497页。

有成群的文人为他编书。最迟不超过元嘉二十一年。"① 此说甚确。郑学弢以为"《世说》的撰集，当在元嘉三年之后"，"有可能撰于元嘉十年之前"②，其观点使对这一问题的探讨深入了一步。杨勇说："元嘉十六年，（刘义庆）出任江州刺史，书之编成，殆在此时也。"③ 此说极是，兹更申论之。

《世说》之编撰有一通例，即不载生人之事（但并非不录生人之名），此事确凿无疑。清王晫（1636—?）《今世说·自序》曰：

> 临川取汉末、魏、晋数百年之事，网罗编次，遂勒成一家言，而予欲以数十年中所见所闻，与之颉颃。

而同时代的严允肇在《今世说·序》中亦引王晫之语曰：

> 临川当日，以今人述古人，故取裁多而征信亦易。吾之为此，以今人述今人，见闻多所缺遗。

"以今人述古人"，这是《世说》记言叙事的基本角度。"古人"，即已经作古之人。这一通例对我们考察《世说》成书之时间是很有帮助的。

《世说》人物之由晋入宋者，凡八位，即陈遗（公元4世纪末至5世纪初）、谢灵运（385—433）、孔淳之（372—430）、袁豹（373—414）、傅亮（374—426）、傅迪（?—421）、羊欣（370—442）和王惠（385—426）。陈遗事，见《世说·德行》第45条：

> 吴郡陈遗，家至孝。母好食铛底焦饭，遗作郡主簿，恒装一囊，每煮食，辄储录焦饭，归以遗母。后值孙恩贼出吴郡，袁府君即日便征。遗以聚敛得数斗焦饭，未展归家，遂带以从军。战于沪渎，败，军人溃

---

① 刘兆云：《〈世说〉探原》，《新疆大学学报》1979年第1、2期合刊。
② 郑学弢：《〈世说新语〉的思想倾向与成书年代》，《徐州师院学报》1984年第4期。
③ 杨勇：《〈世说新语〉"书名""卷帙""版本"考》，《东方文化》（台北）1970年第8卷第2期。

散，逃走山泽，皆多饿死，遗独以焦饭得活。时人以为纯孝之报也。①

孔、谢事，见《世说·言语》第108条；袁豹，名见《世说·文学》第99条；傅亮、傅迪，事见《世说·文学》第99条和《世说·识鉴》第25条；羊欣，名见《世说·伤逝》第18条：

> 羊孚年三十一卒，桓玄与羊欣书曰："贤从情所信寄，暴疾而殒，祝予之叹，如何可言！"

王惠，事见《世说·贤媛》第31条：

> 王尚书惠尝看王右军夫人，问："眼耳未觉恶不？"

其中羊欣曾经被提名在刘义庆手下任职。《宋书》卷六二本传："义熙中……出为新安太守。在郡四年，简惠著称。除临川王义庆辅国长史，……并不就。"②"义熙"为晋安帝司马德隆年号（405—418），时刘裕尚未称帝，故沈约（441—513）记载有误，"义熙"当是"永初"（420—422）。又本传称："元嘉十九年，卒，时年七十三。"③ 按《世说·伤逝》第18条载

---

① 此事又见《南史》卷七三《孝义传》，唐李延寿《南史》第六册，中华书局1975年版，第1804页。唐释道世《法苑珠林》卷四九所引宋躬（约479—约502）《孝义传》亦载之，周叔迦、苏晋仁《法苑珠林校注》第三册，中华书局2003年版，第1488页；清王仁俊辑入《玉函山房辑佚书续编·史编·总类》，见《玉函山房辑佚书续编三种》，上海古籍出版社1989年版，第126页。按《隋书·经籍志》二："《孝子传》二十卷，宋躬撰。"唐魏徵等《隋书》第四册，卷三三，中华书局1973年版，第976页。又本志四："齐平西咨议宗躬集十三卷。"同书1076页。《旧唐书·经籍志》上（后晋刘昫《旧唐书》第六册，卷四六，中华书局1975年版，第2002页）、《新唐书·艺文志》二（宋欧阳修、宋祁《新唐书》第五册，卷五八，中华书局1975年版，第1480页），"宋"亦作"宗"。《南齐书》卷四八《孔稚珪传》："使兼监臣宋躬。"梁萧子显《南齐书》第三册，中华书局1974年版，第836页。《南史》卷二六《袁豸传》："江陵令宗躬启州。"唐李延寿《南史》第三册，中华书局1975年版，第708页。"宋""宗"形近，二者必有一误。按荆州宗氏为六朝望族，宋氏其时无闻，故当以"宗躬"为是。参见牟发松《汉唐间的荆州宗氏》，《文史》，第四十四辑，中华书局1988年版。
② （南朝梁）沈约：《宋书》卷六二，中华书局1974年版，第1662页。
③ （南朝梁）沈约：《宋书》卷六二，中华书局1974年版，第1662页。

桓玄（369—404）致书于羊欣①，羊欣并非记述之主体人物，故羊欣之生卒与《世说》之成书无关。

在《世说》的佚文中，另有两人亦属由晋入宋之人物。宋吴淑（947—1002）《事类赋注》卷一一②、《太平御览》卷三七三引《世说》"王昙孙年十四便歌"③云云，《太平御览》卷六三四引《世说》"张敷为宋台秘书郎"④云云。王昙首（？—430）卒于元嘉七年，见《宋书》卷六三本传。张敷（397？—438？），事见《宋书》卷四六、卷六二及《南史》卷三二本传。张敷乃张邵（？—438？）长子。《南史》卷三二《张邵传》：

> （元嘉）九年，坐在雍州营私畜取赃货二百四十五万，下廷尉，免官削爵土。后为吴兴太守，卒。⑤

按《宋书》卷五二《谢述传》云："雍州刺史张邵以黩货下廷尉，将致大辟，述上表陈邵先朝旧勋，宜蒙优贷，太祖手诏酬纳焉。……补吴兴太守，在郡清省，为吏民所怀。十二年，卒，时年四十六。"⑥据此，则张邵之为吴兴太守，必在元嘉十二年（435）以后。《宋书》卷六〇《王韶之传》复云："十二年，又出为吴兴太守。其年卒，时年五十六。"⑦又《宋书》卷一〇〇《自序》："（沈璞）弱冠，吴兴太守王韶之再命，不就，张邵临郡，又命为主簿，除南平王左常侍。"⑧显然，张邵为吴兴太守在王韶之之后，且系其继任者。《宋书·张敷传》：

---

① 桓玄、羊欣皆为书法家，具见唐张彦远《法书要录》卷八，人民美术出版社1984年版，第278—279页。又《太平御览》卷七四七引沈约《俗说》："桓玄取羊欣为征西行参军。玄爱书，呼欣就坐，乃遣信呼顾长康，与共论书至夜，良久乃罢。"宋李昉等撰，第四册，中华书局1960年据上海涵芬楼影印宋本复制重印，第3317页。

② （宋）吴淑撰并注：《事类赋》，台湾商务印书馆1983—1986年影印文渊阁《四库全书》版，第892册，第324页。

③ 《太平御览》此句，"孙"乃"首"之讹，第1723页。

④ 《太平御览》，第2843页。

⑤ （南朝梁）沈约：《宋书》卷三二，中华书局1974年版，第825页。

⑥ （南朝梁）沈约：《宋书》卷五二，中华书局1974年版，第1496—1497页。

⑦ （南朝梁）沈约：《宋书》卷六〇，中华书局1974年版，第1626页。

⑧ （南朝梁）沈约：《宋书》卷一〇〇，中华书局1974年版，第2461页。

父在吴兴亡，报以疾笃，敷往奔省，……葬毕，不进盐菜，遂毁瘠成疾。世父茂度每止譬之，……未期年而卒。①

张裕（字茂度）卒于元嘉十九年（442），时年六十七，见《宋书》卷五三本传。由上述情况推断，张敷当卒于元嘉十三年（436）至十八年（441）之间，极可能在元嘉十五年（438）前后。

从以上十人生卒的时间看②，《世说》当纂成于元嘉十五年之后。依上节所考，《世说》乃成于众手之书，故此书之编撰必在群彦聚首之时。元嘉十六年（439），刘义庆三十七岁，此年四月他出任江州刺史，至元嘉十七年（440）十月，他又被任命为南州刺史。他在江州任所的时间总共为十八个月。此时他招聚文士，故袁、鲍、何、陆诸人得聚一堂（详后《年谱》）。《世说》全书六万余言，以十八个月的时间完成这样篇幅的著作，虽然对刘义庆一人来说很难做到，但若有鲍照等才士通力合作，则比较容易。因此，我们可以断定：《世说》撰集成书的时间是在元嘉十六年（439）四月到元嘉十七年（440）十月间，撰成之地点即在江州（今江西省九江市西南）。除此以外，其他时间和地点刘义庆都不具备率领幕下文士编撰《世说》的条件。因之，我们也有理由进一步推断：刘义庆招聚文学之士，其目的也正是为了编撰《世说》乃至《幽明录》等著作。

（二）刘义庆主编《世说》的原因

刘义庆主编《世说》，主要有三方面原因：

---

① （南朝梁）沈约：《宋书》卷四六，中华书局1974年版，第1396页。
② 《太平御览》卷五七九引《世说》曰："晋戴颙字仲若，父逵高尚不仕。颙年十六遭忧，不忍传父之琴，与兄勃各造新弄：勃五部，颙十五部。又制长弄一部，并传于世。"《世说》写人不著人物之朝代，"晋戴颙"云云，与此情况不合，其非《世说》原文，断然可知。按《太平御览》卷八九二引《俗说》"齐沈僧照别名法朗"云云，因知沈氏之书有此例，疑《太平御览》所引 "《世说》" 为《俗说》之讹。分别见《太平御览》第三册、第四册，中华书局1960年据上海涵芬楼影印宋本复制重印，第2616页、第3962页。戴颙卒于元嘉十八年，见《宋书》卷九三［（南朝梁）沈约：《宋书》第八册，卷九三，中华书局1974年版，第2278页］及《南史》卷七五本传［（唐）李延寿：《南史》第六册，中华书局1975年版，第1867页］。

首先是政治原因。《宋书·刘义庆传》：

> （义庆）少善骑乘，及长以世路艰难，不复跨马。招聚文学之士，近远必至。①

周一良从"世路艰难"四字出发，结合宋文帝刘义隆（407—453）不断诛杀大臣的许多史实，说明"世路艰难""就是指的封建统治阶级内部的种种矛盾，特别是指宋文帝刘义隆的猜忌，使诸王和大臣都怀有戒心，惴惴不能自保"。进而得出结论说：

> 他（指义庆）处在宋文帝刘义隆对于宗室诸王怀疑猜忌的统治之下，为了全身远祸，于是招聚文学之士，寄情文史，编辑了《世说新语》这样一部清谈之书。……《世说新语》里记载的人物、事件、议论，都和刘义庆当时的政治社会背景相去悬远，不相涉及，而这正是他著述的宗旨所在。②

这一见解是十分深刻的。尤其元嘉十三年，一代名将檀道济及其诸子无辜被宋文帝杀害，震惊了朝野。《宋书》卷四三《檀道济传》载：

> 道济立功前朝，威名甚重，左右腹心，并经百战，诸子又有才气，朝廷疑畏之。太祖寝疾累年，屡经危殆，彭城王义康虑宫车晏驾，道济不可复制。十二年，上疾笃，会索虏为边寇，召道济入朝。既至，上间。十三年春，将遣道济还镇，已下船矣，会上疾动，召入祖道，收付廷尉。……于是收道济及其子给事黄门侍郎植、司徒从事中郎粲、太子舍人隰、征北主簿承伯、秘书郎遵等八人，并于廷尉伏诛。又收司空参军薛彤，付建康伏法。又遣尚书库部郎顾仲文、建武将军茅亨至浔阳，收

---

① （南朝梁）沈约：《宋书》卷五一，中华书局 1974 年版，第 1477 页。
② 周一良：《〈世说新语〉和作者刘义庆身世的考察》，《魏晋南北朝史论集》，北京大学出版社 1997 年版，第 331—337 页，并参见周一良《〈宋书〉札记》"刘义庆传之'世路艰难'与'不复跨马'"条，《魏晋南北朝史札记》，中华书局 1985 年版，第 159—161 页。

道济子夷、邕、演及司空参军高进之诛之。薛彤、进之并道济腹心,有勇力,时以比张飞、关羽。初,道济见收,脱帻投地曰:"乃复坏汝万里之长城!"①

据望江《高平檀谱檀氏家乘》的记载,刘义庆生母就是檀道济的姐姐,换言之,长沙景王道怜的妃子就是檀道济的姐姐②。道怜为宋武帝刘裕的中弟,而道规为其少弟,因为道规无子,便以道怜第二子刘义庆为嗣。刘义庆与宋文帝刘义隆为从兄弟。这就是"世路艰难"的具体背景。而这种背景乃是刘义庆主编《世说》的社会背景和政治原因。按"马"在中国古代是武力的象征。《三国志》卷三二《先主传》裴《注》引《九州春秋》:

(刘)备住荆州数年,尝于(刘)表坐起至厕,见髀里肉生,慨然流涕。还坐,表怪问备,备曰:"吾常身不离鞍,髀肉皆消。今不复骑,髀里肉生。日月若驰,老将至矣,而功业不建,是以悲耳。"③

英雄豪杰之建功立业,离不开萧萧骏马,盖于马上方能得天下。唐白居易(772—846)《题裴晋公女几山刻石诗后》诗曰:"战袍破犹在,髀肉生欲圆。"④ 宋陆游(1125—1210)《书愤》诗曰:"楼船夜雪瓜洲渡,铁马秋风大散关。"⑤ "马"是战争、雄力、进取之象征,而"髀肉复生"则为英雄失意

---

① (南朝梁)沈约:《宋书》卷四三,中华书局1974年版,第1343—1344页。
② 这一历史信息由美国的张檀女士提供,她在给我的两封电邮中分别指出:"现附寄有关檀太妃是义庆生母的《家乘》书影。因为是在国内拍照,未注意到光线不大好,反差较差,希见谅。有关信息:《檀氏家乘·乙未述旧传三·齐司徒右长史檀超传》,光绪辛卯年(1891),檀玑、檀球等纂,页1正、反面。檀玑版本的《家乘》,包括乾隆四十年乙未(1775)檀萃、檀清泰等人修内容,此是檀萃原撰。另外,我在《寻根》杂志2012年第3期有《高平檀氏的起源与播迁》一文,其中包括了这一书影(页125),有关檀太妃的说明则在页127,附寄供参考。我现已回到美国,查笔记将家谱中有关刘义庆生母为檀道济姐姐、长沙王刘义怜正妃檀太妃的信息转述如下:望江《高平檀谱檀氏家乘》,清朝檀萃总修,"[乾隆]乙未(1775)述旧传",第一页:"长沙檀太妃,[檀]超姑,而临川王义庆之本生母也。"同谱"传一[檀]凭之公传"第15页:"……公之从女又婚与帝弟道怜,故情好甚密。"(正史中称檀道济兄弟等为檀凭之"从侄")
③ (晋)陈寿撰、(宋)裴松之注:《三国志》卷三二,中华书局1982年版,第876页。
④ 《白居易集》卷三〇,顾学颉校点,中华书局1979年版,第674页。
⑤ 钱仲联:《剑南诗稿校注》卷一七,上海古籍出版社1985年版,第1346页。

之慨叹。"马"的这种喻意在古代是尽人皆知的。郝懿行（1755—1823）《晋宋书故》"有马"条云：

> 马畜息耗，可以觇民力之兴衰。《论语》有马借乘，叹以今亡，当时民物衰耗，亦可想见。《鲁颂》："駉牡不独。"国富民亦殷也。《汉书·食货志上》称：民人给家足，"众庶街巷有马，仟伯之间成群"。良有以也。《宋书·孝武帝纪》孝建三年制"荆徐兖豫雍青冀七州统内，家有马一匹者，蠲复一丁"。《周朗传》：朗上书言："汉之中年能事胡者，以马多也，胡之后服汉者，亦以马少也。……今宜募天下，使养马一匹者，蠲一人役；三匹者，除一人为吏。自此以进，阶赏有差，边亭徼驿，一无发动。"然则就朗所言，参以孝建之制，当时马少亦可见也。①

"马多"既可说明国富民安，又足以显示军事力量之强大。六朝子弟本尚骑术，义庆"少善骑乘"，足见其长于此道。成年之后，他却放弃了这一爱好，转而移情文史，这正是"世路艰难"的反映。《宋书》本传载：

> （元嘉）六年，加尚书左仆射。八年，太白星犯右执法，义庆惧有灾祸，讫求外镇。太祖诏譬之曰：……。义庆固求解仆射，乃许之，加中书令，进号前将军，常侍、尹如故。②

元嘉八年（431），刘义庆二十九岁（详后本书《临川王刘义庆年谱》）。前此五年，即元嘉三年（426），司徒录尚书事扬州刺史徐羡之（353—426）和尚书令傅亮被文帝诛杀，同年荆州刺史谢晦（390—426）、吴郡太守徐佩云（？—426）亦遭厄运。元嘉七年（430），文帝又杀兖州刺史竺灵秀（？—430）。这些惨剧都发生在刘义庆生活的时代。《宋书·鲍照传》：

---

① 郝懿行：《晋宋书故》，《丛书集成新编》第114册，新文丰出版公司（台北）1986年版，第370页。郝氏引《论语》，见《卫灵公》："子曰：'有马者乘之，今亡矣夫！'"杨伯峻：《论语译注》，中华书局1980年版，第167页。
② （南朝梁）沈约：《宋书》卷五一，中华书局1974年版，第1476页。

> 世祖以（鲍）照为中书舍人。上好为文章，自谓物莫能及，照悟其旨，为文多鄙言累句，当时咸谓照才尽，实不然也。①

连作文章都不许别人超过自己，其心胸之褊狭可想而知。鲍照真是聪明，否则其结局将与以"空梁落燕泥"的佳句取祸的诗人薛道衡（540—609）无异②。在这样一位皇帝身边，义庆自会有"伴虎"之感，其请求外任，避免"灾祸"，也是情理中事。元嘉二十年（443），义庆在广陵病重，此时他才向文帝申请重归阔别十一年的京城建康。而在这些年里，京城里又发生不少的惨剧。由此可见，刘义庆在诸王中是一位很有头脑、很善于自保的人物。《汉书》卷四四《刘安传》：

> 淮南王安为人好书，鼓琴，不喜弋猎狗马驰骋，亦欲以行阴德拊循百姓，流名誉。招致宾客方术之士数千人，作为《内书》二十一篇，《外书》甚众，又有《中篇》八卷，言神仙黄白之术，亦二十余万言。时武帝方好艺文，以安属为诸父，辩博善为文辞，甚尊重之。③

刘安（约前178—前122）与刘义庆心有同好，但其避祸之道则远不及义庆，终于被汉武帝刘彻（前156—前87）以谋反罪逼死。又《史记》卷八五《吕不韦列传》：

> 吕不韦以秦之强，羞不如，亦招致士，厚遇之，至食客三千人。是时诸侯多辩士，如荀卿之徒，著书布天下。吕不韦乃使其客人人著所闻，集论以为八览、六论、十二纪，二十余万言。以为备天地万物古今事物，号曰《吕氏春秋》。④

吕不韦（？—前235）为了与众多诸侯辩士争强斗胜，而率门中诸客撰

---

① （南朝梁）沈约：《宋书》卷五一，中华书局1974年版，第1480页。
② （宋）司马光：《资治通鉴》卷一八二，中华书局1956年版，第5684页。
③ （汉）班固：《汉书》卷四四，中华书局1962年版，第2145页。
④ （汉）司马迁：《史记》卷八五，中华书局2014年版，第3046页。

集《吕览》，其出发点与义庆之主编《世说》亦判然有别。

其次是社会原因。刘宋去魏晋未远，讲说前朝的人物和故事也是当时的一种风气。《世说》之编纂，乃是这种社会风气的反映。《宋书》卷六〇《王准之传》：

> 王准之，……曾祖彪之……博闻多识，练悉朝仪，自是家世相传，并谙江左旧事，缄之青箱，世人谓之"王氏青箱学"。①

《宋书》卷八一《顾恺之传》称恺之"尝于太祖坐论江左人物"②，此类活动在当时是经常性的。

刘宋士人对汉魏晋三朝名士十分景慕，这突出地表现在为子孙后代取名方面。《宋书》卷五四《羊玄保传》：

> 子戎，有才气，……戎二弟，太祖并赐名，曰咸，曰粲。谓玄保曰："欲令卿二子有林下正始余风。"③

王戎（234—305）、阮咸（234—305）并属"竹林七贤"，前者在《世说》中出现四十次，后者在《世说》中出现八次。荀粲（约212—240），字奉倩，正始（240—249）名士之一，在《世说》中出现四次。此即羊氏三兄弟之名的由来。《宋书》卷六九《刘湛传》：湛负其志气，常慕……崔琰为人，故名……第二子曰琰字季珪。④

崔琰（约154—216）为汉末名士，见于《世说·容止》第1条："魏武将见匈奴使，自以形陋，不足雄远国，使崔季珪代。"刘《注》引《魏志》："崔琰字季珪，清河东武城人。声姿高畅，眉目疏朗，须长四尺，甚有威重。"《宋书》卷八九《袁粲传》：

---

① （南朝梁）沈约：《宋书》卷六〇，中华书局1974年版，第1624页。
② （南朝梁）沈约：《宋书》卷八一，中华书局1974年版，第2079页。
③ （南朝梁）沈约：《宋书》卷五四，中华书局1974年版，第1536页。
④ （南朝梁）沈约：《宋书》卷六九，中华书局1974年版，第1816页。

>憨孙幼慕荀奉倩之为人,白世祖,求改名为粲,不许。至是言于太宗,乃改为粲,字景倩焉。①

不仅取名字时如此,刘宋时期之人物品藻也常以魏晋名士为标准。《宋书》卷六二《王微传》:

>微报之(何偃)曰:"……卿少陶玄风,淹雅修畅,自是正始中人。吾真庸性人耳,自然志操不倍王、乐。"②

"王、乐",指西晋名士王衍(256—311)和乐广(? —304),前者在《世说》中出现三十九次,后者在《世说》中出现十五次。《宋书》卷七六《王玄谟传》:

>玄谟幼而不群,世父蕤有知人鉴,常笑曰:"此儿气概高亮,有太尉彦云之风。"③

王凌(172?—251),字彦云,魏末名士,见于《世说·方正》第4条,又《世说·贤媛》第9条:"王公渊娶诸葛诞女,入室,言语始交,王谓妇曰:'新妇神色卑下,殊不似公休。'妇曰:'大丈夫不能仿佛彦云,而令妇人比踪英杰!'"《宋书》卷八五《王景文传》:

>伯父智,少简贵,有高名,高祖甚重之,常云:"见王智,使人思仲祖。"④

王濛(309?—347?),字仲祖,东晋名士,在《世说》中出现五十四次。又《南史》卷四八《陆慧晓传》:

---

① (南朝梁)沈约:《宋书》卷八九,中华书局1974年版,第2231页。
② (南朝梁)沈约:《宋书》卷六二,中华书局1974年版,第1668—1669页。
③ (南朝梁)沈约:《宋书》卷七六,中华书局1974年版,第1973页。
④ (南朝梁)沈约:《宋书》卷八五,中华书局1974年版,第2177页。

慧晓清介正立,不杂交游,同郡张绪称之曰:"江东裴、乐也。"①

"裴、乐",指裴楷(237—291)和乐广,前者系中朝名流,在《世说》中十九见。

在平日的言谈中,刘宋士子亦经常涉及魏晋名流的嘉言懿行。《宋书》卷四二《刘穆之传》:

> 河东王歆之尝为南康相,素轻邕(穆之孙)。后歆之与邕俱豫元会,并坐。邕性嗜酒,谓歆之曰:"卿昔尝见臣,今不能见劝一杯酒乎?"歆之因敩孙皓歌答之曰:"昔为汝作臣,今与汝比肩。既不劝汝酒,亦不愿汝年。"②

"孙皓歌",事见《世说·排调》第5条:"晋武帝问孙皓:'闻南人好作《尔汝歌》,颇能为不?'皓正饮酒,因举觞劝帝,而言曰:'昔与汝为邻,今与汝为臣。上汝一杯酒,令汝寿万春!'帝悔之。"《宋书》卷四四《谢晦传》:

> 初为荆州,甚有自矜之色,将之镇,诣从叔光禄大夫澹别。澹问晦年,晦答曰:"三十五。"澹笑曰:"昔荀中郎年二十七为北府都督,卿比之,已为老矣。"③

按《世说·言语》第74条刘《注》引《晋阳秋》曰:"荀羡字令则,颍川人,……少以主婿为附马都尉。"又引《中兴书》曰:"羡年二十八,出为徐、兖二州,中兴方伯之少,未有若羡者也。"又《世说·言语》第42条:"挚瞻曾作四郡太守、大将军户曹参军,复出作内史。年始二十九。尝别王敦,敦谓瞻曰:'卿年未三十,已为万石,亦太蚤。'瞻曰:'方于将军少为太

---

① (唐)李延寿:《南史》卷四八,中华书局1975年版,第1190页。
② (南朝梁)沈约:《宋书》卷四二,中华书局1974年版,第1308页。
③ (南朝梁)沈约:《宋书》卷四四,中华书局1974年版,第1348页。

蚕，比之甘罗已为太老。'"谢澹之声口正与挚瞻毕肖。《宋书》卷五九《江智渊传》：

> 时……沈怀文并与智渊友善。怀文每称之曰："人所应有尽有，人所应无尽无者，其江智渊乎。"①

怀文之语，本《世说·赏誉》第65条、第84条徐宁（公元4世纪初）之言。《宋书》卷六四《郑鲜之传》：

> 桓玄在荆州，使群僚博议，鲜之议曰："……阮咸居哀，骑驴偷婢，身处王朝……。"②

阮咸事，见《世说·任诞》第15条："阮仲容先幸姑家鲜卑婢，及居母丧，姑当远移，初云当留婢，既发，定将去。仲容借客驴，著重服，自追之，累骑而返，曰：'人种不可失！'"

刘宋士人之诗文亦常涉及魏晋旧事。《宋书·谢灵运传》载谢氏《山居赋》：孰知……，听鹤之途何由哉！③

自注："听鹤，陆机领成都众大败后，云'思闻华亭鹤，不可复得'。"此事见《世说·尤悔》第3条："陆平原河桥败，为卢志所谮，被诛。临刑叹曰：'欲闻华亭鹤唳，可复得乎？'"又《宋书》卷六九《范晔传》：在狱为诗曰："……虽无嵇生琴，庶同夏侯色。"④

"嵇生琴"，事见《世说·雅量》第2条："嵇中散临刑东市，神气不变，索琴弹之，奏《广陵散》。曲终，曰：'袁孝尼尝请学此散，吾靳固不与，《广陵散》于今绝矣！'""夏侯色"，事见《世说·方正》第6条："夏侯玄既被桎梏，时钟毓为廷尉，钟会先不与玄相知，因便狎之。玄曰：'虽复刑余之

---

① （南朝梁）沈约：《宋书》卷五九，中华书局1974年版，第1609页。
② （南朝梁）沈约：《宋书》卷六四，中华书局1974年版，第1693—1694页。
③ （南朝梁）沈约：《宋书》卷六七，中华书局1974年版，第1754页。
④ （南朝梁）沈约：《宋书》卷六九，中华书局1974年版，第1827页。

人,未敢闻命。'考掠,初无一言,临刑东市,颜色不异。"其他如颜延之(384—456)《五君咏》①直接以"竹林七贤"中的五人为歌咏对象,足见其崇拜之情。

刘义庆是一位饱读诗书的侯王,他出生于东晋安帝司马德宗元兴二年(403),至恭帝司马德文元熙二年(420)东晋灭亡时,他已经十八岁了(参见本书《临川王刘义庆年谱》)。因之,他必然熟知魏晋人物之言语、故事。王世懋云:"晋人雅尚清谈,风流映于后世。而临川王生长晋末,沐浴浸溉,述为此书。"②易宗夔亦谓义庆"去晋未远,竹林遗韵,王谢余风,不啻身亲酬酢,掇其语言而挹其丰采也"③。此二家所言,皆得其实。故《世说》一书,作为刘义庆及其幕府文士集体劳作的结晶,也是元嘉时代社会风气的产物。

再次是家学原因。刘义庆主编《世说》,不仅出于个人的兴趣,也与其家学传统有一定关系。彭城刘氏虽发迹行伍,但素来推重文章学术。南朝梁刘勰(?—473)《文心雕龙·时序》曰:"自宋武爱文,文帝彬雅,秉文之德。孝武多才,英采云构。"④事实确是如此。《宋书》卷六四《郑鲜之传》:

> 高祖少事戎旅,不涉经学,及为宰相,颇慕风流,时或言论,人皆依违之,不敢难也。⑤

《南齐书》卷二三《王俭传》说"宋武帝好文章,天下悉以文采相尚",《宋书》卷五《文帝纪》称文帝"博涉经史,善隶书"⑥,《南史》卷二《孝武帝纪》说"(帝)少机颖,神明爽发,读书七行俱下,才藻甚美"⑦,《南

---

① (南朝梁)沈约:《宋书》卷七三本传,中华书局1974年版,第1893页。
② 王世懋:《批点〈世说新语〉序》,明凌濛初刻四色套印八卷本《世说新语》,黑龙江大学图书馆藏。
③ 易宗夔:《新世说·自序》,上海书店影印1982年版,第1页。
④ 范文澜:《文心雕龙注》下册,人民文学出版社1958年版,第675页。
⑤ (南朝梁)沈约:《宋书》卷六四,中华书局1974年版,第1696页。
⑥ 张彦远《法书要录》卷八称宋文帝"善隶书,次及行、草。……帝隶书入妙,行、草入能",人民美术出版社1984年版,第279页。
⑦ (唐)李延寿:《南史》卷二,中华书局1975年版,第55页。

史》卷三《明帝纪》称"帝好读书，爱文义，在藩时撰《江左以来文章志》"①。今检《隋书》卷三五《经籍志》四，可以发现有《宋武帝集》十二卷、《宋文帝集》七卷、《宋长沙王道怜集》十卷和《宋江夏王义恭集》十一卷。另据聂崇岐（1903—1962）《补宋书艺文志》肆"集部二·别集类"，有《刘道规集》四卷、《刘义欣集》十卷、《刘义宗集》十二卷和《刘义季集》十卷②。其他如南平穆王休铄（431—454）、建平宣简王宏（433—458）、庐陵王义真（406—424）等也都爱好文义，详见《宋书》及《南史》各王本传。其中宋武帝刘裕（356—422）是义庆的伯父，刘道怜（368—422）是义庆的父亲，宋文帝刘义隆、江夏文献王刘义恭（403—465）是义庆的堂兄弟，刘义欣（403—439）乃义庆之兄，刘义宗（？—444）为义庆之弟，刘义季（415—477）为刘裕之子，义庆之从兄弟。这些情况表明重视文学是彭城刘氏的家学传统。故刘义庆作为"宗室之表"、刘家之"丰城"，其于王事余暇招集文士编纂《世说》，也是家风使然。

《世说》的编纂与成书问题，是中古文学史的一个重要问题。这一问题的解决，不仅对研究古代文学史具有重要意义，对于认识古人纂书的机制以及相关的文化史问题也是非常重要的。希望本文的探索，能够为此方面的研究提供借鉴，并结束关于这一问题的论争。

---

① 同上。
② 聂崇岐：《补宋书艺文志》，《二十五史补编》第三册，中华书局1955年版，第4303页。

桃源故事的另类叙述

——以《述异记》"梦口穴"条为例看桃源故事的"寓意"与"纪实"

尹 策[*]

陶渊明千古名篇《桃花源记》描述了一个黄发垂髫怡然自乐的和谐社会。类似的桃源故事又见于其志怪小说《搜神后记》卷一"袁柏根硕"条、"韶舞"条、"梅花泉"条,并且,《搜神后记》中的桃源故事应该为《桃花源记》的草本。[①]《桃花源记》是陶渊明大匠运斤的文学性书写,志怪故事口耳相传,更贴近人们生活。此外,二书之异,还在于《搜神后记》中不见落英缤纷的桃花林,而是有着琪花瑶草、璇霄丹阙、琼浆金液、丹醴之诀的殊别仙境,明显带有道教化的倾向。我们若将视域扩大到整个六朝小说,会发现,此一时期的桃源故事非常多,并且神异化、道教化是其通有的特质。桃源故事的发生地在"洞穴",这实则也是道教"洞天福地"观念的体现。

陈寅恪言,《桃花源记》"既是寓意之文,亦纪实之文",[②]此一论断高屋建瓴。其实,志怪小说中的桃源叙事亦如此,荒诞的故事背后有着深层的现实基础。笔者以祖冲之《述异记》"梦口穴"条为例,来探讨志怪小说桃源故事的"寓意"与"纪实"。其文如下:

---

[*] 作者单位:中国社会科学院研究生院文学系。
[①] 范子烨:《〈桃花源记〉的"草本"与"定本"问题——陈寅恪〈桃花源记旁证〉补说》,《中国典籍文化》2011年第4期。
[②] 陈寅恪:《〈桃花源记〉旁证》,《清华大学学报》1936年第1期。

南康雩都县沿江西出，去县三里，名梦口，有穴，状如石室，名梦口穴。旧传：尝有神鸡，色如好金，出此穴中，奋翼回翔，长鸣响彻，见之，辄飞入穴中，因号此石为金鸡石。昔有人耕此山侧，望见鸡出游戏，有一长人操弹弹之，鸡遥见，便飞入穴，弹丸正著穴上，丸径六尺许，下垂蔽穴，犹有间隙，不复容人。又有人乘船从下流还县，未至此崖数里，有一人通身黄衣，担两笼黄瓜，求寄载，因载之。黄衣人乞食，船主与之盘酒。食讫，船适至崖下。船主乞瓜，此人不与，仍唾盘上，径上崖，直入石中。船主初甚忿之，见其入石，始知神异，取向食器视之，见盘上唾，悉是黄金。

一　洞穴：重获新生的隐喻

洞穴是原始先民栖身的主要居住场所，是他们在生产力低下的条件下，为抵御虎豹毒蛇、洪水等灾害的自然选择，《易经·系辞下》言："上古穴居而野处，后世圣人易之以宫室，上栋下宇，以待风雨。"不仅如此，洞穴还是繁衍子孙的地方，是死后的安葬之地，因此，于先民而言，洞穴意义重大，也由此形成了洞穴崇拜。洞穴作为人类的发源地，曾一度被人格化，被想象为"子宫""母腹"，具有生殖功能。瑞士学者荣格言："石洞也可能是'大地母亲'子宫的象征，成为转变和再生可以出现的神秘地方。"[①] 我们综观六朝志怪小说的叙事，会发现，洞穴的确是故事主人公绝地逢生之地。

《搜神记》卷二五第三〇五"爰剑"条："爰剑者，羌豪也。秦时，拘执为奴隶，后得亡去。秦人追之急迫，藏于穴中。秦人焚之，有景象如虎，为蔽火，故得不死。诸羌神之，推以为豪。其后种落炽盛续也。"《幽明录》"洛下洞穴"条：

[①] ［瑞士］荣格等：《人类及其象征》，张举文、荣文库译，辽宁教育出版社1988年版，第277页。

> 汉时，洛下有一洞穴，其深不测。有一妇人欲杀夫，谓夫曰："未尝见此穴。"夫自逆视之，至穴，妇遂推下，经多时至底。妇于后掷饭物，如欲祭之。此人当时颠坠恍惚，良久乃苏，得饭食之，气力小强。周皇觅路，仍得一穴，便匍匐从就，崎岖反侧，行数十里，穴宽，亦有微明，遂得宽平广远之地。……

妻子杀夫，推夫至穴，然而，其夫在穴中安然获救。同书"彭娥"条：

> 晋永嘉之乱，郡县无定主，强弱相暴。宜阳县有女子，姓彭名娥，父母昆弟十余口，为长沙贼所攻。时娥负器出汲于溪，闻贼至，走还，正见坞壁已破，不胜其哀，与贼相格，贼缚娥驱出溪边，将杀之。溪际有大山，石壁高数十丈，娥仰天呼曰："皇天宁有神不？我为何罪，而当如此？"因奔走向山，山立开，广数丈，平路如砥，群贼亦逐娥入山，山遂隐合，泯然如初，贼皆压死山里，头出山外，娥遂隐不复出。娥所舍汲器化为石，形似鸡；土人因号曰石鸡山，其水为娥潭。

此条虽不属于误入桃源的故事类型，却与此关系甚密。故事主人公彭娥走投无路之时，藏于洞穴而获救。洞穴同样发挥了避难所的作用。"刘晨阮肇"故事中，二人入山采药，在"迷不得返"，"粮食乏尽，饥馁殆死"的情况下，发现了洞穴，才得以摆脱困境。

因此，桃源故事的发生地——洞穴是具有深层隐喻的，它是故事主人公化险为夷的福地，寓意着困顿中的重生。

二 隐喻重生的其他物象

《述异记》"梦口穴"条中出现的其他怪异物象，实则也与重生的隐喻有关，且看如下分析。

（一）神鸡

上述彭娥故事中，"娥所舍汲器化为石，形似鸡，土人因号曰石鸡山"的描写无疑是故事叙述者的虚构、想象，然而，这一想象并非空穴来风，《述异记》"梦口穴"条也提到穴中有神鸡一事，两则故事如若抛开地理方位不谈，似乎可以连缀在一起。石鸡、神鸡在小说中的反复出现，表明这一物象必然带有深层的隐意。

鸡在民俗中的作用重大，它与创世神话有关，"盘古开天"神话描述天地的初始状态为"混沌如鸡子"，《太平御览》卷三〇引《谈薮》注云"一说，天地初开，以一日作鸡，七日作人"，民间也称正月初一为鸡日，正月初七为人日。叶舒宪进一步解释说：

> 鸡作为象征性的表象符号，是同东方日出、光明取代黑暗、阳气战胜阴邪、新春脱胎于寒冬等现象相联系的。鸡有幸充当创世第一日所造之物，固其宜也。鸡在神话中实际表达的是时间与空间的双重开始，正是这种潜在的隐喻蕴含将表层叙述中的动物起源故事真正转化成了标准的创世神话。[①]

小说对于"穴"的描写，也恰如创世神话所述，由混沌的鸡子逐渐形成天玄地黄、阴阳分明的形态。如《幽明录》"洛下洞穴"条，坠入洞穴之人，先是"匍匐从就，崎岖反侧"，行走数十里之后，洞穴逐渐宽敞起来，后得"微明"及"宽平广远之地"。《异苑》"武陵蛮人射鹿"条，"逐入石穴，才容人"，其后见穴旁有梯，"因上梯，豁然开朗"。《拾遗记》"洞庭山"条，采药石之人入灵洞，行走十里后，才发现洞中"迥然天清霞耀，花芳柳暗"。《幽明录》"太山黄原"条，黄原"入穴百余步"，发现"忽有平衢，槐柳列植，行墙回匝"。

[①] 叶舒宪：《中国神话哲学》，中国社会科学出版社1992年版，第264页。

将神鸡与穴结合在一起来看，二物隐喻新生的含义更加凸显。鸡的创世作用，是志怪故事出现穴中有神鸡、"号曰神鸡山"叙述的原因。从中我们也可以看出，故事叙述者借助民间信仰，安插怪异情节的想象路径。神鸡创世，隐喻新生，神鸡出于穴，也暗示了洞穴之中一种新型结构形态的创立。

（二）黄瓜

"梦口穴"条出现了"黄衣人乞食唾金"的故事情节，其中还有"黄衣人担两笼黄瓜"的细节叙述，这表面上看去，似乎是多余之笔，与故事内容毫无关系。然而，"黄瓜"物象其实又是小说叙述者安插的"隐笔"。

黄瓜属舶来品，本作"胡瓜"，因石勒忌讳"胡"字，改名"黄瓜"。关于黄瓜的隐喻，黄夏年先生作了深入的探讨。他提出，黄瓜与佛教有着很深的关系。黄瓜在佛经中自古就有记载。作为佛理，黄瓜名为"热病缘"；作为禅修，黄瓜还成为禅宗僧人参禅解脱的公案；作为佛教僧宝，黄瓜、茄子还是佛教出家人的代称。[1]

黄氏在论述黄瓜与"热病"之间的关系中，引用大量佛教经典，从其所引经文来看，"黄瓜"亦有"涅槃重生"之意。例如，记述佛陀涅槃的《大般涅槃经》卷二七云："善男子，譬如胡瓜，名为热病。何以故？能为热病作因缘故，十二因缘亦复如是。"《菩萨本缘经》卷下云："汝常说法，示诸众生，涅槃正道。汝如良医，除断众生，心热病苦，汝是世间第一慈父。"《涅槃义经》卷八："次以喻显，譬如胡瓜，名为热病，立喻显法。何以故？下释喻显法，能与热病作因缘，故名为热病。下合显法，因缘如是能生，向前因缘观智，故名佛性。"《南本大般涅槃经会疏》卷二五"正如十二因缘非无傍义，正发观智，生于菩提，种子义彰，余之三性，其义则傍，譬如胡瓜，正能发热，是热病缘"，"以是义故，十二因缘名为佛性，善男子譬入胡瓜，名为热病。何以故？能为热病作因缘，故十二因缘亦复如是"。《大般涅槃经疏》卷二三："问佛性既为四性种子，何独是于菩提种子？答特是略出，又是旁

---

[1] 黄夏年：《黄瓜的传入及其经典寓意》，《社会科学战线》2013年第4期。

正。如十二因缘非无旁义，正发观智生于菩提，种子义彰，余之三性，其义则旁，譬如胡瓜，正能发热，是热病缘。"黄氏也说，"《涅槃经》所指的'热病'并非是身体之病，而说的是精神上的'病'，是通过胡瓜可以致病比喻成佛的道理"，"'胡瓜'作为要成佛的种子，'热病'则是成佛的缘或条件，众生因开发了种子，从而成就了佛缘"。因此，黄瓜致病只是表意，其深层的更重要的寓意是，黄瓜是涅槃重生，成佛的媒介。

黄瓜不仅与佛教关系密切，还是道教徒的随葬品。1974年江西南昌东湖区永外正街，东晋吴应墓出土，随葬物中就有"胡瓜"一件。墓中有五枚名刺，其中三件，文曰"弟子吴应再拜问起居南昌字子远"；"豫章吴应再拜问起居南昌字子远"；"中郎豫章南昌都乡吉阳里吴应年七十三字子远"。[1] 这表明了吴应的道教徒身份，因为问起居谒刺木简是道教葬仪的典型用品。1955年湖北武昌任家湾113号东吴墓出土的郑丑木简，其中一枚则明确写有"道士郑丑再拜"的谒刺。道教徒墓中，随葬品食物类仅有胡瓜，这可见黄瓜的特殊作用，应该也与成仙、再生有关。虽然尚未有其他文献佐证这一观点，但是，胡瓜成为随葬品，应该不会是偶然的事情。

三 黄衣人"唾金"实则为"唾金疮"的误传

《述异记》"梦口穴"条言，黄衣人向船主乞食，并"唾金"以相报，这种荒诞不经的叙述会是叙述者的凭空想象吗？这种不经之词的价值何在？小说作者为何要以严谨的态度记录下来？难道只是宣扬道教的神异性吗？经过分析，我们会发现，这其中的"叙述迷障"是造成我们不解的原因。

（一）"唾"与祝由术

"唾"实则暗含"祝由"之意。祝由术由来已久，祝，通咒，由，代指病由。因此，祝由亦称"咒禁"，是古代巫师术士治疗疾病的方法。古时巫医

---

[1] 白彬：《南方地区吴晋墓葬出土木方研究》，《华夏考古》2010年第2期，第75页。

交合，祝由术也被用于传统医学中。刘向《说苑》卷一〇"辨物"："吾闻上古之医者曰苗父，苗父之为医也，以菅为席，为刍为狗，北面而祝，发十言耳，诸扶而来者，舆而来者，皆平复如故，古祝由科，此其由也。"① 《黄帝内经素问·移精变气论篇》第十三："余闻古之治病，惟其移精变气，可祝由而已。"② 《黄帝内经灵枢·贼风》第五十八："先巫者，因知百病之胜，先知其病之所从生者，可祝而已也。"③ 汉代马王堆出土的《五十二病方》，也夹杂有祝由术的内容，据袁玮统计，该书共记祝由方三十二个，另有六个也可能属于祝由术的内容，若将其合算，祝由疗法所占比例为13.4%。④ 可见，祝由之盛行。

东汉以降，祝由术又被道教所吸收。张泽洪言：

> 早期道教上章，主要用于消灾度厄。道民遇有灾厄疾病之事，即可赴天师治，请道士请神奏章，以乞恩求福。刘宋时期的道经《三天内解经》说："疾病者，但令从年七岁有识以来，首谢所犯罪过，立诸诡仪章符救疗，久病困疾医所不能治者，归首则差。"民有久病困疾，求医不能治愈，而向神受过忏悔，上章通神，就可治愈。⑤

上章，指的是道士仿效官员向天子进呈奏章，为信徒书写表文以上陈天庭。疗疾解困也是道教吸纳祝由术的根本原因。

唾液是人体的排泄物，在古人看来是有毒的，可以驱鬼，也可以施咒。关于"唾"可以降鬼的作用，志怪故事中有记述。如《搜神记》"宗定伯捉鬼"故事中，定伯问："吾新鬼，不知有何所畏忌？"鬼答曰："唯不喜人唾。"《孔氏志怪》"卢充"故事中，"充取二碗及诗，忽不见二车处。将儿还，四座谓是鬼魅，佥遥唾之，形如故"。此外，孙思邈的《千金翼方》中还

---

① （汉）刘向著：《说苑校证》，向宗鲁校，中华书局1987年版，第471页。
② 田代华校注：《黄帝内经素问校注》，人民军医出版社2011年版，第50页。
③ （清）张隐菴集注：《黄帝内经灵枢集注》，上海科学技术出版社1958年版，第324页。
④ 袁玮：《〈五十二病方〉祝由疗法浅析》，《湖南中医学院学报》1988年第1期。
⑤ 张泽洪：《步罡踏斗——道教祭礼仪典》，四川人民出版社1994年版，第182页。

详细记载了降服恶鬼的"禁唾法":"吾从狼毒山中来,饥食真珠,渴饮武都,戎盐一把,冷水一盂,口含五毒,常与唾居,但老君之唾,唾杀飞凫,唾河则竭,唾木则折,唾左彻右,唾表彻里,铜牙铁齿,嚼鬼两耳,速去千里,不得留止,急急如律令。"① 以"祝唾"诅咒他人,《史记·外戚世家》中有记载,汉景帝的姐姐刘嫖意欲让自己的女儿荣登后位,遭到栗姬的反对,刘嫖于是向景帝进谗言,说:"栗姬日与诸贵人、幸姬会,常使侍者祝唾其背,挟邪媚道。"

"唾"的巫术作用亦被医学吸收,"祝唾法"也成为祝由术中的一种。《黄帝内经灵枢·官能》第七十三言:"疾毒言语轻人者,可使唾痈咒病。"②《诸病源候论》引马王堆《养生方·导引法》云:"鸡鸣欲起,先屈左手啖监指,以指相摩,咒曰:西王母女,名曰益愈,赐我目,受之于口。即精摩形。常鸡鸣二七着唾,除目茫茫,致其精光,彻视万里,遍见四方。咽二七唾之,以热指摩目二七,令人目不暝。"③ 唐《千金翼方·禁经》中有数条祝唾法的记载,其中,"禁唾恶疮毒法"咒文曰:"百药之长,不如吾之膏唾……唾百虫之毒,毒自消灭,唾百虫之毒,生肌断血,连筋续骨,肌生肉实。"④ 清《厘正按摩要术》卷二"立法·咒法"言:"摩家公,摩家母,摩家子儿苦,客忤从我始,扁鹊虽良不如善唾良。"⑤ 唾疗法时至今日仍在流传,如钱钟书所说:"忆吾乡旧有谚:'噀唾不是药,到处用得着';小儿为虫蚁所啮,肌肤痛痒,妪媪涂以唾沫(old wives' remedy),每道此语。是唾兼巫与医之用矣。"⑥

---

① (唐)孙思邈著,李景荣等校释:《千金翼方校释》,人民卫生出版社1988年版,第448页。
② (清)张隐菴集注:《黄帝内经灵枢集注》,上海科学技术出版社1958年版,第409页。
③ (隋)巢元方撰,丁光迪主编:《诸病源候论校注》,人民卫生出版社1991年版,第789页。
④ (唐)孙思邈著,李景荣等校释:《千金翼方校释》,人民卫生出版社1988年版,第454页。
⑤ (清)张振鋆著,张成博、欧阳兵点校:《厘正按摩要术》,天津科学技术出版社1999年版,第67页。
⑥ 钱钟书:《管锥编》(第二册),生活·读书·新知三联书店2007年版,第1245页。

（二）"唾金"实则为"唾金疮"

唐代孙思邈《千金翼方》汇集《禁经》两卷二十二条，并将祝由列为救急术之一，该书也是隋唐以来保留祝由术最多的医学著作。《千金翼方》虽产生于唐朝，但并非一时一地之作，而是对六朝至隋唐以来资料的汇集。如孙思邈自言："且此书也，人间皆有，而其文零叠，不成卷轴。……但按法施行，功效出于意表，不有所辑，将恐零落。"值得注意的是，该书《禁经》中所记载的"禁金疮法"与"梦口穴"故事内容有多处相合。

《千金翼方》第三十《禁经下》"禁金疮法"记载曰：

> 咒曰：吾被百箭，疗无一疮，一人挽弓，万人惊张，一箭破于千阵，此禁亦是难当。急急如律令。

> 又法：正月一日日未出时，取四壁下土和酒井华水，向东三拜云：言受神禁，愿大神如是，四方各礼讫，口含酒水，四方悉噗，至日中还复如此，七日之中鲜洁斋戒，不得恶言出口。禁金疮即定法，元闭气，嘘三遍，呵气七遍，唾之曰：日出东方，惠惠皇皇，上告天公，下告地皇，地皇夫人，教我禁疮，吾行步不良，与刀相逢，断皮续皮，断肉续肉，断筋续筋，断骨续骨，皮皮相著，肉肉相当，筋筋相连，骨骨相承，今会百药，不如禅师，一唾止痛，再唾愈疮，北斗七星，教我禁疮，南斗六星，使疮不疼不痛不风不脓，北斗三台，转星证来，急急如律令。

另外，"禁血不止法"：

> 日出东方，乍赤乍黄，南斗主疮，北斗主血，一唾断血，再唾愈疮，青衣怒士，却血千里，急急如律令。[①]

我们将其与"梦口穴"内容相对照，相合之处有如下诸条：

[①] （唐）孙思邈著，李景荣等校释：《千金翼方校释》，人民卫生出版社1988年版，第454页。

1.《禁经》："日出东方，乍赤乍黄"，是太阳刚升起之意。

"梦口穴"：故事中有"神鸡"，神鸡掌时，神鸡出，也点明时间。其穴名为"梦口"，也是昼夜、阴阳的分界线的意思。

2.《禁经》：所用之物：四壁下土，酒、井华水。

"梦口穴"：船主给黄衣人盘酒。其他二物虽在人物行为叙述中没有提及，但是故事所处的自然环境，表明此二物是可以轻易获取的，"穴"与"井"相对。

3.《禁经》：口含酒水四方悉噀。

"梦口穴"：黄衣人"唾"盘上。

4.《禁经》：禁法为道教法术。

"梦口穴"：黄为当时道教教服颜色，黄衣人具有道士身份。

5.《禁经》：金疮。

"梦口穴"：黄衣人擅长治疗金疮病。

按：南朝齐龚庆宣撰有《刘涓子鬼遗方》一书，这也是我国现存最早的一部外科学专著。关于本书的来历，作者龚庆宣在序言中有一段玄怪神异的叙述：

  昔刘涓子，晋末于丹阳郊外照射，忽见一物，高二丈许，射而中之，如雷电，声若风雨，其夜不敢前迫。诘旦，率门徒子弟数人，寻踪至山下，见一小儿提罐，问何往为？我主被刘涓子所射，取水洗疮。而问小儿曰：主人是谁人？云：黄父鬼。仍将小儿相随，还来至门，闻捣药之声，比及遥见三人，一人开书，一人捣药，一人卧尔，乃齐唱叫突，三人并走，遗一卷《痈疽方》并药一臼。时从宋武北征，有被疮者，以药涂之即愈。……孙道庆与余邻居，情款异常，临终见语：家有神方，儿子幼稚，苟非其人，道不虚行。寻卷诊候，兼辨药性，欲以相传属。余既好方术，受而不辞。自得此方，于今五载，所治皆愈。①

由此可见，南北朝时期，在民间信仰中，"黄父鬼"擅长治愈痈疽症。《异苑》卷六言，黄父鬼"所著衣袷皆黄"，这与梦口穴故事中黄衣人"通身黄衣"的描述一致。另外，"梦口穴"故事还提到"长人"，不仅如此，其他桃源洞穴故事中也有长人形象，如《搜神后记》"韶舞"条，"忽有一人，长一丈，黄疏单衣，角巾，来诣之"；《幽明录》"洛下石穴"条，"人皆长三丈，被羽衣，奏奇乐，非世间所闻"。《刘涓子鬼遗方》称黄父鬼"高两丈许"，也属于"长人"，《神异经·东南荒经》："东南方有人焉，周行天下，身长七丈，腹围如长。头戴鸡父魅头，朱衣缟带，以赤蛇绕额，尾合于头。……一名赤黄父。今世有黄父鬼。"因此，黄衣人的原型很有可能就是黄父鬼。魏晋南北朝时期，道教盛行，黄衣又是道教教服，于是，黄衣人就转化成了擅长治疗痈疽症的道士。

综上所述，"梦口穴"故事与"禁疮方"内容上的多处相合，令人不得不怀疑，"梦口穴故事"是对道教禁唾仪式的虚拟化的叙述。倘若如此，黄衣人就并非是"唾金"，而是"唾金疮"。

（三）南北斗"疗疮"与南北斗"延寿"故事的一致性

《禁经》中还有"南斗主疮，北斗主血"的咒语，并且，此并非孤例。楼兰文书 Or 8218/485 号残片也是一首治疗创伤的咒禁方，其中亦有"南斗主血，北斗主创"的记录，② 只是所述与《禁经》相反。至于谁主疮谁主血，我们不作讨论。总之，这一说法反映了道教禁唾术中的南北斗信仰。

北斗信仰由来已久。据考古发现，早在新石器时期，河南濮阳西水坡墓中就发现了用胫骨和蚌壳组成的北斗图像。③ 汉晋以来，"南斗主生，北斗主

---

① （晋）刘涓子撰，（南齐）龚庆宣编，于文忠点校：《刘涓子鬼遗方》，人民卫生出版社 1986 年版，第 7 页。
② 林梅村：《楼兰尼雅出土文书》，文物出版社 1985 年版，第 66 页。
③ 冯时：《河南濮阳西水坡 45 号墓的天文学研究》，《文物》1990 年第 3 期。

死"的观念盛行，值得注意的是，这一说法出自道教的《太上说中斗大魁保命妙经》，其文言"北斗落死，南斗上生"。[①] 足可见道教在民间俗信中的重大影响力。《搜神记》卷三第三十九"北斗南斗"条记载了"赵颜求寿"的故事：

> 管辂，字公明，善解诸术。至平原，见赵颜貌主夭亡而欢。颜奔告父，父乃求辂延命。辂曰："子归，觅清酒一榼，鹿脯一斤，吾卯日必至君家，且方便求请。"其父觅酒脯而候之，辂果至。语颜曰："汝卯日刈麦地南大桑树下，有二人围棋次，汝但一边酌满盏，置脯于前，饮尽更斟，以尽为度。若问汝，但拜之，勿言，必合有人救汝。"颜依言而往，果见二人围棋。颜置脯斟酒于前。其人贪戏，但饮酒食脯，不顾。饮数巡，北边坐者忽见颜在，叱曰："何故在此？"颜唯拜之。南面坐者人语曰："适来饮他酒脯，宁无情乎？"北边坐者曰："文书已定。"南边坐人曰："借文书看之。"见赵子寿可十九岁。乃取笔挑上，语颜曰："救汝至九十年活。"颜拜而回。管语颜曰："大助子喜，且得增寿。北边坐人是北斗，南边坐人是南斗。南斗注生，北斗注死。凡人受胎，皆从南斗，祈福皆向北斗。"

赵颜在方术家管辂的指导之下，拜求南北斗二神，成功延长了寿命。这是民间典型的有关南北斗信仰的故事。从实际作用来看，"南斗主疮，北斗主血"的咒语可以使受伤之人病愈，重新获得生还的机会，这与"延寿说"异辞同义。

在赵颜求寿故事中，有一细节需要注意，即南斗、北斗二人下围棋。围棋是一项古老的智力运动，历来为文人隐士、帝王贵族所喜爱。同时，也为道教所喜爱，并衍生出道教的道弈文化。《浪迹三谈》卷一引《梨轩曼衍》甚至说："围棋初非人间之事，始出于巴邛之橘、周穆王之墓，继出于石室，

[①] 萧登福：《试论北斗九皇、斗母与摩利支天之关系》，《"国立"台中技术学院人文社会学报》2004年第3期。

又见于商山，仙家养性乐道之具也。"① 班固《弈旨》："纰专知柔，阴阳代至，施之养性，彭祖气也。"② 王粲《围棋赋·序》："清灵体道，稽谟玄神，围棋是也。"③ 元代全真道士李道谦《甘水仙源录》中讲述马钰以弈棋误长生的故事：

> （马钰）诣术士孙子元占之，以决其惑，因稽寿几何？曰："君寿不逾四十九。"师叹曰："死生固不在人，曷若亲有道，为长生计？"已而与客弈棋，乃失声曰："此一著下得，是不死矣。"④

弈棋既然有助于长生，那么，主导生死的南北斗二神以围棋对弈的形象出现，也是情理中的事了。《西京杂记》记载："八月四同，出雕房北户，竹下围棋，胜者终年有福，负者终年疾病，取丝缕就北辰星求长命乃免。"这一方面是"善弈者多长寿"观念的体现，另一方面也说明了围棋似乎可以作为南北斗二神的标识。现今许多城市都有"棋盘街"，其中，关于济南的"棋盘街"名字的由来，有着一个美好的传说："相传天上的南斗与北斗二仙翁善弈，曾在济南手谈一局。临别之时，把棋子与棋盘留于人间，于是济南就有了星罗棋布的泉眼和这阡陌交通的棋盘街了。"

我们再来看《幽明录》的记述：嵩山北有大穴，昔时有人误堕穴中，见二人围棋，下有一杯白饮，与堕者饮，气力十倍。洞穴中出现的围棋对弈的二位神仙很有可能就是南斗、北斗星神了。如此一来，南北斗信仰就与桃源洞穴故事联系在一起了。此外，洞穴隐喻重生的作用与南北斗疗伤的功效也是相一致的。并且，"穴"同于"井"，在民间俗信中，井水也是可以用来治疗疾病的。

要之，《禁经》与桃源洞穴故事中都出现了南斗、北斗的形象，并且，

---

① （清）梁章钜：《浪迹三谈》，福建人民出版社1985年版，第7页。
② 章樵注：《古文苑》，四部丛刊初编，商务印书馆1936年版，第122页。
③ 严可均校辑：《全上古三秦汉三国六朝文》（第二册），河北教育出版社1997年版，第842页。
④ 全真第二代丹阳抱一无为真人马宗师道行碑，《甘水仙源录》，道藏（第19册），天津古籍出版社1988年版，第729页。

《禁经》中"南斗主疮,北斗主血"的咒语与小说中南北斗助人延寿的叙述是相一致的。这可以算作《禁经》与"梦口穴"桃源故事的又一相合之处。这也再次说明了,《述异记》"梦口穴"条讲述的并不是黄衣仙人乞食还金的故事,"唾金"实则为"唾金疮",是道教以符咒来治疗疾病的祝由术。

四 "梦口穴"故事的现实背景:避难

"梦口穴"一词的表述颇具神秘性,所谓"梦口穴",即由现实进入梦境的穴口,它暗示出穴外与穴中是迥然不同的二重世界。如果说穴中是梦幻中的世外仙境的话,那么,穴外的现实世界又当如何呢?

陈寅恪考证《桃花源记》一文,提出桃源故事是当时人在烽火战乱中建设坞堡营壁以自守的曲折反映,并言桃花源的原型是弘农和上洛的坞堡。唐长孺于《读〈桃花源记旁证〉质疑》一文中提出反对意见,指出《桃花源记》故事与北方的坞堡无关,其依据的是武陵蛮族的传说,蛮族人民为逃避赋税徭役,选择险要的地理条件来保护自己。[①] 虽然二人观点有别,但对于"避难"是桃源故事形成的现实诱因的观点是没有争议的。

我们再来看"梦口穴"故事,"疮"同"创",《说文解字》释"创"言:"创,刃或从仓。"段玉裁注:"从刀,仓声也,凡刀创及创痏字皆作此。俗变作刅,作疮,多用疮为刱字。"[②] 金疮暗示了战争,这便将故事内容指向了动乱的社会现实,神异的叙述背后仍然是"避难"的现实背景。我们对现场进行下还原:身负刀剑之伤的人口述着"北斗七星,教我禁疮,南斗六星,使疮不疼不痛,不风不脓"的咒语,祈求神的佑护,向神诉说着他对于生命的渴望。借此我们也可以想象,那是怎样一个兵革不息、民不聊生的动荡社会。"禁唾说"似乎可以算作陈寅恪避兵乱观点的一个佐证。此外,金疮在中

[①] 唐长孺:《读〈桃花源记旁证〉质疑》,《唐长孺文存》,上海古籍出版社2006年版,第219—231页。

[②] (汉)许慎撰,(清)段玉裁注:《说文解字注》,浙江古籍出版社2006年版,第183页。

医看来，属于热病，"黄瓜"又被称为"热病缘"，所以，船主乞瓜，黄衣人不与。这又打通了志怪故事与"禁唾说"之间的壁垒。

志怪小说是"将怪异插入现实内部"的叙述，桃源洞穴故事是困顿之人在动乱的现实社会中依附道教神仙思想寻求解救的叙述。洞穴于其而言，就是希望之光，是他们隐身避世、重获新生的母腹。洞穴被描述的有如人间天堂，自然是可遇而难求的，因此，小说叙述者总是隐去故事发生的现实背景，"漫不经心"地讲述幸运之人的这段神异又美好的"遇见"，告诉听众、读者这是主人公"不经意间"的经历，是"意料之外"的收获。然而，我们经过分析会发现，美丽的洞穴之外是兵荒马乱、疮痍满目的悲惨世界。《幽明录》记载，颍川人避难他郡，"有女七八岁，不能涉远，势不两全"，于是将女置于古冢之中数年，以奇、异为追求的叙述没有言及痛苦，然而，揭开故事神秘的外衣，这不也是"路有饥妇人，抱子弃草间"的无奈与绝望吗？洞穴不过是世人逃难疗伤的隐蔽之地，故事主人公也并非"误入"，而是出于本能的现实选择。

地域观照

天府文化的源流、特质及其相关概念探析

潘殊闲[*]

历史上的四川虽偏于西南一隅，但向为蜀道难与蜀道通、观念保守与思想开放、自古文宗出巴蜀与自古文人例到蜀的诸多奇妙的二元组合。何以会有这样的现象？原因当然是有很多的。其中，以成都为中心的成都平原、都江堰灌区和天府之国是揭秘这种现象的重要窗口。本文以天府文化为具体观照对象，试图对其源流、特质及其相关概念进行辨析，以求教各位方家。

一 天府文化的源流

所谓天府文化，是指某一地区被称为"天府"之后的文化。天府，就其文字含义来说，天有天帝、皇上、天子、上部等含义，府有府库、官署、府邸、宅邸、聚结等含义。中医谓人有五脏六腑，六腑也写作六府。就人体而言，"天府"指的是一腧穴，即"腋内动脉手太阴也"。[①] "天府"也指官职，据《周礼》郑玄之注，"天府"是"掌祖庙之宝藏者"[②]。如果"天府"指区域、地域（即所谓天府之国），大概有四种理解，一是天帝（帝王）所居之

---

[*] 作者单位：西华大学地方文化资源保护与开发研究中心。
① （宋）史崧音释：《灵枢经》卷一，文渊阁《四库全书》本。
② （汉）郑玄注，（唐）贾公彦疏：《周礼注疏》卷一二，（清）阮元编纂：《十三经注疏》，上海古籍出版社1997年版，第716页。

府（地区），二是天帝所藏之府库，三是天帝所赐之府（地区），四是天帝所造之府（地区）。四层含义都是褒义、美名，所指无非言此地域（区域）风调雨顺，物阜民丰，文明大化。

历史上，"天府"具体指的是哪里？溯源"天府"之来历，可以看到"天府（之国）"这个名称经历了几次变化。最早出现在秦国，指秦国统治的区域，尤其是关中平原。关中即秦中，这个地方自古就号称"陆海""天府"，尤其在秦朝时期修建郑国渠之后，一时富甲天下，被古人誉为"金池汤城，沃野千里，天府之国"①。《战国策·秦策》记述了纵横家苏秦对秦惠文王说的一段话："大王之国，西有巴、蜀、汉中之利，北有胡、貉、代、马之用，南有巫山、黔中之限，东有肴、函之固。田肥美，民殷富，战车万乘，奋击百万，沃野千里，蓄积饶多，地势形便，此所谓天府，天下之雄国也。"②《汉书·张良传》有大体相同的记叙，颜师古在注释中这样解释"天府"："财物所聚谓之府。言关中之地，物产饶多，可备赡给，故称天府也。"③ 秦末汉初，张良在论证定都关中时说"关中左崤、函，右陇、蜀，沃野千里……此所谓金城千里，天府之国也"。④ 所以，这时的"天府之国"，主要指的是以关中平原为核心的"沃野千里"，一个富庶之地，其范围包括巴蜀。历史上最早单称四川为"天府"则出自诸葛亮的《隆中对》："益州险塞，沃野千里，天府之土，高祖因之以成帝业。"⑤ 汉代的益州郡包括今四川盆地和汉中盆地。因为四川盆地周围都是崇山峻岭，交通闭塞，古称"四塞之国"。在冷兵器时代，它具有易守难攻的特殊战略地位，因而避免了史上多次战争的破坏，得到了相对安定的社会环境，更有利于其社会经济的发展。所以诸

---

① （汉）司马迁撰《史记》卷二九《河渠书》载："韩闻秦之好兴事，欲罢之，毋令东伐，乃使水工郑国间说秦，令凿泾水自中山西邸瓠口为渠，并北山东注洛三百余里，欲以溉田。中作而觉，秦欲杀郑国。郑国曰：'始臣为间，然渠成亦秦之利也。'秦以为然，卒使就渠。渠就，用注填阏之水，溉泽卤之地四万余顷，收皆亩一钟。于是关中为沃野，无凶年，秦以富强，卒并诸侯，因命曰郑国渠。"中华书局1999年版，第1197页。
② 缪文远、缪伟、罗永莲译注：《战国策》，中华书局2012年版，第63页。
③ （汉）班固撰，（唐）颜师古注：《汉书》卷四○，中华书局1999年版，第1574页。
④ （汉）司马迁撰：《史记》卷五五《留侯世家》，中华书局1999年版，第1632页。
⑤ （晋）陈寿撰：《三国志》卷三五《蜀书》五《诸葛亮传》，中华书局1999年版，第678页。

葛亮等有眼光的战略家都把四川当作可以立围的根基之地,并誉之为"天府之土"。加之因都江堰水利工程带来的便利,四川盆地成为富庶之地,故晋代常璩在所著《华阳国志》中称:"蜀沃野千里,号称'陆海',旱则引水浸润,雨则杜塞水门,故《记》曰:水旱从人,不知饥馑,时无荒年,天下谓之天府也。"① 到西汉以后,由于富饶的巴蜀越来越居显著地位,"天府"一名便逐渐成了蜀中的代名词。

聚焦到四川,最初的天府是因为从大禹到开明的治水,再到李冰修建都江堰,再到文翁治理湔江,使以成都平原为核心的区域由困居困业到宜居宜业再到优居优业的演变。换言之,历史上最早在四川地区使用"天府"概念的就是指都江堰灌区。都江堰灌区包括了成都平原及其周边地区。由都江堰灌区再延伸到整个四川盆地,再后则泛称整个四川。

当然,历史上被称为"天府(之国)"的并不仅仅只有关中、成都平原,还有华北北部、江淮以南地区、太原附近、闽中、盛京、汉中地区等,在当今,人们又评选了新的十大天府,即成都平原、台湾嘉南平原、伊犁河谷、山东半岛、闽南丘陵平原、三江平原、雅鲁藏布大拐弯地区、呼伦贝尔、苏北平原、宁夏平原。成都平原居首。这充分说明以成都平原为核心的这个天府之国有悠久的历史、灿烂的当下与光辉的未来。

事实上,今天人们谈论最多的以成都平原为核心的天府之国的文化(以下简称"天府文化")是有生命力的活的文化。综览这个天府文化的发展流变,可以清晰地看到经历了发源、形成、鼎盛、中落、复兴几个明显的阶段。具体而言,天府文化发源于古蜀时期,形成于秦汉时期,鼎盛于唐宋时期,至元明清出现衰落,自近现代以来逐渐复兴。

(一) 天府文化的发源期

史前时期的成都平原是不宜居的,因为平原西北部的岷江自源头至成都

---

① (晋)常璩撰,任乃强校注:《华阳国志校补图注》卷三《蜀志》,上海古籍出版社1987年版,第133页。

平原垂直落差有几千公尺，每当雨季，成都平原则变成一片汪洋。据相关史料记载，古蜀时期的蜀国经历了蚕丛、柏灌、鱼凫、杜宇、开明五个时期，人称"古蜀五祖"或古蜀"三王""二帝"。从现有考古发掘和文献记载的对比来看，已经比较清晰地显现出古蜀先民从岷江上游河谷逐渐迁徙至成都平原的过程。而这个过程与古蜀先圣的治水有很大关系。首先是大禹，出生于岷江河谷地带的华夏人文始祖大禹，以治水赢取天下。其治水，首先从家门口开始，《尚书·禹贡》表述为"岷山导江，东别为沱"。[①] 此"江"即指长江的源头岷江，在相当长时期岷江被视为长江的正源，这就是所谓的人文地理。蚕丛、柏灌、鱼凫都应有治水、兴水、利水的功绩或史事，只是目前文献所及没有看到明确的记载。有明显记载的是古蜀五祖的最后二位杜宇与开明。《蜀王本纪》有云："时玉山出水，若尧之洪水，望帝不能治，使鳖灵决玉山，民得陆处。"[②] 此"玉山"即玉垒山。这段记载说明杜宇时期曾经发生大洪水，但杜宇不能治。最后是靠鳖灵，即开明帝得以让洪水消退，百姓才得以"陆处"。关于开明（即鳖灵，或写作鳖令）治水，有文献可查的主要有三处：一处是"凿玉垒山以除水害"，见于《蜀王本纪》和《华阳国志》；一处是"凿金堂峡"，见于《本蜀论》；一处是"凿巫峡以通江水"，见于《水经注》。这三处治水，应当是一个系列工程。开明"凿玉垒山"的目的是"除水害"：即开掘一条由"宝瓶口"泄出的江水，以减杀岷江的水势来保证下游的安全。这就是被称为"江沱"的"内江"古河道。据专家考证，今之"柏条河"即"江沱"故道的遗迹。成都平原是个封闭的盆地，西面和北面的山区里存在着三个暴雨中心。夏秋时节，洪水从西北山区向平原倾泻。而东南的龙泉山脉，仿佛一道天然堤坝，挡住了洪水的去路。幸好龙泉山最东头有个缺口最低，成为成都平原排泄洪水的尾闾。这个"缺口"，就是开明氏所凿的"金堂峡"。望、丛之前的鱼凫时代，蜀人就已经进入成都平原；但是，由于平原上要么一片泽国，要么是水潦浸沃的大片湿地，因此只能长期

[①] 李民、王健撰：《尚书译注》，上海古籍出版社2000年版，第78页。
[②] （汉）扬雄著，张震泽校注：《扬雄集校注》，上海古籍出版社1993年版，第246页。

停留在渔猎文化的经济形态上,连国都都只能建在山陵上。杜宇时代,蜀人已初步掌握农耕技术。为了发展农业的需要,就必须尽快地将平原上潴留的水潦排干。"凿巫峡"就是为了使江水畅流,以便加速平原排潦的一项治水工程。应当说,开明氏"凿玉垒山"的初衷仅仅是为了"保平安",但是"凿金堂峡"和"凿巫峡"的目的,就已经是在"谋发展"了。恰恰是这样的"初衷"和"目的",为秦汉至今长达两千多年的巴蜀文明,得以用超越其他文明的发展速度迅猛前进而遥遥领先。可见,古蜀文化已处于后世所说天府之国文化的前夜,实为天府文化的前身、源头。

(二) 天府文化的形成期

公元前316年秋,秦惠王遣张仪、司马错等率大军从石牛道南下伐蜀,蜀王仓促应战,为秦军所败。冬十月,秦军扫荡了蜀的反秦势力,一举兼并蜀国,蜀国从此灭亡。

秦灭蜀国之后,蜀地一度处于混乱状态。为强化蜀地经济保障,在秦灭蜀国之后的四十年,即公元前277年,李冰作为第三任蜀郡守来到四川,开始了他治蜀与兴蜀的历程。李冰治蜀事迹众多,但最有名的无疑是创建都江堰、疏通成都"二江"等重大水利工程,极大地奠定了成都作为巴蜀地区政治、经济、文化中心的地位。《史记·河渠书》载"蜀守冰凿离碓,辟沫水之害,穿二江成都之中。此渠皆可行舟,有余则用溉浸,百姓飨其利。至于所过,往往引其水益用溉田畴之渠,以万亿计,然莫足数也"。[1]《汉书·沟洫志》沿用此说。后来的《华阳国志》则这样表述:"冰乃壅江作堋。穿郫江、捡江,别支流,双过郡下,以行舟船。岷山多梓、柏、大竹,颓随水流,坐致材木,功省用饶。又溉灌三郡,开稻田。于是蜀沃野千里,号为陆海。旱则引水浸润,雨则杜塞水门,故《记》曰:水旱从人,不知饥馑。时无荒年,

---

[1] (汉)司马迁撰:《史记》卷二九,中华书局1999年版,第1196页。

天下谓之天府也。"①

此时的"天府"如果说更多指的是自然生态的优渥与农林经济的发达，那么，一百二十年之后的西汉景帝时期，即公元前156年，文翁担任蜀郡守，则进一步改变了蜀地的自然与文化生态。《华阳国志》记载："孝文帝末年，以庐江文翁为蜀守。翁穿湔江口，溉灌繁田千七百顷。是时，世平道治，民物阜康；承秦之后，学校陵夷，俗好文刻。翁乃立学，选吏子弟就学。遣俊士张叔等十八人东诣博士，受七经，还以教授。学徒鳞萃，蜀学比于齐鲁。巴、汉亦立文学。孝景帝嘉之。今天下郡、国皆立文学。因翁倡其教，蜀为之始也。"② 接续李冰而治蜀的文翁，不仅进一步治理蜀中水环境，更重要的是兴办郡学，选派优秀学生进京深造，回来之后教授蜀地学子，改善蜀地文化生态，使蜀中"学徒鳞萃，蜀学比于齐鲁"。至此，自然与人文并举的"天府之国"名副其实。天府文化在原有古蜀文化的基础上，充分吸收包括中原文化在内的其他文化因子，形成了具有自身一定特色的区域文化。天府文化的内涵与外延初步形成。

（三）天府文化的鼎盛期

唐宋时期的成都平原经济发达，城市繁荣，文化隆盛，成都享有"扬一益二"的美誉③。至宋代，苏轼称成都为"西南大都会"。④ 由于社会相对稳定，文化生态进一步优化，南北文化、东西文化、中外文化在这里交汇融合，天府文化呈现出全面鼎盛局面。

（四）天府文化的中落期

随着北方游牧民族问鼎中原，偏于西南一隅的巴蜀地区开始沉寂，再加

---

① （晋）常璩著，任乃强校注：《华阳国志校补图注》卷三，上海古籍出版社1987年版，第133页。
② 同上书，第141页。
③ （宋）司马光编著，（元）胡三省音注：《资治通鉴》卷二五九，中华书局2012年版，第8551页。
④ （宋）苏轼撰，孔凡礼点校：《苏轼文集》卷一二《成都大悲阁记》，中华书局1986年版，第395页。

上明末张献忠屠蜀的沉重影响，四川元气大伤。随着"湖广填四川"移民潮的推动，巴蜀本土文化与外来文化再次进行嫁接融合，至清中叶以后，四川经济社会逐步复苏，开始酝酿新的发展，天府文化也在谋求蝶变。

（五）天府文化的复兴期

自晚清之后，与整个国家与民族的复兴之路相一致，蜀中开始了文化复兴的历程。历辛亥革命、民国至中华人民共和国，四川都是活跃的地区之一，特别是抗战期间，四川作为大后方，为留存民族的精神火种做出了重要贡献。改革开放以来，以成都为中心的四川涌现出了不少引领风潮的新创意、新发明、新改革。随着国家级天府新区的设立，成都经济、社会、文化的活跃度一再飙升，天府文化呈现出全面复兴的局面。毋庸讳言，天府文化的今身，是包括古蜀文化以及自秦并巴蜀后吸纳的中原文化，还包括历史上天府四川这一区域与若干外来文化的融合。可以想象，天府文化的未来，必定依托过去与现在的基础，以海纳百川的胸怀，充分吸纳世界一切优秀文化与文明成果，在创造性转化与创新性发展中呈现出更加璀璨的光芒。

任何文化都不是凝固不变的文化，都在发展演变。天府文化定格于都江堰水利工程泽被的都江堰灌区，而随时代的变化而不断增益其内容与形式。所以，天府文化是活的文化，是有生命力的文化，是尚在发展演变中的文化。

二 天府文化的特质

（一）水利是天府文化的命脉

如前所述，没有治水、兴水、利水的成功实践，就没有天府之国的存在。从大禹、开明、文翁以及后来的蜀中治理者，都非常重视成都平原的水环境、水生态的保护、治理与利用。在农业文明长期占主导地位的时期，充足而又不泛滥的水源，是非常关键的因素。都江堰工程是世界上唯一存续两千多年的无坝水利工程，至今仍在发挥防洪、抗旱、灌溉、饮水等综合功能。李冰修建都江堰花费了大量的精力进行科学论证，其采用的是因循自然的天人合一式技术，最为重要的是相沿至今的"岁修"等制度，确保了都江堰工程历久弥新，不曾废弃。虽然，今天的成都平原耕地已大量减少，但地势低洼的地理条件并未改变，如没有古圣先贤留下的都江堰及其系列灌区工程，成都平原也不可能宜居。所以，今天成都以宜居宜业宜游的综合优势多次摘取最具幸福感城市等殊荣，祖先留下的都江堰这一世界遗产，实在功不可没。所以，天府之国仰赖都江堰，水润天府绝非虚言。

（二）天府文化是自然与人文的有机结合

都江堰工程并非简单的自然科学工程，而是综合兼顾了自然与人文的双重因素。因都江堰工程而兴的天府文化也是这两重因素的有机结合。都江堰及其系列工程，综合发挥了防洪、抗旱、灌溉、饮水、交通、排水、景观等综合功能。成都平原得益于水的滋养，又通过历代人的发明创意，使这块土地自然风光优美，人文风景优胜。茂林修竹、户户流水、粉墙黛瓦是对传统川西平原乡村民居的描述，茶馆、戏院、酒家、货坊，是川西平原普通城镇的必备设施。休闲的心态与休闲的城乡风貌，无不体现了自然与人文在这片土地上的水乳交融。司马迁在考察了岷江与都江堰之后曾由衷发出这样的慨叹："余……西瞻蜀之岷山及离碓；北自龙门至于朔方。曰：甚哉，水之为利害也！"[1] 唐代大诗人岑参在《石犀》中也曾这样抒怀："江水初荡潏，蜀人几为鱼。"[2] 宋代诗人范成大在《吴船录》中这样描述："一路江水分流，入诸渠皆雷轰雪卷，美田弥望，所谓岷山之下，沃野者正在此。"[3] 张籍在《成都曲》中描述："锦江近西烟水绿，新雨山头荔枝熟。万里桥边多酒家，游人爱向谁家宿？"锦江之水碧绿，配以新熟的荔枝红，自然景色十分宜人。万里

---

[1] （汉）司马迁撰：《史记》卷二九《河渠书》第七，中华书局1999年版，第1202页。
[2] 《全唐诗》卷一九八，中华书局1999年版，第2050页。
[3] （宋）范成大撰：《吴船录》卷上，文渊阁《四库全书》本。

桥边酒家众多，那些游客徜徉于此，作者好奇地问一句：他们最爱留宿哪家？一种情景互融的画面油然而生。

的确，良好的生态催生了浓郁的人文情怀，自然景观中孕育了人的审美与情愫，所以，历代讴歌天府之国钟灵毓秀的美诗美文数不胜数。杜甫对成都的咏赞以及成都对杜甫诗风诗境诗艺的改变，堪称"自古文人例到蜀"的经典，而方干的"游子去游多不归"（《蜀中》）的感叹，是今天成都"来了就不想走，走了还想来"的古代版。

（三）天府文化是封闭与开放的有机结合

成都平原位于四川盆地的底部，四川盆地四周合围高山峡谷，《隋书·地理志》将其概括为"其地四塞，山川重阻"，[1] 所以，自古有蜀道难之称。但凡事都是相对立而存在的，李白的一首《蜀道难》用他特有的夸张方式予以张扬，可谓家喻户晓。到中唐韦皋镇蜀，其门人陆畅反李白之词而作《蜀道易》，首句曰"蜀道易，易于履平地"。韦皋大喜，赠陆畅罗锦八百匹。[2] 这虽带有阿谀的性质，但历史事实恰好从一个侧面印证了蜀道的另一种"易"。不可否认的是，蜀道难的背后是蜀道通。大山虽有阻隔，但大山也有溪谷。长江虽为天堑，但舟楫可以浮江。更何况巴蜀先民很早就有开凿山道的传说，这可从《蜀王本纪》《华阳国志·蜀志》等文献中所述五丁移山、石牛开道、武都担土、山分五岭等神话传说中得到印证。再者，我们也可从大量的考古文物和历史文献中清楚地看到，历史上的巴蜀与外界有很多通道相连。著名的三星堆遗址中出土了大量的只能出产于印度洋的齿贝，还有金杖，这是当时的四川盆地与印度、缅甸及中亚、西亚物资交流的铁证。秦并巴蜀之后，蜀王子率众三万南走，最后到达今越南北部，建瓯越国，称安阳王。越南称这一段时期为"蜀朝"，是为越南有信史之始，也是越南古代建立国家政权之

---

[1] （唐）魏徵撰：《隋书》卷二九，中华书局1999年版，第564页。
[2] （明）曹学佺撰：《蜀中广记》卷一二〇《诗话记》第二，文渊阁《四库全书》本。

始。① 梳理相关文献可以看到，在四川盆地周边，分布着各种蜀道，如南夷道、西夷道、米仓道、金牛道、荔枝道、阴平道、子午道、褒斜道、嘉陵道、宁河道、峡道、夜郎道、僰道等。在四川，有比北方丝绸之路更早的南方丝绸之路，称为"蜀身毒国道"，有《史记》为证：

> 及元狩元年，博望侯张骞使大夏来，言居大夏时见蜀布、邛竹杖，使问所从来，曰"从东南身毒国，可数千里，得蜀贾人市"。或闻邛西可二千里有身毒国。骞因盛言大夏在汉西南，慕中国，患匈奴隔其道，诚通蜀，身毒国道便近，有利无害。于是天子乃令王然于、柏始昌、吕越人等，使间出西夷西，指求身毒国。至滇，滇王尝羌乃留，为求道西十余辈。岁余，皆闭昆明，莫能通身毒国。②

不仅南方通身毒国，在盆地西北方，通过岷江峡谷，很早就与西北各民族有着深入的交流，今天居住在四川西部边缘的羌族，就与历史上古老的北方氐羌族有直接的渊源关系。

所以，成都平原看似封闭，实则开放；看似保守，实则前卫；看似落后，实则先进……种种二元对立又统一的现象汇聚在这里，成为一道风景。天府文化也自然是这种二元对立统一的有机组合。

（四）天府文化是农耕文明与城市文明的有机结合

在相当长的时间里，因为优越的自然条件，使天府之国的农业非常发达，所谓"水旱从人，不知饥馑"并非夸张。发达的农业，带来了发达的城市手工业以及相关的城市产业，所以，天府之国城市经济也相对发达。城乡二元在这里相互促进，催生了众多的文化奇葩，如水利文化、农业文化、林盘文化、养生文化、名人文化、民俗文化、民居文化、宗教文化、礼仪文化、诗

---

① 袁庭栋：《巴蜀文化志》，巴蜀书社 2009 年版，第 275 页。
② （汉）司马迁撰：《史记》卷一一六《西南夷列传》第五六，中华书局 1999 年版，第 2284 页。

歌文化、音乐文化、餐饮文化、饮酒文化、茶馆文化、娱乐文化以至今天各种现代、后现代在这个区域内衍生的林林总总的文化，在全国众多区域文化中特别耀眼夺目。各种以"川"字命名的文化品牌和以"蜀"字命名的文化品牌，莫不是这种农耕文明与城市文明的有机结合，如川菜、川剧、川茶、川烟、川酒、川派盆景、川派武术、川派绘画，蜀锦、蜀绣、蜀学等。

（五）天府文化是原生文化与外来文化的有机结合

从远古走来的古蜀文化以惊艳世界的三星堆和金沙遗址为代表，人们已经确信，古蜀文化是相对独立的文化单元，在中华民族多元一体的格局中是重要的一元。虽然秦并巴蜀，巴蜀快速融入中原文化，在后世发展中，又不断吸纳各种文化元素，但客观的地理位置与条件，决定了以成都平原为中心的天府文化是原生文化与外来文化的有机结合。翻开中国地图可以看到，四川盆地东边是巫山，南边是大娄山、大凉山且紧邻云贵高原，西边是龙门山、邛崃山以及横断山脉，北边是米仓山和大巴山。这种地形带来的直接影响是：

蜀中之人与外界交流相对困难。无论东西南北，都得翻山越岭或冲出夔门（长江水道）。

蜀中之地受外界干扰相对较少。战争、瘟疫、寒潮等不易入侵为害，蜀中成为一方净土与静土，也自然是乐土。从秦并巴蜀开始，历汉魏晋六朝、唐宋、元明清直至近现代，蜀中都有大量的移民。移民与当地土著民从思想观念到血脉流传，从文化基因到生产劳作都在进行深度的交融与新变。

蜀中之地容易保留古风遗韵。因为受外来新潮思想、流派的影响不易，蜀中之人保留古风遗韵成为一种客观的必然。他们往往重视传统，重视基础，读书杂博，不受拘束，思维发散，因而，不鸣则已，一鸣惊人，多出百科全书式人物。如西蜀眉州苏洵虽然二十七岁始知向学，但厚积薄发、特别能耐得住寂寞，于是，"绝笔不为文辞者五六年，乃大究六经、百家之说，以考质古今治乱成败、圣贤穷达出处之际，得其粹精，涵畜充溢，抑而不发。久之，慨然曰：'可矣。'由是下笔，顷刻数千言，其纵横上下，出入驰骤，必造于深微而后止",以至一到京师,"一时后生学者皆尊其贤,学其文以为师法"。① 元人刘埙曾这样评价三苏:"宋初承唐,习文多俪偶,谓之昆体。至欧阳公出,以韩为宗,力振古学。曾南丰、王荆公从而和之,三苏父子又以古文振于西州,旧格遂变,风动景随,海内皆归焉。"② 三苏因为身处西南盆地,受外界影响少,所以,力图诗文革新的欧阳修在"守旧"的三苏身上找到了复古革新的"火种",成为这场革新运动的"中坚"。

可见,苏洵就是蜀中之人厚积薄发、兼综百家的典范之一。事实上,蜀人渴望走出盆地,冲出夔门,渴望了解世界和拥抱世界。有意思的是,与身处盆地的人渴望看到外面的世界相对应的是,盆地以外的人们也渴望了解这片神奇神秘神妙的国土。在历史上,有"自古诗人例到蜀"与"自古文宗出巴蜀"之美名。"我行山川异,忽在天一方"(《成都府》)这是杜甫第一次到成都之后写下的真切感受,而"泥上偶然留指爪,鸿飞那复计东西"(《和子由渑池怀旧》)是苏轼与弟弟和诗中的心灵告白。非常有意思的是,这入蜀与出蜀正好构成一种文化上的互补关系。翻检中国文学史、中国文化史,那些大家、名家因为各种原因,多与巴蜀有这样那样的渊源:他们或入蜀为官,或入蜀游历,都对这片土地有深深的眷念和咏赞,这片土地从某种程度上也成就了他们的诗名、文名,杜甫是其中最有代表性的一位。杜甫从乾元二年(759)腊月到永泰元年(765)初夏,在蜀中生活了五年多,中间除一度前往梓州(三台)、阆州(阆中)避乱一年半外,杜甫一直生活在成都的草堂。在成都草堂一共生活了三年零九个月,写下了二百六十余首诗歌。这段时期是杜甫人生相对安静、安稳的时期,他与自然、与亲情、与友情、与近邻有更多、更自然的接触与咏赞,蜀中的生活、成都的生活改变了杜甫的人生,也改变了他的诗风。假如没有蜀中的这段历程,很难想象杜甫人生与艺术会是一种什么样的总体风貌。其他诸如岑参、白居易、刘禹锡、李商隐、玄奘、

---

① (宋)欧阳修撰:《欧阳修全集》卷三五《故霸州文安县主簿苏君墓志铭》,中华书局 2001 年版,第 513 页。
② (元)刘埙:《隐居通议》卷二一,文渊阁《四库全书》本。

韦庄、李珣、黄庭坚、陆游、范成大等都有这样那样的蜀中佳话。而生在蜀中的文人,一旦冲出夔门,则往往成为执牛耳的领军人物,汉代司马相如、扬雄,唐代陈子昂、李白,宋代三苏、魏了翁、李焘,明代杨慎,清代彭端淑、李调元、张问陶,直至近现代的郭沫若、巴金等,莫不如此。

蜀道内外的勾连,入蜀与出蜀的交互,使巴蜀文化善于学习借鉴其他地域的文化特点,而其他区域的士人来到蜀中之后也能得到这片古老土地上的异样文化的霑溉,迅速成长、提升以至超越自我。蜀中士人虽然在离开蜀中之前或默默无闻,但一旦出川之后,特别是来到当时的政治与文化中心之后,往往能很快崭露头角,进而成为文坛领袖。这种内外的有机互动,所带来的必定是文化的新变。加上移民文化的冲击碰撞,巴蜀文化在开放中兼容并包,在开放中创新求变。

这种原生文化与外来文化的有机结合,让天府之国的文化格外有个性、有张力、有魅力,由此去追寻诸如易学在蜀、儒源在蜀、菩萨(佛学)在蜀、仙源在蜀的文化奇观就不难理解。

三　与天府文化相关概念辨析

(一) 西蜀文化

秦并巴蜀之前,以成都平原为中心的这块区域属于古蜀文化的范围。秦并巴蜀之后,巴、蜀之名继续保留,但已不能再称古蜀文化。历史上,西蜀之称早已有之,《史记》中就有"西蜀丹青不为采"之句。[1] 综括历史上"西蜀"之名的使用,大约有以下几种情况。一是与巴对称。重庆、成都分属巴蜀的核心,而总体上巴在东,蜀在西。二是从全国范围来讲,蜀位居中国西部,故"西蜀"代指蜀,可说是蜀地的别称。三是历史上有三巴、三蜀之说。关于三蜀,汉初分蜀郡置广汉郡,武帝时又分置犍为郡,合称三蜀。左思

---

[1] (汉)司马迁撰:《史记》卷八七《李斯列传》,中华书局1999年版,第1980页。

《蜀都赋》:"三蜀之豪,时来时往。"刘逵注:"三蜀,蜀郡、广汉、犍为也。本一蜀国,汉高祖分置广汉,汉武帝分置犍为。"① 北魏郦道元《水经注·江水》:"益州,旧以蜀郡、广汉、犍为为三蜀,土地沃美,人士隽乂,一州称望。"② 唐杜甫《春日江村》诗之二:"迢递来三蜀,蹉跎有六年。"古蜀国时期的"蜀",其范围很大,如杜宇王朝的疆域,据《华阳国志·蜀志》记载:"自以功德高诸王,乃以褒斜为前门,熊耳、灵关为后户,玉垒、峨眉为城郭,江、潜、绵、洛为池泽,以汶山为畜牧,南中为园苑。"③ 由此可知杜宇王朝疆域北达汉中,南抵今青神县,西有今芦山、天全,东至嘉陵江,而以岷山和南中(今凉山州、宜宾以及云南、贵州)为附庸。开明王朝的国力比杜宇时期大大增强。从开明二世(约公元前7世纪半叶)开始,蜀北征南伐,东攻西讨,争城夺野,剧烈扩张。到战国时代,蜀王国疆域"东接于巴,南接于越,北与秦分,西奄峨嶓",④ 成为中国西南首屈一指的大国。所以,从这个意义上说,"蜀"或者"西蜀"的概念远大于天府之国的概念。

(二) 巴蜀文化

巴蜀文化广义是指古巴蜀方国时期的地域内的文化总称,其范围超过了今天的四川和重庆所辖区域,但又不完全重叠。狭义的巴蜀文化一般代指今天的四川和重庆所辖区域的文化。无论广义还是狭义都超过了天府文化的范围。

(三) 成都文化

成都在历史上所辖区域屡有变迁,但总体来看,一直属于都江堰灌区的核心区,成都平原的腹地。但从"天府"之名的由来考辨,"成都"的概念

---

① (南朝梁)萧统编,(唐)李善注:《文选》,上海古籍出版社1986年版,第186页。
② (魏)郦道元撰:《水经注》卷三三,文渊阁《四库全书》本。
③ (晋)常璩著,任乃强校注:《华阳国志校补图注》卷三,上海古籍出版社1987年版,第118页。
④ 同上书,第113页。

小于"天府"的概念。且天府文化的概念更能凸显以成都为中心的区域文化的特色与优长。

(四) 四川文化

四川得名始于南宋。正式建省则开始于元至元十八年（1281年）。历史上，四川所辖区域屡有迁变，仅以今天四川所辖区域来看，其概念应大于"天府"。但有时人们又习惯称四川为"天府之国"，但从严谨的学术角度言，这种提法不太符合最初"天府"的含义。

(五) 蜀学

蜀学之名在《三国志》和《华阳国志》中就已出现，目前学界又分古代蜀学与近现代蜀学。总体而言，"蜀学"指蜀中学人的学术思想与文化。这里的"蜀中"是四川或巴蜀的代名，因此，蜀学的概念也大于天府文化的概念。

综上，天府文化是巴蜀文化、西蜀文化、四川文化的精粹，是成都文化的放大，是蜀学的核心区文化范畴。天府文化观照了历史与现实，凸显了以成都为中心的区域文化的特质与优长，是开放的、活跃的文化概念，在成都建设充分体现新发展理念的国家中心城市的今天，天府文化更能体现成都的历史文脉、城市品位和发展愿景，是增强成都文化自信，夯实成都文化软实力，提升成都文化竞争力的重要抓手。

果然太白又封侯,君乃诗家太守
——滕伟明诗词心解

王国巍[*]

一

2014年12月在西昌月亮文化会议上,滕伟明先生和沈曙东老师交流时,滕老坐在沙发上吟诵了一首诗词:

早岁昂昂欲戍边,几回风雪梦天山。兵书自注十三篇。
久矣无心谈塞外,居然有味读花间。庸夫事业女儿笺。

我在旁边聆听,心生欢喜,跌宕起伏的审美反差,虚实相间的写作手法,不同于时下流行的晦涩之句。我主动打听这是谁的大作,才知道这首《浣溪沙》的作者就是滕老本人,词牌后的题目是《夜起自抚》。返蓉归校,在通读《滕伟明诗词抄》之后,数月来反复阅读欣赏,随手在阅读原诗词的时候批注自己的心得与体会,纯粹是从读者的角度,表述笔者心中对当代诗人滕伟明先生所写部分诗词的理解。今整理成文,以资学界同人互探诗艺。

1976年毕业于四川大学中文系的滕伟明先生,1985年前在万源城口任教,1986年才调回成都工作,现为四川省诗词学会会长、中华诗词学会理事。

---

[*] 作者单位:西华大学人文学院。

其繁体竖排版《滕伟明诗词抄》①作为中华诗词（BVI）研究院项目、"当代诗词家别集丛书"之一，周啸天教授在该诗词选的序言中给予了高度的评价，笔者不再赘述。

据笔者统计，《滕伟明诗词抄》共收录三百七十五首，其中可圈可点的上乘之作，笔者认为至少有一百八十六首②，首首逼人眼，何其快哉！

从全书的分卷上可以看出，作者基本上是以时间为序在编选这本集子，③读者通过阅读这本集子，基本可以窥探诗人一生的大致经历，而从创作者的角度讲，"文革动乱的年代，奔走流离的生活，广阔的社会阅历，使他诗词作品的思想与艺术，都达到了极高的境界"。④这种评论，是有一定的见地且比较恰当的。

《万源阻雪》实乃以《八台雪歌》为标志的诗人诗风成熟之先声，全诗如下：

> 银山莽莽压城摧，密密彤云冻不开。
> 半夜惊风掀瓦去，平明猎马踏冰来。
> 拥炉暂得家千里，对雪能赊酒一杯？
> 逆旅主人莫生厌，客囊那可度人才！⑤

虽为七律，但审美意象与歌行体的《八台雪歌》几乎一致，都是写"雪""山""风""客"等，只不过后一首境界更加圆浑成熟罢了，所以也喜欢写歌行体的周啸天教授说"滕伟明脱胎换骨之作是《八台雪歌》"⑥，而周

---

① 滕伟明：《滕伟明诗词抄》，巴蜀书社2011年版。本论文所引滕伟明诗词原文，皆以此繁体字版本为据，但转化为时下通行的简化字，下同。
② 这里的统计以该书的目录所列诗词题目为依据，如《春兴五首》，统计时计为1首。
③ 该书分为五卷，分别为：卷一、边城遣梦（一九六四至一九八五），卷二、都市漂泊（一九八六至一九九三），卷三、编辑生涯（一九九四至一九九九），卷四、固穷心语（二〇〇〇至二〇〇四），卷五、袖手观场（二〇〇〇至二〇〇九）。
④ 李兴来：《今宵肠内热，忽涌百重泉——滕伟明先生诗词艺术探析》，《时评界》2012年7月4日。
⑤ 滕伟明：《滕伟明诗词抄》，巴蜀书社2011年版，第6页。
⑥ 滕伟明：《滕伟明诗词抄》，巴蜀书社2011年版，《序》的第6页。

教授忽视了紧挨着排在前面的这一首，也许作者本人也是如周啸天教授那样认为，而把这首七律给淡忘了。①《万源阻雪》可谓古语诗意，章法的起承转合处理得当，首联写景入题，颔联有力，颈联的"赊酒"一词更显古意，尾联藏有自负的奇志，"度"者，评量也，含蓄高雅。

《八台雪歌》换韵巧妙，章法深得歌行体的精髓，"千里赴任多佳思"，又不是一味地被恶劣的风雪所震慑，对"如此江上如此景"顿生几分敬畏和赞赏，诗有李太白之遗风！

《浣溪沙·柬成都魏启鹏》②雅致可读，词语的使用极其有张力，读者但看"雨打浮萍"，而不意"诗囊"被提及，唐代贾岛的诗囊本带寒意，而此诗却道"未全贫"。"茶博士"后对一个"酒将军"，优美敌壮美，"逼人豪气是唐音"，全然一片天机。

《浣溪沙·送戏下乡》以元代大戏剧家关汉卿自比，"满场喝彩足风流。何人不识俏班头"。③可以想见当年先生之风华正茂，人才风流，令人羡慕。诗人自注，此词作于1974年，"余改调城口文工团作编导，人手不够，也兼演员。当时文工团经常背着被盖卷下乡演出"。④工作之艰辛，苦中有乐，也展示了诗人多才多艺的一面，人生无有此艰难，何来此佳作？生活永远是艺术创作的源头！

《文工团二首》⑤用"鹅头"形容在禾场听戏的农民们人头攒动情景，诙谐有趣，又是古人之常式。羊皮鼓的声音今不多闻，都市有的是车鸣人喧，"可怜渔鼓娇无比，惹得乡人唱到今"。令我辈心生向往，访而听音，也可开怀！

---

① 笔者和滕先生于2015年1月1日，在四川省诗书画院交流时，滕老也是与周啸天教授的观点一致，但我通读全书后，认为《万源阻雪》实为诗人诗风成熟之先声。
② 滕伟明：《滕伟明诗词抄》，巴蜀书社2011年版，第17页。
③ 滕伟明：《滕伟明诗词抄》，巴蜀书社2011年版，第17页。笔者认为"头"字后的句号"。"当为问号"？"才对，疑为印刷排版之误。
④ 滕伟明：《滕伟明诗词抄》，巴蜀书社2011年版，第18页。
⑤ 同上。

《凶宅》① 最感笔者肺腑，衣食住行，乃生存之必须，而先生当年居然以他人皆不敢住的房楼为"窃喜"，无可奈何之境地也。据此诗自注可知，其"小女夜哭，不知何故。后老同事语吾：前清女监也"。

爱子之心，人之本性，而先生当年无以疗哭，其心何忧苦？唯以诗写之，凄苦在岁月，今人读此，也为之动容。"尚使卿卿能免俗，诗朋酒友可长留。"师娘之"俗"，实非庸俗，维持家计之责任与必须，爱家之举也，而所谓的"诗朋酒友"有几人可靠？又有几人知心？如注所指的"老同事"兴许是其一吧，何不早告之实情，或帮助谋其吉宅？民间一直认为阳宅当卜而求之，杜甫也然，笔者家乡风俗也是如此，最忌讳居阴地或监狱刑场地，若违此，家不兴旺。先生或有耳闻，居然坦然处之，戏谑调侃背后，含有丝丝凉意。笔者揣测，今人绝不会选购如此商品房，滕老来蓉工作，条件转好，也绝不会再居如此宅地。

《丙辰清明》② 一诗为笔者独喜，因为笔者生于是年"丙辰"之秋，而滕老已三十三岁矣。以诗结缘，相识共事，读其诗作，跨代而同行，前辈比家父略长，怎不敬佩？全诗写当年周恩来总理逝世，举国哀痛不已，清明节的纪念，"银花"和"泪泉"，诗人自己也是"病骨支离"，但当时的"四人帮"未倒台，所以，希寄闪电的"金剑"来"裂天"锄奸了。全诗哀痛之中有希望永在的信心。

《沁园春·和盛清快词》③ 写出了"四人帮"倒台后的大快人心，"十载萧蔷，十载干戈，岂曰景和"。开门见山，砍切了当，不做女儿语。"愧"字领起下文，以唐朝骆宾王和周朝姜太公作比，把"四人帮"直呼为"四魔"，叶帅如"绛侯"，"剑挥诸吕"，吕后乃江青之流乎？笔者不敢断言。"举国狂欢万面锣"的场面后学没有亲见，但"将进酒，要通宵高唱，泪洗山河"的诗人热情和激越，正显当时国人的心情：欢快、快乐、快意！真是时代之写

---

① 滕伟明：《滕伟明诗词抄》，巴蜀书社2011年版，第21页。
② 同上书，第23页。
③ 同上书，第24页。

实之作,杜甫式的"诗史"也。读至此,笔者始有进一步了解"盛清"其人的欲望,幡然悟其友谊之真挚可贵,有此好友,始有此佳作产生。① 诗之外界本客观存在,不可强求,境与情俱,诗来找人。

《回成都四首》② 作于1981年,作者因阅高考卷回成都。作者本来是成都人,离开成都已十四年矣,怎不感慨万千,故而第一首起句就说"一别成都十四年",时空的大跨越,最令人产生哲学之思,其对本身的关注就是诗人最常见的一种表达。"捶琴煮鹤卧巴山",承接自然,交代这十四年诗人到哪里去了,原来是到了川东北的大巴山,而笔者恰是自大巴山走出,来此成都求学、工作、定居,固又增几分熟悉。滕老作绝望之语"何事归来忽泫然",极度深刻,极度真实,令读者也为之一洒人生辛酸之泪! 第三首的"客窗袖手听耆老,演说当年红卫兵"把昔日武斗事写入诗中,古人所未及;而我等知晓串联事,多自散文小说或正史,古朴雅致的绝句写此,第一次读及,境界新鲜有趣,那藏于客窗之下的诗人自己正是人所演说的历史亲历者,历史有时候就是这样具有喜剧性,被评论和评论的人各自扮演的角色虽说不同,其实都在被书写。今日津津乐道,昔年一片莽撞。

《西江月》③ 的诗前小序曰:"适得故人书,云某君谓予已秩七品矣,因大笑喷饭满纸,走笔答之。"仅此就见诗人对世俗官本位思想的鄙视,柏杨《丑陋的中国人》一书中所讽刺的崇尚权利观,滕老全无,难能可贵,已跳出酱缸文化之外了。"况肯持鞭在手",教师职业也;"吩咐一川风月,平章满腹闲愁。果然太白许封侯,我是诗家太守"始终坚持自己的操守,有东坡满肚皮的不和时宜,但又略显得温和些,是"闲愁",而非处处锋芒毕露、牢骚满腹;诗人始终坚持对诗艺的守候,对真理和文化知识的追求,如古代先贤一

---

① 关于杨盛清其人,该书第8页首选录《得盛清书不觉汪然出涕》一诗,据该诗的注"杨盛清为吾大学同学,当时分配在太原兵工厂工作。余至城口后,杨最先有书来,自是书信往来不断,每附新诗于后,相互勉励"。可知两人交情最淳朴可靠,该书共有6首诗词是写与杨的唱和交往,进一步佐证了两人友谊长久,故作者于《后记》也不得不对杨作特别的介绍说明。详见该书第9、66、113、135、186页。

② 滕伟明:《滕伟明诗词抄》,巴蜀书社2011年版,第27页。

③ 同上书,第30页。

样，以诗歌为人生。

《守岁》① 是一首五绝，作为异乡人的诗人，即使"山深无梅讯"，春的信息似乎还很遥远，但"杯酒是新春"，肯定的判断语气，表达了诗人内心的信念，与客人同饮乎？抑或独饮？没有明言之，反增韵味。

《别城口》② 是作者离开大巴山时的诗作，据自注可知写作背景。颔联"赴任诗书才一帙，归时儿女忽成行"，化用杜诗而不见痕迹。颈联"山川已纳行吟客，父老早容狂放郎"对仗工稳，虚实相结合。尾联"路转溪桥猛回首，翻疑城口是吾乡"，有我之境，得苏子诗语之助，有哲理之思。

二

《清平乐·都江堰》③ 写于1986年，作为"世界历史文化遗产"的都江堰，当代余秋雨的散文《都江堰》几乎家喻户晓，而此词之"雨雾空濛苗剪尾，禹甸这般肥美"的赞叹竟少有人提及！二王庙里的香火，伏龙观里的钟声，传递出的蜀人感恩情怀，正是世代蜀人记忆的表白。以我之眼，观鱼嘴麦田；以我所闻，听雄浑钟声；以我之心，思太守丰功。此词宜与民国时期灌县陈耀升为二王庙所撰联同观——"六字炳千秋，十四县民命食天，尽是此公赐予；万流归一汇，八百里青城沃野，都从太守得来"。

《闻翁美玲谢世不胜惋惜》④ 全诗佳处在尾联，"今夜隔江同感慨，方知一体汉山河"，道出了我之处境、表达了对国家统一的向往，华夏文化本是一家亲的赞同。诗人自注："《射雕英雄传》电视剧在城口播放时，举县若狂。蓉儿之名，尽人皆知。"用语朴素，虽为散体语，也极似放翁诗《小舟游近村舍舟步归》"斜阳古柳赵家庄，负鼓盲翁正作场。死后生前谁管得，满村听唱蔡中郎"之意境。一为当代金庸小说改编的电视剧，一为演唱鼓词《赵五娘

---

① 滕伟明：《滕伟明诗词抄》，巴蜀书社2011年版，第31页。
② 同上书，第33页。
③ 同上书，第37页。
④ 同上书，第38页。

与蔡伯喈》而已矣。古与今，有事何其相似。诗歌反映时代，所以不朽。

《成都少年行》① 真"诗史"也。我辈仅从历史教科书上知晓"文革"时期的红卫兵事，但那时历史，而具体的感受却无从谈起。"打倒阎王救小鬼""长街漫画王光美"，用当时流行语写之。"忽闻西郊枪声起，易水悲歌野鸭子，二十年后再识君，提携长枪为君死"，不是保卫国家，而是内斗，有几分悲凉。"孔子犹不如老圃，天下从此不读书"，对知识的极端践踏和藐视，名族之不幸。"当年同学影已单，往事朦胧如云烟，偶然相逢一杯酒，犹能淡淡说辛酸"，一切都会过去，没有永恒的东西，只是在研究历史的时候，它才重新唤起人们记忆深处的灵魂。作者自注，"西郊"指一三二厂，即今之成都飞机公司，1967年爆发大规模武斗，于此最烈；"野鸭子"，指红卫兵战争中之中学生敢死队，往往冲锋在前，不顾性命。作者的自注，也有解释特殊历史的作用。在大的历史潮流中，对普通百姓有时候又是多么的残酷和不公啊！我们的生命意识和对生命的尊重，怎样才算是有意义呢？这个话题也许太沉重、太严肃！而此诗除去写实的一面，就是当下对历史反思的深度。

《从军行》② 写知青下乡，被人目为"黄须儿"，不学农事；但云南一有战事，则"热血涌上旧刀瘢"，原来武斗的慷慨又表现在从军报国。同是尚武精神，却一愚一智，故而"一曲送君大路旁，使我三军泪如雨"，是邓丽君缠绵之歌，还是壮行的豪迈军歌？诗之有多义也，故为丰富。

《过重庆四十一中》③ 盛赞影星王晓棠，如时下粉丝看偶像剧，故不失为20世纪影坛现象记。诗句本平常，然作者自注"……江青至为嫉妒云"，道破天机，不可放过，可以想见王氏必受迫害之深，命运又如何？写诗当有担当，此不虚也。

《酒泉子·康定》④ 对四川民歌《康定情歌》之翻版也，只不过又有几分新意罢了，不雷同，不一味沿袭旧作。"彤管草"是否为跑马山上所长有，吾

---

① 滕伟明：《滕伟明诗词抄》，巴蜀书社2011年版，第38、39页。
② 同上书，第39、40页。
③ 同上书，第42页。
④ 同上书，第44页。

不知，也未曾考证过，但《诗经》早有记载之。"溜溜的"衬词，反复出现，去之，各句也独立存在，不受影响，别是一番风情，新天下耳目。

《雅安》①中的"黄昏风满望江亭"一句，倍增诗意。雅安乃雨城，人言多美女，惜其未曾造访；成都锦江之滨有一望江楼，故有似曾相识感，可见诗之语词，有时会带有相同文化习得之体验，读者与作者皆为语言文化之传承者和创新者。"碧宇成锅底"，用生活俗语比之，雅俗共存而不悖，极妙。

《拉萨》②为游历西藏之诗，其"曾攀金顶三千米，拉萨无非第二层"，宕开一笔，表面以峨眉的海拔高度较之，佛之境界之高下似在其中矣。当下有人奢谈青藏高原如何之美、如何之神，而反忘其身边美景，不亦悲乎？

《大昭寺》③与前一首题材相似，只是写了文成公主事，"和亲故事知多少，殊俗成神唯此人"，高度评价了大唐公主的美德和对历史的贡献，当世代铭记。

《秦俑坑》④写得真实，词语也威猛！首联"若个临坑不动容，森森军阵树刀弓"。反问起句，气魄宏达。颔联"至今陶俑犹瞋目，向昔诸侯敢试锋"。与我当时观秦兵马俑坑的感受一样，笔者仅作俗人谈笑一阵罢了，而诗人作此佳句流传世间，正道出我辈心中所感。颈联化用《诗经·无衣》语意，尾联急促的构词，有横扫强敌的阵势。纵观全诗，实为歌颂祖国统一的力量。如与台湾"乡愁"诗韵对看，我更喜滕老此作，《孙子兵法》和《战争论》是务实之作，以情为主的乡愁诗，在血与火的历史上，仅是善良人们的美好愿望。

《塞上中秋》⑤写塞上的月亮极为明朗，不同于诗人以前在内地所见的昏暗的月。"谁家煮酒星儿火，何处吹笛游子声。"借用听觉来拓展境界，中秋佳节思亲这一传统本是我中华文化传承的一种体现。结尾处的"莽原万马急

---

① 滕伟明：《滕伟明诗词抄》，巴蜀书社2011年版，第44页。
② 同上书，第45页。
③ 同上书，第46页。
④ 同上。
⑤ 同上书，第47页。

奔腾",既写所见,又喻指思故乡之内心波澜,化用《庄子》典故,圆浑天成。

《堂前》① 一诗是诗人参观北京毛主席纪念堂之后,有所思而作。诗中涉及了明朝朱元璋的典故,可惜此诗无自注。"雷震寰宇是楚音",可以推定是湖南人。"割尾痛""刑""肃贪"是指大明以刑律治吏。"原君论",是黄宗羲《明夷待访录》的首篇。明朝中晚期,城市经济发展,资本主义萌芽,但随之而来的明王朝覆灭、农民起义的失败,以及清政府的建立,皆令人深思。"痛哭昭陵大有人",昭陵系唐太宗李世民的陵寝,明朝有罪犯到昭陵痛哭可以减刑的规定。此诗的隐喻义,当是怀念毛主席。首句作者自称"老舜民"极有深意,不可轻易放过。

《故宫》② 最感人的要数前两句:"五百年间紫禁城,知而不语数公卿。"总括中有对封建王朝公卿大夫们的讽刺,机巧太深,互相倾轧,为名乎?为利乎?为国家社稷乎?所以,今日也不过任人穿梭于期间,作为旅游观光地罢了。一代兴亡,都付与游客说笑。

《访秦良玉驻兵处》③ 得唐诗三昧,颇多乡音。"桃花马上播声名,万里勤王白杆兵。路遇儿孙知几代,扬眉犹指四川营。"手法娴熟,韵律有声,诗人与秦氏儿孙的见面,也是豪气留存天地间,不输前贤。

《菜市口吊杨锐》对"维新变法"的志士杨锐给予了无限同情,可当代社会,也引起诗人的反思,"复生今日又如何?"④ 这真的是一个不需要英雄的时代吗?不能产生大师的时代吗?那些仁人志士抛头颅、洒热血,难道就是为了今日这样平庸的世界吗?那些食国家俸禄的衮衮诸公,终日所做何事呢?

《八达岭二首》⑤ 的第一首:"一城真可割阴阳,塞内青葱塞外黄。向使

---

① 滕伟明:《滕伟明诗词抄》,巴蜀书社2011年版,第47页。
② 同上书,第48页。
③ 同上。
④ 滕伟明:《滕伟明诗词抄》,巴蜀书社2011年版,第48页。笔者认为该诗最后一句的"。"当用"?"为宜。
⑤ 滕伟明:《滕伟明诗词抄》,巴蜀书社2011年版,第49页。

当年不筑版，中原胡羯已千邦。"从长城特殊的地理区分位置入题，对长城的历史作用，给予了高度的评价，认为它有保卫中原不受异族侵凌之功。此理人皆知之，而此语未必人人能道得。第二首："霜侵塞草月临关，百代征夫铁甲寒。岂意中华争命地，儿孙叫卖古城砖！"结句别开生面，发人深思，当今世态的低俗和愚昧，备伤爱国诗人心！

《卢沟桥二首》[①] 不写风月，只说家国事，"石狮犹自舔金疮"，语新意深，把家国仇、民族恨都形象生动地展示出来了。1937 年 7 月 7 日，日军悍然发动蓄谋已久的"卢沟桥事变"，从而开始了全面的侵华战争，中国人民的抗日战争全面爆发。诗人心系国家安危，民族精神令人敬佩。深沉难忘，徘徊瞻望。

《颐和园书感》[②] 对慈禧太后进行了批判和否定，最后两句："勿报安南捷，垂帘意不佳。"多少将士浴血沙场，才换来的胜利，居然是大清统治者所不乐意。毛主席已指出，当时晚清中国是半殖民地半封建社会。此诗可为毛主席理论之注脚。

《京师遇同乡》[③] 深得唐代王维《杂诗》"君自故乡来，应知故乡事。来日绮窗前，寒梅著花未？"之旨趣，只是王维以问为主，布置全诗；滕老以回答者的口吻，一一细说家乡之景，并在结尾时化用陆游诗之语意，更添春光。

《黄河》[④] 写作者六过中华母亲河时，"皆不见水"的干涸枯竭，此事与笔者昔日读书所知完全不一，但细思我国时下生态环境的破坏、水土流失的事实，也与诗人同哀感。"茫茫横沙漠"的黄河，李白如在世，又当作何惊人句？

《哭剑锋》[⑤] 全诗难以具体解析某句佳、某句妙，如渊明之诗，须全面观之。诗人与李剑锋的友情，岂是言语可以尽述的！同为读书人，有志于著述，

---

① 滕伟明：《滕伟明诗词抄》，巴蜀书社 2011 年版，第 49 页。
② 同上。
③ 同上书，第 50 页。
④ 同上书，第 51 页。
⑤ 同上书，第 52 页。

阳春时节，如花的生命落去，季札挂剑，情何以堪！

《水调歌头·赠内》① 从端午观龙船写起，有如沈从文《边城》中的场景，只是少了些沈从文笔下的吊脚楼和其他人物。下片笔锋一转，"黔娄妇，娇儿母，甚行藏。风鬟雾鬓，今也谁复识雷娘"。极具岁月沧桑之感，昔日的清纯美女，今已是家庭主妇了。黔娄妇，本《列女传》典故，唯斯人也而有斯妇。但诗歌的魅力，又告诉我们——美在青春，美在岁月，美在生活！

《诉衷情·圈地》② 第三、四句就明言"郊原圈地方急，无处见青黄"。这是城镇化步伐在中国的见证，但"圈地"一词，笔者始终觉得有点英国历史上的"圈地运动"语意。在该词的末尾处，滕老又说："此间虽乐，何物充饥，何术安邦。"悲天悯人之怀，粮食安全，国家安全，这是一个优秀公民的深沉思考。笔者曾作《水稻歌》，也有此意。

《念奴娇·老友傅力来访宛如再世人》③ 完全写出了一个人在世俗生活中逐渐被改变其本来性格的可怕，见证的是普通人生存的残酷，在追求现实的功利面前，善良的耿介豪直怎经得住外界的冲击与诱惑？上阕中的傅先生是"圈点批评声乍乍，笑骂辄挥长麈。天上神仙，人间圣哲，谬误条条数。一言不合，摘头拼作豪赌"，下阕中却是"心平如井，讷讷殊和煦。馀及卿言皆大好，想见先生城府，"完全判若两人矣！环境改变人，还是人改变环境，君不必空论，看此诗即知人世。

《名士》④ 讽所谓的"名士"，其实是虚伪贪婪之辈。颔联感叹像《红楼梦》中尤三姐式的刚烈女子太少，而如丑八哥式的被豢养者太多，意象的选择具有戏剧性。颈联"逐臭匹夫深得味，偷香竖子遽登科"。锋芒毕露，毫不留情，宋诗的余晖在今人的笔下再次被点亮。尾联的愤激语，绝望中是对名士彻底的否定。当代新诗，一位沉迷个人心灵的奇情幽思，脱离社会，不敢反映时代，有别天渊。

---

① 滕伟明：《滕伟明诗词抄》，巴蜀书社2011年版，第53页。
② 同上书，第54页。
③ 同上书，第55页。
④ 同上书，第56页。

《十拍子·焚稿》①，笔者最爱"如此文章谁可敌，这般俊骨怎可埋，慷慨夜生哀"的诗人之境，对诗艺的自负，诗歌已是生命的象征，但十年的蹉跎，"秋霜兜顶逼人来"，哀之所在。天下有志难伸者之同感同慨！苏轼在同词牌《暮秋》中表达的是"强染霜髭扶翠袖""狂夫老更狂"的情怀，其实也藏有些许的伤感了，此词直言时不我待，寄寓诗作可不朽。Elton John（艾尔顿·约翰）为两位女神演唱的"Candle in the Wind"（风中之烛），怀念是其主旋律，其实也是对人生岁月的吟叹，在时光面前，人有时候真是无能为力。

《重庆棒棒军》②写进城的农民工，真实感人，再一次证明了"生活是艺术的源泉"之真理。且看"彩电冰箱图腾柱，君家宝器一肩负，泰山压顶汗淋漓，主人摇扇行且顾。君家高楼十二层，左旋右旋咬牙登，可怜棒棒陷肩胛，心忧压价不稍停。主人坐堂主妇呵，指挥布置再三挪，自知卑贱敢作色，所幸毫发无差讹。拜谢得钱如受拯，饥肠辘辘胡可等？烤鸭喷香馋涎悬，心念妻儿市一饼。身居闹市觉凄凉，赖有方音辨同乡，商场门外日中立，且看何人呼棒棒"。完全是白描叙述，心理刻画也如白居易写卖炭翁，用语自然，仍注意炼字，如"陷""挪""拯"。章法上有回环之感，体现了诗人博大的同情心，佛家所讲的慈悲心！如与周啸天的《洗脚歌》③同读，会发现二人的选材角度极为相似，诗风相近，立意也似曾相识，故而周在为滕作书序时，④惺惺相惜，大力赞许，真乃英雄所见略同。

《乐山女儿行》⑤行文、用语似杜甫的《丽人行》，开头几句又是学习白居易《长恨歌》的描写。学习古人乃创新之基，写诗不作无本之源。此诗写了乐山女子到"省城"富人家当"保姆"，却与男主人产生暧昧关系，"主妇"嗔怪，迫使其辞行。现代版的感情剧，当代女人的三角纠纷，难以用道

---

① 滕伟明：《滕伟明诗词抄》，巴蜀书社2011年版，第57页。
② 同上书，第58页。
③ 周啸天：《欣托居歌诗》，四川文艺出版社2006年版，第2页。
④ 滕伟明：《滕伟明诗词抄》，巴蜀书社2011年版，《序》的第8页。
⑤ 滕伟明：《滕伟明诗词抄》，巴蜀书社2011年版，第59页。

德标准简单批判之,复杂的人世,本来就是这样组成,哀乐相间。

《洛阳公子行》① 似有所指。请看"乃翁姓名勒燕然,当年一箭取天山",官宦之家也。"洛阳"古都也,"金谷园"豪奢府邸也,"御史"中央监察机构也。公子行为放荡、矫诏妄为,终被弹劾,他如何知晓父辈筚路蓝缕之艰辛,哪有革命家庭勤俭节约之美德,党的领导干部要管好自己的子女。此诗也可以当作一首警诫之作吧。

《中英街》② 据作者自注可知,1993年,诗人至沙头角中英街时,"见中英界桩立于街心,羞愤之情不能自已,遂口而出"。有几分豪气,更多的是爱国热情,可敬可佩! 诗曰:"姑留耻辱柱,会有凯旋门。丁丑骎骎至,举家来认亲。"香港不是在1997年回归祖国了吗?国家强盛,民族强盛,是我等中华男儿不懈的追求!

《川妹子二首》③ 写四川姑娘到广州打工的处境,令人心酸,这是诗人博大同情心的体现。"故园三千里,天涯作马牛。一声川妹子,两眼热泪流。"短小精练,概括性强,意味深长,成功化用唐人张祜《何满子》诗语,如出己口。

《可叹》④ 写世风日下,腐化堕落,令人担忧。"小姑争欲娼,大学不如贾""官仓养巨鼠"等,触目惊心,非俗士敢言! 写诗也当以胆略为第一,才学为第二。谨小慎微,卑躬屈膝之流,何有醒世宏音?

《五十戏作》⑤ 实为对自我生命的关注。"心知微躯不值钱,浓茶烈酒猛抽烟",表面是自暴自弃,实则是愁自心生。"高祖斩蛇我未逢,文景持重挥蒙童。忽闻今上喜年少,奈何幡然一老翁"调侃之语写心志,几分怨恨,几分无奈,几分坦荡。"这番旅游太温生,来生揽卷恐不识,且携床头酒一瓶",有古人之高致,更有古人怀才不遇之悲叹,借酒消愁而已。后学识先生,先

---

① 滕伟明:《滕伟明诗词抄》,巴蜀书社2011年版,第60页。
② 同上书,第61页。
③ 同上。
④ 同上书,第62页。
⑤ 同上书,第63页。

生识后学乎？何须醉酒，先生诗可传世也。

《茶馆》① 当是成都茶馆真实的写照，与老舍笔下的《茶馆》略有不同。颔联"温八叉"对"柳三变"，极有新意，今人诗力多不及。颈联语意双关，尾联直白如话。闻一多主"三美说"，旧体诗正有兼具之功，今人弃置不学，真乃荒唐可惜。滕老此诗，白话新诗完全难以与之匹敌。

《春寒》② 中的"来年稍杀游春兴，闲熨儿童卷角书"。令读者完全倾心于爱书、爱儿女的真情氛围之中，家有慈母，人生之幸。书之卷角，孩童贪玩乎？勤读乎？千百年来，有多少读书世家，皆熟悉此事，而滕老是写此事入诗之第一人，亲切感人，含蓄隽永。余幼时曾自手理所读旧书，使之平整如新，今仍以纸包书，惜其与书有缘相会，读之受益，更感深厚。慈母之恩，常记心田。莫言老屋门联："忠厚传家久，诗书兴味长"，正是我辈世代坚守之读书以求真理、造福民众的信念。

《寄荣昌杨盛清二首》③ 乃友谊长青之作，杨与诗人已有二十六年未曾见面，但不减内心的思念，"滕郎不是旧滕郎"，"音容相貌得无改，我止记君前半生"。语气和句式，总使人想起中唐诗人刘禹锡的《再游玄都观》。当代人写的旧体诗仍是如此明白、晓畅、易懂，中华诗词的魅力需要大力继承，而非一味求新求异。现代新诗有如此妙境乎？难矣。

《闻城口县志告竣歌赠华明》④ 开篇即言"生儿莫若取官次"，以时下俗眼观之，有几分苍凉；继写"最下无能守方志"的傅华明，待书成时已是"头已白"，且得不到世人的重视；但"傅君何事苦作乐，心知重任史所托，蕞尔小县亦多艰，还从春秋别善恶"。具有无尚高的学人品质，使命感与责任感系于一心。这与时下暴露小说、黑幕小说完全不同，此可引人向善，彼等只会坏人心术。诗之后半部分，追忆了二人的友谊，结尾处"夜阑时披城口志，愁心随月到永川"点题。全诗有古人的情怀，可贵。

---

① 滕伟明：《滕伟明诗词抄》，巴蜀书社2011年版，第64页。
② 同上书，第65页。
③ 同上书，第66页。
④ 同上。

《任邱田霞新婚有赠》[1]叙事化的写法,处处闪烁着真情。"我与尔父皆癸未,相者谓予独憔悴,少年负气尽脱锥,老大方知名所累。"不仅写出了两家渊源,而且有我之人生感悟,非泛泛而谈者。"还从乳名换丘丘",更是写尽了无限人间温暖,老者的慈祥,年轻人的可爱,此篇似乎皆融会于一体。

三

《杨丽萍孔雀舞歌》[2]可与该书的《杨丽萍率团来蓉演出》[3]同看。当代著名舞蹈家杨丽萍女士,余也曾从电视上观看过此人的孔雀舞,可惜无缘亲历其演出场面。读此诗,可补此缺憾。"府饮曲身十二段,体态段段皆可怜",绝不是西方"性感女神"玛丽莲似的身段,而是典型的东方女性的婀娜身姿。"北人饰神威有加,南人饰神貌如花,请到大足石龛看,可知菩萨是娇娃。"收束全诗,干净利落,不局限于仅仅描摹杨丽萍的舞姿,而是宕开一笔,直接亮出诗人自己的心得体会,从文化审美角度给人以启迪,全篇可谓优美之至。观杨氏舞蹈者,多矣,而能有如此佳作者,兴许仅此一人而已;丽萍如知晓,当作何感叹?知音难得,其实处处有真心倾慕其艺术者,可惜自己不曾知道,也无缘得知,不亦悲乎?多读书,可以明事理,别真伪,遇知音,人生一乐也!周啸天教授在《序》中给予了此诗极大的赞赏,认为滕老写得"兴会淋漓",这种写作状态"是诗之灵魂",[4]美其诗韵流畅、赞其写法娴熟,信不虚也。

《人龙行》[5]对人才要脱颖而出发表了自己的见解:"何代无人龙,援引方成器","人无私心方引人,春有点缀然后春,仰君杯水腾云起,鼓爪奋鬣错金鳞"。为国援引人才,伯乐也。此不言伯乐而说援引,陌生化也。通江壁

---

[1] 滕伟明:《滕伟明诗词抄》,巴蜀书社2011年版,第68页。
[2] 同上书,第72页。
[3] 同上书,第142页。
[4] 滕伟明:《滕伟明诗词抄》,巴蜀书社2011年版,《序》的第2页。
[5] 滕伟明:《滕伟明诗词抄》,巴蜀书社2011年版,第74页。

山寺有谚：人赞人，出伟人；僧赞僧，出高僧。然后代清客多嫉刻，造成今日只求考据学舌者众，如汉唐时的学术大家稀少、创新开拓者的稀少。人才难得，伯乐难遇。

《张大千敦煌壁画歌》[①] 据作者自注可知，写于1995年春节期间参观四川省博物馆张大千临摹敦煌壁画展之后。"我身恨不过河湟，我目无缘睹西凉，何期城南悬摹本，喜从大千读敦煌"，一派盎盎生机，喜气逼人，对张大千高尚的艺术追求精神给予了热情的赞颂，"乐尊断臂凿鸣沙，大千呵壁昌咨嗟，一千六百年间事，东土国宝两奇葩"。对博大精深的敦煌艺术寄予了无限的讴歌。去年秋，余在省博物馆也曾有幸再见大千真迹，感慨再三，惜其无诗，吾不如先生之才雄也。

《名山》[②] 产茶的蒙山，"至今犹互市，番语驿边桥"。令我等爱茶之士，心生向往。传说神农尝百草，以茶解毒。时过清明，正是新茶上市，"能解东篱醉，会添西子娇"，比咖啡更有益健康，文士、美女皆喜欢之。《山海经》言：南方有嘉木，其叶甘美，当出自蒙山乎？

《乐山二首》[③] 气象迥异，"为破夔门成大海，屈身千里作南流"，含有能屈能伸成大事的人生哲理；"若令诗人重抖擞，嘉州换却古凉州"，以岑参为议论对象，构思奇特，别出新意，境界高远。

《好事近·游中岩》[④] 可补文学史之阙。作者自注，青神县的中岩，"为东坡先生初恋处"。仅此就足以吸人眼球。全词曰：

端合注关雎，携手花间容与。勾得谢家偏爱，恰才情如许。

哀弦一曲小轩窗，百代泪如雨。自是红尘绝唱，了不干神女。

缠绵中有说理的成分，而词牌也有本意藏于其中。

---

① 滕伟明：《滕伟明诗词抄》，巴蜀书社2011年版，第74、75页。
② 同上书，第79页。
③ 同上书，第80页。
④ 同上书，第80、81页。

《采桑子二首·陈德忠先生索句因以付之》① 有纳兰性德之词风。最可爱"干筋瘦骨由他煮，冷也情狂，热也情狂""此身都向客中老，才出禾场，又入禾场，唱罢关公唱十娘"。川剧之声萦于耳畔，蜀地淳朴民风令人怀念。

《王军霞获奥运冠军口号二首》② 具有新闻性。从新闻时事选取素材，关注社会重大事件，诗人之责任也。奥运会赛事是当代全民关心的大事，公平、公开、正义的象征，所以王军霞夺冠，为国争光，诗人当为之高歌，"今夜谁人能入梦，满城起坐说军霞"。如实再现当年举国欢腾的场面，可入中国体育史备忘录。

《哀赵生》③ 对"文革"中赵世炎的侄子赵令闇同学寄予了无限的哀思。诗开头即言："一自日边巨手招，茫茫禹甸走狂飙，黑牌高帽从天堕，牛鬼蛇神无地逃。"把那个动荡时代概括为四句话，并化用20世纪李春波演唱的《呼儿嘿哟》歌词："毛主席的手一挥，挥到哪里我们到哪里"，但多了一些严肃，少了一些轻率。"前盟修好如兄弟，大赦狱中偷渡公。哀哉赵生骨已朽，君自轮回我搔首，当年顾盼活如龙，指挥倜傥将门后。"友谊常在，生命如花，但赵生正当青春却凋谢于国家"文革"这场政治风雨中，奈何！奈何！余读此诗，倍加珍惜国家安宁的大时代，当努力有所为也。

《重游望江公园》④ 二绝句，书写作者三十年前求学川大，而今故地重游，"吾戴吾头今又来"，比刘禹锡自称的"刘郎"如何？有庆幸自己没被政治风潮所掩埋的喜悦。"李蔡封侯李广老，人生端的类飘蓬"，又有一事无成的唏嘘感伤。李叔同绝笔曰"悲欣交集"，或如此理。

《鹧鸪天·月夜闻军歌》⑤ 有几分豪迈、几分苍凉、几分闲适。"雪""冰""莽原""江流""唐古拉山""灯""月"，意象的选择与组合，有唐人边塞诗的审美风格，最后两句出人意表而又含有深意："将军病革征夫老，犹

---

① 滕伟明：《滕伟明诗词抄》，巴蜀书社2011年版，第81页。
② 同上书，第82页。
③ 同上书，第84页。
④ 同上书，第85页。
⑤ 同上书，第86页。

唱吾师小白杨。"似范仲淹之《渔家傲》，时代变替，古曲今不弹，歌也是新声。《小白杨》者，四川达州诗人梁上泉创作之军歌。

《虞美人·秋夜独坐》① 写出作者孤高、寂寞的情怀。世俗人的麻将声与女人的浪笑声，是嘲讽，还是反讽？"如今愁也乱无宗，那得空阶夜雨滴梧桐。"连李清照那样生活的人居环境都完全变了，今人只可在古典诗词中去寻觅、品味、追忆！憔悴的心谁懂？吾不知也。

《杨春雷十八罗汉造像歌》② 以最后一句"但识羞耻便成佛"最具个人见解。

《九天楼上望成都二首》③ 以第一首的"歌舞楼台无日夜，繁华终不弃成都"最得我心。富庶、祥和是成都平原的特色，不论世间的人事怎么变故，这里一直深得上苍的眷顾，其原因可能要追溯到"望帝肇其端，李冰集大成"的都江堰吧。诗人不明言，读者自知之。

《大慈寺》④ 写得充满机趣。朱明古树，又吐新芽，象征大慈寺及佛教文化重新走向复苏，此不难理解；但"儿童不识逃形苦，共笑穿城吃早茶"就非常人能道、儿童能解了！南朝江淹《奏记诣南徐州新安王》中有言："方敛影逃形，匡坐编蓬之下，遂遭烟露余彩，日月末光。"赵州从谂禅师"吃茶去"是对新来的僧人的开示，颇有说教的意味；此诗作者是清晨就出门，路遇儿童嬉笑，自己也笑，穿城去吃早茶，多了几分天真烂漫的情怀。"逃形"也苦，"吃茶"也忙，市井人生，苦中有乐，可谓"赵州一碗茶，今古味无差"。

《题维嘉老冰弦集》⑤ 刻画了革命工作者李维嘉的老当益壮形象。"征夫白发晚归来，鸡试牛刀亦快哉。"首联即有不平之气势；"重寻漂母芦花尽，欲报朱家墓木哀。"颈联对仗工稳，用典恰当。尾联又言"挂弓取拨撼天雷"

---

① 滕伟明：《滕伟明诗词抄》，巴蜀书社2011年版，第86页。
② 同上书，第87页。
③ 同上。
④ 同上书，第88页。
⑤ 同上书，第91页。

更显英雄气象，有叱咤风云之志，点诗题。

《夜宿峨眉二首》① 描写与抒情、议论相结合，二首皆妙。"闲看中天鱼尾色，一星伴月静无声。"作者不平静的心境与之形成鲜明的对比，恰是道家的宇宙观。"几个修成罗汉果，千秋不老是峨眉"，与"朝山香客"形成鲜明的对比，山的永恒和人生的短暂共存。

《香港回归倒计时歌》② 题材宏大，取义深远，爱国精神令人振奋。"英人督港累百年，港民不改汉衣冠，伊丽莎白非吾主，龙种生来认轩辕。"读之令人动容，香港虽回归十余年，此段被割让的历史怎个忘记？炎黄子孙是龙的传人，轩辕黄帝才是我们自己的祖先。闻一多《七子之歌》、余光中《乡愁》《春天，遂想起》早为时人所传颂，而滕老此歌，也当如是。

《七月一日凌晨狂歌二首》③ 大雨滂沱，洗雪国耻，诗人狂歌，告慰林公。林公者，据自注可知乃民族英雄林则徐五世孙也。因为诗人有一颗炽热的爱国之心，所以其诗也昂扬忠贞。

《贺新郎·携手桂湖畔》④ 诗前小序，"丁丑八月，与盛清、大儒重逢，阔别二十九年矣。因同游升庵桂湖，而盛清诗先成"。如东坡手笔，清新可爱。词上片写升庵与黄峨当年"唱筹香艳"，可人生多变故，才子佳人冷落边关。下片笔锋一转，"中年不复伤心叹"，自伤心事，但湖山信美，"又何妨老眼昏花看"，桂湖似乎寄托着无数人生的感叹，见证着不同时代与代代人生往事。余曾二游桂湖，仿作《桂湖歌》，其意未涉人间事，以其阅历浅矣。

《水调歌头·诗文集编成付梓感慨系之》⑤ 是对自己三十年来写诗的总结，诗风与作风，真是关西老卒无媚态。虽自叹人生："无乃太凄凉。"但有磊落之心胸，何须媚俗？余题曰：自珍惜，年华老，诗正好。

《江城子·乡河》⑥ 作者自注："一九九八年春节回乡探亲，见乡河干涸，

---

① 滕伟明：《滕伟明诗词抄》，巴蜀书社 2011 年版，第 92 页。
② 同上。
③ 同上书，第 93 页。
④ 同上。
⑤ 同上书，第 94 页。
⑥ 同上。

为之大恶数日。"是此词的写作背景知识，不可忽视。上阕写记忆中的乡河是清波粼粼，小孩可在河中游泳；下阕说现在已是"溪底蓬蒿，溪上晾腌鹅"。这其中的原因是什么呢？"故友相逢皆苦笑，人太挤，厂太多。"不需议论，一语道破天机。环境遭到破坏的反思，吾也有同感，恨无此诗。

《家君墓》① 中的"重操旧业宁非命，自古公羊买饼家"。有埋怨词，当教师是小家子气派，与大方之家不可同日而语。典故本《三国志·魏志·裴潜传》"潜出为沛国相"，裴松之注引三国魏鱼豢《魏略》曰："司隶钟繇，不好《公羊》，而好《左氏》，谓《左氏》为太官，而谓《公羊》为卖饼家，故数与干共辩析长短。"清吴伟业《友人斋说饼》诗："《食经》二事皆堪注，休说《公羊》卖饼家。"成功用典，可使诗文含义更加丰厚，滕老继武前贤，其诗可读。

《荷叶杯·遣怀二首》② 一写"烈士已无多"的兴叹，一写"犹记渡头媚眼"的情怀。一深致，一有情。

《将进酒》③ 效仿太白诗法，诗酒以寄兴。最难得"人间至情惟在兹，可废帝王不废诗"二句，可传万世而不朽也。"富贵于我如浮云，皮囊难存诗自存，试看俗物冥器论斤卖，天下谁人能识君？"正如莎翁《十四行诗·第18首》所言，艺术不朽，艺术者不朽。

《醉花阴》④ 词前小序，交代写作缘由，乃二十九年前作者在川大时所作断句，犹被友人记取，如今续写补足，已是新篇。创作者心境不同，虽为同一人，而文章也各异，此重逢之续写词，似更真诚。昔者徐志摩，于1928年7月底，重游康桥，访友人未遇，是年11月6日于归国途中，在中国海上，面对汹涌的大海、辽阔的天空，展纸执笔，写下了著名的《再别康桥》这一现代新诗。志摩写于1922年8月10日的《康桥，再会吧》，似乎很少有人提

---

① 滕伟明：《滕伟明诗词抄》，巴蜀书社2011年版，第95页。
② 滕伟明：《滕伟明诗词抄》，巴蜀书社2011年版，第96页。原著标题为《荷叶杯二首·遣怀》，词牌加诗题本是常式，"二首"当居诗题后为妥，故笔者改之。
③ 滕伟明：《滕伟明诗词抄》，巴蜀书社2011年版，第97页。
④ 同上书，第98页。

《假货叹》[1]慧眼阅世情。面对"十亿耕织民，九亿化商贾"的现实，作者对流行的审美时尚、食品安全、健康医药等流弊提出了尖锐的批判。《牌风叹》[2]揭露了成都茶坊、度假村中借打麻将的形式进行公开的权钱交易，"于是合同签，于是工程接"。《会风叹》[3]讽刺官员借开会之名，四处游山玩水，而各地方官员也攀比接待。《学风叹》[4]写学风大变，女生穿戴新艳，在课堂上不带书本、嚼口香糖、画眉毛、传阅玉照、随便进出，坐最后一排的互相肆意调笑，"宛在电影院"，"比譬取卡通，慎勿涉经史"。完全是一派混乱的、懒惰的、不思学业的状态。吾心同悲叹，文凭换金钱。此四篇诗，可命名为"四叹"，汤显祖有"四梦"，滕老比之。叹写丑，梦写美；叹写实，梦写虚；叹写恶，梦写善。

《读史二首仿刘师亮体》[5]以世俗眼光看历史人物。刘师亮本内江人，民国年间四川奇才子、"蜀中幽默大师"，20世纪二三十年代在成都创办有《师亮随刊》，所写竹枝词颇为有名。词二首模仿其诙谐幽默之诗风，从心理揣测的角度说出了诗人自己对历史人物的一些理解，"勾践分明猜范蠡，馆娃万一爱夫差"。发人所未发，和情理的大胆推测，惊人之语自天来！"咸讥武后私面首，孰谏徽宗亲狎斜。"批判了男权社会中人们认识观上的偏激。"山东大汉皆隆准，天下农夫尽斩蛇。"批评了君权神授已根深蒂固的事实。"人质一朝奇货聚，外商便是祖龙爹。"祖龙者，秦始皇也。历代史家，多神话其帝王出身，与司马迁严谨的史学态度相悖而远，但达官贵人与普通百姓始终存在着明显的不同也是事实，所以"刘姥惊尝凤姐茄"。滕老的历史观来源于对生活的理解，正史、野史兼而涉猎，注重人情分析，也不失一种尝试和真诚的表述。

---

[1] 滕伟明：《滕伟明诗词抄》，巴蜀书社2011年版，第99页。
[2] 同上书，第100页。
[3] 同上。
[4] 同上书，第101页。
[5] 同上书，第102页。

《李冰邀看外国歌舞》① 颔联的描写"青眼横波威士忌，白头惊艳曼陀罗"。对仗工稳，意象新鲜，现代人的消费时尚物也写进古典七律，出人意表，而又来源是生活真实的体验，妙不可言。"销魂夺魄细腰舞，涤肺清肠皓齿歌。"把外国歌舞的风格展现得淋漓尽致，煽情也。

《木兰花·重逢唐义惠》② 首句暗用杜甫"落花时节又逢君"的典故，"红雨坠"，暮春也。昔年的"唐小妹"，邂逅省城，人已老矣。但年轻时候的美好记忆仍在，巴山的深情仍在。吾本巴山深处人，读此诗，备感亲切，与君也似故友重逢。沧桑逢故友，朱唇绽歌喉。

《念奴娇·万州留别》③ 川东俊杰，与君相会，灌酒一瓶也甚豪爽。自分别，应酬与市侩，难得无拘无束，诗人感叹："未若深山，献暄分饼，振臂熙熙乐。"友情永在心怀，故而挑灯换盏再饮，管他明日栖泊何处？也是一种洒脱的人生。

《满江红·赤甲楼》虽有英雄之豪迈，但吾最赏其"一线争航生死外，船工号子朱殷滴。是艰难、练就古藤腰，青铜脊"。劳动使人健康、劳动使人快乐、劳动使人幸福，也是劳动创造了这个世界和一切文明。

四

《贺新郎·初十日登望江楼》④ 讽刺世风日下，"满城不是麻将便是摸彩"的局面，令诗人悲叹不已，有一种忧国忧民的责任感始终在此词中充盈弥漫。最后二句，看似无奈，实则自警。

《满江红·才俊招饮为赋》⑤ 对人生命运的感叹，"纵服盐车犹有幸，岂料盐车先脱辅"。千里马托运盐车，本来已经很不幸了，可是，现在连盐车都

---

① 滕伟明：《滕伟明诗词抄》，巴蜀书社2011年版，第103页。
② 同上书，第104页。
③ 同上书，第106页。
④ 同上书，第111页。
⑤ 同上。

轮子散架，不是更加倒霉吗？被埋没的人才，被彻底葬送的精英，不信命运又信谁？结句"聊从俗"，自我安慰罢了。人总是要过日子的，哪怕是最普通不过的衣食住行、结婚生子。

《公子》① 既书写当下，又继承传统，个人诗风独特。"全聚德""半闲堂""华尔街"皆是现代商业词汇，而"小梁王"作为一个象征符号，以古讽今，官二代的浮浪习气刻画得活灵活现。

《盛清抄还旧作揽之恍如隔世》② 尤三、四句称妙："恰似前生埋汉简，此生自发马王堆。"长沙马王堆以出土汉简而震惊世界，诗人自比旧作被友人抄还后内心的震撼如同汉简出土，意义非凡。高度的自我认同和对自己诗词的自负，这是源于对生命意义极度的自尊，故能傲视群小。真狂生也！

《十拍子·欧阳福书赠先严咏梅诗揽之大恸》③ 自注不可不读，父子情深友人情，一样费思寻。

《临江仙·与魏李江佟坐菱窠小饮》④ 滕老与大学同学访李劼人故居，虽赞景色美，但终究是"升平无事事，我辈剩清谈"。经世致用的学人品性已被遗忘乎？诗人有几分惭愧，更见其不俗的抱负。

《水调歌头》⑤ 乃听李冰二胡协奏曲《嘉陵随想》之作，画面感与真实感同在，写出幼时情趣。童年记忆是作家和诗人永恒的美的源泉！

《冬夜不眠忽忆旧事遥寄永超》⑥ 开篇点题，凄凉寒意有悲音；中间两联细写"旧事"，乃所忆之内容；尾联收束全诗，"趣事"是今日回忆所认为，当日必不如此，故有"可怜"之爱惜意。该诗自注，言明"漏刀蛮子"，实一般人所知蜀国典故，可广见闻也。

《郴州高考》⑦ 所写之事，央视"焦点访谈"也曾报道，清代科场黑暗，

---

① 滕伟明：《滕伟明诗词抄》，巴蜀书社2011年版，第113页。
② 同上。
③ 同上书，第114页。
④ 同上。
⑤ 同上书，第115页。
⑥ 同上。
⑦ 同上书，第116页。

也有惩治酷刑，奈何社会主义时代有此胆大妄为之徒？愤愤然，以新闻入诗，和周啸天先生诗词创作极其相似。

《山花子·丽江元夜》① 全词充满节日的欢快情调，开篇直言"花香扑鼻影摇墙"，何其优美的场景！"夜市蛮音相媚好，一双双"，云南纳西族的元宵节具有少数民族风情和中华传统特色的双重节日风格，青年男女的幸福相伴，成双成对，在夜市上游玩，与才女朱淑真笔下"月上柳梢头，人约黄昏后"的元夜似曾相识，又各不相同。更有桥下河灯闪烁，纳西古乐悠扬婉转，确实是人间仙境了，难怪滕老有此丽词，"情境交融，故有境界"，王国维如是说。

《水调歌头·洱海泛舟》② 写诗人眼所观、耳所闻、心所思也。所观者何？苍山翠，白云闲，"云边光柱如泄，金屑撒银盘"，如此等等，全是在洱海泛舟时所亲见之景色。所闻者何？"海左金花百啭，海右阿鹏雷应"，对歌场景，非洱海焉有此！所思者何？见美景而心生感叹："洱海争描画，玛瑙自天然"；听歌声而动心猿："系缆桃源渡，欲向酒家眠"，一个"欲"字，尽得李白诗意。

《乌夜啼·陈寿万卷楼》③ 诗人游踪所及，至嘉陵江边，旗杆山有万卷楼，乃著名史学家陈寿藏书楼也。张献忠当年屠蜀，连书七个"杀"字，残暴至极，虽一时横行称霸，哪可比陈寿《三国志》对人类的贡献啊！上阕的"万卷楼头万卷雨花中"，天雨乎？诗雨乎？法雨乎？下阕的"文采风流方与果州同"，一锤定音，果州者，南充也，真可谓贤者与天地同在！

《喝火令·过彭道将池》④ 化用杜甫《南池》"安知有苍池，万顷浸坤轴"的典故，据《汉书·地理志》可知，阆中城南十里许，"有彭道将池，东西二里，南北约五里，即南池"。《方舆胜览》却说"南池在高祖庙旁，东西四里，南北八里"。但《一统志》曰：南池自汉以来，堰大斗之水灌田，里人赖

---

① 滕伟明：《滕伟明诗词抄》，巴蜀书社2011年版，第117页。
② 同上书，第118页。
③ 同上书，第119页。
④ 同上。

之，唐时堰坏，遂成陆田。故今日诗人所见，"熙攘巷中过"，俨然是商业街市了，古遗迹的踪影只有名字还被世人所知。写诗非多读书不可，不然何以知此地的历史与文化？写诗非大胆想象不可，不然何以有"想见彭彭象鼓踊跃入朝歌"之佳句？

《阆中》① 是历史文化古城阆中的写照，尤其是阆中厚重的历史人文景观更令人神往，"三陈"（尧叟、尧佐、尧咨）皆为北宋进士，出将入相，大文豪苏轼曾两次住游阆中，他对先贤"三陈"十分景仰，在阆时慨然题词——"将相堂"，留与后人追思。滕老此诗末联："神威最是巴渝舞，耀日青峰孰敢前"，笔锋一宕，追忆武王伐纣时的巴渝舞，骁勇善战的巴人劲旅一直是我华夏族尚武精神的最佳体现。作为巴人之后，怎能不自豪！

《剑门关》② 七律，雄壮有力，与剑门关本身之气势相称，尤以颈联"姜维卒敢悬孤胆，阿斗终难守霸图"最为精警，朴实的语言，道出了多少人心中的感受！尾联写景，"青痕一点是成都"，唐人的手法，产生出一种山水画的立体感，成都是昔日蜀汉政权的都城，也是诗人的故乡，历史的深邃和当下的乡愁交织在一起，难以分开。只有诗歌才有如此魅力啊！

《翠云廊阿斗柏，酷似禅在怀中》③ 以趣味性见长，常人多言阿斗不收祖宗基业，乐不思蜀，滕老却翻新意，只谈刘禅幼小时可爱，这是一种创新。笔者曾亲见翠云廊上阿斗柏，实因阿斗而遭殃，被乡民刀砍斧削剔去无数，几至死也；又言"千年古柏当沉香"，故乡人多取之。

《七曲山晋柏已枯，或云像龙》④ 用拟人手法写古柏，一句"先生原是晋衣冠"，穿越时空的想象力，彰显的是诗词创作的不涸之泉在于从生活中善于奇思妙想与物我的换位思维。

《老妇行》⑤ 有杜工部的忧思，乞讨衣食的老妇与川中小县城官员的"政

---

① 滕伟明：《滕伟明诗词抄》，巴蜀书社2011年版，第120页。
② 同上。
③ 同上书，第121页。
④ 同上书，第122页。
⑤ 同上。

身",形成反差,同情百姓疾苦,揭露邑宰腐化,结尾又穿插写入妻子劝我"减肥茶",本是关心,终究与先前乞妇生活艰难再次对比,此次却是诗人自我的反省,真实情感,多种矛盾现实,令读者苦笑。

《江城子·戏小江》① 友谊是人类永恒的话题,诗人更是多有记载。此词虽名为"戏",实则真实的生活写实,"犹记登门求典故,扛一个,大西瓜",现代语写入古体诗词,一样的传神,只在句读的停顿处就可完成语义的连贯和诗词的跳跃感,朴素得天然。笔者曾于府河边亲聆滕老谈论《红楼梦》,先生认为只有《好了歌》堪称完美,可解诗人和江永长为何在半夜里还在一个击鼓,一个吹笛的合奏,知音也。既是诗人对古人的心灵相通,又是朋友之间的友谊见证。

《喜读何生甲骨文字歌》② 热爱中华文字的民族情感,最为我辈称道。甲骨文,本身承载着人类文化太厚重的历史,一般人不易写好此类题材的诗歌,滕老以读何崝《甲骨文字歌》为内容,赞美华夏悠久的文化,可谓以小写大,构思巧妙。"北美富豪声乍乍,信息网络被天下,公司名以甲骨文,遂令万邦仰华夏",结合新时代网络名,写古代旧事,充满生活气息,"试看济济朝堂士,何人不起三字经?"充分肯定了何生之作不朽的价值,严肃之中有轻松的调子,王应麟的《三字经》已是启蒙学的经典之作,而何崝《甲骨文字歌》又未尝不是这样的经典?收束有力,简明扼要,此是写说理诗之正格。

《同杨启宇王震宇游都江》③ 主要表现的是诗人的英雄史观,认为只有造福于民的人(如修建都江堰的李冰)才是历史上的真英雄,"因念王霸皆空言,保民衣食胜强聒"。

《辛巳孟夏却寄仁德渝州》④ 此诗标题即以古人之法命题:干支纪年、时令、动机、人名、地点,全诗为七言古体,属于怀人诗,"信知金印不可求,何必引锥苦自钉",化用典故而无痕迹,流露出今人对历史上的人物的不同理

---

① 滕伟明:《滕伟明诗词抄》,巴蜀书社2011年版,第123页。
② 同上书,第123、124页。
③ 同上书,第124页。
④ 同上书,第125页。

解,豁达的胸襟,令读者似乎体会到了当下古典诗人的雍容与大度。

《华明自永川来探》① 对仗工稳,深沉有度。华明其人虽不可考,但"清谈大类嵇中散,演说终羞贾雨村",定是一位潇洒耿介之士。六朝人物多风流,红楼梦里少好人。作者见到远道而来的好友,深受感染,突又感到愧对友情,尾联曰"老不成名身已死,将何告慰赠刀人",大丈夫当扬名天下,宝刀赠知己,这是唐人胸怀的写意,而今诗人从反面说自己年老仍未成名,辜负了朋友的期望,何其伤感!人生本平淡,问天下英雄有几?

《少年游二首·望海》② 第一首写望威海,意及中日历史上的恩怨,但今天倭岛仍然嚣张,参拜靖国神社,诗人对国人的麻痹似有斥责,"回首无言,满城灯火,车马尽扶桑",日系车占据国内半壁市场,实际上是在支持日本企业的经济,讽刺国人有好了伤疤忘了疼的意味。第二首写中秋节时东望台湾岛,本是一家亲,同受华夏文化哺育,因国内战争,现在殊若异乡,表面埋怨"恩怨几时休",实则盼望祖国统一、亲人早团聚。

《席上赠旷翁,翁本同乡》③ 的自注不可不读。开篇即言"长江主簿是前缘",长江主簿,乃指当代贾岛(浪仙),曾为长江(今蓬溪)主簿,此典如不知,实难领会全诗。一个典故从不同侧面分开来说,演化为全诗,也难为老先生了。

《蒋兄见招,时吾影剧事寝》④ 首联追忆往事,颔联我与君对比,颈联说理,尾联最具哲理:"闻道登坛皆内戚,终军不必请长缨","终军请缨"本班固《汉书·终军传》之语,此言裙带关系是官场的常例,即使有满腔的报国热情,而今也难以找到用武之地了,可见诗人内心的苦闷和无奈的现实。典故的运用使诗意丰厚,含蓄隽永,耐人寻味。

《燕归来·问天》⑤ 有对命运的抗争和不屈意志的大声申诉,全是怨语。

---

① 滕伟明:《滕伟明诗词抄》,巴蜀书社2011年版,第126页。
② 同上。
③ 同上。
④ 同上书,第127页。
⑤ 同上书,第128页。

自屈子有《天问》以来，骚人多有仿效，诗人把"百无一用是书生"的当代理解，升华为"都言最误是文章。真如此，太荒唐"。表现了我国知识分子一贯具有的敢于担当、不怕牺牲、勇于承担时代使命的优秀品质。

《残丐行》① 揭露了骗子收养弃婴以敛财的惊心动魄的内幕，电视新闻上时有报道，而以诗歌来反映则是仅此一例。"蛇头"的狡诈与残忍，读之令人愤恨不已。"戕害婴儿已不良，设局骗钱罪不贷"，诗人其实是社会的代言人。

《小蜜行》② 以唐写当代，学习了唐诗中"以汉写唐"的手法。开元、天宝，皆是盛世，当下何尚不是盛世呢？情妇、小蜜，同意语也。"踏雪池上呵手手，消夏林间捉虫虫"，摹写出娇柔、无聊的温柔场景；"温柔乡中堪送老，谁复记取黄脸婆"，老妇的容颜自比不上小蜜，贪色的"诸公"当然已忘昔日恩情了，人性的丑陋面，触目惊心。

《近代巴蜀诗抄编成感赋》③ 七律之中以颔联为上："掘取焦桐才一拨，惊闻乱世最强音。"颇有汉魏之风骨。近代中国及巴蜀政权皆多变故，诗可记者仍有可观，故《近代巴蜀诗抄》之价值不可忽视。笔者搜索此书多年，始于巴蜀书社购得，微惜其未收张爱萍将军诗词为憾，可谓美中不足也。

《南乡子·淑萍新居》④ 尤以首句称佳："好个人家。门前一树玉兰花。"自然真切，玉兰无瑕，象喻此屋的主人也应是高尚之士，超凡脱尘。这是诗人晶莹心灵折射出的对友谊的歌颂，对美的赞赏。

《毗卢洞紫竹观音》⑤ 描写安岳石刻中的翘脚观音，笔者虽未曾见过，读此诗也可想象其容貌，具有处士的高致与闲适。

《偷渡行》⑥ 属七言歌行体，有新闻诗的味道，但又学习了古人的换韵，ang、an、ong、i、ang 的使用有循环之感，叙述有致，描写场面生动感人。笔者曾在电视中见过此种事情，而缺少诗意；滕老锐眼独具，写此醒世之作。

---

① 滕伟明：《滕伟明诗词抄》，巴蜀书社2011年版，第128页。
② 同上书，第129页。
③ 同上书，第130页。
④ 同上书，第132页。
⑤ 同上书，第133页。
⑥ 同上书，第134页。

《道君》① 隐晦曲折中写出了红灯区的潜规则，"任是虎狼征榷吏，有谁敢税李师师？"李师师者，宋徽宗所袤之妓也。

《重逢盛清又言别》② 又一写老友之诗，盛清可与诗不朽也，人生之幸，如莎翁《十四行诗·第18首》所言，诗歌不朽，诗歌所写的人也不朽！"百无一是酬明主，只有多情对故人。"对仗别致，明主难遇，故人可得。尾联也是平淡中见深情。

《论诗绝句四首》③ 以第一首之三、四句最合笔者心思，"试读沙场醉卧句，几人闻此不惊心？"对唐代王昌龄《凉州词》的理解，边塞诗的苍凉之美渗透到读者之心，热爱生命，万物以人为贵，战争的残酷等言外意，都已经超出了诗歌字面的意思。意思在诗外！第三首用"奔畅"一词来解释"唐音"，虽未准确，也是一家之言。第四首说"推翻千古方千古"，实为创新自立学说，不步人后尘也，用语略显粗俗耳。论诗绝句之传统可上溯至杜甫、元好问，今人间亦有之，滕老此组诗，不亦江海一粟乎？

《六十自寿四首》一首不足以尽写胸臆，则在写之，仍不能写尽胸中之意，则又写之，故有四首相连，各有侧重，组诗也。笔者最喜第一首，首联写照镜自惊，白发萧疏，连自己都不认识了样，其实诗人心中藏有着一个英俊少年的自我画像。颔联以"雏凤""老龙"比对，一个是光华四射，一个是干枯无泽色，岁月的风霜何其严峻！颈联"论斤买却制艺作，一火焚之谀墓文"。写出了文章不受时人重视，自己对替别人写的碑文又感到可耻，尴尬的文学生涯，左右为难：真文章无人赏，假文字有市场。尾联直抒胸臆，"怦怦未死是童心"，最为可贵。对真理和诗艺的坚持，是一生的事情，故在第四首最后又说："行吟打发一生休。"

《西江月·宋美龄在美去世》④ 全词浑然一体，难以割裂，移情造型，可谓佳作。《老蒋》五律，从"北伐"落笔，虽无赞美之词，也是不评之评。

---

① 滕伟明：《滕伟明诗词抄》，巴蜀书社2011年版，第135页。
② 同上。
③ 同上书，第136页。
④ 同上书，第137页。

滕老写此二位，笔者虽无特殊感情，小时课堂受教，多否定其行，台湾李敖有专门研究，也曾浏览，成都青羊宫、青城山皆可看到蒋公所题匾额。

《萨达姆就擒》① 时政诗，萨达姆是被美军绞死，作者认为"远逊隋炀帝，从容自抚头"。笔者观此诗，认为萨达姆以亲属子女为自己征服各要员，人民何在？故有被伊拉克国家自己人民抛弃之下场。

《钱饺》② 年味浓也，充满喜气。诗中老翁深谙人情世故，"儿童掩口胡卢笑，知是当年旧过场"。装作不知，扮演助兴，真老天真也，可贵、可喜！

《苏幕遮·重游川大，不胜今昔之感》③ 词牌选用得极其恰当，重沓之中有回旋徘徊之感。如"独抚红楼，独抚红楼旧""一代斯文，一代斯文后"，把诗人对母校的依恋情感表现得淋漓尽致。这是当代新诗应当反思和学习的地方，太自由反落入松散无节度，古人早已摸索出如此好章法，今人怎可抛弃不学而自作聪明啊！

《谷底》④ 诗题取自该诗第三、四句"人皆庆升迁，吾独落谷底"，书生有自己苦衷，"方悟古人书，句句皆误己。贤愚无高下，正邪名分耳"，虽是古体，今人读之也如白话，朴素自然，无须雕琢。书不可不读，尽信则愚，要明白人始终在利益角逐中斗智斗勇。

《犹记》⑤ 学古代《诗经》标题法，取首句开头以二字为题指代此诗，诗中再次明言"裙带缠高筒，错杂难细数"，可与该卷前诗《蒋兄见招，时吾影剧事寝》对看。最后两句"待死百无聊，重翻金兰谱"。写尽了迟暮之年的老人，重读珍藏的《金兰谱》。何者为《金兰谱》？"金兰"一词，源于《易经·系辞》："二人同心，其利断金，同心之言，其臭如兰。"旧时两人或数人之间，意气相投，结为兄弟，即"结金兰"，川人多呼为"拜把子兄弟"，结拜时常交换《金兰谱》，款式如："盖闻室满琴书，乐知心之交集；床联风雨，

---

① 滕伟明：《滕伟明诗词抄》，巴蜀书社2011年版，第138页。
② 同上。
③ 同上书，第139页。
④ 同上。
⑤ 同上书，第139、140页。

常把臂以言欢。是以席地班荆,衷肠宜吐,他山攻玉,声气相通,每观有序之雁行,时切附光于骥尾。某某等编开砚北,烛剪窗西,或笔下纵横,或理窥堂奥。青年握手,雷陈之高谊共钦;白水旌心,管鲍之芳尘宜步。停云落月,隔河山而不爽斯盟,旧雨春风,历岁月而各坚其志。毋以名利相倾轧,毋以才德而骄矜。义结金兰,在今日既神明对誓,辉生竹林,愿他年当休戚相关。谨序。"全诗乃衰年忆壮岁,昔日兄弟何在!

《高车》①讽刺官僚的丑陋嘴脸,令人想起柏杨名著《丑陋的中国人》一书所揭露的国人劣根性。诗中名言:"昔日逃学儿,金印大如碗","富贵岂有他,在舔与不舔",四川人俗谓吹捧领导、阿谀奉承、溜须拍马为"舔屁股",此即化用巧妙,入木三分。

《蝶恋花·途中》②把人生比作长途跋涉,虽然"展望前程心已怖",但诗人坚信"纵使到头时已误,到头总有菩提树"。菩提树下,是佛祖得道的地方,诗人借以自勉自励,艰难中见精神,全词妙不可言。

《山花子·退休》③上片曰:"子曰诗云记已消,朝朝诵习是科条。官样文章官样读,肺生毛。"肺生毛,据《素问·阴阳应象大论》载:"肺生皮毛。"亦即皮毛由肺的精气所生养,此指讲话应付得很自然顺手。下片以"蜂巢"比喻闹哄哄的世态人生,但结尾二句流露出作者的英雄情怀,"一世不曾舒臂笑,太无聊"。可谓该老翁豪迈与真诚的内心写照。

《杨丽萍率团来蓉演出》④巧在用同姓之"杨"来构思,杨贵妃是古代美女,借以赞美今人。

《风入松·弟子为寿,方悟生朝》⑤诗中"迂夫子"本不喜欢学西方吃生日蛋糕,但弟子们又按时下"新潮"买来了生日蛋糕为之祝寿,一是传统文化的不自觉守护者,本喜欢寿诞之日吃长寿面、品仙桃、饮香茶,一是今人

---

① 滕伟明:《滕伟明诗词抄》,巴蜀书社2011年版,第140页。
② 同上。
③ 同上书,第141页。
④ 同上书,第142页。
⑤ 同上。

模仿西方吃奶酪蛋糕，弟子从礼仪上买蛋糕为老师祝寿，是孝敬师辈。东西文化在此冲突，也是当下人真实的体验。词牌的选用，"松"树象征长寿，雅致高远；"风入松"乃天籁齐鸣，如古琴之音，有仙乐贺寿之意。

　　《自视》① 中间两联堪称妙笔："铁嘴无坚壁，童心不设防。难消惟块垒，得意时文章。"诗人对自己诗歌艺术成就的自负，其实就是对自己人生价值的自我认同，这是诗人始终坚守清贫，不同流合污的精神支柱。通读全诗，更有几分雄健。

　　《默立文殊院》② 以颔联最佳，"顾念此生何落寞，可能前世太豪华"。文殊院乃成都市区一古刹，诗人默默地站立在寺庙中自我分析和安慰，借佛教因缘说来解释自己今生为何不如意，不悲观，反而充满机趣，阔言以慰之，奇正相生。

　　《蜗居三首》③ 第一首中的"夜深返蔽庐，一一辨履声。侵晨又星散，枕席任纵横"。细微描写入神。第二首使用旧时物什语词，诸如"渡槽""封锁线"，显得古朴厚重。"吁嗟蝇头利，养尔妻与囡"充满了同情心。第三首用"阮囊"典故以自比，宋代阴时夫《韵府群玉·七阳》"一钱囊"："（晋）阮孚持一皂囊，游会稽，客问：囊中何物？阮曰：但有一钱看囊，恐其羞涩。"后因以"阮囊"或"阮囊羞涩"作为自称手头拮据、身无钱财之典。"有时看新闻，东夷复西戎。世界亦蜂巢，镇日乱哄哄。"是对蜗居生活的写照。"侠义为动容"一句不可忽视，千古文人侠客梦，江湖豪情在荧幕。

五

　　《燕归来》④ 实为"记梦"之作，暗用李贺典故。元代辛文房《唐才子传·李贺》载：贺诗稍尚奇诡，组织花草，片片成文，所得皆惊迈，绝云翰

---

① 滕伟明：《滕伟明诗词抄》，巴蜀书社2011年版，第142、143页。
② 同上书，第143页。
③ 同上书，第143、144页。
④ 同上书，第149页。

墨畦径，时无能效者。乐府诸诗，云韶众工，谐于律吕。尝叹曰："我年二十不得意，一生愁心，谢如梧叶矣。"忽疾笃，恍惚昼见人绯衣贺赤虬腾下，持一版书，若太古雷文，曰："上帝新作白玉楼成，立召君作记也。"贺叩头辞，谓母老病，其人曰："无上比人间差乐，不苦也。"居顷，窗中勃勃烟气，闻车声甚速，遂绝。死时才二十七，莫不怜之。李藩缀集其歌诗，因托贺表兄访所遗失，并加点窜，付以成本。弥年绝迹。乃诘之，曰："每恨其傲忽，其文已焚之矣。"今存十之四五。杜牧为序者五卷，今传。孟子曰："其进锐者其退速。"信然。贺天才俊拔，弱冠而有极名。天夺之速，岂吝也耶若少假行年，涵养盛德，观其才，不在古人下矣。今兹惜哉！

《夜游宫·游鱼洞知青山庄》①巴县旧地重游，"两鬓飞霜矣。抚陈迹、不由垂涕。端的人生若游戏。最荒唐，这般游，这般戏"。读者和诗人一起重温那个时代的知青下乡运动历史，令从未经过此段历史的后辈也唏嘘不已，时光难再，青春一去不返。

《过迭溪海子》②写地震遗址七绝，大凡经历过 2008 年 5 月 12 日"汶川大地震"的国人，应该对此诗格外重视。该诗自注，有史料价值。

《村小》③写诗人小时候在乡下小学读书的情景，"落眍大眼儿，长襟与膝齐"，眍，眼眶下陷貌，四川方言；此二句刻画出诗人幼时形象，营养不良，穿着破烂；"升旗不成列，犹唱妃呼豨"，散漫随意，不成规矩；"师母发脾气，师父出怪题"，典型的迁怒，老师也忘记了孔圣教诲的格言"不迁怒、不贰过"；"课余无聊赖，对下裤裆棋"，学科单一，只有语文、数学，学生们的休息方式很简单，在地上随便画个如裤裆样子的"冈"字形棋格，各用两枚石子儿就开始对弈，简单朴素，充满纯真的童趣；"阿姐来送饭，借书看飞机"，姐妹深情，真实生动，少年都充满了求知的欲望，渴望对外面的世界认知；"明日有放假，旧庙涂新泥"，原来学生们的教室都还是破烂的寺庙改建

---

① 滕伟明：《滕伟明诗词抄》，巴蜀书社 2011 年版，第 149 页。
② 同上书，第 151 页。
③ 同上书，第 153 页。

而成的，现在要重新给墙体上泥维修。艰苦的环境，终究造就出了时代的一诗人。

《青城曲》①可入《青城山志》艺文卷也。历代文人墨客，游历名山大川，多有佳作产生，实得江山之助也！玉茗堂主曾如是说。该诗也可证游历对于诗料的积累之重要。"二十年间如电扫，二十年后山更好，当年脚印长青苔，此身安得不速老！"至少两次登临青城山，前后相隔竟有二十年，诗人第一次来就无诗吗？必有，只是欠佳耳，只是这次所写可以传世罢了。"忆昔与君同攀登，珠玑掷地铿有声，萧骚两袖清风在，浪得咏坛狂夫名。"可见少年轻狂，老年持重，人皆如此，本是人生不同年历阶段的特征。"名山犹自青青色，俯看尘寰如梦隔，此间便是小沧桑，题词划去又重刻。"四句一个意义段，古代歌行体的常用篇章格式，令人想起诗人二十年前的题壁诗，早已被风雨侵蚀，或者写得太差，或者人微言轻不被时人看中，故而早被划去。"洗心池里水已浑，掷笔槽中无点痕，古今慨叹徒尔耳，吕翁枕头代有温。"两个地名写入诗中，真实感顿生；化用唐朝李泌《枕中记》："卢生欠伸而寤，见方偃于邸中，顾吕翁在旁，主人蒸黄粱尚未熟，触类如故，蹶然而兴曰：岂其梦寐耶？"即成语"黄粱美梦"典故，写时光飞逝，人生如梦。"仙丹黄金那可望，世人蔽深心益壮，算来不改旧时腔，只有风声与蝉唱。"结尾处写景，诗味盎然，风声吹不走青春的记忆，蝉在地下埋了二十年才有破土而出的自由歌唱，这是对生命的敬畏与赞美，更是诗人心灵深处的代言！全诗已臻唐人境界，非第一卷所录初学时期之诗词可媲美也。

《人日》②记成都杜甫草堂人日游。自汉朝开始我国就有人日节俗，魏晋后开始受到重视，据《北史·魏收传》载，晋人董勋《答问礼俗说》云，正月初一是鸡，初二是狗，初三是猪，初四为羊，初五为牛，初六为马，七日为人。宋代以来，成都的文人墨客纷纷来到草堂祭拜诗圣杜甫，明初蜀王朱椿又恢复祭祀杜甫。至清代，著名学者何绍基特地于"人日"这一天来到草

---

① 滕伟明：《滕伟明诗词抄》，巴蜀书社2011年版，第153页。
② 同上书，第155页。

堂祭拜诗圣杜甫，并题联："锦水春风公占却，草堂人日我归来。"此联一出，文人墨客竞相效仿，于每年人日云集草堂，挥毫吟诗，凭吊诗圣，此后便成为成都人的一项重要文化生活。辛亥革命以后，此俗渐衰，直到1992年，杜甫草堂博物馆为弘扬民族优秀传统文化，倡议恢复"人日游草堂"的活动，至今已成功举办二十余届。颔联："草堂带寺增唐制，人日观梅自宋传。"别致新鲜，点明杜甫草堂前身曾是草堂寺的历史，以宋对唐，自然贴切。

《祝英台近》[①] 词首小序，可补四川大学校园建筑变迁史。笔者在川大求学时，也未知闻。

《忆江南·读某公开脱状为之齿冷》[②] 一句"休提起，提起泪滂沱"，引出对悲惨往事的回忆——大困难时期的饥饿、大炼钢铁，四川人口"非正常死亡"八百万！过片于上片起句基本相似，有我国古代民歌的特色。惜其最后一句为合词牌字数，生硬地压缩，终觉别扭。

《与海内诸诗家饮乌尤寺》[③] 有几分豪迈。

《鹧鸪天·邓凤成婚瞒报》[④] 起句不凡，"记得初逢梅雨天，几分腼腆小青年"，诗人以老者观之，已显关爱之心。结尾言"岂可饶他酒一坛"，逗乐年少的朋友，爽快、坦诚。

《鹧鸪天·故人惠赠蓬溪诗存》[⑤] 以地名之意入词，双关也。上片数句之章法用语极似东坡诗语。"凭君一卷乡贤赋，灯下低吟是返家"，何其亲切可人！笔者多年未回巴山家乡，读舅舅赠我《平昌县志》，有此同感，不意先生道我胸臆，难得，难得！

《托儿》[⑥] 五古，写京城托儿以发奖为名，聚敛钱财，事后电话都关闭，无从核实。诗人亲身经历了此事，总结出"大恶有人防，小毒有人试"的至理名言，发人深思。

[①] 滕伟明：《滕伟明诗词抄》，巴蜀书社2011年版，第155页。
[②] 同上书，第156页。
[③] 同上书，第157页。
[④] 同上书，第158页。
[⑤] 同上书，第158页。
[⑥] 同上书，第159页。

《二奶》① 以新事物新名字新现象入诗，接地气。开头即道破天机："妾貌艳如花，妾命贱如瓦。"二奶不过是长得漂亮，仅供官人们玩玩而已，在党的"三讲"（讲学习，讲政治，讲正气）教育中，这些官员仍能过关，只有大奶出现时，才暂时赶走二奶。可推知此诗作于 1995 年 11 月 8 日之后。大奶是"黄脸婆"吗？参看前卷《小蜜行》，戏剧性的冲突，同中有异，大奶只是表面上的凶悍罢了，涎脸皮官家的"金卡"都到了二奶手中，一场新的财产争夺战才刚刚开始。

《愤青》② 先交代其辞源，接着介绍愤青者们网上的豪言壮语，突然诗人的笔锋一转，写"一日过网吧"之所见："昂藏七尺躯，垂头莫敢仰。"前后印象形成极大的反差，愤青不过是徒有虚名耳！写当下时弊，古体诗的生命在此得到延续。

《嘻哈》③ 与前二首相似，身边人事也是诗人关注的对象，新名词如"漂流""骑车""超女""手机"等映入眼帘，古体而不古也。开头四句："国初宗苏俄，朝野列宁装。文革卷狂涛，满街国防绿"，又有蒙太奇镜头法。结尾巧妙："旦夕得见之，犹唤滕叔叔"，可见诗来源于生活，嘻哈一族遍布四周，随处可见，故具有典型性。诗人对于杜诗定有研究。

《妙真曲》④ 本是观新闻有感而作。人生之不易，佛日照光辉。诗人也是一影迷，故对电视剧《红楼梦》中黛玉扮演者陈氏出家为尼叹息再三，"为惜尘缘悭一面，反怨佛言色即空"。诗人是为艺术惋惜，还是为如花的生命过早凋零而感伤？"如今忘却葬花词，中夜惟诵好了歌"，世事无常，人生苦短，永恒的艺术不朽！

《击缶歌》⑤ 写民怨也。诗题曰"击缶"，敲瓦罐也；击缶而歌，自非正统庙堂之音，乃民间百姓之乐也。许慎《说文解字》曰："缶，瓦器，所以盛

---

① 滕伟明：《滕伟明诗词抄》，巴蜀书社 2011 年版，第 160 页。
② 同上书，第 161 页。
③ 同上。
④ 同上书，第 162 页。
⑤ 同上书，第 163 页。

酒浆，秦人鼓之以节歌。"《诗经·陈风·宛丘》："坎其击缶，宛丘之道，无冬无夏，值其鹭翿。"《墨子·三辩》："昔诸侯倦于听治，息于钟鼓之乐；士大夫倦于听治，息于竽瑟之乐；农夫春耕夏耘，秋敛冬藏，息于瓴缶之乐。"《淮南子·精神训》："今夫穷鄙之社也，叩盆拊瓴，相和而歌，自以为乐矣。"说明"击缶"是民间比较粗俗的文娱形式之一。《周易·离》九三爻辞载："日昃之离，不鼓缶而歌，则大耋之嗟，凶。"意为夕阳余晖，叩缶而歌乃垂暮老人之挽歌也。汉代李斯《谏逐客令》中有"击瓮叩缶，弹筝博髀"，用以形容当时秦国音乐文化比较落后的状态。司马迁《史记·廉颇蔺相如列传》载，相如前进缶，跪请秦王击缶，相如顾召赵御史书曰："某年月日，秦王为赵王击缶。"此典故乃蔺相如反击秦王羞辱赵国之有力举措，因为秦人不善器乐，难为高雅正统之声，只会击缶为娱，低俗下流，故以死相拼，逼秦王击缶，实际是捍卫赵国尊严。全诗开篇言"药价、学费、住房"这新的"三座大山"，讽时也；"蜩螗沸羹岂未闻，徒有清议凤凰台"，刺政声也；"狡兔另觅温柔乡，国帑千亿暗越洋"，写实手法，揭露个别官吏转移自己贪污所得钱财到国外的丑恶行径；最后一句"至今和珅称同志"，最为警醒，极其大胆，不避嫌疑，非一般人敢如此直言也。此老实有忧国忧民之心，诸君请看习近平主席执政以来，我国反腐工作卓有成效，民心大慰。

《苏幕遮·亥年暮春始雨》① 通篇是对美的歌颂，此乃文学之责也。上片写好久没有下雨了，"睽违都几许"，睽违者，背离也；用比拟手法再现暮春细雨场景，"耳鬓厮磨，恩怨如情侣"，何其亲切，何其细腻，是词人内心的真实体悟，更是熟悉春雨的人才可能想到的比喻！下片联想到"锦里当年，夜夜催花雨。伞下红裙堤上女"，构织出一幅幅春雨美人图，这是对年轻生命的写照，还是对美的留念？在结尾时，词人这样回答："骀荡春光，惟愿天重与"，骀荡（dài dàng），春色优美貌；词人只希望春光重在，其实就是对金色年华的追忆，对春景象征的美的挽留。"伞下红裙堤上女"，互文也。青春万岁，人间春色常在！

---

① 滕伟明：《滕伟明诗词抄》，巴蜀书社2011年版，第163页。

《挽歌诗二首》① 用语极似陶渊明所作之《自祭文》，诗人对自己的一生、性格志趣和人生理想基本上作了总结性的抒写。謦欬（qǐng kài）：咳嗽，借指谈笑；憖（yìn）：情愿，沈约《齐故安陆昭王碑文》："盖百代之仪表，千年之领袖，曾不憖留，梁摧奄及。"薤露歌：中国古代著名挽歌辞，《乐府诗集·相和歌辞二·薤露》："薤上露，何易晞。露晞明朝更复落，人死一去何时归。"

《照影子·依戴望舒制谱，果然优美》② 上、下两阕按照"ABCD，DCBA"的镜子成像模式布局，此词牌笔者曾翻阅数种词谱也未曾寻见，后询问滕老本人，乃知"为自度曲牌也"。2015年1月28日，滕老又作《康桥令·依徐志摩制谱，泂为惆怅之调也》，曰："彷徨客去彷徨路，未名湖畔独彷徨。月明不见彷徨客，未名湖畔觉凄凉。凄凉揾尽凄凉泪，未名湖畔尚凄凉。未能抛得凄凉去，未名湖畔独彷徨。"也为自度新曲。笔者家藏《戴望舒诗》一书中收有《烦忧》，③ 与《照影子》及类似，实为中国古代回文诗之一变体耳。

《南乡子·过街子因怀晚唐诗人唐求》④ 写得哀婉、深沉，怀古之佳作也。词人自注，为崇州文化摇旗呐喊，可广见闻，增长后学与读者的知识。

《菩萨蛮·忽忆》⑤ 中"杯酒御春寒，江津老白干"，自然如话，韵味十足，当代诗词佳句中之翘楚。"醒来惊四顾，花谢门前树"，似是写实，却取譬巧妙，轻语情与境的结合，让人感到词人对时光不再来的无限喟叹，真的人生如梦乎？哪里是评论家说苏轼《念奴娇·赤壁怀古》结尾处那样的悲观情绪，本身就是时间不可逆的特征令人敬畏。

《文物市场地摊》⑥ 首句以四川方言"码"字入诗，码者，堆砌也；颔联句读别致，形成"三四"断句，即"新语录"和"旧辞源"相对，而且政治

---

① 滕伟明：《滕伟明诗词抄》，巴蜀书社2011年版，第166页。
② 同上。
③ 戴望舒著，梁仁编：《戴望舒诗》，浙江文艺出版社2001年版，第55页。
④ 滕伟明：《滕伟明诗词抄》，巴蜀书社2011年版，第166、167页。
⑤ 同上书，第167页。
⑥ 同上书，第168页。

上的左倾和右倾，缩略成"左右"以和"东西"相对，可谓用心良苦，定是诗人反复推敲之作，但毫无生硬之感！颔联描写文物市场的物件，女人的玉照为死气沉沉的古玩市场带了一丝亮色和生气，形成一种反差极大的审美效果。尾联"有我"，自是诗之真实所在，"买得博山炉一个，归来细赏假金泥"，博山，本为山东淄博市博山区，全境尽山，博山炉之名即寓炉盖似群山之外观，又合产地之名。博山炉，出现于西汉武帝时期，南海地区的龙脑香、苏合香传入中土，并将香料制成香球或香饼，下置炭火，用炭火的高温将这些树脂类的香料徐徐燃起，香味浓厚，烟火气又不大，因此出现了形态各异的博山炉。初期的博山炉大都是铜炉，也有以鎏金或错金装饰的高档器物。博山炉有炉盖，且雕镂成山峦之形，并有青龙、白虎、玄武、朱雀等鸟兽，亦有神仙，以模拟传说故事；下设承盘，贮有热水（俗称"兰汤"），润气蒸香，亦象征东海，故而北宋吕大临《考古图》曰："香炉像海中博山，下盘贮汤使润气蒸香，以像海之四环。"该炉盛行于两汉及魏晋时期，据《两京杂记》记载：长安丁缓善做博山炉。六朝诗人曾作《咏博山炉》，曰"上镂秦王子，驾鹤乘紫烟"，唐代李白《杨叛儿》诗云："博山炉中沉香火，双烟一气凌紫霞。"诗人雅好古玩，追求的是一种文化的归宿感，岂在渔利？诗人有此胸襟，故超越俗人的功利，始终以一种文化认同和审美的眼光来欣赏这个世界，假已不假，反而可爱，可爱的是人们对古代已逝文明的怀恋和高度赞扬。

《高阳台·锦城十倍于古矣》[①] 与宋代柳永《望海潮》（东南形胜，江吴都会，钱塘自古繁华）极其相似，柳永说当时的杭州是"市列珠玑，户盈罗绮，竞豪奢"，滕老说今日成都是"回廊复道云霄里""梁园盛宴无虚日"，但当代人滕老在词中虽是极力摹写都市的繁华，用语之中却绵里藏针，如"贝勒阿哥，如今谁怕烧钱""风闻欲凿秦淮路，向城心、著点花船"，对官员子弟奢侈斗富、追逐声色的行为似褒实贬，所以，老词人在结尾时，自认为"我等遗民，理合搬迁"，无奈之中有愤慨、有苦衷，也有不舍的留念。

---

① 滕伟明：《滕伟明诗词抄》，巴蜀书社 2011 年版，第 168 页。

《心兵》① 可与该诗集卷三《浣溪沙·夜起自抚》对读，是功业未成的叹息。赤壁之战中的孔明、登楼作赋的王粲、横槊赋诗的曹操，皆是诗人心中向往的风云人物，但是平凡的人生，又怎可与这些历史人物相提并论呢？深夜诗人难以入睡，起床来写下此诗，胸中十万兵，韬略付流水，这时，只听见家中人熟睡的鼾声，朱自清《荷塘月色》中也是这样的情景，独自感伤"今生太寂寥"，已经上升到了哲学意义上的普遍人生体验，个人即典型。诗题虽取首句二字标示，也点明此诗的深意，胸中不平，本有赴边塞立功的壮志。

《出塞》② 正可与上一首诗《心兵》照应，"老将泪双垂"的形象跃然纸上，令人如观王维《老将行》，王维笔下的老将是曾经辉煌过，而诗人却是只有在"文学家的白日梦"中实现了，心理学家弗洛伊德的观点真是绝妙精准！

《小儿将赴救灾前线口号壮行二首》③ 写出了军人当为荣誉而战的正能量。美国西点军校的校训："责任、荣誉、国家"，其实也是所有军人都应该牢记在心的箴言。第一首的"此行纵有千千劫，莫负军旗细柳营"，更是既清新，又古朴，人所公知"千千结"一语，诗人却谐音为"千千劫"，一字改动，意义由儿女柔情转化为军人面临的生死考验，柔美与壮美的同时存现，给人以数不尽的审美意蕴，用汉代名将周亚夫的典故，这是诗题之"壮行"时鼓励语意。

《二郎神·成都救灾感赋》④ 的自注不可不读。该词喜用时下流行语，如"的哥、爆满、麻将国"，写出了成都人民在"抗震救灾"中爱国的表现，诗人由此而联想到在20世纪的"抗日战争"中成都人民"捐躯百万"的历史贡献！热爱成都、热爱自己生活的土地、热爱这片土地上世世代代生活的人民，是诗人内心深厚、炽热的感情流露，借诗歌表达出来罢了。"是佛座莲花，未可轻开，一开浓艳"，结尾的比喻，高洁、雅致、优美、善良。

---

① 滕伟明：《滕伟明诗词抄》，巴蜀书社2011年版，第169页。
② 同上。
③ 同上。
④ 同上书，第170页。

《小儿归言聚源中学事》① 含蓄地批评个别官员的腐败，修建的是豆腐渣工程，所以才有"绛帐从兹变苦墙""犯颜争执到阎王"，民怒也，地震是可恨，那些所谓的"民之司命"何尝不可恨？

《震后过灾区二首》② 有独立之思想，难得可贵！"桑麻在野无人问，锣鼓喧天去感恩"，讽刺了那些"地方官员只热衷于作秀"的事实。此诗和前四首，皆地震诗歌也。

《鹊桥仙·观奥运点火因感金晶事》③ 新闻诗也。

《涉江采芙蓉》④ 中"美人不可见，容颜忽已老"最为感人，用"恍惚"一词过度，用"惊定"终止幻境，所思至深，滕郎如萧郎。"徘徊暮霭中，犹记成言好"，成言者，订约，成议也，《左传·襄公二十七年》："壬戌，楚公子黑肱先至，成言于晋。"《离骚》："初既与余成言兮，后悔遁而有他。"朱熹《集注》曰："成言，谓成其要约之言也。"昔日之誓约，至今尤萦绕耳畔，但是，却无法与之相见，这是命运的捉弄，还是美人的弃信而去，只有诗人苦苦的等待，意境有《诗经·秦风·蒹葭》的凄美。

《驱车上东门》⑤ 悲悯之心已超越个人生死事，如"我生逢百艰，我死更无处""且留几卷诗，咨嗟或见恕"，极具有震撼力。全诗用蝉联的手法，有连绵之韵味。"墓志已自修，无劳韩吏部"，这里所指的"墓志"，可与前面《挽歌诗二首》对读。此五古与前面的《涉江采芙蓉》《良时不再至》《红尘蔽天地》，作者曾有《乐府旧题四首》为组诗总名，模仿古人之佳作也。

《戒烟》⑥ 颔联最佳，"一无烟恁恿，全仗酒精神"，可谓连类而及，虽戒烟，但酒却不在戒的范围之内，内心藏有小喜悦。颈联用"谄佞"类比酒，人性本能各有所好，也是一大实话。

---

① 滕伟明：《滕伟明诗词抄》，巴蜀书社2011年版，第170页。
② 同上书，第171页。
③ 同上。
④ 同上书，第172页。
⑤ 同上书，第173页。
⑥ 同上。

《况味》① 是一老人境况和情味的写照。"罐罐酒"和"棒棒鸡"巧妙作对,二者解释四川人日常用语,充满了川西平原的生活气息。一只老猫、一个忙碌的儿子、一个老太婆,还有一个老头子,共同构成了这一家,但是,和自己这个老头子相伴的其实只有老太婆一个人,她在身边不时替自己大声讲说电视中的新闻。这是空巢老人,还是温馨的家呢?是对儿子事业的理解和支持,还是对他的埋怨?感情很复杂,真可谓好的诗歌具有多义性。

《长歌续短歌行》② 中最赏"以至父丧年,所欠为一死",用语和1927年6月2日上午,清华大学王国维先生在颐和园投湖自尽前写给家人的遗书何其相似:"五十之年,只欠一死;经此世变,义无再辱"云云,是巧合,还是另有深意,即以自己才学可与王国维比肩而自负欤?"可怜秃却管城子,未留一笔在汉唐",毛笔都写秃了,可生不逢时呀。奈何,奈何!

《霜天晓角·昼寝》③ 开篇就明言自己已身心疲惫:"真真太累,今识身心瘁。"遮莫,任他也,张相《诗词曲语词汇释》卷一有解,可参看。④ 下阕写想借精通占卜或者推测命运的出家僧道来解释一下自己为何如此失意,又觉得此种方式太不可信了。要想做到豁达也很难,人生难得糊涂。

《过纱帽街》⑤ 讽刺官僚太多。成都市的纱帽街,因其清代时开设有多家制作戏曲服装、纱帽的作坊店铺而得名,此诗以帽子的口吻借题发挥,敷衍成篇。

《喝火令·断桥默想》⑥ 诗人对民间传说《白蛇传》中的许仙进行了心理上的分析,从许仙的角度自我辩白:"我本无争,我本守平凡,为甚妖精神佛抵死苦纠缠。"也是现代人的思维,可算一新说。

《杭州二首》⑦ 以第二首为佳。

---

① 滕伟明:《滕伟明诗词抄》,巴蜀书社2011年版,第173、174页。
② 同上书,第174页。
③ 同上书,第175页。
④ 张相:《诗词曲语词汇释》,中华书局1955年版,第135页。
⑤ 同上。
⑥ 同上书,第176页。
⑦ 同上书,第177页。

《喝火令·过媚香楼》① 以上、下阙的尾句皆写得细致传神，南京媚香楼乃"秦淮八艳"之一李香君故居，中国男人对温柔女子的眷顾，也许是人性使然吧。

《长干古意》② 通篇皆有古人诗意，"买笑掷大锭，卖花求小钱"二句真实、生动、传神。"但朝楼上看，竹瓦竹窗帘"，以视觉画面来收束全诗，增强了诗歌的绘画感，诗中有画，唐人手法。

《康巴曲》③ 属于七言歌行体，用《康定情歌》中的跑马上与月导入，接着写白天所见到的"康巴汉子"和"康巴女儿"在席间的不同表现，一壮美，一柔媚，"晒佛节上早目成"，又充满异域风情。结尾时笔锋一转，"夜阑花气枕边吹"，有我之境也，诗人的亲身经历增加了诗歌感人的艺术张力，以所思所感结束全诗。甘孜州的歌舞美，震撼人心，摄人心魄，久久难忘。

《行香子·夜泛抚仙湖》④ 虽未旧词调，犹如新体诗。"爱晚风新，晚风嫩，晚风凉""任梦魂轻，梦魂短，梦魂长"，通感手法的运用，各只换用一字，尽得风流。

《邓玉娇歌》⑤ 开头直接用口语入诗，"了不起，了不起，修脚女工杀顾客"，似闻惊叹之声陡起，突兀之中，又似平地起风雷。不言"警察"，而说"董超薛霸"，《水浒传》中二差役人名，此戏谑之语也，增加了悲喜剧效果。网民声援、律师团帮助、法官的"葫芦判"，其实就是民众对"黑幕"的反击，诗人也是站在正义的一边，对"淫官乃里正"进行了无情的批判，对"防卫过当"的洗脚女邓玉娇进行了歌颂，认为是"中华第一奇女子"。激于义愤之作，邓玉娇可入当代烈女传也！据笔者考证，此故事发生于2009年5月10日晚8时许，湖北巴东县野三关镇政府三名工作人员在该镇雄风宾馆梦幻城消费时，招商办公室主邓贵大向女服务员邓玉娇提出要"特殊服务"，遭

---

① 滕伟明：《滕伟明诗词抄》，巴蜀书社2011年版，第178页。
② 同上书，第178、179页。
③ 同上书，第179页。
④ 同上书，第180页。
⑤ 同上。

拒后，邓贵大从怀中拿出一沓钱敲打邓玉娇的头部说"还怕我们没钱"！并两次把邓玉娇强行按在沙发上欲施暴，这时，邓玉娇才随手拿起刀向邓贵大连刺三刀，邓贵大因伤及动脉血管及肺部，在送往医院途中身亡。①

《念奴娇·丑年书感》② 老诗人在观看"庆典堂皇歌舞"之后，感叹时下"权钱世界"的现实，即使自诩"我比天朝长六岁，掌故班班能数"，也曾对国家做过贡献，但如今只似"放翁僵卧，打窗夜半风雨"，铁马金戈梦未醒，只为功名误一生，何况自己并无一点功名呢？这是何等的落寞啊！

滕伟明先生今已入耄耋之年，他奔走流离的生活，广阔的社会阅历，使他诗词作品内容丰富，格律谨严工稳，语言自然流畅，别开新境，自成风格，具有极高的艺术价值，对于我国当代文学尤其是诗歌界的朋友必将产生较大的影响，很多成功的写作经验值得年轻诗人们重视，他自己在诗集的《后记》中曾说："我的作品艺术水平如何，有待读者评价，不敢在此夫子自道。我只是想简单地交代两点。第一是我写的大都是我的身世之感，不敢作太多的汗漫之游。如前年汶川大地震，我就只写了送儿子宵征的片段和我亲到地震现场的见闻，因为我对此有切肤之感，便有把握；而从电视和报纸上得来的消息，已经隔了一层，我便无把握，不敢下笔。第二是我的选题有些苛刻，比较注重作品的社会内容。"③ 他的诗词比较强调个人的身世经历，常常不放过闪回镜头，利用诗词来展现藏在意象后面的"我"，所以，他的诗词真实感人，在题材选择上显得新鲜活泼，绝无令人发呕的枯燥说教或无聊的矫揉造作。罗志彦④、李兴来⑤二位先生的文章也可参看，以便更好地了解和研究滕老诗词。

滕伟明先生从青年时代起就坚持写旧体诗词，从他自己收录的第一首诗

---

① 《现代快报》2009 年 5 月 13 日，转引自"国际在线专稿"，http://gb.cri.cn/27824/2009/05/13/2165s2509080.htm。
② 滕伟明：《滕伟明诗词抄》，巴蜀书社 2011 年版，第 181 页。
③ 同上书，第 187、188 页。
④ 罗志彦：《滕伟明：诗词之道，真与新而已矣》，《宜宾日报》2011 年 5 月 11 日。
⑤ 李兴来：《今宵肠内热，忽涌百重泉——滕伟明先生诗词艺术探析》，《时评界》2012 年 7 月 4 日。

写于 1964 年算起，迄今已半个多世纪，这里且不算他自己"两次毁诗"的那些作品，他对诗歌这门艺术的执着和坚守精神，对我国诗词的重要贡献，可以说是见证了我国"当代诗词羽翼已成，宜与近代诸公割席对坐，平分秋色；与新诗互不否认，补短取长"。[1]

滕老近几年的新作，多发表在《岷峨诗稿》之上，笔者每每读此新作，诸如《捣练子·赴凉山途中》[2]《老友五首》[3]等，常想起杜甫《戏为六绝句》之一："庾信文章老更成，凌云健笔意纵横。今人嗤点流传赋，不觉前贤畏后生"的诗意来，诗人不读诗，何言创作？后学写出心解，以广先生诗学，为我诗界再添光彩！

---

[1] 周啸天：《能令孔雀生光辉——〈滕伟明诗词选〉序》，《巴蜀史志》2010 年第 1 期，第 1 页。
[2] 岷峨诗稿社：《岷峨诗稿》2014 年冬总第 114 期，第 19、20 页。
[3] 岷峨诗稿社：《岷峨诗稿》2015 年春总第 115 期，第 22—25 页。

旧文新刊

古直自传

古直（遗作）* 古成业（整理）

古直自传

古直字公愚考廩冰梅縣籍男子公元一八八五年十一月二十九日生於廣東省梅縣龍文鄉滂溪村父雍農家今年六十七岁

祖父家名福郎排名康先少年時父親分家分得茶田一斗栗一斗老屋一間是一個貧儉農出身自己多田地租田地来耕又兼做傭勞工克勤克儉積蓄一些置事吳氏生子名錫幹年十五而殤亲子从继弟湘帆次子錫贤为嗣

我的父親我母性做名嚚招是童養媳

父親母親耕長斯助祖父作耕田做工又於其間搬沙坝

---

* 作者单位：广东省文史馆。

古直，字公愚，号层冰，梅县籍，男子，公元一八八五年十一月二十九日生于广东省梅县龙文乡①滂溪村贫雇农家，今年六十七岁。

祖父家名福郎，排名康先，少年时父亲分家分得米一斗，粟一斗，老屋一间。是一个贫雇农出身，自己无田地，租人田地来耕，又兼做各种劳工，克勤克俭，积蓄一些，娶妻吴氏，生子名锡干，年十五而殇，无子，以从弟湘帆次子锡贤为嗣，即我的父亲。我母姓严名韵招，是童养媳。

父亲母亲稍长，帮助祖父母耕田做工，又于其间搬沙坝，开荒地，搬了五年，搬成长形沙冈一座，得稻田约五石。于是祖父对家人笑曰："我也有大坵麻了。"② 收租谷的人每年一次来到家中，祖父说是田主公，但是自己搬的大坵麻则不要出租谷。

父亲因家贫，小时仅读两年书，到了十六岁，向长兄锡仁学木匠，这时有从兄锡渊在家塾教书，父亲因去读夜学，读了几年，笔札簿书也就晓得了。

父亲因为自己失学，故希望我读书识字，进一步又想我入学中举。但这时家庭经济非常穷苦，怎么办呢？我的父亲于是担木匠家伙下州，住在祠堂，每日出门，沿家挨户，修整家俬用具，所得工钱，常常比在乡下加多数倍。就是这样，我的书就有得读了。

一八九〇年，我六岁。是年春，祖父送我入家塾读书，所读的是《三字经》，每日学写填红字一页。

我是年尾人，名为六岁，实在仅有五十个月。此时尚未断乳，每日必从塾中出就（投入）母亲怀抱，至今回忆尚极清楚。我永永不忘母爱的伟大。

是年祖父命我鼎两房，兼祧锡干公。③

---

① 龙文乡，今在广东梅县梅南镇辖地。
② 大坵麻，客家地方俚语，指开荒而得的沙地。
③ 鼎两房，旧时习俗。这句话意思是祖父要古直负起为已殇的锡干延续香火的责任。

古直先生遗像

一八九七年，我十三岁。是年《四书》《五经》《唐诗三百首》皆已读熟背诵完毕，于是接读《古文释义》，抄读时文，学做试帖诗，学做时文的破承题。

一九〇〇年，我十六岁。是年从兴宁罗翙云①先生读书。"思藻楼"中，同学凡二十余人，年纪皆比我大，然先生颇善视我。去年曾读《昭明文选》，今年更加诗、古文辞，兼抄读策论、时文名作。此外，专阅《资治通鉴》——先生的书，每十日学做策论一篇、时文一篇、诗一篇。

一九〇一年，我十七岁。是年因义和团运动，八国联军入京，先生得外面朋友的信报告一切。先生教我们曰："时局日坏，大家宜识时务，通知古今。"我于是兼阅《经世文新编》《瀛寰志略》等书——皆先生的书，以扩充智识。此后数年，阅书渐广，凡《四史》《读史方舆纪要》等书，先生架上有者，皆时时取阅。

一九〇四年，我二十岁。是年罗先生赴北京会试，不复教授。我转到州城谢吉莪先生馆读书，先生子直君与我交好，时时到桂里学堂向黄慕周、李

---

① 罗翙云，字霭其，广东兴宁县人，著名的客家学大师和教育家。

季子①借《新民丛报》阅读,并相约读明季遗老的书及严复所译《天演论》《群学肆言》等书,后得杨笃生的《新湖南》、邹容的《革命军》,阅之大大鼓舞了我的民族革命思想。

一九〇五年,我二十一岁。是年,我得中国同盟会机关报曰《民报》的读之,革命志向遂益坚定。

一九〇六年,我二十二岁。是年秋,我加入中国同盟会,主盟者谢逸桥②,其地则下市攀桂坊③桂里学堂,同时加盟的人有李季子。

一九〇七年,我二十三岁。是年秋间,入松口体育会。名为体育会而实为军事训练会,有学科,有术科,训练的人为姚雨平、张醽村等七八人,主持的人为谢逸桥、温靖侯等,其会长则共推饶芙裳。饶为举人,有名望,可以掩护进行。同学来自四方,有丘哲、叶菊生、黄嵩南等百余人。训练经过三个月毕业,我毕业后即任松口公学国文教员。

先是友人钟动④、李季子相约组织"冷圃"⑤,我扣其义,钟君曰:"冰雪万里,下潜春阳。革命大业宜有预备,一为文字鼓吹,二为教育灌注。吾结冷圃,当先负此责任。"遂以创办学校事属我。

一九〇八年,我二十四岁。钟动在日本东京时时以信商量创办梅州学校⑥,并在东京创办《梅州杂志》,为文字鼓吹,敦促冷圃社友文稿。我暑假遂辞松口公学教员,与李季子进行创办学校的计划。但是我们办学须有资力,恰好冷圃社友曾伯谔⑦仗义疏财,凡结冷圃、办杂志、办学校,皆负一切经费之责。我与季子依赖曾君,梅州学校遂顺利成功。

一九〇九年,我二十五岁。是年二月一日,梅州学校开学,学生仅三十

---

① 李季子,名李同,号朝露,广东梅县人,冷圃诗社社主,英年早逝。
② 谢逸桥,名锡元,广东梅县松口人,中国同盟会岭东分会负责人与主盟人。
③ 攀桂坊,地名,广东古梅州城东一处有悠久历史的人文社区。
④ 钟动,原名用宏,字薜生,号天静、寒云,广东梅县人,早年孙中山在日本酝酿革命时主要依靠的客属留学生之一。
⑤ 冷圃,是一个以文学鼓吹与教育灌注为使命的文学社团,古直为成立之初的"冷圃五子"之一。
⑥ 梅州学校,指梅州高等小学。
⑦ 曾伯谔,即曾辨,伯谔是字,号积雪,身为富家弟子,却与弟曾勇甫一起积极投身革命。

余人，然多高才之士，其中有名熊锐者，后此十年，在法国巴黎加入中共小组，实为梅县首先入党之一人。——以上三年历史，侯过、丘哲两同志各能了解一部分，自传附件、《层冰文略》亦可证一部分。

一九一〇年，我二十六岁。是年主持梅州学校。

朝鲜亡于日本，我作《哀朝鲜》诗，熊锐诸生和之。

一九一一年，我二十七岁。是年春初，我转任汕头《中华新报》编辑，努力鼓吹革命。三月廿九之役①，功虽不成，全国人心肃然震动，故宣传颇有效力。我感觉时机快到，即于暑期辞报馆归，督促同志预备迎接革命高潮。其时梅县革命同志派别甚多，有松口派，有丙村派，有西阳派，有石扇派，有适庐派，有商会派，有冷圃派。其中心问题，则是"如何克服巡防营兵"，时巡防营兵驻城者约三排，枪械犀利，革命同志皆仅仅有少数手枪，攻夺县城自量不能。对此问题各派研究之后，都无办法。最后冷圃派因势利导，先交结巡防营教练官，进一步交结巡防营排长、班长，秘密运动数月，巡防营兵遂在冷圃派掌握中。到了十月，武汉一呼，四海风从，而梅县亦于此际顺利光复，只杀游击②白某一人，其余州官陈某投降等人皆纵之去，四民安堵，市肆不惊，主持者钟动，我则把握巡防营队伍亦稍出微力，众推我为司令部秘书长。

一九一二年，我二十八岁。我于去腊主持开伐祖祠风围山林，得银五百两，创办滂溪小学，今年二月一日开学。三月，我出任汕头同盟会机关部秘书长，四月，创办汕头《大风日报》，出洋招股，先到暹罗，依次到新加坡、芙蓉、马六甲、加影、吉隆坡、大吡叻、槟榔屿，渡海到日丽，坐船到吧城。凡经半年而回到汕头时，同盟会已改组国民党，我遂辞去秘书长一职，自此不复挂名党籍。

十二月，我赴上海购印字机，南社柳亚子闻我到上海，托社友朱少屏访，

---

① 三月廿九之役，指同盟会在宣统三年三月廿九（1911年4月27日）发起的起义，又称"广州起义"或"黄花岗起义"。

② 游击，清朝三品武官官衔。

我函荐社友周人菊为主笔。

一九一三年，我二十九岁。是年一月《大风日报》出版，我任社长，同县叶菊生、淮安周人菊为主笔，日出纸两大张，消流内地及南洋颇广。

三月，广东号召讨袁，龙济光奉袁世凯命由梧州顺流而下，径攻广州，讨袁事败，《大风日报》被封停版，我走香港寓曾伯谭家。

一九一四年，我三十岁。是年二月由港回里组织龙文乡教育会，预备创办龙文公学。

四月，将村中安仁寺偶像毁去，改造为龙文公学校舍，数月而成。

一九一五年，我三十一岁。是年二月，龙文公学开学。

三月，西厢公学请我为教员，我教了两个月，病辞归。八月，我出任省立梅州中学①国文教员。

一九一六年，我三十二岁。去冬，钟动写信邀我赴港赞助讨袁事宜，寒假我即出港，被任出洋筹饷，今年正月乘法国邮船出洋。船到新加坡登岸。我经历芙蓉、吉隆坡、大吡叻、槟榔屿各埠，筹饷成绩颇佳。事毕返经海防，乘滇越铁路火车至昆明，被任云南督府顾问，将行役诗篇付石印，名曰《转蓬草》，此书流入海防，法警局得而译之，指为鼓吹安南革命，我后重过此地，警探时时蹑我踪迹——此年历史自传附件可证明。

一九一七年，我三十三岁。我去冬由滇请假归，临行滇督送我往返川资，我归至里，遂出余资修葺抱瓮斋藏书楼，并雇船将冷圃藏书由梅城运上并藏楼上，以供龙文公学员生阅读参考。今年二月修葺整理完毕，我复返云南，至则滇督唐继尧派我出洋慰问华侨，因为云南个旧锡矿极佳，蕴藏至富，我为唐督画策，招徕华侨用新式机器开采，则华侨富，云南亦富。以此关系，故华侨子弟及广东学生大量考入云南讲武堂。我经历英属、荷属各埠回滇覆命，至冬辞顾问职归里，仍主持龙文公学。

一九一八年，我三十四岁。是年春创建龙文公学新校舍，至冬而新校舍完成。

---

① 省立梅州中学，广东最早的省立中学之一，古直为校歌填词，自此一直沿唱百年至今。

一九一九年，我三十五岁。是年二月龙文公学迁入新校舍，我于迁校后出游广州，在广州购得《新青年》杂志及其他杂志、新书，寄龙文公学供员生阅览。

是时广州有八总裁政府，桂系将领主之，孙中山先生亦挂名其间。我以讨袁关系与林虎①认识，林氏荐我为陆军部秘书，及林氏出为肇庆镇守使，又荐我为封川县县长。至冬十二月，忽调任高要县，我莫名其故，后闻林氏以我能文，以备必需文字时就近有所取裁。然我卒因此而见嫉于林之左右。

一九二〇年，我三十六岁。我去腊由封川调任高要，到任即极力改善城市卫生。今年初春，先开县苗圃，继办《要言旬刊》，后办高要初级师范、暑期讲习所等。以前高要蚕茧甚丰而不晓缫丝，将茧出卖，失亏甚大。我查得此情形，即刻聘请顺德妇女来县开办高要妇女缫丝训练班。又县城对岸新江数十里，每年必待西水落后，乃能莳田，灾害沉重。新江人民想筑围基，而金东围人民则以妨害金东围之安全为恐，故数十年不能成功。我批新江人民请筑围基呈文，主张以测量方法决定，必使南北两岸围基两利，则人不能反对。而新江围后遂照此原则筑成云。

冬十一月，粤军自闽回粤，桂军败走，我于此时自免罢归。

我以上三十六年的历史过程可作一点总结。

我出身贫雇农家庭，故少年思想局于一隅，不出入学中举，显亲扬名的几种。及读书稍多，交游胜己之人，与之讨论，始知民生困穷，在于政治不好，故革命思想遂随新潮流而生。及辛亥革命民国成立，全国人民喁喁望治，乃政治腐败反有过于满清者。故我不复挂名党籍，而唯从事教学工作。然此时年富力强，壮心不已，故讨袁之役万里奔波，因此结识唐继尧，望其能救中国。后觉无望，悔然而返。继细察南北军阀皆是人民之敌，决无容我们借手之处，故高要归来即急求离开都市转入深山无人之处。

一九二一年，三十七岁。是年二月由广州赴庐山，为隐居之计。先是友

---

① 林虎，原名荫清，字隐青，广西陆川人，1906年加入中国同盟会，参加过辛亥革命、二次革命、护国战争、护法战争和粤桂战争等。中华人民共和国成立后为广西政协副主席。

人侯过①为江西农业专门学校教授，每年必率领学生到庐山白鹿洞实习，去年暑假侯君访我于高要县，极言庐山之好，田地又平。我闻之欢跃欲往，先邀朋友集资买山，到了今年，我就径赴庐山，先住白鹿洞书院，后买得万寿寺一带山林，乃移居山上独马楼僧舍，继又集合朋友之资在三峡桥上陈家阪建筑楼房一座，颜曰"葛陶斋"，至冬由独马楼僧舍移居于此。

一九二二年，我三十八岁。暑假侯过来游，觉得太乙峰向南，又面临鄱阳湖，风景极佳，可以开辟新村。因诛茅斩棘，招邀朋友有兴趣住山者来此结庐。张励先至，丘哲继之，以后蔡廷锴、吴奇伟诸人皆相继筑室于此山阿，称为太乙村。②

我管理农林有暇，稍稍撰述，成《陶靖节述酒诗笺》一卷、《陶靖节年谱》一卷、《新妙集》一卷。

一九二三年，我三十九岁。是年成《陶靖节诗笺》四卷，《陶集校勘记》一卷，《汪容甫文笺》三卷。

一九二四年，我四十岁。是年友人谢悔生③自上海来就我读书，暑期由葛陶斋移居太乙村映庐，成《诸葛武侯年谱》一卷，合近年著述编成《无闻集》十二卷。

一九二五年，我四十一岁。是年春，广东大学聘我为文科教授，暑假回粤，寓文明路广东大学西楼。十一月，大学教授会议反对政府征求教授相片做身份证事，全体教授罢课月余。由今回忆，当时思想实在过分陈旧了。

一九二六年，我四十二岁。是年春，广东大学改名国立中山大学，聘郭沫若为文科学长兼任广东通志事。郭氏以文科事忙，乃转以通志事属我。

十二月到武昌访友，腊冬归庐山，成《陶靖节年岁考证》一卷。

一九二七年，我四十三岁。在庐山留住一年，成《钟记室诗品笺》四卷。

---

① 侯过，原名楠华，字子约，广东梅县人，早期的林业家和教育家，新中国成立后首任广东文史馆馆长。古直与之自少年求学时相识，交往至老。
② 太乙村，据《庐山志》记载是古直和曾晚归等率先开发的社区，1938年曾被日军攻占。康有为诗"太乙峰头太乙村，七人筑室各柴门"中所指的"七人"，至今未有定论。
③ 谢悔生，名贞盘，字中斐，号悔生，广东梅县城下市人，曾就读古直创办的滂溪小学和龙文公学，任过梅县修志局局长和中山大学教授，极得古直赏识。

一九二八年，我四十四岁。是年春回广州，十一路军军长陈铭枢聘我为参议。陈氏旋为南区善后委员公署主任，我渡琼州住一月，仍回中山大学教授，成《曹子建诗笺》二卷。

一九二九年，我四十五岁。是年在中山大学成《汉诗辩证》四卷。

一九三十年，我四十六岁。是年在中山大学成《客人对》并笺一卷，《客人骈文选》一卷，《客人三先生诗选》三卷。

一九三一年，我四十七岁。是年在中山大学成《阮嗣宗诗笺》一卷。

一九三二年，我四十八岁。是年在中山大学成《陶集卷第考》一卷。

"一二八"十九路军在上海突起抗日，我作《攘倭行》长歌一首。

一九三三年，我四十九岁。是年在中山大学重定《陶靖节诗笺》《阮嗣宗诗笺》《曹子建诗笺》《陶靖节年谱》《层冰文略》，合刻为《层冰堂五种》。

代蔡廷锴将军作《十九路军抗日死国将士之碑》，立于广州沙河十九路军坟场。

一九三四年，我五十岁。是年校刊罗翙云先生《客方言》十卷、《李绣子先生集》二十卷。

一九三五年，我五十一岁。我小时鼎两房，至今年遂聘大立乡①黄氏女名玉芷为妻，以承锡干公之祀。

是年夏，胡适到香港接受香港大学博士学位，在港演说取媚英帝国，谓华南哪配办教育，只有香港才配作华南教育的中心，又极力诬蔑广东文化。过了几日，胡适来穗，中山大学布告请他讲演，我力言于邹鲁校长，必当罢其讲演。邹氏悟，即刻复出布告，谓胡适"认贼作父"，应即取消其讲演，胡适闻之，跳往广西，我又以快邮致广西指斥之，此事经过情形如此——此段历史华南联大副总务处长张掖能了解，而世人或误传我反对白话文，可笑。

一九三六年，我五十二岁。是年在中山大学成《韩集笺正》一卷。

一九三七年，我五十三岁。是年在中山大学笺《文心雕龙》。

一九三八年，我五十四岁。是年在中山大学。十月十三晨二时，我在惠

---

① 大立乡，今在广东梅县水车镇辖地。

州闻日寇已在淡水登陆，守军不战溃退，我即由惠州逃难。路上屡遇敌机扫射，避入蔗林。沿途经过种种危险，行了七日，乃到龙川，双足皆肿，幸遇友人拯救，乃得以归里。

我以上十八年的历史过程可作一点总结。

我隐居庐山逃避现实，当时的人以为清高，自己也觉得清高。由今评判，是表现我的革命性消失，是要不得的。且以"葛陶"名其住屋，隐然以之自比，也是不对的。古人与我时势不同，境遇亦异，安能强附，以为名高？

一九三九年，我五十五岁。当大革命的前夕，郑天保[①]——原名君度、胡一声[②]两同志自中山大学回里，与吕君伟诸同志开办梅南中学宣传革命，实为梅县的红色摇篮。及大革命失败，梅南中学随之摧折。等到今年，天保、一声又推郑天任同志出而复办，以继续革命工作。适我归里，天任坚请我出来主持，我不能却，遂辞去中山大学教授，负起复办梅南中学的责任，同时并创办梅南文学馆，以资号召并为掩护——此段历史胡一声同志的信能证明。（信入附件）

五月向伪政府立案，伪政府以南中教员皆左派人物，对我提出严重警告。适伪政府派人查学，见南中有《新华日报》，遂指为借办学以掩护共党活动，我多方辩护，终不准立案。

六月，文学馆征求抗战曲词，应征者数十人。

一九四〇年，我五十六岁。南中复办后不准立案，伪政府疑忌日甚，于是负责诸同志皆先后辞职，我犹艰苦支持。是年三月出洋筹款，及到荷属泗水埠，乃知匪党已通信该埠破坏南中。我这时想了又想，立案已无希望，学校到底关门，于是不复进行筹款，在泗水住两星期即打算归国。临行前日，亲友殷勤馈赠得五六千盾，旅费之外，尚有余资，尽以支持南中。是年编文

[①] 郑天保，原名君直，又名郑晋、郑兴，广东梅县梅南人，曾就读滂溪小学和龙文公学，在中山大学学习期间加入中共党组织，新中国成立初期是广东省府办公厅副主任兼交际处长，后任省政协秘书长。

[②] 胡一声，原名水庭，广东梅县梅南镇罗田上村人，曾受教于古直，在中山大学学习期间加入中共党组织，曾长期活动于南洋一带，退休前为暨南大学东南亚研究所副所长。

馆《年刊》，连刊五年，至停办前一年始停刊。

九月，应薛岳①之邀往游长沙。我本不识薛岳，因他的秘书余式如是中山大学学生，受过我课，薛岳问式如"汝所佩服的教授为谁"，式如提出我的名字——我到长沙式如对我这样说。于是薛岳遂请他的幕僚曾举直拍电报邀我游长沙。我到长沙住了二十七日而归，中间见过薛岳两次，彼要我做他的参议，我辞谢了。归途阅所赠《长沙会战纪实》诸刊物，因为有此材料，归到梅县，遂作《长沙会战碑》。我作此碑动机：（一）这时我的中心思想抗日高于一切，只要能抗战，不问何人；（二）七七抗战以来，上海、南京、武汉无不转移阵地，独长沙能够坚守；（三）日寇在淡水登陆如入无人之境，不过数日，广州遂陷，十余万军望风而逃。我所亲见，故心中益重视长沙的坚守，我作碑动机只是如此。听说有人批评我不应奖励杀人王薛岳，这事我诚惭愧，那时我为感情所动，不想到他后来会做出滔天的罪恶。我尚有《礼岳杂诗》，更为无聊。今日回忆，悔悔无及，我真惭愧至极。

十一月，归至里门，时南中已复办二年，伪政府终不许立案。记得去年郑天任对立案不准愤然曰"看他敢封我学校否"，今日归来，乃知伪政府已将我兼龙文公学校长撤去，改换胡文为校长，剑拔弩张的样子，真表示当封我的学校了。

一九四一年，我五十七岁。是年梅南中学被迫停办，仍续办梅南文学馆，且将南中用作操场的沙坝开荒。因此际抗战方在中期，已不能回任中山大学教授，又不愿做伪政府的官，只得用劳动来维持生活了，亦赖文学馆学生十余人皆落力帮助我。

一九四二年，我五十八岁。是年仍办文学馆，开沙坝种刺篱，种堤树，以御洪水牛羊，成《黄山谷诗注补正》。

天旱，生活甚艰苦，所种鸭脚粟旱将死，学生十余人帮助家人轮流戽水灌溉，粟复生长结实，反大于平常。

一九四三年，我五十九岁。是年仍办文学馆，开沙坝。即极荦确之石坝，

---

① 薛岳，原名仰岳，字伯陵，国军一级上将，曾在长沙会战中指挥部队挫败日军进犯，歼敌十万。

亦挖开种树种篱，曾累（层累？）的摊以泥沙，日与河水斗争，诸生皆高兴助我，但"荒地无人耕，耕哩有人争"，我今日正应此俗谚。兼我平日种树、读书、教书外，不大与乡人联络，脱离群众，以此遭乡人的嫉忌。

此两三年中，颇以文字应酬人。顾炎武曰："一为文人，便无足观。"蔡伯喈曰："平生作文无愧色者，惟《郭有道碑》。"我此两三年中所作的文皆有愧色，如刘志陆的碑、梁国材的序文皆受了人之批评。而我自己来批评：（一）感情过重；（二）措辞太夸张；（三）称誉失实；（四）完全不对。我与刘氏只是抗战初期才相识，但他死后，第一，他的治丧委员会都是熟人，要我作文，我无法推却；第二，我复办南中刘氏亦颇帮助我；第三，他实行抗日，在潮揭丰顺间指挥作战。种种原因结合起来，我就为他作了碑文。至于梁国材，我也是在抗战期间初相识，也因为欢送会的时候一大群熟人一说再说，我不能却他的情。其次，我复办南中他亦助了我一些钱。又其次，我这时一心追求抗战，梁氏说要回到长沙前线去，所以不知不觉就写出这篇可耻的序文。今闻梁贼仍在香港做反革命的勾当，我回想起来真对人民不起，惭愧无地。

一九四四年，我六十岁。是年仍办文学馆，开沙坝。冬间日寇趋汤坑，梅县惶惶搬走。我与胡一声诸同志组织联防，且送被包入小桑①，预备上九龙嶂打游击。伪特务刘章密电韶关伪总部及边区伪总部，略云"古直勾结奸匪胡一声、陈炳传等，准备武装暴动，请派兵围剿"——此段历史胡一声同志的信可证明。（信入附件）

一九四五年，我六十一岁。是年仍办文学馆，开沙坝。三月重庆伪党史编纂会主任张继函请我参加纂修工作，并托林百举等函劝，我拒绝了。

八月日寇投降，抗战结束。

一九四六年，我六十二岁。是年文学馆停办，私立象宿中学推举我为董事长。门人杨晋康原为县立丙镇中学教员，伪政府指为左派，解其聘约，象宿中学因聘他为教员，伪政府又来干涉，我们联合各校董力与抗争，乃得

---

① 小桑，梅县水车镇辖下的山村，离粤东第二高峰九龙嶂不远。

无事。

三月，我出任梅县修志馆馆长兼总纂。

一九四七年，我六十三岁，是年在修志馆。

一九四八年，我六十四岁，是年在修志馆。

四月生一子，命名古成业。我有三子，长子古嗣业，次子古胜业，都是过继的。

伪专员曾举直①小时在西厢公学受过我课，及后又由我介绍入云南讲武堂，故平素对我颇恭，做了伪专员后，聘请我为清剿委员，我严词拒绝了。我当时对他说过"清心为本，哀痛为先"的大义话。

此时梅县四乡农村人民皆欢迎解放军的纪律，不取民间半条蔬菜，借民房宿，临去必清洁其房所，充满其水缸，打坏一只半只碗碟亦必赔钱。故民间闻解放军来，总在夜间亦必开门观看，供茶供水。人皆称刘永生②司令为"老货"，他到我的近处官塘圩，破伪政府仓库，适在圩期，尽将仓谷分给近圩人民担去，大家欢呼而归，都希望梅县快些解放。

一九四九年，我六十五岁，是年在修志馆。

五月梅县解放，商民欢迎，市肆安堵如故。

象宿中学教员杨晋康在象宿做了几年通信宣传的工作，遂与卢伟光同志——伟光亦在象宿教了两个月，同出县城。伟光被任梅县人民政府文教科科长，晋康被任梅州公学——新开办干部学校的教导。过了几日，人民庆祝解放，伟光请我作人民政府门联，我拟联曰"人民作主，天下为公"，又请我作体育场联，我尚记得下联曰"快解放，勤学习，衷心庆祝太平来"。

晋康奉陈仲平县长、陈柏邻副县长命来请我与古苑如联名写信给寻邬古姓，帮助寻邬的解放工作。我立即写了信派人送往寻邬，寻邬古姓派代表二人来梅与陈县长接洽，回去进行。正在这个时候，胡琏匪团压境而来，功败垂成——此段历史杨晋康同志能证明。

---

① 曾举直，家名纪钹，字天声，广东梅县城北人，国军中将。
② 刘永生，福建省上杭县人，解放军开国少将。

胡匪盘踞梅县，人民政府退入山区。杨晋康与诸同志统率梅州公学学生千余人入山，我亦避居乡下。伪专员柯远芬查得杨晋康是象宿中学老教员，根究甚急。象宿校长古映寰、校董古苑如写信问我有什么办法，我因为运动寻郚解放事，恐其泄露，故初不敢到城，及居乡久之，不闻动静，则冒险一往修志馆。次日，有伪副专员陈某来访，陈为湖南人，年少有才，自言仰慕我名，我以为有机可救象宿，乃力与周旋，去后，复寄以短札，仅称他英俊有才，陈得札大喜，发表于梅县《汕报》。因此陈又来馆谢教，我乃抓紧此机会，径说我是象宿中学董事长，杨晋康上学期早已辞去，人之谗言，绝不可信等的大义话，陈某唯唯答应解释，象宿中学遂得平安过去。

一九五〇年，我六十六岁。是年我为私立南华大学教授，专教陶渊明诗。

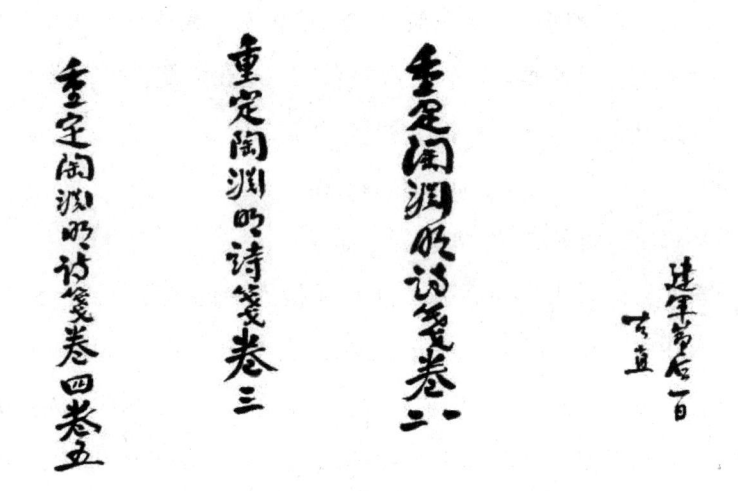

古直《重定陶渊明诗笺》手稿封面（古成业拍摄，广东省档案馆藏本）

一年以来，北京友人①时时自北京以书报寄给我学习，所寄的重要书籍目录如下：

---

① 友人，指胡一声，其时在北京，任北京师范大学附中校长。

毛主席的《论人民民主专政》；

毛主席的《新民主主义论》；

毛主席的《中国革命与中国共产党》；

毛主席的《目前形势和我们的任务》；

刘副主席的《论国际主义与民族主义》；

斯大林的《辩证唯物主义与历史唯物主义》。

我学习过以上各书，我的思想豁然解放，我有答一声同志的诗说："前进/前进/四万万七千五百万人民/谨予汝十年之限/过渡到和平安乐之彼岸//前进/前进/风涌波骇/蛟横鳄厉/曾不足以阻我的勇气/"一声得到我的诗，复信说："智识分子思想的改造，先生已实行之了！"——此诗刊在南华大学校报《新南大》，今入附件。

冬，得胡一声同志北京来信说有些乡人对我不满，一声因以四事问我。

（一）问梅南中学公地是否先生有占用，经过情形如何？

（二）问梅南中学桌凳是否被先生移往象宿中学？

（三）问胡琏匪扰梅时先生是否曾在汕发表歌颂柯远芬的信？

（四）问先生是否曾劝人自新，使自新者被害？

我得一声信后即以书信电报复之曰："象宿为最前进中学，故助之。其余三事绝非事实！"

我继以长信答复一声，大意谓：（一）梅南中学无公地，南中停办，有沙坝操场，不用我来开荒，我与南中是分不开的，南中复办即刻可变成沙坝操场。（二）电信已明白。（三）我因为救象宿有与伪副专员陈某的信，无颂柯远芬的信。（四）此大约是指古荫事，古荫为人民政府助理秘书，向柯远芬自新，为柯拘禁其兄，请我写信去保，保不出来，为柯打死。这些乡人的见解都是主观的或是片面的。

一声同志得我详细经过复信后，即刻复我函曰"今阅来函，方知原来如此。吾固知事出有因，并力为先生辩解，但不知经过情形，所以询问先生"。

一九五一年，我六十七岁。是年春初，梅县预备土改，县文教科科长卢伟光同志问我对于土改的意见,我写《土改歌》一首答之曰"……井田法坏/富者田连阡陌/贫者至无立锥/儒先睹此/乃叹倘乘秦汉革命之际/土旷人稀/重画井田/民生憔悴必不至于此极/谁能料到千岁之后/真有土地改革之今日/土改/土改/由此过渡到美丽康乐之彼岸/死者如可作/儒先尽参赞/何况并时之英贤/"。

这因为我从前常读宋人苏洵《井田法论》,而概括其意,以为此歌。今略引苏氏之论如下,以见我思想来源。

"井田废,田非耕者之所有。耕者之田,资于富民,富民阡陌连接,募召浮客,分耕其中,鞭笞驱役,视以奴仆,而役属之。夏为之耨,秋为之获,无有一人违其节度。而田之所入,已得其半,耕者得其半。有田者一人,而耕者十人。是以田主日累其半,以至于富强;耕者日食其半,以至于穷饿而无告。夫使耕者至于穷饿,而不耕不获者坐而食富强之利,其弊皆起于废井田。"又曰:"如乘大乱之后,土旷人稀,可以一举而就,高祖之灭秦,光武之承汉,可为而不为,以是为恨。"①

五月,广东省人民政府任命我为参事室参事,我即于六月四日到职工作,参加华南统一战线工作研究班特别小组学习。我于此几个月中,自己学习过《联共(布)党史》《实践论》诸书。

1952 年古直先生全家福

---

① 引自北宋文人苏洵的著作《论衡·田制》,有删节。

我写自传时得临时学习委员会的政治学习文件三篇，我学习过后，觉得忠诚与老实是做人的起码道德，故我写这篇自传是本着忠诚老实来写的。

临时学习委员会《自传提纲》第十二条云："对汝历史了解较清楚的有哪些人，他们现在何处，可否对你历史作证明？"我今提出在广东的一位友人侯过，在北京的一位同志胡一声，是了解我的历史较清楚的人，可以对我的历史作证明。侯过住在广州文明路中山大学旧校区南轩四号，胡一声住在北京国立北京师范大学附属中学。

总结我的六十七年历史，前期颇有强烈的革命思想，中期逃遁现实想做隐士，过清高生活，真觉无聊。尤其因多读了几本书，被人认为能文，可借以表扬功名，不知不觉我就做了封建地主的工具。我妄以为文名可传，今觉悟起来，不单是无用之文，反沾了我一身污点，不能见谅于人。后期经历忧患，故所表现之思想转为坚强。从今以后，唯当努力学习马列主义、毛泽东思想，好好为人民服务，永远跟着共产党的脚步，向着伟大的人民领袖毛泽东主席旗帜下前进！

一九五一年八月廿三日稿成

整理者附志

先父古直（1885—1959）是跨清朝、民国和中华人民共和国三个时代的著名学者。他在青年时期积极投身社会活动，中年着重教学和学术研究，直到晚年仍坚持著述与总结，为学界留下不少有价值的遗产。《古直自传稿》并非一般意义上的个人传记，而是中华人民共和国成立之初的一份干部入职履历。从其内容，我们看到古直由出生到落笔时清晰的轨迹，看到他个人与社会敏锐积极的互动，也能看到他潜心文学研究的丰硕成果。《古直自传稿》有这样的特点：就是中间插入阶段性小结，检讨思想，并对每段历史列出可予证明的人，而且越近期的事，表述得越详尽。之所以这样写，一是古直刚经历一个运动的旋涡；二是古直抱着诚实的宗旨做人；三是在事前的专门学习中，相关部门对自传的撰写有着具体的要求。虽然《古直自传稿》只是干部入职材料之一，不可能涵盖他所有的社会经历，也不可能罗列详细的学术活动，但在阅读者眼里，一个爱国忧民、孜孜不倦、醉心学问、刚直不阿的学者形象依旧跃然而出，令人敬仰，令人觉得无可置疑。

本人生于1948年，广东梅县梅南人。三岁随母从家乡到广州定居，一九六八年到广东高要县务农，期间从事业余文艺创作。五年后回城，先后入职工厂、机关、研究所、外贸企业、高新技术企业等多个单位，从事技术、行政、编辑、企业管理等工作。20世纪80年代出版有《表面处理技术》《厨用电热器具》《家用电器手册》《折纸玩具》等著作。

汉诗研究

古直（遗作） 赵敏俐 雷雨晴（校理）

导 论

赵敏俐

此书原名《汉诗辨证》，中华书局 1930 年出版。1933 年启智书局再版，署名梅县古层冰，有增订。

《汉诗研究》共分四卷，第一卷为《古诗十九首辨证》，第二卷为《苏李诗辨证》，第三卷为《焦仲卿妻诗辨证》，第四卷为《古诗十九首辨证余录》和《苏李诗辨证余录》。《古诗十九首》《苏李诗》和《古诗为焦仲卿妻作》（又名《孔雀东南飞》），都是汉代诗歌名篇。由于年代久远，后人所见到的这些诗最早都是出于六朝时代的辑录，相关的记载很少。因此，有关这些诗歌产生的时间和作者问题，早在六朝时代就有争论。如关于《古诗十九首》，《昭明文选》认为作者不明，徐陵在《玉台新咏》中却将其中的八首题为枚乘作，刘勰在《文心雕龙》中也说"古诗佳丽，或称枚叔"，但是他认为《冉冉孤生竹》一首是傅毅所作，对其他十八首则统称为"两汉之作"。关于苏武的诗，萧统与徐陵表示认可，但是刘勰与钟嵘都没有提及。对于李陵的诗篇，虽然《文选》《诗品》都给予肯定，但是刘勰的《文心雕龙》却说："是以李陵班婕妤见疑于后代也。"宋代以后对这些诗篇的考证渐多，到20世纪初达到了高峰。以梁启超、徐中舒、罗根泽为代表的学者，根据进化的理论和他们的相关考证，基本上将《古诗十九首》定位为东汉末年，并认为李陵苏武诗为六朝人假托，《焦仲卿妻》一诗则为六朝时代所作。古直此书，就是对梁启超等人的考证所进行的逐条反驳。如关于《古诗十九首》，梁启超等人认为文人五言诗到班固时代还不成熟，所以这些诗篇不会产生在此之前，而古直则认为西汉时代已经有很多五言诗，不能简单地这样下断语。关于苏李诗，有人认为李陵是一介武夫，不会写诗。史传中记载了他的一首与苏武的《别歌》，也是楚歌体，这说明他不可能作出五言诗。在苏武诗中还有"行役上战场"这样的诗句，这也不像是他作为一位出使之人的口气。而古直则认为李陵既然能作出《别歌》，就说明他会写诗，同时也不能由此就认为他不会写五言诗。苏武虽然是奉使通西域，没有亲自上战场，但是他所经行之地都曾经是战场，诗中所写亦在情理之中。关于《焦仲卿妻》诗，有人认为其中提到了"青庐"，这是北朝才有的风俗，由此证明这首诗应该产生在南北朝以后，而古直则经过考证说，据《世说新语》所记，青庐之俗，汉末已有。总体来讲，由于相关的历史记载太少，关于《古诗十九首》《苏李诗》与《焦仲卿妻》诗的产生年代和作者，到现在仍然还是一个争论不休难以解决的问题。这里面体现了不同的研究方法和历史态度。在20世纪二三十年代疑古思潮比较盛行的情况下，当时的学人们大都相信梁启超等人的观点，因为他们有进化论的理论支持，并以相关的历史考证作为基础来立论。但是我们今天重新审视，会发现用进化论的观点来讨论文学史的问题未必合适，例如不能因为有人说班固的《咏史诗》"质木无文"，就说此前的文人就一定写不出如《古诗十九首》那样的五言诗。梁启超等人的考证表面看起来很客观，但是仔细分析却会发现在他们的考证中有太多的主观臆断，显示了他们的知识局限。典型的例证是，因为在《古诗十九首》和《苏李诗》中都出现了"盈"字，他们认为这触犯了西汉惠帝的名讳，因此这样的诗不可能产生在西汉。但是古直用有力的证据证明，在西汉文献中有大量的"盈"字在使用，根本就没有这种避讳的制度,这一触讳说是后人用后代的情况逆推和臆想出来的,是不符合历史事实的。由此我们再来重新审视古直的这部著作,会发现他在从事历史考证方面更为客观和冷静,表现出更多的对历史的敬畏和尊重。作者知识渊博,引证丰富,考辨细致,多有创获,体现了朴质的实证之风,至今仍然是研究汉代诗歌的重要参考著作。《汉诗研究》原书由古氏弟子闵孝吉校对。为适应集刊的出版形式,本校理稿将原书的目录删除,对于发现的引文之误,直接改正,不再另行出校;原著后所附《汉书·李陵苏武传》,予以删除。

一 《古诗十九首》辩证

古诗初无主名,《文选》所标,盖仍旧题。李善注曰:"古诗盖不知作者,或云枚乘,疑不能明也。诗云'驱车上东门',又云'游戏宛与洛',此则辞兼东都,非尽是乘明矣。昭明以失其姓氏,故编在李陵之上。"说本明通,世人好异,至有指为选楼窜乱之作者,则惑甚矣。是不可以不辨,辨之如次。

《文选·古诗十九首》原文:

> 行行重行行,与君生别离。相去万余里,各在天一涯。
> 道路阻且长,会面安可知。胡马依北风,越鸟巢南枝。
> 相去日已远,衣带日已缓。浮云蔽白日,游子不顾返。
> 思君令人老,岁月忽已晚。弃捐勿复道,努力加餐饭。

> 青青河畔草,郁郁园中柳。盈盈楼上女,皎皎当窗牖。
> 娥娥红粉妆,纤纤出素手。昔为倡家女,今为荡子妇。
> 荡子行不归,空床难独守。

> 青青陵上柏,磊磊涧中石。人生天地间,忽如远行客。
> 斗酒相娱乐,聊厚不为薄。驱车策驽马,游戏宛与洛。

洛中何郁郁，冠带自相索。长衢罗夹巷，王侯多第宅。
两宫遥相望，双阙百余尺。极宴娱心意，戚戚何所迫。

今日良宴会，欢乐难具陈。弹筝奋逸响，新声妙入神。
令德唱高言，识曲听其真。齐心同所愿，含意俱未申。
人生寄一世，奄忽若飘尘。何不策高足，先据要路津。
无为守穷贱，轗轲长苦辛。

西北有高楼，上与浮云齐。交疏结绮窗，阿阁三重阶。
上有弦歌声，音响一何悲。谁能为此曲，无乃杞梁妻。
清商随风发，中曲正徘徊。一弹再三叹，慷慨有余哀。
不惜歌者苦，但伤知音稀。愿为双鸣鹤，奋翅起高飞。

涉江采芙蓉，兰泽多芳草。采之欲遗谁，所思在远道。
还顾望旧乡，长路漫浩浩。同心而离居，忧伤以终老。

明月皎夜光，促织鸣东壁。玉衡指孟冬，众星何历历。
白露沾野草，时节忽复易。秋蝉鸣树间，玄鸟逝安适。
昔我同门友，高举振六翮。不念携手好，弃我如遗迹。
南箕北有斗，牵牛不负轭。良无磐石固，虚名复何益。
冉冉孤生竹，结根泰山阿。与君为新婚，兔丝附女萝。
兔丝生有时，夫妇会有宜。千里远结婚，悠悠隔山陂。
思君令人老，轩车来何迟。伤彼蕙兰花，含英扬光辉。
过时而不采，将随秋草萎。君亮执高节，贱妾亦何为。

庭中有奇树，绿叶发华滋，攀条折其荣，将以遗所思。
馨香盈怀袖，路远莫致之。此物何足贡，但感别经时。

迢迢牵牛星，皎皎河汉女。纤纤擢素手，札札弄机杼。
终日不成章，泣涕零如雨。河汉清且浅，相去复几许。
盈盈一水间，脉脉不得语。

回车驾言迈，悠悠涉长道。四顾何茫茫，东风摇百草。
所遇无故物，焉得不速老。盛衰各有时，立身苦不早。
人生非金石，岂能长寿考。奄忽随物化，荣名以为宝。

东城长且高，逶迤自相属。廻风动地起，秋草萋已绿。
四时更变化，岁暮一何速。晨风怀苦心，蟋蟀伤局促。
荡涤放情志，何为自结束。燕赵多佳人，美者颜如玉。
被服罗裳衣，当户理清曲。音响一何悲，弦急知柱促。
驰情整中带，沉吟聊踯躅。思为双飞燕，衔泥巢君屋。

驱车上东门，遥望郭北墓。白杨何萧萧，松柏夹广路。
下有陈死人，杳杳即长暮。潜寐黄泉下，千载永不寤。
浩浩阴阳移，年命如朝露。人生忽如寄，寿无金石固。
万岁更相送，贤圣莫能度。服食求神仙，多为药所误。
不如饮美酒，被服纨与素。

去者日以疏，来者日以亲。出郭门直视，但见丘与坟。
古墓犁为田，松柏摧为薪。白杨多悲风，萧萧愁杀人。
思还故里闾，欲归道无因。

生年不满百，常怀千岁忧。昼短苦夜长，何不秉烛游。
为乐当及时，何能待来兹。愚者爱惜费，但为后世嗤。
仙人王子乔，难可与等期。

凛凛岁云暮，蝼蛄夕鸣悲。凉风率已厉，游子寒无衣。
锦衾遗洛浦，同袍与我违。独宿累长夜，梦想见容辉。
良人惟古欢，枉驾惠前绥。愿得常巧笑，携手同车归。
既来不须臾，又不处重闱。亮无晨风翼，焉能凌风飞。
眄睐以适意，引领遥相睎。徙倚怀感伤，垂涕沾双扉。

孟冬寒气至，北风何惨慄。愁多知夜长，仰观众星列。
三五明月满，四五蟾兔缺。客从远方来，遗我一书札。
上言长相思，下言久离别。置书怀袖中，三岁字不灭。
一心抱区区，惧君不识察。

客从远方来，遗我一端绮。相去万余里，故人心尚尔。
文彩双鸳鸯，裁为合欢被。著以长相思，缘以结不解。
以胶投漆中，谁能别离此。

明月何皎皎，照我罗床帏。忧愁不能寐，揽衣起徘徊。
客行虽云乐，不如早旋归。出户独彷徨，愁思当告谁。
引领还入房，泪下沾裳衣。

辩证一：《古诗十九首》前之五言诗

夫有开必先，凡事皆然。即在文章，亦莫能外。世之疑《古诗十九首》者，徒以西京词人遗翰，莫见五言耳。岂知苍姬方盛之际，嬴刘未奋之先，五言篇章，早已成就乎？甄录于左，以溯其源。《诗·魏风》云：

十亩之间兮，桑者闲闲兮，行与子还兮。
十亩之外兮，桑者泄泄兮，行与子逝兮。

——《十亩之间》，二章，章三句。

《郑风》云：

知子之来之，杂佩以赠之。知子之顺之，杂佩以问之。知子之好之，杂佩以报之。

——《女曰鸡鸣》，第三章。

《文心雕龙·章句》篇曰："诗人以'兮'字入于句限，楚辞用之，字出句外。"依此律令求之《毛诗》，则得五言全篇一篇。五言全章一章如右。但《明诗》篇又云："孺子沧浪，亦有全曲。"此指《孟子·离娄》所载《孺子歌》也。歌曰：

　　沧浪之水清兮，可以濯我缨。沧浪之水浊兮，可以濯我足。

案：歌连"兮"字为六言，而云全曲，则彦和作法自犯，不以"兮"字入句限也。不以"兮"字入句限，求之毛诗，亦有五言。《豳风》云：

　　是以有衮衣兮，无以我公归兮，无使我心悲兮。

——《九罭》，第四章。

《离骚》专用"兮"字助声，故诗有"兮"字者，人辄以为骚体。然在毛诗，求无"兮"字五言，比较更多。《大雅》云：

　　虞芮质厥成，文王蹶厥生。予曰有疏附。予曰有先后，予曰有奔奏，予曰有御侮。

——《緜》，第九章。

《小雅》云：

　　或燕燕居息，或尽瘁事国。或息偃在床，或不已于行。
　　或不知叫号，或惨惨劬劳。或栖迟偃仰，或王事鞅掌。
　　或湛乐饮酒，或惨惨畏咎。或出入风议，或靡事不为。

——《北山》，第四、五、六，三章。

右四章皆无"兮"字，与汉后严格五言诗同。由此观之，五言之演为篇，早在姬周。战代迄秦，其风未沫。孟子已引"沧浪"之歌，杨泉亦录"筑城"之曲。《水经注》引《物理论》曰，秦始皇起骊山之冢，使蒙恬筑长城，死者相属。民歌曰："生男慎莫举，生女哺用餔。不见长城下，尸骸相支拄。"爰及炎汉，其流弥长。《楚汉春秋》载虞美人答项王歌曰："汉兵已略地，四面楚歌声。大王意气尽，贱妾何聊生？"（王伯厚《困学纪闻》云："《楚汉春秋》，项羽歌，美人和之云云，是时已为五言矣。"全祖望《困学纪闻》笺云："虞姬之和项王，亦五言也，皆信此歌为真。"唯沈德潜谓歌词近于时。案《汉书·艺文志》，《楚汉春秋》九篇，陆贾所记。贾，汉初人，纵其为伪，亦汉初人作矣。）《汉书·外戚传》载戚夫人歌曰："子为王，母为虏。终日舂薄暮，常与死为伍。相离三千里，当谁使告汝。"又载李延年歌曰："北方有佳人，绝世而独立。一顾倾人城，再顾倾人国。宁不知倾城与倾国，佳人难再得。"（案此虽诗体未纯，然与彦和所举优歌为同例）。《贡禹传》，载武帝时俗语曰："何以孝弟为，财多而光荣。何以礼义为，史书而仕宦。何以谨慎为，勇猛而临官。"此出民谣，故偏质朴。若李延年歌之温丽，便与《古诗十九首》同流。彦和云"遗翰莫见五言"，晓微云"载班史者唯邪径童谣"，亦失考矣。（案《汉志》，歌诗二十八家，三百一十四篇。今除《高祖歌诗》《宗庙歌诗》《出行巡狩游歌诗》见《汉书》外，其余暨无传焉。然则彦和之时，西京遗翰，纵无五言，亦不得便疑《古诗十九首》非汉什也。）

辩证二：《古诗十九首》为两汉之作

何以但云"古诗"？以作诗者姓氏不可审知也。或云中有枚乘、傅毅（刘勰说）、张衡、蔡邕（王世贞说）诸人之作，然皆推测之词，非有明确之据（故钟嵘与刘勰同时，所著《诗品》云："枚马之徒，吟咏靡闻。"明其无据，故仲伟不信）。有之固莫能证，无之亦不敢决。要其非一人一时之作，而为两汉之作，则无可疑。今先引刘、钟二氏之说，而后即本诗以证之。

刘彦和《文心雕龙·明诗》篇曰："古诗佳丽，或称枚叔。《孤竹》一篇，则傅毅之词，比采而推，两汉之作乎？"

钟仲伟《诗品》曰："古诗眇邈，人世难详，推其文体，固是炎汉之制，非衰周之倡也。"

直案，彦和云"两汉之作"，仲伟云"炎汉之制"。今即二子之言考之，《古诗十九首》第七首云："明月皎夜光，促织鸣东壁。玉衡指孟冬，众星何历历。白露沾野草，时节忽复易。秋蝉鸣树间，玄鸟逝安适。"李善注曰："上云促织，下云秋蝉。明是汉之孟冬，非夏之孟冬矣。"《汉书》曰："高祖十月至霸上，故以十月为岁首。"汉之孟冬，今之七月也。复云"秋蝉""玄鸟"者，此明时候，故以夏正言之。则此为武帝太初以前未改历时之诗矣。（于光华引方氏说，疑"玉衡指孟冬"句，"冬"是"秋"字之误。若然，则下举二首，亦皆误邪？）又第十二首云："廻风动地起，秋草萋已绿。四时更变化，岁暮一何速。"上言秋草，下言岁暮，此亦太初以前时序。又第十六首云："凛凛岁云暮，蝼蛄夕鸣悲。凉风率已厉，游子寒无衣。"案《月令》："孟秋之月，凉风至。"岁暮而云"凉风"，此又太初以前时序。此三首可证为西京太初以前之作。

第十七首云："孟冬寒气至，北风何惨慄。"案《月令》："季秋之月，寒气总至。"郑注："总犹猥卒。"《诗·豳风》："一之日觱发，二之日栗冽。"《毛传》："觱发风寒，栗冽气寒。"（李善注毛苌曰："栗冽寒气也。"与此微殊。）《孔疏》引《春秋元命苞》："周人以十一月为正，殷人以十二月为正。一之日，二之日，犹言一月之日，二月之日也。"气寒风惨，此明是夏正之孟冬，非秦正之孟冬矣。此一首可证为太初改历以后之作。

第三首云："驱车策驽马，游戏宛与洛。洛中何郁郁，冠带自相索。长衢罗夹巷，王侯多第宅。两宫遥相望，双阙百余尺。"李善注："《汉书》南阳有宛县，洛东都也。"蔡质《汉官典职》曰："南宫北宫，相去七里。"五臣注，翰曰："宛，南阳也。洛，洛阳也。时后汉都此南都也。"济曰："洛阳有南北两宫，相望七里。"案：上云"洛中""冠带"，下云"王侯""宫阙"，其为东京无疑。此一首可证为东京之作。彦和、仲伟之说，于是信矣。

又案仲伟《诗品》云："古诗陆机所拟十四首外，《去者日以疏》四十五首，旧疑是建安中曹王所制。"此由未明汉魏诗道，中有鸿沟。《文心雕龙·明诗》篇曰："古诗结体散文，直而不野，婉转附物，怊怅切情，实五言之冠冕也。暨建安之初，五言腾踊，并慷慨以任气，磊落以使才。造怀指事，不求纤密之巧；驱辞逐貌，惟取昭晰之能，此其所同也。"观夫此，则建安诗体，异于炎汉，白黑分明矣。古诗《去者日以疏》诸篇，其风格宁有一毫似建安者邪？旧疑曹王所制，必不然已。

辩证三：魏晋以前只称"古诗"

《文选》陆士衡《拟古诗》十二首，第一首拟《行行重行行》，第二首拟《今日良宴会》，第三首拟《迢迢牵牛星》，第四首拟《涉江采芙蓉》，第五首拟《青青河畔草》，第六首拟《明月何皎皎》，第七首拟《兰若生朝阳》，第八首拟《青青陵上柏》，第九首拟《东城一何高》。（《玉台新咏》注云："一本作拟《东城高且长》。"），第十首拟《西北有高楼》，第十一首拟《庭中有奇树》，第十二首拟《明月皎夜光》。案：十二首中，除《今日良宴会》《青青陵上柏》《明月皎夜光》三首外，余并在《玉台新咏》枚乘诗内。然曰"拟古诗"，不曰"拟枚乘诗"，可证魏晋以前，只称"古诗"，更无或说。

辩证四：晋宋之际仍称"古诗"

《世说·文学》篇："王孝伯在京行散，至其弟王睹户侧，问古诗何句为佳。睹思未答。孝伯咏：'所遇无故物，焉得不速老。'此句为佳。"此句今在《玉台新咏》枚乘诗第八首中。然孝伯不曰"枚乘诗"，而曰"古诗"。此晋宋之际，仍称"古诗"之证一也。《南史·宋南平王铄传》："铄字休玄，文帝第四子。未弱冠，拟古三十余首，时人以为迹亚陆机。"案：休玄拟古诗，今存四首：拟《行行重行行》一，拟《明月皎夜光》二，拟《孟冬寒气至》三，拟《青青河畔草》四。除《孟冬寒气至》一首外，余皆在《玉台新咏》枚乘诗内。然曰"拟古"，不曰"拟枚乘"。此晋宋之际，仍称"古诗"之证二也。（六朝人拟前人诗，有主名者，皆题其名，无泛称"拟古"者。如谢灵运《拟魏太子邺中集诗》，鲍照《代陈思王京洛篇》《学刘公干体》《学陶彭泽体》《拟阮公夜中不能寐》是也。）

辩证五：齐梁之际"古诗"之外始有或说

《文心雕龙·明诗》篇曰："古诗佳丽，或称枚叔。"案《文心》一书，据《时序》篇，成于齐代，是齐时始有疑古诗为枚乘作者矣。然钟仲伟与彦和同时所著《诗品》不著或说。既云"古诗邈眇，人世难详"，又云"枚马之徒，吟咏靡闻"。而以五言之目，托始李陵，是齐梁之际，虽有或说，信者尚不多也。故选楼诸子亦不以或说入录。降及徐陵《玉台新咏》，始弃古诗旧题，别标枚乘新目。（取《古诗十九首》之八首为枚乘诗，余《凛凛岁云暮》《冉冉孤生竹》《孟冬寒气至》《客从远方来》四首，仍称"古诗"。）古诗疑案于兹成矣。

辩证六：选楼诸子未尝改窜古诗

朱彝尊《玉台新咏·跋》云："《古诗十九首》，以徐陵《玉台新咏》勘之，枚乘诗居其八。至《驱车上东门》，载乐府《杂曲歌辞》。第十五首'生年不满百，尝怀千岁忧。昼短苦夜长，何不秉烛游'，则《西门行》古辞也。古辞'夫为乐，为乐当及时，何能坐愁怫郁，当复待来兹'，而《文选》更之曰'为乐当及时，何能待来兹'。古辞'贪财爱惜费，但为后世嗤'，而《文选》更之曰'愚者爱惜费，但为后世嗤'。古辞'自非仙人王子乔，计会寿命难与期'，而《文选》更之曰'仙人王子乔，难可与等期'。裁剪长短句作五言，移易其前后，杂糅置《十九首》中，没枚乘等姓名，概题曰《古诗》，要之皆出文选楼中诸学士之手也。徐陵少仕于梁，为昭明诸臣后进。不敢明言其非，乃别著一书，列枚乘姓名，还之作者，殆有微意焉。"

直案：朱氏此跋，深文周内至矣。然《玉台新咏》以为枚乘诗者，《西北有高楼》一，《东城高且长》二，《行行重行行》三，《涉江采芙蓉》四，《青青河畔草》五,《兰若生春阳》六,《庭中有奇树》七,《迢迢牵牛星》八,《明月何皎皎》九。《文选》卷三〇"杂拟上",此九首陆士衡皆拟之,而题曰《拟古诗》。士衡三国晋初人,(吴亡时士衡年已二十,故曰三国晋初人。)所见题目,即称"古诗"。朱氏何据而云文选楼诸学士,没乘等姓名,概题曰"古诗"乎?其谬一。若谓陆机拟古诗十二首,亦选楼诸学士所题,又何解于《玉台新咏》陆机此诗,亦题曰陆机《拟古》乎?由此言之,朱氏非特不考《文选》,抑且不考《玉台》矣。其谬二。且梁元帝《金楼子》云:"刘休玄拟古诗,时人谓陆士衡之流,余谓胜乎士衡。"《金楼》次《昭明》之后,此非选楼诸学士所能改题也。钟嵘《诗品》云:"古诗陆机所拟十四首,文温以丽,意悲而远。"《诗品》作于沈约卒后(《南史·钟嵘传》,及约卒嵘评古今诗为评)。约卒于天监十二年(《梁书·本纪》,天监十二年,特进中军将军沈约卒)。时昭明方十三岁,距撰《文选》时尚远,此又非选楼诸学士所能改题也。朱氏改题之说,进退失据如此,甚矣其谬妄也已。至《驱车上东门》,《文选》录入"古诗",乐府列为"古辞"。"古诗""古辞",名异实同,已非攘为为私人之作。彼此互选,何嫌何疑。(《文选》乐府互见之诗众矣,朱氏何乃并此不考?)若夫《西门行》本辞,并不如朱氏所举。其所举者,乃晋乐所奏之辞。陈胤倩曰:"晋人每增加古辞,写令极畅。"是则晋乐所奏,为当时增益之作矣。(《晋书·乐志》,增损古辞者,取古辞以入乐,增损以就句度。)今将《古诗十九首》之第十五首,及乐府《西门行》本辞,晋乐所奏《西门行》并录如左,以资比勘焉。

《文选·古诗十九首》之第十五首:

生年不满百,常怀千岁忧。昼短苦夜长,何不秉烛游。为乐当及时,何能待来兹。愚者爱惜费,但为后世嗤。仙人王子乔,难可与等期。

《乐府诗集·西门行》本辞:

出西门,步念之。今日不作乐,当待何时。逮为乐,为乐当及时,何能愁怫郁,当复待来兹。酿美酒,炙肥牛,请呼心所欢,可用解忧愁。

人生不满百，常怀千岁忧。昼短苦夜长，何不秉烛游。游行去去如云除，弊车羸马为自储。

《乐府诗集》晋乐所奏《西门行》：

出西门，步念之。今日不作乐，当待何时。（一解）夫为乐为乐当及时，何能作愁怫郁当复待来兹。（二解）饮醇酒，炙肥牛。请呼心所欢，可用解愁忧。（三解）人生不满百，常怀千岁忧。昼短而夜长，何不秉烛游。（四解）自非仙人王子乔，计会寿命难与期。自非仙人王子乔，计会寿命难与期。（五解）人寿非金石，年命安可期。贪财爱惜费，但为后世嗤。（六解）

右晋乐所奏《西门行》，五、六两解，皆同于古诗，而非本辞所有。古诗已证明为两汉之作，则自晋乐袭用古诗，古诗何能袭用晋乐也？朱氏并此不能分别，异哉！至本辞与古诗相同者，祖述谁先，又当别论，而此不具也。

辩证七：触讳说

顾亭林《日知录》曰："孝惠讳盈，枚乘诗，'盈盈一水间'，在武昭之世而不避讳，可知为后人拟作，而不出于西京。"

直案，亭林所谓枚乘诗，即《文选·古诗十九首》之第十首也。除亭林所举外，又有第二首之"盈盈楼上女"，第九首之"馨香盈怀袖"，皆触惠帝讳。然考《汉书》奏议之文，尚多触讳，又况诗人吟咏。他且不举，但举触惠帝讳者，《汉书》贾谊《陈政事疏》曰："秦王置天下于法令，而怨毒盈于世。"（传本）《谏除盗铸钱令疏》曰："以调盈虚。"（食货志）邹阳《上书吴王》曰："淮南连山东之侠，死士盈朝。"（传本）韦孟在邹诗曰："祁祁我徒，负戴盈路。"（《韦贤传》）刘向《封事》曰："吕产吕禄，骄盈无厌。""王氏貂蝉，充盈幄内。"（《楚元王传·附向传》）薄昭予厉王书曰："怙恩骄盈。"（《淮南王传》）又《淮南子》："冲而徐盈""卷之不盈于一握""持盈而不倾"（《原道训》）。"盈缩卷舒""不盈倾筐"（《俶真训》）。王褒《四子讲德论》："含淳咏德之声盈耳。"（《文选》）刘向《说苑》："月盈则食。""天地盈虚。"（《敬慎篇》）随便举发，已得此数，汉人文字触讳之多可以见矣。顾氏博极群书，今乃失于眉睫，何邪？（参看《苏李诗辩证》）

《古诗十九首》评林

《世说》曰："王孝伯在京行散，至其弟王睹户侧，问古诗何句为佳。睹思未答，孝伯咏'所遇无故物，焉得不速老'此句为佳。"（互见上）

钟嵘《诗品》曰："古诗，其体源出于国风。陆机所拟十四首，文温以丽，意悲而远。惊心动魄，可谓几乎一字千金。其外《去者日以疏》四十五首，虽多哀怨，颇为总杂。旧疑建安中曹王所制。《客从远方来》《橘抽垂华实》，亦为惊绝矣。人代冥灭，清音独远，悲夫。"

刘勰《文心雕龙》曰："古诗佳丽，或称枚叔。其《孤竹》一篇，则傅毅之词。比采而推，两汉之作乎？观其结体散文，直而不野，婉转附物，怊怅切情。实五言之冠冕也。"

《吕氏童蒙训》曰："读《古诗十九首》，及曹子建诗，如'明月入我牖，流光正徘徊'之类，诗皆思深远而有余意，言有尽而意无穷也。学者当以此种诗尝自涵养，自然下笔不同。"（《渔隐丛话》引）

严羽《沧浪诗话》曰："十九首'青青河畔草，郁郁园中柳。盈盈楼上女，皎皎当窗牖。娥娥红粉妆，纤纤出素手'。一连六句，皆用叠字。今人必以为句法重复之至，古诗正不当以此论之也。"

蔡绦《西清诗话》曰："古诗十九首，或云枚乘作，而昭明不言。李善复以其有'驱车上东门，游戏宛与洛'之句，为辞兼东都。然徐陵《玉台》分《西北有浮云》以下九篇为乘作，两语皆不在其中。而《凛凛岁云暮》《冉冉孤生竹》等，别列为古诗。则此十九首，盖非一人之辞。陵或得其实，且乘死在苏李先。若尔，则五言未必始二人也。"

赵德鳞《侯鲭禄》曰："古诗'文彩双鸳鸯，裁为合欢被。著以长相思，缘以结不解'。注：'被中著绵谓之长相思，绵绵之意。缘被四边，缀以丝缕，结而不解之意'。余得一古被，四边有缘，真此意也。著谓充以絮。"

张戒《岁寒堂诗话》曰："陶渊明云：'世间有松乔，于今定何闻。'此则初出于无意。曹子建云：'虚无求列仙，松子久吾欺。'此语虽甚工，而意乃怨怒。古诗云：'服食求神仙，多为药所误。'可谓辞不迫切，而意已独至也。"

又曰："《国风》云：'爱而不见，搔首踟蹰。''瞻望弗及，伫立以泣。'其词婉，其意微，不迫不露，此其所以贵也。古诗云：'馨香盈怀袖，路远莫致之。'李太白云：'皓齿终不发，芳心空自持。'皆无愧于《国风》矣。"

又曰："'萧萧马鸣，悠悠旆旌。'以'萧萧悠悠'字，而出师整暇之情状，宛在目前。此语非惟创始之为难，乃中的之为工也。荆轲之'风萧萧兮易水寒，壮士一去兮不复还'。自常人观之，语既不多，又不新巧。然而此二语遂能写出天地愁惨之状，极壮士赴死如归之情，此亦所谓中的也。古诗'白杨多悲风，萧萧愁杀人'，'萧萧'两字，处处可用。然惟坟墓之间，白杨悲风，尤为切至，所以为奇。乐天云：'说喜不得言喜，说怨不得言怨。'乐天特得其粗尔。此句用悲愁字，乃愈见其亲切处，何可少邪。诗人之工，特在一时情味，固不可预设法式也。"

又曰："建安、陶、阮以前诗，专以言志。潘、陆以后诗，专以咏物。言志乃诗人之本意，咏物特诗人之好事。古诗、苏、李、曹到陶、阮，本不期于咏物，而咏物之工。卓然天成，不可复及。其情真，其味长，其气胜，视三百首几于无愧，凡以得诗人之本意也。"

范晞文《对床夜语》曰："《古诗十九首》有云：'冉冉孤生竹。结根泰山阿。与君为新婚，兔丝附女萝。兔丝生有时，夫妇会有宜。千里远结婚，悠悠隔山陂。思君令人老，轩车来何迟。'言妻之于夫，犹竹根之于山阿，兔丝之于女萝也。岂容使之独处而久思乎。《诗》云：'葛生蒙楚，蔹蔓于野。予美亡此，谁与独处。'同此怨也。又'涉江采芙蓉，兰泽多芳草。采之欲遗谁，所思在远道'，又'庭中有奇树，绿叶发华滋。攀条折其荣，将以遗所思。馨香盈怀袖，路远莫致之'，亦犹诗人'藋藋竹竿，以钓于淇。岂不尔思，远莫致之'之词，但反其义耳。王世贞《艺苑卮言》曰：'《风》《雅》三百，《古诗》十九，人谓其无句法，非也。极自有法，无阶级可寻耳。'"

又曰："'胡马依北风，越鸟巢南枝'，'衣带日以缓'，'清商随风发，中曲正徘徊'，'秋蝉鸣树间，玄鸟逝安适'，'弃我如遗迹'，'盈盈一水间，脉脉不得语'，'弦急知柱促'，'去者日以疏，来者日以亲'，'愁多知夜长'，'著以长相思，缘以结不解'，'出户独彷徨，愁思当告谁'，此《国风》清婉之微旨也。"

又曰："钟嵘言：'《行行重行行》十四首，文温以丽，意悲而远。惊心动魄，几乎一字千金。'后并《去者日以疏》五首为十九首，为枚乘作。或以'洛中何郁郁''游戏宛与洛'为咏东京。'盈盈楼上女'为犯惠帝讳。按临文不讳，如总齐群帮，故犯高讳无妨。宛洛为周都会，但王侯多第宅，周世王侯，不言第宅，两宫双阙，亦似东京语。意者中间杂有枚生或张衡蔡邕作未可知。谈理不如《三百篇》，而微词婉旨，遂足并驾，是千古五言之祖。"

又曰："'东风摇百草'，'摇'字稍露峥嵘。便是句法为人所窥。"

陆时雍《诗镜总论》曰："《十九首》近于赋，而远于风。故其情可陈，而其事可举也。虚者实之，纡者直之，则感寤之意微，而陈肆之用广矣。夫微而能通，婉而可讽者，风之为道美也。"

谢榛《四溟诗话》曰："'觏闵既多，受侮不少'，初无意于对也。《十九首》云：'胡马依北风，越鸟巢南枝。'属对虽切，亦自古老。六朝惟渊明有之，若'芳草何茫茫，白杨亦萧萧'是也。"

又曰："自苏、李、《古诗十九首》，格古调高，句平意远。不尚难字，而自然过人矣。"

又曰："《古诗十九首》，平平道出，且无用工字面，若秀才对朋友说家常话，略不作意。如'客从远方来，寄我双鲤鱼，中有尺素书'是也。及登甲科，学说官话，便作腔子，昂然非常在家之时。若陈思王'游鱼潜绿水，翔鸟薄天飞。始出严霜结，今来白露晞'是也。此作平仄妥帖，声调铿锵，诵之不免腔子出焉。魏晋诗家常话与官话相半，迨齐梁开口俱是官话。官话使力,家常话省力。官话勉然,家常话自然。夫学古不及,则流于浅俗矣。今之工于近体者,惟恐官话不专,腔子不大,此所以泥乎盛唐,卒不能超越魏晋而进两汉也。嗟夫!"

王夫之《夕堂永日·绪论》曰:"兴观群怨,诗尽于是矣。《诗》三百篇以下,惟《十九首》能然。"

又曰:"一诗止于一事一意,自《十九首》至陶谢皆然。"

又曰:"王子敬作一笔草书,遂欲跨右军而上。字各有形埒,不相因仍,尚以一笔为妙,况诗文本相承递邪?一时一事一意,约之止一两句,长言永叹,以写缠绵悱恻之情。诗本教也,《十九首》及《上山采蘼芜》等篇,止以一笔入圣证。"

王夫之《诗绎》曰:"诗可以兴,可以观,可以群,可以怨,尽矣。辨汉魏唐宋之雅俗得失者以此。读《三百篇》者必以此也。'采采苤苢',意在言先,亦在言后。从容澜咏,自然生其气象。即五言《十九首》犹有得此意者,陶令差能仿佛,下此绝矣。"

又曰:"用复者亦形容之意,'河水洋洋'一章是也。'青青河畔草,郁郁园中柳'用之以骀宕,善学诗者,何必有所规画以取材。"

顾炎武《日知录》曰:"诗用叠字最难。《卫风》'河水洋洋,北流活活。施罛濊濊,鳣鲔发发,葭菼揭揭。庶姜孽孽'连用六叠字,可谓复而不厌,赜而不乱矣。古诗'青青河畔草,郁郁园中柳。盈盈楼上女,皎皎当窗牖。娥娥红粉妆,纤纤出素手',连用六叠字,亦极自然,下此即无人可继。"

王士祯《五言诗选例》曰:"《十九首》之妙,如无缝天衣。后之作者,顾求之针缕襞积之间,非愚则妄。"

张历友《师友诗传录》曰:"昔人谓《十九首》为风余,又曰诗母。若自列国之诗,涵泳而出者,如太羹酿酒,非后世泛齐醴齐可埒。"

沈德潜曰:"《十九首》,大率逐臣弃妻,朋友阔绝,死生新故之感。中间或寓言,或显言,反覆低徊,抑扬不尽,使读者悲感无端,油然善入。此《国风》之遗也。"

又曰:"言情不尽,其情乃长。后人患在好尽耳。读《十九首》,应有会心。"

又曰:"清和平远,不必奇辟之思,惊险之句。而汉京诸古诗,皆在其下。五言中方圆之至。"

二　苏李诗辩证

《李陵集》,唐后不传。(《隋志》,汉骑都尉李陵集二卷。《唐志》,《李陵集》二卷。)荀绰《古今五言诗美文》,先隋已佚。(《隋志》注,梁又有《古今五言诗美文》五卷,荀绰撰,亡。)苏李诗著于故籍者,莫先于《文选》矣。次则《玉台新咏》,又次则《艺文类聚》《初学记》《古文苑》。《文选》《玉台新咏》所录,信为真诗,余则朱紫杂陈,淄渑并泛。后世疑议,因以滋生。然疑其可疑可也,并其不可疑者而疑之,则惑矣。不揣谫陋,辩证云尔。民国十六年夏,古直记。

《文选》苏子卿"古诗四首"原文:

骨肉缘枝叶,结交亦相因。四海皆兄弟,谁为行路人?况我连枝树,与子同一身。昔为鸳与鸯,今为参与辰。昔者常相近,邈若胡与秦。惟念当乖离,恩情日以新。鹿鸣思野草,可以喻嘉宾。我有一尊酒,欲以赠远人。愿子留斟酌,叙此平生亲。

黄鹄一远别,千里顾徘徊。胡马失其群,思心常依依。何况双飞龙,羽翼临当乖。幸有弦歌曲,可以喻中怀。请为游子吟,泠泠一何悲。丝竹厉清声,慷慨有余哀。长歌正激烈,中心怆以摧。欲展清商曲,念子不能归。俯仰内伤心,泪下不可挥。愿为双黄鹄,送子俱远飞。

结发为夫妻,恩爱两不疑。欢娱在今夕,嫣婉及良时。征夫怀往路,起视夜何其?参辰皆已没,去去从此辞。行役在战场,相见未有期。握手一长叹,泪为生别滋。努力爱春华,莫忘欢乐时。生当复来归,死当长相思。

烛烛晨明月，馥馥秋兰芳。芬馨良夜发，随风闻我堂。征夫怀远路，游子恋故乡。寒冬十二月，晨起践严霜。俯观江汉流，仰视浮云翔。良友远别离，各在天一方。山海隔中州，相去悠且长。嘉会难再遇，欢乐殊未央。愿君崇令德，随时爱景光。

《文选》李少卿"与苏武诗三首"原文：

良时不再至，离别在须臾。屏营衢路侧，执手野踟蹰。
仰视浮云驰，奄忽互相逾。风波一失所，各在天一隅。
长当从此别，且复立斯须。欲因晨风发，送子以贱躯。

嘉会难再遇，三载为千秋。临河濯长缨，念子怅悠悠。
远望悲风至，对酒不能酬。行人怀往路，何以慰我愁？
独有盈觞酒，与子结绸缪。

携手上河梁，游子暮何之？徘徊蹊路侧，恨恨不得辞。
行人难久留，各言长相思。安知非日月，弦望自有时。
努力崇明德，皓首以为期。

辩证一：苏李能诗乎？

或曰，李陵苏武，结发为诸骑吏士，未能更讽诵，似不能诗。答之曰，李陵能诗，明见《汉书》。《汉书·苏武传》曰：

陵起舞歌曰："径万里兮度沙漠，为君将兮奋匈奴。路穷绝兮矢刃摧，士众灭兮名已隤。老母已死，虽欲报恩将安归？"

若苏武，《汉书》虽不言其能诗，然观其折卫律之辞，则可知其能诗矣。武折卫律之辞曰：

女为人臣子，不顾恩义。叛主背亲，为降虏于蛮夷，何以女为见。

且单于信女,使决人死生,不平心持正,反欲斗两主,观祸败。南越杀汉使者,屠为九郡。宛王杀汉使者,头悬北阙。朝鲜杀汉使者,即时诛灭。独匈奴未耳。若知我不降明,欲令两国相攻,匈奴之祸,从我始矣。

观其辞矣,虽古行人何以尚兹。谓武不能诗,吾不信也。若谓其未更讽诵,则亦未必。何者?陵、武出自将家,非起自屠贩,不容少不读书。况诗者情性也。情动于中,则咏歌外发。故昔者《易水》之歌,《拔山》之操,《大风》之章,荆卿、项羽、刘季,皆未尝习艺文,然后世文士为之,终莫能驾其上。诸史所载类此者,更有数事。

《南史》:"曹景宗目不知书,好以意作字。及当上宴,朝贤以曹兜鍪不烦倡和,曹固请不已,许之。仅余竞病二韵,即赋云:'去时儿女悲,归来笳鼓竞。借问行路人,何如霍去病。'一座赏服。"

又曰:"沈庆之目不知书,每将署事,辄恨眼不识字。上尝欢饮群臣,逼令作诗。庆之请颜师伯执笔,口授之曰:'微生遇多幸,得逢时运昌。朽老筋力尽,徒步还南冈。辞荣此圣世,何异张子房。'上悦,众座称美。"

《北史》:"斛律金不识文字。本名'敦',苦难署。改名为'金'以从便易,犹以为难。司马子如教为金字,作屋况之,其字乃就。(《斛律金传》)神武中弩,勉坐见诸贵。使金作《勒勒歌》。(《齐本纪上》)曰:'勒敕川,阴山下,天似穹庐,笼盖四野。天苍苍,野茫茫,风吹草低见牛羊。(《乐府广题》)'"

景宗、庆之,诗虽未至,然已难能。若金之《敕勒歌》,则竟足冠乐府矣。由是言之,情性之用长而学问之助薄。纵陵、武不更讽诵,何遽不能诗哉?

辩证二:苏李之诗不能伪

《文中子》曰:"诗性情也。性情能亡乎?"性情不能亡,则亦不能伪矣。昔之善拟古者,陆机江淹谢客刘铄。然与原诗相较,皆谬以毫厘,差以千里。纵有形似,神终不属。此何以故?性情不可拟故。《文选》所录苏李诗,则尤性情之至，哀怨之深者也。如云：

"请为游子吟，泠泠一河悲。丝竹厉清声，慷慨有余哀。长歌正激烈，中心怆以摧。欲展清商曲，念子不能归。俯仰内伤心，泪下不可挥。愿为双黄鹄，送子俱远飞。""屏营衢路侧，执手野踟蹰。""长当从此别，且复立斯须。""远望悲风至，对酒不能酬。""徘徊蹊路侧，悢悢不能辞。"

此皆幽咽怨乱，性情直涌之词。无此境遇，无此情感，虽复相如操笔，亦不能至矣。知此意者，其唯梁之钟嵘。嵘作《诗品》，品陵诗曰："使陵不遭辛苦，其文亦何能至此。"

诚知言哉。知其不遭辛苦，不能至此。则古今一切嚣论，可以息矣。钟嵘之外，犹有数人，亦似知此意。颜延之曰："陵善篇有足悲者。"（《庭诰》）

白居易曰：

"苏李各系其志，发而为文。河梁之句，止于伤别。彷徨抑郁，不暇他及。"（《与元九书》）

元稹曰：

"苏李五言，词意简远。指事言情，文不妄作。"（《杜甫墓志》）

宋濂曰：

"苏李所著，纤曲悽婉。实宗《国风》《楚辞》。"（《答章秀才书》）

陆时雍曰：

"苏李赠答，何温而戚，多唏涕语。"（《诗镜总论》）

以上诸人，虽知此意，然皆含隐，不径言性情不可伪托。至近儒章太炎始径言之。其《国故论衡·辨诗》曰：

在汉则主性情，往者《大风》之歌，《拔山》之曲，高祖项王，未尝习艺文也。然其言为文儒所不能举。苏李之徒，结发为诸骑吏士，未更讽诵，诗亦为天下宗。及陆机鲍照之伦，拟之以为式，终莫能至。由是言之，性情之用长，而学问之助薄也。

由章氏之言观之，苏李诗之不能伪，益明矣。

辩证三：本传不录，《艺文志》不载

或云："苏李诸作，虽见录于《文选》，然《汉书·苏武李陵传》中并不载苏李二人之诗。《艺文志》中亦不言陵及武有诗篇。果苏李作有这许多诗，班固当然不会不知。已知，也不会不录入传或载入《艺文志》中。何以固当时尚不知有这些诗，而至数百年后萧统诸人之时，反倒知道。"（郑振铎《文学大纲》）

案史传职在记事，载录诗文，不过偶然。（为文士传，又当别论。）若必载在本传，始为真诗，则自古及今，真诗亦仅有矣。又史之详略去取，旨各有在。如贾谊《治安策》，古今称之。然《史记》谊传仅载其二赋，及班固《汉书》，始备录之。岂得因此便云史迁不知贾谊有《治安策》乎？举此一例，可概其余。

若夫《艺文志》不载，亦不足为苏李无诗之证。章学诚《校雠通义》曰，《汉志》详赋而略诗，帝王之作，有高祖《大风》《鸿鹄》之篇，而无武帝《瓠子》《秋风》之什。（自注，或云《秋风辞》即在上所自造赋内。）臣工之作，有黄门倡车忠等歌诗，而无苏李何梁之篇。（自注，或云杂家有主名诗十篇，或有苏李之作。然汉廷有主名诗，岂止十篇而已乎？）以此言之，《艺文志》不载者多矣，岂独苏李而已乎。（案《汉书》各传所载，如赵幽王歌，诸吕用事歌，朱虚侯《耕田歌》，燕刺王《归空城歌》，广陵厉王《欲久生兮歌》，广川王《背尊章歌》，韦孟《讽谏》《在邹》，东方朔《陆沉于俗歌》，李陵《径万里歌》，李延年《北方有佳人歌》，杨恽之《拊缶歌》篇，

韦玄成《自劾诗》，《诫子孙诗》，《艺文志》皆不载。宝斋详赋略诗之说，得此益可信也。）

李陵之诗，颜延年尝评论之曰：

"李陵众作，总杂不类。元是假托，非尽陵制。至其善篇，有足悲者。"（《太平御览》五百八十六引颜《庭诰》）

夫曰非尽陵制，则固认有陵制者矣。延年前于萧统凡百十七年。（颜延年生晋太元九年，萧统生齐中兴元年，相距百七十年。）或谓"至萧统诸人之时，反倒知道"。何不考邪？

辩证四：奉使不得言行役在战场

或者又曰："如苏李之诗，行役在战场，相见未有期。他赴匈奴，系出使，并非出战，何以言行役在战场？"（《文学大纲》）

案：《汉书·武帝纪》："太初三年，遣光禄勋徐自为筑五原塞外列城，西北至庐朐，游击将军韩说将兵屯之。强弩都尉路博德筑居延。秋，匈奴入定襄云中，杀略数千人。行坏光绿诸亭障，又入张掖酒泉，杀都尉。"沈钦韩曰："《一统志》，庐朐河，今名克鲁伦河。源出喀尔喀肯特山南，直河套二千里许。"是则苏武奉使所经行之地，无非战场也。诗曰"行役在战场"，盖纪实，或者又何疑焉。

辩证五：长安赠别不当有江汉语

《通考》引《东坡答刘沔书》曰："李陵苏武赠别长安诗，有江汉之语，而萧统不悟。"

案：苏武诗，《文选》题曰苏子卿古诗四首，《玉台新咏》则录其"结发为夫妻"一首，题曰《留别妻》六朝人未言此四诗为别李陵也。迄于隋代，江都曹李，肇开选学。（阮元《文选旁证·序》，至于隋代，乃有江都曹李之学。案曹宪卒贞观中，年一百五岁。上溯宪生，乃当昭明孝穆之世，则宪凡历四代。）然李善于《古诗十九首》题下注云："并云古诗，盖不知作者。或云枚乘，疑不能明也。昭明以失其姓氏，故编在李陵之上。"依此例之，如有赠别李陵之说，李善必于题下注曰，苏武古诗，盖不知其题，或云赠别李陵，疑不能明也。今注不尔，则赠别李陵之说，先唐盖尚未起。（李善选学出于曹宪，故曰先唐。）考《艺文类聚》引苏武"骨肉缘枝叶"一首，云苏武别李陵诗。《初学记》引苏武"黄鹄一远别"一首，云苏武赠李陵诗。二书一作于初唐，一作于盛唐。然则赠别李陵之说，殆起于唐而盛于宋矣。（案李善之后，吕延济、刘良、张铣、吕向、李周翰、皆注《文选》，亦无赠别李陵之说。则知此说虽起于唐，而学者多不承用也。）故苏轼径据流传之说，斥责昭明，不复检查《文选》本题之作何语也。（蔡宽夫曰，诗题本不云答陵。宽夫宋人，其言如此，则知苏轼云云，仅流传之说，羌无依据也。苏氏又云，刘子元辨《李陵与苏武书》，非西汉文，吾因悟陵与苏武赠答五言，亦后人所拟。苏氏辩证真伪，因悟而得，不凭征验。其言之不足信，益明。）至其指为长安赠别，则因六朝文字，亦有疑河梁携手为由长安者（见后）。苏氏遂意子卿答陵，亦在长安耳。歧中有歧，斯之谓也。赠别之说，流传至于明清之际。艺林渐质言之（如钟翰、何焯等，皆解作别李陵）。最后陈沆著《诗比兴笺》，遂径题苏武别李陵诗矣。

蔡宽夫《西清诗话》曰："世以苏武诗云：'寒冬十二月，晨起践严霜。俯观江汉流，仰视浮云翔。'以为不当有江汉之言，或疑其伪。予尝考之，此诗若答李陵，则称江汉决非是。然诗题本不云答陵，而诗中且言结发为夫妇之类，自非在房中所作。则安知武未尝至江汉邪？但注者浅陋，直指为使匈奴时，故人多惑之，其实无据也。"

案：宽夫此说，足解东坡江汉之惑矣。无据一语，尤可奠万哗也。

辩证六：苏武诗解题

余萧客《文选音义》曰："东坡《答刘沔书》曰'李陵苏武赠别长安诗，有江汉之语而萧统不悟'。"按四诗第三首决为奉使别家人之作。前二首似是送别，非武自远行。此篇词旨含混，又总曰古诗，何以知其必为长安赠别？

案：第三首明言结发为夫妻，《玉台新咏》录此即题曰《留别妻》。五臣注此诗，亦云意者武将使匈奴之时留别妻也。余氏谓决为奉使别家人之作。诚是，但云前二首似是送别，非武自远行，则未谛。余氏疑此，殆因诗有"送子俱远飞"句耳。不悟诗固明言念子不能归，则非武送别可知也。

双鹄俱飞，彼此可互云送。今日送子远飞者，武作诗，武为主故也。至第四首"寒冬十二月，晨起践严霜。俯观江汉流，仰视浮云翔"不特地非长安。冬十二月，仅践严霜，气候亦非长安。其非长安赠别李陵之作，可以断言，唯第一、第二两首，实有似乎房中别陵之作。《汉书·李广苏建传》附武传曰："汉求武等归，于是李陵置酒贺武曰：'今足下远归，名扬于匈奴，功显于汉室，虽古竹帛所载，何以过子卿？陵虽驽怯，令汉且贳陵罪，使得奋大辱之积志，庶几乎曹柯之盟，此陵夙昔所不忘也。收陵宗族，为世大戮。陵尚复何顾乎？已矣，令子卿知吾心耳。异域之人，一别长绝。'陵起舞歌曰：'径万里兮度沙漠，为君将兮奋匈奴。路穷绝兮矢刀摧，士众灭兮名已隤。老母既死，虽欲报恩将安归。'"子卿诗曰"念子不能归"，辞气正复相应。详此二首，殆为河梁赠别之作矣。

沈德潜曰："苏武诗四首，首章别兄弟，次章别妻，三、四章别友，非皆别李陵也，钟竟陵俱解作别陵，未必然。"

案：沈氏谓首章别兄弟，非也。诗以"骨肉结交双"起，而承之曰四海皆兄弟，所别明为朋友。（《论语》，子夏曰："四海之内，皆兄弟也。君子何患乎无兄弟？"《梁书·范云传》，尝侍宴，高祖谓临川王宏、鄱阳王恢曰："我与范尚书少亲善，申四海之敬，今为天下主。此礼既革，汝宜代我呼范为兄。"二王下席拜。此亦足为证也。）连枝一身，引而亲之之辞耳。岂遽以为同胞兄弟哉？（《说文解字》，同志为友，从二又相交。段玉裁注，二又，二人也。善兄弟曰友，亦取二人，而如左右手也。《初学记》十八引傅干《与张叔威书》，吾与足下，恩若同生。亦引而亲之之辞也。）鹿鸣思野草，叙此平生亲。皆用朋友事。（《论语》，久要不忘平生之言。《后汉书·苏章传》，故人为清河太守，章行部案其奸臧。乃请太守为设酒肴，陈平生之好。又曹子建《送应氏诗》，念我平生亲，气结不能言。）

辩证七：陵众作总杂不类

颜延之《庭诰》曰："李陵众作，总杂不类，元是假托，非尽陵制。至其善篇，有足悲者。"（互见上）

案：李陵诗除《文选》所录《与苏武诗》三首外，又有《录别》诗八首。（完篇六，阙篇二。见《艺文类聚》及《古文苑》）延之所谓"总杂不类，元是假托"者，当即指此。然曰非尽陵制，则固谓有陵制者矣。善篇足悲，非与苏氏三首而何。钟记室谓陵诗悽怆，怨者之流。亦指此也。）

辩证八：触犯汉讳

洪迈《容斋随笔》曰："《文选》李陵苏武诗，东坡云后人所拟。余观李诗云，'独有盈觞酒'，'盈'惠帝讳，汉法触讳有罪，不应陵敢用。东坡之言可信也。"

案：《汉书》贾谊《陈政事疏》："秦王置天下于法令，而怨毒盈于世。"《谏除盗铸钱令》疏："以调盈虚。"邹阳《上书吴王》："淮南连山东之侠，死士盈朝。"《韦孟诗》："祁祁我徒，负戴盈路。"《薄昭书》："怙恩骄盈。"又《淮南子》："冲而徐盈。""卷之不盈于一握。""持盈而不倾。""盈缩卷舒。""不盈倾筐。"（《淮南》他篇，尚多有之。）王褒《四子讲德论》："含淳咏德之声盈耳。"《九怀》："美玉兮盈堂。"汉臣奏议者著述，触惠帝讳者，且多如此，何独于陵诗而疑之？（参看《古诗十九首辩证》）

又案："邦"为高帝讳，《汉书·董仲舒对策》"书邦家之过"，则犯之。《韦孟诗》"总齐群邦""实绝我邦""我邦既绝""邦事是废""寱其外邦""于异他邦"，则屡犯不一犯也。明帝讳"庄"，凡"庄"字皆改用"严"字。（《史记》汲黯以庄见惮。《索引》曰："自汉明帝讳庄，故以后庄皆曰严。"《汉书·异姓诸侯王表序》，孝昭严稍蚕食六国，师古曰："严谓庄襄王。后汉时避明帝讳，以庄为严，故《汉书》姓及谥本作庄者，皆易为严。"）然班固《汉书》叙传方云"贵老严之术"。师古曰："严，庄周也。"又云："庄之推贤。"《艺文志》又云："庄忽奇赋。"又云："严助赋。"杨雄传方云"楚严"又云"只庄"。列传方云"严夫子""严安"。《艺文志》又云"庄夫子""庄安"也。（他如《高帝纪》："其御庄贾，出谓项庄，庄入为寿。"《陈胜传》："其御庄贾。"《爰盎传》："上益庄。"《郑当时传》："字庄，翕然称郑庄。吾闻郑庄，尚难遍举也。"）观《汉书·宣帝诏》曰："闻古天子之名，难知而易讳也。今百姓多上书触讳，以犯帝者，朕甚怜之，其更讳询。"则汉人文字触讳之多，可以见矣。

顾亭林《日知录》曰："唐文宗开成中刻石经，凡高宗、太宗、及肃、代、德、顺、宪、穆、敬、七宗讳，并缺点画。高、中、睿、元、四宗，已祧，则不缺。汉时祧庙之制不传，窃意亦当如此。故孝惠讳'盈'。而《说苑·敬慎》篇，引《易》'天道亏盈而益谦'四句，'盈'字皆作'满'，在七世之内故也。若李陵诗'独有盈觞酒'，枚乘诗'盈盈一水间'，二人皆在武昭之世，而不避讳。又可知其为后人之拟作，而不出于西京矣？"

案：今检《说苑·敬慎》篇，"天道亏盈而益谦"四句，"盈"字皆作"满"。诚如顾氏之说，然其下文云："月盈则食。""天地盈虚。""调其盈虚。"此三"盈"字皆不作"满"，则知子政避讳，亦有不尽者矣。顾氏以此断陵诗为拟作，何言之易也。

又案：《汉书·刘向传》，所上封事，触讳尤多。如"吕产吕禄，骄盈无厌。""王氏貂蝉，充盈幄内。"则触惠帝讳。"三家者以雍彻。"则触武帝讳。（武帝讳彻）"避讳吕霍，而弗肯称。"则触昭帝讳。（昭帝名弗陵，单讳弗）以刘向之忠谨，犹且一时而触三帝讳。然则欲以触讳定文者，其不足恃益明矣。

辩证九：不切当日情事

《文选旁证》引翁先生曰（案谓翁方刚）："今即以此三诗论之，皆与当日情事不切。史载陵与武别，陵起舞作歌，'径万里兮'五句，此当日真诗也，何尝有携手河梁之事？即以河梁一首言之，其曰安知非日月，弦望自有时。此谓离别之后，或尚可冀其会合耳。不思武既南归，即无再北之理。而陵云大丈夫不能再辱，亦自知决无还汉之期。则此日月弦望为虚词矣。"

案：史以记事，载诗不过偶然。以史所载者为真诗，反是则否，则自古迄今，真诗亦仅有矣。"携手河梁"，史固未言其有，然岂尝言其无。翁氏径曰何尝有携手河梁之事，诚逞臆妄决之尤者也。夫日月弦望，本自有时。明知永别而强相慰，故以"安知"为词，此正诗人温柔敦厚之旨。沈归愚曰："此别永无会期矣，却云弦望有时，缠绵温厚之情也。"深得其意矣。翁氏猥曰虚词，未足以言诗已。

辩证十：不合本传岁月

《文选旁证》引翁氏又曰："'嘉会难再遇，三载为千秋。'苏李二子之留匈奴，皆在天汉初年，其相别则在始元五年，是二子同居者十八九年之久矣，安得仅云三载嘉会乎？若准本传岁月证之，皆有所不合。"

案：武虽留匈奴十九年，然牧羝北海，实不与陵同居。寻《汉书》，陵降匈奴，不敢求武。武在匈奴，与陵相见，仅三次耳。一单于使陵至海上为武置酒劝降；二武帝崩，陵至海上语武；三匈奴许归武，陵置酒贺武，与武诀别。翁氏猥云，二子同居十八九年之久，何其谬邪！夫"嘉会难再遇，三载为千秋"。犹诗人一日不见如三秋耳。古人言语，一之不能尽者，则约之以为三，以见其多。三者虚数也。（详汪中《述学》"释三九"。又《汉书》"董仲舒三年不窥园"。《论衡·儒增篇》云，言三年，增之也，汪氏未及引。）翁氏执为实词，则固哉高叟之为诗矣。

辩证十一：汉初五言靡闻

钱大昕《十驾斋养新录》曰："七言至汉，而《大风》《瓠子》，见于帝制。柏梁联句，一时称盛，而五言靡闻。其载于班史者，唯'邪径败良田'

童谣，见于成帝之世耳。刘彦和谓'西京词人遗翰，莫见五言，所以李陵班婕妤，见疑于后代'。又谓'古诗佳丽，或称枚叔'。则彦和亦不敢质言也。要之，此体之兴，必不在景武之世。"

案：钱氏此说，本于刘勰。《文心雕龙·明诗》篇曰："汉初四言，韦孟首唱。匡谏之义，继轨周人。孝武爱文，柏梁列韵。严马之徒，属辞无方。至成帝品录三百余篇，辞人遗翰，莫见五言。所以李陵班婕妤，见疑于后代也。"然彦和止言人所以疑李陵之故，而非自疑李陵。故下即续曰："案《召南》'行露'，始肇半章。《孺子》'沧浪'，亦有全曲。'暇豫'优歌，远见春秋。'邪径'童谣，近在成世。阅时取证，则五言久矣。"彦和引此，凡以明五言之兴，由来已久。李陵之诗，不必因辞人遗翰莫见五言而启疑。故复继之曰："又古诗佳丽，或称枚叔。孤竹一篇，则傅毅之辞。比采而推，两汉之作乎？"彦和虽不敢质言古诗必为枚叔之辞，然比其文采，则可推为两汉之作。其不疑李陵之诗，益可证明。晓征引此，以见五言之兴，必不在景武之世。则与彦和之意，翩其反矣。

辩证十二：李陵之歌初非五言

钱氏大昕又曰："观《汉书·李陵传》（案当云《苏建传》附《苏武传》，云《李陵传》误也。）置酒起舞作歌，初非五言，则知河梁倡和，出于后人依托。不待盈觞之语，触犯汉讳，始决其作伪也。"

案：三、四、五、六、七言诗体，皆起于周。后世演之，遂以为篇。（挚虞《文章流别论》曰古诗有三言、四言、五言、六言、七言、九言，大率以四言为体，而时有一句两句杂于四言之间。后世衍之，遂以为篇。）李陵作歌，不用五言者，或因慷慨之辞，不宜此体尔。若以此断陵五言诗为伪，则高祖《大风歌》，七言也。及为《戚夫人歌》，则四言矣。岂得云，观其《大风》之歌，初非四言，则知戚夫人歌，出于后人依托邪？以此质之，钱氏应爽然矣。

辩证十三：六朝人苏李诗评及引用考略

颜延年曰："李陵众作，总杂不类。元是假托，非尽陵制。至其善篇，有足悲者。"（互见上）

刘勰《文心雕龙》曰："孝武爱文，柏梁列韵。严马之徒，属辞无方。至成帝品录，三百余篇，朝章国采，亦云周备。而辞人遗翰，莫见五言。所以李陵班婕好见疑于后代也。"（互见上）

钟嵘《诗品》曰："汉都尉李陵诗，其源出于楚辞。文多悽怆，怨者之流。陵名家子，有殊才。生命不谐，声颓身丧。使陵不遭辛苦，其文亦何能至此？"又曰："子卿双凫，五言之警策者也。"

萧子显《南齐书》曰："少卿离辞，五言才骨，难与争鹜。"

颜之推《家训》曰："自古文人，多陷轻薄。李陵降辱夷虏。"

王融《萧谘议西上夜集诗》曰："徘徊将所爱，惜别在河梁。"

江淹《别赋》："至如一赴绝域，讵相见期。视乔木兮故里，决北梁兮永辞。"（上云"赴绝域"，下云"决北梁"，明是用苏李河梁事也。案王褒《九怀》："济江海兮蝉蜕，决北梁兮永辞。"洪兴祖《楚辞补注》曰："江淹别赋用此语。"）

又《杂体诗》，有《拟李都尉陵从军》一首。（吴均《别夏侯故章诗》："新知关山别，故人河梁送。"王台卿《陌上桑》："送君上河梁。拭泪不能语。"）

江总有《赋得携手上河梁应诏》一首。诗曰："秦川心断绝，何悟是河梁。"

庾信《咏怀诗》曰："遥看塞北云，悬想天山雪。游子河梁上，应将苏武别。"又曰："秋风别苏武。"

又《别张洗马枢诗》曰："君登苏武桥。"

又《别周尚书弘正诗》曰："黄鹄一反顾，徘徊应怆然。"（案此用苏武"黄鹄一远别，千里顾徘徊"句。）

又《哀江南赋》："李陵之双凫永去，苏武之一雁空飞。"

又《赵国公集·序》："昔者屈原宋玉，始于哀怨之深；苏武李陵，生于别离之世。"

刘删《赋得苏武诗》："奉使穷沙漠，收泪上河梁。"

阮卓有《拟黄鹄一远别诗》一首。

杨素《出塞诗》曰："握手河梁上，穷涯北海滨。"

案：据右所引观之，六朝人无言苏李诗伪者。唯"携手河梁"之处，则有异辞。如江淹赋云："视乔木兮故里，决北梁兮永辞。"江总诗云："秦川心断绝，何悟是河梁。"刘删诗云："奉使穷沙漠，收泪上河梁。"皆指由长安别于河梁也。庾信诗云："游子河梁上，应将苏武别。"又曰："秋风别苏武。"又曰："君登苏武桥。"子山羁旅北朝，自比李少卿降北。凡赠人由北南归者，皆以苏武拟之。详玩诸诗语气，皆指由房中别于河梁也。观陵诗幽咽怨乱，非遭辛苦，文岂至此？则由匈奴别于河梁，为得其情。

辩证十四：《文选》外之苏李诗

苏李诗除《文选》所录七首外，(《玉台新咏》所录，苏武《留别妻》一首，即《文选》苏武古诗四首之第三首)《初学记》及《古文苑》有苏武《别李陵诗》一首。(《初学记》误作李陵别苏武。)《艺文类聚》及《古文苑》有苏武《答李陵诗》一首，李陵《录别》诗八首。此十首诗，章樵《古文苑注》，皆不信为真苏李诗，所见甚是。如《录别》第六首云："不如及清时，策名于天衢。"乃用李陵《答苏武书》"策名清时"语。(李陵《答苏武书》，前人已证定其为伪托。)第四首"明月照高楼，想见余光晖。"乃用曹子建《七哀诗》"明月照高楼，流光正徘徊"语。"玄鸟夜过庭，仿佛能复飞。"乃用曹子建《杂诗》"孤雁飞南游，过庭长哀吟"语。第二首"游子暮思归，塞耳不能听。远望正萧条，百里无人声"。乃用曹子建《送应氏诗》"游子久不归，不识陌与阡。中野何萧条，千里无人烟"语。"豺狼鸣后园，虎豹步前庭。"乃用魏武帝《却东西门行》"神龙藏深泉，猛兽步高岗"及《苦寒行》"熊罴对我蹲，虎豹夹路啼"语。《答李陵诗》"连翩游客子，于冬复凉衣"乃用曹子建《杂诗》"类此游客子,捐躯远从戎。毛褐不掩形"语。其非苏李诗,殆无可疑。但钟记室庾子山已引子卿双凫,李陵双凫,则其由来亦久矣。今将全诗录左并略注之,以明其所本焉。

苏武《答李陵诗》(见《艺文类聚》及《古文苑》):

童童孤生柳,寄生河水泥。(曹子建《七哀诗》"妾若浊水泥"。)连翩游客子,于冬服凉衣。(曹子建《杂诗》"类此游客子,捐躯远从戎。毛褐不掩形,薇藿常不充"。)寒夜立清庭,仰瞻天汉湄。寒风吹我骨,严霜切我肌。(《文选》苏武古诗第四首"寒冬十二月,晨起践严霜。俯观江汉流,仰视浮云翔。")忧心常惨戚,晨风为我悲。瑶光游何速,行愿支何(一做荷)迟。仰视云间星,(古乐府《长歌行》"皎皎云间星"。)忽若割长帷。低头还自怜,盛年行已衰。依依恋明世,怆怆难久怀。

苏武《别李陵诗》一首(见《初学记》及《古文苑》):

双凫俱北飞,一凫独南翔。(李陵《录别》第五首"双凫相背飞,相远日已长"。)子当留斯馆,我当归故乡。(苏武《古诗》第四首"征夫怀远路,游子恋故乡"。)一别如胡秦,会见何讵央。(苏武《古诗》第一首"邈若胡与秦"。苏武《古诗》第三首"相见未有期"。)怆恨切中怀,不觉泪沾裳。(《文选》李陵与苏武《古诗》第二首"恨恨不能辞"。苏武《古诗》第二首"中心怆以摧"。又"泪下不可挥"。)愿子长努力,言笑莫相忘。(李陵《与苏武诗》第三首"努力崇明德"。苏武《古诗》第三首"莫忘欢乐时"。案钟记室称子卿双凫,五言警策。今反复此篇,词意肤泛,情不深切,持与《文选》所录相校,判若天壤。仲伟误矣。)

李陵《录别》八首(见《艺文类聚》及《古文苑》。案《文选》李善注引此诗作李陵赠苏武诗):

烁烁三星列，拳拳月初生。寒凉应节至，蟋蟀夜鸣悲。（《古诗》"蟋蛄夕鸣悲"。）晨风动乔木，枝叶日夜零。游子暮思归，塞耳不能听。远望正萧条，百里无人声。（曹子建《送应氏诗》"游子久不归，不识陌与阡。中野何萧条，千里无人烟"。）豺狼鸣后园，虎豹步前庭。（魏武帝《却东西门行》"神龙藏深泉，猛兽步高冈"。又《苦寒行》，"熊罴对我蹲，虎豹夹路啼"。）远处天一隅，困苦独零丁。（李陵《与苏武诗》第一首"各在天一隅"。《文选》李密《陈情表》"零丁孤苦"。）亲人随风散，历历如流星。（《古诗》"众星何历历"。）三萍离不结，思心独屏营。（李陵《与苏武诗》第一首"屏营衢路侧"。）愿得萱草枝，以解饥渴情。（应玚《侍五官中郎将建章台集诗》"以副饥渴怀"。）

寂寂君子坐，奕奕合众芳。温声何穆穆，因风动馨香。（苏武《古诗》第四首"烛烛晨明月，馥馥秋兰芳。芳馨良夜发，随风闻我堂"。）清言振东序，良时著西厢。（李陵《与苏武诗》第一首"良时不再至"。）乃命丝竹音，列席无高唱。悲意何慷慨，清歌正激扬。（苏武《古诗》第二首"丝竹厉清声，慷慨有余哀。长歌正激烈，中心怆以摧"。）长哀发华屋，四坐莫不伤。（曹子建《空侯引》"生存华屋处"。《古诗》"四座莫不欢"。）

晨风鸣北林，熠耀东南飞。（陆士衡《拟古诗》"晨风思北林"。又曰"熠耀生河侧"。）

愿言所相思，日暮不垂帷。明月照高楼，想见余光晖。（曹子建《七哀诗》"明月照高楼，流光正徘徊"。）玄鸟夜过庭，仿佛能复飞。（曹子建《杂诗》"孤雁飞南游，过庭长哀吟"。）褰裳路踟蹰，彷徨不能归。（李陵《与苏武诗》第一首"执手野踟蹰"。苏武《古诗》第二首"念子不能归"。）浮云日千里，安知我心悲。思得琼树枝，以解长渴饥。（案《文选》江文通《杂体诗·古离别》云，"愿一见颜色，不异琼树枝"。李善即引此诗为注也。）

陟彼南山隅，送子淇水阳。尔行西北游，独我东北翔。猿马顾悲鸣，五步一彷徨。双凫相背飞，相远日已长。（苏武别李陵诗，"双凫俱北飞"。）远望云中路，想见来圭璋。万里遥相思，何益心独伤。（苏武古诗第二首，"俯仰内伤心"。）随时爱景曜，愿言莫相忘。（苏武古诗第一首，"随时爱景光"。又第三首，"莫忘欢乐时"。又别李陵，"言笑莫相忘"。）

钟子歌南音，仲尼叹归与。（王粲《登楼赋》"昔尼父之在陈兮，有归与之叹音，钟仪幽而楚奏兮，庄舄显而越吟"。）戎马悲边鸣，游子恋故庐。（苏武《古诗》第四首"游子悲故乡"。）阳鸟归飞云，蛟龙乐潜居。人生一世间，贵与愿同俱。（《古诗》"人生寄一世，奄忽若飘尘。齐心同所愿，含意俱未申"。）身无四凶罪，何为天一隅。（李陵《与苏武诗》第一首"各在天一隅"。）与其苦筋力，必欲荣薄躯。不如及清时，策名于天衢。（李陵《答苏武书》"勤宣令德，策名时清"。）

凤凰鸣高岗，有翼不好飞。安知凤凰德，贵其来见稀。（阙）

红尘蔽天地，白日何冥冥。（阙。此下《升庵诗话》据《修文殿御览》补十二句曰："微阴盛杀气，凄风从此兴。招摇西北指，天汉东南倾。嗟尔穹庐子，独行如履冰。短褐中无绪，带断续以绳。泻水置瓶中，焉辨淄与渑。巢父不洗耳，后世有何称。"案陆机《拟古诗·明月皎夜光》云："招摇西北指，天汉东南倾。"李善注："李陵诗曰'招摇西北驰，天汉东南流。'"今直以陆机句为李陵句，其为伪补，不待言也。惟严可均《典语·叙》云："杨永修王元美集，屡引《修文殿御览》，钱受之书目亦载之。"邢全山云："汉中府张姓有藏本。"邢不谩言也。是则《修文殿御览》至清中叶犹存。然除邢氏外，无他人道之。铁桥信其不谩，亦太慎矣。又案，冯默庵曰："'短褐中无绪，带断续以绳'二句，别见《御览》。"续作絮。又小谢诗："泻酒置井中，谁能辨斗升？合如杯中水，谁能辨淄渑？"今直合作二句。）

案：此苏李诗十首，明人选刻古诗，皆题曰《拟苏李诗》。此虽前无所承，然实臆而能中。何者？士衡拟古，仅效其体。文通杂体，兼用其文。右注所示，用《文选》苏李诗者几半。自非拟作，必不如此矣。此外如《文选·三良诗》注，及《安陆王碑》注，并引李陵诗曰："严父潜长夜，慈母去中堂。"《王明君辞》注，引李陵诗曰："行行且自割，无令五内伤。"陆士衡《拟古诗》注，引李陵诗曰："招摇西北驰，天汉东南流。"江文通《杂体诗》注，引李陵诗曰："何以慰我心。"《与孙皓书》注及《檄豫州》注、《辨亡论》注，并引李陵诗曰：

"幸托不肖躯，且当猛虎步。"皆《古文苑》诸书所不载。盖亦拟托之流也。延之叹其总杂不类，宜矣。

苏李诗评辑略①

杜甫《解闷》绝句："苏武李陵是吾师，孟子论文更不疑。"案孟子谓孟云卿。孟发此论，而少陵断之曰更不疑也。

元稹《杜工部墓志铭》曰："苏子卿李少卿之徒，尤工为五言。虽句读文律各异，雅郑之音亦杂，而词意简远。指事言情，自非有为而为，则文不妄作。"

韩愈《荐士诗》："五言出汉时，苏李首更号。"

李白曰："李都尉（案当为苏属国）鸳鸯之词，缠绵巧妙。"（《诗人玉屑》引）

白居易《与元九书》曰："五言始于苏李，各系其志，发而为文，犹得风人之什二三焉。河梁之句，止于伤别，彷徨抑郁，不暇他及。去诗未远，梗概尚存。"

苏轼《书黄伯思诗集后》曰："苏李之天成，曹刘之自得，陶谢之超然，盖亦至矣。"

秦少游曰："苏李之诗，长于高妙。"（《杜工部草堂诗话》引）

严羽《沧浪诗话》曰："苏子卿曰：'幸有弦歌曲，可以喻中怀。请为游

---

① 见仁见智，人各不同。依辩证为衡度，而正之可也。

子吟，泠泠一何悲。丝竹厉清声，慷慨有余哀。长歌正激烈，中心怆以摧。欲展清商曲，念子不能归。'今人观之，必以为一篇重复之甚，岂特如兰亭丝竹管弦之语邪？古诗正不当以此论之也。"

又曰："古人赠答多相勉之词，苏子卿云：'愿君崇令德，随时爱景光。'李少卿云：'努力崇明德，皓首以为期。'"

张戒《岁寒堂诗话》曰："古诗苏李，本不期于咏物，而咏物之工，卓然天成，不可复及。其情真，其味长，其气胜，视三百篇几于无愧。凡以得诗人之本意也。"

蔡绦《西清诗话》曰："五言起于苏李，自唐以来有此说，虽韩退之亦云然。苏李诗世不多见，惟《文选》中七篇耳。世以苏武诗云'寒冬十二月，晨起践严霜。俯观江汉流，仰视浮云翔'。以为不当有江汉之言，或疑其伪。予尝考之，此诗若答李陵，则称江汉决非是。然题本不云答陵，而诗中且言结发为夫妇之类，自非在房中所作。则安知武未尝至江汉邪？但注者浅陋，直指为使匈奴时，故人多惑之，其实无据也。"

洪迈《容斋随笔》曰："《文选》编李陵苏武诗凡七篇，人多疑俯观江汉流之语，以为苏武在长安所作，何为乃及江汉？东坡云，皆后人所拟也。余观李诗云'独有盈觞酒，与子结绸缪'。盈字正惠帝讳，汉法触者有罪，不应陵敢用之。东坡之言，为可信也。"

郝经《与撖彦举论诗书》曰："至苏李赠答，下逮建安。后世之诗，始立根柢。简静高古，不事夫辞，犹有三代之遗风。"

宋濂《答章秀才书》曰："姑以汉言之，苏子卿李少卿，非作者之首乎？观二子之所著，纤曲悽惋，实宗《国风》与楚人之辞。"

陆时雍《诗镜总论》曰："苏李赠言，何温而戚也。多唏涕语，而无蹶蹙声，知古人之气厚矣。古人善于言情，转意象于虚圆之中。故觉其味之长，而言之美也。"

杨慎《升庵诗话》曰："苏文忠公云'苏武李陵之诗，乃六朝人拟作。宋人遂谓在长安而言江汉，盈卮酒之句，又犯汉帝讳，疑非李作'。予考之，殆不然。班固《艺文志》有苏武集李陵集之目。（案《隋志》李陵集二卷。升庵云《汉志》，殊误。）挚虞晋初人也，其《文章流别志》云（案乃颜延之《庭诰》，见《御览》五百八十六。升庵多误类如此。）'李陵众作，总杂不类，殆是假托，非尽陵制。至其善篇，有足悲者。以此考之，其来古矣。即使假托，亦是东汉张衡及魏人曹植之流，始能之耳。杜子美云'李陵苏武是吾师'，子美岂无见哉？东坡跋黄子思诗云'苏李之天成，尊之亦至矣'。其曰六朝拟作者，一时鄙薄萧统之偏词耳。"

徐祯卿《谈艺录》曰："夫词士轻偷，诗人忠厚。上访汉魏，古意犹存。故苏子之戒爱景光，少卿之厉明德，规善之词也。"

王世贞《艺苑卮言》曰："李少卿三章，清和调适，怨而不怒。子卿稍似错杂，但其旨法，亦鲁卫也。"又曰："国风好色而不淫，小雅怨诽而不乱。长门一章，几于并美。凡出长卿手，靡不秾丽工至。独琴心二歌浅稚，或是后人附益。子瞻乃谓李陵三章亦伪作，此儿童之见。夫工出意表，意寓法外，令曹氏父手犹尚难之，况他人乎？"

又曰："录苏李杂诗十二首，（案今除《文选》外止得十首，'二'字疑衍。）虽总杂寡绪，而浑朴可咏。固不必二君手笔，要亦非晋人所能辨也。如'人生一世间，贵与愿同俱。红尘蔽天地，白日何冥冥。招摇西北指，天汉东南倾。短褐中无绪，带断续以绳。泻水置瓶中，焉辨淄与渑。仰视云间屋，忽若割长帷'。仿佛河梁间语。"

谢榛《四溟诗话》曰："《孺子歌》，'沧浪之水清兮，可以濯我缨'。孟子屈原两用此语，各有所寓。李陵《与苏武诗》：'临河濯长缨，念子怅悠悠。'此偶然写意尔。"

又曰："唐山夫人《房中乐》十七章，格韵高严，规模简古。骎骎乎商周之颂，迨苏李五言一出，诗体变矣。"

王士祯《诗问》曰："'河梁'之作，与《十九首》同一风味。皆所谓惊心动魄，一字千金者也。"

姜宸英《五七言诗选·序》曰："汉初苏李赠答，《古诗十九首》，皆以五言接三百篇之遗。"

三 《焦仲卿妻》诗辩证

此诗今见徐陵《玉台新咏》，题曰《古诗为焦仲卿妻作》。(《乐府诗集》题曰《焦仲卿妻》)其序云："汉末建安中，庐江府小吏焦仲卿妻刘氏，为仲卿母所遣，自誓不嫁。其家逼之，乃没水而死。仲卿闻之，亦自缢于庭树。时人伤之，为诗云尔。"案徐陵生梁初，时距建安仅三百载。其撰《玉台》，依时人为诗之说，次之汉末徐干繁钦之后，自有所本。(据《隋志》，晋宋间人，撰次之古今诗集甚多，《玉台》取材当在此等书也。)乃近日学者如梁任公陆侃如等，竟为异说，谓作于六朝宋齐之间。无验而必，亦诬甚矣，特为辩证。俾承学之士，无惶惑焉。民国17年春，古直记于东林六朝松侧之层冰草堂。

辩证一：证以用韵知此诗必为建安黄初间作

《汉魏乐府》(庐江吴地，然史之系统，以魏承汉，故世称汉魏，不称汉吴。称建安黄初，不称建安黄武。)用韵奇觚与众异，如用鱼虞部韵，不特通用尤侯部韵，且往阑入支微等部韵。用脂微部韵，不特通用哈支佳部韵，用之哈支佳部韵，且往往阑入鱼虞等部韵。用阳唐部韵，不特通用东冬江部韵，且往往阑入元寒删先等部韵。试举其例，如汉乐府《陇西行》云：

请客北堂上，坐客毡氍毹(虞)。清白各异樽，酒上正华疏(鱼)。酌酒持与客，客言主人持(支)。却略再拜跪，然后持一杯(灰)。谈笑未及竟，左顾勅中厨(虞)。促令办粗饭，慎莫使稽留(尤)。

如汉《铙歌》云：

上陵何美美，下陵风以寒(寒)。问客从何来，言从水中央(阳)。

如魏武帝乐府《气出唱》云：

驾六龙（东），乘风而行（庚）。行四海外，路下之八邦（江）。历登高山，临溪谷，乘云而行（庚），行四海外，东到泰山（删）。仙人玉女下来遨游，骖驾六龙，饮玉浆（阳）。河水尽，不东流，解愁腹，饮玉浆（阳）。奉持行，东到蓬莱山，上至天之门（元）。玉阙下引见得入，赤松相对，四面顾望。视正煌煌（阳）。开王心正兴。其气百道至，传告无穷（东）。闭其口，但当爱气寿万年（先）。

是其例也，而此诗篇首云：

孔雀东南飞（微），五里一徘徊（灰）。十三能织素，十四学裁衣（微）。十五弹箜篌，十六诵诗书（鱼）。十七为君妇，中心尝苦悲（微）。君既为府吏，守节情不移（支）。鸡鸣入机织（职），夜夜不得息（职）。三日断五匹，大人故嫌迟（支）。非为织作迟（支），君家妇难为（支）。妾不堪驱使，徒留无所施（支）。便可白公姥，及时相遣归（微）。

此段用支微灰韵，中间忽阑入鱼韵。与《陇西行》同例也。又如中间一段云：

妾有绣腰襦，葳蕤自生光（阳）红罗复斗帐，四角垂香囊（阳）。箱簾六七十，绿碧青丝绳（蒸）。物物各自异，种种在其中（冬）。人贱物亦鄙，不足迎后人（真）。留待作遗施，于今无会因（真）。时时为安慰，久久莫相忘（阳）。鸡鸣外欲曙，新妇起严妆（阳）。著我绣袷裙，事事四五通（东）。足下蹑丝履，头上玳瑁光（阳）。腰若流纨素，耳著明月珰（阳）。指如削葱根，口如含朱丹（删）。纤纤作细步，精妙世无双（江）。

此段通用阳江冬东蒸真删韵，与魏武帝《气出唱》通用阳江东庚元删先韵，如出一辙。足证此诗必为建安黄初间之作。何也？此等奇觚之韵，汉魏乐府外，即不复见也。

张为骐曰："仪字古在歌韵，汉碑，凡蓼莪皆作蓼仪。《古诗为焦仲卿妻作》，既为汉末之诗，应当仍用古韵。乃诗中'举手长劳劳，二情同依依。入门上家堂，进退无颜仪'之仪字。忽作疑羁切，与支韵同协，其非汉诗明甚？"（见《现代评论》第165期）案顾亭林《唐韵正》曰：

仪字自汉中山王胜《文木赋》"载重雪而梢劲风，将等岁于二仪"。始与枝雌知斯为韵。又曰："张衡《西京赋》以施罢仪驰入支字韵，弥衡《鹦鹉赋》以蠵离仪奇宜入支字韵。"

据此，则仪字与支韵同协，不始汉末，彰彰明甚矣。顷于顾氏所举之外，又得一证。《后汉书》冯衍《显志赋》曰：

诛犁锄之介圣兮，讨臧仓之想诉知。撰子反于彭城兮，爵管仲于夷仪。

此外知司马相如《大人赋》，以驰离河沙入脂之微灰字韵。枚乘《七发》，以离入支字韵。东方朔《七谏》，以池入脂微字韵。古诗《行行重行行》以离入支字韵。《冉冉弧生竹》，以阿萝宜陂为入支微字韵。王延寿《王孙赋》，通篇出入支离二韵。（以上并顾说）皆足为仪字在汉与支同协之旁证。汉碑读蓼莪为蓼仪，彼自立意用古音耳，岂得以彼破此哉？

辩证二：证以风格知此诗必为建安黄初合作

陆侃如曰："如《孔雀东南飞》一类之作，都起于六朝，前此却无有。"又曰："此诗描写服饰，及叙述谈话，都非常详尽，为古代诗歌中所无。"（《现代评论》胡适《孔雀东南飞的年代引》。）案汉魏之诗，抒写故事，莫如蔡琰《悲愤》，左延年《秦女休》；描写服饰，莫如古辞《陌上桑》，辛延年《羽林郎》，曹子建《美女篇》；叙述谈话，莫如古辞《陌上桑》《孤儿行》，陈琳《饮马长城窟行》；(《文选》作古辞以上，参用胡适之说陆氏以为无有，不考甚矣。夫风格异同，非比不显。) 今录《陌上桑》《羽林郎》《美女篇》三篇于下。

《陌上桑》(古辞)：

日出东南隅，照我秦氏楼。秦氏有好女，自名为罗敷。罗敷善蚕桑，采桑城南隅。青丝为笼系，桂枝为笼钩。头上倭堕髻，耳中明月珠。缃绮为下裙，紫绮为上襦。行者见罗敷，下担捋髭须。少年见罗敷，脱帽著帩头。耕者忘其犁，锄者忘其锄。来归相怨怒，但坐观罗敷。使君从南来，五马立踟蹰。使君遣吏往，问是谁家姝？"秦氏有好女，自名为罗敷。""罗敷年几何？""二十尚不足，十五颇有余"。使君谢罗敷："宁可共载不？"罗敷前致辞："使君一何愚！使君自有妇，罗敷自有夫！""东方千余骑，夫婿居上头。何用识夫婿？白马从骊驹，青丝系马尾，黄金络马头；腰中鹿卢剑，可值千万余。十五府小吏，二十朝大夫，三十侍中郎，四十专城居。为人洁白皙，鬑鬑颇有须。盈盈公府步，冉冉府中趋。坐中数千人，皆言夫婿殊。"

《羽林郎》(辛延年)：

昔有霍家奴，姓冯名子都。依倚将军势，调笑酒家胡。胡姬年十五，春日独当垆。长裾连理带，广袖合欢襦。头上蓝田玉，耳后大秦珠。两鬟何窈窕，一世良所无。一鬟五百万，两鬟千万余。不意金吾子，娉婷过我庐。银鞍何煜爚，翠盖空踟蹰。就我求清酒，丝绳提玉壶。就我求珍肴，金盘脍鲤鱼。贻我青铜镜，结我红罗裾。不惜红罗裂，何论轻贱躯。男儿爱后妇，女子重前夫。人生有新旧，贵贱不相逾。多谢金吾子，私爱徒区区。

《美女篇》(曹植)：

  美女妖且闲，采桑歧路间。柔条纷冉冉，落叶何翩翩。攘袖见素手，皓腕约金环。头上金爵钗，腰佩翠琅玕。明珠交玉体，珊瑚间木难。罗衣何飘摇，轻裾随风还。顾盼遗光彩，长啸气若兰。行徒用息驾，休者以忘餐。借问女安居，乃在城南端。青楼临大路，高门结重关。容华耀朝日，谁不希令颜？媒氏何所营？玉帛不时安。佳人慕高义，求贤良独难。众人徒嗷嗷，安知彼所观？盛年处房室，中夜起长叹。

并录《焦仲卿妻》诗一段如下：

  妾有绣腰襦，葳蕤自生光。红罗复斗帐，四角垂香囊。箱帘六七十，绿碧青丝绳。物物各自异，种种在其中。人贱物亦鄙，不足迎后人。留待作遗施，于今无会因。时时为安慰，久久莫相忘。鸡鸣外欲曙，新妇起严妆。著我绣袄裙，事事四五通。足下蹑丝履，头上玳瑁光，腰若流纨素，耳著明月珰。指如削葱根，口如含朱丹。纤纤作细步，精妙世无双。

  读右一段，其柔厚温丽，与《陌上桑》《羽林郎》《美女篇》如出一辙。比较以观，此诗之为汉魏间诗，又何懵焉？胡适之谓此诗，质朴之中，夹着不少土气。此正此诗必为汉魏间诗而非魏晋六朝诗之铁证。何也？此诗自然温丽处，固非魏晋以后诗家所能及。其质朴土气处，尤非魏晋以后诗家所能道也。读者疑吾言乎？则更录一篇，有名之《木兰辞》以比之。

《木兰辞》（无名氏）：

  唧唧复唧唧，木兰当户织。不闻机杼声，惟闻女叹息。问女何所思，问女何所忆。女亦无所思，女亦无所忆。昨夜见军帖，可汗大点兵，军书十二卷，卷卷有爷名。阿爷无大儿，木兰无长兄，愿为市鞍马，从此替爷征。东市买骏马，西市买鞍鞯，南市买辔头，北市买长鞭。朝辞爷娘去，暮宿黄河边，不闻爷娘唤女声，但闻黄河流水鸣溅溅。旦辞黄河去，暮至黑水头，不闻爷娘唤女声，但闻燕山胡骑鸣啾啾。万里赴戎机，关山度若飞。朔气传金柝,寒光照铁衣。将军百战死,壮士十年归。归来见天子,天子坐明堂。策勋十二转,赏赐百千强。可汗问所欲,木兰不用尚书郎,愿驰千里足,送儿还故乡。爷娘闻女来,出郭相扶将;阿姊闻妹来,当户理红妆;小弟闻姊来,磨刀霍霍向猪羊。开我东阁门,坐我西阁床,脱我战时袍,著我旧时裳。当窗理云鬓,对镜贴花黄。出门看火伴,火伴皆惊惶:同行十二年,不知木兰是女郎。雄兔脚扑朔,雌兔眼迷离;两兔傍地走,安能辨我是雄雌?

读"万里赴戎机,关山度若飞。朔气传金柝,寒光照铁衣。将军百战死,壮士十年归"等句,直是一篇音律谐和之唐诗耳。安能与《孔雀东南飞》同日并论然?梁任公则云:"像《孔雀东南飞》和《木兰辞》一类的作品,都起于六朝。前此都无所有。"(胡适《孔雀东南飞的年代引》)不可解也。

辩证三:"交广"之名不足以破序说

张为骐曰:"交广之名,起于三国。而晋宋齐因之,此诗有'交广市鲑珍'之句。由此观之,岂非《孔雀东南飞》为齐梁诗之铁证乎?"案此诗序,首云"汉末建安中"。末云"时人伤之,为诗云尔"。时人者,与焦仲卿同时之人。仲卿夫妇虽死建安之年,其同时之人固可活至黄武以后。考《吴志·黄武五年》,分交州置广州。又《士燮传》,黄武五年,燮卒。权以交阯县远,乃分合浦以北为广州,交阯以南为交州。诗有"交广市鲑珍"句。自是作于黄武五年以后之证。然黄武五年,去建安仅五年,当黄武而赋建安之事,与时人伤之。为诗云尔之说,有何抵牾邪?

辩证四:徐陵写定说之无据

胡适之曰:"《孔雀东南飞》之创作,大概去建安以后不远。"但我深信此诗流传经过三百多年之久,方才收在《玉台新咏》。方才有最后之写定。案此诗风格用韵,魏后即已绝踪。时至齐梁,更谁能代匠断斫?今曰定此诗者徐陵,陵集具在,试取陵诗与此相较,岂惟去之万里,直是背道而驰。夫陵删李延年歌三字，（"宁不知倾城与倾国"《玉台新咏》但作"倾城与倾国"）遂至点金成铁。定一短歌，尚且无力，何况一千七百余字之长歌哉？胡氏此说，徒以此诗始见《玉台新咏》尔。然《玉台》之前，诗之总集亦多矣。据《隋志》，晋有荀绰之《古今五言诗美文》五卷，宋有《谢灵运诗集》五十卷，张敷袁淑之《补谢灵运诗集》百卷，颜竣之《诗集》百卷，明帝之《诗集》四十卷，张永之《乐府歌诗》十二卷，《乐府歌辞》九卷，不著撰人姓氏之《古诗集》九卷。梁有昭明太子之《古今诗苑英华》十九卷。凡此亡佚之集，今皆无从复见，安知《玉台》此篇，不展转抄自他集乎？且胡氏深信徐陵为最后写定之人，则序亦经徐陵审定者也。置序不信，抑又何说？且徐陵撰《玉台新咏》之际，上距建安，仅三百载。书籍多存，（观《隋志》所录可知）遗闲未坠。时人为诗之说，自必有所依据。胡氏乃从千载下，臆决此诗流传经过三百多年，方有最后写定。此则韩非所谓无征验而必之者矣。

辩证五：《孔雀东南飞》非出自曹丕《临高台》

《文选·长门赋》曰："孔雀集而相存兮，玄猿啸而长吟。翡翠胁翼而来萃兮，鸾凤飞而北南。"夫相如《长门》，赋生离之苦。仲卿古诗，写死别之悲。事有伤心，不避祖袭。故其起兴，遂隐括赋语，而曰"孔雀东南飞，五里一徘徊"。苏武诗曰"黄鹄一远别，千里顾徘徊"，古辞《艳歌何尝》曰（《玉台新咏》题作《双白鹄》）"五里一反顾，六里一徘徊"。徘徊犹迟徊，不忍遽去之貌。此二字乃诗人习用之语，故《艳歌》已衍苏武之辞。（或苏武祖《艳歌》，此诗即承《艳歌》之句，旨各有在，不相妨也。）乃胡适之则曰："曹丕《临高台》末段云'鹄欲南游，雌不能随。我欲躬衔汝，口噤不能开。欲负之，毛羽摧颓。五里一顾，六里徘徊'。此大概就是当日《孔雀东南飞》曲调本文之一部分。"又曰："曹丕采汉乐府瑟调曲歌之大意，改为长短句，作为新乐府《临高台》之一分部。而本辞云'飞来双白鹄，乃从西北来'，双白鹄已讹成孔雀，但东南飞仍保存从西北来之原意。曹丕原诗前段中有'黄鹄往且翻'句，白鹄亦已变成黄鹄。民间歌辞靠口唱相传，字句讹错，固不能免也。"（以上并胡氏说）案胡氏此种附会，可云出人意表。白鹄孔雀，鸟不同科，字音固不相通，字形亦不相近。不知双白鹄讹成孔雀，如何讹法也？胡氏亦知其说之难持，故引曹丕《临高台》中有"黄鹄往且翻"句云，白鹄亦已变成黄鹄，民间歌辞靠口唱相传，字句讹错，固不能免。以备讹法之一解而已。然此仍为胡氏之讹，而非民间之错。何则？曹丕《临高台》乃是明拟汉《铙歌》而非摹仿《双白鹄》。《乐府诗集》汉铙歌十八曲之第十六曲云：

> 临高台以轩，下有清水清且寒。江有香草目以兰，黄鹄高飞离哉翻。关弓射鹄，令我主，寿万年，收中吾。

曹丕《临高台》云：

> 临台行高高以轩，下有水，清且寒，中有黄鹄往且翻。（一解）行为臣，当尽忠，愿今皇帝陛下三千岁，宜居此官。（二解）鹄欲南游，雌不能随。我欲躬衔汝，口禁不能开。欲负之，毛羽摧颓。五里一顾，六里徘徊。（三解）

由右观之，则曹丕《临高台》之"黄鹄"二字，乃从汉《铙歌》袭来，而非由《双白鹄》讹变，可以证明。胡氏猥曰，删取双白鹄句所作之新乐府，而白鹄又复变为黄鹄也。不亦歧中有歧乎？

辩证六："青庐"不始北朝，"龙子幡"亦为汉制

此诗有"青庐""龙子幡"二名词，陆侃如谓前者为北朝异俗，后者为南朝风尚。胡适之驳之曰：

> 青庐若是北朝异俗，龙子幡又是南朝风尚，在此南北相隔之世，何以南朝风尚，与北朝异礼，同时出现于一篇诗里乎？

此可谓以子之矛，陷子之盾矣。按《世说新语·假谲篇》曰："魏武少时，尝与袁绍好为游侠。观人新婚，因潜入主人园中。夜呼叫云，有偷儿贼，青庐中人皆出观。"据此，则青庐之俗，汉世早有之。考曹操沛国谯人，袁绍汝南人，其地旧属西楚。《汉书·艺文志》列吴楚汝南歌诗于一类，其风俗从同可知。庐江亦楚地，距谯仅数百里耳。谯已有青庐之俗，庐江何为而不可有哉？（案《南齐书·礼志》曰，魏文帝修洛阳宫室，权都许昌。殿狭小，元日于城南立毡殿，青帷以为门。又《宋书·礼制》引魏王《沉元会赋》曰："华幄映于飞云，朱幪张于前庭，緅青围于南阶，争紫极之峥嵘。"据此，则喜庆用青布为帷幪，盖汉魏上下之通俗也。若夫龙子幡，亦不始于南朝。《续汉书·舆服志》曰：诸车之文，公列侯鹿文，九游，降龙，卿朱两轮，五游，降龙。《晋书·车服志》曰：公旗旗八游，侯七游，卿五游，皆画降龙。《宋书·礼志》曰：王公旗八，游侯七，游卿五，游皆画降龙。

案：降龙者，对于升龙而言。《续汉志》曰："乘车建大旗十二游，画日月升龙。"《尔雅》曰："素升龙于縿。"郭璞注："画白龙于縿，令向上，然则升龙者，龙首昂然上向之龙也。"《诗·九罭》曰："衮衣绣裳。"《毛传》："衮衣，卷龙也。"《释文》："天子画升龙于衣，上公但画降龙。然则降龙者，龙首卷然向下之龙也。龙子幡盖即降龙旗之俗称，何以证之？"《南史·臧质传》曰：质封始兴郡公，之镇，六平乘并施龙子幡。

《乐府诗集》引《古今乐录》曰：襄阳乐，宋隋王诞所作也。其歌曰，四角龙子幡。

夫臧质为公，刘诞为王，准以时王礼制皆用降龙旗。今《南史》乐府并曰龙子幡，非随俗之称谓如何，尚考龙子之名，始见汉季。《史记·吴太伯世家》，《集解》引应劭曰："文其身以象龙子。"《说文解字》曰："虯龙子有角者。"《汉书·司马相如传》注引《文颖》曰："龙子为螭。"此诗作于汉末，其称降龙旗为龙子幡，正应当时俗称也。唯诗云："直说太守家，有此令郎君。"汉世太守秩二千石，在卿下。准以礼制，不宜用龙子幡。岂汉末礼坏，郡守僭用卿礼欤？（案《后汉书》王符《潜夫论·浮侈篇》曰："今京师贵戚，衣服饮食，车舆庐第，奢过王制，固亦甚矣。"然则汉末郡守，僭用卿制,盖常事也。《浮侈篇》又云:"嫁娶者车骈数里,缇维竟道,奴骑侍童,夹毂并引。富者竞欲相过,贫者耻其不逮。一餐之所费,破终身之业。"此诗"杂采三百疋,交广市鲑珍,从人四五百,郁郁登郡门"一段,极形豪奢,与王符所论相应,此诗为汉末魏初之作,更无疑义矣。)然要证明龙子幡乃汉家礼制,而非南朝风尚,南朝尽可袭用汉制,此制不始南朝,陆氏此说之谬,于是益明。

辩证七:"下官"名词之起源

晋世同僚答问,每自称下官。此诗有"下官奉使命"句,故张为骐疑为作于六朝。然此名词,虽习用于晋世,其起源必远在晋世之先。汉末至晋中间才有四纪,焦仲卿汉末人,其时已有下官称呼,又何疑乎?考《汉书·贾谊传》曰:"古者大臣有坐罢软不胜任者,不谓罢软,曰下官不职。"此虽出诸天子之口,(张氏以为出诸天子之口,不能为"下官"起源之证。)然"下官"之名,实昉于此矣。又《后汉书·循吏传》曰:"任延拜武威太守,帝亲见,戒之曰,善事上官,无失名誉。延对曰:'臣闻忠臣不私,私臣不忠。履正奉公,臣子之节。上下雷同,非陛下之福。善事上官,不敢奉诏'。"夫上官之名,因下官而立。任延曰:"上下雷同,非陛下之福。"所谓上,即上官。所谓下,即下官矣。下官称呼,疑即起源此际。盖下官一名,始为天子斥呼其小臣,继为臣工普通应对之自称,最后则以法令规定为郡县内史相对于国主之特称。(见《宋书·刘穆之传》)其展转相贸之迹,尚可考见一二也。

辩证八:"足下蹑丝履"为汉时装束

此诗"足下蹑丝履"八句,张为骐疑此妆束,非汉时所有,非也。薛综三国人,然其《西京赋》注云:"朱履赤丝履也。"足下蹑丝履之装束,为汉时所有,得此足以证明。今更笺注之以释其疑。

足下蹑丝履,(案丝履犹文履、珠履、朱履,凡以表其华美耳。汉末仆妾皆服绮纨，以丝为履，又何疑焉？证之薛综《西京赋》注益信）头上玳瑁光。（《乐府诗集》汉《铙歌》曰"双珠玳瑁簪"。）腰若流纨素（宋玉《神女赋》曰："腰如束素。"曹子建《洛神赋》曰："腰如约素。"《后汉书·杨秉传》曰："仆妾盈纨素。"）耳著明月珰。（汉乐府《陌上桑》曰："耳中明月珠。"《洛神赋》曰："献江南之明珰。"注引服虔《通俗文》曰："耳珠曰珰。"）指如削葱根，（《洛神赋》曰："肩若削成案，指如削葱根。"喻指洁好，犹《诗》所云"手如柔荑"也。）口如含朱丹，（《神女赋》曰："朱唇的其若丹。"《洛神赋》曰："丹唇外朗。"）纤纤作细步，（古诗曰："纤纤出素手。"注引韩诗曰："纤纤女手，可以缝裳。"薛君曰："纤纤女手之貌。"案女子静处闺中，手足皆比男子为小，故以纤纤为容。《史记·货殖列传》："赵女郑姬，蹑利屣。"屣而云利亦形容其纤之词也。细部犹徐步，微步，小步。《神女赋》曰："动雾縠以徐步，拂墀声之珊珊。"《洛神赋》曰："凌波微步，罗袜生尘。"张平子《南都赋》曰："罗袜蹑蹀而容。"与注云："蹑蹀小步也。"凡此名词，皆示女子之步法与男子之大踏步不同。）精妙世无双（精妙者，言其步法矜迟而合度。）

可以作为旁证。若然，则韩诗之纤纤女手，古诗之纤纤素手，亦将为缠手邪？殆不可通也。

四 《古诗十九首》辩证余录

日人铃木云："史传凡关于五言诗无记载。"以此断定五言诗，成立于后汉章和之际。此至浅陋之见也。国中学者如朱偰等辟之是矣。而徐中舒犹断持铃木《古诗十九首》出于东汉之说，且进一步断定五言成立尚在建安时代。其说曰：

> 章和时虽已有五言诗，但那不过文学家偶尔做一两首诗，在文学史上并无多大意义。我们也不能承认五言诗的成立便在那时。我以为五言诗的成立，要在建安七子与魏三祖。他们做了五言诗运动的中心，五言

诗有了他们，才能兴盛。所以《续晋阳秋》说："自司马相如王褒杨雄诸贤，世尚赋颂，皆体则诗骚。旁综百家之言，及至建安，而诗章大盛。"这个论断，非常惬当。《诗品》也说："'去者日以疏'四十五首，旧疑是建安中曹王所制。"可见古诗有一大部分都是建安时代的产物。我们看那时中原的文学盛极一时，而吴蜀两国，却一点贡献没有。这岂不是五言诗成立于建安时代一绝好的个反证么？（见《东方杂志》第二十四卷第十八号）

徐氏引《续晋阳秋》及《诗品》以证已说，今依次破之。

第一破《续晋阳秋》之说《续晋阳秋》云："司马相如等，世尚赋颂。"案此言相如诸人皆无诗也。然相如等虽无诗，而西汉无名之诗歌，则固极盛一时。今即《汉书·艺文志》征之，则有《高祖歌诗》二篇，《泰一杂甘泉寿宫歌诗》十四篇，《宗庙歌诗》五篇，《汉兴以来兵所诛灭歌诗》十四篇，《出行巡狩及游歌诗》十篇，《临江王及愁思节士歌诗》四篇，《李夫人及幸贵人歌诗》三篇，《诏赐中山靖王子哙及孺子妾冰未央材人歌诗》四篇，《吴楚汝南歌诗》十五篇，《燕代讴雁门云中陇西歌诗》九篇，《邯郸河间歌诗》四篇，《齐郑歌诗》四篇，《淮南歌诗》四篇，《左冯翊秦歌诗》三篇，《京兆尹秦歌诗》五篇，《河东蒲反歌诗》一篇，《黄门倡车忠等歌诗》十五篇，《杂各有主名歌诗》十篇，《杂歌诗》九篇，《雒阳歌诗》七篇，《河南周歌诗》七篇，《周谣歌诗》七十五篇，《诸神歌诗》三篇，《送迎灵颂歌诗》三篇，《周歌诗》二篇，《南郡歌诗》五篇，右歌诗二十八家三百一十四篇。班固叙之曰："自孝武立乐府而采歌谣，于是有代赵之讴，秦楚之风，皆感于哀乐，缘事而发，亦可以观风俗，知薄厚云。"据此，则《汉志》所录，皆奏御之篇。列于乐府者，其弃置不录之什，必十百倍于《汉志》所录无疑。此三百一十四篇，固不能尽为五言，然五言之作，亦自多有。何以证之？《志》有吴歌诗，崔豹《古今注》曰"《吴趋曲》，吴人以歌其地"，而陆机拟《吴趋行》，则五言也。《志》有齐歌诗，《乐府解题》曰："《齐讴行》，齐人以歌其地。"而陆机拟《齐讴行》，则五言也。《志》有《诏赐中山靖王子哙及孺子妾歌》，陆厥拟《中山孺子妾歌》，前首四言、五言各半，后首则全第五言也（厥拟汉歌强半五言）。《志》有《陇西歌诗》，乐府古辞《陇西行》则五言也。《志》有《邯郸歌诗》，崔豹《古今注》曰："《陌上桑》，邯郸女名罗敷作。"乐府古辞《陌上桑》则五言也。《志》有《杂歌诗》，《乐府解题》曰："乐府杂题自《相逢狭路间行》已下，皆不知所起。"乐府古辞《相逢狭路间行》则五言也。更即《汉书》各传交互证之，如《吕后传》云："吕后囚戚夫人，衣赭衣，令舂。戚夫人舂且歌曰：'子为王，母为虏。终日舂薄暮，常与死为伍。相离三千里，当谁使告汝？'"此西汉初年之五言歌诗也。孝武《李夫人传》云："李延年侍上起舞歌曰：'北方有佳人，绝世而独立。一顾倾人城，再顾倾人国。宁不知倾城与倾国，佳人难再得。'"此西汉中世之五言歌诗也。《贡禹传》云："故俗皆曰：'何以孝弟为，财多而光荣。何以礼义为，史书而仕宦。何以谨慎为，勇猛而临官。'"《五行志》成帝时谣曰："邪径败良田，谗口害善人。桂树华不实，黄雀巢其颠。昔为人所羡，今为人所怜。"此西汉季世之五言歌诗也。《后汉书·樊晔传》："凉州为之歌曰：'游子尝苦贫，力子天所富。宁见乳虎穴，不入冀府寺。大笑期必死，忿怒或见置。嗟我樊府君，安可再遭值。'"此后汉初年之五言歌诗也。右见各传之歌谣，皆因事附载而非出于特录，然东鳞西爪，犹得此数。据此，可以证明《汉志》所录三百一十四篇歌诗，其中必多五言之作矣。西汉诗歌之盛如此，西汉诗歌中，五言班班可考如此。虽司马相如等无诗何害？（按：《汉书·礼乐志》云：武帝立乐府，"以李延年为协律都尉，多举司马相如等数十人造为诗赋，略论律吕，以合八音之调，作十九章之歌"。又《王褒传》云："益州刺史王襄闻褒有俊才，使褒作《中和乐职宣布诗》，选好事者另依《鹿鸣》之声，习而歌之。"）据此，则司马相如、王褒非无诗也。《续晋阳秋》之说，至此不能不破矣。若曰歌谣质朴，异于文士之诗乎？然质而不野，乃汉诗本色，固不论其出于民谣，抑出于文士也。且李延年《北方有佳人》歌，曹子建《杂诗》用之，徐陵《玉台新咏》选之。其柔厚温丽，实与《古诗十九首》同流。由此言之，安见歌谣全出俚俗，不出文士之手邪？

第二破《诗品》之说《诗品》云"古诗'去者日以疏'四十五首,旧疑是建安中曹王所制。人代冥灭,而清音独远"。案:如果出曹王所制,则近在三百年中,略同今日之视清初,何云"人代冥灭"?据此,知仲伟亦不以旧疑为然也。余已详《古诗十九首辩证》中。

第三破徐氏"古诗大部是建安时代产物"之说徐氏于引《续晋阳秋》《诗品》之后,断之曰:"可见古诗中有一大部分都是建安时代的产物。"案徐氏本题标明《古诗十九首》出于东汉,此则更进一步,断为出于建安。然陆机距建安时代,不越四纪。(机生七年,曹魏始亡,年二十而吴亡,盖犹半为三国人。)使《古诗》大半果为建安时之产物,陆机不容不知。入洛以从,遍交中土名宿,愈不容不知。且张华年辈长于陆机,华之博物,当时无两。机以文章见知于华,机纵不知,华岂目睐?何以建安之作,而机拟之以为古诗(详见《古诗十九首辩证》中),而华不纠正邪?徐氏此说之难据,盖又下于铃木数等矣(徐氏又曰:"我们看那时中原的文学极盛一时,而吴蜀两国,却一点贡献没有。这岂不是五言诗成立于建安时代一个绝好的反证么?"按魏未受禅以前,吴蜀亦同奉汉正朔,则建安不独属魏。三国鼎峙,地虽可割,时不能分。则时代不独属魏。徐氏以吴蜀无诗,为五言诗成立于建安时代一个绝好的反证,语病甚,重用附正之)。

五　苏李诗辩证余录

徐中舒曰:

"李陵苏武诗,出于东晋以后。"(见《东方杂志》第二十四卷第十八号)

案:颜延之与陶渊明同时,晋亡之际,延之年且四十,则亦晋末人也。乃其《庭诰》云:"李陵众作,总杂不类。元是假托,非尽陵制。至其善篇,有足悲者。"夫曰非尽陵制,则固承认有陵制者矣。使果出于东晋以后,则至早亦延之同时之作耳。延之博学工文，冠绝江左，何以同时之作不能分别，而归其名于李陵邪？（延之所谓总杂者，吾已为之分别，详《苏李诗辩证》）且东晋以后，声律暂启，群趋新丽。持其时之诗，与《文选》所载苏李诗相较，岂唯去之万里，直是背道而驰。徐氏亦能于六朝汗牛充栋诗集中，举其一篇半篇，类似苏李风格者否？质问至此，徐氏之说，不攻自破矣。

徐氏又引梁任公说曰：

> 六朝时有个苏子卿，而苏武也字子卿。《诗品》说子卿"双凫"，这个子卿就是六朝的苏子卿。而《初学记》《古文苑》都载苏武的"二凫俱北飞"诗一首，这首"二凫俱北飞"一定就是《诗品》所说的"双凫"。他们误把六朝的苏子卿当作西汉的苏子卿。（引同上）

案：梁说不然，大不然。《初学记》所引苏武《别李陵诗》"二凫俱北飞"一首，虽是伪作，（详见《苏李诗辩证》中）然与六朝苏子卿诗比，（诗见郭茂倩《乐府诗集》）风格仍自迥别。若以六朝苏子卿诗，比《文选》所录汉苏子卿诗，则不啻如天之与渊矣。梁说之不然者一。且李善《文选》注、《艺文类聚》等书，引李陵赠苏武诗，有"双凫相背飞"句。然则《初学记》所引苏武别李陵"二凫俱北飞"句，乃答辞也。六朝苏子卿，能与西汉李少卿赠答，岂非笑话？梁说之不然者二。且考《乐府诗集》，此六朝苏子卿之诗，次于陈后主张正见之后，则陈时人也。钟嵘《诗品》作于梁初，此时六朝苏子卿恐尚未生。即已生矣，然嵘《诗品》例，不录存者，必不举及同时后辈之诗明矣。梁说之不然者三。即退三舍，承认《诗品》例外举此六朝苏子卿诗矣，然仍不能令此六朝苏子卿，兼领《文选》中之汉苏子卿诗。何也？昭明太子与选楼诸学士，皆为六朝苏子卿之前辈（或同辈）。纵录其诗于《文选》，必不称之曰"苏子卿古诗"，而次于李陵之后，张衡之前。即曰《文选》误列，何以徐陵撰《玉台新咏》，亦列苏武诗于枚乘之后邪？梁说之不然者四。梁氏之为此说，或偶然取为谈助耳。而徐氏执为"一定就是"，惑矣。